Dictionnaire du multimédia

Jacques Notaise
Jean Barda
Olivier Dusanter

Dictionnaire du multimédia

Audiovisuel - Informatique - Télécommunications

2e édition

AFNOR

Chez le même éditeur

- **Sur le thème des médias électroniques**

CNC, *EDI financier et paiements. Vers de nouveaux services bancaires aux entreprises.*

Schmuck Cl., *Introduction au multimédia. Technologies et marchés.*

- **Sur le thème des réseaux et systèmes d'information**

AFNOR, *Dictionnaire de l'OSI. Français-Anglais.*

Beynon-Davies P., *Systèmes d'information. Conception et mise en œuvre.*

Davies D. W. et Price W. L., *Sécurité dans les réseaux informatiques* (2e éd.).

ISO/AFNOR, *Dictionnaire de l'informatique. Français-Anglais/ Dictionary of computer science. English-French.*

Welch F., *Réseaux informatiques intégrés.*

À noter : toutes les marques citées dans le dictionnaire sont des marques déposées.

Couverture : Éliane Lelong. *Illustration* : traduction éblaïte d'une liste lexicale sumérienne considérée comme l'un des premiers dictionnaires (Ebla, palais royal, XXIVe siècle avant J.-C., musée d'Idlib, Syrie) ; d'après : catalogue de l'exposition « Syrie, Mémoire et Civilisation », Institut du Monde Arabe, 1993.

ISBN : 2-12-465027-0

AFNOR - Tour Europe - 92049 Paris la Défense Cedex - Tél. (1) 42 91 55 55.

Sommaire

Remerciements

Les auteurs tiennent à remercier tous ceux qui leur ont apporté une aide et, plus particulièrement, Richard Copans pour ses remarques sur la traduction des termes audiovisuels, Abdel Houahad Chiguer et Nordine Mamou pour leur apport efficace dans l'important travail de documentation, Cédric Barrier pour la réalisation des illustrations des articles « banc-titre » et « connecteur ». Nous adressons également nos vifs remerciements à Jean-Alain Hernandez et René Joly de Télécom Paris pour leur relecture technique ainsi qu'au service Édition de l'AFNOR qui n'a pas ménagé ses efforts lors de la finalisation du manuscrit et sa publication.

Ils ne sauraient conclure sans remercier leurs épouses qui leur ont toujours apporté un patient et précieux soutien.

Les auteurs
Jacques Notaise est cofondateur des sociétés ANACOR et MELIES, spécialisées dans la communication utilisant les nouvelles technologies.

Olivier Dusanter est ancien élève de l'École Polytechnique et de l'École Nationale Supérieure des Télécommunications. Il travaille actuellement au Service d'Évaluation et de Prospective à la Direction du Plan et de la Stratégie de France Télécom.

Ingénieur, **Jean Barda** a créé en 1982 la société AVELEM. Très actif sur le plan technique (brevet SCOPYR), il donne de nombreuses conférences et participe comme expert de l'image aux travaux de normalisation de l'AFNOR et de l'ISO.

Avant-propos

La convergence de l'audiovisuel, de l'informatique et des télécommunications a donné naissance à ce qu'il est convenu d'appeler désormais, à la suite des informaticiens, et faute de mieux, le multimédia[1]. Ce rapprochement s'est produit lorsque les techniques de numérisation ont uniformisé des informations considérées jusque-là comme de natures différentes : images, sons, textes, programmes.

Le lecteur trouvera dans cet ouvrage la définition des principales techniques mises en œuvre dans le multimédia. Il y trouvera aussi des descriptions de produits et d'applications. Certaines techniques et certains produits ont été détaillés plus que d'autres. Il ne faut pas y voir une prise de position sur les avantages de telle ou telle solution, mais un simple souci d'illustrer des notions souvent abstraites.

Il faut bien le reconnaître, au milieu des années 90, le multimédia ressemble souvent plus à un slogan publicitaire qu'à un véritable nouveau domaine de la technique ou de l'art. Les auteurs sont cependant convaincus que la conjonction de l'interactivité et du traitement local ou déporté des images, des textes et des sons, a engendré un nouveau moyen d'expression dont les règles d'utilisation restent à inventer.

---

[1] Le lecteur trouvera, sous l'entrée « multimédia », des éléments de discussion sur le choix du terme.

Dans ce sens, l'ouvrage voudrait donner à réfléchir autant sur la nature de l'image, de l'interactivité, du son ou de leur magique assemblage que sur les moyens techniques mis en œuvre pour leur création ou leur traitement.

Les prises de participation, les fusions, les créations de filiales et les alliances internationales entre grandes sociétés des trois domaines cités n'ont cessé, depuis plusieurs années, de marquer l'actualité économique. Tout se passe comme si l'on assistait à de grandes manœuvres préparant on ne sait quels combats titanesques.

L'ouvrage donne des informations de type économique, voire commercial : description des principaux acteurs, de leurs alliances, de leurs marchés et de leurs produits.

Comme toute technique encore instable, le multimédia est dominé par des standards de fait et des produits incompatibles. Cependant la normalisation est amorcée en de nombreux points stratégiques, en particulier le codage, la compression et les modes de transmission.

L'ouvrage informe sur les différents organismes qui œuvrent pour la normalisation et précise, pour certains termes, les normes concernées.

L'immaturité du multimédia se mesure aussi à son vocabulaire presque exclusivement emprunté aux trois techniques qui le constituent, exception faite pour les applications de simulation virtuelle.

La numérisation d'informations tactiles, olfactives, voire gustatives, peut être considérée comme une extension du multimédia à trois nouveaux types d'informations. De même, la vision totale procurant une illusion forte d'immersion dans un univers virtuel en relief peut se concevoir comme une simple amélioration technique du multimédia. Les principaux termes de la simulation virtuelle[2] *sont donc définis ici bien que l'usage actuel ne les intègre pas dans le multimédia.*

Les sciences et les techniques ont pris une très grande place dans notre vie quotidienne. Parallèlement, la terminologie de ces domaines est devenue l'un des vecteurs de l'évolution de la langue.

---

2 *Cf.* [Quéau 93].

L'examen du volume des publications contemporaines en France peut en donner une idée : de 1991 à 1994, il s'est édité 95 291 titres dont 30 119, soit près d'un tiers, concernent les sciences sociales, les sciences pures et les sciences appliquées[3]*. Un autre fait mérite notre attention : les théories scientifiques et techniques et, plus encore, les produits qui en sont issus sont, par nature, destinés à être échangés au-delà de toute frontière, administrative ou linguistique. Ces échanges jouent un rôle important dans la terminologie.*

Les vocabulaires scientifiques et techniques viennent enrichir la langue : les termes possèdent des particularités lexicales et graphiques qui, insensiblement, s'échappent des cercles de spécialistes et imprègnent la langue commune. Toutes les analyses économiques prévoient une grande diffusion du multimédia d'ici la fin du siècle. Puisse cet ouvrage modestement contribuer à sa compréhension, ainsi qu'à la simplification et à la clarification de son vocabulaire.

---

[3] Ce dernier chiffre est obtenu en classant les publications selon la classification décimale universelle ; ainsi, la philosophie, la géographie et l'histoire n'y sont pas incluses tandis que la décoration et le jardinage y figurent sous la catégorie des sciences appliquées. Ces chiffres sont extraits de la base bibliographique, éditée par le Cercle de la librairie, « Electre Biblio » (*source* : revue *Livres hebdo*, numéros de janvier 93 et janvier 94 et livres de France février 1995). Ils comprennent les nouveautés, les nouvelles éditions revues et augmentées et les rééditions en poche, mais pas les simples réimpressions.

Avant-propos à la deuxième édition

Sous la forme de marchandise informationnelle indispensable à la puissance productive, le savoir est déjà et sera un enjeu majeur, peut-être le plus important, dans la compétition mondiale pour le pouvoir. Comme les États-nations se sont battus pour maîtriser des territoires, puis pour maîtriser la disposition et l'exploitation des matières premières et des mains d'œuvre bon marché, il est pensable qu'ils se battent à l'avenir pour maîtriser des informations. Ainsi se trouve ouvert un nouveau champ pour les stratégies industrielles et commerciales et pour les stratégies militaires et politiques.

(...). La mercantilisation du savoir ne pourra laisser intact le privilège que les États-nations modernes détenaient et détiennent encore en ce qui concerne la production et la diffusion des connaissances. L'idée que celles-ci relèvent de ce « cerveau » ou de cet « esprit » de la société qu'est l'État se trouvera périmée à mesure que se renforcera le principe inverse selon lequel la société n'existe et ne progresse que si les messages qui y circulent sont riches en informations et faciles à décoder. L'État commencera à apparaître comme un facteur d'opacité et de « bruit » pour une idéologie de la « transparence » communicationnelle, laquelle va de pair avec la commercialisation des savoirs.

J. F. LYOTARD. *La condition Post-moderne.*
Éd. de Minuit, 1979

Le dictionnaire du multimédia est avant tout un outil de référence : l'ordre alphabétique permet de trouver rapidement un terme, sa traduction, un premier niveau de définition, éventuellement un second niveau plus approfondi et la bibliographie indique où aller chercher des compléments d'information.

Le dictionnaire est aussi un outil d'aide à la compréhension : de nombreux articles sont traités de manière encyclopédique ; les corrélats renvoient d'une entrée à l'autre et constituent de vastes ensembles de termes fortement liés entre eux et s'éclairant mutuellement. La seconde édition apporte d'importantes modifications : pour mieux souligner l'importance de l'*audiovisuel*, de l'*informatique* et des *télécommunications*, l'appartenance de chaque terme à ces domaines a été systématiquement précisée. Nous avons modifié et souvent réécrit les articles principaux. Il fallait certes tenir compte de l'actualité et de l'évolution des techniques mais, surtout, nous avons donné au texte un tour plus didactique ; le dictionnaire contient ainsi un manuel « d'introduction au multimédia » : le lecteur peut par exemple procéder du général au particulier en commençant par l'article sur le multimédia, puis suivre, selon son intérêt, les articles sur l'audiovisuel, l'informatique, les télécommunications et les différents chemins tracés par les corrélats.

Le dictionnaire du multimédia se veut enfin un outil d'aide à la réflexion.

L'assemblage spectaculaire de l'*interactivité*, des textes, des *images* et des *sons*, la possibilité de *naviguer* dans des *bases de données*, en local ou dans le monde entier, en cliquant simplement sur un fragment de texte ou d'image, l'immersion dans les espaces de *simulation virtuelle*... toutes ces avancées techniques suscitent un enthousiasme légitime, particulièrement sensible dans la jeunesse. Nous souhaitons faire partager cet enthousiasme mais nous proposons aussi, dans cette deuxième édition, une réflexion sur l'histoire trop souvent oubliée du multimédia, sur ses usages et sur ses enjeux sociaux.

Le multimédia n'est pas issu d'une génération spontanée mais de la conjonction de trois domaines déjà anciens qui manipulent, chacun à sa façon, les informations ; l'audiovisuel les crée, l'informatique les traite (mais en crée aussi et d'un type nouveau) et les télécommunications les transportent. Une bonne compréhension du multimédia passe par la connaissance de ces trois domaines et par une réflexion sur leur place dans la société, mise en cause à travers les déréglementations en cours. On peut voir dans ces déréglementations le signe de changements importants concernant le statut de l'information et le rôle traditionnel que joue l'État dans sa production et sa diffusion ; d'une part le savoir et les connaissances se transforment progressivement en marchandises, ajoutant une valeur d'échange à leur valeur d'usage traditionnelle, et d'autre part, l'État apparaît de plus en plus comme un frein à leur libre production et circulation, comme l'annonçait J. F. Lyotard dès la fin des années 70.

Le multimédia est aussi l'enjeu d'une lutte sourde mais réelle entre les États-nations pour s'approprier la maîtrise du faire-savoir et donc du savoir, comme le confirme l'origine du projet des *autoroutes de l'information.* Ainsi, derrière le terme d'internationalisation se cache trop souvent celui d'américanisation : les réseaux américains fournissent plus facilement des informations sur des Républiques d'Asie Centrale par exemple que ces Républiques elles-mêmes, et il n'y a aucune raison de penser que ces informations ne soient pas nécessairement déformées ; l'obtention d'informations sur les réseaux mondiaux interconnectés se fait à travers les filtres placés par les détenteurs des bases de données et par les gestionnaires des réseaux. Le multimédia est dans la situation où se trouvait le téléphone en France il y a trente ans : il était préférable de passer par New York pour obtenir le 22 à Asnières. La différence est qu'il n'y avait, à l'époque, que les humoristes pour promouvoir le passage systématique par New York pour communiquer de Paris à Asnières.

C'est dire que la principale caractéristique du multimédia reste, en cette fin du XXe siècle, son immaturité ; il semble jouer plus le rôle d'un slogan publicitaire que d'une véritable technique autonome. Alors que la grande mode du multimédia *hors ligne*, avec le *disque compact*, n'est pas terminée, apparaît déjà celle du multimédia *en ligne*, avec l'*interconnexion des réseaux*, plus connue sous le très médiatique et très mystérieux nom d'*Internet*, promu à grands frais par les États-Unis et glorifiant une « transparence » communicationnelle universelle. Certes, les télécommunications, comme leur nom l'indique, ont pour fonction première de faciliter les communications à distance et une interprétation naïve pourrait faire croire qu'elles rapprochent les hommes en abolissant les distances. Cependant, force est de constater que l'usage qui en est fait peut aussi maintenir ou même établir des distances : le téléachat peut dispenser de tout commerce avec nos semblables, la téléconférence peut exclure l'étudiant du rapport fondamental qu'il devrait entretenir avec son professeur, le télétravail peut isoler l'employé...

Un autre signe d'immaturité est donné par la surestimation du discours technique au détriment de la réflexion sur la nature et la finalité de la technique. À l'heure où nous écrivons ces lignes se fête le centenaire du cinéma qui, à ses débuts, était un amusement de foire ; il lui a fallu plus de vingt ans pour devenir un moyen d'expression et un art ; le parallèle avec les CD-ROM et les jeux vidéos est évidemment tentant. La seconde édition du dictionnaire apporte matière à réflexion sur l'émergence d'un langage propre au multimédia en donnant de nombreuses informations relatives à celui du cinéma dont il est en partie issu.

Autres signes d'immaturité : la difficulté à imposer des normes et l'usage excessif de termes américains dans la langue technique. Sur ce dernier point, nous avons voulu montrer qu'il est possible d'utiliser une langue technique française : les traductions systématiques (bien que nous sachions qu'elles sont peu usitées) et la présence d'une rubrique d'étymologie visent à sensibiliser le lecteur et, en particulier le technicien, au choix des termes ; le **Dictionnaire du multimédia. Audiovisuel – Informatique – Télécommunications** se veut une modeste contribution à la promotion de la francophonie.

Aussi souhaitons-nous montrer qu'à travers une technique qui nous promet des lendemains qui chantent, sont en jeu la place du savoir dans la société, les rapports de force entre des États, le rapport à autrui, la naissance d'un nouveau langage, l'avenir des langues et des cultures... L'honnête homme du XXIe siècle sera celui qui maîtrise la technique pour mieux s'en affranchir, mieux en mesurer les limites ou les dangers et profiter ainsi pleinement de ses prouesses qui n'ont certainement pas fini de l'enchanter.

Présentation du dictionnaire

• Les entrées

Le choix des termes repose sur la pratique des auteurs qui travaillent chacun dans un domaine du multimédia. Il tient compte d'avis d'autres spécialistes et professionnels, de la lecture régulière de magazines spécialisés, d'articles parus dans la presse quotidienne, de livres et de brochures techniques.

• Les regroupements de termes

On distingue, dans l'ouvrage, deux manières de regrouper les termes :

– Dans la première, on trouve par exemple : « moduler », « modulation », « modulateur » ou encore « périphérique » (adjectif) et « périphérique » (nom masculin). Chaque terme est un mot : il fait l'objet d'une entrée spécifique dans le dictionnaire et les relations qu'il entretient avec les autres termes sont indiquées dans sa définition. Si ce choix est courant pour les dictionnaires généraux, il l'est beaucoup moins pour les dictionnaires spécialisés qui ne conservent souvent qu'un seul terme, en général le nom abstrait. Il a été fait ici parce qu'il permet à un traducteur de disposer, sans hésitation, de l'ensemble des termes propres à une notion et de repérer ceux que les mécanismes de la langue commune pourraient permettre d'envisager, mais qui n'existent pas dans la langue technique. Ainsi, le traducteur étranger saura qu'il dispose de « clic » et de « cliquer », mais pas de « cliqueur » ni de « clicage », ou encore qu'il peut choisir « colorier » ou « colorieur ».

— La seconde regroupe des termes qui n'ont aucune ressemblance morphologique, mais qui entretiennent des liens sémantiques, la connaissance d'un terme contribuant à la compréhension des autres. Deux méthodes sont alors utilisées pour signaler de tels regroupements :

- si le terme est cité dans une définition, il est écrit en *italique*,
- sinon, il est mentionné dans la rubrique « Corrélats ».

Par exemple, pour l'entrée « câblo-opérateur », les termes cités dans le corps de la définition et facilitant la compréhension (réseau câblé, Compagnie Générale de Vidéocommunication, COM-DEV, Lyonnaise de Communication, France Télécom, réseau, plan câble) sont écrits en italique et sont définis ailleurs dans le dictionnaire. Les termes « câble », « multimédia », « télévision » qui eux aussi facilitent la compréhension de « câblo-opérateur », mais ne sont pas cités dans la définition de ce terme sont listés en corrélats.

- **Les calques et les emprunts**

Le vocabulaire quotidien du multimédia (comme celui de l'informatique, des télécommunications ou de l'audiovisuel) se caractérise par un usage excessif du calque[1] et de l'emprunt à l'anglo-américain. Cet excès est en partie gommé dans l'ouvrage[2].

Les **calques** font l'objet d'une entrée lorsqu'ils sont bien établis dans la langue technique. Il peuvent cependant renvoyer à une autre proposition de traduction. Cette proposition se veut une invitation à réfléchir à la traduction et aux rapports qu'entretient la langue technique avec les langues française et anglaise.

Par exemple :

Interface utilisateur exp.

Voir *interface d'utilisation.*

Étymologie : *calque* de l'anglais « user interface ».

Les **emprunts** portent essentiellement sur l'anglais. Ils font l'objet d'une entrée lorsqu'ils sont utilisés de manière presque exclusive

---

[1] Trois termes linguistiques sont définis dans le dictionnaire : « emprunt », « calque » et « motivation » pour éclairer le lecteur peu familiarisé avec ces notions.

[2] *Cf.* [Vinay 77].

dans la langue parlée ou écrite des techniciens. À chaque fois cependant, on donne une traduction et un équivalent français.

Par exemple :

Bug t.a.
(bogue, vermine)

Voir *bogue.*

Lorsque, dans la pratique, aucun équivalent français ne s'est encore imposé, l'ouvrage en propose un, en général choisi parmi les traductions fournies par d'autres auteurs.

Par exemple :

Benchmark t.a.

Voir *banc de mesure.*

Les vocabulaires spécialisés se caractérisent aussi par la présence de nombreux emprunts éphémères. Un certain nombre d'emprunts présents dans cette édition ne seront plus utilisés d'ici quelques années. L'ouvrage donne donc une photographie instantanée de l'état du vocabulaire du multimédia en France au milieu de la dernière décennie du siècle.

• Les noms propres

Une langue technique est composée de nombreux noms propres (noms de marques, de personnes, de sociétés, de produits, d'organismes...) qui jouent le rôle de termes techniques. Ainsi, dans les expressions une « courbe de Bézier » ou un « environnement IBM », les noms propres « Bézier » et « IBM » jouent le même rôle que « régulière » et « interactif » dans une « courbe régulière » et dans un « environnement interactif ». Les noms propres sont donc traités comme des termes de la langue technique. La similitude des noms propres et des termes techniques a déjà été soulignée par de nombreux auteurs : « Le terme technique se distingue du non-terme par le fait qu'il vise une chose génériquement conçue, ce qui le rapproche des noms propres qui, eux, se réfèrent à un et seulement un individu »[3].

---

[3] *Cf.* [Kocourek 82], p. 75.

• **Les sigles**

Les sigles français renvoient à leur forme développée.

Par exemple :

CEI s.f.
Commission Électrotechnique Internationale

Voir ce terme.

Les sigles anglais sont développés (quand cela est possible) et leur forme développée n'est pas toujours traduite.

Par exemple :

IBM n.s. et n. mq.
International Business Machines

CIRC s.a.
Cross-Interleaved Reed-Solomon Code (traduction littérale : Code Reed-Solomon entrelacé en transversal)

La traduction mot à mot veut démystifier : elle met en question la compréhension du terme et bouscule le confort de l'ambiguïté. Nous souhaitons que la traduction, en redonnant aux sigles leur motivation, aiguise la curiosité.

Structure d'un article

Chaque entrée est constituée de six rubriques au maximum :

1 Lexique. On y trouve le terme, son statut grammatical, sa traduction en anglais, sa forme développée dans le cas d'un sigle, et un éventuel renvoi vers un autre terme. Tous les termes, quel que soit leur statut grammatical, sont triés par ordre alphabétique.

2 (facultative) **Définition**. La définition est précédée, si nécessaire, de l'indication du domaine d'utilisation du terme (informatique, audiovisuel, télécommunications...). Les mots en italique sont des corrélats : ils font l'objet d'une autre entrée dont la lecture est conseillée pour une meilleure compréhension.

Certains termes disposent d'un second niveau de définition, en général plus technique et repéré par un losange (♦).

3 (facultative) **Compléments**. Cette rubrique donne par exemple des informations historiques ou économiques.

4 (facultative) **Bibliographie**. Les principaux termes disposent d'au moins une référence bibliographique entre crochets comportant le nom de l'auteur et l'année de parution de l'ouvrage. Les références multiples sont données par ordre alphabétique. Une bibliographie placée en fin d'ouvrage recense l'ensemble des références bibliographiques.

5 (facultative) **Corrélats**. Il s'agit de termes faisant l'objet d'une entrée dans l'ouvrage et dont la lecture est conseillée pour une meilleure compréhension.

6 (facultative) **Étymologie**. L'ouvrage veut sensibiliser le lecteur — et en particulier le technicien — au choix des termes. Un important travail a été fait sur l'histoire des termes, donnant la première date supposée d'apparition du mot dans la langue française et son origine, lorsqu'elle est connue. Les ouvrages qui ont été utilisés pour faire ce travail sont mentionnés dans la bibliographie en fin d'ouvrage.

Et si les sciences et les techniques s'occupaient un peu de leur langue ?

Les traductions de termes par voie d'autorité (décrets, normes...), même si elles aident à clarifier la langue, restent insuffisantes. Seul l'usage décide. Il tient aux fonctions même du langage qui sont loin de se limiter à la communication[1].

La surabondance d'emprunts et de calques présente des inconvénients qui ont été maintes fois soulignés (opacité, aberrations orthographiques...). Bon nombre d'ingénieurs et de techniciens trouvent cependant suffisamment de bénéfices secondaires à l'utilisation d'un jargon pour continuer à en ignorer les défauts. Dès lors, la promotion d'une langue simple et claire passe autant, sinon plus, par la mise en évidence des avantages du jargon que par celle de ses inconvénients.

Aussi souhaitons-nous proposer deux mesures qui tiennent compte de ces remarques :

— La première consiste à valoriser enfin auprès des ingénieurs et techniciens — y compris et surtout dans les écoles de plus haut niveau — un enseignement de type linguistique et pratique qui devrait inclure :

---

[1] Une remarquable analyse est proposée dans [Gobard 76].

- la mise en évidence et en pratique des mécanismes de création et d'évolution des mots dans la langue française, comparés à ceux qui opèrent dans d'autres langues et, en particulier, dans la langue anglaise ;
- l'étude théorique et pratique des fonctions du langage[2].

– La seconde est propre à l'informatique et au multimédia. Elle consiste à normaliser les procédures de traduction des logiciels plutôt que normaliser des traductions à travers la publication de listes de termes recommandés. Il en résulterait une simplification et une accélération des processus de traduction des documentations et des logiciels (systèmes d'exploitation, interfaces d'utilisation ou tout autre logiciel) afin de les rendre accessibles aux utilisateurs.

De telles normes garantiraient qu'un logiciel qui leur est conforme peut être traduit facilement (par exemple, en lançant un programme sur une disquette) et devenir aussitôt un logiciel utilisant la liste de termes X ou Y, publiée par ailleurs. Cette mesure peut inciter les utilisateurs à recourir à des traductions (voire à les personnaliser tout en conservant la possibilité de revenir à chaque instant à un vocabulaire standard).

---

[2] Un séminaire, proposé par l'AILF, donne les grandes lignes d'un tel enseignement.

Liste des abréviations et des symboles

• **Rubrique Lexique**[1]

*	désigne un néologisme non encore recensé dans les dictionnaires techniques
abr. a.	abréviation anglaise
abr. f.	abréviation française
adj.	adjectif
exp.	expression
n.f.	nom féminin
n.f. pl.	nom féminin pluriel
n.m.	nom masculin
n. mq.	nom de marque
n.p.	nom propre
n.s.	nom de société
préf.	préfixe
prév.	préverbe
s.a.	sigle anglais
s.al.	sigle allemand
s.f.	sigle français
t.a.	terme anglais
u.a.	unité anglaise
u.i.	unité internationale
v.	verbe

---

[1] Pour en savoir plus sur les rubriques, *cf.* «Structure d'un article» page XV.

• **Rubriques Définition[2] et Compléments**

♦	indique un niveau de lecture détaillé

• **Rubrique Bibliographie**

Les références bibliographiques sont mentionnées entre crochets ; elles comportent le nom de l'auteur et l'année de parution de l'ouvrage ; elles renvoient à la bibliographie située en fin d'ouvrage.

• **Rubrique Étymologie**

<	est issu de
>	est à l'origine de
+	composé avec
*	placé devant un mot, indique que sa forme est non attestée

---

[2] À noter que les mots en italique dans la rubrique Définition sont des corrélats définis ailleurs dans le dictionnaire.

A

AAD s.a.
Analogue, Analogue, Digital (analogique, analogique, numérique)

Audiovisuel : qualifie un type de *disque compact audio* pour lequel l'*enregistrement* initial et le *mixage* ont été faits à l'aide de matériel *analogique* tandis que la gravure pour *duplication* a été réalisée à l'aide de matériel *numérique.* S'oppose à *ADD* et *DDD.*

ABC n.s.
American Broadcasting Company

Audiovisuel : une des trois grandes chaînes américaines de télévision (avec *CBS* et *NBC*) créée en 1946.

Abekas n. mq. et n.s.

Audiovisuel : Constructeur anglais de matériel vidéo professionnel. Produit notamment des *mélangeurs* numériques, des générateurs d'effets, des enregistreurs vidéo à disque magnétique...

Aberration n.f.
[Anglais : aberration]

Audiovisuel

1. Défaut d'un matériel ou d'un logiciel utilisé pour capter, créer, transmettre ou reproduire des images ou des sons.

2. Défaut d'une image ou d'un son créé avec un tel matériel ou logiciel.

♦ En ce qui concerne l'image, on distingue trois types principaux d'aberrations :
— la distorsion géométrique de l'image (modification de la perspective, des courbes et des lignes) qui peut être due à un défaut des surfaces sphériques réfractantes ou réfléchissantes dans les appareils optiques,
— le flou (perte de *définition*),
— la distorsion du *rendu* des couleurs (aberration chromatique) qui peut être due à une variation de l'indice de réfraction d'une lentille en fonction des différentes longueurs d'ondes de la lumière.

Les aberrations subies par un signal sonore donnent lieu à des défauts audibles tels que le pleurage.

Toutes ces aberrations peuvent apparaître lors des opérations de numérisation, codage, décodage, compression et décompression des images et du son effectuées pour stocker, traiter ou transférer l'information. Les aberrations peuvent être volontaires et utilisées pour produire des effets spéciaux (voir *truquage*).

Bibliographie : INA 93.
Corrélats : analogie, effet de réalité, image, rendu.
Étymologie : emprunt à la langue technique de l'optique. *Français* : XVIIIe siècle, emprunt à l'*anglais* : mot savant d'origine latine. *Latin* : "aberratio" (distraction, égarement) < "aberrare" (s'écarter) < ab (à partir de, loin de) + "errare" (errer). *Indo-européen* : "*apo-" (loin de) [Pokorny p. 53] + "*ers-" (être en mouvement) [Pokorny p. 336].

Accéder v.
[Anglais : to access]

Informatique : faire un *accès*.

Accéléré adj.
[Anglais : speeded-up]

Audiovisuel : qui a les caractéristiques d'un *accéléré*.

Accéléré n.m.
[Anglais : quick motion, speeded-up action, fast forward, fast backward]

Audiovisuel

1. *Truquage* donnant une impression d'accélération du déroulement du temps. Contraire de *ralenti*.

2. Dans un magnétophone ou magnétoscope, défilement de la bande magnétique devant les têtes de lecture à une vitesse supérieure à la vitesse normale. L'accéléré peut se faire à différentes vitesses, avec ou sans restriction du signal, en fonction du matériel utilisé.

♦ **Langage** : l'accéléré est une déformation de la représentation du temps. Il peut être utilisé à des fins narratives ou symboliques. Il est souvent employé pour donner un style comique, en référence aux films burlesques, mais peut aussi être utilisé pour montrer des mouvements lents imperceptibles à l'œil ou pour créer des effets artistiques.

• **Enregistrement** : au cinéma, l'accéléré consiste à enregistrer les images à une vitesse inférieure à celle de leur projection qui est de 24 images par seconde. En vidéo, ce procédé est difficile à réaliser à la prise de vue, sauf en utilisant des matériels coûteux. En pratique, le truquage accéléré s'effectue au montage en enregistrant un signal fourni par un magnétoscope en lecture accélérée.

• **Reproduction** : l'accéléré permet de se déplacer rapidement d'un point de la bande magnétique à un autre, palliant ainsi l'absence d'*accès direct* sur ce type de support. Il permet aussi, sur les magnétoscopes comme sur les lecteurs de vidéodisques, de simplement écourter la visualisation d'un passage en le survolant comme on feuillette un livre. Dans ce cas, le son étant déformé, la sortie haut-parleur est souvent coupée.

L'utilisation de mémoires numériques permettant l'accès direct aux images facilite la réalisation des accélérés : on ne lit qu'une partie des images (1 sur 2, 1 sur 3, 2 sur 3, ...) suivant la vitesse d'accéléré souhaitée.

Bibliographie : Aumont 90, INA 93.
Corrélats : arrêt sur image, langage cinématrographique, ralenti.
Étymologie : emprunt à la langue commune. *Français* : XVe siècle. Emprunt au *latin* : "accelerare" (accélérer) < "celer" (rapide). *Indo-européen* : "kel-" (mener rapidement) [Pokorny p. 548].

Accélérer v.

[Anglais : to speed-up]

Audiovisuel : faire un *accéléré*.

Accès n.m.

[Anglais : access]

Informatique

1. Matériel et logiciel système : ensemble des procédures et des actions mises en œuvre pour écrire ou lire des informations sur un support.

Par exemple : la lecture d'une information sur un disque en rotation comprend, entre autres actions, la recherche de l'emplacement sur le disque (éventuellement par l'intermédiaire de tables d'*index*), le déplacement du bras pour positionner la *tête* de lecture au-dessus de cet emplacement, la lecture magnétique et le transfert de l'information vers la mémoire centrale; l'ensemble de ces actions constitue "l'accès disque". Le temps nécessaire à leur accomplissement, appelé "*temps d'accès*", est une caractéristique importante des *unités de disques*. On distingue dans ce sens deux techniques d'accès : l'*accès direct* et l'*accès séquentiel.*

2. Logiciel d'application : échange d'informations entre le *logiciel d'application* et le *système d'exploitation.* On distingue dans ce sens deux modes d'accès aux informations : l'*accès* (dans un ordre) *aléatoire* et l'*accès* (dans un ordre) *séquentiel.*

Bibliographie : Miquel 92, Tanenbaum 91.
Corrélats : accès aléatoire, accès direct, accès séquentiel, adresse.
Étymologie : emprunt à la langue commune. *Français* : XIIIe siècle. *Latin* : "accessus" (approche, arrivée, accès, adjonction) de "accedere" (marcher vers, s'approcher de) < "ad" (vers, mouvement dans la direction de, commencement) + "cedere" (aller, arriver, se retirer). *Indo-européen* : "*ad-" (près de, vers) [Pokorny p. 3] + "*ked-" (aller, céder) [Pokorny p. 887 sous "*sed-"].

Accès aléatoire exp.

[Anglais : random access]

Informatique : mode d'*accès* (pris au sens **2**) aux informations d'une application. Lorsque l'utilisateur accède successivement à deux informations en mode aléatoire, il n'y a aucun lien logique qui permette d'identifier la seconde information à partir de la première. Il n'y a non plus aucune possibilité de prévoir où se trouvera la seconde information sur le support par rapport à la première. Le mode d'accès aléatoire s'oppose au mode d'*accès séquentiel.* Il suppose que le support permette une technique d'*accès direct* (comme le font par exemple, les *disques*).

Corrélats : adresse, mémoire.
Étymologie : **Accès** : voir *accès.* **Aléatoire** : emprunt à la langue commune. *Français* : XVIe siècle. *Latin* : "aleatorius" (relatif au jeu) de "alea" (jeu de dés, d'où hasard) origine obscure.

Accès conditionnel exp.
[Anglais : closed shop]

Audiovisuel : restriction de l'accès à un programme ou une chaîne de télévision. En général, l'accès est conditionné par le paiement d'une taxe qui donne droit au raccordement au réseau s'il s'agit du câble et/ou à l'installation d'un décrypteur (réseau câblé ou hertzien).

Corrélat : télévision à péage.
Étymologie : **Accès** : voir *accès.* **Conditionnel** : emprunt à la langue commune. *Français* : XIIIe siècle. *Latin* : "condicionalis" (avec agrément) < "cum" (avec) + "dicere" (dire, parler). *Indo-européen* : "*kom" (à côté de, auprès de, avec) [Pokorny p. 612] + "*deik-" (montrer, prononcer solennellement) [Pokorny p. 188].

Accès direct exp.
[Anglais : direct access]

Informatique : technique *d'accès* (pris au sens **1**) aux informations par l'intermédiaire de leurs *adresses* qui repèrent leur emplacement sur le support. La technique d'accès direct permet de traiter les informations dans un ordre aléatoire et s'oppose à la technique d'accès séquentiel. Elle nécessite des supports pourvus de dispositifs d'adressage comme le *disque* ou la *mémoire vive*, qui s'opposent aux supports séquentiels comme les bandes magnétiques.

Corrélats : accès aléatoire, accès séquentiel.
Étymologie : **Accès** *: voir accès.* **Direct** : emprunt à la langue commune. *Français* : XIIIe siècle. *Latin* : "directus" participe passé de "diregere" (mener en différentes directions, diriger) de "dis-" (séparation, écartement), origine obscure + "regere" (diriger en droite ligne). *Indo-européen* : "*reg-" (mouvement en droite ligne) [Pokorny pp. 854, 855].

Accès multiple exp.
[Anglais : multiple access]

Informatique : partage entre plusieurs utilisateurs de l'accès à une même ressource.

En informatique, il peut être nécessaire, à un moment donné, de laisser accéder plusieurs *programmes* ou plusieurs terminaux à une même information. Il est du ressort de l'*analyse* de décider si l'accès multiple sera autorisé et comment seront gérés les éventuels conflits ; la solution généralement retenue consiste à n'autoriser que la consultation des informations et à interdire toute modification.

Corrélats : accès aléatoire, accès séquentiel.
Étymologie : **accès** : voir *accès*. **Multiple** : voir "multiplex".

Accès partagé exp.

[Anglais : shared access]

Informatique : voir *accès multiple.*

Accès protégé exp.

[Anglais : protected mode]

Informatique : mode d'*accès* à une information où certaines fonctions sont réservées à un seul utilisateur ou à un groupe d'utilisateurs.

On peut par exemple autoriser tous les utilisateurs à consulter l'information et n'en autoriser qu'un seul à la modifier. Une solution plus simple consiste à n'autoriser l'accès qu'à un seul utilisateur et à interdir toute action aux autres. Le choix est du ressort de l'*analyse.*

Accès séquentiel exp.

[Anglais : sequential access]

Informatique

1. Matériel et logiciel système : technique d'*accès* (pris au sens **1**) à des informations rangées en séquence selon un ordre préétabli. Pour accéder à une information donnée, il faut d'abord accéder à toutes les informations qui la précèdent sur le support. Dans ce sens, s'oppose à *accès direct.*

2. Logiciel d'application : mode d'accès (pris au sens **2**) aux informations d'une application dans l'ordre où elles ont été rangées sur le support. Ce mode est utilisé en particulier avec les *bandes magnétiques.* Dans ce sens, s'oppose à *accès aléatoire.*

Corrélat : accès direct.
Étymologie : **Accès** : voir *accès*. **Séquentiel** : emprunt à la langue commune. *Français* : XXe siècle de "séquence" XIIe siècle. *Latin* : "sequentia" (suite) de "sequor" (suivre). *Indo-européen* : "*seku-" (suivre) [Pokorny pp. 896, 897].

Access n. mq.

Informatique : nom d'un *système de gestion de base de données relationnel* pour micro-ordinateurs, créé par *Microsoft* et tournant sous *Windows*. Access a été conçu pour gérer des objets multimédias.

Accord n.m.
[Anglais : tuning]

Général : réglage d'un appareil électronique ou d'un instrument de musique pour produire ou capter des signaux électriques ou acoustiques de *fréquences* déterminées.

♦ L'accord entre un oscillateur et une fréquence de référence est obtenu quand la fréquence de l'oscillateur est exactement la même que celle du sytème de référence ; il s'agit, le plus souvent, d'accorder un récepteur sur un émetteur, par exemple en radiophonie on règle le récepteur sur 162 KHz pour capter la chaîne France Inter.

Corrélat : fréquence.
Étymologie : emprunt à la langue commune. *Français* : XIIe siècle. *Latin* : "accordare" (accorder) de "concordare" (être d'accord, mettre d'accord). *Indo-européen* : "*kered-" (le cœur) [Pokorny p. 579].

Accorder v.
[Anglais : to tune]

Effectuer un *accord*.

Accroc n.m.
[Anglais : scratch]

1. Audiovisuel : détérioration localisée d'un support d'enregistrement qui se traduit par une perte de l'information ou l'apparition d'un signal parasite.

2. Informatique : détérioration d'un support magnétique qui le rend inutilisable, due par exemple au frottement d'une *tête* de lecture/écriture à la surface d'un *disque* magnétique.

Corrélats : enregistrement, bras de lecture/écriture, tête.
Étymologie : emprunt à la langue commune. *Français* : XVIe siècle, dérivé de "croc", emprunt au *francique* : "*krok" (crochet). *Indo-européen* : "*ger-" (courbé, crocheté) [Pokorny p. 385].

Accroche n.f.

[Anglais : catching]

Communication : partie d'un message attirant l'attention ; correspond généralement au titre. L'accroche prend souvent la forme d'un slogan.

Corrélat : communication.
Étymologie : emprunt à la langue commune. *Français* : dérivé de "accrocher", lui-même dérivé de "croc", emprunt au *francique* : "*krok" (crochet). *Indo-européen* : "*ger-" (courbé, crocheté) [Pokorny p. 385].

ACE n.p. et n. mq.

1. Informatique : abréviation de Advanced Computing Environment (traduction littérale : environnement informatique avancé). Consortium de constructeurs et d'éditeurs informatiques regroupant notamment Compaq, Digital, Microsoft, Silicon Graphics ...

2. Audiovisuel : *régie* de *montage* développée par la société *Ampex*.

Corrélat : 1. ARCS.

Acer n.s.

Constructeur informatique taïwanais, concepteur du système PAC (Personnal Activity Center ; traduction littérale : centre d'activité personnelle). Ce système multimédia préfigurait ce que pouvait être l'ordinateur familial et personnel au début des années 90 : la machine intégrait autour d'un microprocesseur 486 un ordinateur personnel avec lecteur de CD-ROM, un poste téléphonique avec répondeur interrogeable à distance, fax, messagerie et un poste musical avec radio et lecteur de CD-DA.

Acheminement n.m.

[Anglais : routing]

Voir *routage*.

Acquisition n.f.
[Anglais : acquisition]

Audiovisuel et informatique : voir *capture.*

Étymologie : emprunt à la langue commune. *Français* : XIIIe siècle. *Latin* : "acquisitio" terme juridique < "*acquaero" (rechercher, acquérir, se procurer en plus) < "ad-" (dans la direction de, vers, à l'origine de) + "quaerere" (chercher, rechercher, s'informer, faire une enquête, obtenir) origine obscure. *Indo-européen* : "*ad-" (près de, vers) [Pokorny p. 3].

Acteur n.m.
[Anglais : actor]

Général

1. Personne qui agit ou qui joue un rôle dans une affaire, un événement, une représentation, un spectacle : par exemple, « les acteurs d'un marché économique », « les acteurs d'un film ».
2. Utilisateur d'un système interactif.

Audiovisuel : le jeu des acteurs est un des éléments du *langage cinématographique* ; il est dirigé lors de la *mise en scène.* On distingue traditionnellement deux conceptions du jeu des acteurs.
— L'identification : l'acteur est censé se mettre dans la peau du personnage qu'il incarne. Cette conception fut en particulier celle de l'école américaine appellée « Actor's Studio » fondée en 1947 à laquelle appartinrent les principaux comédiens de théâtre et de cinéma américains. Elle privilégie le jeu des professionnels (comédiens).
— La distanciation, au contraire, encourage l'acteur à prendre ses distances par rapport au personnage qu'il incarne et à se dédoubler ; il est à la fois lui-même et et son personnage. Cette conception, qui doit beaucoup aux réflexions de Diderot et de Bertold Brecht sur le théâtre, accepte volontiers des acteurs non professionnels ; elle est brillamment illustrée par le cinéma de Robert Bresson en France.

Bibliographie : Aumont 88, Maillot 94, Martin 94.
Corrélats : mise en scène, langage cinématographique.
Étymologie : emprunt à la langue commune. *Français* : XVIIe siècle. *Latin* : "actor" (représenter tout au long, tenir un rôle) de "agere" (pousser devant soi, faire de manière continue, agir). *Indo-européen* : "*ag-" (pousser, chasser, conduire) [Pokorny p. 4].

Actif, active adj.
[Anglais : active]

Informatique (logiciel) : qui est en cours d'exécution. Programme actif : programme qui utilise le *processeur central*. Par opposition à un programme inactif (ou en sommeil) qui peut éventuellement être chargé en mémoire mais n'est pas en train de s'exécuter et n'utilise pas le processeur central.

Fenêtre active : sur un *écran*, fenêtre où l'utilisateur peut entrer des données et où le programme met à jour son *affichage*, par opposition à fenêtre en *arrière-plan*.

♦ La distinction entre programme actif et inactif est apparue avec les systèmes d'exploitation travaillant en multiprogrammation. De même la distinction entre fenêtre active et inactive (d'arrière-plan) est liée à l'apparition d'interfaces d'utilisation travaillant en multifenêtrage.

Corrélats : fenêtre, interface d'utilisation, système d'exploitation.
Étymologie : emprunt à la langue commune. *Français* : XIIe siècle. *Latin* : "activus" (pratique, par opposition à théorique) de "agere" (pousser devant soi, faire de manière continue, agir). *Indo-européen* : "*ag-" (pousser, chasser, conduire, mener son troupeau) [Pokorny p. 4].

Action Media II n. mq.

Informatique : cartes permettant d'adapter les PC et les PS/2 d'*IBM* au multimédia. Développées en commun par *Intel* et IBM, les cartes font partie de l'offre multimédia d'IBM appelée *Ultimédia*. Elles sont aussi un des éléments constitutifs du système *DV-I*. Elles reproduisent des sons et affichent des images fixes ou animées préalablement numérisées et compressées.

Activable adj.
[Anglais : actionable]

Informatique (logiciel) : qui peut être rendu *actif*.

Étymologie : néologisme dérivé de "actif" (voir ce terme) avec le suffixe "-able" du latin "-abilem" qui marque la possibilité ou la qualité.

Activation n.f.
[Anglais : activation]

Informatique (logiciel) : action de rendre *actif.*
Par exemple : activation d'un programme.

Étymologie : emprunt à la langue de la chimie, XXe siècle. Dérivé savant de "activer" (voir *actif*) avec le suffixe "-tion" (du latin "-tio") qui sert à former des termes abstraits.

Activer v.
[Anglais : to activate]

Informatique (logiciel) : rendre *actif.*
S'oppose à désactiver.

Activité n.m.
[Anglais : activity]

Informatique (logiciel) : propriété d'un élément *actif.*

Étymologie : emprunt à la langue commune. *Français* : XVe siècle. Emprunt au latin "activitas" de "agere" (pousser devant soi, faire de manière continue, agir). *Indo-européen* : "*ag-" (pousser, chasser, conduire, mener son troupeau) [Pokorny p. 4].

A/D s.a.
Analogue to Digital (analogique/numérique)

Électronique : voir A/N.

Adaptabilité n.f.
[Anglais : adaptability, flexibility]

Faculté d'être adaptable (voir adaptation).

Étymologie : calque du terme technique anglo-américain, XXe siècle.

Adaptable adj.
[Anglais : adaptable, flexible]

Qui peut être adapté (voir adaptation).

Étymologie : emprunt à la langue commune, XVIIIe siècle. Dérivé de "adapter" (voir ce terme) avec le suffixe "-able" (du latin "-abilem") qui marque la possibilité ou la qualité.

Adaptateur n.m.

[Anglais : adapter, adaptator]

1. Audiovisuel : personne qui écrit une adaptation.

2. Électronique : élément mécanique de transition entre deux environnements, généralement standard (par exemple : adaptateur pour secteur-12V, adaptateur BNC-RCA, adaptateur 110-220V, adaptateur fibre optique-coaxial, adaptateur SCSI, adaptateur dans un commutateur *ATM* ...).

♦ L'adaptateur peut être totalement passif (adaptateur d'un connecteur à un autre) ou posséder une partie active (par exemple, dans le cas de la transition de la fibre optique vers un câble coaxial). Il respecte les normes en vigueur dans les deux environnements qu'il connecte (impédance, tension, dimensions ...).

Corrélats : convertisseur, codeur, interface.
Étymologie : emprunt à la langue commune. *Français* : XXe siècle.Dérivé de "adapter" (voir ce terme).

Adaptation n.f.

[Anglais : adaptation]

1. Électronique :
   a. Action d'ajuster par conversion, codage ou réglage un appareil ou un système à un environnement.
   b. Résultat de cette action.

2. Audiovisuel :
   a. Transcription en *langage audiovisuel* ou multimédia d'un roman, d'une nouvelle ou de toute œuvre littéraire, théâtrale ou d'opéra.
   b. Résultat de ce travail.

♦ **Audiovisuel** : l'adaptation est un exercice difficile qui est en fait un véritable travail de création. On peut en prendre pour preuve les tentatives d'adaptation d'œuvres déjà "audiovisuelles" comme les pièces de théâtre ou d'opéra ; lorsque l'on se contente de placer une caméra fixe devant la scène d'un théâtre et de filmer, espérant par là saisir et reproduire les émotions d'un spectateur imaginaire qui serait assis à la place qu'occupe la caméra, l'effet est en général décevant.

Corrélats : 1. codage, conversion. 2. langage cinématographique, scénario.
Étymologie : emprunt à la langue commune. *Français* : XVIe siècle. Dérivé de "adapter" (voir ce terme) avec le suffixe "-tion" qui sert à former des termes abstraits.

Adapter v.

[Anglais : to adapt]

Faire une *adaptation* (voir ce terme).

Étymologie : emprunt à la langue commune. *Français* : XIVe siècle. Emprunt au latin "adaptare" (rendre apte) de "ad" (vers, en direction de) + "aptus" (apte, adapté) participe passé de "apere" (attacher, lier). *Indo-européen* : "*ad-" (vers, près de) [Pokorny p. 3] + "*ap-" (prendre, atteindre) [Pokorny p. 50].

ADCT s.a.

Adaptative Discrete Cosine Transform (traduction littérale : Transformée cosinus discrète adaptive)

Voir *TCD.*

AD/cycle n.mq.

Voir *Atelier de Génie Logiciel.*

ADD s.a.

Analogue, Digital, Digital (analogique, numérique, numérique)

Audiovisuel : qualifie un type de *disque compact audio* pour lequel l'*enregistrement* initial a été fait à l'aide de matériel analogique tandis que le *mixage* et la gravure pour *duplication* ont été réalisés à l'aide de matériel numérique. S'oppose à *AAD* et *DDD.*

Additif, Additive adj.

[Anglais : additive]

Audiovisuel : qualifie un système de *synthèse des couleurs* dans lequel on peut obtenir toutes les couleurs du *spectre* par l'addition nuancée de trois *couleurs primaires.* Dans la majorité des cas, les trois couleurs primaires sont le rouge, le vert et le bleu.

Corrélat : synthèse des couleurs.
Étymologie : emprunt à la langue commune. *Français* : XIXe siècle. *Latin* : "addere" (ajouter) < "ad-" (dans la direction de, vers) + "dere" (faire, poser). *Indo-européen* : "*ad-" (vers, en direction de) [Pokorny p. 3] + "*dhe-" (placer, poser) [Pokorny p. 235].

ADO s.a. et n. mq.

Ampex Digital Optics (traduction littérale : optique numérique Ampex)

Audiovisuel : appareil de création d'effets vidéo numériques commercialisé par la société *Ampex.* Les effets ADO (prononcé "Adého") permettent d'envelopper une image sur un volume quelconque, de la plier, de l'éclater...

Adobe n. mq.

Informatique : éditeur américain de logiciels, spécialisé dans les logiciels multimédias. Commercialise notamment Photoshop, logiciel de traitement d'images ; Illustrator, logiciel de création graphique travaillant en mode vectoriel ; Dimensions, logiciel de dessin en 3D, Acrobat, logiciel de compression et de conversion pour PAO et Première, logiciel de montage vidéo numérique.

ADPCM s.a.

Adaptative Differential Pulse Code Modulation

Voir *modulation par impulsion et codage.*

Adressage n.m.

[Anglais : addressing]

1. **Informatique** : fait d'associer son *adresse* à une information ou à un ensemble d'informations. L'adressage des informations permet

d'*accéder directement* à chacune d'entre elles et de les traiter dans un ordre aléatoire.

2. Télécommunications : attribution d'une *adresse.*

3. Vidéo : adressage des signaux : technique employée dans le cadre de la *télévision à péage* qui consiste à ajouter aux émissions transmises des messages qui permettent au décrypteur de savoir s'il doit ou non décrypter l'émission.

Corrélats : accès, disque, mémoire.
Étymologie : voir *adresse.*

Adresse n.f.

[Anglais : address]

1. Informatique :

a. Coordonnées d'une information enregistrée sur un support. Par exemple : sur un *disque* divisé en *pistes* et en *secteurs,* l'adresse d'une information est constituée par les numéros de la piste et du secteur où elle est *enregistrée.*

b. Coordonnées d'un périphérique sur une *guirlande.*

2. Télécommunications : information associée à un message pour l'acheminer à travers un réseau jusqu'à son destinataire. L'adresse est utilisée en commutation de circuits (exemple : le numéro de téléphone de l'appelé) et en commutation de paquets (champ d'adresse dans le paquet comportant les coordonnées de l'appelé).

En téléphonie, le numéro de téléphone est un exemple d'adresse : la première partie du numéro de téléphone identifie le pays, une deuxième partie correspond à un code régional, une troisième partie indique le central téléphonique sur lequel est rattaché l'abonné, la dernière partie est le numéro unique d'équipement attribué à l'abonné.

Corrélat : accès.
Étymologie : emprunt à la langue commune. *Français* : dérivé de "dresser". *Latin* : "*directiare" de "directus" participe passé de "diregere" (mener en différentes directions, diriger) de "dis-" (séparation, écartement) origine obscure + "regere" (diriger en droite ligne). *Indo-européen* : "*reg-" (mouvement en droite ligne) [Pokorny p. 854].

Adresse absolue exp.
[Anglais : absolute address]

Informatique : coordonnées physiques d'une information ou d'un ensemble d'informations sur un support. S'oppose à *adresse relative.*

Par exemple : sur un *disque* divisé en *pistes* et en *secteurs,* l'adresse absolue d'une information est constituée par les numéros de la piste et du secteur où elle est enregistrée. Le point de référence est le début physique du disque.

Adresse relative exp.
[Anglais : relative address]

Informatique : coordonnées d'une information ou d'un ensemble d'informations sur un support, exprimées par rapport à un point de référence logique. S'oppose à *adresse absolue.*

Par exemple : sur la surface d'un *disque,* on peut exprimer l'adresse relative d'une information par rapport au début du fichier auquel elle appartient.

Adresser v.
[Anglais : to address]

1. **Informatique** : attribuer une *adresse.*
2. **Télécommunications :**
   - **a.** Associer une adresse à une information ou un objet.
   - **b.** Faire parvenir une information à son destinataire.

ADSL s.a.
Asymmetric Digital Subscriber Line (traduction littérale : ligne d'abonné numérique assymétrique)

Télécommunications : technique de transmission d'informations numériques sur une ligne téléphonique.
Cette technique repose sur l'emploi de modems particuliers aux deux extrémités de la ligne. En 1995, les débits allaient de 1,5 à 6 Mbit/s dans le sens réseau vers abonné, et de 500 Kbit/s dans l'autre sens. La portée était de plus de 4 kilomètres sur une paire de fils de cuivre. On envisageait ainsi de transmettre des émissions de *télévision interactive* sur des lignes téléphoniques ordinaires.

En 1995, le *CNET* estimait que 70 % des abonnés de France Télécom disposaient d'une ligne téléphonique permettant d'utiliser l'ADSL. Mais les opérateurs de télécommunications avaient des opinions divergentes sur l'intérêt de l'ADSL... peut-être à cause de son coût élevé ?

♦ Afin d'accélérer la normalisation de l'ADSL (en particulier pour les interfaces), des opérateurs de réseaux (BT, Ameritech, Bell Atlantic, US West...) et des fournisseurs d'équipements ADSL (ATT Paradyne, Motorola, Amati, Analog Devices...) ont constitué l'ADSL Forum.

Corrélats : câble, HDSL.

AFEE s.f.
Association Française de l'Édition Électronique

Créée en 1992, l'AFEE regroupe des sociétés impliquées dans l'édition interactive sur supports optiques ou sur serveurs.

Affaiblir v.
[Anglais : to attenuate]

Effectuer un *affaiblissement*.

Affaiblissement n.m.
[Anglais : attenuation, loss]

Télécommunications : diminution de la puissance, de la tension, de l'intensité, de la valeur d'une caractéristique d'un signal au cours de sa *transmission*. L'affaiblissement se mesure en *décibel* (dB). Pour lutter contre ce phénomène, on utilise des *amplificateurs* ou des *régénérateurs*.
L'affaiblissement est moindre dans les *fibres optiques* que dans les supports métalliques.

♦ Les câbles à fibres optiques monomodes se contentent d'un amplificateur ou d'un regénérateur tous les 40 km, avec une porteuse de longueur d'onde de 1300 nm, et tous les 80 km avec une porteuse de 1555 nm. Des technologies plus modernes (basées sur l'amplification optique du signal et la modulation optique par soliton) augmentent considérablement ces distances (plusieurs centaines de km). L'affaiblissement de câbles à paires coaxiales est le suivant :

Paire (diamètre en mm)	Affaiblissement à 1 MHz en dB/km	Affaiblissement à 12 MHz en dB/km	Affaiblissement à 60 MHz en dB/km
1,2 / 4,4	5,3	18	-
2,6 / 9,5	2,3	8	18

Corrélats : amplifier, câble, canal, décibel.
Étymologie : emprunt à la langue commune. *Français* : XIIIe siècle, dérivé de "faible". *Latin* : "flebilis" (digne d'être pleuré, déplorable, faible) de "flere" (pleurer). *Indo-européen* : "*bhle-" (hurler) [Pokorny p. 154].

Affichage n.m.

[Anglais : display]

1. Informatique :

a. Opération qui fait apparaître des images, des graphiques ou des textes sur un écran.

b. Résultat de cette opération.

2. Audiovisuel : incrustation de textes ou de graphiques dans une image.

♦ L'informatique, l'audiovisuel et le multimédia ont ceci de commun qui les oppose à l'imprimé : le code et le support de l'information changent lorsque l'on passe de la mémorisation à la visualisation des informations. Avec l'imprimé au contraire, mémorisation et visualisation se font sur le même support et dans le même code.

En informatique, la fonction d'affichage peut se décomposer en trois phases principales :
— Lecture des informations à afficher à partir d'une *mémoire auxiliaire* vers une *mémoire centrale.*
— Codage de cette information vers un signal adapté au dispositif de visualisation (cette phase utilise une *carte vidéo* ou une *carte graphique* et *un pilote*).
— Visualisation sur l'écran d'un *moniteur.*

L'affichage d'une information met ainsi en œuvre toute une chaîne d'éléments disparates et complémentaires : la conception, l'*application,* une *carte de visualisation* et son *pilote,* un *écran* et une *connectique...*

La qualité de l'affichage est limitée aux possibilités du maillon le plus faible de cette chaîne.

• Conception de l'affichage multimédia

Pour l'affichage, le concepteur multimédia doit répondre à cinq questions :
— Quelle information afficher ?
— À quel moment l'afficher ?
— À quel endroit de l'écran l'afficher ?
— Quelle forme, quelle couleur, quelle définition d'image, quelle durée... ?
— Avec quel sons, avec quelles fonctions interactives ?

Pour y répondre, il doit tenir compte de nombreux paramètres : contenu du message, style désiré, public visé, charte graphique, environnement sonore, ce qui a déjà été affiché et ce qui sera affiché ensuite...

L'écriture cinématographique ou vidéo, à travers la réalisation et le montage, maîtrise bien ces questions pour ce qui concerne un affichage séquentiel d'images fixes ou animées mais est mal adaptée à la manipulation des *textes* et ignore tout de l'*interactivité*.

L'informatique qui a mené des études sur les *interfaces d'utilisation* maîtrise la mise en écrans interactifs de contenus de types textuel et informatif (informations de gestion, saisie et mise en page de textes, calculs scientifiques, graphiques illustratifs, menus, ...) mais maîtrise mal l'enchaînement d'images et en particulier les *transitions* d'images animées.

Il reste à faire, pour le multimédia, la synthèse de ces savoir-faire.

• Caractéristiques d'un affichage sur écran

Le mode d'affichage

Il dépend du type d'information affichée ou du type de visualisation souhaitée.

En fonction du type d'information :
— pour les textes : affichage en mode *alphanumérique*,
— pour les images : affichage en *mode points* ou en *mode vectoriel*.

En fonction du type de visualisation :
— affichage monochrome ou en couleur (4, 16, 64, 256, 32 000, 64 000, 16 millions de couleurs).

La définition de l'écran utilisé

On distingue les définitions horizontale et verticale :
— La définition horizontale s'exprime en nombre de points visibles par ligne. Les valeurs les plus courantes sont : 320, 512, 640, 720, 768, 800, 1 024, 1 280 et 1 600...
— La définition verticale s'exprime en nombre de lignes visibles sur l'écran. Les valeurs les plus courantes sont : 200, 240, 350, 400, 480, 512, 576, 600, 768, 1 024, 1 200...

Le format de l'écran utilisé

Il s'exprime par le rapport de la largeur sur la hauteur de l'écran : 1/1, 4/3, 5/3, 16/9 ... ou par la longueur de la diagonale de l'écran (en général exprimée en pouce) : 14 pouces, 19 pouces...

La fréquence verticale de renouvellement de l'image
Elle s'exprime en hertz : de 25 à 100 Hz.
L'œil perçoit un scintillement en dessous de 65 Hz.

Bibliographie : Balpe 90, Boursier 93, Brouste 93, Chaniat 88, Coutaz 90, Herellier 93, Terrasson 92.
Corrélats : affichage, carte de visualisation, écran, interface d'utilisation, point sensible.
Étymologie : emprunt à la langue commune. *Français* : XVIIIe siècle, dérivé de "afficher", voir ce terme.

Afficher v.

[Anglais : to display]

1. **Informatique** : visualiser des informations vidéo, graphiques ou textuelles sur un écran.
2. **Audiovisuel** : incruster des textes dans une image.

Corrélat : affichage.
Étymologie : emprunt à la langue commune. *Français* : dès le XIe siècle au sens de "fixer", mais XVIe siècle au sens moderne ; dérivé de "ficher". *Latin* : "figicare" de "figere" (attacher, fixer). *Indo-européen* : "*dheigu-" (fixer, planter) [Pokorny p. 243].

AFNOR s.f.

Association Française de Normalisation

Membre du *CEN* et de l'*ISO.*
Créée en 1926, l'AFNOR est une association régie par la loi de 1901 à laquelle adhèrent près de 4 000 entreprises. L'AFNOR a une triple mission :
— l'élaboration des normes,
— l'édition, la diffusion et la promotion des normes,
— la certification de produits (délivrance de la marque NF et du label écologique communautaire).

L'AFNOR met au service de l'industrie un ensemble de plus de 17 500 normes françaises dont beaucoup sont issues de travaux européens et internationaux. Son centre de documentation comprend plus de 500 000 normes internationales. Elle organise enfin des séminaires de formation destinés aux acteurs industriels.

Corrélats : normalisation, ISO, CEN, standard.

Agent intelligent exp.
[Anglais : intelligent agent]

Informatique : *objet* utilisant les techniques de l'*intelligence artificielle* : il adapte son comportement à son environnement et en mémorisant ses expériences, se comporte comme un sous-système capable d'apprentissage ; il enrichit le système qui l'utilise en ajoutant, au cours du temps, des fonctions automatiques de traitement, de contrôle, de mémorisation ou de transfert d'information.

Un agent intelligent contient un ou plusieurs des éléments suivants :
— une base de connaissance prédéfinie,
— un *moteur* d'inférence, lui permettant de tenir des raisonnements plus ou moins complexes,
— un système d'acquisition de connaissance,
— un mécanisme d'apprentissage.

♦ Les agents intelligents sont utilisés dans des applications très diverses : la recherche ou le filtrage d'informations, l'aide à la décision, la planification, la modélisation de comportements, la *reconnaissance de formes*, le *routage* d'informations dans des réseaux, *le courrier électronique*, les *interfaces d'utilisation*, la *simulation*... Ils sont en particulier utilisés dans la programmation d'applications sur les *autoroutes de l'information* par exemple celles développées avec le langage Telescript de *General Magic*. On prévoyait une croissance importante du marché des techniques utilisant les agents intelligents jusqu'à la fin du siècle.

Corrélat : objet.

AGL s.f.

Voir atelier de génie logiciel

Agrandissement direct n.m.

Audiovisuel : voir *gonflage*.

Aigu adj.
[Anglais : trebble]

Audiovisuel : qui appartient à la partie haute du spectre des *fréquences* audibles.

Corrélat : fréquence.
Étymologie : emprunt à la langue commune. *Français* : XIIIe siècle. *Latin* : “acutus” (aigu) participe passé de “acuere” (aiguiser) de “acus” (pointe, aiguille). *Indo-européen* : “*ak-” (pointu, aigu) [Pokorny p. 18].

Aigu n.m.
[Anglais : trebble]

Audiovisuel : fréquence de la partie haute du spectre (terme souvent utilisé au pluriel).

Étymologie : voir ci-avant l’adjectif *aigu*.

AILF s.f.
Association des Informaticiens de Langue Française

Informatique : association d’étude et de réflexion œuvrant pour la promotion d’une informatique multilingue.

AIX s.a.
Advanced Interactive eXecutive

Informatique : le sigle rappelle le nom d’*Unix*. AIX est la version d’Unix mise au point par *IBM* et notamment commercialisée sur ses modèles RISC 6000.

Alcatel n.s.

Télécommunications : constructeur français de matériels de télécommunications faisant partie du groupe *Alcatel-Alsthom*. Il était en 1996 un des cinq premiers constructeurs mondiaux d’équipements de télécommunications. Sa filiale Alcatel-CIT est le premier fournisseur de matériel de commutation de France. Sa filiale Alcatel Data Networks (ADN) est un des principaux fournisseurs de systèmes *X25* ou *ATM* dans le monde.

Algorithme n.m.
[Anglais : algorithm]

Informatique

1. Tout ou partie d'un programme qui effectue un calcul, ou une suite d'opérations, dans un ordre bien défini, pour fournir un résultat.

Par exemple : un algorithme de *compression* réduit la place occupée par des informations numérisées ; un algorithme d'*affichage* transfère les informations depuis une mémoire vers un écran.

2. D'une manière plus générale, procédure de calcul mécanique ou récursive.

♦ **Exemple** : l'algorithme du *tampon*-Z (*Source* : Chaniat).

```
DÉBUT
    Pour 0 < i < N Faire
        Pour 0 < j < N Faire
            Z(i,j) ← Max
        FinPour
    FinPour
    Pour chaque objet Faire
        Pour chaque pixel de l'écran où l'objet est présent
        Faire
            Calcul de Z, la distance entre l'observateur et l'objet
            en ce pixel (i,j)
            Si Z < Z(i,j)
                Alors
                Z(i,j) ← Z
                A(i,j) ← Attribut de l'objet
            FinSi
        FinPour
    FinPour
FIN
```

Bibliographie : Chaniat 88, Herellier 93.
Corrélats : compression, procédure, programme.
Étymologie : du nom arabe du savant du IXe siècle Mohammed Ibn Mousa al Khowerismi qui vivait à Khiva, au royaume du Khoresme, aujourd'hui en Ouzbekistan.

Aliasing t.a.

Audiovisuel : voir *crénelage.*

Alignement n.m.
[Anglais : tuning]

Électronique : en fabrication ou en *maintenance*, contrôle et réglage des caractéristiques électromagnétiques d'un appareil ou d'un ensemble d'appareils pour les "mettre à la norme".

Par exemple : l'alignement d'un magnétophone consiste à vérifier l'effet d'azimut, les courbes de réponses, le gain ...

Bibliographie : Mercier 90.
Étymologie : Emprunt à la langue commune. *Français* : XVe siècle. *Latin* : "linea" (fil de lin) < "linom" (lin). *Indo-européen* : peut-être "*lino-" (lin) [Pokorny p. 691].

Alpha adj.
[Anglais : alpha]

1. Qualifie la première étape dans un processus. Utilisé aussi comme préfixe. Voir *alphatest.*

2. Audiovisuel : dans un magnétoscope, qualifie un mode d'enroulement de la bande autour du tambour portant les têtes de lecture/écriture. La bande s'enroule complètement autour du tambour, dessinant, vue de dessus, un α.

♦ L'enroulement alpha est un des deux modes d'enroulement utilisés dans la technique du défilement hélicoïdal. Utilisé dans les magnétoscopes au format 1 pouce, ce mode est abandonné au profit de l'enroulement *oméga.*

Corrélat : défilement.
Étymologie : nom de la première lettre de l'alphabet grec.

Alpha n. mq.

Informatique : architecture d'ordinateur fondée sur un microprocesseur lancé par la société Digital en 1992 et utilisant la technologie RISC.

♦ De type Risc 64 bits, cadencé jusqu'à 300 MHz, Digital annonce une puissance allant jusqu'à 400 Mips. Le microprocesseur alpha est prévu pour fonctionner avec les sytèmes d'exploitation suivants : OPEN VMS, OSF/1, Windows NT.

Corrélats : Digital, microprocesseur.

Alphabet n.m.

[Anglais : alphabet, character set]

1. Ensemble des lettres de l'écriture, par opposition aux chiffres et aux signes spéciaux.

2. Par extension, ensemble des signes conventionnels utilisés dans une écriture (lettres, chiffres et signes spéciaux).

3. Informatique (théorie des langages) : ensemble de signes dont l'assemblage, suivant des règles bien définies, permet de constituer des mots dans un langage donné.

♦ La diversité des signes utilisés par les différentes langues du monde a nécessité la définition d'un ensemble d'alphabets répertoriés à l'ISO sous les numéros ISO/IEC/8859-N (N variant avec chaque langue).

Corrélats : alphabétique, alphanumérique, donnée, numérique.
Étymologie : emprunt à la langue commune. *Français* : XVe siècle. *Latin* : "alphabetum" (alphabet). *Grec* : "alphabetos" (alphabet) < "alpha" nom de la première lettre de l'alphabet grec + "béta" nom de la seconde.

Alphabétique adj.

[Anglais : alphabetic, alphabetical]

Informatique : caractérise des données représentées uniquement par des caractères de l'alphabet ou des signes spéciaux, à l'exclusion des chiffres. Les données alphabétiques ne sont ni *alphanumériques* ni *numériques*.

Corrélat : donnée.
Étymologie : emprunt à la langue commune. **Alphabet-** : *français* : XVe siècle. *Latin* : "alphabetum" (alphabet). *Grec* : "alphabetos" (alphabet) < "alpha" nom de la première lettre de l'alphabet grec + "béta" nom de la seconde. **-ique** : *français* : suffixe très utilisé dans la formation des termes scientifiques. *Latin* : "-icus"

Alphanumérique adj.

[Anglais : alphanumeric, alphanumerical]

Informatique : caractérise des données représentées par un ensemble de caractères de l'alphabet et de signes spéciaux ou chiffres. Les données alphanumériques ne sont ni alphabétiques, ni numériques.

Corrélats : alphabétique, donnée, numérique.
Étymologie : contraction de alphabétique et numérique.

Alphatest n.m.
[Anglais : alphatest]

Informatique : dans la phase finale du développement d'un produit matériel ou logiciel, étape au cours de laquelle sont effectués les premiers tests de mise au point. Cette première étape de tests élimine les erreurs les plus grossières et contrôle si le produit marche bien et ne tombe pas en panne. Elle précède l'étape de contrôle des bêtatests qui vérifiera si le produit est conforme à ses spécifications fonctionnelles. Les alphatests sont effectués en laboratoire tandis que les bêtatests ont souvent lieu dans un environnement réel.

Corrélat : bêtatest.

Alternat n.m.
(Anglais : half duplex)

Télécommunications : liaison bidirectionnelle pour laquelle la transmission ne peut avoir lieu que dans un seul sens à un moment donné. On peut cependant changer de sens au cours de la communication. Le *vidéotex* et les transmissions avec les avions utilisent ce type de liaison.

Bibliographie : Maiman 86.
Corrélats : bidirectionnnel, bidirectionnnel à l'alternat, liaison.
Étymologie : emprunt à la langue commune (terme utilisé surtout en diplomatie) < "alterner" (XIIIe siècle). *Latin* : "alternare" (alterner) < "alter" (autre). *Indo-européen* : "*al-" (au-delà) [Pokorny p. 24].

Alternative n.f.
[Anglais : alternative]

Informatique : l'une des trois structures élémentaires d'information, avec la *séquence* et l'*itération*. L'alternative correspond à un choix exclusif entre plusieurs objets.

Par exemple : un mois peut être décrit comme une alternative entre un ensemble de 31 jours ou un ensemble de 30 jours ou un ensemble de 29 jours ou un ensemble de 28 jours ; une image comme une alternative entre une image couleur ou une image noir et blanc...

Bibliographie : Jackson 76.
Corrélat : programmation structurée.
Étymologie : emprunt à la langue technique de la logique. *Français* : XVe siècle. *Anglais* : "alternative" (choix). *Latin* : "alter" (autre). *Indo-européen* : "*al-" (au-delà) [Pokorny p. 24].

Ambiance n.f.

[Anglais : mood, ambience]

1. Vidéo :
a. Lumière douce et, par extension, projecteur créant cette lumière.
b. Éclairage général d'une scène, d'un décor, visant à reconstituer l'ambiance du lieu et du moment. L'ambiance appelée aussi éclairage d'ambiance, s'oppose aux effets d'éclairage.
2. Audio : ensemble des sons caractéristiques d'un lieu à un moment donné. Par extension, appareils destinés à capter ou à reproduire ces sons.

♦ Les ambiances sonores ou d'éclairage participent à l'effet de réalité et augmentent le rapport d'analogie qu'il y a entre la représentation et le réel. Leur manipulation relève de la mise en scène et de l'écriture filmique.

Bibliographie : INA 93, Mercier 93.
Corrélats : effet de réalité, truquage.
Étymologie : emprunt à la langue commune. *Français* : XIXe siècle, dérivé de "ambiant". Emprunt au *latin* : "ambiens", participe présent de "ambire" (entourer) < "ambi-" (des deux côtés, autour de) + "ire" (aller). *Indo-européen* : "*ambhi" (autour de) [Pokorny p. 34] + "*ei-" (aller) [Pokorny p. 293].

Ames n.p.

Centre de recherches de la Nasa où eurent lieu, au cours des années quatre-vingts, les premières expériences de *simulation virtuelle* utilisant conjointement un *visiocasque* et un *gant sensitif*.

Amovible adj.

[Anglais : removable]

Informatique : qualifie un support d'informations que l'on peut retirer de son dispositif d'enregistrement ou de lecture pour lui en substituer un autre de même espèce.

Par exemple : les bandes magnétiques, les cartes à mémoire, les disques optiques, les cassettes, les disques compacts.

Les supports amovibles permettent à un système informatique de disposer d'une capacité de mémoire illimitée. Cependant, leur temps d'accès est relativement long et leur conservation doit se faire parfois avec précaution (en particulier pour les bandes magnétiques). Les supports amovibles sont aussi des moyens très pratiques de distribution ou d'édition d'informations.

Corrélats : disque, disquette.
Étymologie : emprunt à la langue commune. *Français* : XVIIe siècle. *Latin* : "amovere" (écarter, éloigner, enlever, dérober) < "ab-, a-" (marquant l'absence, l'éloignement ou la privation) + "movere" (bouger, mouvoir, au sens physique ou moral). *Indo-européen* : "*apo-" (au loin, à l'écart) [Pokorny p. 53] + "*meu-" (écarter, pousser au loin) [Pokorny p. 743].

Ampex n.s. et n. mq.

Audiovisuel : fabricant américain de matériel vidéo. Ampex a notamment développé les premiers magnétoscopes professionnels "Quadruplex" et le système d'effets spéciaux ADO.

Amphenol n.s. et n. mq.

Informatique

1. Constructeur américain de *connecteurs.*

2. Connecteur à verrouillage par clips fabriqué par la société Amphenol. Ce connecteur est très utilisé pour certains périphériques (par exemple : les imprimantes).

Amplificateur n.m.
[Anglais : amplifier]

Électronique : dispositif destiné à *amplifier* un signal.

Amplification n.f.
[Anglais : amplification]

Électronique : action d'*amplifier.*

Amplifier v.

[Anglais : to amplify]

Électronique : augmenter la puissance ou la tension d'un *signal.* En transmission on amplifie un signal affaibli par le parcours d'une longue distance. De même, après la lecture d'un enregistrement sur un support magnétique, il faut amplifier le signal pour pouvoir le transmettre et le reproduire. L'amplification se mesure en *décibel* (voir *gain*).

Corrélats : affaiblissement, gain.
Étymologie : emprunt à la langue commune. *Français* : XVe siècle. *Latin* : "amplificare" (amplifier) < "amplus" (ample) origine obscure + "facere" (faire). *Indo-européen* : "dhe-" (poser, placer, fixer) [Pokorny p. 236].

Amplitude n.f.

[Anglais : amplitude]

Électronique

1. Étendue du domaine d'une variable.

2. Une des trois caractéristiques (avec la fréquence et la phase) d'un signal périodique.

♦ **Électronique** : l'amplitude désigne souvent la valeur maximum d'un signal (si on dépasse cette valeur, les amplificateurs ne sont plus tenus d'être linéaires). Par exemple : l'amplitude normalisée en vidéo est de 1 volt sur 75 ohms ; en audio, elle est de 1 millivolt sur 600 ohms.

Corrélats : modulation, onde, période.
Étymologie : emprunt à la langue commune. *Français* : XVIIe siècle. *Latin* : "amplitudo" (amplitude) < "amplus" (ample, large). Origine obscure.

A/N s.f.

(Analogique/Numérique) [Anglais : A/D]

Électronique : qualifie un matériel convertissant un signal analogique en numérique.

Corrélat : numériseur.

Analogie n.m.

[Anglais : analogy]

Ressemblance portant sur un ou plusieurs points entre deux choses différentes par ailleurs.

♦ Il existe une analogie entre l'*image* et son modèle. Tous les progrès techniques tendent à parfaire cette analogie : l'*interactivité*, libère la représentation de sa linéarité temporelle ; les techniques de *simulation virtuelle* ajoutent les sensations tactiles et augmentent l'illusion de profondeur spatiale de l'image. Cependant l'image, aussi ressemblante soit-elle, ne peut se résumer à une analogie et les critères de l'analogie eux-mêmes obéissent à des conventions socialement et historiquement définies.

Bibliographie : Aumont 90, Gombrich 81, Metz 72.
Corrélat : effet de réalité.
Étymologie : emprunt à la langue commune. *Français* : XVe siècle. *Latin* : “analogia” (proportionnel). *Grec* : “analogos” (proportionnel, analogique) < “ana” (en haut, sur, de bas en haut, en avant) + “logikos” (qui concerne le raisonnement, raisonnable, doué de raison, qui convient au raisonnement). *Indo-européen* : “*an” (sur) [Pokorny p. 39] + “*leg” (collecter, rassembler, lier, parler) [Pokorny p. 658].

Analogique adj.

[Anglais : analogue]

1. Qui présente une analogie.

2. Télécommunications, audiovisuel : qualifie un type de codage des informations, qui s'oppose au codage numérique. Le codage analogique établit un rapport proportionnel et continu entre l'information initiale et sa représentation codée.

3. Par extension, qualifie les informations codées de manière analogique : “information analogique, image analogique, etc.”.

4. Par extension, qualifie les supports permettant ce type de codage ; par exemple, les disques vinyles sont des supports analogiques tandis que les disques laser peuvent être des supports numériques ou analogiques.

♦ **Exemple** : la représentation analogique du temps se fait par le déplacement rotatif et continu d'une aiguille sur le cadran d'une horloge. Sa représentation numérique en revanche est *discrète* : l'horloge numérique affiche une succession discontinue de chiffres.

Deux types de représentation du temps.

Corrélats : codage, information, numérisation.
Étymologie : emprunt à la langue commune. *Français* : “analogique” XVIe siècle. *Latin* : “analogicus” (proportionnel). *Grec* : “analogikos” (proportionnel, analogique) < “ana” (en haut, sur, de bas en haut, en avant) + “logikos” (qui concerne le raisonnement, raisonnable, doué de raison, qui convient au raisonnement). *Indo-européen* : “*an” (sur) [Pokorny p. 39] + “*leg” (collecter, rassembler, lier, parler) [Pokorny p. 658].

Analyse n.f.

[Anglais : analysis]

Informatique : dans le développement d’une application, étape précédant celle de la programmation et au cours de laquelle on décompose le problème à traiter.

♦ L’analyse est la partie la plus importante du travail d’automatisation. Traditionnellement, on distingue l’analyse fonctionnelle qui se fait indépendamment de toute hypothèse quant aux matériels et logiciels qui seront utilisés et l’analyse organique qui prend en compte les contraintes matérielles et logicielles. Il existe de nombreuses méthodes d’analyse et les réflexions contemporaines ont porté sur l’automatisation de ce travail, avec pour résultat le développement des *ateliers de génie logiciel.*

Bibliographie : Tabourier 86, Tardieu 83, Rochfeld 89.
Corrélats : application, atelier de génie logiciel, programmation.
Étymologie : emprunt à la langue commune. *Français* : XVIe siècle, emprunt au *grec* : “analysis” (affranchissement, libération, dissolution, solution d’un problème) du v. “analyein” (défaire, délier, dissoudre, résoudre, analyser...) de “ana” (en haut, en avant, de bas en haut) + “lyein” (délier, dissoudre). *Indo-européen* : “*an” (sur) [Pokorny p. 39] + “*leu-” (libérer, défaire, détacher) [Pokorny p. 681].

Analyse fonctionnelle exp.

Informatique : l'analyse fonctionnelle découpe l'application en fonctions élémentaires, gérées par le matériel ou le logiciel et établit le schéma synoptique correspondant.

♦ L'analyse et le schéma fonctionnels permettent de s'assurer de la cohésion des moyens mis en œuvre pour réaliser une application ; par exemple, le flux d'informations circule de fonction en fonction : on définit les interfaces et les signaux transitant d'un sous-ensemble au suivant.

Dans le développement de matériels, le découpage en sous-ensembles fonctionnels permet le découpage en cartes d'un système à bus commun (VME, PC, ...).

Analyse organique ou détaillée exp.

Informatique : elle suit l'*analyse fonctionnelle* dans le processus de définition d'une application ou d'un système. Pour le matériel, elle concerne le détail des schémas électriques et pour le logiciel, elle détaille les unités de traitement en tenant compte des solutions matérielles disponibles.

Analyser v.
[Anglais : to analyse]

Informatique *:* faire une *analyse.*

Analyste n.m.
[Anglais : analyst]

Informatique : celui qui analyse.

Étymologie : emprunt à la langue commune. *Français* : XVIIe siècle, voir *analyse.*

Anamorphose n.f.
[Anglais : anamorphosis]

Audiovisuel

1. Déformation d'une image ou d'un son.

Hans Holbein (le jeune), ***Jean de Dinteville et Georges de Selve, les ambassadeurs*** **(1533, The National Gallery, London).**

L'anamorphose se présente comme une forme étrange au niveau du sol. Pour percevoir l'image non déformée, il faut regarder le tableau sous l'angle extrême droit : un crâne apparaît alors

Anamorphose vue obliquement.

2. Résultat de cette transformation : image déformée de telle manière qu'elle ne peut être perçue non déformée que sous un certain angle de vue ou avec un appareillage spécial.

♦ L'anamorphose est une technique de représentation utilisée depuis l'Antiquité. On a souvent insisté sur les ressemblances existant entre les mouvements d'idées à notre époque et au cours de la Renaissance. L'utilisation des anamorphoses en est l'un des nombreux exemples : tout comme le peintre Hans Holbein (le jeune), les artistes contemporains utilisent volontiers cette technique en s'appuyant sur les possibilités de déformation d'images offertes par les logiciels de synthèse.

• **Imagerie**
Lorsque l'on travaille en *mode points*, le passage d'un support à un autre risque d'engendrer une anamorphose si les deux supports n'ont pas la même *résolution*. Pour l'éviter, on indique dans l'*en-tête* du *fichier d'images* la *densité* de *pixels* suivant les deux axes de coordonnées X et Y. Le programme chargé d'effectuer le transfert d'un support à un autre dispose ainsi des informations nécessaires pour faire ses calculs de conversion.

Bibliographie : Baltrusaïtis 84.
Étymologie : emprunt à la langue commune. *Français* : XVIe siècle, emprunt au *grec* : "anamorphein" du verbe "analyein" (défaire, délier, dissoudre, résoudre, analyser ...) de "ana" (en haut, en avant, de bas en haut) + "morphein" (donner une forme à, figurer, représenter). *Indo-européen* : "*an" (sur) [Pokorny p. 39] +"*mer-bh-" (briller, luire) [Pokorny p. 733].

Ancêtre n.m.

[Anglais : ancestor]

Informatique : le *chaînage* des informations, dans une base de données ou un hypertexte, définit des parcours. L'ancêtre d'une information est celle qui a permis d'y accéder dans un chaînage donné.

Par exemple : dans ce dictionnaire, la rubrique "***Corrélats***" définit un chaînage pour certaines entrées.
Pour ce chaînage, chaque entrée est elle-même ancêtre des entrées vers lesquelles elle renvoie.

Corrélat : lien.
Étymologie : emprunt à la langue commune. *Français* : XIe siècle. *Latin* : "antecessor" (prédécesseur, ancêtre) < "antecedere" (précéder, marcher devant) < "ante-" (avant, devant) + "cedere" (aller, marcher, s'avancer). *Indo-européen* : "ant-s" (devant, face) > "anti-" (en face, contre) [Pokorny pp. 48, 49] + "sed-" (aller) [Pokorny p. 887].

Ancrage n.m.
[Anglais : anchoring]

Informatique

1. Point de départ d'un *chaînage.*

2. (*Hytime*) Objet ou agrégat d'objets connectés par un hyperlien.

Corrélats : chaînage, métamorphose.
Étymologie : emprunt à la langue commune. *Français* : "ancre" XIIe siècle > "ancrage" XVe siècle. *Latin* : "anc(h)ora" (ancre). *Grec* : "*αγχυρα*" (ancre). *Indo-européen* : "ank-s" (plier, courber, cintrer) [Pokorny p. 45].

Angle de prise de vue exp.
[Anglais : shooting angle]

Audiovisuel : angle donné par l'*opérateur* à l'un des axes de la *caméra*, lors du *tournage*, par rapport à sa position normale (parfaitement horizontale, de face et à hauteur de l'œil humain). L'angle de prise de vue est un des éléments du langage cinématographique ; il contribue à déterminer le *cadrage* de l'image.

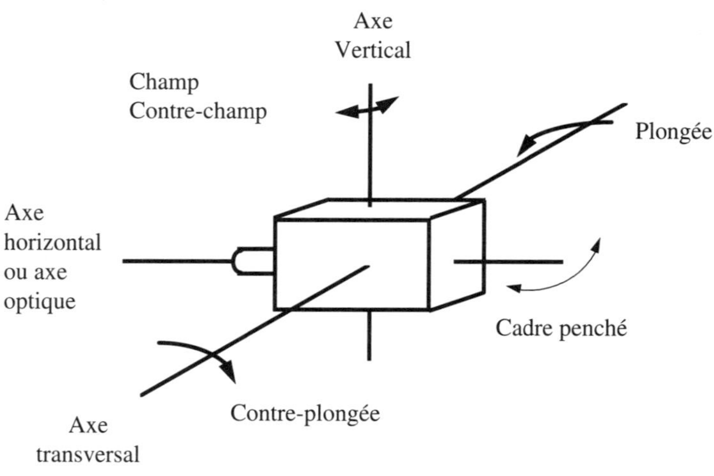

Les différents angles de prise de vue.

Bibliographie : Maillot 94, Martin 94.
Corrélats : cadrage penché, champ, contrechamp, mouvement de caméra, plongée, contre-plongée, langage cinématographique.
Étymologie : mot composé emprunté au langage du cinéma. **Angle** : emprunt à la langue commune. *Français* : XIIe siècle. *Latin* : “angulus” (angle, coin, lieu écarté). *Indo-européen* : “*ang-” (courber, cintrer) [Pokorny p. 47]. **Prise de vue** : emprunt à la langue technique de la photographie. *Français* : XIXe siècle. **Prise** : emprunt à la langue commune. *Français* : XIIe siècle, < “prendre” IXe siècle. *Latin* : “prehendere” (saisir, prendre) < “prae-” (avant) + “*hendo”. *Indo-européen* : “*prai-” (avant) [Pokorny p. 811] + “*ghend-” (saisir, prendre) [Pokorny p. 437, 438]. **Vue** : emprunt à la langue commune. *Français* : XIe siècle, < “voir” Xe siècle. *Latin* : “videre” (voir, regarder). *Indo-européen* : “*u(e)di-” (voir) [Pokorny p. 1125].

Animation n.f.

[Anglais : animation, motion]

Audiovisuel : mise en mouvement totale ou partielle des éléments d’une image pour créer une impression de continuité entre deux situations.

L’animation peut être obtenue par la juxtaposition d’images représentant différentes phases d’un mouvement ou par la création automatique de ces images, à l’aide d’un logiciel de synthèse, à partir de la connaissance de l’image de départ et de l’image d’arrivée.

Corrélat : image de synthèse.
Étymologie : emprunt à la langue commune. *Français* : XIVe siècle, dérivé du *latin* : “animatio”. Voir *animer*.

Animer v.

[Anglais : to animate]

Audiovisuel

1. Faire une *animation*.

2. Faciliter la communication entre les membres d’un groupe de travail par l’organisation et la structuration des débats, à l’aide éventuellement d’outils multimédias.

Corrélats : communication, image animée.
Étymologie : emprunt à la langue commune. *Français* : XIVe siècle, dérivé du *latin* : “animare” (donner la vie). Dérivé de “anima” (souffle, âme). *Indo-européen* : “*ane-” (souffler) [Pokorny p. 38].

Anisochrone adj.
[Anglais : anisochronous]

Qualifie un signal privé d'*isochronie.* S'oppose à *isochrone.*

ANOC n.p.
Association des Nouveaux Opérateurs Constructeurs de réseaux câblés

Télécommunications : voir *câblo-opérateur.*

ANSI n.p.
American National Standards Institute (traduction littérale : Institut national américain de standardisation)

Normalisation : organisme national de *normalisation* pour les États-Unis, membre de l'*ISO.* Son domaine d'intervention est très vaste et pour chaque activité il délègue son autorité à un organisme spécialisé. L'ECSA (Exchange Carriers Standards Association) est accrédité pour les télécommunications. L'ANSI est très influent dans le domaine des normes informatiques et multimédias, grâce à la puissance technique et économique de ses adhérents. Le comité T1 de l'ANSI a établi les normes relatives à *SONET* selon une proposition de Bellcore. Le comité X 3, en charge des réseaux et interfaces informatiques, est impliqué dans la normalisation d'*ATM.*

♦ **Histoire** : l'ANSI est le nouveau nom donné en 1970 à l'USASI qui a notamment normalisé le code *ASCII.*

Corrélats : normalisation, ISO.

Antémémoire n.f.
[Anglais : cache memory]

Informatique : mémoire rapide servant d'intermédiaire entre une unité de traitement et une unité de *mémoire,* pour optimiser les accès aux données nécessaires aux programmes.

Par exemple : la boîte à outils portable sert d'antémémoire à l'atelier de l'artisan ; certaines *unités de disques* utilisent des antémémoires pour accélérer les *temps d'accès.*

Plus la capacité de l'antémémoire est grande, plus rapides en moyenne seront les transferts entre la mémoire auxiliaire sur disque et la mémoire centrale.

Les antémémoires sont fabriquées en utilisant la technique SRAM (voir *circuit intégré).*

Étymologie : néologisme. **Anté** préfixe + **mémoire** : voir ce mot. *Latin* : "ante" (avant, devant). *Indo-européen* : "*ant-s" (contre) [Pokorny p. 48].

Antenne n.f.

[Anglais : aerial, antenna]

Télécommunications : appareil d'émission ou de réception de signaux électromagnétiques :

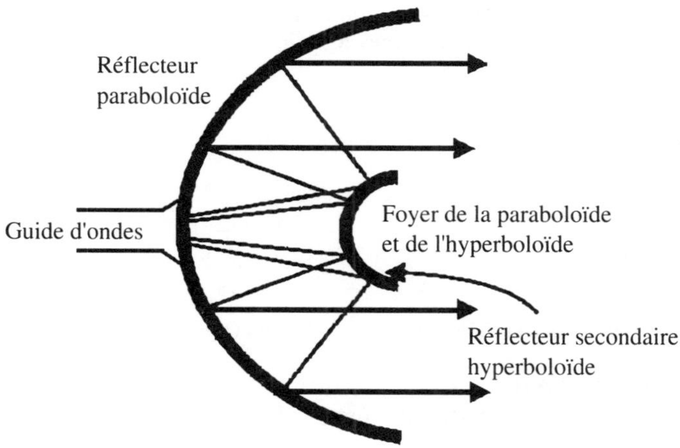

Géométrie de l'antenne parabolique de type " Cassegrain ".
(D'après : Les antennes, D. Bensoussan, Éd. Dunod.)

— Antenne d'émission : conducteur qui transforme une énergie électrique produite par un émetteur en une énergie de rayonnement électromagnétique. La dimension du conducteur est adaptée à la fréquence.

— Antenne de réception : tige ou fil métallique qui capte les ondes électromagnétiques et les transmet à un récepteur sous forme de tension électrique.

Pour les hyperfréquences (1 à 100 GHz), et en particulier pour les transmissions par satellites, on utilise des antennes paraboliques, en émission et en réception.

♦ **Principe de l'antenne parabolique** : un dipôle quart d'onde, situé au foyer d'une surface paraboloïde, recueille les ondes incidentes venant de la direction vers laquelle est pointée l'antenne ; inversement, les ondes émises du foyer repartent, après réflexion sur la parabole de l'antenne, dans une même direction. Dans un autre type d'antenne, on peut trouver au foyer l'ouverture d'un guide d'ondes qui recueille les ondes. Un troisième type d'antenne consiste à coupler une surface paraboloïde et une surface hyperboloïde avec un même foyer (antenne de type "Cassegrain").

Bibliographie : Bensoussan 80, Bonomo 91.
Corrélats : radiodiffusion, champ électromagnétique, onde électromagnétique, satellite.
Étymologie : emprunt à la langue commune. *Français* : début du XIIIe siècle. *Latin* : Antemna (vergue) mot sans doute emprunté par le latin à une langue voisine, comme la plupart des termes techniques nautiques.

Antialiasing t.a.

Audiovisuel : voir *lissage.*

ANTIOPE s.f.

Acquisition Numérique et Télévisualisation d'Images Organisées en Pages d'Écriture

Télécommunications

1. Langage de description de pages d'écriture développé par le *CCETT* en 1975 et utilisé dans des services diffusés sur écran de télévision (*télétexte*) ou en point à point (*vidéotex*).

2. Par extension, système de *vidéographie* de diffusion (télétexte) utilisant les lignes de service du signal de télévision pour transmettre des informations (textes et graphismes) lisibles à l'aide d'un décodeur. Ce service est fourni par *TDF.*

Les informations sont regroupées par magazine. Chaque magazine contient des pages, ensemble d'informations correspondant à un écran. Jusqu'à 1 000 "pages" d'informations diverses peuvent être affichées sur l'écran par l'intermédiaire du décodeur : bulletins météorologiques, informations de spectacles, sous-titrage pour les malentendants...

♦ **Historique** : Depuis 1993, le système de télétexte appelé ANTIOPE n'utilise plus le langage ANTIOPE mais celui utilisé par *CEEFAX.*

Bibliographie : Du Castel 93.
Corrélats : CEEFAX, vidéographie.
Étymologie : dans la mythologie grecque, ANTIOPE était la fille du roi de Thèbes. Elle fut aimée de Zeus dont elle eut deux fils : Amphion et Zéthros.

APA s.a.

All Points Adressable (traduction littérale : adressable en tous points)

Informatique : qualifie des images où chaque *pixel* est adressable par ses coordonnées.

API s.a.

Application Programming Interface (traduction littérale : interface de programmation d'applications)

Informatique : ensemble des outils et de leurs règles d'utilisation qu'un logiciel système met à la disposition des programmeurs pour réaliser leurs applications.

Corrélats : interface d'utilisation, Windows.

Appareil photographique numérique exp.

[Anglais : digital camera]

Audiovisuel : appareil photographique sans pellicule. Il combine une optique traditionnelle et des capteurs *numériques* (voir *dispositif à transfert de charge*) ; il délivre une image sous forme de *fichier* numérique codé sur une *carte à mémoire* ou un *disque amovible* souvent au format *PCMCIA.*

La définition des images est meilleure que celle fournie par les caméras de télévision. Leur utilisation en reportage est freinée par le coût des supports de mémorisation et par le temps encore nécessaire à l'enregistrement du *fichier image.*

Corrélats : dispositif à transfert de charge, numériseur.

Apple n.s. et n. mq.

Constructeur américain de micro-informatique. La société Apple s'est fait connaître par sa gamme de micro-ordinateurs personnels

Apple1 et Apple2 puis par la gamme *Macintosh*. Les “macs” doivent leur succès à leur *interface d’utilisation* très conviviale installée dès leur lancement au milieu des années 80, bien en avance sur tous les concurrents. Grâce à cette interface, les clients ont toujours manifesté un attachement très fort à la marque, malgré des prix élevés. Apple s’est installé dès le début de son activité dans plusieurs niches de marché (université, édition, publicité, cinéma, métiers artistiques ...) qui le positionnent comme un des acteurs majeurs du multimédia. Il est l’un des rares constructeurs à avoir bien résisté à la crise de l’informatique de la fin des années 80 et il est devenu l’un des grands constructeurs en micro-informatique. Depuis ses origines, Apple s’est toujours intéressé de très près au multimédia et il a créé en 1992 deux filiales communes avec *IBM* : *Taligent* et *Kaleida*. La société Kaleida est spécialisée dans le multimédia.

Corrélats : Macintosh, Power PC.

Application n.f.

[Anglais : application]

1. Informatique :

a. Ensemble des actions qui “appliquent” la puissance de traitement de l’ordinateur à un problème donné.
Par exemple : une application de gestion de production, une application financière.

b. Ensemble des *ressources* informatiques (*humaines, matérielles et logicielles*) mises en œuvre pour effectuer ces actions.

c. Par restriction sur le sens **b**, ensemble des ressources matérielles et logicielles mises en œuvre pour traiter un problème donné.

d. Par restriction sur le sens **c**, ensemble des ressources logicielles mises en œuvre pour traiter un problème donné. On oppose souvent, dans ce sens, le *système d’application* au *système d’exploitation* : le système d’application regroupe l’ensemble des fichiers et des programmes relatifs au traitement d’un problème donné tandis que le système d’exploitation désigne l’ensemble des fichiers et des programmes relatifs au fonctionnement (à l’exploitation) de la machine.

2. Multimédia : les informaticiens désignent par “application” ce que les gens de la télévision appellent un “programme”, ce qu’un éditeur électronique appelle une “édition”, ce qu’un producteur appelle une “production”...

3. Mathématiques : en théorie des ensembles, une application de l’ensemble x dans l’ensemble y est une fonction qui fait correspondre à tout élément de x un et un seul élément de y. La théorie distingue les applictions injectives (deux éléments distincts de x ont deux images distinctes dans y), surjectives (tout élément de y est l’image d’au moins un élément de x) et bijectives (à la fois injectives et surjectives). Ces notions sont très utilisées en *analyse* et programmation.

♦ **Classement des applications**
Les applications se qualifient par des critères extrinsèques (les domaines d’application) ou intrinsèques (les techniques utilisées, le type de données traitées, les principaux composants, ...).
— Critères extrinsèques : *applications horizontale, verticale, scientifique, de gestion, industrielle, ...*
— Critères intrinsèques : *application multimédia, application en temps réel, application interactive, application télématique, application Unix, application micro-informatique, ...*

Étymologie : emprunt à la langue commune. *Français* : “Apliquier” XIIIe siècle, application XIVe siècle. *Latin* : “applicatio” < “applicare” (appuyer, appliquer) < “ad” (dans la direction de, vers, dans le voisinage de) + “plicare” (ployer, plier, replier). *Indo-européen* : “*ad-” (vers, près de) [Pokorny p. 3] + “*plek-” (tresser, tordre ensemble, entrelacer, enlacer) [Pokorny pp. 834, 835].

Application de gestion exp.

[Anglais : business application]

Informatique : *application* qui traite un problème de gestion, par exemple : gestion de stock, gestion commerciale, gestion financière. Les applications de gestion sont en général *interactives* et se caractérisent par la saisie et la manipulation d’un grand nombre de *données alphanumériques*, par de grands besoins d’édition et par l’importance de l’*interface d’utilisation*. Parmi les applications de gestion, on distingue les applications *verticales* des applications *horizontales*.

Application de traitement de texte exp.

[Anglais : wordprocessing application]

Informatique : ensemble de *programmes* et de *fichiers* destinés à automatiser des travaux de saisie, de mise en page et d’impression de textes. L'utilisation typique d'une telle application se trouve dans un secrétariat ou dans une salle de rédaction de journal.

Application horizontale exp.
[Anglais : horizontal application]

Informatique : *application* qui traite un problème commun à plusieurs branches d'activité (par exemple : gestion commerciale, facturation, comptabilité). S'oppose à *application verticale.*

Application industrielle exp.
[Anglais : manufacturing application]

Informatique : *application* destinée à automatiser des activités industrielles. Les applications industrielles se caractérisent par le traitement d'un grand nombre de *données analogiques* ou *numériques,* par la gestion d'appareils *périphériques* spéciaux (par exemple : palpeurs, capteurs, robots) et par la nécessité de travailler souvent en *temps réel.*

Application interactive exp.
[Anglais : interactive application]

Informatique : *application* qui dialogue avec l'utilisateur. Elle répond à ses demandes, décisions ou choix et lui laisse l'impression qu'il décide librement du déroulement du dialogue. Une application interactive se distingue d'une *application séquentielle* dans laquelle l'utilisateur, au contraire, est passif et subit l'ordre du déroulement.

Corrélat : interactivité.

Application multimédia exp.
[Anglais : multimedia application]

Informatique : *application* qui traite au moins deux types d'*informations* parmi le son, l'image fixe, l'image animée, les données (voir l'article multimédia).

Corrélats : multimédia, transport, enseignement.

Application scientifique exp.
[Anglais : scientific application]

Informatique : *application* destinée à résoudre des problèmes d'ordre scientifique (exemple : calcul de trajectoire de satellite, *reconnaissance de formes* des fonds sous-marins). Les applications scientifiques se caractérisent par un grand nombre de calculs et de mise en relation de données. Elles nécessitent souvent des périphériques spéciaux pour effectuer des mesures et des ordinateurs ayant une grande puissance de calcul et de stockage.

Corrélats : application industrielle, application de gestion.

Application séquentielle exp.
[Anglais : sequential application]

Informatique : *application* qui se déroule dans la mémoire de l'ordinateur sans autre intervention de l'utilisateur que celle de la lancer ou de l'arrêter. Les applications séquentielles s'opposent aux *applications interactives.*

Corrélats : arrière-plan, interactif, séquentiel.

Application verticale exp.
[Anglais : vertical application]

Informatique : *application* qui traite un problème commun à une profession ou une branche d'activité (exemple : gestion de garage, gestion de cabinet dentaire, ...). S'oppose à *application horizontale.*

Arborescence n.f.
[Anglais : oriented tree]

Informatique

1. Structure en forme d'arbre composée d'une racine, de branches et de feuilles, représentée avec la racine en haut et destinée à décrire les cheminements possibles dans une application.

2. Ensemble des chemins que peut emprunter le dialogue d'une application interactive.

3. Structure d'un programme ou d'un scénario interactif.

4. Représentation de cette structure.

5. Théorie des graphes : graphe fini ayant une racine, dans lequel tout sommet autre que la racine n'est accessible que par un seul arc, et ne contenant pas de circuit.

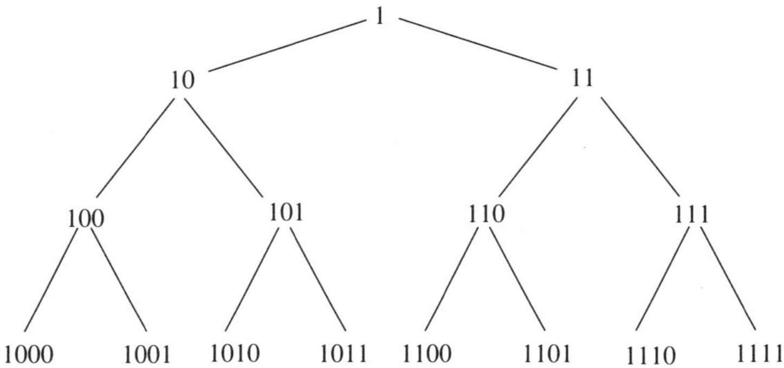

Exemple d'arborescence de type binaire.

Corrélat : navigation.
Étymologie : emprunt au langage des mathématiques. *Français* : terme savant XIXe siècle dérivé de l'adj. "arborescent" XVIe siècle. *Latin* : participe présent "arborescens" du v. "arborescere" (devenir arbre) < "arbos" (arbre) origine obscure.

Arbre n.m.
[Anglais : tree]

Informatique : représentation d'une *arborescence.*

Arc n.m.
[Anglais : arc light]

Audiovisuel : projecteur très puissant permettant de reconstituer la lumière du jour.

Étymologie : emprunt à la langue technique de la physique. *Latin* : "arcus" (arc). *Indo-européen* : "*arqu-" (arc ou flèche ou les deux) [Pokorny p. 67].

Architecture n.f.

[Anglais : architecture]

Informatique : structure d'un *système* (matériel ou logiciel) et mode de relation qu'entretiennent ses *composants.*

Par exemple : architecture d'un *programme*, d'une *carte*, d'un ordinateur, d'un *réseau* d'ordinateurs, d'une *application.*

Corrélat : système.
Étymologie : *Français* : XVIe siècle. *Latin* : "architectura" (architecte). *Grec* : "arkhitecton" (architecte, constructeur) de "arkhos" (ce qui est en avant, origine, principe, commandement, pouvoir, autorité) origine obscure + "tekton" (artisan, ouvrier du bois). *Indo-européen* : "*teks-on" (charpentier) [Pokorny p. 1058].

Architecture client-serveur exp.

[Anglais : client server architecture]

Informatique : organisation de tout ou partie d'un système informatique où chaque fonction est séparée (traitement, préparation, requête, présentation, transmission, impression...). Les ressources sont réparties et chaque composant est spécialisé, soit comme serveur, soit comme client.

Cette architecture s'inscrit dans le mouvement de réduction de taille des gros systèmes (micromisation, downsizing en anglais).

Par exemple : dans un réseau de micro-ordinateurs, l'un des micro-ordinateurs peut jouer le rôle de serveur de données. Il dispose alors d'un *système de gestion de base de données.* Les autres micro-ordinateurs, lorsqu'ils ont besoin d'une des informations contenues dans la base, lui adressent une requête. Ils sont ses clients. Le serveur gère les éventuels conflits d'accès et ne transmet à chaque client que les informations qui lui sont nécessaires. Chaque micro-ordinateur client est chargé du dialogue avec son utilisateur. Dans le même réseau, un autre micro-ordinateur peut être spécialisé pour gérer toutes les communications avec l'extérieur. Il est le serveur de communications, et les autres micro-ordinateurs deviennent ses clients dès qu'ils communiquent avec l'extérieur du réseau.

Le concept "client-serveur", aux contours encore flous, est de plus en plus utilisé pour mettre en place des *réseaux locaux* de micro-ordinateurs et pour assembler des ensembles de micros, minis et gros ordinateurs dans une entreprise. Les minis et gros systèmes ont pour vocation naturelle d'être les serveurs tandis que les micros se spécialisent dans le dialogue avec l'utilisateur (saisie et présentation des résultats). C'est surtout au niveau logiciel que se construit l'architecture client-serveur. Elle utilise au mieux les possibilités de différents systèmes d'exploitation connectés sur un même réseau.

Bibliographie : Lefebvre 93.
Corrélat : architecture.
Étymologie : terme composé d'emprunts à la langue commune, par calque sur le terme technique américain correspondant. **Architecture** : voir ce mot. **Client** : XVe siècle. *Latin* : "cliens, -tis" (terme technique juridique qui s'oppose à "patronus", client des hommes de lois, vassal, protégé). *Indo-européen* : "*klei-" (courber, pencher) [Pokorny p. 600]. **Serveur** : *Français* : XIXe siècle. dérivé de "servir". *Latin* : "servire" (être esclave, être utile à) de "servus" (esclave) origine contestée entre un emprunt à l'étrusque [Benveniste] et une dérivation sur une racine *indo-européenne* : "*swer-" et ses variantes "*wer-" et "*ser-" [Ernout].

Architecture d'un réseau exp.

[Anglais : network architecture]

Télécommunications : disposition et ordonnancement des éléments d'un réseau :
— du point de vue de l'agencement géométrique, on distingue les architectures en étoile, en boucle (ou en anneau), en ligne (ou en bus), hiérarchique (ou en arbre) et maillée ;
— du point de vue des fonctions, on distingue les *architectures client-serveur*, centralisée et répartie (ou distribuée) ;
— du point de vue des dimensions, on distingue le *réseau local* desservant une entreprise, le *réseau métropolitain* couvrant des distances de la taille d'une ville et pouvant relier différents réseaux locaux et le *réseau à longue distance* assurant l'interconnexion des réseaux métropolitains et des réseaux locaux.

♦ L'architecture **en étoile** est bien illustrée par la partie terminale des *réseaux câblés* et par la partie locale du *réseau téléphonique commuté*, avec comme nœud un central téléphonique sur lequel sont raccordés des abonnés (voir les figures sous *réseau téléphonique commuté* et *réseau câblé*).

Les architectures **en ligne** et en boucle sont particulièrement utilisées dans les *réseaux locaux.*

Un exemple de réseau **hiérarchique** est le *réseau téléphonique* à longue distance traditionnel, organisé autour de centres de transit secondaires, centres de transit principaux, et centres internationaux. Depuis le début des années

90, cette structure est progressivement modifiée en France : des **boucles** à *fibre optique* sont introduites dans le *réseau à longue distance*, fournissant des performances et une sécurité plus importante ; elles seront généralisées à la fin du siècle.

Le réseau mondial *Internet* est un exemple de réseau **maillé**.

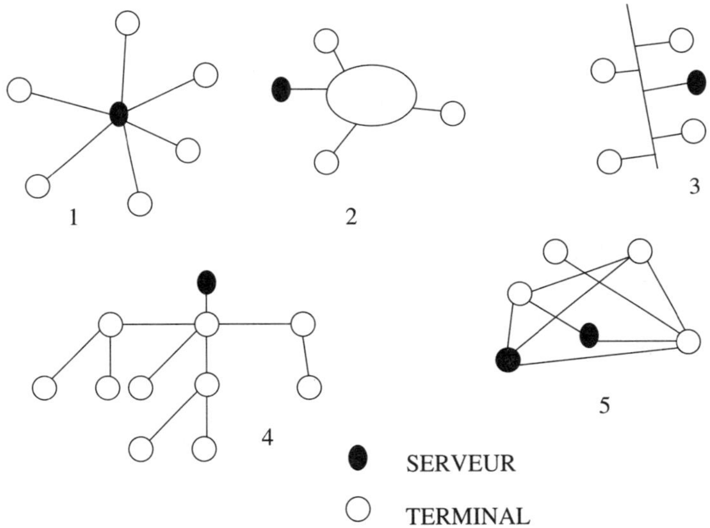

1. En étoile 2. En boucle 3. En ligne 4. Hiérarchique 5. Maillé.

Différents agencements de réseaux.

Bibliographie : Du Castel 93, Maiman 94.
Corrélat : réseau.

Architecture logicielle exp.

[Anglais : software architecture]

Informatique : dans un système logiciel, structure, agencements et relations des différents composants. On parle par exemple, de l'architecture d'une application ou de l'architecture d'un programme. Dans le premier cas, on fait référence aux rapports entre les différents programmes et fichiers de l'application, dans le second, aux rapports entre les différentes routines qui composent le programme.

Corrélats : architecture, logiciel, programme, système.
Étymologie : voir *architecture*.

Architecture massivement parallèle exp.
[Anglais : massively parallel architecture]

Informatique : *architecture parallèle* de très grande puissance, de l'ordre du téraflops, utilisée dans la modélisation climatique, la modélisation du génome humain, la vision artificielle, ...

Architecture parallèle exp.
[Anglais : parallel architecture]

Informatique : type d'architecture d'un ordinateur où différents *processeurs* travaillent simultanément, augmentant ainsi d'autant la puissance de traitement du système. Apparue au début des années quatre-vingts et surtout utilisée sur les grands ordinateurs, l'architecture parallèle commence à apparaître sur les micro-ordinateurs.

Il existe deux grands types d'architecture parallèle :

— Architecture parallèle à processeurs spécialisés : l'un exécute les instructions des programmes (processeur central), l'autre gère les échanges avec le disque, l'autre les échanges en télétransmission, ... Ce type d'architecture parallèle est relativement commun.

— Architecture parallèle avec plusieurs processeurs centraux. On distingue à nouveau deux sous-catégories :

- Les systèmes où le système d'exploitation attribue un processeur à chaque programme et répartit la ressource mémoire en fonction des besoins. Chaque programme dispose de la puissance de calcul d'un processeur. C'est un cas relativement simple de parallélisme.
- Les systèmes qui exécutent un même programme sur plusieurs processeurs centraux simultanément. On distingue à nouveau l'architecture *MIMD* (Multiple Instructions Multiple Data) et l'architecture *SIMD* (Single Instruction Multiple Data). L'architecture MIMD confère une très grande capacité de calcul à l'ordinateur.

Bibliographie : Chaillou 92, Deghilage 92, Germain 91, Tanenbaum 91.
Corrélats : architecture, Gflops, MIMD, processeur, SIMD.
Étymologie : voir *architecture* et *parallèle.*

Architecture unifiée d'application exp.
[Anglais : (System Application Architecture SAA)]

Informatique : ambitieux programme lancé en 1987 par *IBM* pour unifier les développements d'applications sur l'ensemble de ses gammes de micros, de minis et de gros ordinateurs et en permettre la portabilité. AD/Cycle est l'un des composants majeurs de ce programme.

L'architecture SAA comprend la définition de trois *interfaces* : une interface de programmation, une *interface d'utilisation* (CUA : Common User Access) et une interface de communication.

Corrélat : atelier de génie logiciel.

Architecturer v.

[Anglais : to design]

Informatique : doter un système d'une *architecture.*

Par exemple : le micro-ordinateur Amiga 500 était architecturé autour d'un processeur Motorola 68 000.

Archivage n.m.

[Anglais : archival storage, archiving]

Informatique

1. Ensemble des actions, des outils et des méthodes mis en œuvre pour conserver à moyen ou long terme des informations dans le but de les exploiter.

2. Résultat de ces actions.
On distingue les différents types d'archivage en fonction des supports utilisés : archivage électronique, optique, magnétique...
L'archivage est une des fonctions traitées dans la *gestion électronique de documents.*

Bibliographie : Cigref 89, Cinnamon 89, Wetzler 91.
Corrélats : base de données, mémoire, système d'archivage.
Étymologie : voir *archives.*

Archives n.f. pl.

[Anglais : archives]

Général : ensemble de documents et objets relatifs à l'historique d'une société ou d'un métier. La numérisation de documents facilite la constitution d'archives multimédias.

Bibliographie : Cigref 89, Cinnamon 89, Wetzler 91.
Corrélats : base de données, banque d'images.
Étymologie emprunt à la langue commune. *Français* : XVe siècle. *Latin* : "archivus". *Grec* : "arkheion" (résidence des magistrats, lieu où sont conservés les archives) de "arkhein" (commencer, commander) origine obscure.

Archive Technology n. s.

Informatique : constructeur américain de matériel informatique spécialisé dans la fabrication de *cartouches* et de *cassettes* de sauvegarde.

Archiver v.

[Anglais : to archive]

Informatique : faire un archivage.

ARCS s.a.

Advanced Risc Computing Specifications

Informatique : propositions faites par le consortium *ACE* pour standardiser les échanges entre systèmes informatiques de type *RISC*.

Corrélat : ACE.

ARD s.al.

Arbeits gemeinschaft der öffentlich-rechtlichen Rundfunkanstalten der Bundesrepublik Deutschland

Audiovisuel : premier réseau national allemand de télévision.

Arrêt sur image exp.

[Anglais : freeze-frame, pause, still frame]

Audiovisuel

1. Fonction disponible sur certains *magnétoscopes* et sur les lecteurs de *vidéodisques* (ayant un mode de lecture avec *vitesse angulaire constante*) permettant de visualiser la même image 25 fois par seconde et donnant ainsi l'impression d'une image fixe. Cette fonction est notamment utilisée en montage.

2. Truquage consistant à enregistrer une lecture en arrêt sur image pour l'utiliser comme effet de style.

♦ L'effet d'arrêt sur image est obtenu, dans l'activité professionnelle, par l'utilisation de magnétoscopes disposant de *mémoires d'image.* Ces magnétoscopes permettent d'arrêter très précisément (à l'image près) le défilement de la bande magnétique et d'afficher de manière répétitive (25 fois par seconde) l'image contenue dans leur mémoire.

L'arrêt sur image est très utilisé, avec le *ralenti*, pour montrer des détails de mouvement que l'œil ne pourrait pas percevoir autrement. Il peut servir de ponctuation dans le rythme général du film ou de mise en relief d'un moment privilégié. Il est très utilisé dans le documentaire sportif et la publicité.

Si, lors d'une prise de vue, la caméra et la scène filmée deviennent parfaitement immobiles, l'effet produit est exactement celui de l'arrêt sur image bien qu'il ne s'agisse pas d'un arrêt sur image à proprement parler mais plutôt d'un arrêt sur "réalité".

Corrélats : truquage, vitesse angulaire constante, langage cinématographique, ralenti, accéléré.
Étymologie : emprunt à la langue technique du cinéma. **Arrêt** : XIIe siècle. *Latin* : "arrestare" (s'arrêter) < "ad" (dans la direction de, vers, dans le voisinage de) ; origine incertaine + "restare" (rester) < "re" (en arrière) + "stare" (se tenir). *Indo-européen* : "*uer-" [Pokorny p. 1152] + "*sta" (se tenir) [Pokorny p. 1004]. **Image** : voir ce mot.

Arrière-plan n. m.

[Anglais : background]

1. Audiovisuel : partie de l'image qui donne l'illusion d'être en profondeur. S'oppose à premier-*plan.*

2. Informatique :

a. Multiprogrammation : mode d'exploitation d'un programme qui s'exécute en mémoire centrale sans dialoguer avec l'utilisateur. S'oppose à interactif. Pendant qu'un programme s'exécute en arrière-plan, on peut en exécuter un autre en mode interactif.

b. Interface d'utilisation : image d'écran qui est masquée par une autre (fenêtre inactive).

Corrélats : fenêtre, programme.
Étymologie : emprunt à la langue technique du cinéma. ***Arrière-plan*** : XIXe siècle. ***Arrière*** : *français* : XIe siècle. *Latin* : bas latin "adretro" de "ad" (dans la direction de, vers, dans le voisinage de) ; origine incertaine + "retro" (en arrière) < "re" (préf. indiquant un mouvement en arrière), origine obscure. ***Plan*** : *français* : XVIe siècle forme savante de "plain". *Latin* : planus (plat, uni). *Indo-européen* : "pele" (plat) [Pokorny p. 805].

Arte n.p.

Audiovisuel : chaîne publique culturelle de télévision franco-allemande qui diffuse, depuis 1992, sur le réseau hertzien et sur les réseaux câblés allemand et français. Arte est un groupement européen d'intérêt économique (GEIE) regroupant à parts égales :
— la Sept (Société d'Édition de Programmes de Télévision, créée en 1986 et devenue en 1989 Société Européenne de Programmes de Télévision, société française qui diffusait sur *TF1* et sur FR3 des programmes éducatifs et culturels).
— Arte Deutschland TV Gmbh, filiale créée en 1991 par les deux chaînes publiques allemandes ZDF et ARD.

Chaîne entièrement financée par des fonds publics, Arte offre une programmation de qualité avec un *habillage* original et mène une politique de production courageuse.

Bibliographie : INA 92, INA 95.
Corrélats : audience, France télévision, TF1.

Artefact n.m.
[Anglais : artefacts]

Général

1. Phénomène ou objet produit ou imaginé par l'homme, par opposition à un objet naturel.

2. Altération de la perception d'un phénomène naturel due à la technique de représentation.

Par exemple, la numérisation d'une image peut créer les artefacts suivants : *moiré, crénelage.* Le décalage entre le jeu d'acteur et le décor et la situation de la scène peut créer un artefact.

Corrélats : numérisation.
Étymologie : emprunt à la langue technique de la biologie. *Latin* : "arte" (par savoir-faire) ablatif de "ars, artis". (l'art, le savoir-faire, l'adresse) + "factum" (quelque chose fabriqué) participe passé neutre de "facere" (faire). *Indo-européen* : "*ar-" (assembler) [Pokorny p. 55] + "*dhe-" (mettre, positionner) [Pokorny p. 235].

Arythmique adj.
[Anglais : start-stop]

Électronique

1. Qui ne suit pas un rythme.

2. Qualifie un signal constitué d'une suite de groupes d'éléments *isochrones* où chaque groupe représente un caractère (ou une suite de caractères) et a une durée égale à celle d'un nombre entier d'intervalles unitaires, les groupes étant séparés par des intervalles de temps dont la durée n'est pas fixe.

Ascenseur n.m.
[Anglais : scroll bar]

Informatique : voir *barre de défilement.*

ASCII s.a.
American Standard Code for Information Interchange (traduction littérale : code standard américain d'échange d'informations)

Informatique : code à 8 éléments (7 *bits* pour l'information et un *bit de parité*). Cette norme américaine date de 1963. Elle a été conçue pour les applications de transmissions d'informations. Le code ne représente pas tous les caractères accentués des langues européennes. La norme est devenue un standard de fait mondial imposé par les constructeurs américains et repris par l'*ISO* en 1967 (code ISO-7). Le code à 7 bits offre 2^7 soit 128 combinaisons (le huitième bit sert au contrôle des transmissions). Il existe une version du code dite "ASCII étendu" qui utilise les huit éléments pour l'information. Il offre 2^8 soit 256 combinaisons.

Corrélats : ANSI, code, transmission.
Histoire : le code a été mis au point par le comité *USASI* sous le nom de *USASCII.* En 1970 il a pris le nom de code *ANSCII* ou ASCII.

ASIC s.a.
Application Specific Integrated Circuit (traduction littérale : circuit intégré spécifique à une application)

Informatique : voir *circuit* et *circuit intégré.*

Asservir v.
[Anglais : to control]

Informatique : lier deux modules, sous-ensembles ou ensembles par un *asservissement.* On peut asservir par la mécanique, l'électronique ou le logiciel.

Corrélat : asservissement.

Asservissement n.m.
[Anglais : servo-control]

Informatique

1. Conditionnement du fonctionnement d'un système par un autre.

Par exemple : une régulation de vitesse est un asservissement du niveau de puissance à la vitesse constatée. Un tel asservissement est une liaison de type rétroactif.

2. Résultat d'un tel conditionnement.

3. Ensemble du système comprenant tout à la fois le système asservi (esclave) et son pilote (maître).

Les premiers asservissements étaient mécaniques ; ils sont maintenant réglés par des *automates* câblés ou programmés comportant un capteur de résultat, un circuit modifiant le mode de fonctionnement et un objet asservi.

Assurance n.f.
[Anglais : insurance]

Audiovisuel : une partie du budget de production d'un programme audiovisuel ou multimédia est consacrée à l'assurance contre les risques encourus tout au long du processus de fabrication, depuis la conception jusqu'à la livraison du support enregistré au distributeur. On distingue habituellement les risques concernant les pertes pécuniaires, les pertes matérielles, la garantie de bonne fin et la responsabilité civile.

♦ Les pertes pécuniaires sont les frais supplémentaires de production consécutifs à un sinistre qui retarde ou empêche le déroulement normal de la réalisation.

Les pertes matérielles concernent le matériel technique, les décors, les costumes et les accessoires.

La garantie de bonne fin est une caution financière, au bénéfice des investisseurs, garantissant l'achèvement du projet dans son contenu originel et dans les délais prévus.

Astra n.p.

Télécommunications : satellites de diffusion de télévision lancé par la société luxembourgeoise *SES* (*Société Européenne de Satellites*).

Corrélat : télévision par satellite.

Asymétrie n.f.

[Anglais : asymmetry]

1. Électronique : caractéristique d'une liaison physique dans laquelle les différents conducteurs jouent des rôles différents ; par exemple le *câble coaxial* dans lequel il y a un fil actif et un fil relié à la masse. S'oppose à la symétrie.

2. Télécommunications :

a. caractéristique d'une communication bidirectionnelle où la transmission ne se fait pas de la même façon dans un sens et dans l'autre (cheminement, débit...). Par exemple la *liaison* du *minitel* est asymétrique : elle fonctionne avec une vitesse de 75 *bauds* dans un sens et de 1200 bauds dans l'autre.

b. Par extension caractérise les *câbles* utilisés dans de telles transmissions.

3. Audiovisuel : l'asymétrie et la symétrie sont deux caractéristiques de la composition interne d'une *image*. Elles peuvent jouer un rôle expressif et symboliser des idées ou des sentiments différant en fonction du contexte de l'image ; elles sont alors des éléments du *langage cinématographique*.

Bibliographie : **2.** Macchi 83, Maiman 86, Du Castel 93. **3.** Luxereau 92.
Corrélats : **1.** câble, coaxial. **2.** modem. **3.** langage cinématographique.
Étymologie : emprunt à la langue technique des mathématiques. *Français* : XVIIe siècle. *Latin* : "asymmetria" (asymétrie). *Grec* : "asummetria" (asymétrie) < "a-" (préfixe privatif) + "sun" (avec, semblable) + "metros" (mesure). *Indo-européen* : "*me-" (mesurer) [Pokorny p. 703].

Asymétrique adj.
[Anglais : asymmetric]

Qualifie un élément ou un ensemble d'éléments pourvus d'*asymétrie* (voir ce terme).

Asynchrone adj.
[Anglais : asynchronous]

Général : contraire de *synchrone* (voir ce terme).

Étymologie : terme savant emprunté à la langue technique de la physique. *Français* : "a-" préfixe privatif + "synchrone" XVIIIe siècle. *Latin* : "synchronus" (synchrone). *Grec* : "sun" (ensemble, en même temps, avec) + "khronos" (le temps), origine obscure. *Indo-européen* : "*sem-" (uni, homogène, uniforme, semblable, tous ensemble) [Pokorny p. 902].

Asynchronie n.f.
[Anglais : asynchrony]

Général

1. Qualité d'un événement *asynchrone.*

2. Par extension, événement asynchrone.

Asynchronisme n.m.
[Anglais : asynchronism]

Général : condition de fonctionnement d'un événement *asynchrone.*

AT s.a.
Advanced Technology (traduction littérale : technologie avancée)

Informatique : ordinateur personnel développé par la société *IBM.*

♦ Membre de la famille PC, l'ordinateur AT était le successeur du XT. Architecturé sur un *bus* ISA, il était cependant plus puissant et comportait, à l'origine, un microprocesseur Intel 80 286. Il a évolué ensuite avec l'ensemble de ses composants.

Atelier de génie logiciel (AGL) exp.

[Anglais : Computer Aided Software Engineering (CASE)]

Informatique : ensemble cohérent d'outils et de méthodes informatiques répondant aux besoins d'un logiciel tout au long de son cycle de vie, de la conception à la maintenance. “atelier de génie logiciel” pourrait se nommer “génie logiciel assisté par ordinateur”.

♦ *IBM* annonçait dès 1989, dans le cadre de son programme *AUA*, l'atelier de génie logiciel AD/Cycle. En 1992, il y intégrait l'architecture *client-serveur*, la connexion à des *réseaux* et la *maintenance d'applications* anciennes. Au cœur de l'AD/Cycle se situe un référentiel appelé “Repository” qui contient toutes les informations propres au projet traité (utilisateurs, groupes, configurations, procédures, droits d'accès, ...). Il s'agit d'une sorte de superdictionnaire de données fondé à l'origine sur la base de données relationnelle DB2, puis sur une base de données orientée objet.

Les autres produits d'atelier logiciel sont disponibles sur micro, mini ou grands systèmes : Excelerator, Maestro,... L'offre des ateliers de génie logiciel évolue de plus en plus sous *Unix*.

Bibliographie : CCM 91.
Corrélats : génie logiciel, programme, standard.
Étymologie : ***atelier*** : emprunt à la langue commune. *Français* : XIVe siècle dérivé de l'*ancien français* : “astelle” (éclat de bois > chantier > lieu de travail). *Latin* : “astula” de “assis” (copeau, rognure) origine obscure. ***Génie*** : *français* : XVIe siècle mais fin du XIIe dans le sens de “art de fortifier les places, ...”. *Latin* : “Genius” (divinité génératrice qui préside à la naissance de quelqu'un). *Indo-européen* : “*g‘en-” (naître, engendrer) racine très répandue [Pokorny p. 373]. ***Logiciel*** : néologisme savant créé en opposition à “matériel” en reprenant le suffixe adjectival “-iel” qui marque une relation et la racine “logi-” qui vient du mot “logique”. Est logiciel tout ce qui est en relation au “logos”, c'est-à-dire à la parole et au langage. L'opposition “matériel-logiciel” est un calque de l'anglais “hardware-software”. *Français* : “logique” adj. XVIe siècle, subst. XIIIe siècle. *Latin* : “logicus” du grec “logikos” (relatif à la raison, au discours). *Indo-Européen* : “leg-” (collecter, assembler, parler) [Pokorny p. 658].

ATM s.a.

1. Informatique : abréviation de Adobe Type Manager, gestionnaire de polices de caractères de la société *Adobe*.

2. Télécommunications : abréviation de Asynchronous Transfert Mode (Technique Temporelle Asynchrone : TTA).

Solution globale pour transmettre l'information, l'ATM répond aux besoins de l'*informatique* et de l'*audiovisuel* et donc du *multimédia*. C'est une technique à la fois de *transmission*, de *multiplexage* et de *commutation*. Elle convient aux applications nécessitant de grands débits (transmettant par exemple des images animées ou de grande définition) et à celles nécessitant une parfaite synchronisation (par exemple la transmission de musiques de qualité). Elle peut être utilisée sur les *réseaux locaux* comme sur les *réseaux à longue distance* (*voir* la figure ci-dessous). Les travaux de normalisation, qui devraient en faire le standard universel des transmissions multimédias, doivent s'achever en 1998. En France, plusieurs projets de réseaux ATM ont été retenus par le gouvernement à la suite de l'appel à propositions sur les *autoroutes de l'information* (voir ce terme).

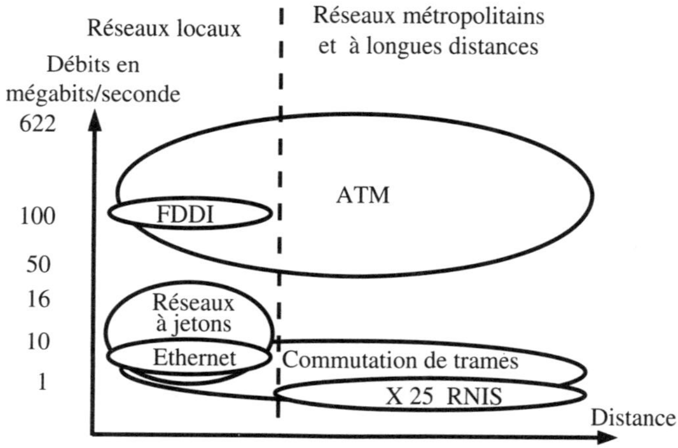

Place de l'ATM.
(*D'après : L'Usine Nouvelle, novembre 1994.*)

• **Exemple de réseau ATM**
Aux États-Unis, la société pétrolière Amoco a construit un *réseau à longue distance* reliant une demi-douzaine de sites dont une plate-forme de production pétrolière off-shore dans le golfe de Mexico reliée aux stations terrestres par *satellite*. Dix-sept constructeurs ont participé à ce projet.

Une démonstration eut lieu en 1994. Elle montra la capacité du réseau à transporter de la vidéo de qualité professionnelle, des *vidéoconférences*, des *applications multimédias* et des *données* informatiques et à se connecter avec des réseaux de différentes tailles. En conclusion, la société Amoco estimait que les réseaux à large bande pouvaient contribuer à diminuer les temps d'exploration et de détection en recherche pétrolière, l'ordre de grandeur pour la mesure du temps passant du mois à l'heure.

• Le marché et les acteurs
Toutes les études prévoient une forte progression du marché ATM dans la deuxième moitié des années 90. Le principal aiguillon de cette croissance devrait être la multiplication des *réseaux locaux* utilisant ATM, engendrant un développement des *réseaux à longue distance* et une demande de matériels d'interconnexion. L'institut américain ETP (Electronic Trend Publications) recensait 200 systèmes installés dans le monde en 1994 et en prévoyait près de 40 000 en 1998.

Parmi les acteurs de ce marché prometteur, les constructeurs de réseaux à longue distance et ceux de réseaux locaux se groupent deux à deux pour offrir des solutions de bout en bout interconnectant leurs différents réseaux. Ainsi avaient été conclus dans la première moitié de 1995 des accords entre Northern Telecom et ForeSystems, entre Alcatel Data Networks et Xylan, entre General DataComm et Digital, entre Stratacom et NetEdge...

♦ La technique ATM
Les choix techniques sont la *transmission asynchrone* par *cellules,* le *multiplexage* temporel *asynchrone*, et la *commutation* spatiale. La technique ATM repose sur deux principes : l'*asynchronisme* (voir *synchrone*) et l'utilisation de *cellules.*

— L'émetteur a la liberté d'imposer au réseau ses cadences d'émission et ses niveaux de *débit.* Il s'engage toutefois, dans le cadre d'un contrat de trafic, sur ses débits moyens et maximum et sur le type et la durée de ses *rafales* d'émission ; en contrepartie, le réseau s'engage sur la qualité du service de transmission : probabilité des pertes éventuelles d'informations, délais de transmission, *gigue....*

— Le réseau est capable de transmettre des informations de natures différentes (textes, images, sons, programmes...) en respectant leurs contraintes de temps ou d'intégrité des données, par exemple en limitant les délais de transmission, la *gigue* ou le *taux d'erreur.* Ceci est obtenu grâce à l'utilisation de *cellules.*

La normalisation
La normalisation est assurée par *l'UIT-T.* qui a retenu l'ATM pour le *Réseau Numérique à Intégration de Services à Large Bande.* D'autres organismes sont impliqués dans ou concernés par la normalisation de l'ATM :
– L'*ANSI* qui a normalisé *SONET* et *FDDI*,
– L'*IEEE* qui a normalisé *DQDB*,
– L'*ETSI* qui émet des normes ATM cohérentes avec les avis de *l'UIT-T,*
– L'*ATM Forum*, association créée en 1991 et regroupant en 1995 près de 600 entreprises ; elle défend les points de vue des utilisateurs et des constructeurs et émet des spécifications appelées ATM UNI.Specifications.

Bibliographie : Boisseau 94, Du Castel 93.
Corrélats : autoroutes de l'information, commutateur, multimédia, multiplexage, réseau.

AT&T n.s. et n. mq.
American Telegraph and Telephone

Télécommunications et informatique : constructeur spécialisé dans les *télécommunications* et l'informatique. AT&T est aussi le premier exploitant de réseaux téléphoniques à longue distance aux États-Unis. En 1984, il tombait sous le coup de la loi antimonopole et était obligé de céder ses activités de téléphonie régionale à sept sociétés appelées depuis lors “Baby Bell”.

AT&T s'est engagé dans le monde de l'informatique où il a été l'un des promoteurs du système d'exploitation *Unix*, face à *IBM*, dans les années 80. Il possédait notamment les laboratoires *Bell* où fut conçu le système d'exploitation Unix, avant de les vendre, en 1993, à *Novell.* AT&T s'est allié à Matsushita pour promouvoir le produit IMP, concurrent du CD-I. En 1995 AT&T éclatait en trois sociétés (un opérateur et un constructeur en télécommunications et un constructeur informatique).

Corrélats : Baby Bell télécommunications, Unix.

Atténuateur n.m.
[Anglais : attenuator]

Électronique : appareil servant à abaisser le niveau d'un signal. Par exemple, près d'un émetteur de télévision, il faut placer un atténuateur devant un récepteur car le signal reçu est trop fort et la circuiterie d'entrée du récepteur est saturée.

♦ Il existe deux types d'atténuateurs : les atténuateurs en série, placés dans le chemin du signal et réduisant la tension en sortie, et les atténuateurs en parallèle dérivant une partie du signal vers le retour à la masse.

Atténuation n.f.

[Anglais : attenuation]

Électronique : voir *affaiblissement.*

Étymologie : emprunt à langue commune. *Français* : XIVe siècle. Voir *atténuer.*

Atténuer v.

[Anglais : to attenuate]

Électronique : voir *affaiblir.*

Bibliographie : INA 93.
Corrélat : décibel.
Étymologie : emprunt à langue commune. *Français* : XIIe siècle. *Latin* : "attenuare" (amincir, affaiblir, amoindrir) < "ad" (vers, en direction de, ici, utilisation emphatique) + "tenuare" (amincir) < "tenuis" (mince, rare, fin). *Indo-européen* : "*ad-" (vers, à proximité de, en direction de) [Pokorny p. 3] +"*ten-" (étendre) [Pokorny p. 1065].

Attribut n.m.

[Anglais : attribute]

Informatique : information complémentaire liée à un objet visuel, sonore ou textuel pour en agrémenter la présentation ou en préciser l'importance dans un certain contexte (par exemple : une police de caractères, un fond sonore derrière un commentaire, etc.).

La nature d'attribut d'une information est le résultat d'un choix souvent arbitraire ; dans une base de données, la sélection et la définition des attributs font partie de l'étape préliminaire à la programmation appelée analyse conceptuelle.

♦ La séparation de l'attribut et de son objet est nécessaire quand les possibilités de codage ne sont pas assez nombreuses pour désigner l'ensemble des états et des variations d'une entité : une lettre majuscule ou minuscule ne nécessite pas d'attribut dans le code ASCII mais le graissage d'un caractère ou sa mise en italique doivent être spécifiés en plus du code habituel du caractère.

De même, la présence d'un fond sonore derrière un commentaire peut être codée comme un complément au texte.

Corrélats : code, analyse.
Étymologie : emprunt à langue commune. *Français* : XIVe siècle. *Latin* : "attributum" (attribut) < "attribuere" (attribuer) < "ad" (vers, en direction de,) + "tribuere" (allouer, accorder, distribuer, donner) < "tribus" (la tribu, le clan), mot d'origine étrusque. *Indo-européen* : "*ad-" (vers, à proximité de, en direction de) [Pokorny p. 3].

AUA s.f.

Informatique : Architecture Unifiée d'Application (voir ce terme).

Audience n. f.

[Anglais : rating]

1. **Général** : attention portée à un message.
2. **Communication** :
   a. Ensemble des personnes recevant un message.
   b. Par extension, ensemble des personnes percevant le support d'un message ; par exemple, ensemble des personnes qui lisent le journal « Le Monde », ensemble des passants d'une rue où est collée une affiche, ensemble des personnes écoutant France Culture...
   c. Par extension, temps passé devant un support d'information ; on peut ainsi parler de l'audience d'une émission ou de l'audience d'une personne.

• Audience et cible
En communication, la cible d'un message regroupe l'ensemble des personnes à qui il est destiné et l'audience l'ensemble des personnes qui le recoivent effectivement. La cible est une audience souhaitée ; elle est facile à définir tandis que l'audience est souvent difficile à mesurer.

• Audience et interaction
Dans une communication vivante (dialogue, théâtre, conférence, cours, réunion, concert, cirque...), il y a interaction continue entre l'émetteur et les récepteurs du message et l'appréciation portée par le public est immédiatement perçue. Dans une communication médiatisée (télévision, disque, journal, affiche, borne interactive...), la distance spatiale, temporelle et technique qui sépare l'émetteur de son public freine l'interaction jusqu'à parfois la faire disparaître. Les réalisateurs de télévision et de radio cherchent à rétablir l'interaction en invitant un public qui constitue une audience

active ou en privilégiant le *direct*. Le multimédia, par l'*interactivité*, peut rapprocher émetteurs et destinataires des messages.

• **Audience et appréciation**

L'audience (au sens 2) n'est pas l'appréciation. En télévision par exemple le fait de regarder une émission ne signifie évidemment pas qu'on l'apprécie, bien qu'on ait toujours la possibilité de zapper : l'appréciation portée à un message ne se limite pas au tout ou rien. Parallèlement aux mesures d'audience, presque exclusivement quantitatives, il existe des mesures d'appréciation qualitatives et plus fines.

• **La mesure d'audience**

Lorsqu'on mesure l'audience, le message c'est le support. On considère que font partie d'une audience tout ceux qui sont mis en contact avec un support pendant une durée variant de 1 à plusieurs secondes.

Médium	**Type de mesure**
Cinéma	Nombre d'entrées
Affiche	Nombre de passants par jour
Journal	Nombre d'exemplaires vendus Nombre d'exemplaires vendus x taux de circulation (1)
Vidéo	Nombre de supports vendus
Diffusion hertzienne (radio ou télévision)	Nombre de foyers équipés d'un récepteur Nombre de personnes dans des foyers équipés Temps passé par les téléspectateurs devant une chaîne Temps passé devant une émission Nombre d'abonnés à un système de décryptage
Distribution par câble	Nombre d'abonnés Temps passé par les téléspectateurs devant une chaîne Nombre d'abonnés au système de décryptage Nombre de demandes (télévision à la demande)

(1) le taux de circulation mesure le nombre moyen de personnes qui lisent un même exemplaire du journal.

♦ Il existe deux types de mesures d'audience. Les études prévisionnelles procèdent par enquêtes et sondages (mesures d'intention) ou par extrapolation à partir de mesures effectives. Elles sont réalisées par des sociétés ou des instituts tels que Estimat, Téléspot, Télémètre Plus... Les études fondées sur la réception effective utilisent l'enquête et le sondage pendant ou après la diffusion des messages. Les principaux organismes de mesure d'audience sont : le Cesp, la Sofres, Ipsos, *Médiamétrie*, Nielsen, l'Ifop... Les panels peuvent être plus ou moins ouverts ou fermés ; un panel ouvert correspond à l'ensemble des gens qui sont mis au contact du support pendant un laps de temps défini ; par exemple le grand public qui passe devant une affiche ; un panel fermé ne comprend qu'une catégorie des personnes mises au contact du support, par exemple, les jeunes, les cadres...

• La télévision et son audience

Deux raisons poussent les chaînes de télévision à mesurer en permanence leur audience : d'une part mieux adapter leur offre de programmes à la demande du public et d'autre part mieux détailler leur offre d'espaces publicitaires face à la demande des annonceurs. La seconde raison semble déterminante : la publicité télévisée, apparue en 1968 en France, n'a cessé d'occuper de plus en plus de temps d'antenne et avec la privatisation, elle est devenue la principale source du revenu de certaines chaînes. Pour mieux vendre leurs espaces publicitaires, les chaînes cherchent à augmenter le nombre de leurs téléspectateurs et à les connaître précisément par des mesures d'audience de plus en plus fines.

♦ Histoire

Au début de la télévision, il n'y avait qu'une seule chaîne et l'audience était mesurée par le nombre de téléviseurs vendus et par le courrier des téléspectateurs. Les premières enquêtes par sondage apparaissent dans les années 1950. En 1967, le Service d'Étude de l'Audience de l'ORTF définit un panel pour sondage par courrier postal : les téléspectateurs sélectionnés et volontaires remplissent un carnet d'écoute qu'ils renvoient chaque semaine. L'avantage de ce système est de permettre une mesure qualitative de l'audience et de l'appréciation, simultanément. Son inconvénient tient au délai relativement long du retour d'informations et à l'imprécision des réponses lorsque la programmation était modifiée et ne correspondait plus aux émissions mentionnées sur le carnet d'écoute. Ce système était complété par des enquêtes à domicile réalisées par le Centre d'Études des Supports de Publicité (CESP). En 1974, l'ORTF est supprimé et le Centre d'Études d'Opinion reprend le système de sondage postal ; il met au point en 1982 un système de sondage par foyers utilisant des *audimètres* et baptisé *Audimat.* Ce système est repris en 1985 par l'institut Médiamétrie qui le remplace par le système de sondage par individu baptisé *Mediamat* en 1989. (*Source* : *Mediamétrie*).

La difficulté de la mesure de l'audience télévisée consiste à définir précisément qui regarde un programme à un moment donné : il est difficile de s'assurer qu'un individu est présent devant un poste allumé et, s'il est présent, qu'il est éveillé et attentif. Les *audimètres* actuels enregistrent la présence d'un individu lorsqu'il regarde une émission pendant une durée minimale variant de 1 seconde (Médiamétrie) à 30 secondes (Nielsen). La télévision interactive permettra, en partie, de résoudre ce problème.

• **Audience et multimédia**

Le multimédia est une technique naissante et son audience se mesure encore presque exclusivement au parc d'ordinateurs multimédias et aux ventes de supports distribués. L'arrivée de la télévision interactive redonnera vraisemblablement toute son importance aux contenus des programmes et donc à l'audience. Deux critères techniques soulignent l'importance du rapport entre audience et multimédia : l'interactivité et la dimension des réseaux. L'interactivité change le rapport du public avec l'émetteur des messages et permet une nouvelle mesure d'audience très précise, celle des téléspectateurs interactifs. La dimension mondiale des réseaux (*Internet* en est une préfiguration) élargit à la fois l'offre et la demande des messages et inaugure une audience aux dimensions jusque-là inconnues.

Bibliographie : Bahut 90, INA 95.
Corrélats : audimat, audimètre.
Étymologie : emprunt à la langue commune. *Français* : XIIe siècle. *Latin* "audientia" (action d'entendre) < « audire » (entendre > prêter l'oreille à, écouter, comprendre, obéir, exaucer). *Indo-européen* : "*au-, *auei-" (percevoir) [Pokorny p. 78].

Audimat n. mq.

Audiovisuel

1. Système de mesure d'*audience.* Le terme, qui désigne en fait un système particulier (voir ci-dessous) est souvent utilisé comme terme générique.

2. Premier système de mesure d'audience, installé en France en 1982 par le Centre d'Études d'Opinion (CEO). Il équipait 650 foyers en 1982 avec un *audimètre* fabriqué par Thomson-CSF ; le panel était étendu à 1000 foyers en 1984. En 1985, l'institut Médiamétrie succédait au CEO et reprenait le système Audimat. En 1988, le panel passait à 2300 foyers regroupant 5600 individus ; il s'équipait d'un nouvel audimètre disposant de touches personnalisées permettant des mesures non plus par foyer mais par individu ; en 1989 Audimat était rebaptisé Mediamat.

Bibliographie : Bahut 90.
Corrélats : audience, audimètre.

Audimètre n.m.

Audiovisuel : appareil de mesure de l'*audience* télévisée.

L'audimètre est un boîtier électronique placé dans des foyers constituant un panel de volontaires, représentatif de la population équipée de téléviseurs. La figure ci-dessous montre le principe de fonctionnement du système Mediamat. Relié au téléviseur (éventuellement au magnétoscope) et à une ligne téléphonique, l'audimètre enregistre les heures et les durées de fonctionnement du récepteur de télévision et les canaux sur lesquels il est branché ; les différentes personnes du foyer disposent d'un bouton qu'ils doivent actionner à chacune de leurs entrées ou sorties de la pièce. L'audimètre restitue ces données, par le réseau téléphonique, à un centre informatique qui l'appelle pendant la nuit. Le centre reçoit par ailleurs le détail exact des programmes réellement diffusés pendant la journée. Il peut ainsi fournir, dès le lendemain matin le taux d'audience des différentes émissions des différentes chaînes, éventuellement ventilé par catégories de personnes.

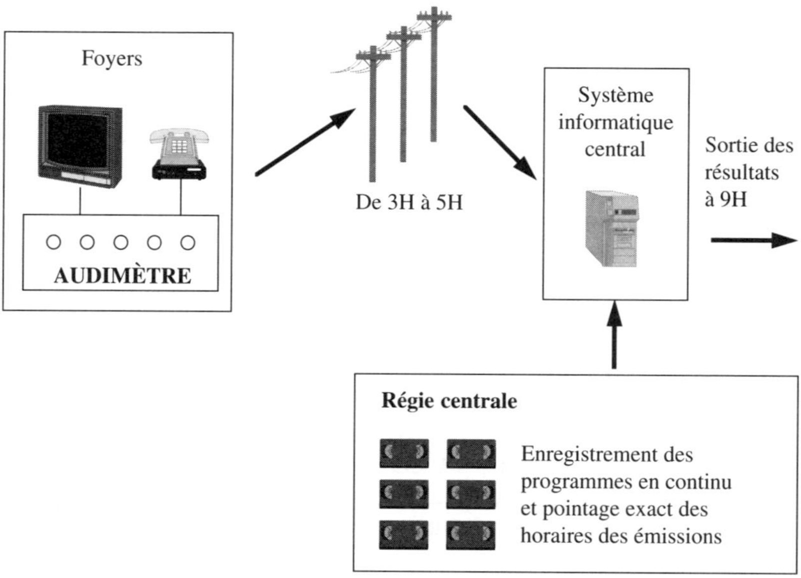

Place de l'audimètre dans le système Médiamat.
(*Source : Médiamétrie.*)

♦ Les premiers audimètres ont été mis au point dans les années 50 aux États-Unis. En France, les premiers appareils furent développés par Thomson-CSF en 1981 (voir *Audimat*). Installés dans des foyers choisis pour leur représentativité, ils mesuraient le temps de visualisation des chaînes sélectionnées lorsque l'appareil de télévision était allumé mais ne permettaient pas de mesurer quelles personnes étaient présentes : en fait d'audience, c'était l'audience du parc de téléviseurs qui était mesurée et non celle du public. En 1989, le système Mediamat comblait cette lacune.

Bibliographie : Bahut 90.
Corrélats : audience, audimat.
Étymologie : néologisme. Mot composé de la racine « Audi - » (pour audience) et du suffixe « -mètre ». **Audi** : voir audience. **-Mètre.** *Français* : XVIIIe siècle. *Grec* "metron" (mesure). *Indo-européen* : "*me-, *m-e-t-" (mesurer, prendre la mesure) [Pokorny p. 703].

*Audio adj. inv.
[Anglais : audio]

Général : qui est relatif au son ou à sa reproduction.

Étymologie : *latin* : "audire" (entendre, ouïr). *Indo-européen* : "*au-" (percevoir, sentir) [Pokorny p. 78].

*Audio n.m.
[Anglais : audio]

Général : ensemble des techniques, des procédures et des métiers mis en œuvre pour la reproduction des sons.

Bibliographie : Mercier 90, 92, 93.
Corrélats : midi, son.

Audio- préf.
[Anglais : audio-]

Qui est relatif au son ou à sa reproduction.

Audiotel n.mq.

Télécommunications : nom commercial des services *audiotex* en France. Ces services sont accessibles à partir d'un terminal téléphonique.

L'horloge parlante a été le premier service de ce type. Les services les plus consultés en 1995 ont été les services bancaires et la météo, devant les horoscopes et l'astrologie, les informations pratiques et les renseignements administratifs.

Bibliographie : Du Castel 93.
Corrélats : télématique, audiotex.

Audiotex n. m.
[Anglais : audiotex]

Télécommunications : service automatique et *interactif* d'informations vocales disponible sur le *réseau téléphonique commuté*. L'accès au service est obtenu à partir d'un poste téléphonique. L'usager interagit avec un *serveur* vocal par l'intermédiaire des touches numériques de son poste téléphonique.

Ce type de service est commercialisé sous le nom d'*audiotel* en France.

Bibliographie : Du Castel 93.
Corrélats : audiotel, télématique.

Audiovisuel adj.
[Anglais : audiovisual]

Audiovisuel : qui est relatif aux sons et aux images, à leur production, à leur diffusion, à leur stockage et à leur reproduction.

Audiovisuel n.m.
[Anglais : audiovisuals (au sens 3)]

Audiovisuel

1. Technique de communication utilisant les sons et les images.

2. Par extension, ensemble des métiers, des processus et des dispositifs techniques, financiers et commerciaux mis en œuvre pour la réalisation de produits audiovisuels.

3. Produit de communication fabriqué en utilisant la technique audiovisuelle. Dans ce sens « un audiovisuel » désigne souvent un film vidéo — parfois un *diaporama* — réalisé pour une institution (entreprise, ville, musée...).

• Le marché de l'audiovisuel

Au milieu des années 90, le marché de l'audiovisuel est réparti à peu près à égalité entre la vente de contenus (programmes) et la vente de matériels. Il représente un peu plus de 1 % du P.I.B. mondial.

Marché mondial de l'audiovisuel	
Programmes	**Matériels**

Cinéma
Télévision
Radio
Vidéo (vente et location de supports)
  Vidéo domestique
  Vidéo institutionnelle
	Matériel professionnel
	  Production
	  Post-production
	  Enregistrement
	  Emission/diffusion
	  Réception
	  Reproduction en ligne
	  Reproduction hors ligne
	Matériel grand public
	  Enregistrement
	  Réception
	  Reproduction en ligne
	  Reproduction hors ligne

Figure 1 Le marché mondial des programmes et matériels audiovisuels.

Les programmes audiovisuels sont majoritairement destinés au grand public ; ce sont des *fictions*, des reportages, des émissions de studio ou de *plateau* ou des *documentaires*, tous caractérisés par l'importance donnée à la créativité et au contenu ; les programmes publicitaires y occupent une place grandissante ; la culture américaine y est dominante.
L'audiovisuel est utilisé par les entreprises, administrations et collectivités locales pour la formation, la communication, la surveillance, la recherche...

Le marché des matériels se caractérise par une très forte domination américaine et japonaise. L'innovation y joue un rôle important ; elle améliore la qualité de reproduction, miniaturise les appareils, diminue les prix et multiplie les supports (câble, satellites, disques optiques...).

On observe quatre caractéristiques dans le marché de l'audiovisuel :
— Une supprématie de la télévision qui occupe plus de 60 % du marché des programmes.
— Un recul constant du cinéma depuis plus de vingt ans ; il représente moins de 10 % du marché des programmes, réalisant un chiffre d'affaires équivalent à celui de la radio. Il est de plus en plus financé par les chaînes de télévision et très fortement dominé par le cinéma américain.
— Une croissance de la vidéo qui représente désormais environ 25 % du marché.
— La dérèglementation et l'ouverture au privé de la télévision et de la radio.

• Place de l'audiovisuel

L'audiovisuel occupe une place importante dans la vie quotidienne ; elle se mesure par exemple par le taux d'équipement des foyers en appareils de télévision (97 % en 1994 en France, voir la figure 12 de l'article *multimédia*), ou par l'*audience* moyenne de télévision (3 heures quotidiennes par français).

• Audiovisuel et multimédia

L'audiovisuel est un des trois grands domaines du *multimédia* avec l'*informatique* et les *télécommunications*. Il se distingue par l'importance donnée à la culture artistique et à la création. Il est lui-même « multimédia » au sens où il utilise plusieurs médias (l'image et le son), mais il lui manque l'*interactivité*. La télévision, la radio et la vidéo peuvent bénéficier de la *numérisation* des informations (voir *télévision numérique* et *radiodiffusion numérique*) et évoluer vers le multimédia.

• La chaîne audiovisuelle

L'ensemble du processus audiovisuel, de la conception jusqu'à la consommation, est représenté sur la figure 2 qui reprend la figure 2 de l'article *multimédia*.

♦ Chaque cercle y symbolise une étape et chaque flèche un flux d'informations mono-ou bi-directionnel (la grosseur des ronds n'est pas significative). Chaque étape fait l'objet d'une entrée dans le dictionnaire. Pour l'insertion de la chaîne audiovisuelle dans la chaîne multimédia, voir l'article *multimédia*.

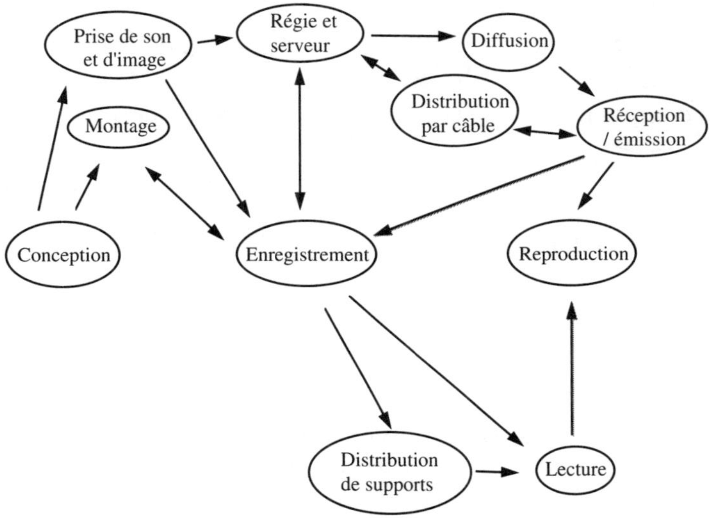

Figure 2 La chaîne audiovisuelle.
(*Source : Anacor.)*

À chaque étape de la chaîne sont associés des métiers, des techniques, des normes, des marchés et des acteurs ; la qualité technique dune production audiovisuelle est égale à celle délivrée par le maillon le plus faible de la chaîne. Pour mieux lire cette figure, on peut la découper en sous-ensembles fonctionnels.

La **figure 3** distingue la fonction de production (à gauche), de transport (au centre) et de consommation (à droite). La figure 3 *bis* délimite les expressions en ligne et hors ligne qui sont souvent employées.

• **La *Production***

La conception se termine par l'écriture d'un projet incluant un *synopsis*.

On distingue ensuite trois phases dans la *production* (voir aussi les articles *langage cinématographique* et *langage audiovisuel*).

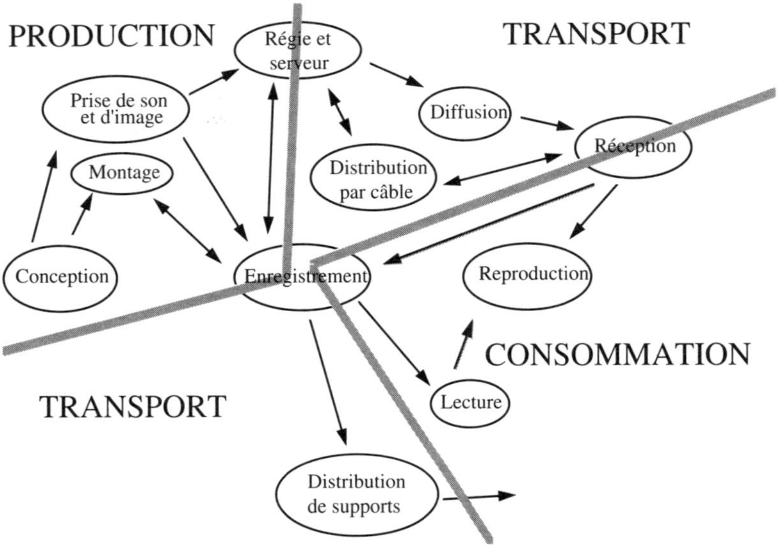

Figure 3 Les trois fonctions de l'audiovisuel.
(*Source : Anacor.*)

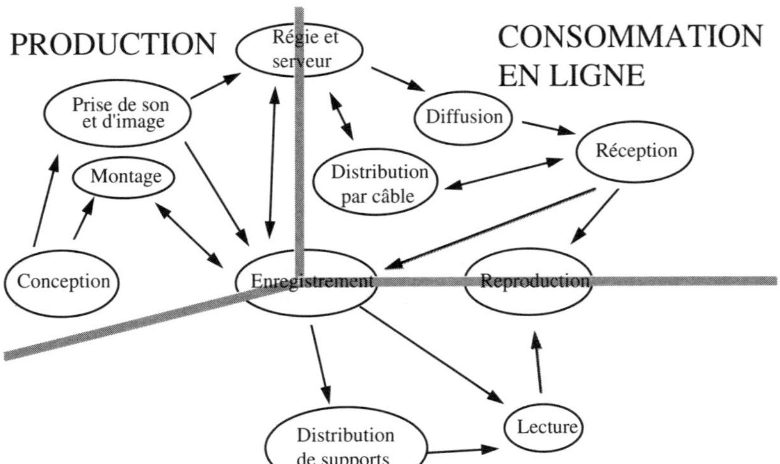

Figure 3 bis En ligne et hors ligne.
(*Source : Anacor.*)

La *préproduction* :
montage financier,
écriture détaillée du *scénario*,
constitution des équipes de techniciens et d'*acteurs*,
repérage des lieux,
recherche *iconographique*,
préparation.

Le *tournage* ou *capture* :
prise de vue et de son,
enregistrement,
régie.

La *post-production* :
montage,
enregistrement sonore,
doublage,
mixage,
truquage,
enregistrement final,
duplication éventuelle de supports.

• Le transport et la consommation

Le transport s'effectue à partir d'une *régie* de deux manières : par des *réseaux* ou par des *supports* d'information.

— Le transport par réseaux est à l'intersection des domaines de l'audiovisuel et des *télécommunications*. On distingue la *diffusion* utilisant des *réseaux terrestres* ou *satellitaires* et la *distribution* utilisant des *réseaux câblés*.

— Le transport par supports (*cassettes* ou *disques*) donne lieu à une activité de distribution.

La consommation en ligne comprend les fonctions de :

— *réception* à l'aide d'*antennes*, de *décodeurs*, ou de *boîtiers*,

— d'*affichage*, à l'aide d'*écrans*.

La consommation hors ligne se fait à l'aide de *lecteurs* de *cassettes* ou *magnétoscopes* ou de lecteurs de *vidéodisques*.

• Standards et normes utilisés en audiovisuel

L'*information* qui circule de la capture à la reproduction passe par des *supports* et des *codages* différents (voir la figure et les problèmes de compatibilité à l'article *codage*). Ces supports et ces codages évoluent, posant de nombreux problèmes de compatibilité. Comme en *informatique*, la *normalisation* est incomplète et chaque constructeur essaie d'imposer ses standards au marché. Cependant il faut noter que c'est dans l'audiovisuel qu'est apparue la première norme mondiale, la recommandation 601 de l'UIT-R dite aussi 4 :2 :2 qui définit les fréquences d'échantillonnage du signal vidéo-numérique.

Lorsque les technologies utilisées dans une des étapes coûtent très cher, leurs standards tendent à s'imposer aux technologies des autres étapes, de proche en proche. Ainsi la *radiodiffusion* qui nécessite la mise en place de réseaux coûteux impose ses normes à la conception, à la capture, à l'enregistrement et à la reproduction des images (*voir* l'article codage). L'introduction de l'informatique en audiovisuel (*numérisation* et traitement des images et des sons) impose de nouveaux standards et de nouveaux termes proches de l'informatique.

Bibliographie : Albert 91, Betton 94, Besson 88, Grivet 82, INA 93, INA 95, Luxereau 92, Mercier 90, Mercier 92, Mercier 93, Rumsey 94.
Corrélats : codage, diffusion, distribution, langage cinématographique, langage audiovisuel, montage, paysage audiovisuel français, production.

Auditif adj.

[Anglais : auditory]

Audiovisuel : qui est relatif à l'audition au sens **1**.

Étymologie : dérivé d'audition. *Français* : XIVe siècle.

Audition n.f.

[Anglais : **1.** audition, **2.** trial hearing]

Audiovisuel

1. Fonction du sens de l'ouïe qui recueille les vibrations de l'air et provoque des sensations sonores. Le système humain n'entend, en moyenne, que les vibrations des fréquences comprises entre 20 et 20 000 hertz. En dehors de ces limites se situent les infrasons et les ultrasons.

2. Écoute d'un ou plusieurs comédiens ou musiciens en vue de les sélectionner.

Bibliographie : Gribenski 82.
Corrélats : bruit, son.
Étymologie : emprunt à la langue commune. *Français* : XIIIe siècle. *Latin* : "auditio" (action d'entendre) < "audire" (entendre, ouïr, écouter). *Indo-européen* : "*au-" (percevoir par les sens, saisir, comprendre) [Pokorny p. 78].

Auditionner v.

[Anglais : to audition]

Audiovisuel : faire passer une *audition* au sens **2**.

Aura Associates n. mq.

Informatique : constructeur américain de matériel informatique spécialisé dans la fabrication d'unités de disques.

Authorware n. mq.

Informatique : logiciel de développement d'applications multimédias proposé par la société Macromédia. Ce logiciel tourne sur plate-forme *Macintosh* ou sur *PC* avec Windows.

Autocad n. mq.

Logiciel de *CAO* développé par la société *Autodesk*.

Autocommutateur n.m.

Télécommunications : Voir *commutateur*.

♦ **Histoire**
Au début du XXe siècle, les commutations des lignes téléphoniques se commandaient manuellement : les « demoiselles des téléphones » jonglaient avec des tableaux, des connecteurs *jack* et des câbles pour mettre en relation appelants et appelés. La rapidité et la fiabilité des connexions dépendaient en partie de leur bon vouloir. L'histoire raconte qu'un entrepreneur de pompes funèbres peu scrupuleux soudoyait certaines de ces demoiselles pour détourner les appels des clients de ses concurrents. Il en tirait un grand profit jusqu'au jour où l'un de ses concurrents, Monsieur Strowger, inventa les commutateurs automatiques appelés autocommutateurs.

Autocommutateur privé exp.
[Anglais : Private Automatic Branch eXchange (PABX)]

Télécommunications : autocommutateur mis à la disposition d'un groupe d'usagers pour leur permettre de communiquer entre eux et de communiquer avec des réseaux extérieurs. Les techniciens l'appellent couramment par son sigle anglais : PABX. La taille de ses installations peut atteindre 10 000 abonnés. Les principaux constructeurs de PABX en France sont : Alcatel, Matra Communication, SAT, JS Télécom, Barphone, Northern Telecom, Siemens.

♦ Ces autocommutateurs sont à la pointe de la technique pour tous les services offerts. La multiplicité des interfaces (V.24, V.35, V.11, X.21, S0...) autorise des raccordements d'une grande diversité : téléphones classiques analogiques ou numériques, téléphones "Numéris", terminaux informatiques et bureautiques...

• **Services téléphoniques**
Les fonctions d'accueil permettent, par exemple, le rappel automatique d'un correspondant dont le poste est occupé, la distribution automatique d'appels répartissant les communications en fonction des postes disponibles, la mise en garde d'un correspondant en cours de communication pour répondre à un autre appel.

Les fonctions d'émission d'appels comprennent notamment une numérotation abrégée entre tous les interlocuteurs internes, la conférence à trois, le service restreint sur certains postes.

De nombreux autres services téléphoniques sont disponibles suivant les types d'appareils.

• **Services informatiques**
Des services informatiques sont également possibles, tels que l'interconnexion de micro-ordinateurs, le transfert de fichiers, la connexion d'ordinateurs ou l'accès au réseau Transpac.

• **Services images et multimédia**
La plupart des constructeurs proposent des commutateurs d'images analogiques. Des postes de travail multimédias peuvent s'y raccorder et offrir des applications telles que la télésurveillance, la téléformation, l'accès à des serveurs d'images, la diffusion généralisée d'images sont offertes.

• **Réseaux de PABX**
Ils relient les PABX des différents sites d'une société et fonctionnent, pour les utilisateurs, comme un seul PABX. Il existe en France deux types de réseaux privés de PABX :
— des réseaux privés à intégration de service (RPIS) : les PABX sont reliés par des liaisons spécialisées ;
— des réseaux privés virtuels (RPV) : les liaisons ne sont installées qu'à la demande, grâce à un service public spécialisé géré par France Télécom : le service Colisée. Ce service est basé sur un autocommutateur central installé à Paris assurant la mise en place des liaisons nécessaires.

Bibliographie : Du Castel 93.
Corrélat : commutateur.

Autodesk n. mq.

Informatique : éditeur américain de logiciel spécialisé dans les logiciels de *CAO* et de création graphique. Il a notamment développé Autocad, longtemps produit leader en CAO, 3D Studio, logiciel de création graphique et d'animation d'images en trois dimensions, Animator Pro et Explorer, deux logiciels de création d'applications multimédias et CDK (Cyberspace Development Kit, outils de développement pour *simulation virtuelle*).

Automate n.m.

[Anglais : automaton]

Informatique : système fonctionnant seul selon un apprentissage, soit par construction, soit par programmation.

Par exemple : un automate de réglage automatique d'un appareil, une télécommande de *caméra* de plateau depuis la *régie* centrale, permettant au régisseur de diriger les prises de vue de plusieurs caméras à la fois, un automate de diffusion de cassettes audio ou vidéo.

♦ On distingue les automates matériels qui ont une capacité réduite de mode de fonctionnement des automates logiciels qui peuvent être reprogrammés facilement. Un automate peut régler une fonction particulière dans un ensemble d'automates se déclenchant les uns les autres, selon les choix faits par l'opérateur.

Corrélat : asservissement.

Autonome adj.

[Anglais : stand alone, off-line]

Informatique : se dit d'un système indépendant, qui se suffit à lui-même, qui peut fonctionner tout seul. Il y a différents degrés d'autonomie.

Par exemple : un baladeur de disques compacts audio est un système autonome qui lit, interprète et restitue les informations contenues sur les disques. Il intègre les différents composants nécessaires à ces trois fonctions. Un lecteur de CD-ROM en revanche, ne fait que lire les informations contenues sur les disques. Leur interprétation et leur restitution doivent être faites par un ordinateur. Un lecteur de salon de disques compacts audio (une platine) se situe, du point de vue de l'autonomie, entre les deux exemples précédents : il lit, interprète mais ne restitue pas.

Corrélat : système.
Étymologie : emprunt à la langue commune. *Français* : XVIIIe siècle. *Grec* : "autonomos" (qui se régit par ses propres lois) de "auto" (de soi-même, spontanément), origine obscure + "nomos" (usage, coutume, règle de conduite) de "*nem-" (allouer, attribuer, ordonner, ranger, ...) [Pokorny p. 763].

Autoroutes de l'information exp.

[Anglais : information superhighways]

Télécommunications : *réseau* de télécommunications multimédia assurant un transport d'informations avec de grands *débits* et sur de longues distances.

Cette expression a rencontré un succès journalistique international. Elle est née avec l'ambitieux projet annoncé en 1992 par le gouvernement américain : « Informatique et Communication de grande performance » (HPCC : « High-Performance Communication and Computing »). Le projet marque la volonté des États-Unis de renforcer leur politique de l'information qu'ils considèrent comme un élément essentiel de leur puissance industrielle. Il comporte quatre programmes :

— Systèmes informatiques de grande performance (HPCS : High-Performance Computer Systems).
— Algorithmes et technologies logicielles avancées (ASTA : Advanced Software Technologies and Algorithms).
— Réseau national de formation et de recherche (NREN : National Research and Education Network).
— Ressources de base et ressources humaines (BRHR : Basic Ressources and Human Ressources).

Les autoroutes de l'information se situent dans le programme NREN. Elles correspondent à un *réseau à large bande* devant à terme assurer une couverture à hauts *débits* de l'ensemble du territoire américain. Ce réseau utiliserait la *fibre optique* et les techniques numériques de transmission *bidirectionnelle* et de stockage de données multimédia. L'administration américaine devrait investir 200 milliards de dollars pour sa mise en place.

Le réseau *Internet* donne une idée de ce que pourrait être ce futur réseau d'autoroutes de l'information mais il n'offre pas encore des débits suffisants pour transmettre dans des temps acceptables des produits multimédias (plus d'une minute pour une photographie couleur, plusieurs heures pour télécharger un film...).

L'expression « Autoroute de l'Information » a été reprise à travers le monde : en 1994, le gouvernement français demandait

à un expert des Télécommunications de rédiger un rapport sur le sujet (Rapport Théry) et il lançait un appel à propositions destiné à stimuler les projets dans le domaine ; quatre actions étaient prioritaires :
— le développement des *réseaux* en *fibre optique* jusque chez l'utilisateur ;
— la construction de *plateformes* pour expérimenter les services, produire les *logiciels* et tester les marchés ;
— la promotion prioritaire des logiciels de *réseaux*, de services et de contenus ;
— l'emploi de la technologie *ATM*.

635 projets furent présentés et 49 sélectionnés en février 1995. L'aide de l'État français devait s'élever dans un premier temps à 500 millions de francs et portait sur 14 thèmes, dont : les *plates-formes* à haut-débit, les places de marché électroniques, les services du *câble* et du *satellite*, la presse électronique et les téléservices d'information, les technologies et services pour les *réseaux hertziens* terrestres... Le rapport Théry estimait l'investissement nécessaire à 200 milliards de francs sur 20 ans. La réalisation des projets devait débuter en 1996.

En février 1995, les sept pays les plus riches du monde (G7) se réunissaient à Bruxelles et définissaient 11 projets pilotes concernant les autoroutes de l'information :
— Inventaire global de l'impact de la société de l'information (proposé par l'Union Européenne et le Japon),
— Interopérabilité des *réseaux à large bande* (proposé par le Canada, l'Allemagne, le Japon, le Royaume-Uni),
— Éducation et formation transculturelles (proposé par la France et l'Allemagne),
— Bibliothèques électroniques (proposé par le Japon et la France),
— Musées et galeries d'art électroniques (proposé par l'Italie et la France),
— Gestion de l'environnement et des ressources naturelles (proposé par les États-Unis),
— Système global des situations d'urgence (proposé par le Canada),
— Applications à un système global de santé (proposé par l'Union Européenne, la France, l'Allemagne et l'Italie),
— Mise en réseau des données administratives (proposé par le Royaume-Uni et le Canada),
— Marché global pour les petites et moyennes entreprises (proposé par l'Union Européenne, le Japon et les États-Unis),

— Systèmes d'information maritime (proposé par l'Union Européenne et le Canada).

Thabo Mbeki, vice-président sud-africain, invité à cette réunion, a évoqué le risque de clivage entre pays riches et pauvres : « Il y a à Manhattan plus de lignes téléphoniques que dans toute l'Afrique subsaharienne. »

Bibliographie : Théry 94.
Corrélats : ATM, débit, Internet, multimédia, réseau numérique à intégration de services à large bande, télécommunications, télévision interactive.
Étymologie : calque de l'anglo-américain. *Français* : **Autoroute** : "auto-" préfixe du *grec* "autos" (de soi-même, lui-même), origine obscure + **Route** : XIIIe siècle. *Latin* : "rupta" (chemin frayé dans une forêt). *Indo-européen* : "*bhreu-, *bhru-" (couper, trancher) [Pokorny p. 169]. **Information** : voir ce mot.

A/UX s.a.

Apple/UniX

Informatique : version du système d'exploitation *Unix* créée par *Apple* pour sa gamme de micro-ordinateurs *Macintosh*. La version 3.0 du système A/UX est compatible avec la version 7 du système d'exploitation du Macintosh.

Corrélats : Apple, système d'exploitation, Unix.

AVA s.a.

Audio Visual Authoring language (traduction littérale : langage auteur audiovisuel)

Informatique : langage auteur du système *AVC* d'*IBM*.

AVC s.a. et n. mq.

Audio Visual Connection (traduction littérale : Connexion audiovisuelle)

Informatique : système d'*application multimédia* lancé par *IBM* en septembre 1989 conçu pour les plates-formes *PS/2*, tournant sous le système d'exploitation *OS/2* (ou *MS-DOS*, mais avec certaines restrictions).

♦ AVC est avant tout un système logiciel. Il fonctionne avec trois cartes d'adaptation du PS/2 au multimédia : une carte de numérisation d'images fixes vidéo, une carte de conversion de sons, une carte de numérisation des images animées et des sons, pour visualisation et écoute. Chaque carte, optionnelle, n'est nécessaire que si les fonctions qu'elle réalise sont requises.

Le développement nécessite au moins 10 Mo de mémoire centrale et une capacité disque importante.

AVC réalise trois grandes fonctions :

– Aide à la conception et au développement avec le langage-auteur AVA.

– Aide à la production d'objets multimédias : numérisation d'images et de sons, modification des fichiers numériques (rotation, agrandissement, rétrecissement d'images, mixage des sons, ...), dessin, saisie de textes, importation, exportation, gestion de fichiers, ...

– Aide à l'exploitation des applications multimédias par l'intégration souple au système d'exploitation standard du PS/2 (gestion de données, fonctions d'entrée-sortie, analyse de données, logique, ...).

AVI s.a.

Audio Video Interleaved (traduction littérale : audio vidéo entrelacés)

Informatique : type de codage numérique où le son et l'image sont entrelacés ce qui accélère la vitesse de restitution.

Corrélats : compression, numérisation.

AVSS s.a.

Audio Video Support System (traduction littérale : système d'aide audiovisuel)

Informatique : partie des routines d'exploitation *DV-I* qui gère l'image animée et le son.

Azerty exp.

Voir *clavier*.

Azimut n.m.

[Anglais : azimuth]

Audiovisuel : dans un appareil à bandes magnétiques, angle que fait la tête de lecture/écriture par rapport à l'axe de défilement de la bande.

Bibliographie : INA 93.
Étymologie : emprunt à la langue technique de l'astronomie XVIe siècle. Emprunt à l'*arabe* : “as-sumut”, pluriel de “as-samt” (le chemin).

B

B abr. a.
Abréviation de "Byte"

Informatique : voir "byte".
On distingue B (= Byte) de b (= bit).

B n. mq.

Audiovisuel : format d'enregistrement analogique sur bandes magnétiques lancé par la société Bosch-Fernseh dans les années 70. Utilisé dans les studios professionnels en France et surtout en Allemagne, ce format tend à être abandonné.

♦ La bande passante est de 5 MHz en vidéo et de 40 à 14 000 Hz en audio. Le défilement de la bande est de type hélicoïdal oméga ouvert avec une vitesse relative tête-bande de l'ordre de 86 km/h. Les bandes, d'une largeur d'1 pouce avec un revêtement oxyde, permettent un enregistrement d'une durée maximale de trois heures. La technique d'enregistrement, composite en modulation de fréquence directe, est segmentée (une image occupe 12 pistes). La définition est de 550 points par ligne. Le nombre maximum de générations en copie est de 6.

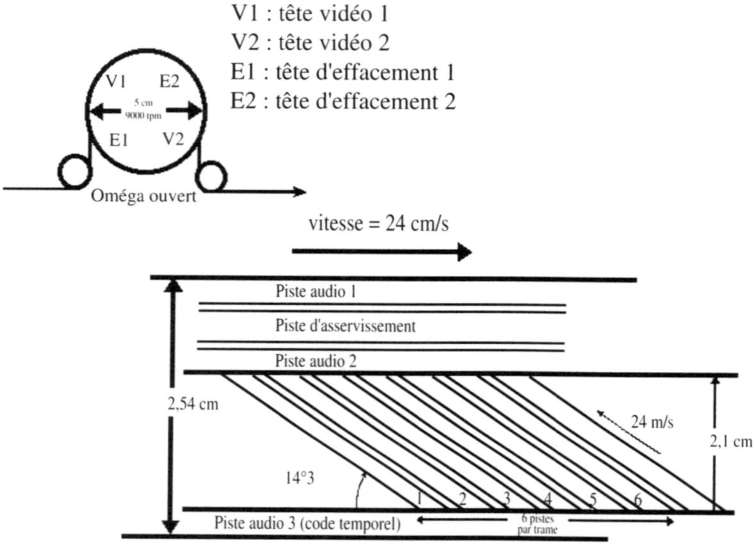

Format d'enregistrement 1 pouce B.
(D'après : Les techniques audiovisuelles et film,
Institut National de l'Audiovisuel, Éd. Économica.)

Bibliographie : INA 93, Luxereau 92, Mahieu 89.

Babillard n.m.

[Anglais : Bulletin Board System, BBS]

Télécommunications : *serveur télématique* disposant d'une fonction de *messagerie électronique.* Le terme, d'origine canadienne, désigne des serveurs en général d'utilisation simple mais qui peuvent atteindre une taille importante. De nombreuses entreprises américaines disposent de babillards pour proposer leurs services ou tout simplement communiquer, via *Internet* par exemple. C'est justement par l'intermédiaire d'Internet et de son succès médiatique que le mot s'est introduit en France. Le néologisme est heureux et souhaitons-lui longue vie... Les babillards jouent le rôle de *Télétel* en France mais apportent en plus la richesse fonctionnelle et la souplesse d'un micro-ordinateur.

Corrélats : Internet, messagerie électronique.
Étymologie : néologisme canadien. *Français* : dérivé du verbe "babiller" avec le suffixe "-ard" d'origine allemande servant à former des noms propres, des diminutifs ou des péjoratifs. **Babiller** : XIIe siècle. *Indo-européen* : "*baba-, *bal-bal-, *bar-bar-" (onomatopée indiquant des sons inarticulés ou indistincts) [Pokorny p. 91].

Baby Bell n. mq.

Télécommunications : nom donné à sept sociétés américaines de télécommunication régionale issues du démantèlement d'*AT&T* imposé en 1984 en application de la loi antimonopole en vigueur aux États-Unis. Les sept sociétés sont :
- Ameritech,
- Bell Atlantic,
- Bell South,
- Nynex,
- Pacific Telesis,
- South Western Bell,
- US West.

AT&T a conservé son activité sur les réseaux à longue distance et internationaux.

Corrélats : AT&T, multimédia, télécommunications.

Badge n.m.

[Anglais : Badge]

Informatique

1. Sens commun : signe distinctif ou d'identification.

2. Par extension : mémoire auxiliaire transportable ayant en général le format d'une carte magnétique. Cette carte doit être lue par un lecteur de badge. Le badge peut être la clé d'accès ou le témoin d'une transaction dont il identifie l'initiateur. Généralement passif, le badge peut, comme une carte à puce, avoir un rôle actif.

Corrélat : carte à mémoire.
Étymologie : emprunt à l'*anglo-américain*. L'*anglais* l'avait emprunté au *franco-normand* : "bage" (signe distinctif), origine obscure.

Balayage n.m.
[Anglais : scanning]

1. Électronique : déplacement méthodique d'un faisceau d'électrons ou d'un rayon de lumière à la surface d'une image pour l'analyser, la capter, la transmettre ou la reproduire.

2. Informatique (logiciel) : parcours systématique d'une suite d'informations. Le balayage peut donner lieu à un examen détaillé de chaque information parcourue ou au contraire n'être qu'un simple survol rapide et complet.

♦ **Audiovisuel** : dans un récepteur de télévision, mouvement de gauche à droite et de haut en bas que suit le faisceau d'électrons dans le tube cathodique pour atteindre l'écran de télévision.

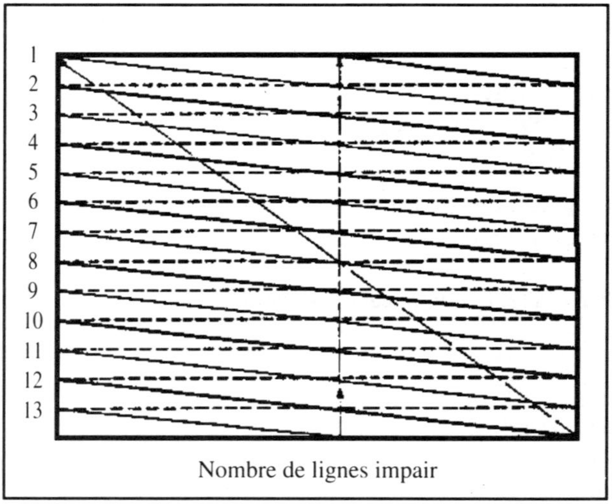

Analyse d'une image par trame dont les lignes sont entrelacées.
Lignes : trait plein. Retour lignes : en pointillés. Retour trame : en tirets.

Balayage d'un écran de télévision.

(*D'après : Cours fondamental de télévision,* R. Besson, Éd. Radio.)

En télévision, l'image est découpée en 525 (*format NTSC*) ou 625 lignes (*formats PAL et SECAM*) horizontales numérotées de haut en bas. Pour l'affichage de chaque image, il y a deux balayages de l'écran, le premier affichant les lignes impaires et le second les lignes paires. Ce balayage d'image est dit entrelacé. Il permet d'éviter, en utilisant le phénomène de la persistance rétinienne, un effet de scintillement sur l'écran.

L'ensemble des lignes affichées lors d'un balayage de l'écran constitue une trame et chaque image est constituée de deux trames. Suivant les pays, l'affichage d'une trame dure 1/50e (Europe) ou 1/60e (États-Unis, Japon) de seconde. Chaque image est affichée respectivement en 1/25e ou 1/30e de seconde. En Europe, les projections vidéo affichent 25 images par seconde (fréquence ligne de 15 625 Hz) et aux États-Unis 30 images par seconde (fréquence ligne de 15 750 Hz).

Bibliographie : Besson 88, Freidman 91, INA 93, Luxereau 92, Semeteys 92.
Corrélats : ligne, NTSC, PAL, SECAM, télévision, trame.
Étymologie : *français* : XVIIIe siècle, d'un mot *gaulois* non attesté : "*banatlo" (genêt) qui a remplacé le *latin* : "scopa".

Balayer v.

[Anglais : to scan]

Faire un *balayage* (voir ce terme).

Banc de mesure exp.

[Anglais : benchmark]

Informatique

1. Ensemble de programmes et de procédures permettant un relevé de mesures pour évaluer les performances d'un système.

2. Par extension, mesures relevées par de tels programmes ou procédures.

♦ La comparaison des performances des ordinateurs est un problème difficile : que doit-on mesurer ? Le nombre d'instructions exécutées par seconde n'est pas significatif parce que chaque ordinateur dispose de ses propres instructions et que chacune d'entre elles exécute des fonctions spécifiques à chaque ordinateur. La mesure du temps nécessaire à l'exécution d'un programme pose le même problème.

Une association de constructeurs baptisée *SPEC* a défini une liste de tests d'évaluation. De même, l'Association française des utilisateurs d'*Unix* propose un ensemble de bancs de mesures pour les machines utilisant le système d'exploitation Unix. Cet ensemble s'appelle SSBA (Suite Synthétique de Benchmarks de l'Afuu).

L'élaboration des programmes d'évaluation des performances des ordinateurs doit tenir compte de leurs deux types de ressources : matérielles et logicielles. Parmi les mesures de performance des ordinateurs les plus utilisées, citons les suivantes : le *Dhrystone*, le *Linpack*, le Livermore Fortran kernels, les *MIPS*, le NAS Kernels, le slalom, le *SPEC*, le STAN INT, le *Whetstone*, ...

Bibliographie : AFUU 91, Deghilage 92, Weyand 91.
Corrélats : cisc, compilateur, langage, processeur.

Banc de montage exp.

[Anglais : deck]

Audiovisuel : ensemble des appareils permettant d'effectuer les opérations de montage. Un banc de montage peut être plus ou moins complexe ; il comprend au moins une source d'images, un appareil de commande et de contrôle, et un appareil d'enregistrement. L'ensemble des appareils constituant le banc de montage doivent être synchronisés (voir *verrouilleur*).

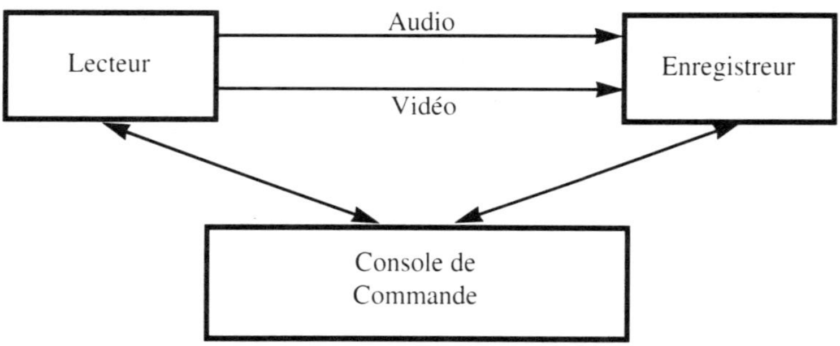

Banc de montage vidéo.
(*D'après : Des images et des sons, théorie et technique*,
J.-P. Achard, Éd. Eyrolles.)

La source d'images est en général un ensemble de magnétoscopes de différents *formats* permettant de lire des *bandes magnétiques* d'origines diverses. Ces magnétoscopes doivent pouvoir afficher les *codes temporels* et se positionner rapidement et avec précision sur les séquences choisies. L'appareil d'enregistrement est un magnétoscope professionnel haut de gamme. Les appareils de commande et de contrôle pilotent l'ensemble des magnétoscopes, gèrent la *synchronisation*, permettent d'effectuer différents effets vidéo comme par exemple, la prévisualisation avant enregistrement, la suppression d'images pour affiner un raccord et la relecture immédiate de la séquence qui vient d'être montée. La synchronisation se faisait, jusqu'à l'apparition du *code temporel*, avec la piste d'asservissement, ce qui nécessitait un temps de calage des têtes de lecture avec le signal de la bande. L'utilisation du code temporel inséré dans le signal image puis de l'adressage direct (voir *montage virtuel*) ont supprimé cet inconvénient. Les bancs de montage peuvent se compléter de divers appareils à effets spéciaux (incrustations, images 2D ou 3D, générateurs de caractères, ...) et d'une table de mixage du son.

Bibliographie : Achard 91, INA 93, Luxereau 92.
Corrélats : montage, synchronisation.
Étymologie : **banc** : *français* XIe siècle. D'un mot germanique "*banki". *Indo-européen* : "*bheg" (casser, briser, endroit où le sol présente une rupture) [Pokorny pp. 114, 115]. **Montage** : *Français* : XIXe siècle (assemblage), XXe siècle (cinéma). *Latin* : "montare" (monter) de "mons" (montagne) qui a remplacé "ascendere". *Indo-européen* : "*men-" (se dresser, s'élever au-dessus de) [Pokorny p. 726].

Banc d'essais n.m.

[Anglais : benchmark]

Informatique : voir *banc de mesure.*

Banc-titre n.m.

[Anglais : Animation stand, caption stand]

Audiovisuel : dispositif muni d'une surface plane éclairée (le banc) surmontée d'une caméra placée en position verticale, perpendiculaire au plan du banc. À l'origine, ce dispositif servait à filmer, image par image, les titres et intertitres des films, d'où son nom. Avec l'apparition des générateurs de caractères cette fonction tend à disparaître, mais les bancs-titres restent utilisés dans la *capture* d'images fixes. Lors de l'activité de *numérisation* dans la constitution d'une banque d'images par exemple, on peut, soit utiliser une caméra numérique dans le banc-titre, soit connecter une caméra classique à un ordinateur muni d'une carte de numérisation du signal vidéo.

♦ **Histoire** : l'invention du banc-titre est attribuée à Émile Courtet, né en 1857, connu comme caricaturiste sous le nom de Cohl et cinéaste spécialisé dans l'animation.

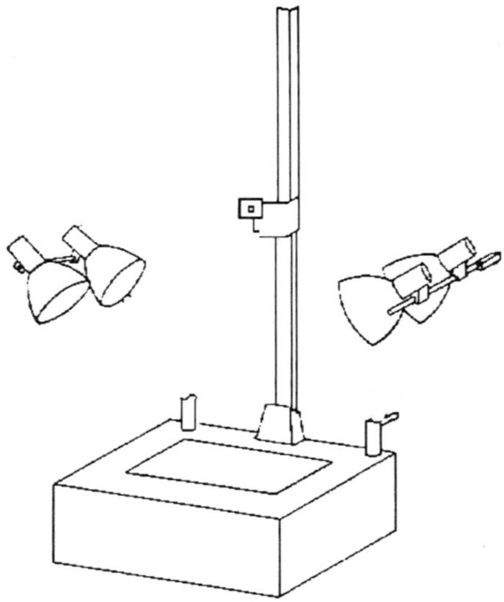

Banc-titre.

Bibliographie : INA 93.
Corrélat : numérisation.
Étymologie : **banc** : *français* : XIe siècle. D'un mot germanique "*banki" (banc). *Indo-européen* : "*bheg" (casser, briser, endroit où le sol présente une rupture) [Pokorny pp. 114, 115]. **Titre** : *français* : XIIe siècle. Du *latin* : "titulus" (inscription, affiche, écriteau). *Indo-européen* : "*ti-tel", dérivé de "*tel" (support, sol, terre) [Pokorny p. 1061].

Bande de base exp.
[Anglais : base band]

Télécommunications : transmission en bande de base : se dit d'une *transmission* qui s'effectue sans *modulation*.

Bande de fréquences exp.
[Anglais : frequency band]

Télécommunications : ensemble de *fréquences* comprises entre deux bornes.

♦ En téléphonie, la bande comprise entre 300 Hz et 3 400 Hz correspond au minimum nécessaire pour la perception et la compréhension de la parole. Par ailleurs, le spectre des fréquences radioélectriques, de largeur limitée, est partagé entre les différents services demandeurs de ressources radioélectriques pour éviter les perturbations entre services. Ces services sont, par exemple, les liaisons de télécommunications par faisceaux hertziens, par satellite, les services mobiles, les services de radiodiffusion ou de radionavigation. C'est un organisme permanent de l'*UIT*, l'IFRB (International Frequency Registration Board), qui établit au plan mondial les bandes de fréquences allouées à chaque service pour éviter les brouillages.

Corrélats : bande passante, onde électromagnétique.
Étymologie : **bande** : XIe siècle. D'un mot germanique "*binda" (lier). *Indo-européen* : "*bhendh-" (lier) [Pokorny p. 127]. **Fréquence** : emprunt au langage technique de la physique. *Français :* XIIe siècle. Emprunt au *latin* : "frequentiatio" (fréquence) < "frequens" (nombreux, assidu, fréquent). *Indo-européen* : peut-être < "*bhareku-" (serrer) [Pokorny pp. 110, 111].

Bande magnétique exp.
[Anglais : magnetic tape]

Informatique : support d'informations séquentiel constitué d'un ruban de plastique recouvert d'une couche d'oxyde ou de métal et nécessitant un appareillage spécial pour être écrit ou lu. L'enregistrement se fait par magnétisation des particules contenues sur la couche supérieure de la bande. La bande magnétique se présente de plus en plus souvent dans une enveloppe souple ou rigide qui en facilite la manipulation, appelée cassette ou cartouche.

La bande magnétique est le support concurrent du disque magnétique. En informatique, elle est utilisée pour la fonction de sauvegarde. En audio et vidéo, elle est utilisée d'une part pour la postproduction et l'enregistrement des programmes et d'autre part pour l'édition et la distribution dans le grand public.

• **Bande magnétique et vidéo**

Il existe deux grands types de bandes magnétiques : les bandes oxydées et les bandes métalliques, suivant la nature de leur couche supérieure. Leur largeur varie en fonction des standards d'enregistrement liés aux magnétoscopes.

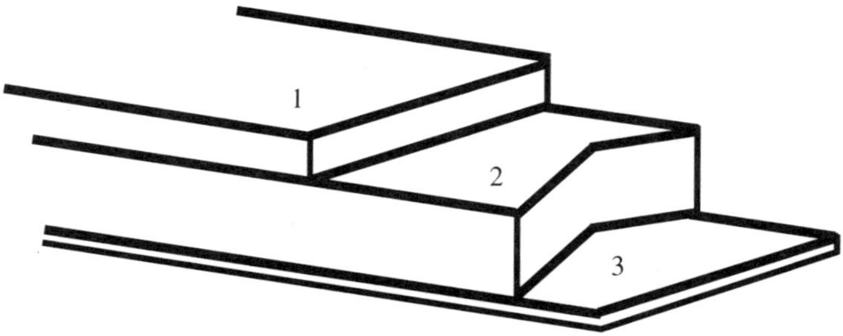

1 Enduit magnétique : couche d'environ 5 microns d'épaisseur comprenant de fines particules magnétiques.

2 Support polyester : ruban de polyester, d'acétate ou de mylar épais d'environ 10 microns.

3 Dorsale : la bande peut être renforcée par une couche inférieure plus rigide d'une épaisseur d'environ un micron.

Structure d'une bande magnétique vidéo.

• Bande magnétique et audio

Une des caractéristiques importantes des bandes magnétiques dans leur utilisation audio est la valeur de leur *bruit* de fond. On désigne par là l'ensemble des *signaux* parasites existant en l'absence de tout signal utile.

La largeur des bandes pour magnétophones est de 1/4 pouce, soit environ 6,25 mm.

La bande magnétique audio tend à disparaître, supplantée en 1967 par la cassette audio à enregistrement analogique, puis en 1982 par le disque compact audio. En 1992 sont apparues les cassettes numériques.

• Bande magnétique et informatique

La bande magnétique est un support séquentiel servant de *mémoire* auxiliaire. Comme toutes les mémoires, elle est caractérisée par sa *capacité* que l'on mesure en millions d'*octets*. Cette capacité dépend de plusieurs facteurs dont la longueur de la bande et la densité d'information (mesurée en *Bpi*). La densité dépend elle-même des matériaux composant la bande et des performances des appareils d'enregistrement (dérouleurs de bandes). Parce qu'elles ne permettent pas l'*accès direct*, les bandes magnétiques sont moins utilisées que les disques et leur rôle est de plus en plus restreint aux fonctions de sauvegarde, sous forme de cassettes ou cartouches.

Les bandes en *cartouche* sont utilisées en défilement continu. Ce sont des bandes d'1/4 ou 1/2 pouce de large, avec une forte densité pouvant dépasser 9 000 Bpi et pilotées par des dérouleurs rapides.

Format	Largeur en pouce
Formats analogiques	
Betamax	1/2
Betacam	1/2
M1	1/2
M2	1/2
VHS	1/2
U-matic	3/4
Formats numériques	
D1	3/4
D2	3/4
D3	1/2
D5	1/2
DCT	3/4
Betacam numérique	1/2
Formats professionnels vieillissants (*1"B et 1"C*)	1
Format pratiquement abandonné aujourd'hui : *quadruplex*	2

Les différents formats de bandes vidéo.

• Bande magnétique et disque

La bande magnétique est en concurrence avec les *disques* qui permettent l'*accès direct* à l'information et qui ont une durée de vie plus longue. Elle coûte moins cher que les disques et permet au grand public l'enregistrement (audio ou vidéo). La bande magnétique conserve de belles années devant elle, surtout depuis l'apparition des cassettes audio *numériques*. Les bandes magnétiques sont des supports fragiles qu'il faut conserver à température et hygrométrie constantes.

Bibliographie : Achard 91, Didier 64, INA 93, Luxereau 92, Mahieu 89, Mercier 92.
Corrélats : format, magnétoscope.
Étymologie : **bande** : XIe siècle. D'un mot germanique "*binda" (lier). *Indo-européen* : "*bhendh-" (lier) [Pokorny p. 127]. **Magnétique** : *français* : XVIIe siècle. Du *latin* : "magneticus" de "magnes lapis" (pierre d'aimant), emprunté au *grec* : "magnes" (pierre de Magnésie, ville d'Asie mineure).

Bande mère exp.

[Anglais : master tape]

Audiovisuel : bande originale issue du montage définitif à partir de laquelle seront faites toutes les duplications. La bande mère d'un film doit être enregistrée auprès du Centre National de la Cinématographie.

Corrélat : postproduction.
Étymologie : **bande** : XIe siècle. D'un mot germanique "*binda" (lier). *Indo-européen* : "*bhendh-" (lier) [Pokorny p. 127]. **Mère** : *français* : XIe siècle. *Latin* : "mater, -tris" (mère, cause, origine, source). *Indo-européen* : "*mater-" (mère) [Pokorny p.700].

Bande passante exp.

[Anglais : passband]

Télécommunications et audiovisuel

1. Une des caractéristiques des dispositifs qui traitent ou transmettent les *signaux*. La bande passante est la gamme des *fréquences* que le dispositif peut transmettre sans affaiblissement du signal. La largeur de bande s'exprime généralement en kilohertz (kHz) ou en *mégahertz* (MHz). La bande passante en télévision est de 5,5 MHz. Celle du signal haute-fidélité en audio est de 20 kHz, ce qui correspond à la gamme des fréquences audibles. Caractéristique particulièrement importante de la chaîne *audiovisuelle*, la bande passante est gage de qualité pour sa performance globale. Elle exprime la capacité d'un canal à transmettre un flot d'informations.

2. La bande passante de l'oreille est l'ensemble des fréquences des vibrations qui procurent une sensation auditive. Elle se situe entre 20 et 20 000 hertz. En deçà, les fréquences correspondent aux infrasons. Les fréquences très basses (de l'ordre du hertz) sont perçues par le sens du toucher. Les fréquences très hautes (au-delà de 20 000 hertz) sont appelées ultrasons et peuvent être perçues par certains animaux dont la bande passante auditive est plus élevée (par exemple, le chien). La sensibilité de l'oreille humaine varie à l'intérieur de la bande passante. Elle est maximale pour les sons dont la fréquence se situe entre 2 000 et 3 000 hertz.

3. La bande passante de l'œil se situe entre 8×10^5 gigahertz et 4×10^6 gigahertz. En deçà, les fréquences correspondent aux infrarouges et au-delà aux ultraviolets. La sensibilité de l'œil varie à l'intérieur de la bande passante. Elle est maximale pour les couleurs vertes.

Corrélats : couleur, signal.
Étymologie : **bande** : *français* : XIe siècle. D'un mot germanique "*binda" (lier). *Indo-européen* : "*bhendh-" (lier) [Pokorny p. 127]. **Passante** : *français* : fin du XIe siècle. Du *latin* : "passare", de "passus" (pas). *Indo-européen* : "*pet-" (étendre, répandre) [Pokorny p. 824].

Banque de données exp.

[Anglais : data bank]

Informatique : voir *base de données* au sens **1**.

Banque d'images n.f.

[Anglais : picture bank, image bank]

Informatique : ensemble d'*images* archivées sous forme *numérique* et mises à la disposition d'un public à l'aide d'un logiciel de consultation de type *base de données*.

Les supports utilisés sont le plus souvent les *disques optiques* qui sont choisis pour leurs grandes capacités ; on leur préfère les *disques magnétiques* lorsque l'on veut une plus grande rapidité d'*accès*.

Un logiciel associe les images à leur description textuelle (et parfois sonore) par l'intermédiaire d'*index*. Les index permettent d'accéder aux images par un ou plusieurs mots-clefs et éventuellement de chaîner les images entre elles. Le logiciel peut gérer des droits d'accès pour protéger tout ou partie de la banque ; il peut également gérer la tarification des consultations. La banque peut être consultée *en ligne* ou *hors ligne*. Les consultations hors ligne se font sur des *disques compacts* qui ne contiennent en général qu'une partie de la banque.

La qualité d'une banque d'images tient aux critères suivants :
— intérêt du contenu,
— qualité des images,
— facilité d'*accès* et *ergonomie* de la consultation (*interface d'utilisation*),
— rapidité d'accès,
— coût de fonctionnement,
— coûts et souplesse de la maintenance.

♦ Du point de vue technique, une banque d'images est un *système d'archivage.* Sa constitution se fait comme celle de n'importe quel système d'archivage (définition des modes de consultation, capacité de stockage, rapidité d'accès, optimisation des coûts). Se posent en plus des questions relatives à la qualité de restitution des images et au choix des formats de numérisation. Les systèmes de *disques compacts-photos* proposés au grand public par Kodak constituent une offre élégante de banques d'images familiales.

Bibliographie : Cigref 89.
Corrélats : disque compact photo, système d'archivage, base de données.
Étymologie : calque de l'anglais. *Français* : mot composé. **Banque** : XVe siècle. *Italien* "banca" (banc, table de change) d'un mot germanique "*banki". *Indo-européen* : "*bheg-" (casser, briser, endroit où le sol présente une rupture) [Pokorny pp. 114, 115]. **Image** : voir ce mot.

Barre n.f.

[Anglais : bar]

1. Audiovisuel : dans un studio d'enregistrement, rangée de boutons et de commutateurs qui pilotent les branchements et les aiguillages sur une *console.*

2. Informatique : partie d'un *menu* ayant la forme d'une barre horizontale ou verticale, associée à une fenêtre pour laquelle elle joue un rôle de commande et d'information. Elle peut comprendre des boutons, des icones et des textes.

♦ À titre d'exemple, les barres utilisées dans la version 3.1 de l'interface d'utilisation *Windows* de *Microsoft* sont les suivantes :

• **Barre de défilement**
Barre qui commande l'enroulement ou le déroulement du contenu de la fenêtre lorsque sa taille dépasse celle de la fenêtre. La plupart des interfaces d'utilisation proposent des barres pour effectuer des déroulements horizontaux et verticaux appelées aussi ascenseurs. Une barre de défilement est composée de deux flèches de direction et d'un curseur qui commande l'enroulement ou

le déroulement du document dans la fenêtre. La position relative du curseur dans la barre permet d'avoir une idée de la position de la fenêtre dans le document. On tire le curseur en cliquant dessus et en déplaçant la souris bouton enfoncé.

- **Barre de fractionnement**

Barre qui matérialise la séparation d'une fenêtre en plusieurs *volets.*
Normalement chaque volet contient ses propres barres de défilement et peut ainsi être déroulé ou enroulé de façon indépendante. La barre de fractionnement peut être déplacée en tirant le curseur de fractionnement qui se situe entre les barres de défilement des volets.

- **Barre de menus**

Barre qui contient un ou plusieurs noms de *menus.* Cliquer sur un nom de menu dans la barre fait apparaître un menu déroulant ou un menu en cascade.

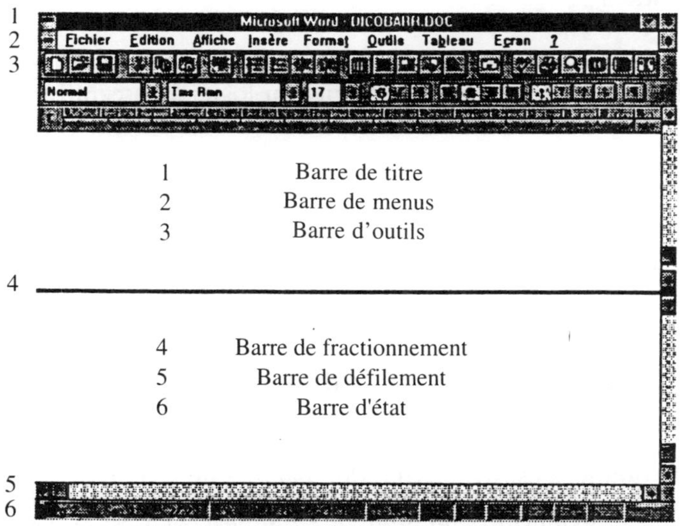

Exemple de barres.

En plus des noms de menus, la barre de menus contient, à gauche, une case de menu système et, à droite une case de commandes de dimensionnement de la fenêtre.

- **Barre d'état**

Barre située en bas d'une fenêtre qui permet à l'application de donner à l'utilisateur des renseignements sur l'état du programme : précisions sur les fonctions d'un menu, instructions pour continuer, coordonnées du curseur, état d'une commande en *bascule*. Certaines applications utilisent la barre d'état pour afficher une ligne de message à l'utilisateur ou pour afficher des aides en ligne.

- **Barre de titre**

Barre située en haut d'une fenêtre et qui contient le nom de l'application ou du document. La barre contient, à gauche, une case de menu système et, à droite, des cases de commande de dimensionnement de la fenêtre.

- **Barre d'outils**

Barre horizontale située en haut d'une fenêtre qui peut contenir une règle ou des *icones* représentant des outils.

Bascule n.f.

[Anglais : toggle, flip-flop]

Informatique : élément matériel ou logiciel susceptible de prendre alternativement deux états.

Base de données exp.

[Anglais : data base]

Informatique

1. Ensemble de *données* à la disposition d'un public et concernant un sujet spécialisé.

Par exemple : base de données médicales. Dans ce sens, base de données est synonyme de “banque de données”.

2. Par extension, réunion des données et des *programmes* qui permettent d'y accéder. Les programmes permettent de naviguer dans la base et de créer, consulter, modifier, et supprimer des données dans un ordre aléatoire. Ils constituent le *Système de Gestion de la Base de Données* (SGBD).

3. Par restriction du sens précédent, ensemble des programmes assurant les fonctions de création, modification, consultation et suppression de données. Ces programmes peuvent être regroupés et vendus sous forme d'un produit standard qui s'adapte à n'importe quel domaine d'informations. C'est le sens le plus couramment admis et qui est détaillé ci-dessous.

♦ **Historique**
L'apparition des bases de données s'insère dans une évolution en trois temps de la conception du traitement automatisé de l'information.

Premier temps : la programmation classique
Les données sont enregistrées dans des *fichiers* sur des mémoires auxiliaires (disques ou bandes magnétiques). Les traitements sont effectués par les *programmes* d'*application* qui accèdent aux fichiers par l'intermédiaire du *système d'exploitation.*

Chaque programme d'application est constitué de deux parties distinctes : la description des ressources (et en particulier des données) qu'il utilise et la description des traitements qu'il effectue. Si plusieurs programmes traitent une même donnée, ils contiennent chacun une description de cette donnée.

Lorsque les caractéristiques d'une donnée changent (on décide par exemple, d'allonger à 10 chiffres un numéro qui n'en compte que cinq), il faut modifier l'enregistrement sur la mémoire auxiliaire et mettre à jour les descriptions dans l'ensemble des programmes qui traitent cette donnée.

Ce premier temps est illustré en page 102.

Deuxième temps : la base de données
Les descriptions des données sont regroupées hors des programmes. Les risques de redondance sont diminués et la modification d'une description de données ne nécessite plus la mise à jour des programmes qui l'utilisent.

La base de données comprend un ensemble de programmes spécialisés qui remplissent les fonctions élémentaires de gestion des données : création, modification, suppression, consultation, navigation, ... Ces programmes constituent le Système de Gestion de la Base de Données (SGBD). C'est lui qui accède désormais aux fichiers *via* le système d'exploitation.

Les programmes d'application passent par le SGBD pour accéder aux données : ils émettent des requêtes dans un langage simple dont il existe un standard de fait : SQL (System Query Language : langage de requêtes au système).

Ce deuxième temps est illustré en page 103.

Troisième temps : la notion d'objet
La notion d'objet découpe la réalité d'une nouvelle manière qui ne sépare plus les *informations* traitantes des informations à traiter. La description des objets réunit les descriptions de leurs caractéristiques (les données) et de leurs comportements (les traitements). Pour chaque partie découpée dans la réalité, traitements et données forment un tout, appelé *objet*. Par exemple, une image est indissociable de son comportement (changements de sa place sur l'écran, de ses dimensions, ...).

Ce troisième temps est illustré en page 104.

Fichiers sur mémoires auxiliaires

Par exemple, un fichier d'images avec, pour chaque image, le numéro d'image codé sur 5 chiffres.

↑ ↓

Système d'exploitation : fonctions d'accès aux fichiers et à leurs supports.

↑ ↓

Programme 1	**Programme 2**	**Programme *n***
Consultation et mise-à-jour de données	Consultation et mise-à-jour de données	Consultation et mise-à-jour de données
Description des ressources et en particulier des données utilisées par le programme 1	Description des ressources et en particulier des données utilisées par le programme 2	Description des ressources et en particulier des données utilisées par le programme *n*
exemple : <No_image> 5 chiffres	exemple : <No_image> 5 chiffres	exemple : <No_image> 5 chiffres
Description des traitements réalisés par le programme 1	Description des traitements réalisés par le programme 2	Description des traitements réalisés par le programme *n*

Système d'application

Premier temps : descriptions des données et des traitements dans chaque programme.

Fichiers sur mémoires auxiliaires

Par exemple, un fichier d'images avec, pour chaque image, le numéro d'image codé sur 5 chiffres.

↑ ↓

Système d'exploitation : fonctions d'accès aux fichiers et à leurs supports.

↑ ↓

Système de Gestion de la Base de Données : fonctions de dialogue avec le système d'exploitation.

Système de Gestion de la Base de Données : fonction descriptive.
Dictionnaire de données : descriptions de toutes les données utilisées dans tous les programmes de l'application.
Exemples : <No d'image> : 5 chiffres

Système de Gestion de la Base de Données : fonctions de dialogue avec les programmes d'application.

↑ ↓

Programme 1	**Programme 2**	**Programme *n***
Consultation et mise-à-jour de données	Consultation et mise-à-jour de données	Consultation et mise-à-jour de données
Description des traitements réalisés par le programme 1	Description des traitements réalisés par le programme 2	Description des traitements réalisés par le programme *n*

Système d'application

Deuxième temps : descriptions centralisées des données.

Fichiers sur mémoires auxiliaires

Par exemple, le fichier des objets images.

↑ ↓

Système d'exploitation : fonctions d'accès aux fichiers
et à leurs supports.

↑ ↓

Système de Gestion de la Base de Données Objet :
fonctions de gestion des objets : création, modification,
consultation, suppression, navigation.

Description de l'objet A	Description de l'objet B	Description de l'objet C	Description de l'objet D	Description de l'objet *X*

Système de Gestion de la Base de Données Objet :
fonctions de dialogue avec les programmes d'application.

↑ ↓

Programme 1	**Programme 2**	**Programme *n***
Consultation et mise-à-jour de données	Consultation et mise-à-jour de données	Consultation et mise-à-jour de données

Système d'application

Troisième temps : la base de données objet.

• Les caractéristiques des bases de données
Comparées aux organisations classiques en fichiers (premier temps), les bases de données offrent un double avantage :
— l'indépendance des données par rapport aux programmes : la modification d'une donnée ou de ses caractéristiques ne nécessite pas de modifier l'ensemble des programmes qui y font référence. Les temps de développement et de maintenance de l'application sont raccourcis ;
— l'absence de redondance : la base est plus fiable que les systèmes traditionnels de fichiers en cas de mise à jour.

Sur les *systèmes multi-utilisateurs*, les bases de données offrent en outre un troisième avantage :
— la possibilité de partage des données par plusieurs utilisateurs. La base de données permet de prendre en compte les points de vues différents des utilisateurs sur une même donnée. De plus, les éventuels conflits d'accès sont gérés automatiquement par le *SGBD*.

• Les quatre types de bases de données
1. Les plus anciennes, les bases dites hiérarchiques, qui, lorsqu'elles sont exploitées sur de gros systèmes, offrent des performances remarquables (par exemple : IMS d'*IBM* qui traite jusqu'à 1 000 transactions par seconde et reste la base de données la plus utilisée sur les grands systèmes).

2. Les bases "en réseau" qui tendent à disparaître : les données sont reliées entre elles par des pointeurs qui leur sont associés.

3. Les *bases relationnelles* (SGBDR) qui sont aujourd'hui les plus répandues et les plus souples (par exemple : Access, DB2, Informix, Ingres, Oracle, Progress, Sybase, Unify, ...).

4. Les *bases de données orientées objet* (par exemple : O2, Ontos, Object store, Objectivity, ...) qui sont apparues en 1992.

• Les trois modèles dans une base de données
1. Le modèle conceptuel est le cœur de la base. Il décrit la réalité telle qu'elle est perçue après le travail d'analyse. Une approche notamment utilisée dans les *bases de données relationnelles* décrit le système d'informations à automatiser sous forme d'*entités* et de *relations*.

2. Le modèle interne décrit les structures des données en tenant compte des contraintes dues au système informatique.

3. Le modèle externe décrit les caractéristiques des données selon les différents points de vues des utilisateurs.

• Le marché des bases de données
La vente de systèmes de gestion de bases de données est en pleine progression. Le *système d'exploitation* le plus utilisé avec des bases de données est *Unix*. Les acteurs les plus importants en Europe sont IBM, Oracle, Borland, Microsoft, Software AG et Computer Associates.

Bibliographie : Benzaken 93, Budd 92, Delobel 91, Humbert, 91, Mesguich 84.
Étymologie : *français* : XIIe siècle. *Latin* : "basis" (base de statue, de colonne). *Grec* : "basis" (action de marcher, pied, ce sur quoi on marche, piedestal). *Indo-européen* : "*gwa" (aller, venir) [Pokorny p. 463].

Base de données multimédia exp.

[Anglais : multimedia data base]

Informatique : *base de données* dans laquelle sont gérées des données multimédias. Une application typique concerne la gestion de collections de musées. Les bases de données multimédias peuvent être de différents types (relationnelles ou orientées objet).

Base de données orientée objet exp.

[Anglais : Object oriented data base]

Informatique : type de *base de données* apparu après les *bases de données relationnelles* et qui en améliore les performances, notamment pour les applications de *CAO* (Conception Assistée par Ordinateur) ou les *applications multimédias.* Dans les bases de données orientées objet, les données sont indissociables des traitements qui leurs sont associés. Données et traitements forment une seule et même entité appelée objet qui modélise directement une partie du monde réel.

♦ **Marché** : les bases de données orientées objet sont apparues sur le marché dans les années 90 : O2 (Unix), Ontos DB (Unix, OS/2), Objectstore (Unix, MS-DOS), Gemstore (Serveur Unix, client Unix, MS-DOS, OS/2, Mac).

Base de données relationnelle exp.

[Anglais : Relationnal data base]

Informatique : *base de données* dont le modèle conceptuel est décrit sous forme de relations. Les données sont organisées en tables constituées de lignes et de colonnes. Les relations entre les différentes tables se font par l'intermédiaire de leurs colonnes ou de leurs lignes communes. Un langage d'accès normalisé (*SQL*) permet de naviguer dans la base. Leur simplicité d'utilisation et leurs bonnes performances expliquent leur position dominante sur le marché.

♦ **Marché** : voici la liste des principales bases relationnelles avec, pour chacune, les systèmes d'exploitation qui la supportent : DB2 (MVS d'IBM), Informix (Unix, DOS, Netware), Ingres (Unix, VMS, OS/2, DOS), Oracle (Unix, VMS, MVS, OS/2, DOS, G-COS), Access (Windows)...

Base de données répartie exp.

[Anglais : Distributed data base]

Informatique : *base de données* dont les données et les programmes sont disséminés sur plusieurs machines. Leur gestion se fait par la combinaison entre les techniques de base de données et de *communication.*

Base de temps exp.

[Anglais : time base]

Électronique

1. Rythme scandé par une horloge ou tout autre appareil qui fournit des signaux à intervalle de temps régulier.
2. Appareil fournissant ces signaux.

Corrélats : IRIG, SMPTE, synchrone.

Battement n.m.

[Anglais : pulse]

Audiovisuel : phénomène apparaissant lorsque deux mouvements oscillatoires de fréquences voisines sont perçus en même temps.

♦ Le battement est dû à la très faible différence de fréquence entre les deux oscillations, ce qui crée une succession de conjonctions (maxima) et d'oppositions (minima) de l'amplitude du signal résultant. Ainsi, deux oscillations à 100 kHz et 101 kHz génèrent un battement à 1 kHz.

La combinaison de deux fréquences donne des résultantes en plus (somme des fréquences) et en moins (différence des fréquences) dans l'expression de leur combinaison.

Audio : quand les fréquences sont proches, le battement en moins est facilement perceptible car il est dans les fréquences audibles, alors que le battement en plus crée une fréquence beaucoup plus élevée qui risque de sortir du spectre des fréquences audibles.

Baud u.i.
[Anglais : baud]

Télécommunications

Transmission : unité de rapidité de modulation d'un signal. La rapidité de modulation, exprimée en baud, caractérise les *modems*, les *fax* et les liaisons *série*. Il faut éviter de confondre le baud qui mesure une rapidité de modulation et le bit par seconde qui mesure un débit de transmission.

♦ La valeur d'un baud est l'inverse de la durée d'un moment du signal (on appelle moment d'un signal un état significatif de ce signal). Si le signal a une valence de deux (deux états significatifs), la rapidité de modulation, exprimée en baud, est égale au débit de transmission exprimé en bit par seconde (*bit/s*). Si la valence du signal est supérieure à 2, alors le débit est supérieur à la rapidité de modulation.

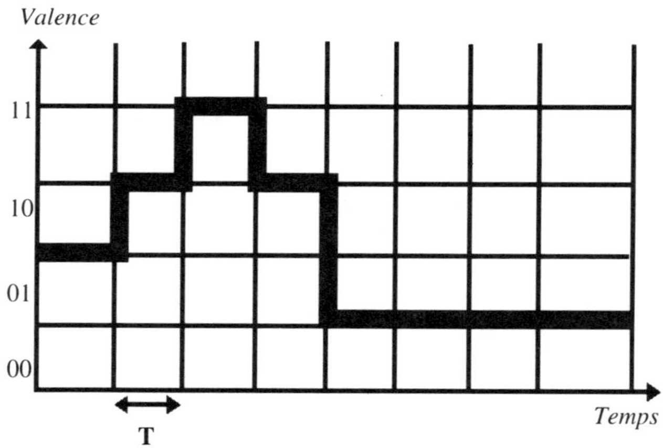

La transmission tétravalente permet de transmettre des combinaisons de 2 bits.
Vitesse de modulation : 1/T baud.
Débit binaire : 2/T bit/s.

Vitesse de modulation (exprimée en baud).
(D'après : Dictionnaire de l'informatique, Le Garff,
Éd. Presses Universitaires de France.)

Corrélats : débit, modulation, valence.
Étymologie : abréviation du nom de l'ingénieur français Baudot.

BBS s.a.
Bulletin Board System

Voir *babillard.*

BC s.a.
Backward Compatible.

Voir *rétrocompatible.*

BCD s.a.
Binary Coded Decimal

Informatique : voir *décimal codé binaire.*

BD s.f.

Voir *base de données.*

Bel u.i.
[Anglais : bel]

Audiovisuel : unité de mesure de variation logarithmique et en particulier d'intensité sonore. Voir *décibel.*

Étymologie : *français* : XXe siècle. Abréviation du nom du savant américain d'origine écossaise Graham Bell (1847-1922).

Bell Laboratories n.s.

Informatique : centres de recherches du constructeur américain *AT&T* où furent mis au point le *système d'exploitation Unix.*

Corrélat : AT&T.

Benchmark t.a.

Informatique : voir *banc de mesure.*

Betacam n. mq.

Audiovisuel : *format* d'enregistrement analogique des images et des sons développé par *Sony* en 1981. Le format Betacam utilise les mêmes cassettes d'1/2 pouce de largeur que le format *Betamax*, mais avec un déroulement 6 fois plus rapide. Ce format est devenu le standard de fait des professionnels grâce à son amélioration, le *Betacam-SP*.

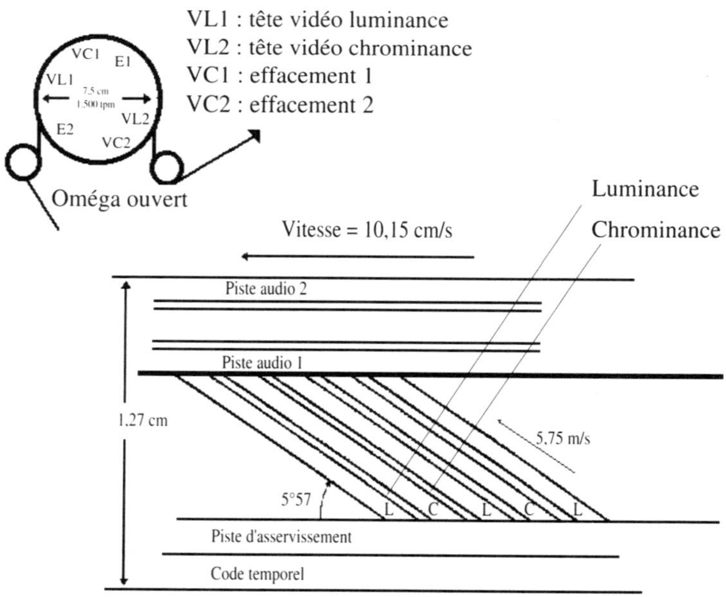

Format Betacam.
(*D'après : Les techniques audiovisuelles vidéo et film,*
Institut National de l'Audiovisuel, Éd. Économica.)

♦ Le défilement de la bande est de type hélicoïdal oméga ouvert. La vitesse relative têtes-bande est de l'ordre de 20 km/h. Les bandes ont un revêtement en oxyde. La technique d'enregistrement est en *composante* alternée : une *piste* sur deux code la *luminance*, l'autre code la *chrominance* avec deux signaux comprimés (R-Y et B-Y). Chaque image est codée par quatre *pistes*, soit deux pistes par *trame*. La bande passante est de 4 MHz pour la vidéo et de 50 à 15 000 Hz pour l'audio. Le nombre de points par ligne est de 450. Le nombre maximal de générations en copie est d'environ 5.

Bibliographie : Achard 91, INA 93, Luxereau 92, Mahieu 89.
Corrélats : enregistrement, format.

Betacam numérique n. mq.

Audiovisuel : évolution prévue du format *Betacam* qui utilisera un enregistrement numérique au format 4:2:2 sur 10 bits et un taux de compression de 2 pour 1. Sony prévoit une gamme complète d'appareils à ce format qui seront compatibles avec le format Betacam analogique.

Betacam-SP n. mq.

Audiovisuel : SP tient pour "Superior Performance" (performances améliorées). Le Betacam-SP utilise des cassettes à bande métallique offrant une meilleure *bande passante* (5,5 MHz pour le Betacam-SP contre 4 MHz pour le *Betacam*) et un *son numérique*. Le Betacam-SP a été lancé par *Sony* en 1987. Le nombre de points par ligne est de 550. Le nombre maximum de générations en copie est de 6. Le format Betacam SP est devenu de fait un des standards de l'enregistrement dans le monde professionnel.

Bibliographie : Achard 91, INA 93, Luxereau 92, Mahieu 89.
Corrélats : Betacam, format.

Betamax n. mq.

Audiovisuel : format d'enregistrement des images sur cassettes magnétiques de 1/2 pouce mis au point par *Sony* en 1975. Ce format a eu un succès dans le monde professionnel et surtout aux États-Unis. Il existe une version améliorée appelée ED-Beta. Ses caractéristiques principales ont été reprises dans le format *Betacam* (voir ce terme).

Bibliographie : Achard 91, INA 93, Luxereau 92, Mahieu 89.
Corrélat : format.

Bêtatest n.m.
[Anglais : betatest]

Informatique : dans la phase finale du développement d'un produit matériel ou logiciel, étape au cours de laquelle sont effectués les seconds tests de mise au point. Cette seconde étape de tests contrôle si le produit est conforme à ses spécifications fonctionnelles. Tandis que les alphatests sont effectués en laboratoire, les bêtatests sont souvent réalisés en situation réelle.

Bibliothèque n.f.
[Anglais : library]

Informatique

1. *Fichier* contenant des *programmes.* Ce fichier a une structure particulière, reconnue par le système d'exploitation et contient toutes les informations nécessaires à la gestion des programmes (nom du programme, auteur, date de création, date de modification, numéro de version, longueur...).

2. Par extension, fichier contenant des programmes et les données qui sont nécessaires à leur installation et à leur exploitation.

Par exemple, lorsque l'on achète un logiciel, le fabricant livre une ou plusieurs bibliothèques contenant aussi bien des programmes que des données.

♦ Une bibliothèque peut être qualifiée par différents critères dont les plus courants sont :
— le *système d'exploitation* qui l'utilise (par exemple, une bibliothèque *Unix*, une bibliothèque *DOS*, ...),
— le type de programmes qu'elle contient qui peuvent être qualifiés par leur type de langage, leur domaine d'application ou tout autre caractéristique significative.

Par exemple, une bibliothèque *C* est une bibliothèque contenant des programmes écrits en langage C ; une bibliothèque source est une bibliothèque contenant des programmes en code source, c'est-à-dire destinés à être *compilés*, une bibliothèque de *sauvegarde* peut désigner indifféremment une bibliothèque contenant des programmes qui réalisent des sauvegardes ou la sauvegarde de programmes qui sont en cours de réalisation.

Corrélat : programme.
Étymologie : emprunt à la langue commune. *Français* : XVe siècle. *Latin* : "bibliotheca" (bibliothèque). *Grec* : "bibliothêkê" (armoire à livre) < "biblion" diminutif de "biblos" (papyrus, rouleau, livre) du nom du port phénicien de

Biblos d'où partaient les navires chargés de papyrus égyptiens + "thêkê" (boîte, coffre, caisse, récipient, cercueil). *Indo-européen* : "*dhe-" (poser, placer) [Pokorny p. 236].

Bidirectionnel adj.
[Anglais : duplex]

Télécommunications : qualifie une liaison qui permet des transmissions dans les deux sens, chaque terminal pouvant être à la fois émetteur et récepteur. On distingue le *bidirectionnel à l'alternat* et le *bidirectionnel simultané*. Bidirectionnel s'oppose à *unidirectionnel*.

Bidirectionnel à l'alternat exp.
[Anglais : half-duplex]

Télécommunications : qualifie une liaison qui permet des transmissions dans les deux sens, chaque sens étant utilisé exclusivement l'un après l'autre.

Bidirectionnel simultané exp.
[Anglais : full-duplex]

Télécommunications : liaison où les extrémités émettent et reçoivent des informations en même temps.

Par exemple : la liaison téléphonique.

Binaire adj.
[Anglais : binary]

Informatique

1. Qui a deux états exclusifs généralement représentés par 0 et 1 ou haut et bas.

2. Qualifie le système de numération à base deux utilisé en informatique.

Le système binaire est bien adapté aux technologies électroniques, optiques et magnétiques qui procurent des systèmes physiques à deux états stables. L'absence de niveaux intermédiaires donne à l'information une grande robustesse : elle se détériore peu lors des copies, des duplications de supports, des transmissions ou des enregistrements.

Corrélats : code, information, numérique.
Étymologie : emprunt à la langue commune. *Français* : XVIe siècle. *Latin* : "binarius" (double) dérivé de "bini" (deux par deux, chacun d'eux, paire, couple). *Indo-européen* : "*dwis-no" < "*dwo" (deux) [Pokorny p. 228].

BIOS s.a.

Basic Input Output System (traduction littérale : système primaire d'entrées-sorties)

Informatique : dans un ordinateur, programme résidant en *mémoire morte* qui assure l'initialisation du système et l'interface avec le matériel utilisé. Le BIOS change d'un ordinateur personnel à l'autre. Il assure la compatibilité des différents matériels des différents constructeurs avec les systèmes d'exploitation de type MS-DOS.

B-ISDN s.a.

Broadband-Integrated Service Digital Network (Réseau Numérique à Intégration de Services à Large Bande)

Télécommunications : voir ce terme.

Bistandard adj. inv.

[Anglais : bistandard]

Général : qualifie un appareil qui est conforme à deux standards concurrents.

Par exemple, les magnétoscopes qui peuvent lire des cassettes enregistrées au format *PAL* ou au format *SECAM* sont dits bistandard.

Bit u.i.
[Anglais : bit]

Informatique : unité élémentaire d'*information* dont l'abréviation internationale est bit. Peut prendre deux valeurs, codées en général 0 ou 1. Sert d'unité de mesure de capacité de certains composants des ordinateurs (mémoire, disque, ...).

Corrélats : binaire, codage, octet.
Étymologie : emprunt à l'*anglais* ; abréviation de "BInary digiT" (chiffre binaire). Voir *binaire* et *digital.*

Bit de parité exp.
[Anglais : parity bit]

Informatique : bit de contrôle ajouté à un ensemble de bits d'information pour constituer un groupe de bits contrôlé. Le bit de parité est positionné de telle façon que, dans le groupe contrôlé, le nombre de bits positionnés à 1 soit toujours pair.

Groupe de 8 bits contrôlé

	Groupe de 7 bits d'information	Bit de contrôle
Lettre	Représentation binaire sur 7 bits (code ISO-7)	Contrôle de parité
A	100 0001	0
B	100 0010	0
C	100 0011	1
D	100 0100	0
E	100 0101	1
a	110 0001	1
b	110 0010	1
c	110 0011	0
d	110 0100	1
e	110 0101	0

Exemple de bit de parité.

Par exemple : dans le code *ISO-7*, chaque caractère est codé sur 7 bits. Parmi ces 7 bits, le nombre de ceux qui sont positionnés à 1 est, soit pair, soit impair. S'il est pair, le bit de parité est positionné à 0 et s'il est impair, le bit de parité est positionné à 1 de façon à ce que l'ensemble des 8 bits (7 bits de code + 1 bit de parité) contienne toujours un nombre pair de bits positionnés à 1.

♦ Supposons que, au cours d'une transmission, d'une lecture ou d'une copie, une erreur se produise sur un bit dans le groupe des 8 bits (constitué de 7 bits d'information et d'un bit de contrôle de parité). Cette erreur pourra être immédiatement détectée grâce au bit de contrôle et une procédure de correction sera lancée. Ce type de contrôle détecte les erreurs mais ne les localise pas avec suffisamment de précision pour pouvoir les corriger. La procédure de correction consiste à répéter l'opération de transmission, de lecture ou de copie.

Le contrôle de parité ne permet pas de détecter une erreur qui se produirait sur deux bits simultanément, mais la probabilité d'une telle erreur est très faible.

Corrélat : code autocorrecteur.

Bitmap t.a.

Informatique : voir *mode points.*

Étymologie : mot composé de "bit" (voir ce terme) et de "map" (carte, représentation, arrangement) emprunté au *latin* : "mappa" (mappe) à travers l'expression médiévale "mappa mundi" (*cf.* mappemonde en *français*). Origine incertaine.

Bit rate t.a.

(débit binaire)

Informatique : voir *débit.*

Étymologie : terme composé de "bit" (voir ce terme) et de "rate" (quantité proportionnelle, taux). Emprunt au *vieux français* : "rate" (contribution proportionnelle au revenu, taxe, impôt ; *cf.* "ratifié"). Du *latin* : "rata" (calculé, défini, fixé) participe passé du v. "reor, reri" ("compter", "calculer" puis "penser", "croire", "ratifier"). *Indo-européen* : "*ar-", "*re-" (être conforme à, être à la mesure de, ...) [Pokorny pp. 55, 59].

Bloc-note électronique exp.
[Anglais : Personal Digital Assistant, PDA]

Informatique : ordinateur de poche remplissant des fonctions de secrétariat personnel. Avec la miniaturisation des composants informatiques, il est possible d'y intégrer :
— un agenda électronique,
— un carnet de notes,
— le traitement de texte,
— le tableur,
— l'écriture manuelle,
— la reconnaissance de l'écriture manuelle,
— la connexion sur des réseaux...

BMP s.a.
(Bit MaP)

Informatique : format de *fichier image* en *mode points.* Ce format, qui est l'un des plus récents, a été défini par *Microsoft.* Il est utilisé en particulier sous *MS-DOS* et *Windows* dans les applications de manipulation et d'enregistrement d'images.

♦ La conversion vers le format TGA est particulièrement aisée de même que le passage sous le système d'exploitation d'IBM, OS/2. Il n'en n'est pas de même pour l'exportation vers les plates-formes *Macintosh.* Les modes de compression possibles de l'image sont du type RLC (Run Length Coding : codage par longueur de séquence) avec quelques améliorations.

Corrélat : compression.

BNC s.a.

Audiovisuel et informatique : type de *connecteur* pour *câble coaxial.* Très répandu en télévision et informatique ; se fixe par verrouillage à rotation.

♦ La prise BNC existe en de nombreux modèles adaptés :
— aux différentes impédances couramment utilisées (50, 75, 100 ohms),
— aux différentes tailles de câbles coaxiaux,
— aux différents types de connexion (connecteur mâle, femelle, embases mâles et femelles, en forme de T, de I ou coudées).

Bogue n.f.
[Anglais : bug]

Informatique : erreur dans un programme informatique. Une phase importante de la programmation, qui consiste à éliminer les bogues, s'appelle le débogage. Les outils de génie logiciel comprennent des programmes d'aide au débogage appelés *débogueurs*.

Étymologie : emprunt à la langue commune. Traduction homophonique du terme anglais "bug" (vermine). La bogue est l'enveloppe épineuse de la châtaigne et procure les mêmes désagréments, lorsqu'on la manipule, que ceux que donnent les bogues informatiques au programmeur. *Français* : XVIe siècle du *breton* : "bolc'h" (capsule du lin, capsule, enveloppe). *Latin* : "bulga" (sac, ventre). *Indo-européen* : "*bhelgh-" (gonfler, peau, coussin, housse, rembourrage) [Pokorny pp. 125, 126].

***Boguer** v.
[Anglais : to bug]

Informatique : introduire des *bogues* dans un programme.

Étymologie : **Bogue** (voir ce terme) + **-er** : suffixe verbal d'origine latine.

Boîte à outils exp.
[Anglais : toolbox]

Informatique : ensemble d'outils logiciels dont se sert un programmeur. Le terme est notamment utilisé pour désigner une partie des *interfaces graphiques*.

Boîtier n.m.
[Anglais : **1.** box. **2.** set top box]

1. Électronique : enveloppe d'un appareil électronique se présentant sous forme d'une boîte métallique pourvue d'une alimentation électrique et de rails pour recevoir des *cartes*. Les boîtiers des micro-ordinateurs s'appellent des tours lorsqu'ils sont destinés à être placés verticalement sur le sol. Ils se distinguent par le nombre de cartes que l'on peut y insérer et par la capacité de leur alimentation électrique.

2. Audiovisuel : appareil placé sur un récepteur de télévision pour le relier à un serveur de télévision interactive. Le boîtier sert alors d'interface entre le récepteur et le réseau câblé. Il peut, suivant les modèles, remplir différentes fonctions. Les plus simples sont des décodeurs ou désembrouilleurs (voir *Syster*). Les plus évolués sont de véritables petits ordinateurs que les spectateurs pilotent par l'intermédiaire d'une télécommande. Ils gèrent le dialogue avec le *serveur* (commande de films par exemple) et peuvent servir à mesurer précisément l'*audience*.

Corrélats : **2.** audience, télévision interactive.
Étymologie : emprunt à la langue commune. *Français* : XIIIe siècle < boîte XIIe siècle. *Latin* : "pyxis" (petite boîte), coffret. *Grec* : "puxis" (boîte de buis) origine obscure.

Borland n.s.

Informatique : éditeur américain de logiciel rendu célèbre par de nombreux produits pour micro-ordinateurs tels : le système de gestion de base de données Paradox et le tableur Quattro Pro. Borland s'est longtemps positionné comme le concurrent le plus sérieux de *Microsoft*. Depuis le succès commercial remporté par son produit *Windows*, Microsoft est devenu un géant de l'informatique et Borland est obligé d'adopter une politique d'acquisitions et d'alliances. C'est ainsi qu'il a repris en 1993 les produits de la société Lotus et en particulier le logiciel de traitement de texte Lotus 1-2-3. Borland pouvait ainsi avoir une offre complète de bureautique (tableur + base de données + traitement de texte + gestion d'agenda) concurrente de celle de Microsoft. Cependant Borland vendait, dès 1994, une grande partie de ses produits à *Novell*.

Borne n.f.

[Anglais : kiosk]

Informatique : outil de communication d'une institution en direction d'un public. Une borne comprend une source d'informations et un appareil de restitution. Certaines bornes comprennent un appareillage de dialogues (bornes interactives). L'ensemble est en général habillé d'une carrosserie pour être intégré dans son environnement.

• **Fonctions d'une borne**
On peut utiliser une borne pour réaliser une ou plusieurs des fonctions suivantes :
— orienter le public dans un espace (une ville, un musée, une entreprise ou tout espace institutionnel), dans une base de données (annuaire, catalogue d'entreprise ou de bibliothèque, tourisme, ...),
— diffuser des informations (explications dans un musée, une exposition, documents dans une bibliothèque, une ville, une région, une école ou une université, ...),
— collecter des informations sur le public qui consulte la borne (dans un magasin, un musée, une administration, un lieu touristique, ...) pour en tirer des statistiques,
— distraire le public (jeu, détente, art, ...),
— récolter des informations sur une fonction spécifique (commande de produits dans un catalogue, réservation de places dans un hôtel ou un réseau de transports, ...).

• **Réalisation d'une borne**
Une borne est avant tout un outil de communication. Sa réalisation passe par les mêmes étapes que celles de tout produit de communication, à savoir :

— ***Prise de décision*** :

• Étude de l'identité de l'émetteur : qui parle ? En général, ce travail a déjà été fait, en partie au moins, et a donné lieu à l'élaboration d'une stratégie de communication et d'une *charte graphique*. La réalisation de la borne s'insère dans la stratégie de communication de l'institution. Elle en respecte les recommandations et veille à la cohérence avec toutes les autres actions de communication.

• Étude de la cible et du message. À qui s'adresse-t-on, pour dire quoi ? La définition du message peut se faire en termes de fonctions. On peut affiner plus ou moins la segmentation de la cible, ce qui peut conduire à définir plusieurs messages.

• Étude des contextes. Quels sont les événements que le récepteur du message aura vécu avant qu'il ne prenne contact avec la borne, quels sont ceux qu'il vivra après ? Quels sont les autres messages qui seront diffusés dans l'environnement plus ou moins proche de la borne ? Quel est l'environnement sonore et visuel de la borne ?

À ce stade de l'étude se prend la décision de faire ou ne pas faire une borne. Si le choix de la borne est fait, on débouche sur le *design* de la borne, tant au niveau de son *habillage* externe que de son style graphique, sonore et d'*interactivité.*

— ***Développement*** :

- Réalisation du contenu de la borne (sons, images, programmes).
- Choix des technologies utilisées pour l'image, le son et l'interactivité.
- Réalisation de l'enveloppe (matière, volume, situation, couleur, ...).

— ***Tests et mise au point.***

— ***Installation et exploitation*** : il est intéressant de mesurer, lors de l'exploitation, la durée moyenne de consultation de la borne. Cette mesure permet, lors de la phase suivante, d'intervenir éventuellement sur le contenu, l'environnement ou la situation de la borne pour en prolonger la durée de vie.

— ***Maintenance*** : il y a deux types d'interventions en maintenance : les mises à jour (borne évolutive) qui portent essentiellement sur le contenu et les réparations qui portent sur le matériel. Le contrat de maintenance matérielle doit prévoir le délai d'intervention en cas d'incident. L'image de l'institution est toujours très dévalorisée par une borne qui fonctionne mal. La meilleure solution est d'organiser une maintenance préventive.

Bibliographie : DMF 92.
Corrélats : audiovisuel, communication, interactivité.
Étymologie : *français* : "bourne" XIIe siècle. Altération de l'*ancien français* du XIIe siècle "bodne". Emprunt d'un mot *gaulois* non attesté "*bodina".

Borne en réseau exp.

Informatique : borne connectée à un *réseau.* La connexion à un réseau permet d'accéder à des ressources centralisées matérielles, logicielles ou même humaines. On peut ainsi effectuer rapidement des mises à jour de la borne depuis un site distant, sans déplacer de personnel. On peut également permettre à celui qui consulte la borne d'obtenir des informations à durée de vie éphémère qui ne peuvent être que centralisées comme, le nombre de places disponibles dans un concert, un hôtel... Un système de traitement télématique permet alors de réserver des places.

Borne évolutive exp.

Informatique : borne dont le contenu peut être modifié. Une borne évolutive utilise des supports permettant la modification des informations (disques réinscriptibles). Dans le cas d'une borne vidéo, par exemple, on stocke les informations pérennes sur un disque optique et les informations modifiables sur le disque magnétique d'un ordinateur.

Borne interactive exp.

Informatique : borne qui gère un dialogue avec ses utilisateurs. Elle a une double fonction d'émission et de réception. Suivant le degré d'*interactivité*, l'appareil de dialogue peut être un simple bouton, un clavier, une souris, une boule, un écran tactile, un analyseur de parole, un récepteur de rayons optiques, ...

Borne multimédia exp.

Informatique : borne qui diffuse au moins deux types d'informations comme les images fixes, les images animées, les données informatiques, le son ... Le terme désigne de plus en plus souvent des bornes interactives.

Borne sonore exp.

Informatique : borne qui ne diffuse que du son (parole, bruit ou musique). Les bornes sonores peuvent avoir une fonction d'orientation, d'information (commentaires dans un musée par exemple), ou de distraction (borne d'ambiance). Elles sont constituées d'une source sonore en général *numérique* (les sources *analogiques* s'usent plus rapidement), d'un amplificateur, d'un système de haut-parleurs et d'un habillage avec un dispositif de déclenchement. Elles peuvent être autonomes ou installées en réseau.

Borne spécialisée exp.

Informatique : borne qui assure des fonctions particulières comme la distribution de billets de banque ou de train, le contrôle de tickets de métro... Ces bornes ont en commun avec toutes les autres bornes d'être accessibles au public à un endroit précis. Elles font l'objet d'un développement spécifique de matériel et de logiciel.

Borne téléchargeable exp.

Informatique : *borne en réseau* qui peut charger localement tout ou partie des informations nécessaires à son fonctionnement. Le téléchargement s'effectue à partir d'un *serveur* central situé à distance. Une fois chargée localement, la borne fonctionne totalement ou en partie de manière *autonome*. Cette technique soulage le serveur des fonctions qui sont traitées localement. Elle permet de meilleurs temps de réponse de la borne à l'utilisateur.

Bouchon n.m.
[Anglais : adapter dongle]

Informatique

1. Connecteur contenant des composants électroniques et assurant une fonction passive d'adaptation d'impédance. On peut trouver par exemple, un bouchon 75 ohms ou un bouchon *SCSI* (Small Computer System Interface : interface système pour petits ordinateurs), ...

2. Dispositif appelé aussi clé, se connectant sur une prise parallèle d'un micro-ordinateur pour assurer l'inviolabilité d'un logiciel. Le bouchon contient un circuit électronique testé lors de la mise sous tension du matériel ou du lancement d'un logiciel. Le codage du circuit électronique peut être très sophistiqué.

Boucle n.f.
[Anglais : loop]

1. Informatique : ensemble d'instructions dont la dernière, lors de l'exécution, renvoie à la première. Une boucle correspond, dans la programmation structurée, à la structure élémentaire appelée *itération*.

2. Transmission : réseau en boucle (ou en anneau) : réseau dans lequel il n'y a pas de terminaison (voir *architecture de réseau*). À noter que le double anneau contra-rotatif permet, lorsqu'il y a une coupure de ligne, de conserver la liaison avec les différents points connectés. Il est utilisé notamment pour les réseaux locaux dits "à jeton".

Boule n.f.
[Anglais : track ball]

Informatique
1. Matériel constitutif d'une unité *périphérique* d'entrée d'informations.

2. Par extension, unité périphérique d'entrée d'informations comportant une boule.

La boule permet de positionner le *curseur* sur l'écran. Elle est habituellement associée à un ou plusieurs boutons qui permettent de *cliquer*. Le fait de cliquer indique à l'ordinateur que l'on choisit la zone pointée par le *curseur*. La réponse de l'ordinateur dépend alors du programme qui gère le dialogue. La grande simplicité de ce type de dialogue a fait le succès du constructeur *Apple*. On trouve les boules dans deux types de *périphériques* : soit sous un boîtier que l'on déplace sur une surface plane (*souris*), soit en émergence sur une surface plane (boule). Dans ce dernier cas, la paume de la main est au contact direct de la boule. Les boules sont souvent les seuls périphériques d'entrée d'informations utilisés dans les *bornes interactives* et les *CD-I*.

Corrélats : clavier, curseur, périphérique, souris.
Étymologie : *français* : XIIIe siècle. *Latin* : "bulla" (bulle, boule creuse). *Indo-européen* : "*bhel-" (souffler, gonfler) [Pokorny p. 120].

bpi u.a.
bit per inch

Informatique : unité de densité d'information. Mesure le nombre de *bits* par pouce.

Bpi u.a.
Byte per inch

Informatique : unité de densité d'information sur les *bandes magnétiques*. Mesure le nombre de multiplets (en général des octets) par pouce. La densité varie de 800 à plus de 6 000 Bpi sur les bandes magnétiques et peut dépasser 9 000 Bpi sur les cartouches à déroulement continu. Une mesure précisant un nombre d'octets par centimètre serait plus moderne (le pouce, unité de longueur du système de mesures de l'Empire britannique et des États-Unis, équivaut à 1/12e de pied, soit environ 2,5 cm).

Corrélats : binaire, densité.

bpp s.f.
bit par pixel
[Anglais : bpp]

Informatique : unité de mesure de codage d'images. Plus le nombre de bits par pixel est grand, plus fine est la représentation des couleurs.

bps s.f.
bit par seconde
[Anglais : bps]

Informatique : unité de mesure de débit d'information indiquant le nombre de *bits* transmis en une seconde. L'unité internationale est le bit par seconde (bit/s). Le bps ne doit pas être confondu avec le *baud* qui est une unité de mesure de rapidité de modulation.

Corrélats : binaire, débit, transmission.

Bras (de lecture/écriture) n.m.
[Anglais : arm]

Informatique : dispositif mécanique des *unités de disques magnétiques* qui porte la ou les *têtes* de lecture et écriture. Le bras se déplace pour positionner la tête à l'endroit recherché, à quelques microns seulement au-dessus de la surface du disque. Cette fonction permet l'*accès direct* aux informations. Le déplacement du bras est un mouvement mécanique donc lent. C'est un des facteurs de ralentissement du *temps d'accès* aux informations sur le disque.

Corrélats : accroc, unité de disques, tête.
Étymologie : emprunt à la langue commune. *Français* : **Bras** : XIe siècle. *Latin* : "bracchium" (bras, membre de devant d'un animal, patte, pince, branche d'un arbre). *Grec* : "brakhion" (plus court, bras) < "brakhus" (court). *Indo-européen* : "*mreghu-" (court) [Pokorny p. 750].

Bras (de retour d'effort) n.m.

Informatique : *périphérique* de sortie d'un ordinateur fournissant à l'utilisateur les informations de retour d'effort. Ces informations sont captées par les muscles et participent au sens du toucher. Elles décrivent la nature des objets (leur résistance ou leur élasticité) ou leur poids. Les bras de retour d'effort augmentent l'*effet de réalité* des applications, mais c'est surtout en robotique et dans les applications industrielles que ce type de périphérique est le plus utilisé. En *simulation virtuelle*, les bras à retour d'effort se résument souvent, pour des raisons de commodité, à des poignets de retour d'effort ou même à des *manches à balai*. Les recherches portent sur la fabrication de *gants* combinant le retour d'effort et le *retour tactile*.

Brillance n.f.

[Anglais : brilliance]

Audiovisuel : quantité de lumière émise ou réfléchie par unité de surface. C'est une des caractéristiques d'une source lumineuse. Elle s'exprime en *candela* par unité de surface (cd/m^2). Synonyme de *luminance*.

Étymologie : *français* : dérivé du v. "briller", emprunté à l'*italien* : "brillare" (XVIe siècle). *Latin* : "beryllus" (aigue-marine), origine obscure.

Broadcast t.a.

(Diffusion)

Audiovisuel : qualifie ce qui est de qualité professionnelle par opposition à ce qui est réalisé par des services audiovisuels internes aux entreprises ou par le grand public. En particulier qualifie une production maîtrisant le *langage cinématographique* et le *langage audiovisuel* (voir ces termes) et utilisant des *codages* de radiodiffusion (voir l'article *codage*).

Bibliographie : INA 93.
Corrélat : audiovisuel, diffusion, codage.
Étymologie : emprunt à l'anglo-américain "broadcast" (diffusion, transmission, essaimé, éparpillé...). **Broad** (large) d'un mot germanique non attesté "*braithaz". **Cast** (jeter, attribuer, couler dans un moule, calculer, prévoir...) d'un mot nordique non attesté "*kasta".

Brouillage n.m.

[Anglais : interference, jam, jamming]

Télécommunications : génération volontaire ou involontaire de parasites sur un signal, qui a comme conséquence de détériorer la qualité de l'information véhiculée. À l'inverse de l'embrouillage, le brouillage n'est pas réversible : on ne peut pas reconstituer le signal d'origine.

Par exemple :
— Un bruit parasite sur une ligne de transmission, dû à la proximité d'une ligne à haute tension est un brouillage.
— Pendant la seconde guerre mondiale, les aviateurs brouillaient les radars en lâchant des particules métalliques créant des échos parasites.

Étymologie : emprunt à la langue commune. *Français* : XIXe siècle < "brouiller" XIIIe siècle (mélanger, salir) < *ancien français* : "brost" (pousses de jeunes taillis, brindilles) qui a donné "broutille" et "brouter" en français et "browsing" (feuilletage) en anglais. D'un mot du *vieux germanique* : "*brustjan" (enfler, gonfler). *Indo-européen* : "*bhreu-s-" (gonfler, enfler) [Pokorny pp. 170, 171].

Brouiller v.

[Anglais : to interfere, to scramble]

Télécommunications : produire un *brouillage*.

Brouilleur n.m.
[Anglais : jammer]

Télécommunications : appareil ou phénomène qui crée un *brouillage.*

Browser t.a.

Informatique : voir *feuilleteur.*

Browsing t.a.

Informatique : voir *feuilletage.*

Étymologie : emprunt au *vieux français* : "brost" (pousses de jeunes taillis, brindilles) qui a donné "brouiller", "broutille" et "brouter". D'un mot *vieux germanique* : "*brustjan" (enfler, gonfler). *Indo-européen* : "*bhreu-s-" (gonfler, enfler) [Pokorny pp. 170, 171].

Bruit n.m.
[Anglais : noise]

1. Général : parasites d'origine cosmique, atmosphérique ou terrestre (dus par exemple, aux activités industrielles) qui accompagnent les *ondes électromagnétiques.*

2. Audiovisuel : catégorie regroupant les sons apériodiques. Leur spectre rassemble des composantes ayant des *fréquences* sans liens entre elles. Le bruit blanc (ainsi nommé par analogie avec la lumière blanche) est un mélange à égale proportion de toutes les fréquences. On qualifie les bruits par des couleurs lorsque l'on peut caractériser leurs fréquences.

Par exemple : on appelle bruit rose un bruit à puissance constante sur toutes les fréquences du spectre et bruit bleu un bruit de puissance supérieure dans les hautes fréquences.

3. Théorie de l'information : *information* parasite qui perturbe la transmission du message utile.

4. Audiovisuel : *signal* parasite qui vient se superposer sur le signal utile. Les bruits peuvent avoir une origine mécanique, électrique ou électromagnétique.

5. Audiovisuel : Son produit par un *bruiteur* lors d'un *enregistrement.*

Corrélats : signal, son, brouillage.
Étymologie : le terme, qui vient de l'acoustique, est utilisé indifféremment en télématique, en vidéo et en audio. *Français* : XIIe siècle. *Latin* : "*brugere"(bruire), croisement de "rugire" (rugir) et "*bragere" (braire). *Indo-européen* : "*reug-" (vomir) [Pokorny p. 871].

Bruit de fond exp.

[Anglais : background noise]

Électronique : ensemble des signaux parasites perçus en l'absence de tout signal utile.

Corrélats : canal, distorsion, signal.

Bruitage n.m.

[Anglais : sound effect]

1. Électronique : production de *bruit* (voir ce terme).

2. Audiovisuel :

a. Lors d'un enregistrement, simulation de bruits naturels.
b. Résultat de cette simulation.

Le bruitage est un des éléments du *langage cinématographique.* Il peut être réaliste et renforcer l'*effet de réalité* mais, comme la musique, il peut avoir une fonction symbolique et venir en appui ou en contrepoint de l'*image* dans l'expression d'une idée ou d'un sentiment.

Bibliographie : **2.** Aumont 88, Maillot 94, Martin 94.
Corrélats : **1.** bruit. **2.** langage cinématographique.
Étymologie : voir bruit.

Bruiteur n.m.

[Anglais : effects man]

Audiovisuel : celui qui fait le *bruitage.*

BSD s.a.

Berkeley Software Distribution

Informatique : société de développement et de distribution de logiciels de Berkeley en Californie. A notamment distribué des logiciels tournant sur les systèmes VAX de Digital et mis au point une version du système *Unix* appelée Unix BSD.

Corrélat : Unix.

BSI s.a.
British Standards Institution

Général : institut de normalisation britannique, membre du *CEN* et de l'*ISO* ; c'est l'équivalent de l'*AFNOR*, pour la Grande-Bretagne.

Bug t.a.
(vermine, bogue)

Informatique : voir *bogue.*

Étymologie : origine obscure.

Bus n.m.
[Anglais : bus]

1. Électronique : chemin de circulation de signaux utilisés par plusieurs modules dans un système.

2. Informatique : dans un ordinateur, chemin de circulation de l'information entre le micro-processeur et les dispositifs d'entrée-sortie et de stockage. On distingue les bus internes (à l'usage des éléments internes du système, non accessibles de l'extérieur) et les bus externes (destinés à la connexion d'éléments externes).

♦ Les différents types de bus
On distingue les bus en fonction du type d'informations qu'ils véhiculent :
— les bus d'*adresses* (unidirectionnels, du microprocesseur vers les autres circuits),
— les bus de *données* (bidirectionnels),
— les bus de *commandes* (uni ou bidirectionnels).

On les distingue aussi suivant la place ou la fonction qu'ils occupent dans un système :

— *bus d'extension,*
— *bus externe,*
— *bus interne,*
— *bus local,*
— *bus système,*
— *bus vidéo.*

Caractéristiques d'un bus

La mise à disposition des caractéristiques des bus pour les développeurs de matériels a participé à l'explosion de la micro-informatique, de très nombreuses sociétés étant spécialisées dans l'étude et la réalisation de cartes d'interface spécifiques. Un bus a différentes caractéristiques :

— le *débit* qui se mesure généralement en million d'octets par seconde, lié à la *bande passante,*
— la *largeur* du bus : le nombre maximum de bits transférés simultanément. Les largeurs de bus les plus courantes sont de 8, 16, 32 ou 64 bits,
— la longueur maximale des connexions directes (de 2 cm à 3 m selon la bande passante),
— la capacité : nombre de modules raccordables (par exemple, on peut connecter 7 cartes sur un bus *EISA*),
— le type de connecteurs permettant de relier les modules,
— le format physique des modules que l'on peut raccorder (carte europe, double europe, ...),
— les alimentations (tension et puissance),
— la répartition des points de raccordement du bus (brochage).

	Vitesse d'horloge	Bande passante	Taux de transfert
ISA	8 MHz	16 bits	5 Mo/s
EISA	8 MHz	32 bits	32 Mo/s
MCA	8 MHz	32 bits	32 Mo/s
VESA	microprocesseur	de 32 à 64 bits	130 Mo/s à 33 MHz
PCI	microprocesseur	de 32 à 64 bits	132 Mo/s à 33 MHz

Les principaux bus sur micro-ordinateurs.

Exemples de bus
Dans le domaine de la mini-informatique, le bus le plus répandu est le bus *VME* de *Motorola*. Pour les micro-ordinateurs, le bus le plus courant est le bus *ISA*, créé par *Intel* pour ses processeurs I80 x 86. Il est remplacé par les bus *MCA* et *EISA*. Deux consortiums se sont créés pour définir de nouvelles spécifications de bus mieux adaptés aux besoins actuels : le consortium *PCI* créé à l'initiative du constructeur Intel et son concurrent le consortium *VESA* qui regroupe des fabricants de cartes. Les Macintosh utilisent le bus Nubus. Dans le monde des stations de travail, le bus le plus répandu est le S-Bus de *Sun*.

Bibliographie : Lilen 86, Tanenbaum 91.
Corrélats : débit, EISA, ISA, MCA, PCI, VESA, VME.
Étymologie : emprunt à la langue technique informatique anglo-américaine, qui l'a elle-même emprunté à la langue technique de l'électricité ("bus" en électricité aux États-Unis est l'abréviation de "busbar" qui désigne une barre omnibus, qui transporte des courants élevés pour les distribuer à différents circuits électriques). Le terme vient de l'*anglais* courant : "omnibus" emprunté au *français* : "(voiture) omnibus" (= voiture pour tous). *Latin* : "omnibus" (pour tous) est le datif pluriel de "omnis" (tous). *Indo-européen* : "*op-" (travailler, produire en abondance) [Pokorny p. 780].

Bus d'extension exp.
[Anglais : bus expander]

Informatique : calque de l'anglais désignant une extension de bus sous forme de cartes ou de câbles. Les extensions de bus sont utilisées pour la mise au point ou pour l'extension d'un système par adjonction de modules.

Bus externe exp.
[Anglais : external bus]

Informatique : organe d'échange d'informations entre un système et son environnement.

Par exemple : le bus qui relie la carte mère du microprocesseur aux disques est considéré, du point de vue du microprocesseur, comme un bus externe, tandis que du point de vue de l'ordinateur, il est considéré comme un bus interne.

Bus interne exp.
[Anglais : internal bus, system bus]

Informatique : organe de liaison de différents composants à l'intérieur d'un même système ; synonyme de bus système.

Par exemple : dans un microprocesseur, le bus interne relie l'unité de commande, l'unité arithmétique et logique et les registres. Dans un ordinateur, le bus interne relie la carte mère, la mémoire et les différents contrôleurs périphériques (par exemple : le bus VME, le bus ISA, ...).

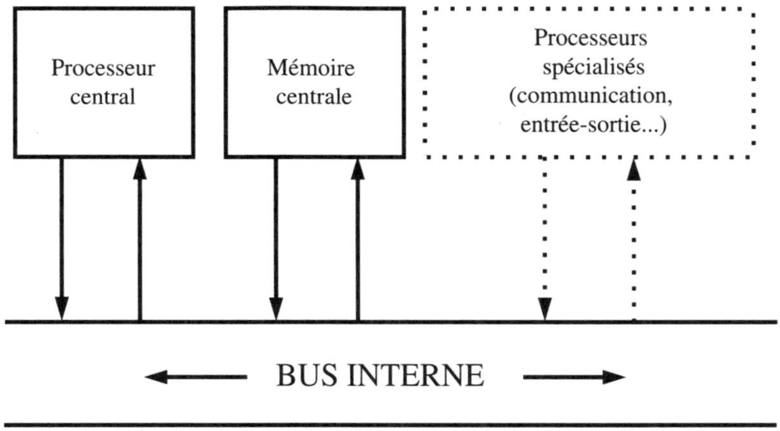

Corrélat : carte mère.

Bus local exp.
[Anglais : local bus]

Informatique : bus interne qui augmente les taux de transfert entre l'unité centrale et des périphériques, en particulier les mémoires et les contrôleurs d'écran. Deux consortiums américains concurrents ont défini des nouveaux types de bus locaux : *PCI* et *VESA* (voir ces termes).

Bus système exp.
[Anglais : system bus]

Informatique : voir *bus interne*.

Bus vidéo exp.
[Anglais : video bus]

Informatique : bus qui ne véhicule que des signaux nécessaires aux images.

Par exemple, la recommandation UIT-R 601 définit pour la télévision numérique, un bus vidéo numérique, son connecteur et le rythme des échanges de signaux.

BVU s.a. et n. mq.
Broadcast Video U-matic

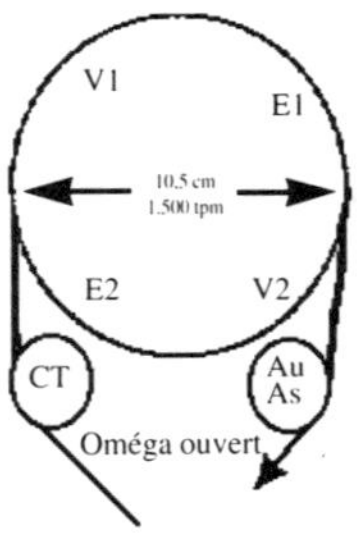

V1 : tête vidéo 1
V2 : tête vidéo 2
E1 : tête d'effacement 1
E2 : tête d'effacement 2
As : tête d'asservissement
Au : tête audio
CT : tête du code temporel

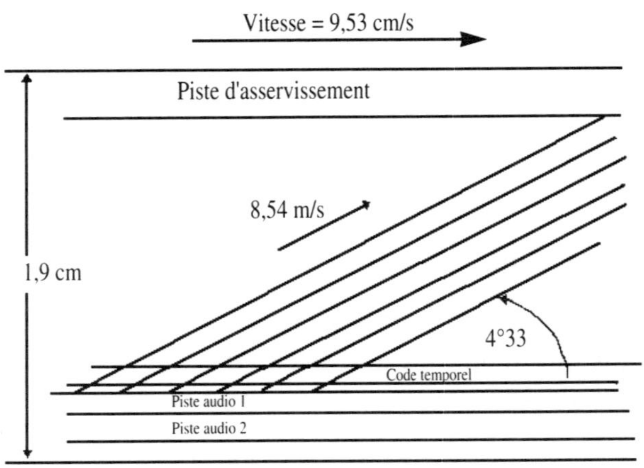

Format BVU.
(*D'après : Les techniques audiovisuelles vidéo et film,*
Institut National de l'Audiovisuel, Éd. Économica.)

Audiovisuel : version professionnelle du format *U-matic* de *Sony*, également appelée U-matic H (pour High-band). Lancé au début des années 70, le format BVU fut le premier format vidéo professionnel sur cassettes. Il est de moins en moins utilisé.

♦ Les appareils BVU utilisent les mêmes cassettes que les appareils U-matic standard (largeur 3/4 de pouce), mais les enregistrements ne sont pas compatibles d'un format à l'autre. Les appareils au format BVU peuvent utiliser les cassettes à bande métallique du format U-matic SP, mais sans bénéficier de l'amélioration de qualité audio et vidéo propre aux appareils au format SP. Le *défilement* est de type hélicoïdal en oméga ouvert. Les pistes, très inclinées, sont longues (170 mm) et l'enregistrement place une *trame* par piste. Le codage est de type *Y/C* à *chrominance* transposée. Le *code temporel* est enregistré sur une piste qui chevauche les pistes vidéo.

Bibliographie : Achard 91, INA 93, Luxereau 92, Mahieu 89.
Corrélats : enregistrement, format.

Byte u.a.

Unité d'information correspondant à un *octet*, soit 8 *bits*.

C

C n. mq.

1. Audiovisuel : format d'enregistrement analogique sur bandes magnétiques lancé en 1978.

♦ La bande passante est de 5 MHz en vidéo et de 50 à 15 000 Hz en audio. Le défilement de la bande est de type hélicoïdal oméga fermé avec une vitesse relative tête-bande de l'ordre de 80 km/h. Les bandes ont une largeur d'1 pouce avec un revêtement oxyde. La technique d'enregistrement est en modulation de fréquence directe avec une seule trame par piste et 550 points par ligne. Le nombre maximum de générations en copie est de 6.

2. Informatique : *langage de programmation* créé par Denis Ritchie, co-auteur du système d'exploitation *Unix* aux *Bell Laboratories.* Ce langage se caractérise par une grande souplesse dans le maniement et le contrôle des flux d'instructions (structuration, tests, boucles, sous-programmes, ...), et dans les manipulations de pointeurs et de données (bits, chaînes de caractères, adresses, ...). Le langage C est apprécié des programmeurs de *systèmes d'exploitation* et de plus en plus utilisé dans la programmation d'applications. Le portage des applications écrites en C est simplifié par la disponibilité de compilateurs C sur de nombreuses machines.

Corrélats : **1.** enregistrement, format. **2.** langage.

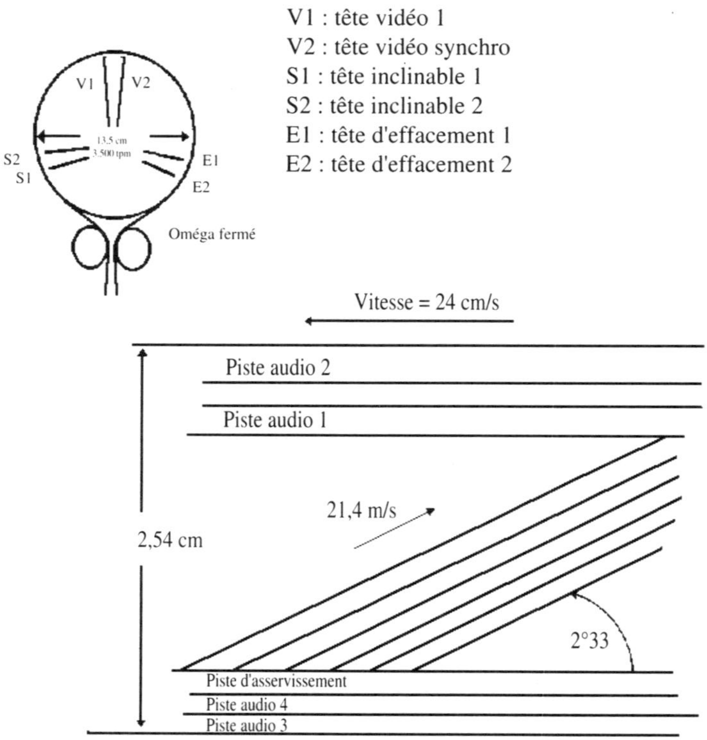

Format vidéo C.
(*D'après : Les techniques audiovisuelles vidéo et film,* Institut National de l'Audiovisuel, Éd. Économica.)

C++ n. mq

Informatique : extension au *langage C* pour en faire un langage de *programmation orientée objet.*

Cabestan n.m.
[Anglais : capstan]

Informatique : pièce cylindrique reliée à un moteur qui entraîne le défilement de la bande magnétique dans les magnétoscopes.

Étymologie : emprunt à la langue commune. *Français* : XIVe siècle emprunté au *provençal* : "cabestran". *Latin* : "capistrum" (corde, longe, licou) du v. "capere" (prendre, saisir, capturer). *Indo-européen* : "*kap-" (saisir, attraper, capturer) [Pokorny p. 527].

Câble n.m.

[Anglais : cable]

1. Général : matériel de transmission d'informations qui relie les *composants* d'un *système*. Un câble est constitué d'un ou plusieurs fils conducteurs entourés d'une ou plusieurs gaines isolantes. Il se termine à chaque extrémité par un *connecteur*. Le choix et la définition des câbles relèvent du domaine de la *connectique*.

2. Télécommunications : ensemble des métiers, équipements, processus mis en place pour la *distribution* par câble.

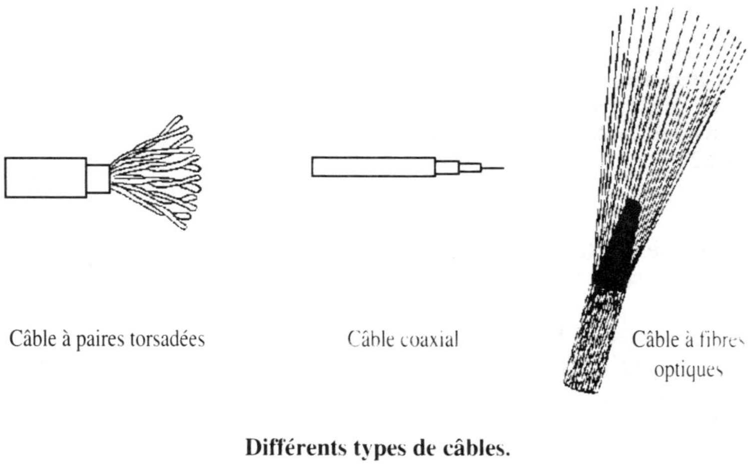

Différents types de câbles.

♦ Un câble se caractérise par ses composants (nombre de fils qu'il contient, matériaux utilisés, type de gainage, ...), son *débit* et sa longueur.

Les câbles métalliques utilisent des fils métalliques qui vont en général par paires. Les câbles les plus utilisés sont les câbles coaxiaux et les câbles à paires torsadées.

Les câbles à paires torsadées sont constitués d'une ou plusieurs paires torsadées. Chaque paire comprend deux fils électriques en spirale et peut être blindée. Ces câbles transmettent à la fois en analogique et en numérique. L'affaiblissement des signaux transmis limite les longueurs d'utilisation. Cependant, si la longueur du câble est faible, des débits relativement importants peuvent être atteints : plusieurs centaines de kbit/s sur 1 kilomètre, 16 Mbit/s pour l'IBM cabling system sur 300 mètres.

Les câbles coaxiaux sont *asymétriques* (voir ce terme). Ils sont constitués de deux conducteurs métalliques concentriques, celui de plus large diamètre étant évidé, l'espace situé entre les conducteurs étant rempli d'un dialectrique isolant (air par exemple). Les câbles coaxiaux permettent de transmettre avec de hauts débits sur de longues distances : sur une longueur de 1 kilomètre, des débits supérieurs à 100 Mbit/s peuvent être atteints. Le câble coaxial est utilisé pour les communications à large bande à un coût encore significativement inférieur à celui de la fibre optique. Dans les réseaux locaux d'entreprise, le câble coaxial est remplacé par de la paire de fils torsadés sur les courtes distances et par de la fibre optique pour les liaisons interbâtiments.

Les câbles à fibres optiques utilisent des fils de verre très fins (1/10 mm) et transmettent, avec un minimum de pertes, l'information codée sous forme de flux lumineux. Ils se caractérisent par un important débit (plusieurs centaines de Mbit/s jusqu'à plusieurs Gbit/s). Ils sont utilisés de préférence pour la transmission d'images et de sons. Voir *fibre optique.*

Corrélats : asymétrie, câblo-opérateur, connecteur, débit, fibre, symétrie.
Étymologie : *français* : XIVe siècle de l'*ancien français* : "cheable, chaable" d'où son orthographe. *Latin* : "capulum" (lasso) peut-être du verbe "capere" (prendre, capturer). *Indo-européen* : *kap- (saisir, attraper, capturer) [Pokorny p. 527].

Câblo-opérateur n.m.

[Anglais : cable-operator]

Audovisuel et télécommunications : personne morale ou physique qui participe à la définition, la mise en place ou l'exploitation d'un *réseau câblé* de distribution de programmes de radio et de télévision.

♦ Les câblo-opérateurs se trouvent à la frontière des mondes de l'audiovisuel et des télécommunications.

Ils sont des opérateurs de *réseaux* de télécommunications :
Tout comme les opérateurs « traditionnels » issus du monde de la téléphonie et de la transmission de données, ils tirent des câbles et ils cherchent des abonnés à qui vendre l'accès à leurs réseaux.
Mais spécialisés dans le transport par câbles de programmes audiovisuels, ils construisent des réseaux différents : non commutés et avec une tête de réseau (voir réseau câblé).

Ils sont en concurrence avec les opérateurs de réseaux par satellite et de réseaux hertziens. Ils peuvent aussi jouer la complémentarité et proposer de distribuer des programmes qu'ils captent sur leur tête de réseau, évitant ainsi à l'abonné l'achat dune antenne parabolique.

Ils sont proches du monde de l'audiovisuel
Leurs principaux partenaires sont les fournisseurs de programmes (*chaînes* de télévision et de radio) avec lesquels ils partagent les abonnés. Cependant leur culture reste celle d'opérateurs techniques et non de créateurs de programmes.

• Fonctions
Pour distribuer des programmes audiovisuels par câble, un certain nombre de fonctions sont nécessaires que l'on peut regrouper en deux ensembles :

1. Fonctions techniques : mise en place des points de raccordement
— Définir une zone géographique, en accord avec les collectivités locales et en respectant les lois en vigueur. Cette définition se fait à partir d'une étude de marché.
— Procéder aux travaux de génie civil.
— Tirer les câbles et installer les équipements électroniques de transmission.

Ces fonctions techniques sont les mêmes que celles remplies par un opérateur de télécommunications « classique », ce qui entraîne une vive concurrence entre ces deux types d'acteurs.

2. Fonction commerciale : vente des abonnements
— Définir les bouquets de programmes et les conditions de vente avec les fournisseurs de programmes.
— Éventuellement définir des services complémentaires (vidéographie, télé-achat, messagerie électronique, jeux vidéos...).
— Commercialiser.

La commercialisation dépend en grande partie de la qualité des programmes audiovisuels et des services complémentaires, ce qui entraîne la constitution d'alliances entre les opérateurs techniques et les fournisseurs de programmes.

Pour un même réseau, l'ensemble des fonctions peut être assuré par un ou plusieurs opérateurs ; ainsi France Télécom est opérateur technique des sites gérés commercialement par la Lyonnaise de Communication.

• Le marché, les acteurs
En France, trois câblo-opérateurs ont câblé la majorité des grandes villes :
— La *Compagnie Générale de Vidéocommunication*, filiale de la compagnie générale des Eaux et comprenant deux sociétés : Téléservice et Région Câble.
— La *Lyonnaise de Communication*, filiale de la Lyonnaise des Eaux .
— *France Télécom Câble*, filiale de France Télécom.

On remarque que ces sociétés ont la pratique des investissements à très long terme, sont habituées à travailler avec des collectivités locales et sont impliquées dans l'installation et l'exploitation de *réseaux* de distribution de masse et dans les travaux de génie civil.

Ces câblo-opérateurs prévoient un équilibre financier pour fin 97. Leur stratégie est d'investir et de coopérer dans les programmes.

À côté de ces trois opérateurs, sont apparus à la fin des années 80 les "nouveaux" câblo-opérateurs, qui câblent essentiellement les petites et moyennes villes (moins de 100 000 habitants). Ils sont souvent associés avec

des partenaires étrangers qui ont l'expérience du câble dans leur pays. Ils se sont regroupés en 1993 au sein d'une association : l'ANOC (Association des Nouveaux Opérateurs Constructeurs de réseaux câblés). On y trouve par exemple :
— Est Vidéo Communication et Vidéopole (filiales d'EDF),
— Réseaux Câblés de France (associé à un câblo-opérateur belge : SATEL),
— Dicsa France (associé à Rediffusion Cortaillaud),
— Reflex (associé à Rediffusion et aux américains Time Warner et Comcast).

Les cinq câblo-opérateurs américains les plus importants sont TCI (TeleCommunication Incorporated, compagnie de télécommunication), ATC du groupe Time Warner, Continental cable vision, Comcast, Cablevision System.

Pour améliorer leurs résultats financiers, les câblo-opérateurs profitent de la déréglementation mondiale des télécommunications et de l'audiovisuel : ils concurrencent les opérateurs de télécommunications et les fournisseurs de programmes en proposant des services de communication et en investissant dans les programmes audiovisuels.

Bibliographie : INA 95, Lunven 93, Vasseur 92.
Corrélats : câble, distibuteur, réseau câblé, télévision par câble.
Étymologie : néologisme créé par composition des deux mots câble et opérateur (voir ces termes).

Cache n.m.

[Anglais : cache]

1. Informatique : voir *antémémoire.*

2. Audiovisuel : dispositif destiné à cacher quelque chose (placé près de l'objectif de la caméra ou près d'une source lumineuse, il cache la lumière ; dans un décor, il cache une partie du champ que l'on souhaite dissimuler à la prise de vue). Les caches peuvent être utilisés comme moyens de truquage au moment de la prise de vue. En régie numérique, on utilise des masques.

Corrélats : mémoire, temps d'accès, truquage, masque.
Étymologie : **audiovisuel** : emprunt à la langue technique du cinéma et à la langue commune. **Informatique** : "cache" et "mémoire-cache" sont des *calques* des mots techniques américains "cache" et "cache memory" que la langue technique informatique américaine a empruntés à la langue anglaise commune. L'anglais avait emprunté le mot "cache" au français. Depuis le haut moyen-âge, le sens du mot a évolué différemment dans les deux cultures. "Cache" désigne en anglo-américain les cachettes utilisées par les pionniers pour conserver leurs provisions et leurs biens. Le v. "to cache" dénote en américain, outre la notion de dissimulation, une idée de conservation temporaire pour utilisation ultérieure. Cette idée est bien celle qui est au centre du terme

technique. Dans le français "cacher" l'idée de dissimulation est beaucoup plus forte ("cacher" correspond plutôt à "to hide") ; le terme technique est donc plus opaque au locuteur français. Le genre du terme n'est pas stabilisé. Les informaticiens hésitent entre le féminin (emprunt à la langue commune) et le masculin emprunté à la langue technique du cinéma et de la photographie. Il est vraisemblable que le masculin l'emportera parce qu'il connote la technicité voire l'étrange et se démarque du sens commun. *Français* : XVIe siècle. *Latin* : "coacticare" (comprimer) de "cogo" (mener ensemble, rassembler) de "cum" (avec) et "agere" (mener, faire, agir). *Indo-européen* : "*ag-" (mener) [Pokorny p. 4].

CAD s.a.

Computer Aided Design

Informatique : voir *conception assistée par ordinateur.*

Cadence n.f.

[Anglais : frequence, rate]

1. **Musique**
   a. Fin d'un morceau de musique. Forme mélodique qui conclut un air.

   b. Structuration du temps par l'alternance de temps forts et de temps faibles, de mesures fortes et de mesures faibles, etc. La cadence est particulièrement perceptible dans les musiques qui accompagnent la danse ou la marche.

2. **Informatique** : fréquence de fonctionnement des *horloges* des ordinateurs. S'exprime en général en mégahertz (MHz). La cadence détermine la vitesse de traitement de l'ordinateur.

Corrélats : horloge, micro-ordinateur, processeur.
Étymologie : emprunt à la langue technique de la musique. *Français* : fin du XVe siècle emprunté de l'*italien* : "cadenza" (cadence, chute). *Latin* : "cadere" (tomber). *Indo-européen* : "*kad-" (tomber) [Pokorny p. 516].

Cadencer v.

[Anglais : to rate]

Informatique : fixer ou imposer une *cadence.*

Cadenceur n.m.
[Anglais : timer]

Informatique : appareil qui fixe une *cadence.*

Cadrage n.m.
[Anglais : framing]

Audiovisuel

1. Lors de la prise de vue, ensemble des actions qui déterminent le cadre de ce qui est représenté par l'image, c'est-à-dire l'espace visuel (hauteur, largeur et profondeur) qui est capté. Le cadrage s'opère par le positionnement de la caméra et le réglage de l'objectif.

2. Résultat de ces actions.
Le cadrage réalisé sur un objet ou un personnage, est une composante du *plan.* On distingue le *plan d'ensemble*, le *plan moyen*, le *plan américain*, le *plan rapproché*, le *gros plan* et le *très gros plan* (voir *plan*). Le cadrage, avec les différents effets de caméra et de montage participe à l'écriture cinématographique. Il est sous la responsabilité du réalisateur et du cadreur.

Bibliographie: Achard 91, Aumont 88, Aumont 90, Burch 69, Lebel 71, Luxereau 92, Sorlin 92.
Corrélats : angle de prise de vue, cadre, cadreur, caméra, image, langage cinématographique, montage, plan.
Étymologie : *français* : "cadre" XVIe siècle emprunté de l'*italien* : "quadro" (carré) + "age", suffixe marquant une collection d'objets, un état, une action ou le résultat d'une action. *Latin* : "quadrus" (carré) dérivé de "quatuor" (quatre). *Indo-européen* : "*kw(e)tru-" de "*kwetwer-" (quatre) [Pokorny pp. 642, 643].

Cadrage penché exp.

Audiovisuel : type de cadrage obtenu en faisant tourner la caméra autour de son axe horizontal. Le choix de ce cadrage, qui participe du *langage cinématographique*, donne des effets comiques ou au contraire dramatiques ; d'un point de vue objectif (lorsque l'œil du spectateur s'identifie à la caméra), il peut par exemple donner l'illusion que le sol est en pente ; d'un point de vue subjectif (l'œil du spectateur s'identifie à celui d'un personnage du film), il peut indiquer que la vue du personnage est déstabilisée et participer ainsi à l'expression de sentiments. Pour les autres angles de prise de vue, voir aussi la figure de l'article *angle de prise de vue.*

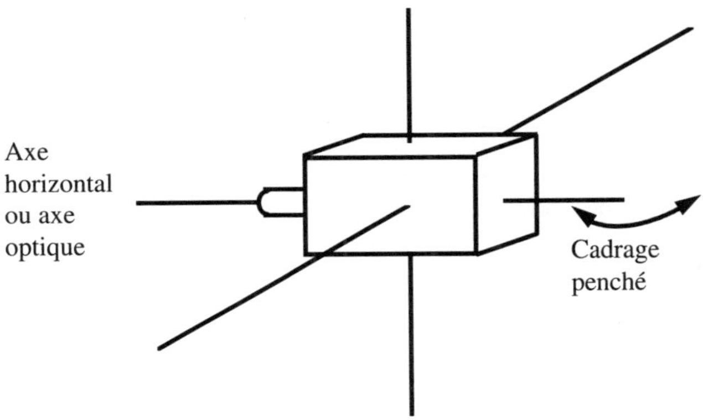

Bibliographie : Aumont 88, Maillot 94, Martin 94.
Corrélats : angle de prise de vue, cadrage, effet de réalité, langage cinématographique.
Étymologie : **cadrage** : voir ce terme. **Penché** : emprunt à la langue commune. *Français* : XIIe siècle. *Latin* : "*pendicare" < "pendere" (pendre). *Indo-européen* : "*spen-d-" (tirer, tendre, filer) [Pokorny p. 988].

Cadre n.m.
[Anglais : frame]

Audiovisuel
1. Bord de l'image en tant qu'objet, par analogie avec le cadre d'un tableau de peinture.

Par exemple, le bord de l'écran de télévision constitue le cadre de l'image télévisée. Ce cadre donne la taille de l'*image* en tant qu'objet (4/3 ou 16/9). Les écrans plats à coins carrés tendent à faire oublier, autant que faire se peut, ce cadre. Dans une borne interactive, l'habillage de la borne définit un cadre qui joue le même rôle que le cadre d'un tableau.

2. Limite de ce que représente l'image. Le cadre est imposé par l'ouverture de la caméra et par les contraintes techniques du processus de reproduction de l'image (capture, transmission, enregistrement, reproduction). Dans ce sens, le cadre est une limite abstraite.

3. Lors de la prise de vue, activité de définition et de réglage du cadre (“être au cadre”).

Bibliographie : Achard 91, Aumont 88, Aumont 90, Burch 69, Lebel 71, Luxereau 92, Sorlin 92.
Corrélats : angle de prise de vue, cadrage, cadreur, caméra, champ, image, langage cinématographique, montage, plan.
Étymologie : *français* : XVIe siècle emprunté de l'*italien* : “quadro” (carré). *Latin* : “quadrus” (carré) dérivé de “quatuor” (quatre). *Indo-européen* : “*kw(e)tru-” de “*kwetwer-” (quatre) [Pokorny pp. 642, 643].

Cadrer v.

[Anglais : to frame, to center]

Audiovisuel : fixer le *cadre.*

Cadreur n.m.

[Anglais : cameraman]

Audiovisuel : technicien chargé du cadre de l'image c'est-à-dire du positionnement de la caméra et du réglage de son objectif lors d'un tournage. Les synonymes sont : “cadreur vidéo”, “opérateur de prise de vue” (au cinéma, on utilise l'emprunt à l'anglais “cameraman” ou l'on dit aussi “chef opérateur”).

Corrélats : caméra vidéo, caméscope, opérateur, chef opérateur.
Étymologie : *français* : “cadre” XVIe siècle emprunté de l'*italien* : “quadro” (carré). *Latin* : “quadrus” (carré) dérivé de “quatuor” (quatre). *Indo-européen* : “*kw(e)tru-” de “*kwetwer-” (quatre) [Pokorny pp. 642, 643].

Calque n.m.

[Anglais : copy]

Linguistique : procédé de traduction proche de l'emprunt par lequel la langue cible imite la langue source ; elle lui emprunte un agencement de mots tout en traduisant les mots agencés. Le calque est un procédé commun spontané. Il est élégant lorsqu'il est bien utilisé. Mal maîtrisé, il donne un aspect étrange et parfois ridicule au résultat de la traduction qui devient incompréhensible au non-initié et participe à l'opacité de la langue technique.

Par exemple :
— "Gratte-ciel" est un calque du mot composé anglais "skyscraper".
— "*Interface utilisateur*" est un calque du mot composé anglais "user interface". "Interface d'utilisation" est une meilleure traduction.
— L'opposition "floppy disk - hard disk" est souvent traduite en "disque souple - disque dur". Elle oppose en fait les disquettes (les premières disquettes étaient livrées dans une enveloppe flexible) et les disques. Le français, qui dispose de l'opposition "disquette - disque", pourrait donc traduire tout simplement "hard disk" par "disque", d'autant plus que les disquettes sont désormais livrées sous enveloppe rigide.
— "Ingénieur système" est un calque du mot composé anglais "system engineer" ; le mot est étrange au non-initié ("ingénieur agronome" désigne un ingénieur qui est agronome, "ingénieur chimiste" un ingénieur qui est chimiste, ...). Il désigne un ingénieur qui s'occupe des systèmes (sous-entendu d'exploitation).
— "Mémoire-cache" est un calque du mot composé "cache memory".
— L'opposition "matériel-logiciel" est un excellent calque de l'anglais "hardware-software".

Bibliographie : (ouvrages relatifs à la langue) Etiemble 66, Gobard 76, Kocourek 82, Martinet 68, Vinay 77.
Corrélat : emprunt.
Étymologie : emprunt à la langue technique du dessin. *Français* : 1690 emprunté de l'*italien* : "calcare" (presser). *Latin* : "calcare" (talonner, fouler) dérivé de "calx" (talon, pied) origine obscure, probablement étrusque.

CALS s.a.

Continuous Acquisition and Life cycle Support

Informatique : automatisation des échanges de données techniques, commerciales et contractuelles entre les entreprises. À terme, il y aura intégration complète des données. Le point de départ de cet ambitieux programme lancé par le ministère américain de la Défense (DoD) concernait la documentation technique.

♦ **Histoire** : jusqu'à une période récente, CALS désignait Computer-aided Acquisition and Logistic Support.

Caméra n.f.
[Anglais : video camera]

Audiovisuel : appareil de prise de vues. La caméra vidéo transforme les signaux lumineux en signaux électroniques. Les meilleures définitions obtenues dépassent rarement 600 points par ligne. La caméra vidéo est donc encore moins performante que le numériseur d'images qui lui sera préféré pour la capture d'images fixes. Une caméra vidéo comprend une partie optique, une partie électronique et, entre les deux, des composants photo-électroniques.

— La partie optique

Elle est composée d'un objectif et d'un système de prismes, de filtres et de miroirs *dichroïques.* L'optique permet de déterminer le cadre de l'image, de régler la mise au point et, dans les caméras couleur, d'isoler les trois *composantes* fondamentales de la couleur : rouge, vert et bleu pour diriger chacune vers un dispositif de capture photo-électronique, voir la figure à l'article *codage.*

— La partie photo-électronique

C'est là que se passe la capture d'images à proprement parler. Les capteurs d'images sont appelés DTC (*Dispositif à Transfert de Charge*) et plus connus sous leur sigle anglais CCD (Charged Coupled Device). Lorsqu'il y a trois dispositifs de capture (un pour chaque couleur rouge, vert et bleu), les constructeurs anglophones parlent de caméra "tri-CCD". Un DTC est constitué d'un support de silicium, de la grandeur d'un timbre poste, recouvert d'une matrice de plusieurs centaines de milliers d'éléments photosensibles. Chacun de ces éléments capte un morceau d'image appelé *pixel.* Le DTC a deux fonctions :

- transformer la lumière en charges électriques proportionnelles à son intensité ;
- transférer les charges ainsi obtenues vers les dispositifs électroniques d'analyse.

— La partie électronique

Les charges électriques sont transférées ligne par ligne ou trame par trame dans une mémoire pour être analysées et transformées en signal vidéo. Selon le type de caméra, certains composants électroniques sont intégrés dans la caméra (caméras de reportage) ou assemblés dans des coffrets externes sur le plateau de tournage ou en régie (caméras de plateau). L'électronique des caméras comprend une alimentation, une *horloge* de synchronisation qui peut être réglée sur un signal externe (voir verrouilleur) et des circuits de *codage* et de réglage des signaux.

♦ **Histoire** : La "camera oscura" était une boîte noire dont se servaient les peintres dès le XVIe siècle. L'image réelle d'un objet entrait dans la boîte à travers une petite ouverture - munie par la suite d'une lentille - et était projetée, en lumière naturelle, sur le fond intérieur opposé constitué d'un papier blanc translucide ou d'un verre dépoli. Un jeu de miroirs inclinés permit ensuite de projeter l'image horizontalement au-dessus de la boîte. L'appareil fournissait une image plus ou moins nette et le peintre en réalisait un calque. Ce sont surtout les peintres hollandais du XVIIe siècle et italiens des XVIIe et XVIIIe siècles qui ont utilisé la "camera oscura". Les légers flous de premier plan caractéristiques de la technique de Vermeer sont un indice de l'utilisation de la "camera oscura" par le maître de Delft. Le principe a été repris par la photographie puis par le cinéma et la télévision.

Les caméras DTC ont remplacé les tubes à photoconduction, appelés aussi "tubes à vide" (Orthicon, Vidicon, Plumbicon, Saticon,...) depuis les années 1970. La première caméra DTC professionnelle est apparue en 1984 (CCD1 de RCA).

Bibliographie : Aumont 90, Brugière 88, Luxereau 92, Terasson 92.
Corrélats : angle de prise de vue, cadre, caméscope, capture, codage, composante, langage cinématographique, mouvement de caméra, pixel.
Étymologie : *français* : terme de cinéma emprunté à l'anglais 1900. *Latin* : "camera" (toiture voûtée, voûte, chambre, pont de navire, barque). *Grec* : "kamara" (voûte, chambre voûtée, char couvert), de la racine "kam" (se courber, se fatiguer, être courbe). *Indo-européen* : "*kam-er-" (courber, cintrer, voûte) [Pokorny p. 524].

Cameraman t.a.

Terme de cinéma

Audiovisuel : voir *cadreur.*

Étymologie : emprunt à la langue technique anglaise du cinéma. **Camera** : voir *caméra.* **Man** : anglais (homme). *Indo-européen* : "*manu-s" (homme) [Pokorny p. 700].

Caméscope n.m.

[Anglais : camcorder]

Audiovisuel : appareil intégrant une *caméra* vidéo et un *magnétoscope.* Le caméscope a une triple fonction de *capture*, d'*enregistrement* et de *lecture* des images.

Corrélats : caméra, magnétoscope.
Étymologie : mot-valise composé à partir des deux mots **camé**ra et magnétos**cope**. Voir ces mots.

CAN s.f.
[Anglais : ADC]

Informatique : abréviation de Convertisseur Analogique/Numérique. Voir ce terme.

Canal n.m.
[Anglais : channel]

1. Général : support de transmission d'informations.
Par exemple, un câble, une liaison hertzienne, une bande magnétique ou une simple feuille de papier.

2. Audiovisuel : ensemble de fréquences attribué à une chaîne de télévision.

Les principales caractéristiques d'un canal sont les suivantes :
— sa nature physique,
— sa *bande passante* : elle doit être supérieure au *spectre* du *signal* pour le transmettre sans perte d'information,
— la limite supérieure de la valeur du signal qu'il peut transmettre sans déformation : toute valeur du signal supérieure à cette limite sera *écrêtée* (en imagerie, une limite supérieure trop faible cause une *saturation*, en photographie une *surexposition*),
— la limite inférieure de la valeur du signal qu'il peut transmettre sans déformation : cette limite est le *grain* du support papier, la *résolution* de l'écran, le *bruit de fond* du système de reproduction sonore ou du système de transmission de données, (le rapport signal/bruit est le rapport entre la valeur la plus forte du signal qu'un canal peut transmettre et la valeur de son bruit de fond ; il doit être supérieur à la *dynamique* du signal),
— les *distorsions* du signal qu'il engendre (en particulier, en audio, la distorsion harmonique),
— l'affaiblissement du signal en fonction de la distance parcourue,
— la linéarité de la transmission, ...

Corrélats : signal, répéteur.
Étymologie : emprunt à la langue commune. *Français* : XIIe siècle. *Latin* : "canalis" (chenal) < "canna" (roseau). *Grec* : "kanna" (roseau) peut-être de l'*hébreu.*

Canal + n.s.

Audiovisuel : société française de télévision à péage utilisant l'*embrouillage* des images, filiale de Havas et de la Générale des Eaux. Elle a commencé à émettre à la fin de 1984. Elle rencontre un fort succès grâce à la diffusion de films récents, de manifestations sportives et d'émissions événementielles.

Bibliographie : Lunven 93, Vasseur 92.
Corrélat : télévision à péage.

Candela u.i.

[Anglais : candela]

Mesure de la quantité de lumière par unité angulaire (cône de lumière). Une intensité lumineuse d'un candela correspond à peu près à celle d'une bougie. L'abréviation est cd.

CAO s.f.

[Anglais : CAD]

Voir *Conception Assistée par Ordinateur.*

Capacité mémoire exp.

[Anglais : memory capacity, memory size]

Informatique : quantité d'informations qu'une mémoire peut enregistrer, exprimée en *bit*, en *caractère*, en *octet*, en *Kilo*-octet (Ko), en *méga*-octet (Mo), en *giga*-octet (Go), ou en *téra*-octet (To).

Par exemple : un disque de 600 millions d'octets, une mémoire de 512 Kilo-octets, un système de 3 giga-octets.

Corrélat : mémoire.
Étymologie : mot composé. **Capacité** : *français* : XIVe siècle. *Latin* : "capacitas" de capax (qui peut contenir, capable, spacieux) de "capere" (saisir, prendre en main). *Indo-européen* : "*kap-" (saisir) [Pokorny p. 527]. **Mémoire** : voir ce mot.

CAPTAIN n.mq.
Character and Pattern Telephone Information Network

Informatique : nom du système de *videotex* japonais.

Captation n.f.
[Anglais : captation]

Synonyme de *capture.* Captation est plutôt utilisé dans le monde de l'audiovisuel tandis que capture est utilisé dans le monde de l'informatique.

Capter v.
[Anglais : to grab, to capture]

Audio et vidéo : procéder à une *capture.*

Capteur n.m.
[Anglais : sensor]

Appareil qui permet d'établir une mesure physique (température, pression, nombre de personnes présentes dans une salle...) et, de manière plus générale, de recevoir un *signal.*

Étymologie : voir *capture.*

Capteur de position n.m.

Périphérique d'entrée utilisé dans les systèmes de *simulation virtuelle.* Il fournit en *temps réel* la position et l'orientation de la tête, de la main ou du corps du navigateur. Ces informations de position permettent à l'ordinateur de prendre en compte la modification du champ de vision de l'utilisateur et d'afficher l'image correspondante en temps réel. Les générateurs de *sons* virtuels utilisent les capteurs de position pour modifier l'intensité des différentes sources sonores en fonction du mouvement de la tête.

♦ Il existe deux grands types de capteurs de position : ceux qui fournissent une position absolue par rapport à un système de *coordonnées* préétabli (par exemple : dans une pièce) et ceux qui fournissent une position relative par rapport à la position précédente.

Dans la première catégorie, certains capteurs utilisent un champ magnétique, d'autres des systèmes à ultrasons, d'autres des radars ou rayons infrarouges. Dans tous les cas, un récepteur positionné sur l'objet mobile (par exemple : le *visiocasque* ou le *gant sensitif*) est couplé à un ordinateur. Il lui fournit les mesures de signaux émis par un émetteur selon trois axes. La comparaison de ces mesures permet à l'ordinateur de reconstituer les mouvements du mobile.

Les capteurs de position relative sont, par exemple, des systèmes à *boule*.

Les capteurs se caractérisent par la vitesse à laquelle ils *échantillonnent* les mesures, par leur temps de réponse, leur précision dans les mesures et par leur *résolution*.

Un des premiers capteurs de position utilisé en simulation virtuelle était le système *Polhemus*.

Capture n.f.

[Anglais : capture]

1. Audiovisuel et informatique : prise d'images, de sons ou de données et codage sous une forme qui en permet la représentation. La prise des images se fait par une *caméra* vidéo, un banc-titre ou un *numériseur*. La prise de sons par un *microphone*. La prise d'images et de sons étant le début de la chaîne audiovisuelle, sa qualité est fondamentale.

Synonymes : acquisition, captation.

2. Audiovisuel : l'indice de capture d'une chaîne de télévision est sa capacité à réduire le zappage des téléspectateurs (voir audience).

Corrélats : audiovisuel, caméra, microphone.
Étymologie : le mot "capture" est un emprunt à la langue technique américaine. En informatique, les américains disent "data capture" pour "saisie" ou "collecte" des données. Par extension, ils l'utilisent aussi pour la capture d'images et de sons dans les techniques du multimédia. Le mot vient de la langue commune anglaise qui l'a emprunté au français. *Français* "capture" : XVe siècle. *Latin* : "capere" (capturer). *Indo-européen* : "*kap-" (saisir) [Pokorny p. 527].

Capturer v.

[Anglais : to capture]

Audiovisuel et informatique : effectuer une *capture* (voir ce terme).

Caractère n.m.
[Anglais : character]

Informatique
1. Élément de l'*alphabet* utilisé pour représenter les informations. Les caractères sont en général *codés* sur 8 *bits*, soit un *octet*. Le caractère sert parfois de mesure pour les quantités d'information et les *capacités* des mémoires. On distingue les caractères *alphabétiques*, *numériques*, *alphanumériques* et *graphiques*.

2. Qualifie un mode d'affichage des informations qui s'oppose au mode *graphique*. Le *mode caractère* n'affiche que des caractères tandis que le mode graphique, beaucoup plus fin, permet d'afficher des images. Les *interfaces graphiques* remplacent progressivement les interfaces en mode caractère. Elles ont fait le succès des ordinateurs *Macintosh* et de l'éditeur de logiciels *Microsoft*.

Corrélats : mode caractère, mode graphique.
Étymologie : emprunt à la langue commune. *Français* : XIIIe siècle. *Latin* : "characters" (fer à marquer les bestiaux, empreinte). *Grec* : "kharakter" (signe gravé). *Indo-européen* : "*gher-" (gratter) [Pokorny p. 439].

Carte n.f.
[Anglais : 1. board, 2. card, 3. map]

Informatique
1. Composant matériel d'un ordinateur qui se connecte sur le *bus*. Ses fonctions les plus courantes sont le traitement centralisé et la mémoire (*carte mère*), l'échange d'informations avec des écrans (*carte graphique*, carte écran, *carte vidéo*) et la communication avec d'autres ordinateurs ou terminaux (*carte de communication*).

Une carte est constituée d'un substrat de matière isolante rigide portant un circuit imprimé et différents composants électroniques (processeurs, mémoires, ...). Pour une même fonction, on distingue les cartes par le type de bus sur lequel elles se connectent : ISA, EISA, MCA, VME, PCMCIA, etc. Les cartes sont souvent vendues comme des extensions optionnelles des ordinateurs. Certaines sociétés se sont spécialisées dans leur réalisation et leur commercialisation. Les cartes sont livrées avec un *pilote* et un logiciel d'installation qui intègre le pilote dans le *système d'exploitation*.

Les applications multimédias nécessitent des cartes spécialisées pour la numérisation des sons et des images et pour le pilotage des périphériques de reproduction (en particulier les écrans graphiques, vidéo, les écrans tactiles, haut-parleur...).

2. **Support d'information** amovible (carte plastique de format standard 84,5 mm sur 54 mm), utilisée pour des applications de paiement, d'identification, de contrôle d'accès, d'opérations bancaires. Ce type de carte peut être plus ou moins complexe, et comporter une simple mémoire morte ou une mémoire vive avec un microprocesseur. Voir *carte à mémoire*, *carte magnétique*, *carte de crédit*, *carte à puce.*

3. Par analogie avec une carte géographique, **représentation** d'un ensemble d'informations, des relations qu'elles entretiennent et de leurs places relatives.

Par exemple : la carte d'une *mémoire centrale* ou d'un *disque* indique les emplacements des divers programmes que l'on y trouve et peut donner, pour chacun d'eux, diverses informations complémentaires. La carte des liens donne la liste et les adresses des différents liens tels qu'ils ont été définis par le *créateur de liens.* La carte d'une image codée en *mode points* donne les valeurs binaires de chaque pixel.

Corrélats : bus, PCMCIA, système informatique.
Étymologie : emprunt à la langue commune. *Français* : XIVe siècle. *Latin* : "charta" (feuille de papier). *Grec* : "khartis" "feuille de papyrus" probablement d'origine égyptienne.

Carte à mémoire exp.

[Anglais : memory card]

Informatique : *carte* en plastique facilement manipulable et contenant une *mémoire.*

Les différents types de cartes sont :
— les cartes magnétiques qui ont une *capacité* de quelques *kilobits*, principalement connues pour leur utilisation bancaire,
— les cartes laser d'une capacité de 2,8 millions d'octets,
— les cartes à puce ; la puce peut être, soit une simple mémoire, soit un véritable microprocesseur programmable.

Bibliographie : Ganne 90.
Corrélats : mémoire, processeur.
Étymologie : **carte** : voir ce mot. **Mémoire** : *français* : "memorie" fin du XIe siècle. *Latin* : "memoria" (mémoire, souvenir) dérivé de "memor, memoris"

(qui se souvient). *Indo-européen* : "*smer-", "*mer-" (se souvenir, prendre en considération, prendre soin, se rappeler, évoquer,) [Pokorny p. 969].

Carte à puce exp.

[Anglais : smart card]

Informatique : voir *carte à mémoire.*

Corrélats : mémoire, processeur.
Étymologie : **carte** : voir ce mot. **Puce** : *français* : XIIe siècle. *Latin* : "pulex, pulicem, pulicis" (puce, puceron). *Indo-européen* : "*blou-" (puce) [Pokorny p. 102].

Carte d'acquisition exp.

[Anglais : acquisition board]

Informatique : voir *carte de numérisation.*

Corrélats : mémoire, processeur.
Étymologie : **carte** : voir ce mot. **Acquisition** : *français* : XIIIe siècle. *Latin* : "acquisitio" (terme juridique) < "acquirere" (rechercher, se procurer en outre, acquérir) < "ad-" (intensif) + "quaero" (chercher, rechercher) origine obscure. *Indo-européen* : "*ad-" (vers, à) [Pokorny p. 3].

Carte de communication exp.

[Anglais : communication board]

Informatique : dans un ordinateur, *carte* qui gère les échanges entre *l'unité centrale* et des appareils situés à distances (*périphériques* ou autres ordinateurs).

♦ Dans une *liaison* de données, la carte de communication joue le rôle d'un équipement terminal de traitement de données (*ETTD*) : elle gère les fonctions correspondant à la couche 2 du modèle OSI (voir *interconnexion de sytèmes ouverts*). Les cartes les plus simples établissent des liaisons parallèles et elles se connectent à un modem par l'intermédiaire d'un connecteur de type V.24 ou RS-232... Les plus évoluées gèrent les couches supérieures du modèle OSI (gestion de réseaux locaux par exemple). Voir aussi les schémas des articles *circuit de transmission* et *liaison.*

Les cartes de communication vendues dans le grand public peuvent intégrer un modem :

— les cartes d'émulation de minitel ; complétées d'un logiciel de pilotage, elles se connectent sur le réseau téléphonique et l'ordinateur se comporte alors comme un minitel ; on peut utiliser par exemple une application de courrier électronique.

— les cartes-fax, complétées d'un logiciel spécialisé, envoient et reçoivent des fax sur réseau téléphonique. Les documents échangés sont les fichiers numériques de l'ordinateur. On peut ainsi supprimer tout échange de papier.

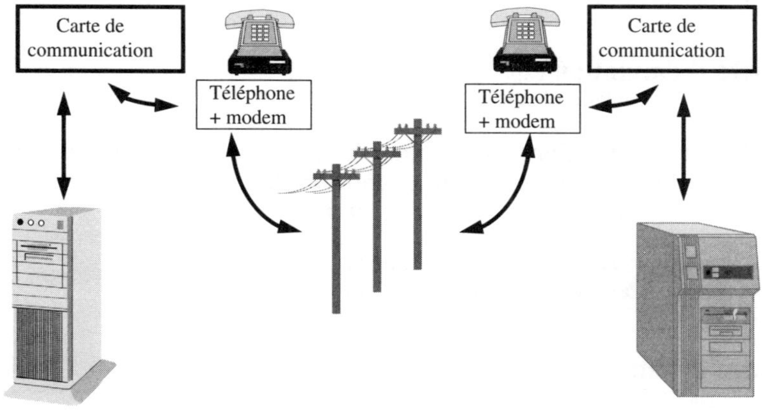

Utilisation des cartes de communication.

Corrélats : circuit de transmission, communication de données, ETTD, liaison.
Étymologie : voir "carte" et "communication".

Carte de compression exp.

[Anglais : compression board]

Informatique : dans un ordinateur, *carte* additionnelle qui comprime les *données* (*textes*, *images* et *sons*). Les cartes se caractérisent par la technique de compression qu'elles utilisent : on distingue par exemple les cartes *JPEG*, *MPEG*, *DV-I*.... Pour une même technique, c'est la rapidité de la carte, liée à son *processeur* et à sa capacité de *mémoire*, qui différencie les cartes. Les cartes de compression se distinguent aussi par les fonctions additionnelles qu'elles remplissent, en général la *numérisation* et la *décompression*. Le marché de ces cartes est en pleine expansion avec l'arrivée du multimédia, mais il est soumis à l'émergence de *standards* de compression. Les normes JPEG et MPEG semblent devoir s'imposer.

Bibliographie : Terasson 92.

Corrélats : carte, numérisation, compression, décompression.
Étymologie : **carte** : voir ce mot. **Compression** : *Français* : XIVe siècle. *Latin* : "compressio" < "comprimere" < "cum" (avec) + "premere (presser, serrer). *Indo-européen* : "*kom" (à côté, auprés, avec) [Pokorny p. 612] + "*per-" (frapper) > "*per-m-" (frapper de manière continue) [Pokorny p. 818].

Carte d'émulation exp.

[Anglais : emulation board]

Informatique : dans un ordinateur, *carte* additionnelle qui permet à l'ordinateur d'*émuler* un autre appareil, comme un minitel ou un télécopieur. Voir *carte de communication.*

Étymologie : **carte** : voir ce mot. **Émulation** : voir ce mot.
Corrélat : Carte de communication, émulation.

Carte de numérisation exp.

[Anglais : frame grabber (image) ; digitizing board (son, image)]

Caractéristiques matérielles.

Format de carte : type de bus de connexion.
Définition de l'image numérisée : monochrome/couleur ; nombre de bits par pixel, nombre de pixels par ligne, nombre de lignes par image.
Types d'entrées : image monochrome ; couleur à composantes : RVB, Y/C ; couleur composite : PAL, SECAM, NTSC ; son ; connecteur utilisé.
Fonction de visualisation : oui/non ; format d'affichage (VGA, Télévision, fenêtre...).
Fonction de restitution du son : oui/non, mono/stéréo, puissance.
Synchronisation : interne/externe, possibilité d'incrustation.
Echantillonnage : vitesse, fréquence, précision (nombre de bits).
Fonction de numérisation du son : oui/non ; mode de numérisation, d'échantillonage...
Fonctions annexes : bus intercarte ou non (oui/non), carte fille (oui/non), conversion de format, compression...

Caractéristiques logicielles

Compatibilité système : système d'exploitation.
Logiciels utilitaires : inclus ou non.
Format des fichiers acceptés : *BMP*, DIB, GIF, *IFF*, LBM, *PCX*, *PICT*, *RIFF*, *TIFF*, *TGA*, ...
Compatibilité applicative : API.

Caractéristiques d'une carte de numérisation.

Informatique : dans un ordinateur, *carte* additionnelle qui *numérise* les *images* ou les *sons*. La carte reçoit en entrée un *signal analogique* représentant une image ou un son et fournit en sortie un *fichier* numérique. Pour les détails sur le processus de numérisation, voir l'article *numérisation*. Certaines cartes assurent en outre les fonctions de *compression* et décompression. Les cartes de numérisation se caractérisent par leur vitesse, par la qualité de la numérisation (*fréquence* d'*échantillonnage*) et bien sûr par le type de données qu'elles peuvent numériser (*images fixes*, *images animées*, *sons*, informations tactiles...).

Bibliographie : Terasson 92.
Corrélats : numérisation.
Étymologie : **carte** : voir ce mot. **Numérisation** : dérivé du v. "numériser". *Français* : "numérique" XVIIe siècle. *Latin* : "numerus" (partie de l'ensemble classée à son rang, compte, catégorie, nombre). *Indo-européen* : "*nem-" (attribuer, allouer, prendre) [Pokorny p. 763].

Carte de visualisation exp.

[Anglais : display board]

Informatique : dans un ordinateur, *carte* additionnelle qui gére l'*affichage* des informations sur un *écran*. On l'appelle aussi carte d'affichage ou carte écran. Elle comprend une *mémoire*, dite mémoire d'écran, connectée à l'*ordinateur* qui lui transmet les *données* à afficher. En sortie la carte émet un *signal numérique* (standards *EGA* et inférieurs au *VGA*) ou analogique (VGA et au-delà) et des signaux de *synchronisation*. Les cartes les moins chères confient la gestion de l'image dans la mémoire d'écran au processeur central de l'ordinateur tandis que les cartes de haut de gamme disposent de leur propre *microprocesseur*. Le processeur central se limite alors à envoyer des ordres dans un langage de haut niveau (dessiner une figure, colorier une surface, placer une fenêtre, ...) que le processeur de la carte exécute ; ce type de carte est aussi appellé carte graphique. Les cartes de visualisation doivent être compatibles avec les *cartes de numérisation* qui sont à la source des données qu'elles traitent. Certaines cartes se connectent directement entre elles et il existe aussi des cartes qui assurent les deux fonctions.

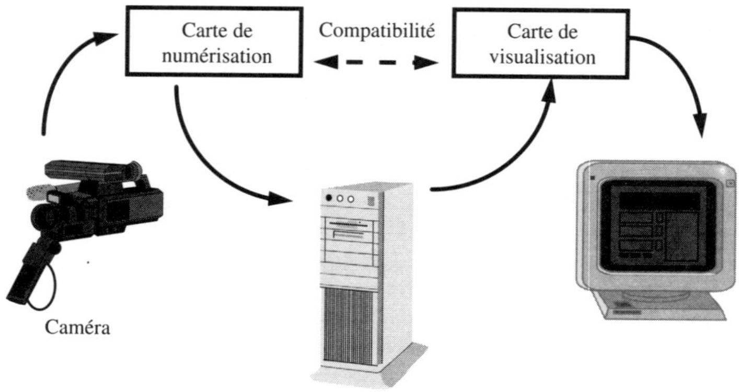

Utilisation d'une carte de visualisation.

Bibliographie : Terasson 92.
Corrélats : carte, affichage, écran, numérisation.
Étymologie : **carte** : voir ce mot. **Visualisation** : emprunt à la langue technique du cinéma. *Français* : XX e siècle < « visuel » XVI e siècle. *Latin* : “visus” participe passé de « videre » (voir). *Indo-européen* : “*u(e)di-” (voir) [Pokorny p. 1125].

Carte fax exp.

[Anglais : fac-simile board]

Informatique : dans un ordinateur, *carte* additionnelle qui permet d’*émuler* un *télécopieur. Voir carte de communication.*

Carte graphique exp.

[Anglais : graphic board]

Informatique : voir *carte de visualisation.*

Corrélats : carte de visualisation, carte de numérisation.
Étymologie : **carte** : voir ce mot. **Graphique** : *Français* : XVIII e siècle. *Grec* : “graphikos” (qui concerne l’art d’écrire ou dessiner). *Indo-européen* : “*gerebh-” (gratter) [Pokorny p. 392].

Carte laser exp.

[Anglais : laser card]

Informatique : *support* d’information au *format* standard de 85,5 mm x 54 mm permettant un enregistrement et une lecture par rayon laser. La carte laser appartient à la famille des mémoires *optiques*. Elle est utilisée en informatique comme mémoire auxiliaire particulièrement pratique à transporter. Par rapport aux autres *cartes à mémoire*, elle offre l'avantage d'une plus grande capacité (2,8 millions d'*octets*) et d'une plus grande fiabilité (enregistrement de type optique protégé contre les champs électriques et magnétiques). Malgré ses avantages, la carte laser n'a pas réussi à s'imposer face à ses concurrentes, les autres cartes suffisant aux besoins des *applications* courantes. On peut prévoir l'utilisation de la carte laser dans le domaine médical ou dans les applications de sécurité.

Corrélat : carte à mémoire.
Étymologie : **carte** : voir ce mot. **Laser** : *Français* : emprunt à la langue technique américaine. *Américain* : sigle (Light Amplification by Stimulated Emission of Radiation : émission de lumière cohérente).

Carte magnétique exp.

[Anglais : magnetic card]

Informatique : *support* d'information très utilisé dans les applications bancaires (paiement, identification ou crédit). Elle porte une ou plusieurs *pistes* magnétiques à son dos et peut être lue par un appareil reconnaissant le *codage* et le contenu des pistes (*ordinateur* avec *lecteur* spécialisé). Les informations enregistrées peuvent être modifiées, par exemple lors d'une opération de paiement.

Corrélats : carte à mémoire, carte à puce.
Étymologie : **carte** : voir ce mot. **Magnétique** : voir *bande magnétique.*

Carte mère exp.

[Anglais : mother board]

Informatique

1. *Carte* principale d'un *micro-ordinateur*, qui comprend le *processeur central*, la *mémoire centrale* et des connecteurs pour accueillir d'autres cartes (figure 1).

2. *Carte* spécialisée susceptible d'être complétée, en option, par une ou plusieurs autres cartes appellées cartes-filles. Dans la figure 2 ci-dessous, la carte mère est une carte de numérisation et la carte fille une carte de visualisation (ou affichage). Cette combinaison évite les éventuelles incompatibilités qui pourraient apparaître entre le format des données fournies par la numérisation et les possibilités de la carte d'affichage (comparer avec la figure de l'article *carte de visualisation*).

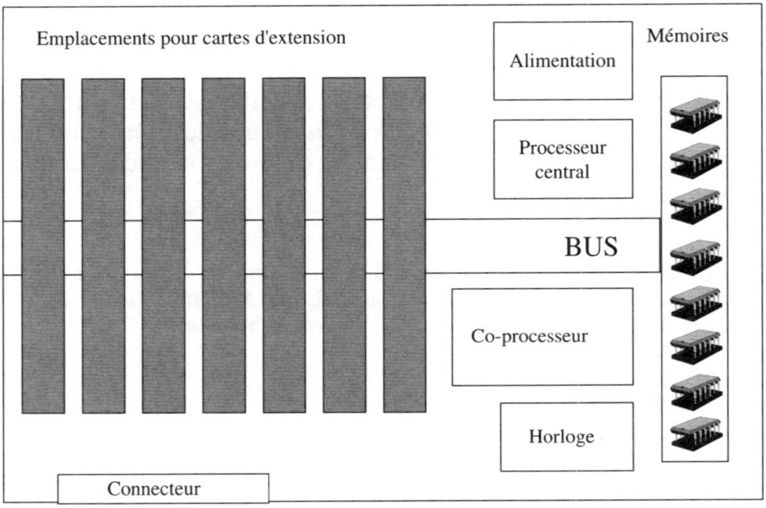

Figure 1 Exemple de carte mère.

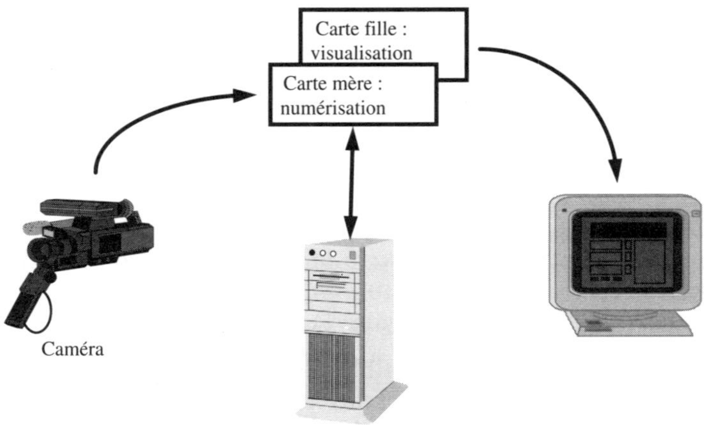

Figure 2 Exemple de cartes mère et fille.

Corrélats : carte, bus, ordinateur.
Étymologie : **carte** : voir ce mot. **Mère** : *Français* : XIe siècle. *Latin* : “mater, -tris” (mère, cause, origine, source). *Indo-européen* : “*mater-” (mère) [Pokorny p. 700].

Carte multipoint n. mq

Appareil de capture et de mémorisation d’informations développé par la société Adventure SA. Cet appareil est utilisé dans les émissions de *télévision interactive.* Il se présente sous la forme d’une télécommande composée :
— d’un *microprocesseur* et d’une horloge,
— de *périphériques* d’entrée : cellule à phototransistors et *clavier* numérique,
— d’un périphérique de sortie : dispositif d’*affichage* à cristaux liquide.

Le téléspectateur applique la cellule sur une zone rectangulaire clignotant à la surface de l’écran de télévision. La cellule enregistre sous forme numérique les clignotements télédiffusés. Le code ainsi mémorisé identifie une question posée. Le téléspectateur tape ensuite sur le clavier la réponse correspondante qui sera, elle aussi, mémorisée sous forme numérique.

La collecte des réponses des téléspectateurs se fait dans des bornes installées dans des lieux publics (supermarchés, magasins de presse ...).

Ce système a l’avantage de permettre l’interactivité sans obliger le téléspectateur à l’utiliser.

Différentes applications sont envisageables : téléachat, jeux télévisés, formation... 100 000 cartes multipoints étaient utilisées en France en 1994.

Carte son exp.

[Anglais : sound board]

Informatique : *carte* permettant à un ordinateur de traiter des sons. Le terme peut désigner deux types de cartes : celles qui capturent et reproduisent le son (figure 1), et celles qui se limitent à sa reproduction (figure 2). Par sa fonction de capture, la carte son est une *carte de numérisation* : elle convertit le *signal* sonore *analogique*, issu d’un *microphone*, en un *fichier* son *numérique*, avec une éventuelle opération de *compression* ; pour restituer le signal sonore, elle opère la conversion inverse : elle transforme le fichier son *numérique* en signal *analogique* (après une éventuelle décompression) et le transmet à des *hauts-parleurs.* La fonction de reproduction sonore peut être ajoutée à une carte qui assure une autre fonction principale, comme par exemple une carte de pilotage de CD-ROM.

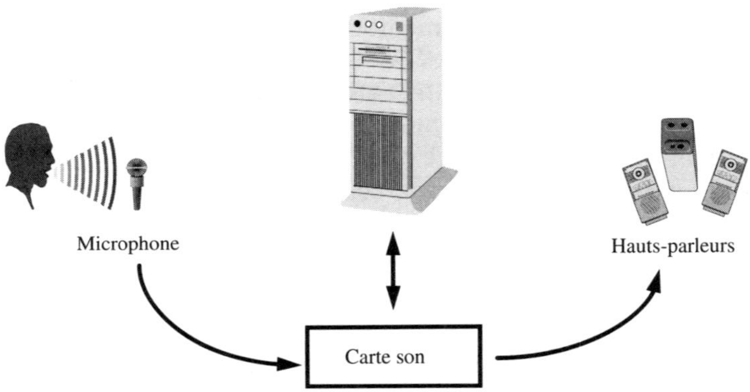

Figure 1 Carte de capture et reproduction sonores.

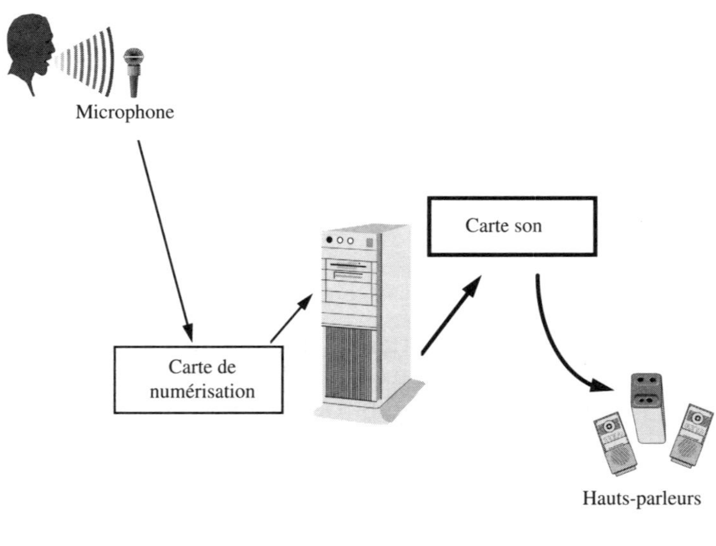

Figure 2 Carte de reproduction sonore.

Corrélats : carte, carte de numérisation, carte de compression, haut-parleur, micro, numérisation.
Étymologie : calque de l'anglo-américain. **Carte** : voir ce mot. **Son** : *Français* : XIIe siècle. *Latin* : "sonus" (son, ton) < "sono" (sonner, faire entendre un son). *Indo-européen* : "*swen-" (sonner) [Pokorny p. 1046].

Carte vidéo exp.
[Anglais : video board]

Informatique : voir *carte de visualisation.*

Étymologie : calque de l'anglo-américain. **Carte** : voir ce mot. **Vidéo** : emprunt savant au *latin* "videre" (voir, comprendre, examiner). *Indo-européen* : "*uedi-" (voir) [Pokorny p. 1125].

Cartouche n.f.
[Anglais : cartridge]

Informatique

1. Bande magnétique présentée dans une enveloppe rigide et servant de mémoire auxiliaire amovible. Les cartouches de bandes magnétiques sont principalement utilisées pour les sauvegardes.

2. Disque magnétique, magnéto-optique ou optique présenté dans un coffret rigide et servant de mémoire auxiliaire amovible.

♦ **Normalisation** : les cartouches de bandes magnétiques souffrent d'un manque de normalisation. Différents facteurs entrent en jeu : le mode d'enregistrement, la largeur de la bande et sa capacité. Les bandes de largeur de 5 pouces 1/4 ont été normalisées mais les développements techniques sont encore trop rapides et l'on annonce déjà des cartouches de très petite taille qui pourraient s'intégrer dans des ordinateurs portables. En informatique, les principaux constructeurs de systèmes à cartouches sont américains ou japonais : Archive, Exabyte, Conner, Irwin, CMS, Teac. *Philips* et *Sony*, qui viennent du monde de l'audio et de la vidéo, pourraient rapidement prendre position sur ce segment du marché multimédia.

Enregistrement linéaire ou hélicoïdal
Largeur (mm) : 3,78 ; 4 ; 6,35 ; 8 ; 12,7.
Capacité de 560 Mo à 20 Go.

Exemples de formats des cartouches à bandes magnétiques.

Corrélats : bande magnétique, cassette, QIC, sauvegarde, disque.
Étymologie : emprunt à la langue commune. *Français* : XVIe siècle. *Italien* : "cartuccia". *Latin* : "charta" (feuille de papier). *Grec* : "khartis" "feuille de papyrus", probablement d'origine égyptienne.

Casque n.m.

[Anglais : headphone, headset]

1. **Audiovisuel** : assemblage d'un ou deux écouteurs. Placé au contact de l'oreille, il transforme des signaux électriques en oscillations acoustiques.

2. **Informatique** : unité périphérique de visualisation dans un système de *simulation virtuelle.* Voir *visiocasque.*

Bibliographie : Burdea 93, Mercier 93.
Étymologie : emprunt à la langue commune. *Français* : XVIe siècle. *Espagnol* : "casco" (casque) <"cascar" (briser). *Latin* : "*quassicare" (casser) < "quassare" (secouer, frapper). *Indo-européen* : "*kuet-" (secouer) [Pokorny p. 632].

Cassette n.f.

[Anglais : cassette]

Audiovisuel et informatique : boîtier de présentation des bandes magnétiques qui évite de manipuler directement le support magnétique. Les cassettes audio, inventées par *Philips,* sont apparues en 1967 et ont eu un énorme succès dans le grand public. Les premières cassettes vidéo (format *BVU*) et informatiques datent des années 70. Elles sont utilisées aussi bien dans le monde professionnel que par le grand public. Les années 90 voient l'apparition des cassettes numériques. Fortement concurrencées par les disques laser, en particulier pour l'enregistrement audio, les cassettes restent encore le support le plus utilisé en vidéo, malgré l'apparition des disques optiques (vidéodisque, CD-V, CD-I).

Corrélats : bande magnétique, cartouche, sauvegarde.
Étymologie : emprunt à la langue commune. *Français* : XIVᵉ siècle. *Italien* : "cassetta" (petite caisse) de "cassa" (caisse). *Latin* : "capsa" (petit coffre, cercueil). *Indo-européen* : "*kap-" (prendre) [Pokorny p. 527].

Cassette numérique exp.

[Anglais : digital cassette]

Audiovisuel : *cassette* sur laquelle les informations sont enregistrées sous forme *numérique*. En audio, *Sony* a lancé en 1992 le modèle *DAT* (Digital Audio Tape : bande audio numérique) et *Philips* a lancé la cassette *DCC* (Digital Compact Cassette : cassette compacte digitale). Le succès commercial de ce type de cassette n'est pas celui escompté.

Cathodique adj.

[Anglais : cathodic]

Audiovisuel

1. Qui est relatif à une cathode. Voir *tube à rayons cathodiques*.

2. Par extension, qui est relatif à la télévision (l'image cathodique s'oppose à l'image sur papier et à celle du cinéma).

Corrélats : audiovisuel, tube à rayons cathodiques.
Étymologie : mot savant. *Français* : XXᵉ siècle < "cathode" XIXᵉ siècle + suffixe "-ique" (latin -icus) très employé en terminologie scientifique, *Grec* ; "kata" (de haut en bas, en bas) + "hodos" (chemin, route, marche, voyage, parcours, voie). *Indo-européen* : "*kwta-" (à côté, le long de, vers le bas, avec) + "*kom-" (à côté, avec) [Pokorny pp. 612, 613].

CATV s.a.

CAble TeleVision

Audiovisuel : voir *télévision par câble*.

CAV s.a.

Constant Angular Velocity

Informatique : voir *vitesse angulaire constante*.

CBS n.s.

Columbia Broadcasting System

Audiovisuel : créée en 1927, inventeur du premier disque microsillon en 1947, participant à la définition du standard NTSC en 1950, CBS est devenue aujourd'hui une des trois principales chaînes de télévision américaines (avec *ABC* et *NBC*). CBS a racheté dans les années 1980 plusieurs centaines de réseaux câblés locaux.

Corrélat : câblo-opérateur.

CCD s.a.

Charged Coupled Device

Informatique et audiovisuel : voir *dispositif à transfert de charge.*

CCETT s.f.

Télécommunications : voir *Centre Commun d'Études de la Télédiffusion et des Télécommunications.*

CCIR s.f.

Télécommunications et audiovisuel : voir *Comité Consultatif International des Radiocommunications.*

CCITT s.f.

Télécommunications : voir *Comité Consultatif International Télégraphique et Téléphonique.*

C-Cube n. mq.

Informatique : constructeur américain spécialisé dans la fabrication de circuits à très grande intégration, en particulier pour la compression d'images et de sons. Il a fabriqué les premières puces capables de traiter les algorithmes définis par les groupes *JPEG* et *MPEG*. *Philips* a sous-traité pour C-Cube la fabrication du microprocesseur chargé de traiter l'image animée plein écran sur le CD-I, conformément aux recommandations du groupe MPEG.

Le *microprocesseur de C-Cube spécialisé dans l'encodage MPEG 2* pour l'image animée intègre sur une seule *puce* 15 millions de transistor (3,5 pour le Pentium d'*INTEL*).

Corrélats : compression, JPEG, MPEG.

CD s.a.

1. Normalisation : Committee Document (document de comité). Terme technique de l'Organisation Internationale de Normalisation (voir *ISO*). Brouillon d'une norme à usage interne au comité chargé de son élaboration.

2. Audiovisuel et informatique : Compact Disk. Voir *disque compact* et les différents articles ci-après, de CD-Audio à CD-32.

CD-Audio exp.
Compact Disc — Audio (disque compact audio).

Audiovisuel : voir *disque compact audio.*

CD-Bridge t.a.
Compact Disc — Bridge (disque compact-passerelle)

Informatique : *disque compact* qui peut être lu sur un lecteur de CD-ROM-XA et sur un lecteur de CD-I. Le disque compact photo, le Vidéo-CD par exemple sont des « CD-Bridge ».

CD-Catalog t.a.
Compact Disc — Catalog (disque compact-catalogue)

Audiovisuel : type de *disque compact* photo. Voir ce terme.

CD-DA s.a.
Compact Disc - Digital Audio (Sons numériques sur disque compact)

Audiovisuel : voir *Disque compact audio.*

CDE s.a.

Commont Desktop Environment

Informatique : voir *COSE.*

CD-E exp.

Compact Disc — Enregistrable

Informatique : voir *Disque réinscriptible.*

CD-EB exp.

Compact Disc — Electronic Book : livre électronique sur disque compact

Informatique : *disque compact* lisible sur les lecteurs Datadiscman vendus par Sony. Ils ont un diamètre de 8 cm et leur capacité est inférieure à celle des disques compacts standards (210 millions d'octets au lieu de 650). Ils ne contiennent pas d'image animée.

CD+G s.a.

Compact Disc+Graphic (Disque compact + Graphique)

Audiovisuel : *disque compact* développé et commercialisé par la firme Warner New Media en 1984. C'était une extension du *disque compact audio* qui permettait de stocker du texte et des graphismes sur le disque audio. Ces disques sont lisibles par les lecteurs de CD-I et de CD-ROM-XA.

CD-Hybride exp.

Compact Disc — Hybride (disque compact hybride)

Audiovisuel et informatique : *disque compact* comprenant à la fois des fichiers au format ISO 9660 et des fichiers au format *HFS* (voir *disque compact informatique*).

CD-I s.a.

Compact Disc — Interactive (Interactivité sur disque compact)

Audiovisuel et informatique : voir *disque compact interactif.*

CD-I Ready t.a.
Compact Disc — Interactive Ready

Audiovisuel et informatique : *disque compact audio* contenant aussi des images et des textes qui ne sont accessibles que lorsque le disque est lu par un lecteur de CD-I. Ce disque a été mis sur le marché juste avant la sortie des lecteurs de CD-I pour étoffer, de manière un peu artificielle, le catalogue naissant des disques CD-I.

CD-Mixed mode t.a.
Compact Disc — Mixed mode (disque compact en mode mixte)

Audiovisuel et informatique : *disque compact audio* contenant également des données.

CD-MO s.a.
Compact Disc — Magnetic-Optical (disque compact magnéto-optique)

Informatique : voir *disque magnéto-optique.*

CD-Multimédia t.a.
Compact Disc — Multimedia (disque compact multimédia)

Audiovisuel et informatique : dénomination, en 1995, d'un projet destiné au *multimédia,* de *disque compact* à grande capacité (7,4 *Giga-octets*) *et* éventuellement *réinscriptible* (ce qui explique qu'il soit parfois désigné comme HDCD : High Density Compact Disk, disque compact à grande densité, ou CD-R : Compact Disk Rewritable, disque compact réinscriptible). La sortie du disque était prévue pour l'année 1997 dans le domaine professionnel. Les principaux acteurs du projet étaient *Philips* et *Sony* avec l'appui de JVC, Aiwa, Bang & Olufsen, Grundig, Mitsumi, Ricoh, *IBM*, *Hewlet-Packard* et 3M... Ce projet de standard s'opposait, en 1995, au projet de Toshiba soutenu par Time Warner, *Matsushita*, Thomson, Hitachi, Pioneer, Mitsubishi et... JVC (!). La bataille engagée autour de ce standard parfois nommé DVD (Digital Vidéo Disk : disque pour la vidéo numérique ou S-DVD pour Super-DVD) donnait un bon exemple de l'immaturité du multimédia (voir l'article *multimédia*) ; cependant à la fin de 1995 un accord entre les deux groupes rivaux de constructeurs permettait d'adopter un standard unique ; il définissait un disque d'une capacité de 4,7 Giga-octets, correspondant à environ 2 heures d'enregistrement vidéo.

CD-Multisession t.a.

Compact Disc — Multisession (disque compact multisession)

Audiovisuel et informatique : *disque compact* qui a été enregistré en plusieurs fois. Les cd-multisessions sont des *disques réinscriptibles.* Ils nécessitent des lecteurs de spéciaux.

CD-Photo t.a.

Compact Disc — Photo (disque compact photo)

Audiovisuel : son nom commercial est Photo-CD. Voir *disque compact photo.*

CD-Plus t.a.

Compact Disc — Plus

Audiovisuel et informatique : *disque compact audio* bon marché sur lequel sont enregistrés des *programme*s informatiques, des *textes*, des *images fixes* ou même *animées* et compatible avec tous les types de *lecteurs* existants.

Ces disques sont lus comme de simples disques compacts audios lorsqu'ils sont placés dans le lecteur de CD d'une chaîne à haute fidélité ; ils sont lus comme un CD-ROM multimédia lorsqu'ils sont placés dans le lecteur d'un micro-ordinateur. Les quantités de musique et de *données* enregistrées sont variables : on peut y trouver un album musical entier accompagné d'un petit nombre d'illustrations graphiques et textuelles ou simplement trois ou quatre chansons plus abondamment illustrées. Un CD-Plus exemplaire contiendrait par exemple plusieurs chansons du dernier groupe à la mode, quelques photographies dudit groupe, les textes des chansons et quelques informations destinées aux fans, le tout enrobé d'un *habillage* graphique alléchant et d'une *interactivité* limitée à quelques *menus.*

Un CD-Plus peut être lu par tous les types de lecteurs de disques compacts ; CD-audio, CD-ROM-XA pour PC, CD-ROM-XA pour Macintosh, CD-I, Photo-CD... Cette compatibilité devrait séduire de nombreux *acteurs* du marché des disques compacts :

— les détaillants ne seront plus obligés de stocker différents formats du même disque.
— en particulier les vendeurs et les fabricants de disques musicaux pourront trouver en lui un moyen d'entrer sur le marché menaçant des CD-ROMs.
— les vendeurs et fabricants de micro-ordinateurs familiaux y verront un moyen supplémentaire de séduire les acheteurs ; (il s'agit bien d'un « plus » !).
— les fans des groupes de musique moderne, souvent jeunes et disposant de petits budgets : le disque est simple à réaliser mais porte l'image de modernité et d'innovation (largement aidé par la publicité) et devrait coûter entre 50 et 150 F à l'achat.

Les seuls qui y trouveront à redire sont les sociétés qui fabriquent les disques : leur valeur ajoutée s'amenuise...

♦ Le standard CD-Plus, mis au point par Philips et Sony, contient une combinaison de données aux formats CD-DA et CD-ROM enregistrées sur un même disque *multisession.* Ses spécifications sont consignées dans le livre bleu. Microsoft a intégré les *pilotes* de CD-Plus dans son *système d'exploitation* Windows 95.

CD-Portfolio t.a.
Compact Disc — Portfolio (disque compact portfolio)

Audiovisuel : type de Photo-CD. Voir *disque compact photo.*

CD-Pro t.a.
Compact Disc — Professional (disque compact professionnel)

Audiovisuel : type de Photo-CD. Voir *disque compact photo.*

CD-R s.a.
Compact Disc — Rewritable (disque compact réinscriptible)

Audiovisuel et informatique : voir *disque réinscriptible* et *CD-Multimédia.*

CD-ROM s.a.
Compact Disc - Read Only Memory (mémoire morte sur disque compact)

Informatique : voir *disque compact informatique.*

CD-ROM-XA s.a.

Compact Disc — Read Only — eXtended Architecture (Architecture étendue pour mémoire morte sur disque compact)

Audiovisuel et informatique : voir *disque compact informatique.*

CD-TV s.a.

Commodore Dynamic — Total Vision

Audiovisuel et informatique : le sigle anglais joue sur le rapprochement entre CD (Compact Disk) et TV (TéléVision). Système de disque compact interactif destiné au grand public mis au point par la société Commodore.

♦ *Description* : Le lecteur de CD-TV est construit à partir d'un *Amiga 500* doté d'un processeur Motorola 68000 16/32 bits cadencé à 7,14 Mhz et de 3 puces Amiga pour le traitement du son, de l'image vidéo et de l'image graphique. Il inclut un lecteur de CD-ROM. Le standard de structuration des fichiers est proche de la norme *ISO 9660* mais en diffère suffisamment pour empêcher un lecteur de CD-ROM de lire un CD-TV. Aucun autre lecteur de disque compact ne peut d'ailleurs lire les disques CD-TV. En revanche, le lecteur de CD-TV peut lire les disques compacts audio. Le CD-TV se connecte sur le téléviseur familial.

Marché : le lancement du CD-TV en 1991 cherchait à prendre de vitesse son concurrent n° 1, le CD-I, qui offrait à peu près les mêmes fonctionnalités et à consolider du même coup la gamme des micro-ordinateurs Amiga. Mais, avec un standard différent de celui du *CD-I* qui, lui, résultait d'accords entre *Philips*, *Sony* et *Matsushita*, Commodore n'a pas obtenu les résultats attendus et le CD-TV a vite été repositionné comme un ordinateur multimédia appellé “Amiga CDTV” puis a évolué vers un *jeu vidéo* utilisant des disques compacts et ayant une *architecture* à 32 bits, appelé CD 32.

Corrélat : CD-I.

CD-V s.a.

Compact Disc-Video

Audiovisuel : voir *disque compact vidéo.*

CD-Vidéo t.a.

Compact Disc-Video

Audiovisuel et informatique : voir *disque compact vidéo.*

CD-Worm t.a.

Compact Disc-Write Once Read Many (Disque compact à écriture unique et lecture multiple)

Audiovisuel et informatique : voir *disque réinscriptible.*

CD-32 t.a.

Compact Disc-32 bits

Audiovisuel et informatique : voir *CD-TV.*

CDDI s.a.

Copper Distributed Data Interface
(traduction littérale : interface de distribution de données par fil métallique)

Télécommunications : voir *FDDI.*

CDK s.a.

Cyberspace Development Kit (Outils de développement pour simulation virtuelle)

Informatique : logiciel proposé par l'éditeur Autodesk. Ensemble de bibliothèques contenant des routines, des programmes et des fichiers permettant de développer des applications de simulation virtuelle compatibles avec l'ensemble des programmes proposés par l'éditeur (en particulier Autocad et 3D Studio).

CEEFAX n. mq.

Télécommunications : service de *télétexte* utilisé en Grande-Bretagne diffusant gratuitement des informations mises à jour périodiquement. La diffusion se fait sur les *lignes* de service des images de télévision. Les informations fournies sont nombreuses : sous-titrage pour malentendants, diffusion d'un journal d'actualités, d'informations pratiques (loisirs, météo, etc.), ... Ces informations sont accessibles depuis des téléviseurs équipés d'un *décodeur* (très répandu en Grande-Bretagne). Bien qu'étant un service diffusé et non interactif, CEEFAX connaît un succès qui a certainement freiné le développement du service interactif Viewdata, équivalent du Minitel en France. Viewdata reste réservé au domaine professionnel (applications bancaires, professions libérales, ...).

♦ **Historique** : Ceefax est le précurseur des services de télétexte. Ses essais ont commencé dès 1972 en Grande Bretagne sur le réseau diffusé de la BBC.

Corrélats : ANTIOPE, minitel, vidéographie.

CEI s.f.

Électronique : voir *Commission Électrotechnique Internationale.*

Cellule n.f.

[Anglais : cell]

Télécommunications

1. *Paquet* de longueur fixe et réduite, utilisé pour accélérer les vitesses de transfert dans un réseau. Les cellules sont utilisées en particulier dans les réseaux *ATM* et *DQDB.*

2. Dans un *réseau cellulaire*, zone géographique dépendant d'une même station.

Bibliographie : Du Castel 93, Maiman 94.
Corrélats : **1.** ATM, DQDB, commutation de cellules, paquet. **2.** Réseau cellulaire.
Étymologie : emprunt à la langue commune. *Français* : XVe siècle. *Latin* : "cellula" diminutif de "cella" (petite chambre, cachette, cellier, cave). *Indo-européen* : "*kelos" (cachette, cache) [Pokorny p. 553].

CEN s.f.

[Anglais : CEN]

Normalisation : voir *Comité Européen de Normalisation.*

CENELEC s.f.

Normalisation : voir *Comité Européen de Normalisation ÉLECtrotechnique.*

Centre Commun d'Études de Télédiffusion et Télécommunications (CCETT) n.p.

Télécommunications : ce centre a été créé en 1972. Il est depuis 1993 constitué en groupement d'intérêt économique, détenu par France Télécom (représenté par le *CNET* et *TDF*). L'activité de recherche du CCETT concerne le domaine de la communication audiovisuelle (radio, télévision, multimédia) ; elle se répartit entre un pôle réseau et un pôle service.

Centre National de la Cinématographie (CNC) n.p.

Audiovisuel : établissement public à caractère administratif créé en 1946 dont les missions sont les suivantes :
— gérer le compte de soutien financier à l'industrie cinématographique et à l'industrie des programmes audiovisuels. Pour l'audiovisuel, cela concerne les aides à la production de programmes destinés à l'ensemble des réseaux télévisuels ;
— intervenir dans le domaine des réglementations. Le CNC prépare et applique les textes juridiques relatifs à ses secteurs d'intervention. Il assure le contrôle de la répartition de la recette entre les ayants droit, tient à la disposition du public le registre public de la cinématographie et de l'audiovisuel ;
— assurer la conservation, la restauration et la diffusion du patrimoine cinématographique avec le Service des archives du film.

Bibliographie : INA 95.
Corrélat : Paysage Audiovisuel Français.

Centre National d'Études des Télécommunications (CNET) n.p.

Télécommunications : centre d'études de *France Télécom.* Les études couvrent les domaines des réseaux, des composants, des logiciels, du traitement du signal, des services. Le CNET fait paraître "Les Annales des Télécommunications", revue technique et scientifique générale, "L'Écho des Recherches", revue technique sur les études du CNET, "Innovation Télécom", une lettre d'information. Il gère les livres d'une collection technique et scientifique des télécommunications, publiés chez plusieurs éditeurs.

CEPT s.f.

Télécommunications : voir *Conférence Européenne des administrations des Postes et Télécommunications.*

CESP s.f.

Centre d'Études des Supports de Publicité

Audiovisuel : voir *audience.*

CFAO s.f.

Informatique : voir *Conception et Fabrication Assistées par Ordinateur.*

CGA s.a.

Color Graphics Adapter

Informatique : *carte graphique* couleur lancée en 1981. Elle était la première carte graphique permettant d'afficher en couleur pour les ordinateurs personnels IBM et compatibles. Elle disposait de deux modes d'affichage : le *mode caractère* et le *mode graphique.*

Corrélats : affichage, carte.

CGV s.f.

Télécommunications : voir *Compagnie Générale de Vidéocommunication.*

Chaînage n.m.

[Anglais : 1. linking, 2. daisy chain]

Informatique

1. Logiciel :

a. Établissement d'une relation entre des éléments d'information dispersés dans un espace mémoire. Le chaînage se fait physiquement par la mise en place d'index, de pointeur ou de table. C'est une technique très utilisée dans les bases de données.

b. Par extension, résultat du chaînage. Dans ce sens, chaînage est synonyme de chaîne au sens **1.**

2. Matériel : assemblage de modules. Voir *guirlande.*

Étymologie : emprunt à la langue commune. Mot dérivé de chaîne (voir ce terme) avec le suffixe -age- *Latin* : "-atium" qui marque une collection d'objets de même espèce, un état, une action ou le résultat de cette action.

Chaîne n.f.

[Anglais : 1. link ; 2. string ; 3. channel]

1. Informatique, logiciel :

a. Ensemble des informations mises en relation par un *chaînage.*

b. Suite de *caractères.* On peut, soit traiter la chaîne comme un tout, soit traiter séparément chacun des caractères qui la composent.

Matériel : voir *guirlande.*

2. Audiovisuel : société de production et de diffusion de programmes de télévision.

Corrélats : diffuseur, éditeur télévision.
Étymologie : emprunt à la langue commune. *Français* : XIIe siècle. *Latin* : "catena" (chaîne), origine obscure.

Chaîner v.

[Anglais : to link]

Réaliser un *chaînage.*

Chambre d'écho exp.

[Anglais : echo chamber]

Dispositif permettant d'obtenir un effet d'*écho* lors de la reproduction de sons.

Corrélat : écho.

Champ n.m.

[Anglais : **1.** shooting field, **2.** et **3.** field]

1. Audiovisuel : le champ de la caméra est l'espace visible dans son objectif. Le champ est défini par le réalisateur. Le cadreur est chargé de régler la caméra pour respecter ce champ. Le montage doit tenir compte, entre autres, du champ de chaque séquence tournée pour en définir l'enchaînement.

2. Informatique :

a. Élément d'un *fichier* ou d'une table dans une base de données.

b. Zone d'écran susceptible de contenir une information élémentaire. On peut la caractériser par son contenu (champ alphabétique, numérique...) ou par la fonction qui lui est associée (champ de saisie ou d'affichage). Les champs sur écran disposent d'attributs (soulignement, clignotement, fond inversé, masquage, protection...). Un type de champ particulier est apparu avec les *interfaces graphiques* : l'*icône.*

3. Télécommunications : élément constitutif d'un *paquet* en transmission par paquets, dans lequel sont introduits, soit l'information "utile", soit les données nécessaires à la transmission du paquet. On distingue classiquement le champ d'adresse, le champ de signalisation et le champ d'information.

Corrélats : **audiovisuel** : contrechamp. **Informatique** : affichage, fenêtre, fichier, menu, saisie. **Télécommunications** : commutation de paquets.
Étymologie : emprunt à la langue commune. *Français* : XIe siècle au sens de terrain. *Latin* : "campus" (plaine, terrain plat, champ) origine incertaine.

Champ auditif exp.

[Anglais : range of audibility]

Audiovisuel : dans la *bande passante* de l'oreille, ensemble des *intensités* comprises entre le seuil d'audibilité et le seuil de douleur.

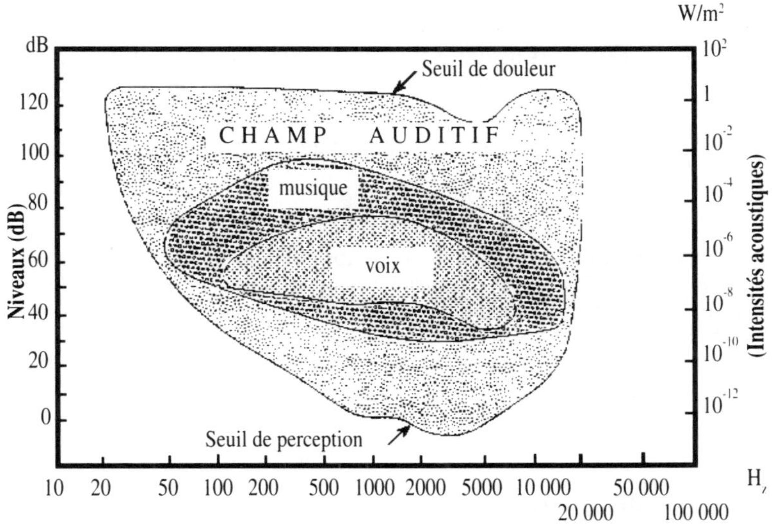

Le champ auditif humain.
(*D'après : Le livre des techniques du son,* D. Mercier, Éd. Fréquences, 1990.)

Champ électromagnétique exp.

[Anglais : electromagnetic field]

Électronique

1. Zone d'action d'un phénomène électromagnétique.

2. Mesure de l'action dans la zone, exprimée en oersted. Le champ électromagnétique est la concrétisation de l'effet à distance d'un courant électrique circulant ou d'une masse magnétique en mouvement. La variation d'un champ électromagnétique (par exemple, sous l'effet d'une modulation) engendre des ondes porteuses d'information.

♦ **Historique** : en 1873, Maxwell énonce les lois de fonctionnement et de mesure du champ électromagnétique et son analogie avec la lumière en termes de vitesse, de propagation, et d'aspect ondulatoire.

Charte de communication exp.

[Anglais : communication chart]

Communication : ensemble des règles définissant, pour une institution, une marque ou un produit, tous les composants de communication (visuels, sonores ou événementiels), leurs règles de fabrication et d'usage. La charte de communication est élaborée après étude et définition de la stratégie de communication. Elle doit être respectée dans la production de toute action de communication, y compris celles utilisant le *multimédia.*

Bibliographie : Schwebig 88.
Corrélat : charte graphique.
Étymologie : mot composé de deux emprunts à la langue commune. **Charte** : *français* : XIe siècle. *Latin* : "charta" (feuille de papier). *Grec* : "khartis" "feuille de papyrus", probablement d'origine égyptienne. **Communication** : *français* : XIVe siècle. *Latin* : "communicatio" < "communicare" (mettre en commun, être en relation avec, communiquer) < "cum" (avec) + "munis" (qui accomplit sa charge). *Indo-européen* : "kom" (à côté, auprès de, avec, ensemble) [Pokorny p. 612] + "*mei-" (aller, changer, échanger) [Pokorny p. 710].

Charte graphique exp.

[Anglais : graphic chart]

Communication : ensemble des règles définissant, pour une institution, une marque ou un produit, tous les composants visuels de communication (les couleurs, les logos, les polices de caractères, ...) et leur usage. La charte graphique fait partie de la *charte de communication.*

Corrélats : habillage, interface d'utilisation, interface graphique.
Étymologie : mot composé de deux emprunts à la langue commune. **Charte** : *français* : XIe siècle. *Latin* : "charta" (feuille de papier). *Grec* : "khartis" "feuille de papyrus", probablement d'origine égyptienne. **Graphique** : *français* : 1757. *Grec* : "graphikos" (qui concerne l'art d'écrire ou dessiner). *Indo-européen* : "*gerebh-" (gratter) [Pokorny p. 392].

Chef opérateur n.m.

[Anglais : chief cameraman, lighting man]

Audiovisuel : celui qui "fait la lumière" lors des tournages, appelé aussi *directeur de la photographie* (au cinéma, le chef opérateur est souvent le *cameraman*, mais pas en vidéo).

Étymologie : mot composé emprunté au langage technique du cinéma. **Chef** : *français* : IXe siècle. *Latin* : "caput" (tête, bout, premier). *Indo-européen* : "*kap-ut-" (tête, genou) [Pokorny p. 529]. **Opérateur** : *français* : XIVe siècle. *Latin* : "operator" (travailleur, acteur) < "opus" (travail, ouvrage, œuvre). *Indo-européen* : "*op-" (travailler, produire en abondance) [Pokorny p. 780].

Chroma-key t.a.

Audiovisuel : voir *découpeur.*

Chrominance n.f.
[Anglais : chrominance]

Audiovisuel : dans le signal destiné à la représentation d'une image, partie liée à la *couleur.* La chrominance se définit par deux caractéristiques : la couleur proprement dite, appelée aussi *teinte* ou nuance (rouge, vert, bleu, jaune, violet, ...) et la *saturation* (clair, vif, saturé, ...).

♦ Le codage de la chrominance varie avec les systèmes utilisés (*SECAM, PAL, NTSC* en télévision). L'étude de la perception des images colorées a permis de réduire de manière importante la quantité d'informations à transmettre pour restituer l'impression de couleur. C'est ainsi que la télévision numérique utilise un codage dit 4:2:2 où la chrominance ne tient pas plus de place que la luminance.

Corrélats : codage, luminance.
Étymologie : *français* : mot savant formé par dérivation sur le radical emprunté au *grec* : "khrôma" (couleur) et le suffixe "-ance" du *latin* : "-antiam" qui marque une action ou son résultat. *Grec* : "khrôma" (couleur de la peau, carnation, couleur) à rapprocher de "khroa" (ce qui peut être enduit, frotté, la peau). *Indo-européen* : "*ghreu-" (frotter, broyer) [Pokorny p. 460] de "*gher-" (gratter) [Pokorny p. 439].

Chromo- préf.
[Anglais : chromo]

Général : qui est relatif à la couleur, coloré.

Étymologie : voir *chrominance.*

CIE s.f.

Audiovisuel : voir *Commission Internationale de l'Éclairage.*

CIF s.a.
Common source Intermediate Format

Audiovisuel et télécommunications : *Format* de *fichier* d'*images animées*, destiné en particulier à la *visiophonie*. Il définit par exemple la taille de l'image et les types de *compression* et de *codage*. La qualité des images est comparable à celle obtenue avec le standard *VHS*.

♦ Le format CIF a été retenu par l'UIT-T. La taille de l'image est du quart de celle de l'image de télévision numérique définie par la recommandation 601 de l'UIT-R, soit 352 x 288 ou 352 x 248 selon que l'on prend le standard 50 Hz ou 60 Hz. Ce format réduit permet de transmettre des images sur des réseaux de type RNIS.

Corrélat : télévision numérique.

Cinch n. mq.

Informatique : type de connecteur coaxial sans verrouillage, utilisé pour le son et quelquefois pour la vidéo, en dépit d'une adaptation d'impédance imprécise ; appelé aussi *RCA*.

Corrélats : connecteur, RCA.

CIRC s.a.
Cross-Interleaved Reed-Solomon Code (traduction littérale : code Reed Solomon entrelacé en transversal)

Voir *code autocorrecteur*.

Circuit n.m.
[Anglais : circuit]

Télécommunications et électronique : ensemble d'éléments matériels dans lequel circulent des informations.

On distingue deux grands types de circuits en fonction de leur domaine d'application : les *circuits intégrés* utilisés dans l'électronique et les *circuits de transmission* utilisés en télécommunication.

Étymologie : emprunt à la langue commune. *Français* : XIIIe siècle. *Latin* : "circus" (cercle, puis cirque) > "circum" (autour de) + "ire" (aller) > "circueo" (tourner autour) > "circuitus" (action de faire le tour, circuit). *Indo-européen* : "(s)ker-(k-)" (tourner, courber, plier) [Pokorny p. 935] + "ei-" (aller) [Pokorny pp. 293, 294].

Circuit de transmission exp.

[Anglais : transmission circuit]

Télécommunications

1. Transmission de données : un circuit est un canal de transmission situé entre deux contrôleurs de communication. Il inclut les Équipements Terminaux de Circuit de Données (*ETCD*), comme des *modems*, et la *ligne* de transmission (en général un *câble* ou un *réseau*). Le circuit s'intègre dans la *liaison* de données qui est le canal de transmission incluant les deux contrôleurs de communication et reliant les deux équipements terminaux de traitement de données (*ETTD*), comme des ordinateurs. Voir la figure à l'article *liaison*.
2. Téléphonie : un circuit est une liaison physique entre deux *commutateurs*.

♦ Un circuit de transmission est caractérisé par :
— la gamme de fréquence qu'il peut transmettre (bande passante),
— sa qualité de transmission (mesurée par le rapport signal/bruit),
— le débit binaire qu'il peut transmettre (capacité du circuit liée aux deux précédentes valeurs par le théorème de Shannon).
Par exemple, pour un circuit téléphonique, la bande passante est 300 Hz - 3 400 Hz, soit 3 100 Hz, le rapport signal sur bruit est au minimum égal à 100, soit 20 dB, la capacité du circuit est de 20 kbit/s.

Dans un réseau, on appelle circuit virtuel une voie de communication logique qui n'est pas liée à un support physique unique. Voir *commutation de paquets*.

Bibliographie : Du Castel 93, Maiman 94.

Circuit intégré exp.

[Anglais : integrated circuit]

Composant électronique contenant en lui-même tous les éléments d'une fonction électronique complète. Les circuits intégrés, couramment appelés *puces*, se présentent sous la forme d'un boîtier de petite taille (de un à trois centimètres carrés) munis de broches (les pattes).

• **Suivant les technologies de fabrication**, on distingue :
— les circuits DTL (Diode Transistor Logic : logique à diode et transistor) pratiquement abandonnés,
— les circuits TTL (Transistor Transistor Logic : logique à transistors couplés),
— les circuits ECL (Emitter Coupled Logic : logique à émetteur couplé),
— les circuits MOS (Metal Oxide Semiconductor : semiconducteurs à oxyde métallique),
— la famille CMOS (Complementary Metal Oxide Semi-conductor) caractérisée par une moindre consommation électrique et une vitesse accrue, et utilisée notamment dans les ordinateurs portables.

• **Suivant les techniques de conception**, on distingue :
— les circuits monolithiques constitués à partir d'un élément unique (par exemple : une puce de silicium),
— les circuits hybrides constitués à partir de plusieurs éléments assemblés en un seul ou réalisant des fonctions de nature différente (par exemple : analogique et numérique).

• **Suivant le degré de complexité**, on distingue :
— Les circuits à intégration à petite échelle (Small Scale Integration, SSI), comportant moins de 10 composants.
— Les circuits à intégration à moyenne échelle (Medium Scale Integration), comportant de 10 à 100 composants.
— Les circuits à intégration à grande échelle (Large Scale Integration), comportant de 100 à 100 000 composants. Cette technologie a été très employée dans les années 1970.
— Les circuits à intégration à très grande échelle (Very Large Scale Integration), comportant plus de 100 000 composants. Cette technologie est apparue dans les années 80. Par exemple, le microprocesseur Intel 80486 intègre plus d'un million de transistors.

• **Suivant les fonctions réalisées**, on distingue :
— Les opérateurs booléens : ce sont des circuits simples qui réalisent des fonctions logiques élémentaires (ET, OU, NON, ...) construits en technologie TTL avec une intégration de type SSI ou MSI. On les appelle aussi des portes logiques.
— Les opérateurs arithmétiques construits en technologie TTL avec une intégration de type MSI ou LSI.

— Les circuits d'interface (amplificateur de courant, adaptateur de niveau), construits avec une technologie variant selon les courants utilisés et les isolements.
— Les circuits programmables (PLA : Programmable Logic Array : réseau logique programmable) et EPLD (Electrically Programmable Logic Device : dispositif logique programmable électriquement) construits souvent en technologie HCMOS.
— Les registres (mémoires rapides de petite capacité).
— Les circuits personnalisés appelés souvent *ASIC* (Application Specific Integrated Circuit, circuit intégré spécifique à une *application*). Le développement de ces circuits permet d'avoir un matériel bien adapté au problème à traiter tant au point de vue de ses fonctions que de ses performances. Il coûte évidemment plus cher qu'un circuit standard. Deux types d'ASIC sont particulièrement répandus :

- les *microprocesseurs* (voir ce terme),
- les *mémoires* : les mémoires sur circuits intégrés se caractérisent par un temps d'accès très court, de l'ordre de quelques dizaines de nanosecondes.

• **Dans les mémoires**, on distingue :
— Les mémoires vives, appelées couramment RAM (Random Access Memory, mémoire à accès aléatoire) dans lesquelles on peut indifféremment lire ou écrire des informations. Dans ces circuits, le temps d'accès à un mot mémoire est constant quelque soit le mot recherché. Certaines mémoires RAM, qualifiées de statiques (SRAM : Static Random Access Memory) conservent l'information tant qu'elles sont alimentées en courant électrique ; elles sont rapides et on les utilise notamment pour fabriquer les *antémémoires* ; d'autres, qualifiées de dynamiques (DRAM : Dynamic Random Access Memory), nécessitent un rafraîchissement périodique de l'ordre de quelques millisecondes. Les circuits RAM spécialisés dans la mémorisation d'informations vidéo s'appellent des VRAM (Video RAM).
— Les mémoires mortes, appelées couramment ROM (Read Only Memory, mémoire à lecture seule) dans lesquelles on ne peut que lire des informations préalablement enregistrées lors de la fabrication. Ces mémoires conservent l'information même lorsque le circuit n'est plus alimenté en courant électrique. Certaines mémoires mortes permettent une écriture et une seule : on les appelle des PROM (Programmable ROM, mémoire morte programmable). Les EPROM (Erasable PROM, mémoire morte effaçable et

programmable) sont des mémoires mortes que l'on peut effacer et reprogrammer plusieurs fois. Elles sont utilisées dans les développements de produits non stabilisés.

Bibliographie: Tanenbaum 91, Meinadier 80, Ginguay 90.
Corrélats : antémémoire, microprocesseur, mémoire.

CISC s.a.

Complex Instruction Set Computer (traduction littérale : ordinateur avec jeu d'instructions complexes)

Informatique : type d'ordinateur ayant un *langage* machine composé d'un grand nombre d'instructions dont certaines sont complexes (la complexité d'une instruction est proportionnelle au nombre d'opérations élémentaires qu'elle réalise). Ce produit s'oppose aux ordinateurs *RISC* dont le langage machine est composé de peu d'instructions qui exécutent chacune des opérations simples.

Une instruction complexe est plus longue à s'exécuter qu'une instruction simple mais elle remplit plus de fonctions élémentaires. En conséquence, dans un intervalle de temps donné et à puissance matérielle égale, un ordinateur CISC exécute moins d'instructions qu'un ordinateur *RISC*. Sa vitesse exprimée en *mips* est donc inférieure. Cependant sa puissance de traitement peut rester égale. Les familles de processeurs *Intel 80x86* et Motorola 88000 sont des processeurs CISC.

Bibliographie: Etiemble 91, Weyand 91.
Corrélats : instructions, langage, RISC.

Clavier n.m.

[Anglais : keyboard]

Informatique : organe d'entrée d'informations. Les claviers peuvent être numériques, alphabétiques ou alphanumériques.

Les claviers sont caractérisés par :
— le nombre de leurs touches (les plus courants ont 83 ou 102 touches),
— les différentes fonctions associées à la frappe : sonorisation de la frappe, bouton témoin lumineux, blocage à deux positions, ...
— l'ergonomie de frappe : course d'enfoncement des touches, vitesse de retour, résistance à l'enfoncement, ...

— l'ergonomie de disposition : les claviers, issus des machines à écrire, varient suivant les pays :

- Allemagne : QWERTZ,
- Angleterre : QWERTY,
- France : AZERTY.

Il faut noter qu'aucun clavier usuel n'est véritablement adapté au travail de saisie. Ils ne font qu'officialiser des standards de fait imposés depuis le début du siècle par les fabricants de machines à écrire et qu'il est difficile de remettre en cause.

Sur les terminaux d'ordinateur, le clavier est habituellement associé à l'écran. Un groupe de touches connexes constitue un pavé. On distingue le pavé numérique, le pavé alphanumérique, le pavé de fonctions et le pavé de déplacement du *curseur* sur l'écran. Les claviers sont de plus en plus souvent complétés (et parfois remplacés) par des *souris* ou des *boules.*

Les figures suivantes donnent les dispositions de quatre claviers différents. La figure 1 représente le clavier de Navarre disparu depuis longtemps. La figure 2 montre le clavier dit rationnel avec une disposition des touches en V tel qu'il est proposé par la norme expérimentale AFNOR E55-070 (décembre 1987). Ce clavier, particulièrement ergonomique, augmente sensiblement la vitesse de frappe et diminue les déformations que subissent les opérateurs de saisie après de nombreuse années de frappe. Une version optionnelle de ce clavier est proposée par la norme avec une disposition des touches du type AZERTY (figure 3). La figure 4 enfin présente la norme canadienne de clavier pour le français et l'anglais.

Figure 1 Le clavier français Navarre, 1907.
(*D'après : Le clavier bureautique et informatique,* Y. Neuville, Éd. Cedic/Nathan.)

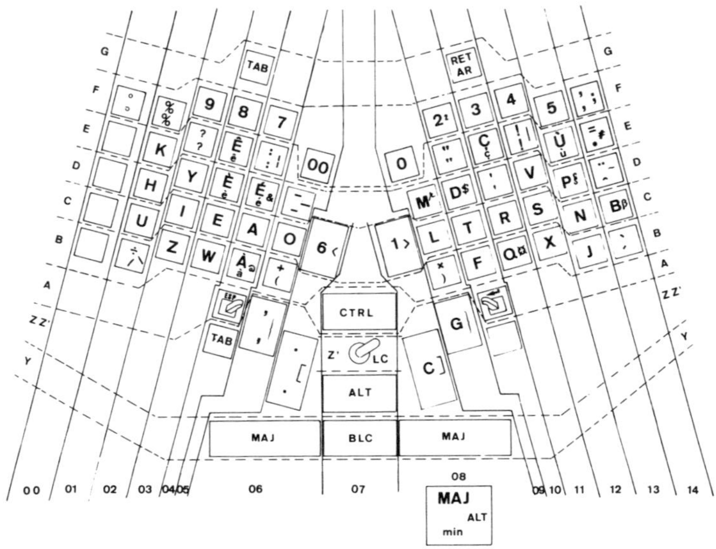

Figure 2 Le clavier rationnel à 5 rangées.
(*Norme E55-070.*)

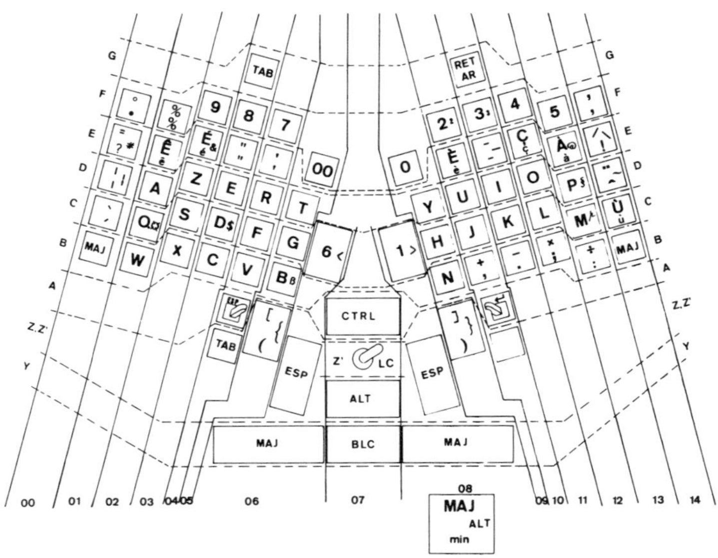

Figure 3 Option de disposition AZERTY EN V.
(*Norme E55-070.*)

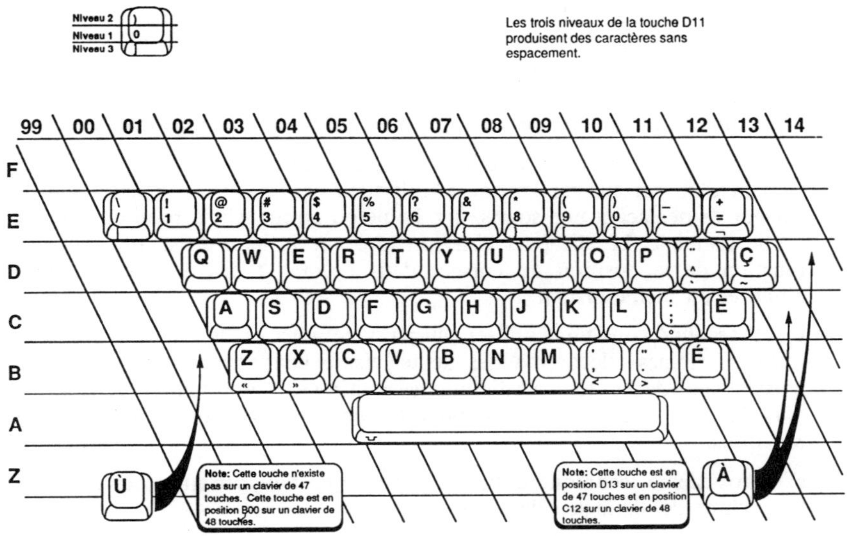

Figure 4 Le clavier canadien pour le français et l'anglais : couche de clavier de base.
(*Norme CAN/CSA-Z243.200-92.*)

Bibliographie : Neuville 85.
Corrélats : souris, boule, écran tactile.
Étymologie : emprunt à la langue commune. *Français* : "clavier" XIIe siècle. *Latin* : "clavis" (clé). *Indo-européen* : "*kleu-" (crochet) [Pokorny p. 604].

Clé n.f.

Électronique : voir *bouchon*.

*Clic n.m.

[Anglais : click]

Informatique : pression sur le bouton d'un appareil de saisie d'information (souris, boule ou télécommande). Il n'existe pas de norme d'utilisation des boutons de ces périphériques dont l'usage est laissé à l'inspiration du programmeur.

♦ Le clic est une composante importante de l'interactivité. Il déclenche le transfert vers la mémoire d'une information qui est ensuite traitée selon un programme préétabli. L'information transmise est relativement fruste : elle indique seulement si le bouton est enfoncé ou pas. Cependant, grâce aux artifices des interfaces d'utilisation, l'utilisateur oublie le caractère binaire du clic et a l'impression qu'il peut exprimer mille choses différentes en cliquant. Cette illusion est rendue possible par trois techniques complémentaires :

a) La première consiste à faire associer, par l'utilisateur, le clic au positionnement d'un curseur sur l'écran. L'utilisateur commande le déplacement du curseur en déplaçant une souris, une boule ou un manche à balai de manière proportionnelle. Le clic peut ainsi prendre une infinité de significations en fonction de la position du curseur dans l'écran et des données qui sont affichées au même instant.

b) La seconde consiste à utiliser plusieurs boutons sur le même appareil de saisie. Certaines télécommandes de télévision contiennent un nombre impressionnant de boutons tandis que les souris ne comportent en général pas plus de trois boutons (un seul pour les premiers promoteurs du clic : les Macintosh).

c) La troisième technique utilise un système de temporisation qui permet à la machine de distinguer deux choses :
— d'une part l'état du bouton à un moment donné (enfoncé ou pas),
— d'autre part la perception du nombre de changements de cet état dans une période donnée.

Un clic en maintenant le bouton enfoncé correspond à un changement d'état, un clic normal correspond à deux changements d'état et un double clic correspond à quatre changements d'état dans un intervalle de temps rapproché.

On remarquera que, fondamentalement, le clic reste toujours une information binaire et que son utilisation est enrichie par une gestion habile de la temporalité (simultanéité avec d'autres événements, rapidité de succession de deux clics, ...). C'est sur la qualité de cette gestion que portent les travaux de définition des interfaces d'utilisation.

Corrélats : interactivité, point sensible.
Étymologie : voir *cliquer*.

Client n.m.

[Anglais : client]

Informatique : dans une *architecture client-serveur*, composant qui émet des requêtes et reçoit un service, par opposition au *serveur*.

Corrélat : architecture client-serveur.

Étymologie : *français* : XVe siècle. *Latin* : “cliens, -tis” (terme technique juridique qui s’oppose à “patronus”, client des hommes de lois, vassal, protégé). *Indo-européen* : “klei-” (courber, pencher) [Pokorny p. 600].

Client-serveur exp.

[Anglais : client-server]

Informatique : voir *architecture client-serveur.*

Étymologie : calque de l’*anglais* : “client-server” qui devrait se traduire, en toute rigueur, par “serveur-client”.

*Cliquer v.

[Anglais : to click]

Informatique : faire un *clic.*

Étymologie : emprunt à la langue commune. *Français* : XIIIe siècle : faire du bruit (onomatopée).

*Clone n.m.

[Anglais : clone]

Informatique

1. Appareil ou composant qui a les mêmes spécifications qu’un autre dont il est la copie conforme. Le clone et le modèle, bien qu’identiques, sont en général fabriqués par des constructeurs différents et le clone est vendu moins cher.

2. Par restriction sur le sens précédent, micro-ordinateur qui est un clone des ordinateurs personnels d’IBM. Si tout clone est, par définition, compatible avec le PC, les micro-ordinateurs “compatibles PC” ne sont pas nécessairement tous des clones.

♦ Les clones sont apparus dans les années 80 avec les ordinateurs personnels. Plusieurs constructeurs du Sud-Est asiatique proposent sur le marché des micro-ordinateurs identiques à ceux fabriqués par IBM, souvent à des prix très inférieurs. Ils contribuent ainsi à établir le standard de fait PC.

La contre-attaque des constructeurs est de faire des tueurs de clones (en anglais : clone-killer) : micro-ordinateur commercialisé à un prix très bas par le constructeur d’un modèle qui est copié et destiné à concurrencer les clones de ce modèle.

Il existe des clones de micropresseurs. Les principaux cloneurs sont *CYRIX* et AMD qui clonent les processeurs *INTEL.*

Corrélats : ordinateur personnel, IBM.
Étymologie : emprunt à la langue technique de la biologie. *Grec* : "klon" (jeune pousse, brindille, rejeton). *Indo-européen* : "kel-" (frapper, couper) [Pokorny p. 545].

Cloner v.

[Anglais : to clone]

Informatique : faire des *clones*.

Étymologie : voir *clone*.

Cloneur n.m.

Informatique : fabricant de *clones*.

Corrélats : CYRIX, IBM.
Étymologie : voir *clone*.

Club d'investissement Média n.s.

Multimédia : fondé par l'Union Européenne (Progamme Média) et l'Institut National de l'Audiovisuel, le Club d'investissement Média avait, en 1994, comme membres BBC TV, Canal +, France 2, France 3, LBO SA, Matra Hachette Multimédia, NOB (Nederland Omroepproduktie Bedrijf NV), Pesa Electronica SA, Philips International BV, RAI, Teleac et Thomson Broadcast/TCE.

Le Club lance périodiquement des appels à projets européens dans les domaines suivants : production de *CD-ROM* et de *CD-I*, développement de produits utilisant les technologies numériques et informatiques (animation 2D, image de synthèse 3D, effets spéciaux numériques, simulation virtuelle) et réalisation de programmes de télévision interactive. Le Club finance sous forme d'avances remboursables ou de contrats de coproduction les projets qu'il sélectionne. Les membres du Club peuvent individuellement ajouter un soutien direct à certains projets (contributions financières, apports de moyens techniques ou de ressources humaines).

CLV s.a.

Constant Linear Velocity

Informatique : voir *vitesse linéaire constante*.

CMY s.a.
Cyan, Magenta, Yellow

Audiovisuel et informatique : *système* de représentation *soustractif* des couleurs à partir des trois *couleurs primaires* : turquoise (Cyan), pourpre (Magenta) et jaune (Yellow). Toutes les couleurs du *spectre* lumineux peuvent être reproduites à partir de la lumière blanche en présentant deux filtres choisis parmi ces trois couleurs primaires.

CMYK s.a.
Cyan, Magenta, Yellow, blacK

Audiovisuel et informatique : ajout du noir au système CMY pour constituer un système principalement utilisé dans l'imprimerie. Dans ce cas, on parle de quadrichromie, c'est-à-dire de couleurs reconstituées à partir de quatre composants. Une image en quadrichromie peut s'exprimer ainsi :
– Cyan : fond blanc sauf rouge.
– Magenta : fond blanc sauf vert.
– Jaune : fond blanc sauf bleu.
– Noir : fond blanc sauf rouge, vert et bleu.

CNC s.f.

Audiovisuel : voir *Centre National de la Cinématographie.*

CNCL s.f.

Audiovisuel : voir *Commission Nationale de la Communication et des Libertés.*

CNET s.f.

Télécommunications : voir *Centre National d'Études des Télécommunications.*

CNN s.a.
Cable News Network

Audiovisuel : chaîne américaine de télévision câblée, lancée en juin 1980. Elle diffuse des bulletins d'informations en continu.

Un réseau international de satellites permet aussi sa réception dans 83 pays.

Coaxial adj.
[Anglais : coaxial]

Électronique : voir *câble.*

Étymologie : *français* : XXe siècle. “co-” (avec) + “axial” (XIXe siècle) < “axe” (XIVe siècle). *Latin* : “axis” (essieu, char, axe). *Indo-européen* : “*ages-, aks...,” (pivot, centre de rotation, axe, épaule). [Pokorny p. 6].

Codage n.m.
[Anglais : coding, encoding]

Général

1. Application d’un *code* sur une information.

2. Résultat de cette action.
Lorsque l’on code une information la première décision à prendre concerne le choix du *code* et l’on prend en compte trois éléments :
— Les informations sont de natures différentes : nombres, textes, images, sons, force mécanique... Certains codes sont mieux adaptés que d’autres aux différents types d’informations (un code gestuel est par exemple meilleur qu’un code parlé pour exprimer la demande de silence ; de la même façon un code binaire suffit à représenter des informations ayant deux états seulement).
— Pour un même type d’information, on effectue différents types d’opérations : capture, enregistrement, transport, reproduction, calcul, ou modifications de toutes sortes : étirement, compression, changement de couleur, de hauteur, de rapidité, d’intensité... Chaque code est plus ou moins adapté à chacune de ces opérations (tout le monde connait par exemple la difficulté de calculer avec des mesures non décimales comme par exemple les pouces, les pieds ou les yards). On évitera ainsi d’utiliser le *code binaire* pour communiquer de grands nombres à un être humain et on préférera un *code autocorrecteur* pour transporter une information *sensible* à distance.
— Les codes varient avec les supports et les machines qui leurs sont associés ; ils doivent être compatibles avec leur *grain* et leur *bande passante* (voir l’article *canal*) ; ainsi un codage pour

imprimante diffère-t-il d'un codage pour écran, ainsi a-t-on inventé des codages *composites* pour transmettre l'image de télévision en couleur dans un canal initialement prévu pour le noir et blanc (voir ci-dessous).

Soulignons enfin que les codes dépendent des habitudes. Pour des raisons économiques, il y a toujours une résistance au changement de code, même si le nouveau code est plus efficace que l'ancien ; c'est ainsi que l'informatique américaine par exemple, technique pourtant supposée de pointe, continue à mesurer ses supports en pouces !

La figure ci-dessous montre l'exemple du codage du signal vidéo en couleur qui varie en fonction de plusieurs facteurs :

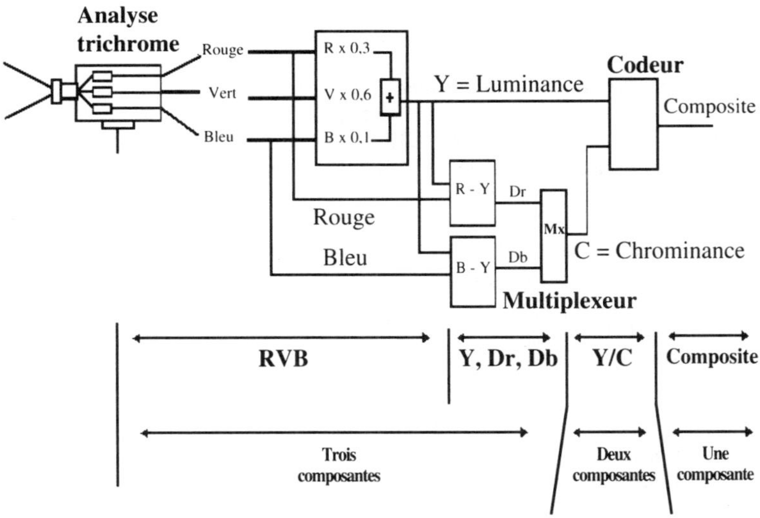

Exemple de codage : le signal vidéo.
(*D'après : Vidéo, principes et techniques,* F. Luxereau, Éd. Dujarric.)

♦ Localement, la reproduction d'une image vidéo en couleur peut se faire à partir des trois composantes Rouge, Vert et Bleu (*RVB*) issues de la *caméra* (voir ce terme) : il suffit de relier, par un câble tri-filaire, la caméra à un appareil de reproduction (par exemple un *moniteur* en couleur). On transporte alors l'information avec le codage à trois *composantes* construit par la *caméra* pour la *capture* de l'image (voir *caméra, dispositif à transfert de charge* et *synthèse des couleurs*). Il est simple et fournit une image de grande qualité.

La *diffusion* de l'image télévisée en couleur a hérité d'un parc de téléviseurs en noir et blanc. Pour des raisons de compatibilité et de capacité de transmission, on transcode l'information issue de la caméra de son code initial RVB vers un code dit en *composites* (NTSC, PAL, SECAM).

• **Compatibilité**

Le parc de récepteurs de télévision impose une double compatibilité :

— d'une part le signal émis par un programme en couleur doit être interprétable par les récepteurs en noir et blanc qui ne peuvent décoder que l'information de *luminance*,

— d'autre part le signal émis par un programme en noir et blanc doit pouvoir être interprété par les récepteurs en couleur (les informations de *chrominance* doivent pouvoir s'annuler).

Cette double compatibilité est obtenue en transcodant, avant d'émettre, les signaux RVB (qui sortent de la caméra, à gauche dans la figure) en trois autres signaux (symbolisés par *Y, Dr et Db*) dont un donne la luminance (lui seul sera interprété par les téléviseurs noir et blanc), les deux autres fournissant la chrominance (la formule de transcodage est donnée à l'article *Y, Dr,Db*).

• ***Capacité de transmission et qualité de réception***

Dès que l'on veut reproduire l'image à distance, la transmission de trois composantes (RVB ou Y, Dr et Db) risque d'encombrer les *ondes hertziennes* et ne donne pas une qualité de réception satisfaisante. Pour pallier ces deux inconvénients, on passe progressivement d'un signal à trois composantes (*Y, Dr, Db*) à un signal à deux composantes (*Y/C*) puis à une seule composante qui contient à lui seul l'ensemble des informations de luminance et de chrominance et que l'on qualifie de *composite*. Le rôle du récepteur, à l'arrivée, est de décomposer ce signal composite pour retrouver les composantes initiales et les afficher sur un *écran* avec *tube à rayons cathodiques*. Les codages composites sont connus du public : SECAM, PAL ou NTSC (voir ces termes).

Corrélats : caméra, code, diffusion, format, RVB, Y/C, tube à rayons cathodiques.
Étymologie : emprunt à la langue commune d'un dérivé de "coder" par le suffixe "-age" qui marque un état, une action, ou le résultat de l'action. **Code** : *Français* : XIIIe siècle du latin juridique "codex". *Latin* : "codex" (planche) origine obscure.

Code n.m.

[Anglais : code]

Général

1. Règles de correspondance entre deux ensembles d'éléments destinés à représenter des informations.

Par exemple : en informatique, le code *ASCII* définit la correspondance entre les caractères de l'alphabet et un ensemble de valeurs binaires.

2. Résultat de l'application de ces règles.

Les codes font l'objet de normes.

On définit des codes pour adapter l'information aux fonctions que l'on veut réaliser :

— *transmission* à distance (par exemple : *code redondant*),
— calcul (par exemple : *code décimal*),
— *compression* (par exemple : *code Huffman*),
— *cryptage* (par exemple : code *Eurocrypt, Syster...*),
— *interprétation* (par exemple : *code machine*),
— sécurisation (par exemple : *code autocorrecteur*).

L'utilisation systématique de *codes numériques* pour représenter des textes, des images et des sons est à l'origine du multimédia.

Corrélats : information, numérique, analogique.
Étymologie : emprunt à la langue commune. *Français* : XIIIe siècle du latin juridique "codex". *Latin* : "codex" (planche) origine obscure.

Code autocorrecteur exp.

[Anglais : selfcorrecting code]

Informatique : code redondant capable de détecter et de corriger des erreurs lors de transmissions ou de copies d'informations. Les codes autocorrecteurs sont utiles lorsque l'on désire la plus grande fiabilité et lorsque la répétition des messages est difficile ou coûteuse.

♦ Les codes autocorrecteurs les plus connus sont les codes BCH (Bose-Chaudhuri-Hocquenghen), RS (Reed-Solomon), RM (Reed-Muller). Les lecteurs de disques compacts utilisent les codes CIRC ou Cross-Interleaved Reed-Solomon Code qui détectent et corrigent jusqu'à 4 000 bits erronés dans un transfert d'informations.

Étymologie : **code** : voir ce mot. **Auto** : *grec* : "autos" (de soi-même) origine obscure. **Correcteur** : *français* : XIIIe siècle. *Latin* : "corrector" < "corrigere" (redresser) < "cum" (avec) + "regere" (diriger en droite ligne, dresser). *Indo-européen* : "kom" (à côté, auprès de, avec, ensemble) [Pokorny p. 612] + "*reg-" (mouvement en droite ligne) [Pokorny p. 854].

Code binaire exp.

[Anglais : binary code]

Informatique : code utilisant un *alphabet* à deux éléments.

Corrélat : binaire.
Étymologie : **code** : voir ce mot. **Binaire** : *français* : XVIe siècle. *Latin* : "binarius" (double) dérivé de "bini" (deux par deux, chacun d'eux, paire, couple). *Indo-européen* : "*duis-no" < "*duo(u)" (deux) [Pokorny p. 231].

Code décimal exp.

[Anglais : decimal code]

Informatique : code utilisant un *alphabet* à dix éléments.

Étymologie : **code** : voir ce mot. **Décimal** : *français* : XVIIIe siècle. *Latin* : "decimus" (dixième) < "decem" (dix). *Indo-européen* : "*dekm-, dekm-t, deku-" (dix) [Pokorny p. 191].

Code décimal codé binaire exp.

[Anglais : binary coded decimal code]

Informatique : voir *décimal codé binaire.*

Code hexadécimal exp.

[Anglais : hexadecimal code]

Informatique : code utilisant un *alphabet* à seize éléments.

Étymologie : **code** : voir ce mot. **Hexa-** : préfixe savant d'origine grecque. *Grec* : "hex" (six). *Indo-européen* : "*sueks, seks, ..." (six). [Pokorny p. 1044]. **Décimal** : voir ce mot.

Code horaire exp.

[Anglais : time code]

Audiovisuel : expression parfois utilisée à la place de *code temporel* (voir ce terme).

Code Huffman exp.

[Anglais : Huffman code]

Informatique : code dans lequel la longueur des mots varie de manière inversement proportionnelle à leur probabilité d'apparition. Le morse est un ancêtre du code Huffman.

Corrélats : JPEG, MPEG.

Code machine exp.

[Anglais : machine code]

Informatique : code binaire des programmes tels qu'ils s'exécutent dans un ordinateur. On obtient le code machine après compilation d'un langage évolué : on dit aussi *langage* machine. À chaque *processeur central* correspond un code machine.

Corrélats : compilation, langage.
Étymologie : **code** : voir ce mot. **Machine** : emprunt à la langue commune. *Français* : XIVe siècle. *Latin* : "machina" (ouvrage d'art, machine, engin). *Grec dorique* : "machana" (moyen ingénieux employé pour obtenir un résultat, machine). *Indo-européen* : "*magh-," (pouvoir) [Pokorny p. 695].

Code numérique exp.

[Anglais : digital code, numerical code]

Informatique

1. Ensemble de règles de codage utilisant un alphabet numérique, par opposition à un code analogique, alphabétique ou alphanumérique.

2. Résultat d'une numérisation.

Corrélats : alphabétique, alphanumérique, analogique, code, information, numérique.
Étymologie : **code** : voir ce mot. **Numérique** : *français* : XVIIe siècle. *Latin* : "numerus" (partie de l'ensemble classée à son rang, compte, catégorie, nombre). *Indo-européen* : "*nem-" (attribuer, allouer, prendre). [Pokorny p. 763].

Code octal exp.

[Anglais : octal code]

Informatique : code numérique utilisant un alphabet à huit éléments.

Corrélat : numérique.
Étymologie : **code** : voir ce mot. **Octal** : *latin* : "octo" (huit). *Grec* : "okto" (huit). *Indo-européen* : "*okto" (huit) [Pokorny p. 775].

Code redondant exp.

[Anglais : redundant code]

Informatique : code numérique qui utilise plus de caractères que nécessaire pour représenter une information. Les caractères supplémentaires peuvent être utilisés pour contrôler les informations lors de transmissions, copies ou traitements. Les codes autocorrecteurs sont des codes redondants.

Corrélat : code autocorrecteur.
Étymologie : **code** : voir ce mot. **Redondant** : *français* : XIIIe siècle. *Latin* : "redundare" (regorger, déborder) < "re-, red-" (préf. marquant le mouvement en arrière, par suite le retour à l'état antérieur et la répétition) + "unda" (eau qui coule, onde, flot), *Indo-européen* : "re-, red-" vient peut-être d'une racine i-e "*uer-" (tourner, courber) [Pokorny p. 1152] + "*aued-, aud-, ud-" (eau, humidité) [Pokorny p. 79].

Code Reed-Solomon exp.

[Anglais : Reed Solomon code]

Informatique : voir *code autocorrecteur.*

Code temporel exp.

[Anglais : Time code]

Audiovisuel : signal de repérage temporel destiné à synchroniser des événements lors de la postproduction (lecture et transfert d'images et de sons). Le code temporel, associé aux *lignes de services* dans les images vidéo, sert aussi à l'identification des images.

♦ Le code temporel a été normalisé dès 1970 aux États-Unis par le *SMPTE* et en 1972 en Europe par l'*UER* qui a repris les travaux du SMPTE et les a adaptés au marché européen. Le code temporel ainsi normalisé utilise 80 *bits* pour identifier une image. L'identification est faite dans un code *décimal codé binaire* et indique les heures, les minutes, les secondes et les numéros d'images à l'intérieur de la seconde. L'UER prévoit également la possibilité pour chaque application d'insérer dans le code temporel des informations spécifiques (date d'enregistrement, nom du producteur, numéros particuliers ...).

Il existe désormais deux versions principales du code temporel : une version longitudinale (LTC) destinée aux magnétophones et aux magnétoscopes et une version verticale (VITC) normalisée en 1980 destinée à la vidéo. La version longitudinale enregistre le code sur une piste séparée. La version verticale incruste le code temporel dans le signal vidéo. L'avantage du code vertical est qu'il peut être lu même à faible vitesse de défilement de la bande et même à l'arrêt. Il présente deux inconvénients : il ne peut pas être lu à vitesse rapide (on continue souvent à utiliser simultanément le code longitudinal) et pour ajouter un code temporel vertical à une image existante, il faut recopier cette image et donc perdre en qualité.

Bibliographie : INA 93.
Corrélats : IRIG, SMPTE, Union Européenne de Radiodiffusion.
Étymologie : mot composé. **Code** : voir ce mot. **Temporel** : emprunt à la langue commune. *Français* : XIIe siècle. *Latin* : “temporalis” (temporel, temporaire, du monde, de la vie terrestre, par opposition à éternel, spirituel) < “tempus, -oris”, (la tempe, le temps) origine incertaine.

Codec s.f. (COdeur DÉCodeur)

[Anglais : codec]

Télécommunications : appareil qui code et décode des signaux.

♦ En téléphonie, un codec assure l'échantillonnage des signaux analogiques, leur codage et leur multiplexage. Il transforme 30 voies de paroles analogiques en un *MIC* numérique à 2 Mbit et permet, à la réception, la restitution du signal analogique d'origine.

Corrélat : modem.

Coder v.

[Anglais : to code, to encode]

Général : appliquer un *code*.

Étymologie : emprunt à la langue commune. *Français* : XXe siècle, voir *code*.

Codeur n.m.

[Anglais : coder, encoder]

Général : matériel ou logiciel qui code des informations. Voir *code*.

Colorier v.

[Anglais : to colour, to colorize]

Audiovisuel et informatique : mettre en couleur une image monochrome, soit par la validation d'informations de *chrominance* préexistantes, soit par le remplissage de zones avec des couleurs rapportées.

♦ Le remplissage des zones avec des couleurs rapportées fait appel à différentes techniques ; les techniques élémentaires utilisent des couleurs à plat, c'est-à-dire constantes dans la zone (les bandes dessinées et dessins animés traditionnels utilisent cette technique) ; les techniques plus récentes d'imagerie de synthèse colorient en fausses couleurs (une couleur pour une autre) ou en dégradé calculé selon des conditions choisies par l'opérateur.

Bibliographie : Chaillou 92, Louguet 92, Péroche 91.
Corrélats : dessin assisté par ordinateur, imageur.
Étymologie : emprunt à la langue commune. *Français* : XVIIe siècle < “coloris” (XVIIe). *Italien* : “colorito” (coloris, colorié) < colorire (colorier). *Latin* : “colorare” (colorier) < color (couleur). *Indo-européen* : “*kel-” (couvrir, sauvegarder, protéger) > “*kel-os-” (ce qui recouvre) [Pokorny p. 553].

*Colorieur n.m.

[Anglais : colorizer]

Matériel ou logiciel servant à *colorier*, manuellement ou automatiquement.

COM-DÉV n.s.

Télécommunications : COMmunication-DÉVeloppement était, jusqu'en 1994, un *câblo-opérateur*, filiale de la Caisse des Dépôts et Consignations. Au début de 1995, COM-DÉV vendait ses réseaux à France Télécom et à la Compagnie Générale des Eaux.

Corrélats : Câblo-opérateur, plan câble.

Comité Consultatif International des Radiocommunications (CCIR) n.p.

Télécommunications et audiovisuel : organisme technique international (créé en 1927) faisant partie de l'Union Internationale des Télécommunications (*UIT*) et émettant des recommandations relatives aux radiocommunications.

En 1994, les activités de normalisation du CCIR et du *CCITT* ont été regroupées dans le secteur de normalisation des télécommunications et radiocommunications de l'UIT. Le CCIR est devenu l'*UIT-R*.

♦ Les recommandations UIT-R n'ont pas un caractère obligatoire, mais elles sont généralement adoptées par les pays membres de l'UIT. Les commissions d'études sont composées d'experts de différents pays. Leurs recommandations sont approuvées lors d'assemblées plénières qui ont lieu à intervalles réguliers.

La recommandation UIT-R 601 (appelée aussi standard 4:2:2) concerne le codage numérique des composantes du signal vidéo pour la production et l'échange de programmes audiovisuels. Elle a été adoptée au niveau mondial en 1982 et comporte une version pour le standard 525 lignes et une version pour le standard 625 lignes.

Comité Consultatif International Télégraphique et Téléphonique (CCITT) n.p.

Télécommunications : organisme technique international, membre de l'Union Internationale des Télécommunications (*UIT*), créé en 1956. Le CCITT émet des recommandations sur les techniques de télécommunications utilisant des supports matériels.

En 1994, les activités de normalisation du *CCIR* et du CCITT ont été regroupées dans le secteur de normalisation des télécommunications et radiocommunications de l'UIT. Le CCITT est devenu l'*UIT-T*.

♦ Les recommandations UIT-T n'ont pas un caractère obligatoire, mais elles sont généralement adoptées par les pays membres de l'UIT. Les recommandations sont regroupées dans des "livres" caractérisés par leur couleur (par exemple : *Livre Bleu*). Les commissions d'études sont composées d'experts de différents pays. Leurs recommandations sont approuvées lors d'assemblées plénières qui ont lieu à intervalles réguliers.

Corrélats : normalisation, norme, UIT.

Comité Européen de Normalisation (CEN) n.p.

[Anglais : European Committee for Standardization (sigle : CEN)]

Normalisation : organisme créé en 1973 par les pays membres de l'Union Européenne et de l'Association Européenne de Libre

Échange. Il a le même domaine d'activité que l'ISO et fonctionne en collaboration avec le CENELEC. Il établit des normes européennes (European Norm, EN) qui s'appuient sur les normes internationales quand elles existent.

♦ L'AFNOR est le représentant de la France au CEN.

Corrélats : CENELEC, ISO, normalisation, norme.

Comité Européen de Normalisation Électrotechnique (CENELEC) n.p.
[Anglais : European Committee for Electrotechnical Standardization (sigle : CENELEC)]

Normalisation : organisme créé en 1973 par les pays membres de l'Union Européenne et de l'Association Européenne de Libre-Échange. Il a le même domaine d'activité que la CEI et fonctionne en collaboration avec le CEN.

Corrélats : CEN, ISO, normalisation, norme.

Commentaire n.m.
[Anglais : comments]

1. Général : information complémentaire d'une autre, donnant des précisions et des explications.

2. Informatique : informations insérées dans le code source d'un *programme* ; elles ne sont pas destinées à être exécutées par la machine. Les commentaires servent uniquement à faciliter la lecture des programmes et sont ignorés lors des phases de traduction (*compilation* ou *interprétation*). La présence systématique de commentaires facilite grandement la mise au point et la maintenance des programmes.

3. Audiovisuel :

a. Bande son qui accompagne un film, en général un *documentaire*. Le commentaire est un des éléments du *langage cinématographique*. Il doit être manipulé d'une manière équilibrée avec les autres éléments du langage. La musique peut jouer un rôle de commentaire de l'image, mais c'est surtout la voix qui est utilisée (voix hors champ). Le texte peut être le plus succinct possible ou au contraire très présent et détaillé, suivant l'option du réalisateur. Le choix des voix des acteurs est aussi un facteur important de qualité.

b. Le commentaire écrit (intertitres, cartons, sous-titres, génériques...) existe depuis l'origine du cinéma muet. La lecture des textes est difficile à l'écran et les réalisateurs tendent à les intégrer à l'image en jouant sur le graphisme et les *truquages* ; les génériques contemporains en donnent un bon exemple.

4. Multimédia : avec le multimédia, la frontière entre commentaire et texte principal s'estompe. Les techniques de l'*interactivité*, de l'*hypertexte* et de l'*hypermédia* le rendent optionnel et peuvent l'associer de manière précise à des détails d'une image ou d'un son. Le texte et le son du commentaire peuvent s'enrichir d'images et constituer de véritables *séquences* qui sont des branches de l'*arborescence*. Si l'arborescence est trop touffue, le spectateur risque de perdre le fil du discours, mais ce peut être aussi une volonté délibérée de l'auteur du programme...

Bibliographie : Aumont 88, Balpe 90, Martin 94.
Corrélats : **2.** programme. **3.** documentaire, langage cinématographique. **4.** banque d'images, hypertexte, hypermédia, interactivité.
Étymologie : emprunt à la langue commune. *Français* : XVe siècle < "commenter" XIVe siècle. *Latin* "commentari" (avoir à l'esprit, réfléchir à, étudier, commenter) < "cum" (avec) + "mens" (l'esprit). *Indo-européen* : "*men-" (pensée, esprit) [Pokorny pp. 726, 727].

Commission Électrotechnique Internationale (CEI) n.p.

[Anglais : International Electrotechnical Commission (IEC)]

Électronique : organisme international de normalisation dans les domaines de l'électricité et de l'électronique, créé en 1906. La CEI fonctionne en collaboration avec l'ISO et le CENELEC. En 1994, la CEI comprenait 49 comités membres qui sont, pour chaque pays, les organismes nationaux de normalisation regroupant les acteurs représentatifs de l'industrie électrique des pays en question : constructeurs, utilisateurs, établissements d'enseignement et de recherche, représentants gouvernementaux, associations.

Corrélats : ISO, norme, normalisation.

Commission Internationale de l'Éclairage (CIE) n.p.

Audiovisuel : organisme de normalisation qui a notamment élaboré, en 1936, le système *RVB* qui permet de comparer des mesures de couleurs issues de différents appareils. Le système RVB a été repris par la FCC (Federal Communication Commission) pour définir le système de diffusion télévisée en couleur *NTSC*. Il a également été repris par les deux autres grands standards de diffusion : *PAL* et *SECAM*. La normalisation de la dénomination des couleurs s'appuie sur le système RVB.

Commission Nationale de la Communication et des Libertés (CNCL) n.p.

Audiovisuel : organisme mis en place par la loi du 30 septembre 1986 et chargé de veiller au respect des lois en vigueur dans le domaine de l'audiovisuel en France. Cet organisme a succédé à la *Haute Autorité de l'Audiovisuel* et a été remplacé par le *Conseil Supérieur de l'Audiovisuel* en 1989.

Commodore n.s.

Fabricant anglais de machines à écrire à l'origine, l'entreprise a été créée en 1954 et est devenue en 1977 un constructeur informatique. Elle s'est rendue célèbre dans le monde du multimédia par sa gamme de micro-ordinateurs Amiga. Commodore vend des ordinateurs personnels compatibles *IBM*, le *CD-TV* qu'il a lancé en 1991 et des machines de jeux vidéo électroniques. La société est surtout implantée au Royaume-Uni.

Communication n.f.

[Anglais : communication]

Général

1. Toute action effectuée pour définir, élaborer, transmettre ou échanger des informations entre un émetteur et un ou plusieurs récepteurs. Lorsque l'émetteur et le récepteur sont des ordinateurs, on parle de *communication de données*.

2. Résultat de ces actions.

3. Ensemble des métiers et des moyens mis en œuvre pour réaliser la communication d'un individu, d'un groupe d'individus ou d'une institution.

♦ **Communication et technique**

La communication utilise des techniques de plus en plus complexes: *numérisation* des informations, transport sur des *réseaux*, interconnexion de réseaux, supports optiques, *terminaux "intelligents"*, *simulation virtuelle*, transmission par *satellites...* La maîtrise de la communication passe par la maîtrise de ces techniques.

Cependant, à travers les machines, aussi sophistiquées soient-elles, c'est toujours un être humain (le programmeur, le réalisateur, le compositeur, ...) qui communique à d'autres êtres humains (les utilisateurs, les spectateurs, les auditeurs, ...).

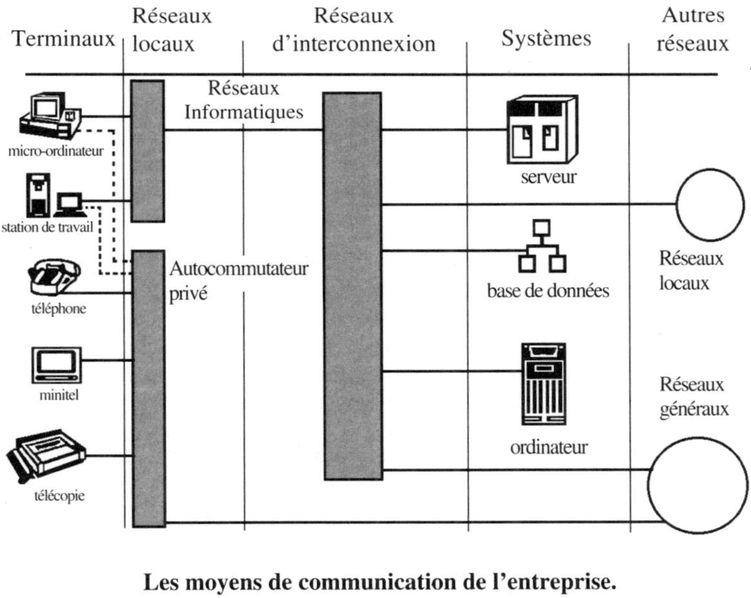

Les moyens de communication de l'entreprise.
(D'après : La revue des télécommunications.)

• **Communication institutionnelle et communication grand public**

La communication institutionnelle est la communication d'une institution, privée ou publique, en direction de son environnement: une entreprise communique à ses clients, à ses fournisseurs, à son personnel, ... un musée à ses visiteurs, ... une ville à ses habitants sédentaires ou passagers, ... Du point de vue économique, le consommateur de la communication institutionnelle (c'est-à-dire le récepteur) n'est pas l'acheteur.

Dans la communication grand public, au contraire, le récepteur de la communication en est l'acheteur : c'est le cas de la diffusion cinématographique, théâtrale, télévisée (en partie), radiophonique (en partie) et de l'édition de toutes formes de supports payants (presse, CD, cassettes, CD-I, ...).

Les deux types de communication utilisent le multimédia. La communication institutionnelle réalise par exemple, des *bornes interactives* tandis que la communication grand public passe par l'édition de supports optiques (vidéodisques, CD ...) et par la diffusion de la *télévision interactive* naissante sur les ondes hertziennes ou le câble.

Soulignons que le terme de communication, qui suppose un échange d'informations dans les deux sens, est abusif dans ces deux emplois : l'échange ne se fait que dans un sens.

Corrélats : communication de données, communication institutionnelle.
Étymologie : emprunt à la langue commune. *Français* : XIVe siècle. *Latin* : "communicatio" < "communicare" (mettre en commun, être en relation avec, communiquer) < "cum" (avec) + "munis" (qui accomplit sa charge). *Indo-européen* : "kom" (à côté, auprès de, avec, ensemble) [Pokorny p. 612] + "*mei-" (aller, changer, échanger) [Pokorny p. 710].

Communication de données exp.

[Anglais : data communication]

Informatique et télécommunications : échange d'informations numériques entre deux ordinateurs.

♦ La communication de données se distingue de la téléphonie ou de la télévision par le contenu des informations transmises. La numérisation de la voix et de l'image tend à les rapprocher. Cependant une différence importante subsiste : les données destinées aux traitements informatiques ne tolèrent pas la moindre erreur de transmission, tandis qu'une légère altération d'un message téléphonique ou télévisuel ne se remarque pas.

On transmet habituellement les données d'un équipement informatique à un autre par l'intermédiaire d'un *câble*. À partir d'une certaine distance, la simple liaison par câble ne suffit plus. La longueur du câble et les champs qu'il traverse engendrent des interférences et des bruits. Il est alors nécessaire de compléter le câble par un ensemble plus ou moins complexe d'appareils (*répéteurs, amplificateurs*, ...). L'utilisation de la *fibre optique* améliore grandement les qualités de l'échange (insensibilité aux bruits, moindre affaiblissement, ...). On peut aussi transmettre des données par ondes hertziennes.

La gestion du dialogue entre les machines se fait par l'intermédiaire de *protocoles*. Un protocole est un ensemble d'informations qui encadrent le message pour en assurer la bonne transmission. La normalisation des protocoles de communication fait l'objet, elle aussi, d'une intense bataille industrielle.

Corrélats : interconnexion de systèmes ouverts, protocole, télécommunication, transmission.
Étymologie : mot composé. **Communication** : voir ce mot. **Données** : voir ce mot.

Communication institutionnelle exp.

[Anglais : institution communication, corporate communication]

Général : communication d'une institution, publique ou privée, en direction de son personnel, de ses clients, de ses partenaires, ou d'autres institutions.

◆ **Principes de la communication institutionnelle**

La communication institutionnelle repose essentiellement sur deux principes :

— La cohérence

Les actes de communication d'une institution sont nombreux et variés : les plus visibles sont le nom, le logo, le papier à lettre, ... d'autres, tout aussi efficaces sont souvent sous-estimés : les locaux, les factures émises ou les billets vendus, l'accueil, le règlement intérieur, la réponse téléphonique, les congrès commerciaux, ... En systématisant, on pourrait dire que tout dans une institution fait signe et participe à la communication. L'efficacité de la communication repose dès lors sur la cohérence de tous les messages, garantie par le respect d'une charte et d'une stratégie de communication. L'utilisation du multimédia ne doit pas échapper à la règle.

— L'identité

L'identité d'une institution est le seul véritable dénominateur commun à tous ses messages et sert de fondement à sa stratégie de communication. Elle s'analyse à travers l'histoire de l'institution, sa réalité présente et ses projets de développement, en distinguant ce qui est réel, ce qui est perçu (l'image), ce qui est souhaité (par la direction, par le personnel, par l'environnement) et ce qui est acceptable.

● **Actions de communication institutionnelle**

La stratégie de communication se réalise à travers un plan de communication qui définit le budget et le calendrier d'un certain nombre d'actions. Certaines donnent lieu à la fabrication de supports durables (plaquettes, vidéodisques, bornes interactives, mur d'images ...) ; d'autres sont hors médias et se concrétisent par la réalisation d'événements (inauguration, congrès, ...). Les techniques du multimédia peuvent être utilisées dans les deux types d'actions.

Remarque : le terme de communication, qui suppose un échange d'information dans les deux sens, est abusif. La communication institutionnelle se fait en général dans un seul sens.

Communiquer v.

[Anglais : to communicate]

Général : définir, élaborer, transmettre ou échanger des informations entre un émetteur et un ou plusieurs récepteurs.

Voir aussi *communication.*

Commutateur n.m.
[Anglais : switching system]

Audiovisuel, informatique et télécommunications : appareil d'aiguillage de voies de transmission.

Un commutateur comprend (voir figure 1) :
— un réseau de connexion : il établit des liens entre des voies entrantes et des voies sortantes, grâce à des points de connexion,
— un organe de commande : il dirige l'ensemble du fonctionnement du commutateur et, en particulier, pilote le réseau de connexion,
— des connecteurs qui relient les lignes d'entrée et de sortie aux voies du réseau de connexion.

◆ **Le réseau de connexion** peut être représenté par une matrice, les points de connexion correspondant aux intersections des lignes et des colonnes de la matrice. Ses règles de fonctionnement dépendent du type d'application : on peut par exemple autoriser la connexion d'une voie entrante sur plusieurs voies sortantes simultanément ; dans ce cas, on procède à la *diffusion* des informations d'une ligne entrante sur plusieurs lignes sortantes ; ce type de connexion est par exemple utilisé en téléphonie lorsqu'on demande les services de conférence.

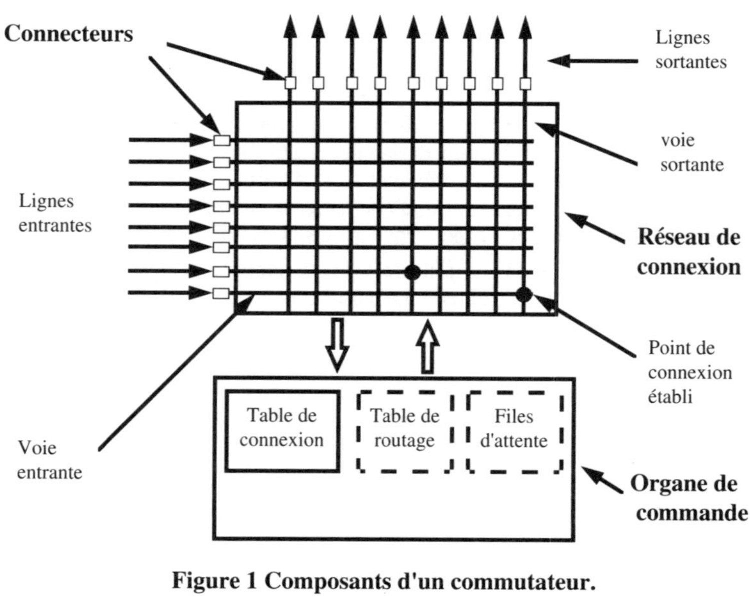

Figure 1 Composants d'un commutateur.

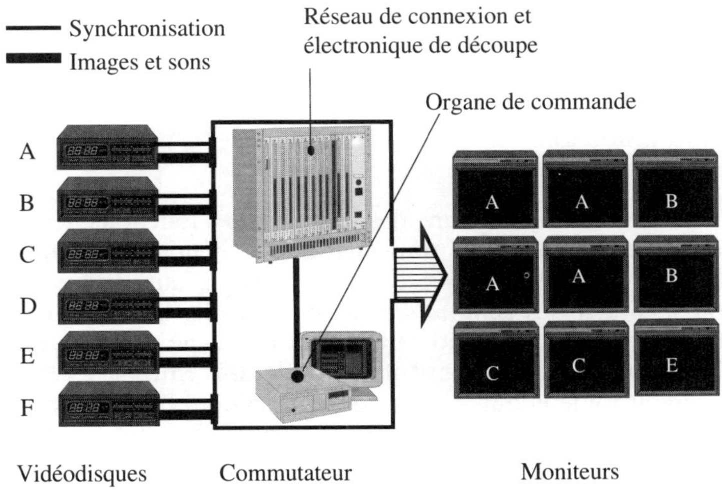

Figure 2 Commutateur de mur d'images.

Le réseau de connexion peut être spatial ou temporel suivant le type de commutation réalisée (voir *commutation*).

♦ **L'organe de commande** est en général un ordinateur. Il comprend dans ses mémoires une table de connexion qui tient en permanence à jour la liste des points de connexion établis. Cette table donne une image de l'état du réseau de connexion et permet à l'organe de commande de décider s'il donne l'ordre d'établissement d'une connexion. Si le commutateur est installé dans un réseau, l'organe de commande comprend également une table de *routage* qui associe les adresses du réseau aux voies sortantes (voir le schéma de son fonctionnement à l'article *routage*).

Les commutateurs diffèrent en fonction du type de *commutation* qu'ils réalisent (voir *commutation*) mais leur architecture reste conforme au modèle ci-dessus; un commutateur de *paquets* comprend par exemple des *files d'attente*, ce dont n'a pas besoin un commutateur de circuit spatial (voir *commutation de paquets*).

Applications

On utilise les commutateurs dans les *réseaux* de communication : placés aux *nœuds* du réseau, ils acheminent automatiquement les informations de l'émetteur au récepteur (voir *routage*).

Les commutateurs peuvent aussi être utilisés isolément : un commutateur de *mur d'images* en est un exemple (figure 2).

Bibliographie : Du Castel 93.
Corrélats : commutation, mur d'images, routage.

Commutation n.f.

[Anglais : switching]

Télécommunications : une des trois grandes fonctions des télécommunications, avec la transmission et l'émission-réception. La commutation est utilisée dans les réseaux, aux différents *nœuds* où se situent les *commutateurs* : elle aiguille les communications entre une ligne reliée à l'émetteur et une ligne reliée au récepteur. La commutation maintient une relation entre les deux lignes pendant toute la durée de la communication. Il existe deux grands types de commutation, spatial et temporel, suivant que la relation établie est de type physique ou logique.

♦ En commutation spatiale, une continuité électrique permanente est établie pendant toute la durée de la communication entre la ligne de l'émetteur et la ligne du récepteur. Le retard de transmission provoqué par la commutation spatiale est très faible et constant pour les différents éléments d'information transmis : le commutateur ne stocke jamais l'information à transmettre.

La commutation temporelle est associée au *multiplexage* temporel : l'unité d'information correspondant à une position (intervalle de temps) d'un multiplex d'entrée est restituée vers un multiplex de sortie, dans une position définie par le *routage* de la communication.

La commutation est traditionnellement le complément de la transmission dans le traitement d'une communication. Cependant, les nouvelles techniques de transfert global d'information, telles que l'ATM, effacent les limites entre transmission et commutation.

Six types de commutation sont utilisés (voir ces termes) :
— la commutation de cellules (temporelle),
— la commutation de circuits (spatiale ou temporelle),
— la commutation de circuits virtuels (temporelle),
— la commutation de messages (temporelle),
— la commutation de paquets (temporelle),
— la commutation de trames (temporelle).

Les commutations de circuits virtuels, de cellules et de trames sont particulièrement adaptées au multimédia : elles autorisent des débits plus importants sur les lignes de transmission d'entrée du commutateur et augmentent les vitesses de commutation.

Bibliographie : Du Castel 93, Maiman 94, Pujolle 95.
Corrélats : commutateur, liaison, multiplexage, télécommunications, transmission.
Étymologie : emprunt à la langue commune. *Français* : XIIe siècle. *Latin* : "commutatio" < "commuto" (échanger) < "cum" (avec) + "muto" (changer,

échanger, changer de lieu, se déplacer). *Indo-européen* : “kom” (à côté, auprès de, avec, ensemble) [Pokorny p. 612] + “*mei-” (aller, changer, échanger) [Pokorny p. 710].

Commutation de cellules exp.

[Anglais : cell commutation]

Télécommunications : type de *commutation de paquets* ayant deux caractéristiques principales :
— elle utilise des paquets courts et de longueur fixe appelés *cellules* ;
— le commutateur se limite à la fonction de *routage* pour accélérer la commutation. La correction des erreurs et le contrôle des flux de transmission sont du ressort des systèmes de l’utilisateur (par exemple des *micro-ordinateurs* pourvus de *cartes de communication*), contrairement à ce qui se passe en *commutation de paquets*.

Un contrat entre l’utilisateur et le réseau peut préciser les *débits* moyens et maximum d’émission, les caractéristiques des *rafales* d’informations émises et la probabilité de perte de cellules par le réseau.

La technique *ATM* (voir ce terme) utilise la commutation de cellules avec des débits théoriques variant de 100 Mb/s à 2,4 Gb/s. Elle utilise le système des contrats.

Bibliographie : Du Castel 93
Corrélats : ATM, commutation, commutation de paquets.

Commutation de circuits exp.

[Anglais : circuit switching]

Télécommunications : type de *commutation* où le chemin établi dans les réseaux de connexion des commutateurs (voir la figure de l’article *commutateur*) est maintenu pendant toute la durée de la communication entre l’émetteur et le récepteur, même lorsque qu’ils n’échangent aucune information. La commutation de circuits est utilisée en particulier en téléphonie.

♦ Le chemin maintenu peut être physique ou logique.

Dans le premier cas, la continuité électrique est assurée entre la voie entrante et la voie sortante de chaque commutateur ; on parle alors de commutation spatiale.

Dans le chemin logique, la continuité électrique n’est pas assurée mais la liaison est maintenue entre un *multiplex* d’entrée et un *multiplex* de sortie (voir la figure de l'article *multiplex)* : pendant toute la durée de la communication, un pointeur associe à chaque position du multiplex d'entrée une position bien définie dans le multiplex de sortie ; on parle alors de commutation temporelle *synchrone.*

La commutation de circuits s'oppose à la *commutation de paquets.*

• **Caractéristiques de la commutation de circuits**

Le taux d'utilisation des ressources du réseau dépend de la densité d'émission au cours de chaque communication : même si l'appelant n'émet pas, ses ressources dans la liaison restent immobilisées tant que la communication n'est pas achevée.

La vitesse de transmission est au maximum de la vitesse potentielle du réseau : le commutateur agit comme un simple aiguillage positionné pendant toute la durée de chaque communication ; une information entrante le traverse immédiatement en commutation spatiale et au multiplex près en commutation temporelle.

Synchronisme : pendant toute la durée d'une communication le temps de transmission est constant : toutes les informations envoyées suivent un même chemin réservé à cette communication. Cette caractéristique est importante pour le transport d'informations qui nécessitent une restitution *synchrone* comme le *son* ou les *images animées.*

Débits : les *débits* commutés ne dépendent pas des sources d'information mais des débits des multiplex d'entrée et de sortie ; la commutation de circuits s'oppose en cela aux techniques asynchrones et en particulier à la *commutation de paquets.*

Bibliographie : Du Castel 93.
Corrélats : commutation, multiplex, synchrone.

Commutation de circuits virtuels exp.

[Anglais : virtual circuit switching]

Télécommunications : type de *commutation de paquets* où un chemin et des *mémoires* sont réservés à travers un *réseau* pour chaque communication avant tout envoi d'information utile. Pour établir le circuit virtuel, un premier bloc d'informations ouvre le chemin, muni de l'adresse de destination. Il plante un jalon dans chaque commutateur traversé. Les blocs suivants utilisent le chemin ainsi balisé. Ce chemin n'est pas exclusivement réservé à la communication pendant toute sa durée ; les ressources ne lui sont allouées que lorsque des informations sont effectivement échangées. Le reste du temps, elles sont disponibles pour d'autres communications.

Bibliographie : Du Castel 93.
Corrélats : commutateur, commutation, ATM, commutation de paquets.

Commutation de messages exp.

[Anglais : message switching]

Télécommunications : type de commutation où les éléments d'information aiguillés sont des *messages.*

♦ La longueur des *messages* n'est pas limitée ; la commutation de messages doit résoudre les problèmes suivants :
– gérer la taille des mémoires pour stocker les messages à l'entrée et à la sortie des *commutateurs,*
– contrôler le flux en évitant d'encombrer le réseau ou de perdre des messages,
– fiabiliser la transmission : la probabilité de fautes de transmission est grande pour les très longs messages.

La *commutation de paquets* diminue ces difficultés en découpant les messages en unités de longueur fixe et réduite.

Corrélats : commutation, message.

Commutation de paquets exp.

[Anglais : packet switching]

Télécommunications : Dans un *réseau,* type de *commutation* où les éléments d'information aiguillés sont des *paquets.*

La commutation de paquets s'oppose à la *commutation de circuits* et à la *commutation de messages* dont elle résout les principales difficultés.

♦ **Fonctionnement**

À chaque *nœud* du réseau (où se trouve un *commutateur*), le paquet est stocké dans une *file d'attente* ; son *adresse* de destination, indiquée dans son *en-tête,* est comparée avec le contenu de la table de *routage* du commutateur ; le paquet est placé dans le multiplex de sortie désigné par les informations de *routage.* En complément, le commutateur détecte et corrige les erreurs éventuelles de transmission.

La commutation de paquets est particulièrement utilisée en transmission de données. En France, le réseau public *Transpac* offrait en 1995 un service de commutation de paquets avec un débit de 2,040 Mbits/s.

• **Modes de commutation de paquets**

Il existe trois modes de commutation par paquet, qui diffèrent par le contenu de l'en-tête des paquets et la méthode de *routage* du *commutateur* :
– **Le mode datagramme** : chaque paquet est acheminé individuellement dans le réseau : plusieurs paquets consécutifs d'une même communication peuvent emprunter des chemins différents. Les paquets arrivent à destination dans un ordre aléatoire. Un PAD (Paquet Assembler Disassembler : assembleur/

désassembleur de paquets) réassemble les paquets dans l'ordre convenable et reconstitue le message transmis (avis X.29 de l'UIT-T).
— **Le mode auto-acheminement** : l'en-tête contient une description des actions de commutation successives le long du trajet du paquet, par exemple les adresses de sortie des nœuds de commutation traversés. L'ensemble des paquets d'une communication suit le même chemin physique, mais la longueur de l'en-tête peut varier au cours du cheminement, parfois de façon importante.
— **Le mode circuit virtuel** : Voir *communication de circuit virtuel.*

• **Avantages de la commutation de paquets** :
— Lorsque le réseau est saturé, l'envoi des paquets peut être retardé au niveau de chaque commutateur ; on évite ainsi les blocages et on diminue les pertes d'information.
— Les émetteurs et les récepteurs peuvent communiquer à des vitesses différentes, ce qui permet par exemple l'échange de données entre un ordinateur personnel et un grand système.
— Les ressources de transmission ne sont utilisées qu'en fonction des besoins, le taux d'occupation des lignes varie dans le temps avec les rythmes d'émission des sources. Une ligne est ainsi partagée entre plusieurs utilisateurs.

• **Inconvénients de la commutation de paquets** :
— Les différentes actions effectuées sur les paquets (stockage, analyse de l'en-tête, réémission) engendrent un délai de transmission plus important que celui de la commutation de circuits. Les performances habituelles sont de quelques milliers de paquets commutés par seconde ; le débit de transmission correspondant est de quelques mégabits par seconde ; le retard introduit dans la transmission d'informations varie de 10 à 100 millisecondes (à comparer au délai pratiquement nul en commutation de circuits).
— Il peut y avoir des conflits d'accès au commutateur, avec risque de pertes de paquets.
— La synchronisation est plus délicate qu'en commutation de circuits : le système de files d'attente produit un *asynchronisme*, un découplage entre la source émettrice et le réseau. La synchronisation n'est plus assurée par le support de transmission mais par les extrémités émettrices et réceptrices.

Normalisation : Différentes recommandations de l'UIT-T concernent la commutation de paquets : X.21 pour la connexion de terminaux synchrones, X.29 pour la connexion de terminaux asynchrones, X.32 pour l'interconnexion avec des réseaux synchrones de commutation de circuits. Le protocole d'accès à un réseau de commutation de paquets est défini par la recommandation X.25 de l'UIT-T et correspond aux trois premières couches du modèle OSI (voir *interconnexion de systèmes ouverts*).

Bibliographie : Du Castel 93.
Corrélat : commutation, paquet.

Commutation de trames exp.

[Anglais : frame relay]

Télécommunications : évolution simplificatrice de la commutation de paquets :
— les informations de service sont réduites au minimum pour accélérer la vitesse de commutation (2 Mbit/s et, ultérieurement, jusqu'à 45 Mbit/s) ;
— les paquets sont assemblés en *trames* ;
— l'en-tête des trames contient un adressage logique.

♦ Pour gagner du temps, les contrôles de flux et d'erreurs ne sont plus effectués au niveau du commutateur mais au niveau des terminaux : la commutation de trames repose sur une régulation effectuée par les utilisateurs d'installations terminales. Ceux-ci s'engagent à ne pas envoyer plus d'informations que prévu dans leur contrat d'abonnement. Le réseau s'engage en retour à acheminer cette quantité d'informations sans blocage du réseau. La commutation se fait au niveau 2 du modèle *OSI.*

Commuter v.

[Anglais : to switch]

Télécommunications : réaliser une *liaison* temporaire entre deux circuits ou deux points d'un réseau.
Voir aussi *commutation.*

Étymologie : emprunt à la langue commune. *Français* : XIIe siècle. *Latin* : "commuto" (échanger) < "cum" (avec) + "muto" (changer, échanger, changer de lieu, se déplacer). *Indo-européen* : "kom" (à côté, auprès de, avec, ensemble) [Pokorny p. 612] + "*mei-" (aller, changer, échanger) [Pokorny p. 710].

Compagnie Générale de Vidéocommunication (CGV) n.s.

Télécommunications : l'un des grands *câblo-opérateurs* en France, filiale de la Compagnie Générale des Eaux.

Corrélats : câblo-opérateur, plan câble.

Compaq n.s.

Informatique : constructeur informatique nord-américain créé en 1982. Spécialisé dans les micro-ordinateurs compatibles IBM, Compaq est devenu en 1994 le premier fournisseur mondial de micro-ordinateurs avec près de 11% de part de marché, devançant IBM et Apple. Il équipe ses machines de microprocesseurs Intel et AMD.

Compilateur n.m
[Anglais : compiler]

Informatique : programme de traduction utilisant la technique de compilation.

♦ La conception et la réalisation des compilateurs est un travail typique de programmeurs spécialisés que l'on appelle des *programmeurs* de systèmes. Elles demandent une bonne connaissance du langage évolué à traduire et du langage machine cible. Un bon compilateur optimise le code cible en limitant la place occupée en mémoire par le programme traduit et en minorant son temps d'exécution. Pour un même langage évolué (par exemple : le langage C ou le langage Basic), il y a autant de compilateurs qu'il y a de langages cibles, c'est-à-dire de machines (machines à processeur Intel ou Motorola ...). La qualité du compilateur influe sur la performance des ordinateurs (voir *banc de mesure*).

Corrélats : banc de mesures, compilation, interpréteur.
Étymologie : emprunt à la langue commune. *Français* : XVe siècle. *Latin* : “compilator” < “compilare” (piller, plagier) < “cum” (avec) + “pilare” (empiler, entasser, voler, piller) < “pila” (pile, pilier, brise-lame, jetée), origine obscure.

Compilation n.f.
[Anglais : compiling, compilation]

Audiovisuel : support d'édition qui regroupe un ensemble d'œuvres d'un même auteur, d'un même interprète, d'une même école... En particulier disque compact audio réunissant les plus grands succès d'un interprète.

Informatique

1. Traduction en langage machine d'un programme écrit en langage évolué.

2. Résultat de cette action.

♦ **Compilation et interprétation** : la compilation et l'interprétation sont deux techniques de traduction qui peuvent éventuellement se compléter. La compilation traduit le programme d'application d'un seul bloc et fournit un programme exécutable qui est exécuté par ailleurs. La compilation ne détecte que les erreurs de syntaxe dans l'écriture du programme source ; elle ne détecte pas les erreurs de logique du programme traduit.

L'interprétation traduit, puis exécute immédiatement chaque instruction du programme d'application l'une après l'autre, pas à pas. Elle détecte les erreurs de syntaxe et les erreurs de logique.

L'exécution d'un programme compilé est plus rapide que celle d'un programme interprété. L'avantage de l'interprétation se situe pendant la phase de mise au point : elle permet de corriger les erreurs sans nécessiter une traduction complète du programme puisqu'elle travaille pas à pas.

La solution idéale consiste, pour un même langage source, à disposer d'un interpréteur (utilisé pendant le développement) et d'un compilateur utilisé lorsque le programme est définitivement au point.

Corrélats : interprétation, langage.
Étymologie : emprunt à la langue commune. *Français* : XIIIe siècle. *Latin* : “compilatio” < “compilare” (piller, plagier) < “cum” (avec) + “pilare” (empiler, entasser, voler, piller) < “pila” (pile, pilier, brise-lame, jetée), origine obscure.

Compiler v.

[Anglais : to compile]

Informatique : faire une *compilation.*

Étymologie : emprunt à la langue commune. *Français* : XIIIe siècle. *Latin* : “compilare” (piller, plagier) < “cum” (avec) + “pilare” (empiler, entasser, voler, piller) < “pila” (pile, pilier, brise-lame, jetée), origine obscure.

Complément n.m.

[Anglais : complement]

Informatique : élément qu'il faut associer à un autre pour obtenir une référence.

Par exemple : dans le système décimal, le complément de 2 à 10 est 8.

Étymologie : emprunt à la langue commune. *Français* : XIVe siècle. *Latin* : “complementum” (complément) < “complere” (remplir, compléter, achever) < “cum-” (avec) + “plere” (primitif de complere). *Indo-européen* : *“pel-” (remplir, combler) [Pokorny, p. 799].

Complémentaire adj.

[Anglais : complementary]

Informatique : qualifie un *complément.*

Étymologie : emprunt à la langue commune. *Français* : XVIIIe siècle. Voir *complément.*

Complémentaire n.m. au sens **1** et n.f. au sens **2**
[Anglais : complementary]

1. Informatique : élément qui est le complément d'un autre.
2. Audiovisuel : couleur qui doit être ajoutée à une autre pour obtenir le blanc.
Par exemple : le vert est la complémentaire du magenta.

Étymologie : emprunt à la langue commune. *Français* : XXe siècle. Voir *complément.*

***Complémentation** n.f.
[Anglais : complementation]

Informatique : action de *complémenter.*

Étymologie : emprunt à la langue commune. *Français* : XXe siècle. Voir *complément.*

***Complémenter** v.
[Anglais : to complement]

Associer un élément à un autre pour obtenir une valeur de référence.

Étymologie : emprunt à la langue commune. *Français* : XXe siècle. Voir *complément.*

Composant n.m.
[Anglais : component]

1. Systémique : partie constitutive d'un système. Voir *système.*
Dans le multimédia, un composant est un élément quelconque, matériel ou logiciel, qui entre dans le fonctionnement d'une application.
Par exemple : une carte de numérisation ou un logiciel de compression sont des composants d'une application multimédia.
2. Par restriction, désigne souvent un élément électronique d'ordinateur (puce, mémoire, circuit...).

Corrélats : système, ressource.
Étymologie : *français* : XIIe siècle emprunt francisé au latin. *Latin* : "componere" de "cum" (avec) et "ponere" (mettre à l'écart, poser, placer). *Indo-*

européen : "*kom" (à côté, auprès, avec) [Pokorny p. 612] + "*apo-" (loin, hors) [Pokorny p. 53].

Composante n.f.

[Anglais : component]

Audiovisuel

1. Un des *signaux* produits par un système de traitement des images en *couleur* codant les informations à l'aide de plusieurs signaux.

Par exemple : deux des principaux systèmes de codage à composantes utilisés en multimédia sont le système *RVB* (Rouge, Vert, Bleu) et le système *YDrDb* (valeur de luminance, différences, valeur du signal rouge-Y et valeur du signal bleu-Y). Dans ces systèmes, chaque signal (R, V, B, Y, Dr, Db) est une composante (voir l'illustration sous *codage*).

Les systèmes à composantes s'opposent aux systèmes *composites* qui n'utilisent qu'un seul signal dans lequel sont codées toutes les caractéristiques de l'image. La qualité des images issues des systèmes à composantes est nettement supérieure à celle des images issues des systèmes composites. Le transcodage d'un système à composantes vers un système composite engendre toujours une perte de qualité.

2. Production et postproduction : tous les matériels professionnels vidéo de *capture* d'images et de *montage* (ordinateurs, *numériseurs*, *bancs-titres*, générateurs de caractères, *palettes graphiques*, *caméras* vidéo et appareils de *postproduction*) utilisent un système de codage à composantes. Il existe plusieurs formats d'enregistrement à composantes : *YDrDb*, *Betacam*, *Betacam SP*, M1, M2, D1, 4:2:2, D2... Les matériels grand public (*caméscopes*, *magnétoscopes* enregistreurs) sont en majorité des appareils utilisant un système de codage composite pour rester compatibles à moindre coût avec les postes de réception des réseaux de diffusion (les téléviseurs grand public).

3. Diffusion : les systèmes de diffusion vidéo à distance (la télévision par voie hertzienne) continuent à travailler en *composite*. Les systèmes de télédiffusion à composantes existent mais ne sont pas encore stabilisés. Le standard de système à composantes proposé par les européens (le *D2-Mac*) a été abandonné au profit d'un système numérique en cours de définition.

Corrélats : chrominance, codage, couleur, luminance.
Étymologie : *français* : XIIe siècle. *Latin* : “componere” de “cum” (avec) et “ponere” (mettre à l’écart, poser, placer). *Indo-européen* : “*kom” (à côté, auprès, avec) [Pokorny p. 612] + “*apo-” (loin, hors) [Pokorny p. 53].

Composer v.

[Anglais : to compose]

Audiovisuel

1. Intégrer plusieurs signaux *composants* en un seul appelé signal *composite.*

2. Créer un morceau de musique.

Composite adj.

[Anglais : composite, multicomponent]

1. Audiovisuel :

a. Qualifie un système de codage des images en *couleur* qui utilise un seul *signal* pour représenter les différentes caractéristiques d’une image. Les systèmes composites s’opposent aux systèmes à *composantes* qui codent les images sur plusieurs signaux. Il existe plusieurs systèmes composites de codage des images : *NTSC, SECAM, PAL* ... (voir l’illustration sous *codage*).

b. Production et postproduction : tous les matériels professionnels vidéo de *capture d’images* et de *montage* travaillent en codage à composantes. Les matériels grand public (caméscopes, magnétoscopes, enregistreurs) sont encore des appareils composites car ils dépendent des réseaux de diffusion qui sont dans leur majorité en composite.

c. Télédiffusion : en France, c’est le système *SECAM* qui est utilisé ; en Europe c’est le système *PAL*, tandis que les États-Unis et le Japon utilisent le système *NTSC*. Les systèmes de télédiffusion à composantes, qui doivent remplacer à terme les systèmes composites, ne sont pas encore stabilisés.

2. Informatique : qualifie un document qui contient différents types d’informations (textes, images ou sons).

Corrélats : 1. chrominance, codage, luminance, diffusion, multiplexage. 2. gestion électronique de documents.

Étymologie : *français* : XIVe siècle. *Latin* : “componere” de “cum” (avec) et “ponere” (mettre à l’écart, poser, placer). *Indo-européen* : “*kom” (à côté, auprès, avec) [Pokorny p. 612] + “*apo-” (loin, hors) [Pokorny p. 53].

Compresser v.

[Anglais : to compress]

Effectuer une *compression.*

Compression n.f.

[Anglais : compression]

Informatique : réduction de la taille d’un ensemble d’informations.

La *numérisation* des informations est l’une des caractéristiques du multimédia : on représente indifféremment les images, les sons, les textes et les programmes sous une même forme binaire. Cette uniformisation des données simplifie le transfert, le traitement et l’archivage des données et diminue sensiblement le coût des matériels utilisés. Son principal inconvénient réside dans l’augmentation parfois considérable de la taille des informations : un signal de télévision *SECAM* occupe 6 mégahertz et sa numérisation occuperait 27 mégahertz. La compression, qui s’attaque à cet inconvénient majeur, est un maillon déterminant de la chaîne multimédia et de la qualité des applications. En 1994, la plupart des compressions se faisaient encore par l’intermédiaire de cartes spécialisées dites *cartes de compression*, mais, avec l’amélioration des performances des machines, les solutions exclusivement logicielles devraient s’imposer.

• **Compression logique/compression physique**

La compression logique consiste à supprimer les redondances d’information dans un texte. Elle est du ressort de l’*analyse* du système d’information.

La compression physique consiste à optimiser le *codage* des informations et nécessite, pour leur restitution, une phase de décompression appelée aussi expansion.

Dans la suite de cet article, seul le paragraphe traitant des avantages de la compression fait référence aux deux types de compression. Les autres ne traitent que de la compression physique.

• Avantages de la compression

La compression facilite l'archivage, le traitement et la transmission des données.

En archivage, elle économise les supports et elle peut accélérer le temps d'exécution des programmes. En effet, bien que des *instructions* supplémentaires soient nécessaires pour décompresser en *mémoire centrale* les informations lues sur le disque, les *accès* au disque sont moins nombreux. Comme dans la durée globale d'exécution d'un programme, le temps d'exécution des instructions est en général moins long que les attentes d'entrée-sortie sur disque, la compression peut être un facteur d'accélération du temps d'exécution.

En transmission, la compression diminue le temps d'occupation des lignes et peut permettre d'augmenter le nombre de terminaux connectés sur une même ligne. La quantité d'informations transmises étant moindre, les risques d'erreur en sont d'autant diminués.

En transmission comme en archivage, la compression peut servir au *cryptage* des informations.

• Réversibilité

Pour qualifier et comparer les techniques de compression physique, il faut prendre en compte le couple compression/décompression.

On distingue les couples compression-décompression qui restituent toute l'information (on les dit conservateurs ou réversibles) et ceux qui perdent des informations lors de la décompression (on les dit irréversibles ou lacunaires).

Une légère perte d'informations n'est pas très importante lorsque l'on manipule des images ou des sons : elle engendre une variation minime portant sur la teinte d'un *pixel* ou sur la hauteur d'un son et elle n'est pas perceptible.

En revanche, la moindre déformation d'un *bit* dans les données informatiques peut entraîner des conséquences désastreuses : il n'est pas indifférent que la valeur d'un compte en banque soit positive ou négative, par exemple. Les compressions réversibles sont moins puissantes que les compressions irréversibles.

• Symétrie

Lorsque les deux opérations de compression et de décompression prennent le même temps, la compression est dite symétrique. Sinon, elle est dite asymétrique.

• Taux de compression
Le taux de compression mesure l'efficacité d'un *algorithme* de compression. Il exprime le rapport de la taille des informations en entrée à celle des informations en sortie :

$$TC = \frac{\text{Longueur des données en entrée}}{\text{Longueur des données en sortie}}$$

Le taux de compression réalisé par un algorithme peut varier considérablement en fonction du contenu de l'information à compresser : texte, dessin, schéma, densité plus ou moins grande, nombre de répétitions ... Un algorithme plus puissant qu'un autre lors de la compression d'une image peut s'avérer moins puissant pour compresser une autre image ... Certains algorithmes de compression fractale ont permis d'obtenir, pour certaines images, des taux de 600/1. Le mode de compression utilisé par le groupe 4 du *CCITT* (destiné aux télécopieurs) obtient des taux de compression variant de 20/1 à 100/1.

• Normalisation
L'*ISO*, la *CEI* et l'*IUT-T* collaborent au sein de plusieurs comités pour élaborer les normes *JPEG*, *JBIG*, *MPEG*, *MHEG*, *SPEG*. Ces comités sont coordonnés par le *JTC1*.

• Algorithme de compression
Un algorithme simple consiste à remplacer une succession d'éléments identiques par l'identification de l'élément et le nombre de ses répétitions ; cet algorithme est appelé "codage par longueurs de séquences". Un algorithme plus complexe, appelé "par différentiel" ne code que les différences existant entre deux éléments d'information successifs au lieu de coder ces éléments. Les algorithmes les plus complexes font appel à une modélisation fondée sur l'étude statistique de l'information entrante ou sur l'utilisation de *dictionnaires*. C'est ainsi que sont réalisées les compressions d'images et de sons destinées à la télévision numérique (*MPEG*), à la production d'images fixes (*JPEG*, *JBIG*), à la visiophonie (H261). L'algorithme *LZ77* avec ses diverses améliorations est utilisé pour la compression de fichiers par différents programmes (LZW, ZIP...). Il permet la récupération intégrale du fichier original, de même que les modes G3 et G4 de la *télécopie*.

♦ **Un exemple simple : la compression par codage par longueurs de séquences** Au lieu d'écrire la suite de caractères "AAAA", on écrit "4A". On utilise ainsi 2 caractères au lieu de 4, soit un taux de compression de 4/2. Ceci suscite deux remarques :

— Si l'on écrit "2A" au lieu de "AA", on obtient un taux de compression de 2/2 et "1A" au lieu de "A", donne 1/2. À l'inverse "8A" au lieu de "AAAAAAAA" donne un taux de compression de 8/2. Avec cette technique, le taux de compression dépend du contenu des données.

— La décompression est réalisée par un logiciel qui interprète les données comprimées pour restituer les données originales. Pour reprendre notre exemple, supposons que la suite de caractères "5A" se présente dans un texte à compresser. Cette chaîne risque d'être interprétée lors de la décompression et transformée en "AAAAA". Il est donc nécessaire de prévoir des protocoles d'accord entre le logiciel de compression et le logiciel de décompression. La solution la plus courante consiste à définir un caractère spécial qui annonce que ce qui le suit est comprimé. Ce mode de compression est largement utilisé sous l'appellation codage par longeurs de séquences.

Bibliographie : Held 91, Nelson 93.
Corrélats : algorithme, carte de compression, codage, dictionnaire, numérisation, plein écran, QIC.
Étymologie : emprunt à la langue commune. *Français* : XIVe siècle. *Latin* : "compressio" < "comprimere" < "cum" (avec) + "premere" (presser, serrer). *Indo-européen* : "*kom" (à côté, auprès, avec) [Pokorny p. 612] + "*per-" (frapper) > "*per-m-" (frapper de manière continue) [Pokorny p. 818].

Concaténation n.f.
[Anglais : concatenation]

Informatique : mise bout à bout d'informations.

Étymologie : emprunt à la langue commune. *Français* : XVIe siècle. *Latin* : "concatenatio" (enchaînement) < "cum" (avec) + "catena" (chaîne), origine obscure. *Indo-européen* : "*kom" (à côté, auprès, avec) [Pokorny p. 612].

Concaténer v.
[Anglais : to concatenate]

Informatique : mettre bout à bout.

Concentrateur n.m.
[Anglais : hub]

Télécommunications
1. Appareil regroupant les trafics de plusieurs voies sur un nombre moindre de voies.

Dans un concentrateur, la somme apparente des *débits* entrant peut être supérieure au débit sortant. En effet, un concentrateur n'attribue le canal de sortie à une ligne entrante que lorsqu'elle transmet réellement : il supprime ainsi les silences qui peuvent être très importants en *transmission de données.* Cependant si toutes les lignes entrantes émettent simultanément et que la somme de leurs débits ne peut pas être écoulée, le concentrateur stocke une partie de l'information pour la retransmettre plus tard, ou bloque le trafic d'une ou plusieurs lignes (cette situation est nommée *contention*). Le concentrateur s'oppose ainsi au *multiplexeur* qui garantit systématiquement une ressource de sortie à toute voie entrante. Les concentrateurs remplissent souvent d'autres fonctions telles que le transcodage, la conversion de vitesse...

2. Matériel d'interconnexion de réseaux locaux. Il peut être pourvu d'*intelligence* ; il peut alors gérer l'interconnexion de réseaux ayant des méthodes d'accès différentes ou même administrer des réseaux (voir *réseau local*). Les concentrateurs multimédias relient des réseaux constitués de supports différents : câbles coaxiaux, paires torsadées blindées ou non blindées et fibres optiques. Les autres matériels d'interconnexion de réseaux sont les *répéteurs*, les *ponts*, les *routeurs* et les *passerelles.*

Bibliographie : Gomez 93, Macchi 83.
Corrélats : multiplexage, réseau local.
Étymologie : dérivé de "concentration" par le suffixe "-eur" (du latin "-orem" qui produit des termes abstraits). *Français* : "centre" XIIIe siècle > "centrer" XVIIe > "concentrer" XVIIe > "concentration" XVIIIe > "concentrateur" XXe. *Latin* : "centrum" (branche fixe du compas, centre du cercle, nœud du bois). *Grec* : "kentron" (aiguillon, dard, piquant, centre d'un cercle). *Indo-européen* : "*kent-" (piquer) [Pokorny p. 567].

Conception assistée par ordinateur (CAO) exp.

[Anglais : Computer-Aided Design (CAD)]

Informatique : application d'un système informatique aux problèmes de *design* et de conception de produits industriels. La conception assistée par ordinateur comprend la définition des données qui décrivent le produit à concevoir. Le dessin assisté par ordinateur est largement utilisé et le système produit des représentations de l'objet en 2 ou 3 dimensions. Le programme le plus répandu est Autocad.

La conception assistée par ordinateur est, par exemple, utilisée en architecture : l'opérateur fournit différents paramètres de la construction et l'ordinateur produit les plans ou des représentations en trois dimensions de l'ouvrage. Les systèmes les plus évolués simulent une déambulation en trois dimensions à l'intérieur ou à l'extérieur de l'ouvrage en images de synthèse. Certains systèmes simulent aussi les flux de personnes à l'intérieur de l'ouvrage et signalent les éventuels goulots d'étranglement.

Conception et fabrication assistées par ordinateur (CFAO) exp.
[Anglais : Computer-Aided Design/Computer-Integrated Manufacturing (CAD/CIM)]

Informatique : technique qui fournit aux ateliers de fabrication les dessins de maquettes et les paramètres nécessaires pour la fabrication des produits conçus. Ces paramètres sont eux-mêmes utilisés comme données en entrée par les robots de fabrication.

Conducteur n.m.
[Anglais : Story board]

1. **Audiovisuel** : liste des différentes étapes que suit le réalisateur d'une émission de télévision ou le monteur d'un film.
2. **Électronique** : matériau qui laisse passer le courant électrique.

Étymologie : emprunt à la langue commune. *Français* : XIIIe siècle. *Latin* : "conductor" (locataire, entrepreneur, celui qui conduit) < "cum" (avec) + "ductor" (conducteur, guide) < "duco" (conduire, tirer). *Indo-européen* : "*deuk-" (tirer) [Pokorny p. 220].

Conférence Administrative Mondiale des Radiocommunications (CAMR) exp.
[Anglais : World Administration Radio Conference (WARC)]

Télécommunications : conférence organisée par l'Union Internationale des Télécommunications pour l'attribution mondiale des ondes radios. Les deux dernières conférences ont eu lieu en 1977 et en 1992.

Corrélats : audiovisuel, satellite.

Conférence Européenne des administrations des Postes et Télécommunications (CEPT) n.p.

Télécommunications : organisme regroupant les administrations des Postes et Télécommunications des pays d'Europe occidentale en vue de l'harmonisation des techniques et des règlements. La CEPT est divisée en deux commissions spécialisées : Poste (PO) et Télécommunications (T). Les travaux de normalisation ont, depuis quelques années, été repris par l'ETSI (European Telecommunications Standards Institute).

Corrélat : ETSI, normalisation.

Configuration n.f.

[Anglais : configuration]

Informatique

1. Ensemble des composants et des caractéristiques d'un système multimédia. On distingue la configuration matérielle et la configuration logicielle.

Par exemple : une configuration matérielle à base de PC est la suivante : processeur Intel 80486, mémoire centrale de 8 Mo avec cache, bus local, disque de 600 Mo, lecteur de CD-ROM, carte son et écran S-VGA. Une configuration logicielle de développement pour un CD-I sur machine Sun comprend le système d'exploitation Unix et différents utilitaires spécifiques.

2. Opération de définition et réglage des composants ou des caractéristiques d'un système multimédia.

Corrélat : système informatique.
Étymologie : emprunt à la langue commune. *Français* : XIIe siècle. *Latin* : "configuratio" (action de donner une forme, une figure) < "cum" (avec) + "figurare" (former) < "figura" (forme, figure, résultat du modelage). *Indo-européen* : "*kom" (à côté, auprès, avec) [Pokorny p. 612] + "*dheigh-ura-" < "*dheigh-" (pétrir la terre) [Pokorny p. 244].

Configurer v.

[Anglais : to configurate]

Informatique : définir une *configuration*.

Conformation n.f.

[Anglais : matching]

Audiovisuel : montage des bandes vidéo originales conformément à la copie de travail réalisée en prémontage. Le coût d'une régie de montage sophistiquée étant très élevé, on effectue le prémontage sur des copies de travail sur un banc de montage qui permet de repérer, grâce au *code temporel*, les différentes séquences à assembler. Le montage en conformation permet de réaliser des économies substantielles.

Étymologie : emprunt à la langue commune. *Français* : XVIe siècle. *Latin* : "conformatio" (lier ensemble) < "cum" (avec) + "forma" (forme, moule) ; peut-être du grec "morphe" (forme, beauté, apparence externe). *Indo-européen* : "kom" (à côté, auprès de, avec) [Pokorny p. 612] + "*mer-bh-" (briller, rayonner) [Pokorny p. 733].

Conformer v.

[Anglais : to match]

Audiovisuel : procéder à une *conformation.*

Connecter v.

[Anglais : to connect]

Électronique et télécommunications : procéder à une *connexion.*

Étymologie : emprunt à la langue commune. *Français* : XVIIIe siècle. Voir *connexion.*

Connecteur n.m.

[Anglais : connector, coupler, link, plug]

Électronique : pièce mécanique assurant la liaison physique entre deux modules dans un système pour permettre le passage des signaux.

Les connecteurs peuvent se caractériser par différents critères :
— l'aspect mécanique (connecteur mâle ou femelle),
— le mode de verrouillage (Amphenol, BNC, Cinch, Jack, ...) propre à chaque constructeur,
— le type de détrompeur destiné à assurer un enfichage correct des broches (DIN, forme trapézoïdale...),

– le type de câbles qu'ils relient (connecteur coaxial, fil à fil...),
– le nombre de fils à connecter (SubD9, SubD25...),
– la nature des signaux qui transitent (VHF, RVB...),
– le brochage (affectation des signaux sur les broches),
– ...

On installe en général les connecteurs femelles sur les appareils qui sont générateurs de signaux et les connecteurs mâles sur les appareils récepteurs. Dans les systèmes interactifs les câbles portent souvent deux connecteurs mâles en raison de la plus grande robustesse des connecteurs femelles fixés sur les châssis des appareils.

Malgré les efforts de normalisation, les compatibilités entre connecteurs restent un des problèmes majeurs des techniciens, en informatique, en audio et en vidéo.

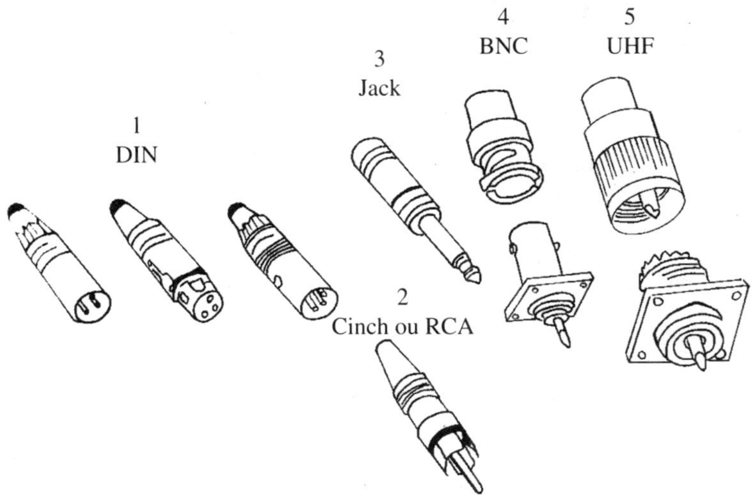

Différents types de connecteurs.
(*D'après : Vidéo, principes et techniques,* F. Luxereau, Éd. Dujarric.)

Étymologie : emprunt à la langue commune. *Français* : XVIIIe siècle. Voir *connexion.*

*Connectique n.f.

Électronique : ensemble des techniques concernant la connexion entre deux systèmes. La connectique traite des *connecteurs*, des *câbles* et du transport des *signaux*.

Étymologie : emprunt à la langue commune. *Français* : XXe siècle. “connecter” + “-ique”. “Connecter” : voir ce terme. Le suffixe “-ique” vient du *latin* : “-icus” et du *grec* : “-ikos”. Il est très utilisé dans la terminologie scientifique.

Connexion n.f.

[Anglais : connection]

Général : mise en relation durable ou éphémère de composants matériels d’un système pour procéder à des échanges (en général d’informations ou d’énergie). L’ensemble ordonné des différentes actions nécessaires à l’établissement de la connexion constitue le *protocole* de connexion.

La connexion de composants ou de systèmes nécessite la définition d’*interfaces* communes aux éléments connectés. Les systèmes ouverts disposent d’interfaces *standard* pour se connecter facilement avec leur environnement.

On distingue différents niveaux de connexion, physiques et logiques. En informatique, l’*ISO* propose un modèle de connexion normalisé en sept couches pour relier des ordinateurs ou des terminaux (voir *interconnexion de systèmes ouverts*).

Corrélats : connecteur, interface, interconnexion de systèmes ouverts, protocoles.
Étymologie : emprunt à la langue commune. *Français* : XIVe siècle. *Latin* : “connexio” (connexion, lien) < “connectere” (lier ensemble) < “cum” (avec) + “nectere” (enlacer, lier, attacher). *Indo-européen* : “kom” (à côté, auprès de, avec) [Pokorny p. 612] + “*ned-” (attacher, lier) [Pokorny p. 758].

Conseil supérieur de l’Audiovisuel n.p.

Audiovisuel : organisme mis en place par la loi du 17 janvier 1989. Il a remplacé à cette date la CNCL (Commission Nationale de la Communication et des Libertés). Il est constitué de 9 membres (3 nommés par le président de la République, 3 par le président du Sénat et 3 par le président de l’Assemblée nationale). Son président est nommé par le Président de la République. Ses missions sont les suivantes :

• **Organisation et technique :**
— il attribue les fréquences de radio et de télévision,
— il autorise la diffusion des télévisions privées, des radios privées, des réseaux câblés, et des satellites de diffusion,
— il nomme les présidents des chaînes de télévision publiques (les Sociétés nationales de Programmes),
— il assure une surveillance juridique (respect du cahier des charges), et technique (respect des spécifications) des réseaux.

• **Contenus des émissions :**
— il fixe les règles des émissions électorales,
— il exerce un contrôle à postériori (voir *audience*) des émissions publicitaires,
— il veille au respect du pluralisme des courants d'opinion,
— il veille à la défense et à l'illustration de la langue française,
— il veille à la libre concurrence entre les chaînes,
— il veille au respect de la déontologie des médias.

Pour remplir ses missions, le CSA dispose de moyens de sanctions pouvant aller du simple avertissement à l'amende ou même à l'interdiction d'émettre.

Bibliographie : INA 95.
Corrélats : audience, audiovisuel, Paysage Audiovisuel Français, plan-câble.

Conservateur adj.

[Anglais : conservative]

Informatique : qualifie un codage à caractère réversible : on peut retrouver entièrement le contenu initial de l'information après décodage.

Par exemple, un codage par permutation circulaire des lettres de l'alphabet est réversible ; une simplification de notation par suppression des chiffres après la virgule ne l'est pas.

Le caractère conservateur d'un codage est particulièrement important lors des compressions. Une compression de données informatiques doit obligatoirement être conservatrice. Une compression d'images ou de sons tolère une certaine perte d'information lors de la restitution en contrepartie d'un taux de compression supérieur.

Bibliographie : Nelson 93.
Corrélats : codage, compression.

Étymologie : emprunt à la langue commune. *Français* : XIVe siècle. *Latin* : "conservator" (gardien) < "conservare" (garder, préserver) < "cum" (intensif) + "servare" (garder). *Indo-européen* : "kom" (à côté, auprès de, avec) [Pokorny p. 612] + "*ser-" (protéger) [Pokorny p. 910].

Console n.f.

[Anglais : 1 et 2 : console, 3 : platform]

1. Audiovisuel : table de commande d'un ensemble d'appareils que l'on trouve dans un studio de télévision ou d'enregistrement de son. Les consoles servent à commander par exemple les éclairages ou les mélangeurs d'images ou de sons.

Les consoles des studios d'enregistrements sonores sont appelées aussi tables de mixage. Elles servent à mélanger les sons (avec amplification ou atténuation), les filtrer, les grouper et les affecter à un enregistrement. Elles peuvent disposer d'un système de contrôle qui permet de visualiser les signaux traités et d'écouter le résultat du mélange en cours de travail. On distingue les consoles mono, stéréo et multipistes. Certaines sont entièrement automatisées et les plus modernes sont numériques. Les petites consoles s'appellent des mixettes.

2. Informatique : (rare) terminal privilégié servant à piloter un gros ordinateur.

3. Audiovisuel, informatique :

a. *micro-ordinateur* spécialisé dans l'exécution de programmes de jeux vidéo (console de jeux).

b. par extension, synonyme de *jeu vidéo.*

Console de jeu (voir aussi l'article *jeu vidéo*) : apparues en 1970, les consoles rencontrent un vif succès auprès d'un public jeune ; pour le séduire, elles se complètent d'une ludothèque comportant de nombreux programmes fréquemment renouvelés. Une console a trois qualités principales :

— une *interactivité* rapide,
— un *affichage* de qualité,
— un faible coût.

♦ Les qualités de l'appareil dépendent de ses composants *matériels* et *logiciels.* On caractérise ainsi les consoles par leur processeur et la largeur du *bus* interne (16, 32 ou 64 bits, voir les articles *bus* et *processeur*), par la présence et le type de *processeurs spécialisés* (processeurs graphiques ou processeur pour le son), par le type de *codage* et de *compression* qu'elles utilisent (*MPEG,*

ADPCM...), par leur *écran* et par les unités périphériques qu'elles pilotent (lecteur de *cartouche* ou de *disque compact* pour la *mémoire auxiliaire* et *manche à balai*, *souris* ou *boule* pour le dialogue avec l'utilisateur).

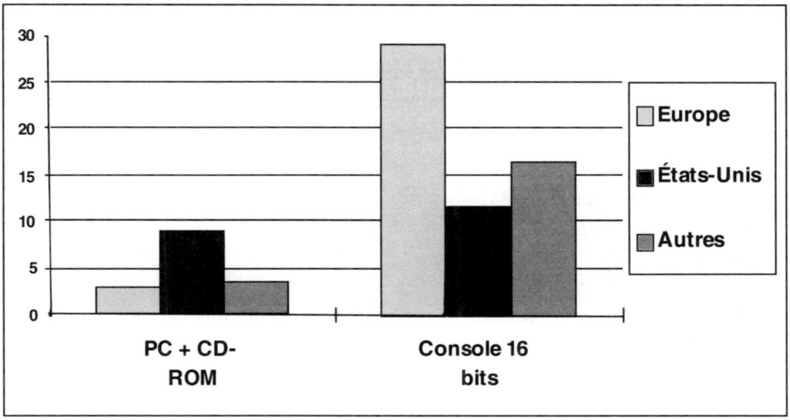

Les parcs de jeux sur ordinateurs individuels et sur consoles en 1994, en millions d'unités.
(*D'après : Screen International.*)

On peut distinguer trois types de consoles vendues sur le marché :
— les consoles de salon que l'on branche directement sur le *téléviseur* (par exemple les systèmes CD-I),
— les consoles portables, petits équipements autonomes dans lesquels on insère les cartouches de jeux,
— les *ordinateurs personnels* qui peuvent être utilisés localement ou *en ligne*, connectés sur un *réseau*. Dans ce dernier cas, deux solutions sont possibles : l'ordinateur peut jouer le rôle d'un simple *terminal* et dialoguer avec le *serveur* ; le programme de jeu reste alors dans la mémoire du serveur pour s'exécuter ; une deuxième solution consiste à télécharger le programme depuis le serveur dans la mémoire du micro-ordinateur ; le programme s'exécute alors localement. Ces solutions existent déjà pour des jeux sans vidéo sur minitel. On peut imaginer des solutions mixtes où deux programmes coopèrent, l'un sur le serveur, l'autre sur le terminal... (voir l'article *multimédia*).

♦ On comptait plus de 7 millions de consoles de jeu en France en 1994.

Consoles portables :
— la console “Game Boy” de l’éditeur japonais Nintendo est la première console portable commercialisée, la plus économique et la plus simple techniquement (elle ne disposait que d’un écran en noir et blanc).
— la console “Game Gear” de Sega : plus élaborée que la précédente, avec un écran couleur, mais plus chère.
Consoles de salon 8 bits :
— la console “NES” (Nintendo Entertainment System : système de loisir de Nintendo) : lancée en 1983 au Japon, en 1986 aux États-Unis, et en 1988 en France.
— la console “Master System” de Sega, très proche de la NES, arrivée deux ans plus tard.
Consoles de salon 16 bits :
— la “MegaDrive” de Sega : première console 16 bits apparue en 1990 en France.
— la “S-NES” (ou Super Nintendo) : lancée en 1991 en France.

Les prochaines consoles seront des machines plus rapides affichant de la vraie vidéo grâce à l’utilisation des *disques compacts vidéo.*

Bibliographie : **1.** INA 93, Mercier 92. **2.** Sheff 93.
Corrélats : **1.** régie. **2.** terminal. **3.** Jeu vidéo, multimédia.
Étymologie : calque de l’*anglo-américain* “console” (à l’origine : tableau de commande électrique). Emprunté au *Français* : “console, consolateur” XVIe siècle (statue penchée à forme humaine servant de support) < “sole” XIVe siècle (poutre de charpente, solive) < ancien français “suele, seule” XIIe siècle (pièce de charpente, semelle). *Latin* : “solea” (sandale). < “solum” (fondement, fondation, plante du pied). *Indo-européen* : “*sel-” (fondation, établissement) [Pokorny pp. 898, 1046].

Consortium n.m.

[Anglais : consortium, forum]

Général : groupement d’*acteurs* œuvrant dans un même domaine technique pour en conduire le développement, en faire la promotion et favoriser sa *standardisation* ou sa *normalisation.* Exemples : *PCMCIA*, *JEIDA*...

Le multimédia étant une technique encore jeune et issue de plusieurs domaines pré-existants, ses acteurs se regroupent dans des structures plus légères que les consortiums, appelées forums ou groupes, pour harmoniser leurs développements, nouer d’éventuelles alliances ou simplement se tenir au courant. Par exemple : l’ATM Forum (voir *ATM*), le Frame Relay Forum (concernant la *commutation de trames*), le Network Management Forum (voir *réseau local*), l’*Object Management Group* (voir *OMG*), l’*Advanced Computing Environment* (voir *ACE*)...

Corrélats : ACE, ATM, multimédia, OMG, Réseau local.
Étymologie : français XX ^{e} siècle. Emprunt de l'anglais "consortium" lui-même emprunté au latin "consortium" (association). < "cum" (avec) + "sors" (le sort, ce qui est tiré au sort, le destin, le lot). *Indo-européen* : "*ser-" (mettre l'un à côté de l'autre, juxtaposer) [Pokorny p. 911].

Contention n.f.
[Anglais : contention]

Informatique et télécommunications : conflit entre plusieurs usagers qui veulent utiliser simultanément une même ressource alors qu'elle n'est pas partageable (par exemple deux programmes nécessitent exclusivement la même *mémoire,* deux *signaux* qui occupent une même *bande passante,* un même *canal,* deux lignes d'entrée dans un *concentrateur* saturé).

Bibliographie : Du Castel 93, Macchi 83.
Corrélats : concentrateur, accès multiple.
Étymologie : calque de l'anglo-américain "contention" (dispute, controverse, effort pour gagner une compétition, rivalité...) ; emprunt au vieux français "contention" XIe siècle (véhémence à la lutte et au combat > chaleur dans la dispute) ; le mot existe toujours en français avec un sens légèrement affaibli. *Français* : XIIe siècle. *Latin* "contentio" (tension avec effort, lutte, comparaison) < "contendere" (tendre de toutes ses forces, chercher à atteindre, se mesurer, lutter, rivaliser) < "cum" (avec) + "tendere" (tendre). *Indo-européen* : "*ten-, *tend-" (tirer, tendre) [Pokorny p. 1066].

Continu adj.
[Anglais : continuous]

Général : qualifie un objet ou un phénomène qui forme un tout, qui n'est pas décomposé en parties distinctes. S'oppose à *discret.*

Étymologie : emprunt à la langue commune. *Français* : XIIIe siècle. *Latin* : "continuus" (continu dans l'espace et le temps) < "cum" (avec) + "tenere" (tenir, occuper, garder, maintenir, retenir). *Indo-européen* : *"ten-, tend-" (tendre, tirer) [Pokorny pp. 1065, 1066].

Contour n.m.
[Anglais : son : loudness, image : contour]

Audiovisuel

1. Ensemble des valeurs qui limitent un signal. Le contour d'un son est donné par les valeurs de ses composantes les plus graves et les plus aiguës. Le contour d'une forme la délimite par rapport à son contexte.

2. Par extension, sur un *amplificateur* de haute fidélité, dispositif permettant de relever automatiquement le niveau des fréquences graves et aiguës lorsque le niveau du volume sonore est faible (voir *amplifier*).

♦ La détection de contour d'une image se réalise en plusieurs étapes : on filtre le contenu de l'image puis on compare le résultat à des formes connues. Par exemple : la lecture automatique de textes par un ordinateur utilise des techniques de *reconnaissance de formes* qui détectent les contours des lettres et les comparent à des formes préalablement mémorisées. La correction du contour se fait par *convolution.*

Corrélats : reconnaissance de formes, traitement d'image.
Étymologie : emprunt à la langue commune. *Français* XIVe siècle. Italien "contorno" (contour) < "con" (avec) + "tornare" (tourner sur un tour). *Latin* : "cum" (avec) + "tornare" (tourner sur un tour) < "tornus" (tour). *Grec* : "tornos" (compas, cercle, tour). *Indo-européen* : "*kom-" (à côté, auprés de, avec) [Pokorny p. 612] + "*ter-" (frotter, tourner) [Pokorny p. 1071].

Contraste n.m.
[Anglais : contrast]

Audiovisuel : caractéristique qui différencie un signal de son environnement (contraste simultané) ou qui différencie deux états du même signal (contraste successif). Le contraste permet de mesurer le degré de perception d'un signal. On parle de contraste pour la luminance, pour la couleur, pour le son, pour le toucher et, plus généralement, pour toute information. Le contraste seuil est le contraste minimum assurant la perception de l'information.

♦ En imagerie, le contraste peut s'exprimer de deux façons par rapport à la luminosité :

$$C_1 = \frac{L_{max} - L_{min}}{L_{min}} = \text{Contraste absolu}$$

$$C_2 = \frac{L_{max} - L_{min}}{L_{min} + L_{min}} = \text{Contraste relatif}$$

où L_{max} désigne la luminosité maximale et L_{min}, la luminosité minimale.

Il en est de même pour un son par rapport à un bruit de fond.

Étymologie : emprunt à la langue commune. *Français* : XVIe siècle. *Italien :* "contrasto" (opposé) < "contrastare" (s'opposer à). *Latin* : "contra" (contre)

+ "stare" (se tenir debout). *Indo-européen* : "*kom-" (à côté, auprès de, avec) [Pokorny p. 612] + "*sta-" (se tenir debout) [Pokorny p. 1004].

Contrechamp n.m.

[Anglais : reverse angle]

Audiovisuel : technique de prise de vue. Par rapport à un angle de vue dans un certain *champ*, le contrechamp déplace la caméra de moins de 180 degrés sur un axe parallèle à celui des sujets filmés et la caméra modifie son *angle de prise de vue* en pivotant sur son axe vertical pour conserver la même disposition interne du *cadrage*. Lors de la projection, les sujets filmés apparaissent toujours du même côté de l'écran. Le contrechamp est un des éléments du langage cinématographique ; l'alternance champ / contrechamp est utilisée au *montage* pour illustrer par exemple deux points de vue différents d'une même scène, un dialogue...

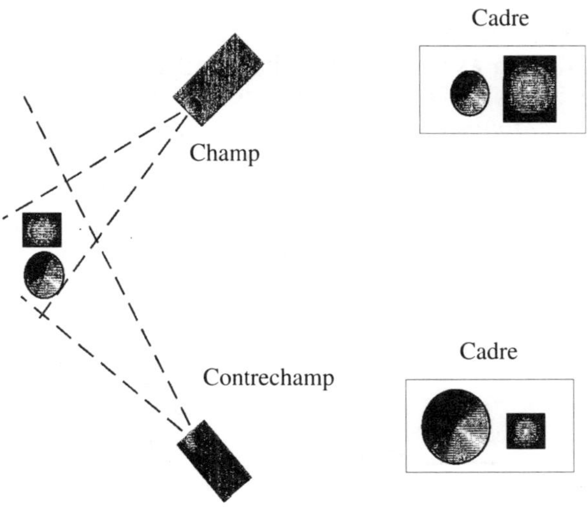

Exemple de contrechamp.
(*D'après : Des images et des sons, théorie et technique,* J.-P. Achard, Éd. Eyrolles.)

Corrélats : angle de prise de vue, cadre, champ, langage cinématographique, montage.
Étymologie : mot composé. **Contre** : *Français* : IXe siècle. *Latin* : "contra". *Indo-européen* : "*kom" (à côté, auprès, avec) [Pokorny p. 612]. **Champ** :

Français : XIe siècle au sens de terrain. *Latin* : “campus” (plaine, terrain plat, champ) origine incertaine.

Contrejour n.m.

[Anglais : backlighting]

Audiovisuel : prise de vue face à la source lumineuse. Les parties du sujet tournées vers l’appareil sont dans l’ombre et souvent auréolées de clair.

Étymologie : **contre** : *français* : IXe siècle. *Latin* : “contra”. *Indo-européen* : “*kom” (à côté, auprès, avec) [Pokorny p. 612].

Contre-plongée n.f.

[Anglais : low angle shot, tilt-up]

Audiovisuel : modification de *l’angle de prise de vue* de la *caméra* autour de son axe transversal, l’objectif de la *caméra* étant dirigé vers le haut. La contre-plongée est un des éléments du *langage cinématographique* ; elle s’oppose à la *plongée* où l’objectif est dirigé vers le bas : elle met le sujet en valeur tandis que la *plongée* à tendance à le diminuer. Pour les autres angles de prise de vue, voir la figure de l’article *angle de prise de vue.*

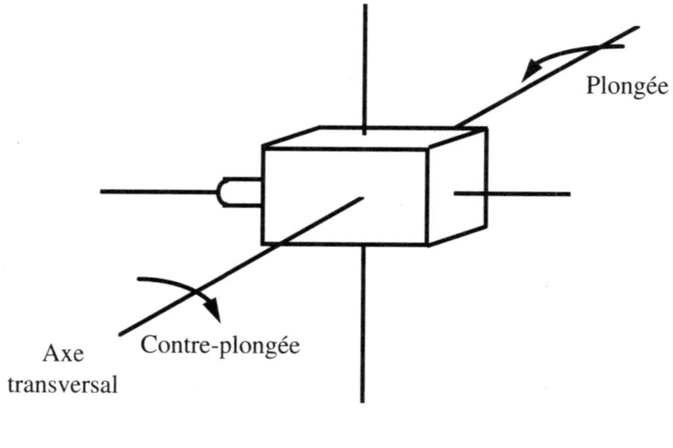

Corrélats : angle de prise de vue, langage cinématographique, plongée.
Étymologie : voir plongée.

Contrôle n.m.
[Anglais : control]

Général

1. Commande d'une action, pilotage d'un appareil en fonctionnement.

2. En français courant, le mot contrôle désigne plutôt l'examen ou la vérification d'une action accomplie ou d'un appareil.

Étymologie : *calque* de l'*anglais* : "control" (commande) emprunté au *français* : "contre-rôle" XIVe siècle. (registre tenu en double). *Latin* : "contrarotulus" (registre en double) < "contra-" (contre) + "rotulus" (petite roue) < "rota" (roue). *Indo-européen* : "*kom" (à côté, auprès, avec) [Pokorny p. 612] + "*reth-" (rouler) [Pokorny p. 866].

Contrôler v.
[Anglais : to control]

Général : effectuer un *contrôle.*

Contrôleur n.m.
[Anglais : controller]

Général : organe de commande. Appareil qui effectue un *contrôle.*

Par exemple : un contrôleur de communication gère les échanges de données entre deux ordinateurs (établissement de la liaison, gestion des protocoles, correction des erreurs, ...). Un contrôleur de périphérique gère les échanges entre l'unité centrale et un écran, une imprimante, un disque. Lorsqu'il commande des fonctions très complexes, un contrôleur peut être un véritable ordinateur. C'est cette possibilité qui distingue, en général, un adaptateur d'un contrôleur.

Corrélats : interface, pilote, adaptateur.
Étymologie : voir contrôle.

Conversion n.f.
[Anglais : conversion]

Général : ensemble des actions et procédures qui font passer d'un standard ou d'un format dans un autre.

Par exemple : la conversion d'une information analogique en une information numérique, appelée encore *numérisation.*

Dans la chaîne allant de la production à la diffusion, la conversion est rendue nécessaire par la diversité des supports et des standards existants.

Par exemple : pour lire sur un magnétoscope *SECAM* une cassette vidéo produite en format *PAL,* il faut faire une conversion PAL-SECAM.

Corrélats : format, norme, standard.
Étymologie : emprunt à la langue commune. *Français* : XIIe siècle. *Latin* : "conversio" (action de se tourner vers) < "convertere" (retourner, transformer) < "cum-" (avec) + "vertere" (tourner). *Indo-européen* : "*kom" (à côté, auprès, avec) [Pokorny p. 612] + "*uer-" (tourner) [Pokorny p. 1152].

Convertir v.

[Anglais : to convert]

Général : effectuer une *conversion* (voir ce terme).

Convertisseur n.f.

[Anglais : converter]

Général : matériel ou logiciel effectuant une *conversion* (voir ce terme).

Corrélat : adaptateur.

Convertisseur analogique/numérique (CAN) exp.

[Anglais : Analogue-Digital Converter (ADC)]

Électronique : matériel effectuant la conversion d'un signal analogique en signal numérique. Voir *numérisation.*

Convivial adj.

[Anglais : convivial]

Informatique : qualifie un programme, un appareil, un système qui est pourvu de *convivialité.*

Corrélat : convivialité.
Étymologie : voir convivialité.

Convivialité n.f.
[Anglais : conviviality]

Informatique : qualité d'un *programme*, d'un appareil ou d'un système agréable et simple à utiliser.

La convivialité mesure la capacité d'un programme à faire oublier les limites de son utilisation et à donner à l'utilisateur l'illusion d'une grande liberté. L'*informatique* a beaucoup amélioré la convivialité de ses programmes au cours des années 80 et 90, depuis l'apparition de l'*interactivité* puis des *interfaces graphiques* et *intuitives*. La convivialité est un élément du *langage multimédia*.

Corrélats : informatique, interactivité, interface, intuitif, langage multimédia.
Étymologie : calque de l'anglo-américian. *Français* : emprunt à la langue commune. "Convive" XIIIe siècle. *Latin* : "conviva" (convive) < "cum" (avec) + "vivere" (vivre). *Indo-européen* : "*gùiou-, *gùiu-" (la vie, vivre) [Pokorny pp. 468, 469].

Convolution n.f.
[Anglais : convolution]

Électronique : traitement des valeurs d'une caractéristique d'un signal. Les valeurs peuvent être augmentées ou diminuées en fonction des valeurs voisines dans le temps ou dans l'espace. La convolution fournit en résultat un signal filtré, débarrassé d'influences parasites et plus facile à traiter.

En *traitement d'image* par exemple, la convolution consiste à modifier les caractéristiques d'un *pixel* en tenant compte des valeurs des pixels voisins. Appelée aussi filtrage, la convolution peut aboutir à un renforcement des *contours*, à un *lissage* ou à la disparition de points parasites qui perturbent la lecture de l'image.

Corrélats : filtre.
Étymologie : emprunt à l'anglo-américain. *Français* : XXe siècle. *Latin* : "convolvere" (enrouler) < "cum" (avec) + "volvere" (rouler, faire rouler > rouler dans son esprit). *Indo-européen* : "*uel-" (tourner, rouler) [Pokorny pp. 1140, 1142].

Coordonnées n.f. pl.
[Anglais : coordinates]

1. Général : valeurs attachées aux dimensions d'un espace et permettant de repérer ou d'identifier précisément tout objet dans cet espace.

Par exemple les coordonnées du point dans un espace orthonormé à deux dimensions X et Y sont données par les valeurs de ses projections sur les deux axes.

En informatique, dans une *borne interactive* avec *écran tactile,* le *programme* détermine les *séquences* qu'il doit exécuter en fonction des coordonnées des points touchés du doigt sur l'*écran.* En *simulation virtuelle,* les *capteurs de position* fournissent en *temps réel* les coordonnées de l'utilisateur dans un espace à trois dimensions.

2. Informatique, télécommunications : par extension, toute donnée qui permet d'identifier précisément une *information* ou un objet ; par exemple l'*adresse* d'une information dans une base de données ou dans une mémoire, le numéro d'un élément dans un système ou dans un réseau... Ainsi les coordonnées d'un *lecteur* de cd-rom connecté à une *guirlande* de type *SCSI* peuvent être le numéro du *contrôleur* SCSI auquel la guirlande est connectée et le numéro d'ordre du périphérique dans cette guirlande.

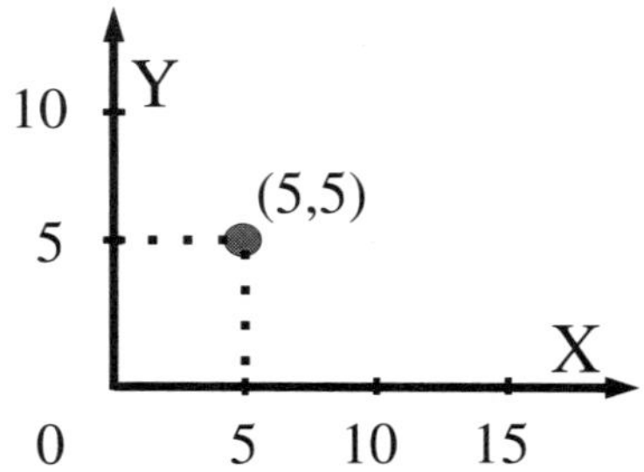

Corrélats : adresse, capteur de position.
Étymologie : emprunt à la langue commune. *Français* : XVIIIe siècle < "co-" préfixe savant marquant la jonction ou la réunion + "ordonnées" (XVIIe siècle) < "ordonner" (XIVe siècle) < "ordener" (XIIe siècle). *Latin* : **co-** : "cum" (avec) + **ordener** : "ordinare" (mettre en ordre). *Indo-européen* : "*kom" (à côté, auprés, avec) [Pokorny p. 612] + "*ar-" (assembler) [Pokorny p. 55].

Copie n.f.
[Anglais : copy]

Audiovisuel et informatique

1. Duplication d'une information sur un support.

2. Résultat de cette action.

Audiovisuel : on fait une copie des bandes originales de tournage avant de procéder aux opérations de post-production (copies de travail) ou pour distribuer le produit fini (copie de diffusion et copies pour distribution).
Informatique : la copie peut être faite dans un but de sauvegarde ou de distribution de supports.

Dans l'activité d'*édition*, la copie peut être sous la responsabilité du *producteur* ou du *distributeur*, suivant le type de contrat qui est passé entre eux.

Corrélats : adresse.
Étymologie : emprunt à la langue commune. *Français* : XIVe siècle au sens moderne, XIIe siècle au sens latin. *Latin* : "ops" (abondance, ressource, richesse, force, aide, assistance). Ops était la déesse de l'abondance, femme de Saturne > "*co-ops, cops" (abondamment fourni, riche) > "copia" (abondance, ressource). *Indo-européen* : "*op-" (travailler, produire en abondance, produit du travail, richesse) [Pokorny p. 780].

Copie d'écran n.f.
[Anglais : hardcopy]

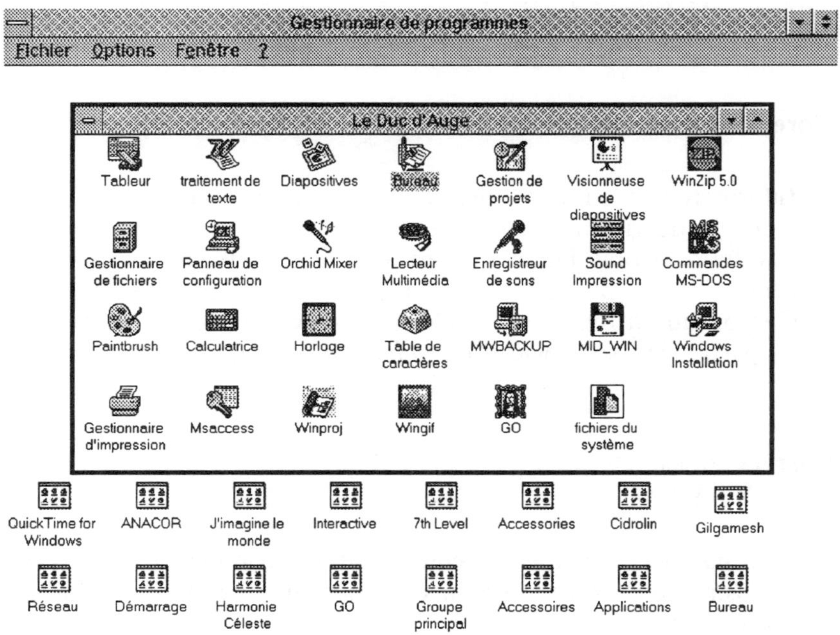

Informatique : copie de l'image qui est affichée sur un écran. Il existe en général une touche de copie d'écran sur les claviers des micro-ordinateurs qui permet de mémoriser dans un fichier l'image de l'écran pour l'insérer ensuite dans un document et l'imprimer. L'image ci-dessous est une copie de l'écran d'accueil d'un micro-ordinateur.

Copier v.

[Anglais : to copy]

Audiovisuel et informatique : procéder à une *copie.*

CORBA s.a.

Common Object Request Broker Architecture (traduction littérale : Architecture pour un intermédiaire commun dans les requêtes d'objet)

Informatique : proposition de standard émise par l'*OMG* concernant les échanges entre objets dans les applications tournant sur des architectures distribuées.

Corel Corporation n.s.

Informatique : éditeur canadien de logiciels spécialisé dans les logiciels de dessin assisté par ordinateur. Corel a notamment développé Corel Draw qui est l'un des meilleurs produits de dessin assisté par ordinateur disponibles sur le marché. Corel Corporation a repris, en 1993, l'activité de la société Ventura et, en particulier, son logiciel de *publication assistée par ordinateur.*

Correcteur adj.

[Anglais : corrector]

Informatique : qualifie un code dont la redondance permet de corriger une éventuelle erreur dans la manipulation des informations. Voir *code autocorrecteur.*

Correction de temps exp.
[Anglais : time correction]

Électronique : compensation des variations dans le temps d'un signal de synchronisation (voir *synchrone*). Une expression plus juste serait correction de la *base de temps.*

En audiovisuel par exemple, la variation de la tension de la *bande magnétique* lue par un *magnétoscope* peut provoquer des *sautillements* dans le signal sortant qui se retrouvent à l'écran. La correction de temps permet de rétablir une bonne synchronisation et d'éliminer les sautillements parasites.

Corrélats : base de temps, synchrone.

COSE s.a.
Common Open Software Environment (traduction littérale : environnement commun pour logiciels ouverts)

Informatique : groupement de constructeurs informatiques visant à standardiser les environnements *Unix* pour faciliter la portabilité des applications. IBM, Hewlett-Packard, SCO, Sunsoft et Novell sont les membres fondateurs de ce consortium. COSE a rejoint la fondation *OSF* en février 1994 et a notamment développé CDE (Common Desktop Environment), *interface graphique* destinée au monde Unix.

Costume n. m.
[Anglais : costume]

1. Audiovisuel : un des éléments du *langage cinématographique.* Les costumes de cinéma, en général plus réalistes que ceux du théâtre, participent à la *mise en scène* avec les *décors* et l'*éclairage* pour renforcer l'*effet de réalité* (évocation d'une époque, d'un lieu, d'une classe sociale...). Ils ont aussi un rôle expressif ou symbolique, en complément ou contrepoint de l'éclairage et du décor.

2. Informatique : *périphérique d'entrée* d'un ordinateur dans un système de *simulation virtuelle.* Souvent appelé costume sensitif, il est une extension du *gant sensitif* à l'ensemble du corps. Il dispose de *capteurs* qui envoient à l'ordinateur des informations décrivant les mouvements du corps (genoux, chevilles, bras, poignets...). Un modèle de recherche, appelé Datasuit, fut développé en 1987 par la société *VPL.*

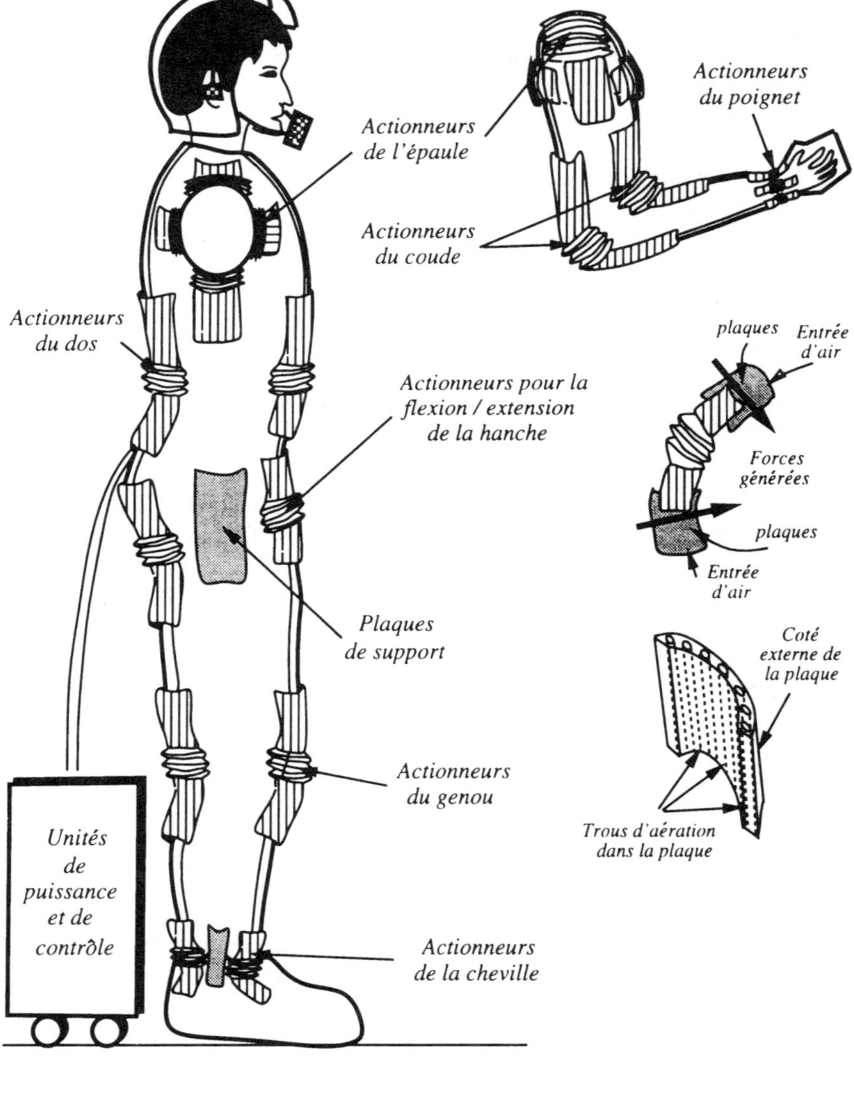

Exemple de costume sensitif.
(*D'après : La réalité virtuelle,* G. Burdéa, Ed. Hermès)

Bibliographie : **1.** Martin 94. **2.** Burdéa 93, Kalawsky 93, Rheingold 93.
Corrélats : **1.** langage cinématographique. **2.** gant sensitif, simulation virtuelle.
Étymologie : emprunt à la langue commune. *Français* : XVIIe siècle, terme d'art. *Italien* : "costume" (vérité des usages et des vêtements reproduits dans les œuvres d'art). *Latin* : "consuetudo" (habitude, coutume, usage) < "cum" (avec) + "suesco" (s'accoutumer à). *Indo-européen* : "*kom-" (à côté, auprés de, avec) [Pokorny p. 612] + "*seue-" (soi) > "*swedh-sko-" (être habitué à) [Pokorny p. 882].

Couche n.f.

[Anglais : layer]

Informatique : ensemble de composants matériels, de fonctions, de routines ou de programmes considérés comme un tout dans un ensemble plus vaste. On représente souvent un logiciel complexe, tel un système d'exploitation, sous forme d'un schéma où les différentes fonctions sont superposées, comme le sont les couches géologiques d'un terrain.

Par exemple : dans une application gérant une banque d'images, une couche logicielle pourrait se charger de la recherche des images, une autre du dialogue avec l'utilisateur, etc.
En transmission, un exemple de couches est donné par le modèle d'*interconnexion de systèmes ouverts* proposé par l'*ISO*.

Une présentation de l'architecture d'un ordinateur en termes de couches matérielles et logicielles est donnée dans [Tanenbaum 91] : on y décrit successivement la couche physique, la couche microprogrammée, la couche conventionnelle, la couche du système d'exploitation et la couche de langage d'assemblage.

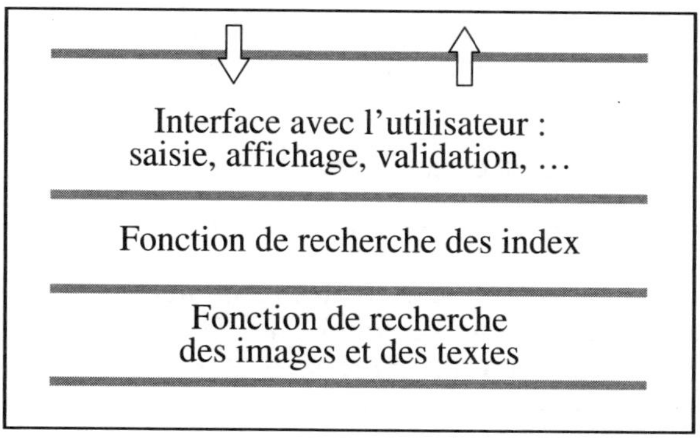

Exemple de schéma logiciel en couches.

Étymologie : emprunt à la langue commune. *Français* : XIIIe siècle “étendue horizontale de quelque chose” dérivé de “coucher”. *Latin* : “collocare” (placer, faire asseoir, coucher, étendre dans sa longueur) < “cum” (avec) + “locare” (placer puis se placer d’où louer) < “locus” (lieu, place, endroit) < *vieux latin* : “stlocus”. *Indo-européen* : “*stel-” (mettre, mettre debout, poser, placer) [Pokorny p. 1019].

Couleur n.f.

[Anglais : colour, américain : color]

Audiovisuel

1. Sensation visuelle captée par les cônes de la rétine et correspondant aux différentes longueurs d’ondes de la *lumière.* Toute sensation de couleur, produite par une onde quelconque, peut être obtenue par la composition de trois autres ondes correctement sélectionnées (voir *couleurs primaires*). La couleur perçue d’une lumière, directe ou réfléchie, dépend de sa *luminance* (elle est plus ou moins claire), de sa longueur d’onde (elle a une *teinte* précise) et de sa *saturation* (elle est plus ou moins mélée de blanc). Les couleurs des objets que nous percevons correspondent aux radiations qu’ils réfléchissent. Un objet qui réfléchit uniformément toutes les composantes du spectre nous apparaît blanc (voir *couleur complémentaire*) et un objet qui les absorbe toutes est noir.

2. La couleur est une des deux principales caractéristiques de la lumière, avec la luminosité. La couleur varie avec la *fréquence* de l’onde lumineuse tandis que la luminosité varie avec son *amplitude.* Une couleur monochrome correspond à une onde qui n’a qu’une seule fréquence. La couleur est l’objet d’étude de la colorimétrie. Pour faciliter les échanges, l’industrie et la recherche, la dénomination des couleurs est normalisée (voir *Commission Internationale de l’Eclairage*).

3. Information codée par la *chrominance* d’un signal.

4. Par extension, qualification d’un *bruit* (voir ce terme).

Le choix des couleurs est un des éléments du *langage cinématographique.* La couleur accroit l’*effet de réalité,* mais sa véritable fonction est avant tout expressive et symbolique. Les idées ou sentiments associés aux couleurs varient en fonction du contexte historique et social et l’utilisation de teintes chaudes (rouges et jaunes) ou froides (verts et bleus), du noir et blanc, du bistre...

donne autant de moyens d'expression au réalisateur. Le rouge évoque par exemple le feu, la passion ou la violence et le vert plutôt le calme et la sérénité...

♦ Histoire

La couleur au cinéma date des années 30 : le premier long métrage en couleur date de 1935 mais la couleur ne s'est généralisée que dans les années 50. Cependant dès le début du cinéma les réalisateurs ont fait colorier leurs films par des procédés manuels. Les premières émissions de télévision en couleur en France eurent lieu en 1963, avec le procédé *SECAM* et la couleur ne s'est généralisée à la télévision que dans les années 80.

♦ Technique

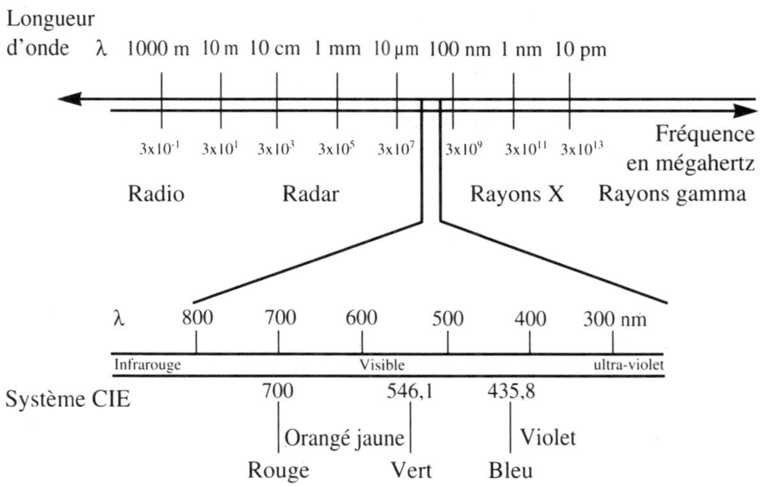

Spectre des fréquences des rayonnements lumineux.

(*D'après : Vidéo, principes et techniques,* F. Luxereau, Éd. Dujarric.)

♦ Codage des couleurs

Une image en couleur peut être codée dans un espace à trois dimensions. Le choix de cet espace dépend du traitement que l'on veut faire du signal obtenu.

On utilise en général le modèle de référence rouge, vert, bleu de la *Commission Internationale de l'Éclairage* (*RVB*, voir ce terme) pour les opérations de *capture* ou de restitution sur un *écran*. La restitution sur papier se fait dans un système turquoise, pourpre, jaune (CMY) souvent enrichi de noir (*CMYK*, voir ce terme).

Pour le traitement des images (retouche, modification ...), on utilise un système dont les composantes sont plus équilibrées, comprenant la *teinte*, l'*intensité* et la *saturation* (*HSI*, voir ce terme) et qui permet une meilleure précision dans les calculs.

Pour la transmission enfin, où se posent des problèmes de largeur de bande et de compatibilité avec les récepteurs noir et blanc, on passe par des codages de type *YDrDb* (voir ce terme) et *composites* (voir ce terme).

Bibliographie : Besson 88, Goethe 73.
Corrélats : chrominance, langage cinématographique, luminance, synthèse des couleurs.
Étymologie : emprunt à la langue commune. *Français* : Xe siècle. *Latin* : "color" (couleur). *Indo-européen* : "*kel-" (couvrir, sauvegarder, protéger) > "*kel-os-" (ce qui recouvre) [Pokorny p. 553].

Couleur complémentaire exp.

[Anglais : complementary colour]

Audiovisuel : on qualifie de complémentaires, des *couleurs* qui, associées entre elles, donnent du blanc. Dans le schéma ci-dessous, chaque couleur est obtenue par la *synthèse* des deux qui l'encadrent et les couleurs opposées sont des complémentaires.

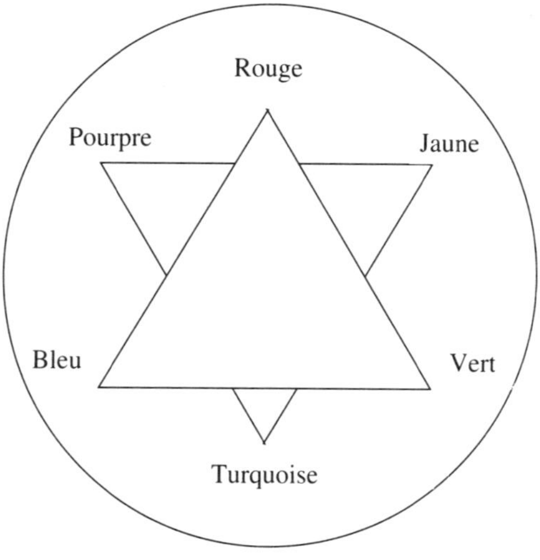

Le cercle des couleurs complémentaires.

Couleur primaire exp.
[Anglais : primary colour]

Audiovisuel : on qualifie de primaires des *couleurs* qui, associées entre elles selon une certaine méthode, permettent de reproduire l'ensemble du *spectre* visible des couleurs.

Par exemple : le rouge, le vert et le bleu sont trois couleurs primaires (ce sont celles qui correspondent aux groupes spécialisés de cônes qui recouvrent la rétine). Toutes les couleurs, convenablement associées, peuvent être des couleurs primaires. Cependant, par commodité, on n'en utilise qu'un nombre restreint. La *Commission Internationale de l'Éclairage* (CIE) a défini, en 1936, un système de couleurs primaires dit *RVB* ; ce système détermine les longueurs d'ondes des trois couleurs fondamentales, à savoir : le rouge, le vert et le bleu. Ces trois couleurs sont particulièrement utilisées en vidéo. Le turquoise, le pourpre et le jaune, qui sont leurs complémentaires, sont également des couleurs primaires ; elles sont utilisées en imprimerie.

Corrélat : synthèse.

Coupe n. f.
[Anglais : cut]

Audiovisuel

1. Plan de coupe : plan court intercalé au montage entre deux plans pour servir de *transition.*

2. Coupe franche : type de *transition* par simple juxtaposition des images, le son restant généralement continu. Ce type de transition est très utilisé en télévision par exemple lorsque la *régie* bascule d'une caméra à une autre.

Bibliographie : Maillot 94, Martin 94, Passek 86.
Corrélats : langage cinématographique, montage, plan, rythme, séquence.
Étymologie : emprunt à la langue commune. *Français* : XIIIe siècle, < "coup" XIe siècle. *Latin* : "colpus", forme populaire de "colaphus" (taloche, coup de poing), emprunt savant au grec. *Grec* : "kolaphos" (mutilation > punition, châtiment, soufflet, giffle). *Indo-européen* : "*kel-, *kla-, ..." (couper, tailler, battre, frapper) [Pokorny p. 545].

Courbe de Bézier exp.
[Anglais : Bézier]

Informatique : en dessin assisté par ordinateur, courbe qui comprend des *points de commande*. On peut modifier la courbure et l'aspect de la courbe par la manipulation de ces points de commandes.

Corrélats : dessin assisté par ordinateur, fonction graphique.
Étymologie : du nom de l'ingénieur français Pierre Bézier.

Courrier électronique exp.
[Anglais : electronic mail]

Informatique et télécommunications : échange de courriers par l'intermédiaire d'un *ordinateur* connecté à un *réseau*. Le courrier électronique est une des fonctions de la *messagerie électronique* rendue familière en France par l'usage du *minitel* ; dans la pratique, on confond souvent courrier électronique et messagerie électronique qui sont deux applications *télématiques* semblables.

♦ **Fonctions d'un logiciel de courrier électronique**

- Gérer le réseau.
  - Mise à disposition d'un annuaire.
  - Acheminement des messages.
  - Tenue d'une boîte aux lettres communes servant de forum.
  - Statistiques sur l'utilisation du réseau.
- Gérer les boîtes aux lettres des abonnés.
  - Signaler l'arrivée de messages.
  - Tenir un journal récapitulatif des courriers émis et reçus.
  - Classer le courrier suivant différents mots-clés,
  - Envoyer automatiquement un accusé de réception signifiant à l'émetteur que le message est bien dans la boîte aux lettres du destinataire.
  - Envoyer automatiquement un accusé de lecture signifiant à l'émetteur que le contenu du message a été affiché sur l'écran du destinataire.
  - Rappeler qu'un courrier arrivé n'a toujours pas reçu de réponse.
  - Fonctions de traitement de texte (mise en page, couper-coller...).
  - Tenir des listes de distribution automatiques.
  - Tenir des listes de destinataires en copie.
  - Possibilité de faire suivre un courrier : duplication automatique d'un courrier reçu.
  - Répondeur automatique en cas d'absence...

Limites du courrier électronique
Le courrier électronique tarde à rencontrer le succès espéré. Plusieurs raisons peuvent être identifiées : le coût des systèmes (l'envoi d'une lettre sur minitel coûte plus cher que par la poste), les problèmes de performances et de standardisation, le manque de simplicité dans l'utilisation et le manque d'habitude : alors qu'on est habitué à manipuler les feuilles de papier, le texte électronique a un caractère froid, anonyme, insaisissable et distant ; de plus ses facilités de contrôle (enregistrement systématique des heures d'émission, de réception et de consultation) peuvent le faire percevoir comme un mouchard... Il faudra un certain temps pour que cet outil devienne un complément de la communication écrite et orale. Les expériences réussies sont fondées sur le volontariat ou sur une grande ouverture du réseau mis en place.

	Avantages	Inconvénients
Émission de messages	• N'importe où, n'importe quand [(1)]	• Avoir un terminal [(1)]
	• Rapidité de l'acheminement [(2)]	
	• Sécurité de l'acheminement [(3)]	
	• Listes de diffusion	• Inflation des destinataires
	• Listes « en copie » automatiques	• Inflation des copies
	• Traitement de textes	
	• Accusé de réception	
	• Accusé de lecture	• Et ma vie privée ?
Consultation de messages	• N'importe où, n'importe quand [(1)]	• Froideur de l'écran
	• Signal d'arrivée de courrier	• Anonymat des lettres
	• Traitement de textes	• Taille de l'écran
	• Tri	• Inconfort de lecture
	• Rappel de réponses à faire	
	• « Faire suivre » automatique	
Gestion de la boîte	Archivage, tri, classement	
	• Répondeur en cas d'absence	
	• Statistiques d'utilisation	

(1) Avec un ordinateur portable muni d'une *carte de communication*, on peut consulter ou envoyer ses courriers depuis n'importe quel endroit pourvu d'une prise téléphonique et à n'importe quelle heure.
(2) Un message émis est livré dans la minute qui suit.
(3) En cas de problème de transmission, l'émetteur est immédiatement averti et peut réexpédier son message.

Courrier électronique et multimédia
C'est peut-être avec le multimédia que le courrier électronique trouvera sa place. L'échange de documents *composites* apportera en effet une qualité d'information inaccesible à l'écrit traditionnel ou à la parole. Il faudra encore quelques années avant que le courrier électronique *multimédia* ne devienne accessible au grand public : le temps de mettre en place les autoroutes de l'information, de banaliser l'informatique domestique et de modifier les mentalités...

♦ Exemples de configurations
Il existe de nombreux systèmes de courrier électronique qui diffèrent par leur *architecture* et par le nombre et la qualité des services qu'ils rendent ; le choix d'un système dépend des besoins et du budget de l'utilisateur. Les figures 1 et 2 ci-dessous en donnent deux exemples.
La figure 1 présente une application simple sur *réseau local* bien adaptée par exemple aux besoins d'une entreprise. Chaque *micro-ordinateur* est connecté au réseau par une *carte de communication.* Il dispose de sa propre capacité de stockage, d'un logiciel de courrier électronique et d'un logiciel de communication. Le réseau local ne remplit que les fonctions de *routage.* Le logiciel de courrier électronique et les boîtes aux lettres sont installés sur chaque micro-ordinateur.

On peut décider de confier la gestion du courrier électronique à un seul et même micro-ordinateur sur le réseau local ; on choisit ainsi une *architecture client-serveur.* Le micro-ordinateur spécialisé joue le rôle de *serveur* et soulage les autres machines d'un certain nombre de fonctions propres au courrier électronique ; ce type de solution se rappoche de celle présentée à la figure suivante.

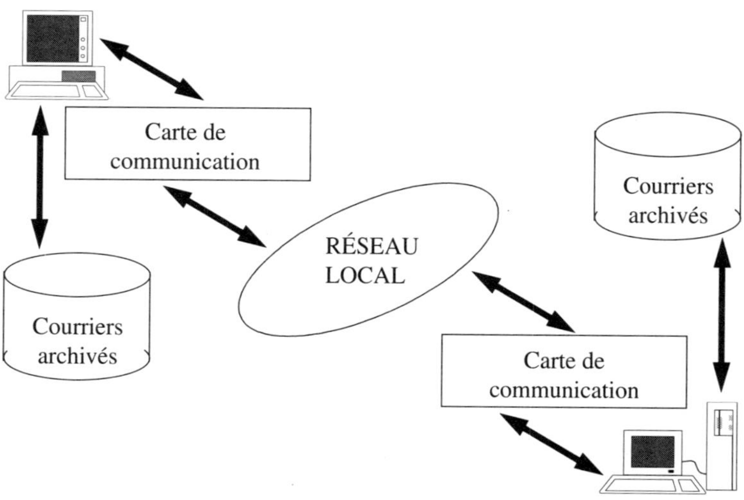

Figure 1 Application décentralisée.

Dans la figure 2 les ressources de stockage et de traitement du courrier sont centralisées. Les grandes entreprises ou les applications destinées au grand public, en particulier les serveurs minitels, adoptent ce type d'architecture. Le premier avantage repose sur l'économie réalisée en matériels et en logiciels : un seul ordinateur, un seul logiciel et une gestion centralisée des boîtes aux lettres et des échanges. Cet avantage est particulièrement sensible lorsque les matériels et les logiciels évoluent : il résout simplement les problèmes de compatibilité entre différentes versions. L'inconvénient, dans notre exemple, tient à la rusticité du terminal de consultation : le minitel coûte moins cher qu'un micro-ordinateur (il a même été donné gratuitement) mais n'offre pas sa souplesse pour mettre en forme, traiter ou imprimer des documents. Avec l'arrivée de l'informatique familiale, le problème du coût du terminal se pose moins et les courriers électroniques sur des réseaux de type *Internet* sont destinés, à terme, à remplacer le minitel.

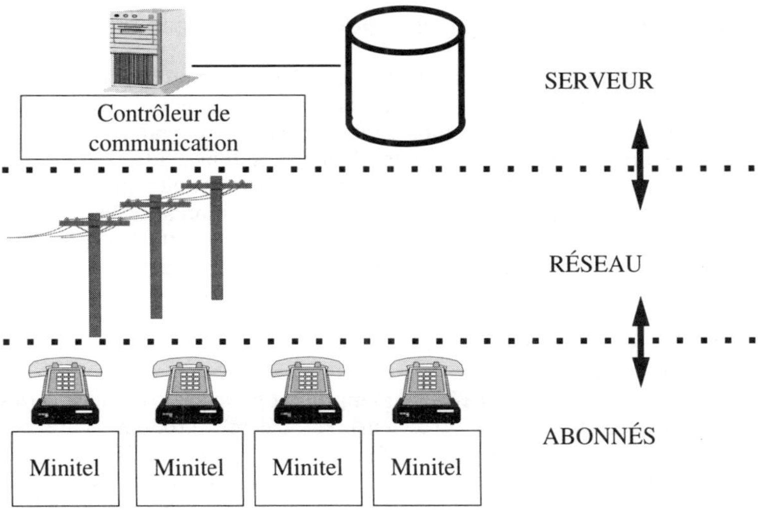

Figure 2 Application avec serveur central.

Corrélats : application, carte de communication, Internet, télématique.
Étymologie : néologisme. **Courrier** : emprunt à la langue commune. *Français* : XIIIe siècle. *Italien* : "corriere" (courrier). *Latin* "currere" (courrir). *Indo-européen* : "*kers-" (courrir) [Pokorny p. 583]. **Électronique** : *Français* : XXe siècle < "electron" emprunt à l'anglais. *Anglais* : "electron" (électron) XIXe siècle. *Latin* "electrum" (ambre). *Grec* "êlektron" (l'ambre jaune) qui produit des étincelles quand il est frotté ; origine obscure.

CPU s.a.
Central Processing Unit

Voir *processeur central.*

CRAY Research n.s.

Informatique : constructeur américain de supercalculateurs parmi les plus puissants du monde. Cray Research développe notamment des machines massivement parallèles disposant de plusieurs centaines de processeurs.

Créateur de liens exp.
[Anglais : link editor]

Informatique : outil logiciel d'aide au développement.

♦ Un programme peut être découpé en plusieurs modules, chaque module correspondant à la réalisation d'une fonction particulière. L'avantage est que l'on peut réutiliser le même module dans plusieurs programmes. C'est ce que fait un compilateur : lors de la compilation, il indique, entre autres, qu'il faut insérer, à certains endroits du programme, des modules préécrits et livrés avec le système d'exploitation. Une fois la compilation achevée, il faut passer par une phase dite de liens au cours de laquelle on va attacher au programme les différents modules choisis par le compilateur. Un créateur de liens est un programme qui automatise cette phase du travail.

Bibliographie : Tannenbaum 91.
Corrélats : compilation, lien.
Étymologie : néologisme. **Créateur** : emprunt à la langue commune. *Français* : XIIe siècle. *Latin* "creator" (créateur) < "creare" (produire, faire pousser, grandir, créer). *Indo-européen* : "*ker-" (croître, grandir) [Pokorny p. 577]. **Lien** : emprunt à la langue commune. *Français* : XIIe siècle. *Latin* "ligamen" (lien) < "ligare" (lier). *Indo-européen* : "*leig-" (lier) [Pokorny p. 668].

Crénelage n.m.
[Anglais : aliasing]

Audiovisuel : déformation d'un *signal* par perte de continuité. Le crénelage est fréquent dans la reproduction *analogique* d'un signal *numérique.* Il est atténué par l'opération de *lissage.* Pour les images, le crénelage se manifeste par l'apparition d'un effet d'escalier. Il est particulièrement visible à l'endroit où l'inclinaison d'un tracé est proche de celle de la trame du système de reproduction (par exemple : du balayage des lignes sur un écran ou de la trame d'impression sur un papier). L'effet d'escalier est plus sensible lorsque les images ont une faible définition (exprimée en nombre de points et en nombre de lignes). Dans la restitution des sons, le crénelage se traduit par la production de bruits et d'un effet de tremblement.

Exemple de reproduction d'une image avec crénelage.

Bibliographie : Chaillou 92, Louguet 92, Péroche 91.
Étymologie : emprunt à la langue commune. *Français* : XVIIIe siècle. < "cran" XIIe siècle < "créner" (entailler). Peut-être issu d'un mot latin : "*crena" (cran).

CRT s.a.
Cathode Ray Tube

Audiovisuel : voir *tube à rayons cathodiques.*

*Cryptage n.m.
[Anglais : ciphering]

Audiovisuel, informatique et télécommunications : opération qui consiste à rendre illisible une information en la modifiant suivant un *algorithme.* Le cryptage est utilisé par les chaînes de télévision à péage et, en informatique ou en transmission, pour la sécurité et l'inviolabilité des données. En vidéo et en télécommunication, on préférera le terme d'embrouillage.

♦ **En vidéo**, France Télécom a développé depuis 1988 le système d'embrouillage Eurocrypt. Ce système a été reconnu en 1992 comme norme européenne. Il se met en œuvre par l'installation d'un terminal *Visiopass* et d'une carte à mémoire associée pour désembrouiller les programmes. Ce matériel permet aussi de décoder les signaux *D2-Mac*. "Syster" est un autre système d'embrouillage utilisé notamment par Canal +.

En informatique, les années 80 ont vu le développement de deux procédés de cryptage réputés inviolables : le DES et le RSA. Le DES (Data Encryption Standard) est un système mis au point par IBM en 1977 et aujourd'hui majoritairement utilisé dans l'industrie du logiciel et des cartes à puces. Le DES est basé sur des transpositions, des substitutions et sur l'utilisation de clés. Ses concepteurs annoncent qu'il faudrait 2 000 ans pour retrouver l'algorithme inverse par les moyens informatiques les plus puissants. Le RSA, algorithme proposé par les trois cryptologues Rivest, Shamir et Adleman en 1977, est basé sur la théorie des nombres premiers.

Corrélats : télévision à péage, décryptage, compression, syster, visiopass.
Étymologie : *grec* : kryptos (caché). *Indo-européen* : "*kra(u)" (caché) [Pokorny pp. 616-617].

*Crypter v.

[Anglais : to cipher, to encipher]

Audiovisuel, informatique et télécommunications : effectuer un *cryptage*.

*Crypteur n.m.

[Anglais : cipher unit]

Audiovisuel, informatique et télécommunications : appareil effectuant un *cryptage*.

CSA s.f.

Audiovisuel : voir *Conseil Supérieur de l'Audiovisuel*.

CUA s.a.

Common User Access

Informatique : ensemble de recommandations concernant la définition d'une *interface d'utilisation*. Ces recommandations font partie de l'ensemble de la stratégie de l'*Architecture Unifiée* *d'Application* (SAA) d'IBM. Elles sont mises en pratique dans le produit Presentation Manager qui est l'interface d'utilisation du système d'exploitation OS/2 et dans l'interface *Windows* développée par la société *Microsoft* pour son système d'exploitation MS-DOS.

Cue t.a.

Audiovisuel : voir *réglage.*

Curseur n.m.
[Anglais : cursor]

Informatique : pointeur qui apparaît sur l'écran sous forme d'une *icône* ou d'un caractère spécial (en général un trait, un triangle ou un carré) clignotant, inversé ou surbrillant. Le curseur est un outil important dans la gestion de l'*interactivité.* Il sert de guide et de repère à l'utilisateur. Le déplacement du curseur est piloté, par l'intermédiaire d'un programme, par le *clavier*, la *souris* ou une *boule.* L'utilisation des *écrans tactiles* supprime la nécessité du curseur.

Corrélats : clic, écran, interface d'utilisation.
Étymologie : emprunt à la langue commune. *Français* : XVIe siècle. *Latin* : "cursor" (coureur) < "curro" (courir). *Indo-européen* : "*kers-" (courir) [Pokorny p. 583].

Cut t.a.

Audiovisuel : voir *montage.*

Cyan n.m.
[Anglais : cyan]

Général : synonyme de turquoise. Le cyan est *complémentaire* du rouge. En synthèse additive, le cyan est obtenu par le mélange du vert et du bleu. En synthèse soustractive, c'est l'une des trois couleurs primaires avec le magenta et le jaune.

Corrélat : CYMK.
Étymologie : emprunt à l'anglais. *Français* : 1950. *Anglais* : emprunt au *grec* : "kuanos" (bleu clair).

Cyber- préfixe
[Anglais : cyber-]

Général : néologisme utilisé par les services publicitaires des entreprises et la presse à grand public. Il connote tout ce qui est lié au multimédia, à la simulation virtuelle et aux nouvelles techniques de l'information en général.

Étymologie : emprunt à l'anglo-américain. *Grec* : "kubernan" (piloter, diriger) qui a donné aussi gouvernail, gouverner et cybernétique. Origine obscure.

CyberGlove n. mq.

Informatique : voir *gant sensitif.*

Cycle de vie exp.
[Anglais : life cycle]

Général : enchaînement des différentes phases de la vie d'un produit. On distingue traditionnellement :
a. La préétude qui aboutit à la rédaction d'une étude d'opportunité.
b. L'étude qui décrit le produit ; cette phase se divise elle-même en deux grandes étapes : l'étude fonctionnelle et l'étude organique.
Au cours des phases a et b, sont écrites les spécifications du produit.
c. Le développement.
d. Le test et la mise au point.
e. L'installation.
f. L'exploitation et la maintenance ; cette phase est la plus longue et la plus coûteuse.
g. La fin de vie qui est une phase particulièrement délicate qui doit normalement déboucher sur l'apparition d'un produit de remplacement.

La durée de vie des produits est normalement définie dès leur conception. Elle varie en fonction des domaines mais tend à se raccourcir, en particulier dans le multimédia.

Corrélat : atelier de génie logiciel.
Étymologie : mot composé. **Cycle** : emprunt à la langue commune. *Français* : XVIe siècle. *Latin* : "cyclus" (cercle). *Grec* : "kuklos" (cercle). *Indo-européen* : "*kwel-" (tourner, contourner) [Pokorny p. 639]. **Vie** : emprunt à la langue

commune. *Français* : XIe siècle. *Latin* : “vita” (vie, moyen ou façon de vivre). *Indo-européen* : “*gwei-” (vivre) [Pokorny p. 467].

Cyrix n.s. et n. mq.

Informatique : constructeur texan de matériel informatique spécialisé dans la fabrication de *clones* de processeurs *Intel.*

Corrélats : INTEL, clone.

D

D1 n. mq.

Audiovisuel : premier format d'enregistrement numérique sur bandes magnétiques, défini par le *SMPTE*. Les premiers magnétoscopes au format D1 sont apparus en 1986.

♦ L'enregistrement est segmenté, à composantes et conforme au standard numérique 4:2:2. Le codage se fait sur 8 bits avec un échantillonnage à 13,5 MHz pour la luminance (Y) et 6,75 MHz pour chaque signal de chrominance (Cr et Cb). Le débit est de 216 Mbits/s, ce qui impose une segmentation de 6 segments par trame. Le format est indépendant des systèmes de diffusion. Les bandes ont une largeur de 19 mm (3/4 de pouce) et un revêtement de type oxyde. Elles sont disponibles dans des cassettes de 6,34 ou 94 minutes.

Bibliographie : INA 93, Mahieu 89.
Corrélats : enregistrement, format.

D2 n. mq.

Audiovisuel : format d'enregistrement numérique sur bandes magnétiques proposé par *Ampex* en 1988. Le format D2 se veut le successeur du format analogique 1 pouce : *C*.

♦ Le codage composite numérise les signaux *NTSC* ou *PAL* sur 8 bits avec un échantillonnage à 17,72 MHz en PAL et à 14,32 MHz en NTSC. Le débit est de 152 Mbit/s, ce qui impose la segmentation (4 segments par trame). Comparé au format *D1*, le débit est plus faible mais la densité d'enregistrement est plus élevée. Les bandes sont à revêtement métallique d'une largeur de

19 mm (3/4 de pouce), présentées sous forme de cassettes de durée de 32, 94 ou 208 minutes.

Bibliographie : INA 93, Mahieu 89.
Corrélats : enregistrement, format.

D2-Mac n. mq.

(abréviation de D2-Mac Paquet)

Audiovisuel : système de *codage* des signaux de télévision à *composantes* multiplexées permettant d'obtenir une meilleure image que les systèmes *composites* traditionnels et un son stéréophonique de la qualité des disques compacts. Les images sont codées en analogique et le son en numérique. Ce système était utilisé en 1993 pour la diffusion de certaines émissions sur satellite (TDF, Télécom 1).

Une bataille a eu lieu au début des années 1990 au sein de la communauté européenne pour savoir s'il fallait imposer le D2-Mac comme norme d'attente de la *Télévision à Haute Définition* (qui devait être le HD-Mac). Après l'abandon du code HD-Mac comme future norme de télévision à haute définition, le débat a été tranché en septembre 1993 par la signature d'un accord de coopération européenne ("Memorandum of Understanding" : déclaration d'intention) signé par 84 organisations européennes : la future télévision à haute définition européenne sera numérique et la CEE décidait de promouvoir le format 16/9, quel que soit le code utilisé. Il n'y a plus de format de transition, le D2-Mac ne sera pas une norme européenne.

♦ Dans le codage D2-Mac, les trois signaux de son, de luminance et de chrominance étaient envoyés successivement, ce qui supprimait les interférences entre ces signaux ; étaient également supprimées les imperfections de l'image qui en découlaient : en particulier les effets de *moirage* et les bavures de couleur. La qualité de l'image était améliorée par rapport aux systèmes composites traditionnels : sa définition passait de 500 à 700 pixels par ligne. Le D2-Mac autorisait le format de reproduction 16/9 qui donne une image spectaculaire.

Corrélats : DIDON, HD-Mac, Mac, télévision à haute définition.

D3 n. mq.

Audiovisuel : format d'enregistrement numérique *composite* qui numérise les signaux *NTSC* ou *PAL*, proposé par NHK en 1990. Le format D3 est concurrent du D2 avec lequel il reste compatible.

♦ Le codage se fait sur 8 bits avec un échantillonnage à 17,72 MHz en PAL et à 14,362 MHz en NTSC. Le débit est de 152 Mbit/s, ce qui impose la segmentation (4 segments par trame). Comparé au format D1, le débit est plus faible mais la densité d'enregistrement est plus élevée et utilise la technique d'entrelacement des données audio et vidéo. Les bandes sont à revêtement métallique d'une largeur de 12,65 mm (1/2 pouce), présentées sous forme de cassettes.

Bibliographie : INA 93, Mahieu 89.
Corrélats : enregistrement, format.

D5 n. mq.

Audiovisuel : format d'enregistrement à *composantes* numérique appelé aussi DX-10. Il reprend les mêmes cassettes que le D3 mais utilise un codage sur 10 bits (au lieu de 8). Le débit prévu est de 300 Mbit/s.

Corrélats : enregistrement, format, D3.

DAB s.a.
Digital Audio Broadcasting

Audiovisuel : voir *diffusion audionumérique.*

DAO s.f.

Informatique : voir *Dessin Assisté par Ordinateur.*

DAT s.a.
Digital Audio Tape (bande audionumérique)

Audiovisuel : type de cassette audionumérique lancé par *Sony* et utilisée pour les enregistrements professionnels. Sony n'a pas réussi à imposer ce format de cassette comme standard grand public, malgré ses qualités de reproduction sonore qui égalent celles du disque compact audio.

Data t.a.

Informatique : voir *données.*

Étymologie : *latin* : “donare” (donner). *Indo-européen* : “*do-” (donner) [Pokorny p. 223].

Data base t.a.

Informatique : voir *base de données.*

Data communication t.a.

Informatique et télécommunication : voir *communication de données.*

DataGlove n. mq.

Informatique : voir *gant sensitif.*

DAVIC s.a.
Digital Audio-Visual Council (Conseil de l'audiovisuel numérique)

Audiovisuel : association internationale mise en place en 1994 pour contribuer au développement des applications et services audiovisuels numériques en mode diffusé et interactif. Elle participe également à la normalisation des *interfaces*, des *protocoles* et des *architectures* des systèmes de diffusion. Un groupe de travail s'est constitué en son sein pour définir un *boîtier* complémentaire des récepteurs de télévision ; il a tenu ses premières réunions en 1995. DAVIC travaille en liaison avec l'*ATM* Forum.

dB u.i.

Voir *décibel.*

DCB s.f.

Informatique : voir *Décimal Codé Binaire.*

DCC s.a.

Digital Compact Cassette (cassette compacte numérique)

Audiovisuel : cassette audionumérique lancée par Philips en 1992. Les lecteurs de ces cassettes peuvent aussi lire les anciennes cassettes audio analogiques. La durée maximum d'écoute est de 75 min.

DCE s.a.

1. Informatique : abréviation de Distributed Computing Environment (traduction littérale : environnement pour une informatique distribuée).

Un des produits de l'*OSF* qui permet de développer et exécuter des logiciels de manière distribuée dans un réseau de machines *hétérogènes*.

2. Informatique et télécommunications : abréviation de Data Circuit terminating Equipment (traduction littérale : Équipement de Terminaison de Circuit de Données).
Voir *ETCD*.

DCT s.a.

Discrete Cosine Transform (transformée en cosinus discrète)

Informatique : voir *TCD*.

DDD s.a.

Digital, Digital, Digital (numérique, numérique, numérique)

Audiovisuel : qualifie un type de *disque compact audio* pour lequel l'enregistrement initial, le *mixage* et la gravure ont été faits à l'aide de matériel numérique. S'oppose à *AAD* et *ADD*.

Débit n.m.

[Anglais : rate, throughput]

Audiovisuel, informatique et télécommunications : quantité d'information transmise par unité de temps. Le débit se mesure en bits par seconde (débit binaire), en octets par seconde ou en caractères par seconde.

Dans les *applications multimédias*, où les images et les sons engendrent de gros volumes d'informations binaires, le débit est un critère fondamental du choix des matériels.

La diminution significative du *taux d'erreur* des systèmes de transmission permet de simplifier les *protocoles* de communication dans les nœuds des réseaux et d'obtenir des débits plus élevés sur les *réseaux*.

Exemples de débits utilisés par le multimédia.

Place dans la chaîne de transfert d'informations	Débit moyen	Débit maximum	Voir le terme
Besoins issus de la production			
• Une diapositive numérisée sans compression avec une définition de 10 millions de pixels (3 octets par pixel) et affichée à partir d'un CD-ROM en 1 seconde	240 Mbit/s		Mode points
• Une diffusion d'images numérisées de télévision standard (24 images/s)			Télévision numérique
— sans compression	200 Mbit/s		
— avec compression	34 Mbit/s		
• En télévision à haute définition			Télévision numérique
— sans compression	1200 Mbit/s		
— avec compression	140 Mbit/s		
• Une diffusion d'images de visioconférence	0,128 Mbit/s	2 Mbit/s	Visioconférence
Capacités des réseaux			
• Réseaux locaux			
— Ethernet	1 Mbit/s	10 Mbit/s	Ethernet
— Réseau à jeton	4 Mbit/s	16 Mbit/s	Réseau à jeton

Exemples de débits utilisés par le multimédia. *(suite)*

Place dans la chaîne de transfert d'informations	**Débit moyen**	**Débit maximum**	**Voir le terme**
• Réseaux métropolitains			
– FDDI		100 Mbit/s	FDDI
• Réseaux à longue distance			
– Avec mode de transmission SDH	155 Mbit/s	2400 Mbit/s	SDH
– RNIS	0,064 Mbit/s	1,984 Mbit/s	RNIS
– ATM	> 100 Mbit/s	2400 Mbit/s	ATM
• Réseau hertzien	30 Mbit/s	140 Mbit/s	Télévision numérique
• Réseau par satellite	45 Mbit/s		Télévision numérique
Capacités des câbles			
• Câble bifilaire	0,064 Mbit/s	10 Mbit/s (sur petite distance)	Câble
• Câble coaxial	< 100 Mbit/s	> 100 Mbit/s (sur petite distance)	Câble
• Fibre optique	> 500 Mbit/s	12000 Mbit/s	Fibre optique
Capacité des ordinateurs			
• Lecteur de disques CD	1,2 Mbit/s	7,2 Mbit/s	Disque compact informatique
• Bus de micro-ordinateur	40 Mbit/s	1040 Mbit/s	Bus

Corrélats : compression, numérisation.
Étymologie : emprunt à la langue commune. Français : XVIe siècle (dérivé de bitte > débiter du bois > vendre au détail). *Indo-européen* : "*beidh-" (éclater, séparer) [Pokorny p. 116].

***Débogage** n.m.
[Anglais : debugging]

Informatique : élimination des *bogues* lors de la mise au point d'un programme. Le débogage se fait à l'aide d'outils logiciels appelés *débogueurs*.

Corrélats : développement, programmation.
Étymologie : néologisme. *Français* : XXe siècle, "déboguer" (voir ce terme) + "-age" > par dérivation "débogage". **-age** : suffixe, marque une collection d'objets de même espèce, un état, une action ou son résultat. *Latin* : "-aticum" suffixe abstrait.

***Déboguer** v.
[Anglais : to debug]

Informatique : éliminer les *bogues* d'un programme.

Corrélats : développement, programmation.
Étymologie : *français* : XXe siècle, préfixe "dé-" + "boguer" > par composition "déboguer". **Dé-** : marque la séparation, la division, la négation. Du *latin* : "dis-" (marque la séparation, l'écartement, la direction en sens opposé, et par extension le contraire, la négation) origine obscure. **Bogue** : voir *bogue*. **-er** : suffixe verbal d'origine latine.

***Débogueur** n.m.
[Anglais : debugger]

Informatique : programme d'aide à la mise au point des programmes. Un débogueur permet de détecter les bogues dans un programme et, éventuellement, de les corriger. Les débogueurs peuvent avoir des fonctions plus ou moins sophistiquées : exécution pas à pas, modification de variables en temps réel, affichage des valeurs en mémoire, etc.

Corrélats : développement, programmation.
Étymologie : *français* : XXe siècle, "déboguer" (voir ce terme) + "-eur" > par dérivation "débogueur". **-eur** : suffixe qui s'ajoute aux verbes pour fournir des noms d'agents. *Latin* : "-orem".

DEC n.s. et n. mq.
Digital Equipment Corporation

Informatique : voir *digital.*

Décibel u.i. (abréviation dB)
[Anglais : decibel]

Audiovisuel et télécommunications : mesure de variation d'un signal.

Un décibel mesure une variation, entre deux points différents, de deux valeurs de puissance, de deux valeurs de tension, plus généralement de deux valeurs de même nature S1 et S2 d'un signal. Cette variation est calculée mathématiquement par 10 fois le logarithme en base 10 du rapport entre les deux valeurs : Var (en dB)= 10 $\log_{10}$ S1/S2.

L'échelle en décibel n'est donc pas linéaire : un passage de 40 à 80 dB ne correspond pas à un doublement de l'intensité du signal mais à une multiplication par 10 000. Le passage de 60 à 61 dB correspond à une évolution beaucoup plus importante que le passage de 40 à 41dB.

Le décibel peut aussi mesurer une valeur absolue si l'on convient d'une mesure de référence implicite. Par convention, cette référence est de 0 décibel et correspond à une tension de 0,775 volt efficace. L'expression écrite de cette référence varie entre les différents pays qui l'indiquent par une lettre, derrière l'abréviaton dB. Ainsi pourra-t-on trouver dans différentes brochures techniques les expressions suivantes : 10 dBm (France), 10 dBv (États-Unis et Japon) ou 10 dBu (Allemagne). Toutes trois expriment une valeur "absolue" de 10 décibels, c'est-à-dire en fait un écart de 10 dB par rapport à la même référence de 0 dB correspondant à la tension de 0,775 volt efficace. Pour compliquer les choses, on trouve parfois aussi l'expression dBV qui indique une référence à une autre convention : la mesure de 0 dB correspond cette fois à 1 volt. Lorsqu'aucune lettre ne suit l'abréviation dB, la mesure exprime alors un écart : + 10 dB correspond à une *amplification* de 10 décibels.

Corrélat : gain.
Étymologie : *Français* : XXe siècle. "Déci–" (dixième) + "Bel" acronyme du nom du savant américain d'origine écossaise Graham Bell (1847-1922). *Latin* : "decem" (dix). *Indo-européen* : "*dekm, dekm-t, deku" (dix) [Pokorny p. 191].

Décimal adj.
[Anglais : decimal]

Mathématiques : qui appartient à un système de numération à base dix, c'est-à-dire ayant dix chiffres (notés en général de 0 à 9).

Le système décimal est, de nos jours, le système le plus utilisé dans la vie courante, mais il n'en a pas toujours été ainsi. Les œufs se vendent encore à la douzaine, le temps se compte dans un système complexe écrit en décimal mais utilisant la base 60 pour les minutes et les secondes, la base 24 pour les heures, etc. Dans certains pays, dans la marine, et dans tout l'ancien Empire britannique, les longueurs, les volumes et les poids se mesurent encore dans des sytèmes non décimaux (pouces, pieds...).

Bibliographie : Guitel 75, Ifrah 94.
Corrélats : binaire, codage, code, unités de mesure.
Étymologie : *français* : XVIe siècle. Dérivé savant du latin. *Latin* : "decimus" (dixième) < "decem" (dix). *Indo-européen* : "*dekm" (dix) [Pokorny p. 191].

Décimal codé binaire (DCB) exp.
[Anglais : binary coded decimal, BCD]

Informatique : représentation des nombres par le codage *binaire* de leurs chiffres *décimaux*. Ce type de codage est notamment utilisé en vidéo pour identifier les images dans le *code temporel* normalisé par l'UER.

♦ Les chiffres décimaux sont codés sur 4 bits (quartets) comme suit :

0	0000	5	0101
1	0001	6	0110
2	0010	7	0111
3	0011	8	1000
4	0100	9	1001

La représentation des nombres se fait par la *concaténation* des quartets comme des chiffres décimaux.

Par exemple : 1993 = 0001 1001 1001 0011.

Décodage n.m.

[Anglais : decoding]

Général : opération inverse du *codage* qui redonne à l'information sa forme originelle (voir codage).

Corrélats : codage, code.
Étymologie : emprunt à la langue commune, XXe siècle. **-age** : suffixe, marque une collection d'objets de même espèce, un état, une action ou son résultat. *Latin* : "-aticum" suffixe abstrait.

Décoder v.

[Anglais : to decode]

Général : inverse de coder : redonner à une information codée sa forme originelle (voir codage).

Corrélats : codage, code.
Étymologie : emprunt à la langue commune, XXe siècle. **dé-** : marque la séparation, la division, la négation. *Latin* : "dis-" : marque la séparation, l'écartement, la direction en sens opposé, et par extension le contraire, la négation, origine obscure. **Code** : emprunt à la langue commune. *Français* : XIIIe siècle du latin juridique "codex". *Latin* : "codex" (planche) origine obscure. **-er** : suffixe verbal d'origine latine.

Décodeur n.m.

[Anglais : decoder]

Audiovisuel, informatique et télécommunications : appareil de *décodage* automatique (voir codage).

♦ Par exemple :
— Pour recevoir sur un téléviseur *SECAM* les émissions d'A2 diffusées en clair par le satellite TDF1 selon le système D2-Mac, il est nécessaire d'utiliser un décodeur D2-Mac/SECAM.
— Les informations enregistrées sur un disque numérique peuvent aussi bien représenter des images, des sons, des programmes ou du texte. Le transfert des informations du disque vers la mémoire centrale consiste à lire les informations sur le disque et à les décoder pour les fournir dans un format compatible avec le traitement souhaité.

Corrélats : codage, code.
Étymologie : emprunt à la langue commune. XXe siècle. **-eur** : suffixe qui s'ajoute aux verbes pour fournir des noms d'agents. *Latin* : "-orem".

Décompresser v.
[Anglais : to decompress]

Audiovisuel, informatique et télécommunications : inverse de *compresser* : redonner à une information compressée sa taille originelle.

Décompression n.f.
[Anglais : decompression]

Audiovisuel, informatique et télécommunications : action tendant à retrouver dans un flot d'informations compressées le contenu dans sa forme originale. Synonyme d'expansion. La décompression permet de retrouver l'information originale à l'identique si l'algorithme de compression est réversible et crée une détérioration si l'algorithme est non réversible. La détérioration n'est pas toujours gênante dans le cas de reproductions d'images ou de sons. Elle est inacceptable pour les données informatiques.

♦ On distingue les processus symétriques et asymétriques. Dans les processus asymétriques, la compression est plus sophistiquée que la décompression, pour faciliter cette dernière. On peut par exemple, utiliser des ordinateurs très puissants pour la compression et décompresser sur des ordinateurs personnels. Dans les processus symétriques, la décompression est plus longue que dans les processus asymétriques.

Corrélat : compression.
Étymologie : emprunt à la langue commune. *Français* : XXe siècle, mot composé du préfixe "dé-" (marque la séparation, la division, la négation) + "compression", XIVe siècle. *Latin* : "dis-" (marque la séparation, l'écartement, la direction en sens opposé, et par extension le contraire, la négation) origine obscure + "compressio" < "comprimere" < "cum" (avec) + "premere" (presser, serrer). *Indo-européen* : "*kom" (à côté, auprès, avec) [Pokorny p. 612] + "*per-" (frapper) > "*per-m-" (frapper de manière continue) [Pokorny p. 818].

Décor n.m.
[Anglais : stage setting, scenery]

Audiovisuel : ensemble de ce qui orne le *champ* lors de la prise de vue. Le décor est un des éléments du *langage cinématographique.* Comme les *costumes* et l'*éclairage*, il peut être réaliste et participer à renforcer *l'effet de réalité* en évoquant un contexte social, historique ou géographique ; mais sa véritable fonction est d'ordre expressif et symbolique. On distingue les décors d'intérieur et d'extérieur et les décors naturels (ils préexistent au *tournage*) et artificiels. Le décor naturel est surtout utilisé dans le *documentaire* et le reportage ; dans les films de *fiction* il y a toujours un aménagement qui est fait pour aider au déroulement du récit (éclairage d'appoint, accessoires...). Bien qu'il doive s'accomoder des *mouvements de caméra*, le décor artificiel donne beaucoup de souplesse pour la *mise en scène* et l'*éclairage* et il est disponible en permanence pour le *tournage* ; il est parfois moins onéreux de reconstruire un décor que de tourner en décor naturel. Avec l'*image de synthèse*, le multimédia dispose d'une riche possibilité de décors qui demande à trouver ses lettres de noblesse.

♦ L'importance du décor a été perçue par tous les grands réalisateurs. L'école expressionniste allemande s'est en particulier distinguée par des décors artificiels très suggestifs.

Corrélat : langage cinématographique.
Étymologie : emprunt à la langue commune. *Français* : XVIe siècle < « décorer » XIVe siècle. *Latin* : "decorare" (orner, embellir) < "decet" (il convient). *Indo-européen* : "*dek-" (prendre, ramasser, accueillir, saluer, faire honneur) [Pokorny pp. 189, 190].

Découpage n.m.

[Anglais : cutting]

1. ***Audiovisuel*** :
   a. traduction d'un texte (le *scénario*) en *langage cinématographique* exprimé en termes de *séquences*, de *plans* et d'enchaînements. Le découpage est un des moments de l'écriture filmique. Il précède le *tournage* et prépare le *montage* qui lui est complémentaire. Le découpage est en quelque sorte la prévision du montage, mais dans la pratique, le montage s'en écarte toujours : si les deux activités consistent à choisir des plans et leurs enchaînements, lors du montage, le réalisateur dispose des images concrètes issues du tournage qui peuvent lui suggérer d'autres choix que ceux initialement prévus.
   b. Isolement d'une image sur son fond uni bleu pour la reconstituer sur un autre fond. Le découpage se fait à l'aide d'un découpeur.

2. ***Informatique*** : suppression de tous les objets qui ne figurent pas dans le volume d'affichage d'une image en trois dimensions. Cette opération est réalisée par des *processeurs* spécialisés appellés processeurs géométriques.

Corrélats : **1.** langage cinématographique, montage, scénario, tournage. **2.** image 3D, processeur spécialisé.
Étymologie : emprunt à la langue commune (informatique) et à la langue technique du cinéma (vidéo). *Français* : “coup” XIe siècle + “-er” > par dérivation “couper” (XIIe siècle) + préfixe “dé-” > par composition “découper” (XIIe siècle) + suffixe “-age” (marque une collection d’objets de même espèce, un état, une action ou son résultat) > par dérivation “découpage” (XVe siècle dans la langue commune et XXe siècle comme terme de cinéma). *Latin* : “dis-” (marque la séparation, l’écartement, la direction en sens opposé, et par extension le contraire, la négation) origine obscure + “colpus” dérivé populaire < “colaphus” (taloche, coup de poing) emprunt savant au grec. *Grec* : “kolaphos” (coup) *Indo-européen* : “*kel-” (couper, trancher) [Pokorny p. 545].

Découper v.
[Anglais : to cut]

Informatique, audiovisuel : procéder à un *découpage* (voir ce terme).

Découpeur n.m.
[Anglais : chroma-key]

Audiovisuel : système de découpage vidéo. Le découpeur isole une image sur un fond uni bleu et peut la reconstituer sur n’importe quel autre fond.

***Décryptage** n.m
[Anglais : deciphering, decoding]

Audiovisuel, informatique, télécommunications : opération qui rend lisible une information préalablement cryptée en utilisant l’algorithme inverse de celui du *cryptage.*

En audiovisuel et en télécommunication, on préfére le terme désembrouillage.

Corrélats : cryptage, syster.
Étymologie : voir cryptage.

***Décrypter** v.
[Anglais : to decipher, to decode]

Audiovisuel, informatique, télécommunications : effectuer un *décryptage.* Voir ce terme.

En audiovisuel et en télécommunication, on préfére le terme désembrouiller.

***Décrypteur** n.m.
[Anglais : decipherer, decoder]

Audiovisuel, informatique et télécommunications : appareil capable de *décrypter.* Voir *décryptage.*

En audiovisuel et en télécommunication, on préfére le terme désembrouilleur.

Défaut exp.
[Anglais : default]

Informatique : voir *par défaut.*

Étymologie : emprunt à la langue commune. *Français* : XIIIe siècle ; ancien participe passé de défaillir (XIIIe siècle) < faillir (XIe siècle). *Latin* "fallere" (cacher, être caché > tromper, échapper à. *Indo-européen* : "*ghuel-, *guelos" (se tordre, se courber, se détourner du droit chemin) [Pokorny p. 489].

Défilement n.m.
[Anglais : scrolling]

1. Audiovisuel, informatique : support à défilement : support qui se déplace de manière séquentielle devant les têtes de lecture et d'écriture ; le support à défilement ne permet que l'accès séquentiel aux informations ; par exemple les *bandes magnétiques*, les *cassettes* ou les *cartouches* par opposition aux *disques* qui permettent un *accès direct* en déplaçant la *tête* de lecture.

2. Audiovisuel : dans un magnétoscope, trajectoire de déplacement de la bande magnétique devant le tambour portant les têtes de lecture/écriture.

♦ Le défilement influe sur le mode d'enregistrement des informations sur la bande.

• Dans le défilement transversal (appelé aussi longitudinal), la tête de lecture/écriture est placée perpendiculairement devant la bande et l'enregistrement est parallèlle au bord de la bande magnétique. La longueur d'enregistrement est celle de la bande.

• Avec le défilement hélicoïdal, la bande entoure le tambour suivant une trajectoire en forme d'hélice. Suivant que la bande entoure plus ou moins le tambour, on distingue les défilements hélicoïdaux oméga et alpha. L'enregistrement est divisé en petits segments parallèles plus ou moins inclinés par rapport à l'axe de la bande en fonction du format (voir *azimut*).

3. Informatique : mode d'*affichage* sur un *écran* où les informations se déplacent verticalement ou horizontalement à l'intérieur d'une *fenêtre* de telle façon que de nouvelles données apparaissent à un bord alors que d'autres disparaissent au bord opposé. Synonyme de déroulement et enroulement.

4. Télécommunications : type d'*orbite* des *satellites*, s'oppose à *géostationnaire*.

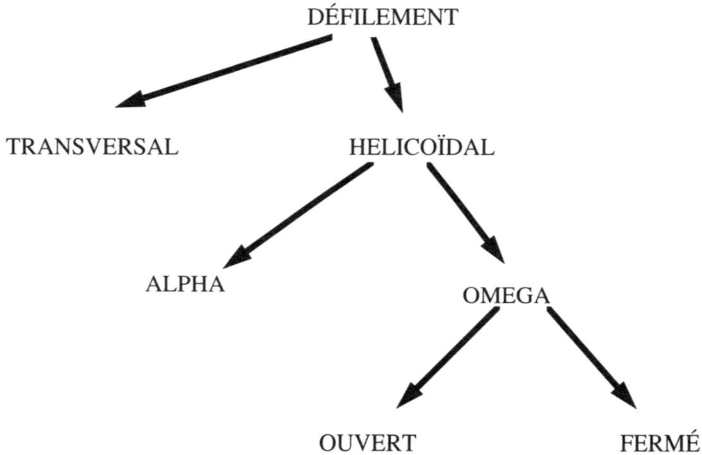

Différents types de défilement des bandes magnétiques vidéo.

Corrélats : 1. tête de lecture/écriture, disque, bande magnétique **2.** azimut, format, magnétoscope, enregistrement. **3.** barre, interface d'utilisation. **4.** Satellite, orbite.
Étymologie : emprunt à la langue commune. *Français* : XVIIIe siècle < "défiler" XVIIe siècle < "filer" XIIe siècle. *Latin* : "filare" (filer, tisser, entrelacer) < "filum" (fil). *Indo-européen* : "*guheie-, guhi-" (veine, artère, filon, tendon, cordon) > "* guhi-slo-" [Pokorny pp. 545, 546].

Définition n.f.

[Anglais : definition]

Audiovisuel et informatique

1. Qualité d'un support d'information mesurée en nombre d'éléments significatifs.

2. Par extension : qualité de l'information codée sur ce support exprimée en nombre d'informations élémentaires. La définition de l'information est au maximum égale à celle de son support.

Par exemple : la définition d'un écran s'exprime en nombre de points par ligne et en nombre de lignes (640 x 480 pour le standard informatique VGA). Par extension une image codée sur cet écran qui utilise tous les points de l'écran a une définition de 307 200 *pixels* (640 x 480).

La définition, comme la couleur, est un des éléments du langage cinématographique. D'un point de vue objectif (voir *langage cinématographique*), son accroissement renforce l'*effet de réalité* et c'est ce que cherche à atteindre la *télévision à haute définition.* D'un point de vue subjectif, la modification de la définition peut, en produisant par exemple des effets proches du flou, exprimer la modification de la vision ou de la pensée d'un personnage ou du réalisateur.

♦ La définition d'un écran se déduit de son *espacement* et de sa dimension. La définition d'un support d'impression se déduit de son *grain* et de sa dimension. D'une façon générale, la définition d'une image est au plus celle de son support.

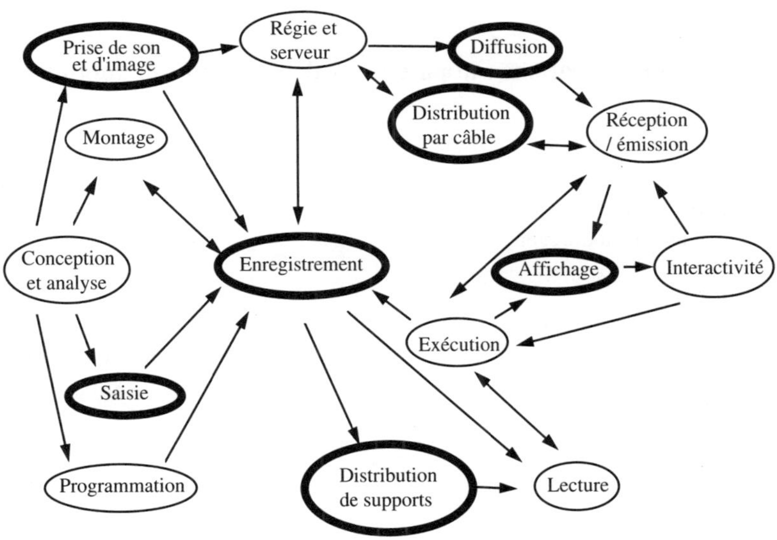

Une image qui traverse la chaîne multimédia passe par différents supports.

Dans la chaîne multimédia (voir figure) chaque étape utilise ses propres codes et ses propres supports. Une image qui traverse la chaîne hérite de chaque support sa définition maximum. Le passage d'un support à l'autre (fichier sur disque magnétique, fichier sur disque optique, écran d'affichage, fichier d'impression...) s'accompagne d'un changement d'état de l'image que l'on appelle sa *résolution.*

La définition de l'image à la fin de la chaîne est celle du maillon le plus faible de la chaîne.

En *télévision*, pour la *diffusion* grand public, le standard de définition est celui des postes récepteurs. La recommandation 601 de UIT-R définit 576 lignes de 720 points affichables, soit 414 720 pixels, pour les écrans en format 4/3 (rapport largeur / hauteur).

Corrélats : espacement, grain, pixel, résolution, aberration.
Étymologie : emprunt à la langue commune. *Français* : (XIIe siècle). *Latin* : "definitio" (action de fixer les limites, définition) < "finere" (limiter, délimiter) < "finis" (borne, limite d'un champ), origine obscure + "de-" préverbe marquant l'achèvement. *Indo-européen* : "*de-" [Pokorny p. 181].

Démodulateur n.m.

[Anglais : demodulator]

Télécommunications : appareil qui démodule (voir modulation).

Démodulation n.f.

[Anglais : demodulation]

Télécommunications : opération inverse de la *modulation* : elle permet de retrouver un signal originel, après qu'il ait été modulé.

Démoduler v.

[Anglais : to demodulate]

Télécommunications : effectuer une *démodulation.*

Densité n.f.
[Anglais : density]

Informatique : nombre d'informations élémentaires enregistrées par unité de mesure de surface d'un support.

♦ **Sur les disques** :
— la densité radiale s'exprime en bits par pouce (bit per inch : *bpi*),
— la densité linéaire s'exprime en piste par pouce (track per inch : *tpi*) sur les disques à piste concentrique (disques magnétiques) et en largeur de spire (mesurée en micron) sur les disques à piste hélicoïdale (*disques optiques* ou vinyles).

• **Sur les bandes magnétiques** :
en informatique, on mesure le nombre d'*octets* par pouce (Bpi : Byte per inch).

Corrélat : enregistrement.
Étymologie : emprunt à la langue commune. *Français* : XVIIe siècle. *Latin* : "densitas" (épaisseur) < "densus" (serré, épais, touffu, dense). *Indo-européen* : "*dens-" (épais) [Pokorny p. 202].

*Désembrouillage n.m.
[Anglais : descrambling]

Audiovisuel et télécommunications : voir *décryptage.*

*Désembrouiller v.
[Anglais : to descramble]

Audiovisuel et télécommunications : voir *décrypter.*

*Désembrouilleur n.m.
[Anglais : descrambler]

Audiovisuel et télécommunications : voir *décrypteur.*

Design n.m.
[Anglais : design]

Général

1. Ensemble des caractéristiques sensibles d'un objet.
Par exemple : "le design d'une borne", "le design d'une carte".

2. Art de concevoir et de disposer les formes, les volumes, les couleurs et les matières d'un objet en accord avec ses fonctions.

Par exemple : "Une école de design", "le design des années 60".

♦ Le design d'une borne interactive concerne non seulement son habillage extérieur (matières, volumes, formes, couleurs, ...) mais aussi, lorsqu'elle diffuse des images ou du texte, l'aspect et le style de la présentation des images sur l'écran, ce que l'on appelle en informatique l'*interface d'utilisation* et en audiovisuel, l'*habillage*.

Corrélats : borne, habillage.
Étymologie : emprunt à l'anglais. L'orthographe et la prononciation du mot sont des aberrations dans le système de la langue française dont elles ne font que compliquer l'apprentissage. Il conviendrait de choisir soit de prononcer et d'écrire "désigne" soit de prononcer et d'écrire "disagne". Cependant une telle solution supprimerait une des fonctions essentielles de l'emprunt qui est de connoter l'exotisme (ici l'américanisme et tout l'imaginaire qui l'accompagne : puissance, modernité, efficacité, etc.). *Français* : XXe siècle. *Anglais* : "design" (croquis, design) emprunt au *vieux français* : "désigner". *Latin* : "designare" (désigner, marquer) ; "de-" (origine, éloignement,...) + "signare" (signer, marquer). *Indo-européen* : "*de" (démonstratif) [Pokorny, p. 181] + "*sekw-" (suivre) [Pokorny p. 896].

Designer n.m.

[Anglais : designer]

Général : personne qui pratique le *design* (prononcer "disailleneur").

Dessin assisté par ordinateur (DAO) exp.

[Anglais : Computer-Aided Drafting/ Computer-Aided Design]

Informatique : application d'un système informatique à l'art du dessin. Les programmes de DAO sont surtout utilisés pour le dessin industriel et bien souvent la frontière entre le DAO et la conception assistée par ordinateur (CAO) est floue. Voir *conception assistée par ordinateur*. Le programme le plus répandu est Corel Draw de la société Corel.

Corrélat : imageur.

De Te Berkom n.s.

Télécommunications : filiale de Recherche et Développement de *Deutshe Telekom* créée en 1993 et spécialisée dans le multimédia. Elle travaille sur les applications de réseaux (*RNIS*, *ATM*, *réseaux câblés*, *réseaux locaux*, réseaux avec les mobiles, *réseaux satellitaires*) dans les domaines du travail coopératif, de la télémédecine, du *téléenseignement*, du commerce électronique, de la *télévision interactive*... On peut donner deux exemples de ces projets :
— “Terravision” : une représentation de la terre en images de synthèse 3D. Basée sur des photos satellites ou aériennes, elle représente de manière détaillée toute la planète. Divers types de données sur l’environnement (topographie, météo, mesure de l’ozone, trafic routier...) sont accessibles. Les données nécessaires aux calculs des images occupent des fichiers de plusieurs téraoctets répartis à travers le monde et reliés par des liaisons *ATM* internationales (débit allant jusqu’à 155 Mbits/s).
— Définition de *protocoles* de transport multimédias (développés avec *Siemens*, *Digital*, *IBM*, *Hewlett Packard*), pour offrir la qualité de service nécessaire aux applications multimédias et que les protocoles classiques tels que TCP/IP ne peuvent fournir (par exemple la réservation de la *bande passante*).

Développement n.m.
[Anglais : development]

Informatique : conception et fabrication d’un produit, matériel ou logiciel. Le développement comprend plusieurs phases : étude d’opportunité, conception, fabrication, mise au point et maintenance. Les développements de logiciels utilisent des outils spécialisés regroupés dans les *ateliers de génie logiciel.*

Corrélats : cycle de vie, atelier de génie logiciel.
Étymologie : *calque* de l’anglais. *Français* : XIIe siècle < *ancien français* : “voloper” (envelopper, enrouler). *Indo-européen* : “*uel-” (tourner, rouler) [Pokorny, pp. 1140-1142].

Développer v.
[Anglais : to develop]

Informatique : faire un *développement.*

DHM s.a. et n. mq.
Dextrous Hand Master

Informatique : voir *gant sensitif.*

Dhrystone n. mq.

Informatique : programme d'évaluation de performance d'ordinateurs mis au point en 1984. Ce programme est surtout utilisé pour les machines utilisant le système d'exploitation *Unix.*

♦ Il mesure les performances d'un système complet (processeurs et compilateurs). Ses mesures, exprimées en Dhrystone par seconde, sont fondées sur l'exécution de programmes standard composés d'instructions réparties, selon leur catégorie, conformément à des statistiques portant sur la composition de nombreux programmes ayant servi de référence.

Bibliographie : voir banc de mesure.
Corrélat : banc de mesure.

Diaphonie n.f.
[Anglais : cross modulation]

Audiovisuel et télécommunications : effet de transfert du son d'une ligne sur une autre qui lui est voisine. Le signal parasite produit sur la ligne voisine peut engendrer la perception d'un son “fantôme”.

♦ Appelé également transmodulation, ce phénomène parasite vient du transfert de charges par capacité d'une ligne à l'autre. On s'en affranchit par le blindage, par une bonne adaptation des impédances et par la mise en place de circuits spécialement conçus pour éliminer certaines fréquences (circuit bouchon).

Corrélats : diaphotie, modulation.
Étymologie : mot composé savant. *Grec* : “dia-” (à travers, en séparant) + “phone” (la voix). *Indo-européen* : “*duo-” (deux) [Pokorny, pp. 228 et 232] + “*bha-” (parler) [Pokorny, pp. 105, 106].

Diaphotie n.f.

Audiovisuel et télécommunications : effet de transfert d'une image depuis une ligne sur une autre qui lui est voisine, avec apparition d'images fantômes.

♦ La diaphotie est très sensible lorsque les impédances des lignes sont mal adaptées.

Corrélats : diaphonie, modulation.
Étymologie : mot composé savant. *Grec* : "dia-" (à travers, en séparant) + "phos" (lumière). *Indo-européen* : "*duo-" (deux) [Pokorny, pp. 228 et 232] + "*bho-" (luire, briller) [Pokorny, pp. 104, 105].

Diaporama n.m.

[Anglais : slide show]

Audiovisuel : séquence audiovisuelle fabriquée à l'aide de diapositives projetées par plusieurs appareils fonctionnant simultanément.

Le diaporama crée un spectacle audiovisuel de qualité : d'une part les projecteurs modernes de diapositives permettent de construire des effets spectaculaires (*fondus enchainés*, synchronisation sonore, effets de volets, clignotements, ...) et d'autre part la qualité de projection des diapositives est excellente, même sur grand écran (grande *définition* de l'image et forte luminosité).

La mise en place d'un diaporama est relativement lourde (conception, installation dans une salle sombre des écrans, des projecteurs, des hauts parleurs, mise au point ...). Les diaporamas sont plutôt utilisés dans des manifestations temporaires.

Corrélats : fondu, définition.
Étymologie : néologisme créé par composition entre **diapo-(sitive)** et un suffixe **"-orama"**. **Diapositive = "dia-"** + **"Positive"** : (Image) **positive** (qui laisse passer la lumière) **à travers** elle. **Dia-** : préfixe signifiant "à travers" *Grec* : "dia-" (à travers, en séparant). *Indo-européen* : "*duo-" (deux) [Pokorny pp. 104-105]. **Positif** : XIIIe siècle. *Latin* : "positivus" (qui repose sur quelque chose) < "positus" (participe passé) < "ponere" (mettre à l'écart, poser, placer, abandonner, déposer) ; *Indo-européen* : "*po-s(i)no" < "*po-" (sur, dessus) < "*apo-" (loin, à partir de) [Pokorny p. 54] + "*sei-" (envoyer, jeter, lancer, laisser tomber, relâcher, mettre) [Pokorny pp. 889, 891]. **Orama** porte le sens de "voir" (*grec* : "horan"=voir) cf. étymologie de "synopsis".

Dichroïque adj.

[Anglais : dichroïc]

Audiovisuel : qualifie un miroir qui, lorsqu'il reçoit un rayon lumineux, ne réfléchit que certaines couleurs de ce rayon et laisse passer les autres. Les miroirs dichroïques sont utilisés pour séparer les composantes colorées de la lumière, par exemple, dans les *caméras*. On obtient ainsi les trois composantes rouge, vert et bleu du signal vidéo (voir la figure de l'article *codage*).

Corrélats : caméra, codage.

Dictionnaire n.m.
[Anglais : dictionary]

Informatique
Liste de termes classés dans un ordre conventionnel donnant, pour chacun, un certain nombre d'attributs.

On peut distinguer cinq types d'emploi du terme "dictionnaire" en informatique et en multimédia. Il peut désigner :

1. Des *glossaires* utilisés dans les documentations techniques.

Description de programme		
Nom :		CALC-AFF-01
Attributs :		
	Auteur :	Muriel Meynard
	Date création :	26.01.94
	Dernière modification :	26.01.94
	Langage :	C++
Description de données		
Nom :		ID_PERSONNEL
Attributs :		
	Type	NUMÉRIQUE COMPOSÉ
	Longueur	SOMME
	Sécurité	MAXIMUM
	Composants	SEXE, ANNÉE_NAISSANCE, MOIS_NAISSANCE, DÉPARTEMENT, VILLE_NAISSANCE, N°_ORDRE.
Schéma externe personnel		
	Nom	Numéro de sécurité sociale
	Présentation	X/XX/XX/XX/XXX/XXX

Exemple de contenu d'un dictionnaire de données.

2. Des dictionnaires électroniques. Ce sont des dictionnaires traditionnels édités sur des supports électroniques, par exemple, sur des *disques compacts informatiques* (CD-ROM), au lieu d'être édités sur papier. Ils peuvent ainsi bénéficier des nouvelles possibilités offertes par le multimédia :
— à chaque terme sont associés un certain nombre d'attributs (nature du mot, signification, exemple d'utilisation, étymologie, traduction, carte, photo, séquence sonore, séquence filmée, liens vers d'autres termes...) ;
— le disque contient, en plus du dictionnaire proprement dit, les programmes nécessaires aux fonctions de type *hypertexte* ou *hypermédia* facilitant la navigation et la recherche.

3. Des dictionnaires utilisés par des programmes de traitement de texte comme aides à l'écriture : recherche de synonyme, vérification de l'orthographe, correction grammaticale, traduction... Ces dictionnaires sont des *fichiers* ; ils ne sont en général accessibles qu'à travers les programmes de traitement de texte.

4. Des dictionnaires utilisés par les *systèmes de gestion de base de données* ou les *ateliers de génie logiciel*. Ces dictionnaires appelés "référentiels" ou "dictionnaires de données", centralisent l'ensemble des descriptions des données d'une application.

♦ Les descriptions des données sont souvent complexes : par exemple, une même donnée peut changer de nom en fonction de ses utilisateurs (il en est de même dans la vie courante : le vendeur d'une voiture utilise un nom commercial lorsqu'il s'adresse à son client, "twingo" par exemple, et un code administratif, supposé être plus précis, lorsqu'il s'adresse à son fournisseur). Inversement un même nom peut désigner des données différentes (l'exemple classique étant le nom "vol" : il désigne une procédure d'embarquement pour le personnel de l'aéroport de départ et de débarquement pour celui de l'aéroport d'arrivée, un nombre de repas pour le chef des cuisines, un nombre de litres de carburants pour le chef mécano, une heure, deux lieux et une tarification pour l'agence de voyage, et, souhaitons-le, un rêve pour le voyageur....).

La manière de décrire les données varie d'une base de données et d'un dictionnaire à l'autre. Pour une donnée, on indique en général les différents noms qui la désignent et divers autres *attributs* :
— son type (par exemple : *alphabétique* ou *numérique, image* matricielle ou *vectorielle, son...*),
— sa longueur (par exemple, pour une donnée alphabétique, le nombre de caractères qui la composent, pour un son, sa durée...),
— son caractère fixe ou variable et, si elle est variable, sa valeur par défaut,
— le *code* utilisé pour son stockage et le code utilisé pour sa présentation sur écran...

Les dictionnaires de données peuvent contenir aussi les descriptions de l'environnement humain et matériel de l'application. On trouvera ainsi la description des groupes d'utilisateurs de l'application, voire même de chaque utilisateur, avec ses droits d'accès.

Lorsque des programmes de la base de données traitent une information, ils prennent ses caractéristiques dans le dictionnaire. La centralisation des descriptions dans un dictionnaire permet de modifier les caractéristiques d'une donnée sans avoir à modifier les programmes qui y font référence. Elle supprime la redondance des descriptions de données.

5. Des dictionnaires utilisés par des *algorithmes* de *compression.* La compression par dictionnaire consiste à remplacer chaque mot du texte à compresser par un index qui permet de le retrouver dans une liste ou un dictionnaire.

Par exemple, si l'on veut compresser la première ligne du paragraphe dans lequel nous sommes ("Des dictionnaires utilisés par des algorithmes de compression...") en utilisant l'édition de 1990 du "Petit Robert", on peut coder suivant le tableau :

	MOT		**INDEX**				**COMPRESSION**
	Nombre de caractères du mot	Nombre de bits du code binaire du mot (5 éléments binaires par lettre)	Numéro de la page dans le dictionnaire	Numéro de l'entrée dans la page	Nombre de caractère de l'index	Nombre de bits du code binaire de l'index (4 éléments binaires par chiffre)	
Des	3	15	508	13	5	20	75,00 %
dictionnaires	13	65	537	17	5	20	325,00 %
utilisés	8	40	2 055	23	6	24	166,67 %
par	3	15	1 352	16	6	24	62,50 %
des	3	15	508	13	5	20	75,00 %
algorithmes	11	55	48	18	4	16	343,75 %
de	2	10	447	28	5	20	50,00 %
compression	11	55	353	8	4	16	343,75 %
Total	**54**	**270**			**40**	**160**	**168,75 %**

Exemple de compression utilisant un dictionnaire.

Le numéro de page est celui de la page du “Petit Robert” où figure le mot à compresser et le numéro d’entrée indique le rang du mot dans la page. Ce type d’algorithme permet d’obtenir des taux de compression élevés. Ainsi fonctionne l’algorithme *LZ-77.*

Corrélats : glossaire, base de données, compression, LZ-77.
Étymologie : emprunt à la langue commune. *Français* : XVIe siècle. *Latin* : “dictionarium” < “dictio” (fait de dire) < “dico” (montrer, dire, désigner). *Indo-européen* : “*deik-” (montrer, prononcer solennellement) [Pokorny p. 188].

DIDON n. mq.

(abréviation de DIffusion de DONnées)

Télécommunications : système de codage des données pour diffusion sur *réseau* câblé ou hertzien ; DIDON était utilisé dans les essais D2-Mac (D2 veut dire DIDON 2e génération).

♦ Mis au point par le *CCETT*, DIDON définit les protocoles pour assurer les fonctions de transfert d’informations liées ou non à l’image, mais transportées par le même réseau. Ainsi, le *télétexte*, qui transmet des pages d’information, indépendantes de l’image, ou des sous-titres destinés à la traduction ou aux malentendants, utilise DIDON sur les chaînes de télévision.

Corrélats : Antiope, D2-Mac, télétexte.

Diffuser v.

[Anglais : to cast, to broadcast]

Audiovisuel et télécommunications : faire une *diffusion (voir diffusion).*

Diffuseur n.m.

[Anglais : broadcaster]

Audiovisuel et télécommunications

1. Opérateur de *télécommunications* spécialisé dans la gestion de réseaux de *diffusion* de programmes *audiovisuels.*

2. Par extension : *chaîne* de radio ou de télévision à qui est attribuée un *canal* de diffusion et qui est responsable de l’émission de sa grille de programmes sur ce canal. Elle joue en fait un rôle d’*éditeur* et confie le plus souvent l’activité de diffusion à un opérateur de télécommunications.

♦ Les diffuseurs sont des opérateurs de *réseaux hertziens terrestres* ou *satellitaires*. Un même diffuseur peut vendre ses services à plusieurs chaînes (sur satellite, il constitue ainsi un bouquet de programmes) et une même chaîne peut acheter les services de plusieurs diffuseurs. Ainsi en 1995, la *Société Européenne de Satellites* diffusait, sur ses satellites *Astra*, plus de 100 chaînes de télévision et de radio issues de différents pays ; de son côté la chaîne de télévision M6 était diffusée à la fois par *France Télécom* (sur son satellite Télécom 2B, voir sa couverture à l'article *Télécom*) et par *Télédiffusion De France* sur son réseau hertzien terrestre ; (elle touchait aussi près d'un million de foyers par *distribution* sur *réseaux câblés*).

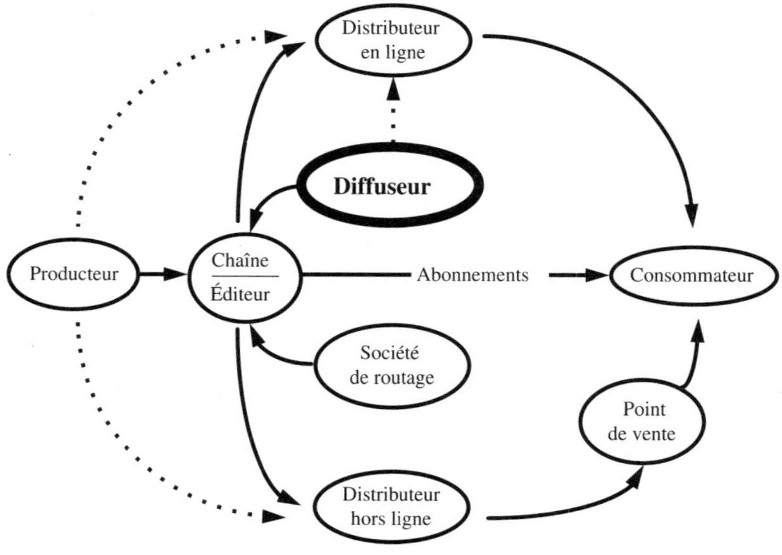

Les diffuseurs et les acteurs du multimédia.
(*Les flèches partent du fournisseur de service pour pointer vers l'acheteur.*)

Diffuseur et distributeur
Les diffuseurs, contrairement aux *distributeurs*, sont absents des grandes opérations d'alliances et de prises de participations qui animent le monde audiovisuel. Ils n'ont pas de relation directe avec les consommateurs de programmes ; leurs relations commerciales se limitent à vendre un service technique aux chaînes ou, éventuellement, aux *distributeurs* en ligne que sont les *câblo-opérateurs* ; ils se focalisent naturellement sur la qualité de ce service :
— ils garantissent aux chaînes la *diffusion* de leurs programmes auprès d'un public vaste et indéterminé avec une couverture géographique bien définie (voir un autre exemple de couverture à l'article *satellite*) ;

— ils garantissent aux *câblo-opérateurs* la livraison de programmes sur leur *tête* de réseau.

Une même société peut être à la fois diffuseur et *distributeur* : France Télécom par exemple est à la fois diffuseur par satellites (voir *Télécom*) et *câblo-opérateur* (il est notamment l'opérateur technique du câble commercialisé à Paris par la *Lyonnaise de Communication*).

Principaux diffuseurs en France

Parmi les principaux diffuseurs sur le territoire français on peut citer TDF (*Télédiffusion de France*), *France Télécom*, SES (*Société Européenne de Satellites*)... La puissance des moyens techniques leur permet de ne pas limiter leur diffusion au seul territoire français. La *Société Européenne de Satellites* par exemple, avec ses satellites *Astra*, arrose l'ensemble de l'Europe occidentale ; elle fournit également ses programmes à des *têtes* de *réseaux câblés* de *distribution* et permet aux chaînes qu'elle véhicule d'atteindre plus de 50 millions de foyers.

Diffuseur et multimédia

Les *réseaux* de *diffusion* prendront plus de temps que les réseaux de *distribution* pour offrir les voies de retour nécessaires à l'*interactivité* ; aussi les diffuseurs ne sont-ils pas encore directement concernés par le multimédia et on ne les retrouve pas dans des alliances qui regroupent plutôt les constructeurs informatiques, les opérateurs de *réseaux câblés* et les éditeurs fournisseurs de contenus ; leur avenir à court ou moyen terme concerne la maîtrise de la *diffusion* de *télévision numérique* à haute définition.

Bibliographie : INA 95, Lunven 93, Vasseur 92.
Corrélats : diffusion, distributeur, éditeur.
Étymologie : voir *diffusion*.

Diffusion n.f.

[Anglais : broadcasting, broadcast]

Audiovisuel et télécommunications

1. Action de transmettre des informations d'un point émetteur à un ensemble de récepteurs non identifiés. Lorsque les récepteurs sont éloignés de l'émetteur, on parle de télédiffusion. S'oppose à *distribution*.

2. Résultat de cette action.

♦ Diffusion et distribution

La diffusion est une transmission d'informations dont on ne connaît pas les points de réception (utilisant par exemple la voie hertzienne). Ses coûts ne pouvant pas être directement imputés aux consommateurs, elle se vend comme un service aux *éditeurs* (voir *diffuseur*). Elle s'oppose en cela à la *distribution* dont les points de réception sont bien définis et qui se vend comme un service au consommateur (voir *distributeur*).

• Édition, diffusion et audience

Comme la diffusion n'identifie pas les récepteurs, elle convient particulièrement aux chaînes généralistes (destinées à tous les publics) et la mesure de l'*audience* se fait de manière désynchronisée en utilisant d'autres voies de transmission comme par exemple le réseau téléphonique (voir *audience* et *audimètre*).

Cependant les techniques de *cryptage* permettent de restreindre la réception d'une chaîne diffusée aux seuls détenteurs de *décrypteurs* qui peuvent alors être identifiés par un système d'abonnement (solution retenue par Canal + par exemple).

• Caractéristiques techniques

L'utilisation des ondes hertziennes nécessite une répartition des plages de *fréquences* (les canaux) entre les différents utilisateurs. Les canaux sont attribués aux chaînes et non pas aux diffuseurs. Depuis 1989, cest le CSA (*Conseil Supérieur de l'Audiovisuel*) qui est chargé, en France, d'attibuer les fréquences.

La diffusion utilise un *codage* adapté à la transmission des informations. Les *codages* utilisés dans le monde pour la diffusion des images sont conformes aux recommandations de l'*UIT-R*. En France, au Moyen-Orient, en Afrique et dans les pays de l'Est, le codage choisi est de 625 lignes avec le *standard SECAM* pour la couleur. Aux États-Unis et au Japon, le codage est sur 525 lignes avec le *standard NTSC* et le reste du monde a adopté un codage sur 625 lignes avec le *standard PAL*.

La normalisation du codage pour la transmission des images numériques est en cours d'élaboration. Il s'appuiera sur la norme 601 de l'*UIT-R* (aussi appelée 4 :2 :2) relative aux fréquences d'échantillonnage et sur la norme *MPEG* relative à la *compression*.

• Diffusion et multimédia

La diffusion d'informations multimédia est encore restreinte. Les trois principaux obstacles sont l'absence d'une norme mondiale de *codage* numérique adapté à la transmission par voie hertzienne, l'insuffisance des débits sur les canaux de diffusion et l'absence de voies de retour (ce troisième obstacle sera le plus long à lever). Aussi le multimédia en ligne est-il plutôt distribué que diffusé. Lorsqu'il sera diffusé, il est vraisemblable que l'interactivité sera téléchargée : on diffusera des programmes interactifs qui seront chargés dans les mémoires locales des récepteurs puis exécutés dans ces mêmes mémoires par des processeurs locaux. La possibilité de faire exécuter des programmes interactifs par un processeur distant relié en mode diffusion n'est pas pour ce siècle.

Bibliographie: Du Castel 93, INA 95.

Corrélats : diffuseur, multimédia, satellite, télévision hertzienne, télévision par satellite.

Étymologie: emprunt à la langue commune. *Français*: XVIe siècle. *Latin*: “ diffusio ” (diffusion) < **“dis-”** préfixe indiquant la séparation, l'écartement ; origine obscure + “ **fundo** ” (verser, répandre, disperser, mettre en fuite). *Indo-européen* : “ *gheu- ” (verser, répandre, couler) [Pokorny p. 447].

Diffusion audionumérique exp.

[Anglais : Digital Audio Broadcasting (DAB)]

Audiovisuel et télécommunications : système de radiodiffusion numérique qui a commencé en 1994, à titre expérimental, à Paris. Issu d'un programme Eurêka de la Communauté Économique Européenne datant de 1987, le système de diffusion radionumérique (appelé aussi DAB) doit permettre aux auditeurs de recevoir des émissions de radio avec la qualité d'audition du *disque compact.*

Les avantages d'une diffusion de signaux radionumériques sont nombreux :
— compatibilité à la source avec les signaux numériques,
— plus grande tolérance aux perturbations et aux *bruits* provoqués par les environnements urbains et industriels,
— plus grande distance couverte par un même émetteur,
— meilleure qualité de réception sonore,
— possibilité d'ajouter au signal des informations supplémentaires et d'envisager la personnalisation de la diffusion (envoi de messages privés, chaînes de radio payantes, téléguidage de véhicules...).

Les principaux acteurs de la radiodiffusion se sont regroupés en France dans un club chargé d'organiser ce nouveau mode de diffusion. Ce club comprend, outre le *CSA*, chargé d'attribuer les canaux aux différentes chaînes de radio, des opérateurs de radio (RTL, *TDF*, Radio France, Europe 1, RMC...) et des industriels (Thomson, Philips...).

♦ Le système de radionumérique procède à un double codage : un codage d'enregistrement qui utilise un mode de compression dit *Musicam* et un codage de transmission utilisant le multiplexage *Digicast*. Il permet de diffuser à différents débits variant en fonction de la qualité requise à la réception.

Digicast n. mq.

Télécommunications : mode de *multiplexage* de signaux numériques défini par le CCETT, Centre Commun d'Études de Télédifusion et Télécommunications. Utilisé en diffusion audionumérique, cette technique permet d'éviter les perturbations propres à la diffusion des signaux analogiques.

Corrélat : diffusion audionumérique.

Digital adj.
[Anglais : digital]

Informatique : voir *numérique.*

Étymologie : *latin* : “digitalis” (de la largeur du doigt). *Indo-européen* : “*deik-” (montrer, prononcer solennellement) [Pokorny p. 188].

Digital n.s.

Informatique : constructeur américain qui s’est spécialisé dans la fabrication de systèmes informatiques de taille moyenne compatibles avec ceux d’IBM. Digital s’est rendu célèbre par ses systèmes VAX et leur système d’exploitation VMS, qui ont longtemps fait référence pour mesurer la puissance des ordinateurs. En 1992 Digital était classé troisième constructeur informatique mondial par son chiffre d’affaires. Mais il a pris du retard sur le marché de la micro-informatique et il devait subir la crise de la fin des années 80 et du début des années 90. Il se réoriente vers les systèmes à architecture *RISC* supportant *Unix* pour lesquels il a lancé le microprocesseur *alpha.* Digital vise le marché des stations graphiques avec sa gamme de machines Alpha station. Par ailleurs, le constructeur s’engage désormais vivement sur le marché des micro-ordinateurs où il propose une gamme complète de produits commercialisés par des revendeurs.

Digitalisation n.f.
[Anglais : digitization]

Informatique : voir *numérisation.*

Étymologie : calque du terme anglais “digitization”.

Digitaliser v.
[Anglais : to digitize]

Informatique : voir *numériser.*

Étymologie : calque du terme anglais “to digitize”.

DIN s. al.
Deutsches Institut für Normung

Normalisation : organisme de normalisation allemand, membre de l'*ISO* et du *CEN*. Les normes DIN sont connues dans de nombreux domaines (la photographie et la *connectique*, en particulier).

Corrélats : Afnor, ISO.

Directeur de la photographie exp.
[Anglais : lighting man, chief cameraman]

Audiovisuel : voir *chef opérateur.*

Discret adj.
[Anglais : discrete]

Mathématiques : qualifie un ensemble composé d'éléments distincts, par opposition à *continu* et *analogique.*

Par exemple : la suite des nombres 1, 2, 3, 4, 5, 6, 7, etc., est discrète : il n'y a rien entre deux nombres adjacents. Cette suite est appelée la suite des nombres naturels en mathématique.

En revanche, si l'on ajoute à cette même suite de nombres ceux ayant toutes les décimales possibles, on obtient une nouvelle suite dans laquelle il y a toujours une infinité de nombres possibles entre deux nombres quelconques :

1
...
1,000000000000000000000000001
...
1,00000000000000000000000000100000001.....
...
1,000000000000000000000000002...
...
...
2
...
2,0000000000000000111111110000...
...
...
3
etc.

Cette suite est continue. Elle est appelée suite des nombres réels.

Corrélats : analogique, numérique.
Étymologie : *français* : XIIe siècle. *Latin* : “discretus” (séparé) < “dis-” (marque la séparation), origine obscure + “cerno” (trier, passer au crible, choisir, décider). *Indo-européen* : “*skeri-” (couper, séparer) [Pokorny p. 945].

Discrétisation n.f.

[Anglais : discretisation, digitization]

Informatique : action de rendre *discret.*

Corrélat : numérisation.

Discrétiser v.

[Anglais : to discretise, to digitize]

Informatique : rendre *discret.*

Dispositif à transfert de charge (DTC) exp.

[Anglais : Charged Coupled Device, CCD]

Audiovisuel : composant d’un appareil de prise de vue qui transforme un signal lumineux en signal électrique. Un DTC est composé d’un support de silicium de la grandeur d’un timbre poste recouvert d’une matrice de plusieurs centaines de milliers d’éléments photosensibles. Chacun de ces éléments capte un morceau d’image appelé *pixel.*

♦ La lumière tombant sur le silicium crée une charge cumulée (ce qui donne une bonne sensibilité) sur les éléments photosensibles. Ces charges sont transférées très rapidement vers une seconde cible qui est balayée pendant que la précédente est mise à zéro puis soumise à nouveau à l’éclairement. Il n’y a pas de traînée sur l’image (rémanence) car la décharge de la cible est totale à chaque image.

Il existe des DTC monochromes et en couleurs ; pour la couleur, les cibles sont masquées par des filtres colorés de toute petite dimension (pixel par pixel). Les caméras professionnelles sont équipées d’une optique de séparation des composants rouge, vert et bleu vers trois DTC monochromes. Le capteur DTC est généralement matriciel mais peut aussi être linéaire (une seule ligne image à la fois comme dans les *numériseurs*).

Corrélats : caméra, capteur, codage, couleur, pixel.

Disque n.m.

[Anglais : disk]

Audiovisuel, informatique

1. Support d'informations en forme de galette, de grande capacité, de format pratique, nécessitant un appareillage spécialisé pour y lire ou écrire les informations.

Audiovisuel : support utilisé pour la *postproduction*, l'*archivage* et l'*édition* à grande diffusion.

Informatique : support servant de *mémoire auxiliaire* permettant un *accès direct* ou *séquentiel.* Lorsqu'il est amovible, le disque sert aussi à la distribution et à l'échange d'informations.

2. Par extension : ensemble constitué par le support et son appareil de lecture et/ou d'enregistrement. Cet ensemble peut constituer un *système autonome* ou un simple *périphérique* d'ordinateur.

Les appareils d'enregistrement et de lecture sont appelés *lecteurs* ou platines en audio et vidéo, et *unités de disques* ou lecteurs en informatique.

• Caractéristiques des disques

On caractérise les disques suivant différents critères : le mode d'*enregistrement*, le *format*, le type de *codage*, le *temps d'accès*, la *capacité* et le type d'utilisation.

♦ **Le mode d'enregistrement** : on désigne ainsi la technique de fixation des informations sur la surface du disque. Trois techniques sont aujourd'hui utilisées : la gravure par rayon optique (disques laser et *disques optiques*), la magnétisation (*disques magnétiques*) et un combiné des deux (*disques magnéto-optiques*). La gravure mécanique utilisée pour les anciens disques audio en vinyle est pratiquement abandonnée.

L'enregistrement des informations sur la surface des disques se fait de manière séquentielle suivant un découpage en *pistes* complété parfois d'un découpage en *secteurs.* Il peut y avoir, en fonction du type de disque, une piste hélicoïdale (disques vinyles et *disques optiques*) ou plusieurs pistes concentriques (*disques magnétiques*). En informatique existent aussi des *piles de disques* solidaires de grande capacité. Les pistes superposées constituent alors des cylindres.

Le mode d'enregistrement influe sur une autre caractéristique importante des disques : la possibilité et la méthode de duplication du disque enregistré. C'est un des critères qui définit en particulier toute la famille des *disques compacts.*

• **Le format** : indique le diamètre du disque exprimé en centimètre ou, pour l'informatique, encore en pouce. Les constructeurs cherchent toujours à réduire le diamètre des disques pour améliorer leur maniabilité, réduire leur encombrement et diminuer leur *temps d'accès*. Les *disques amovibles* de petit format sont appelés couramment *disquettes* ou, pour certains d'entre eux, *disques compacts*. Les disques compacts ont un diamètre de 12 centimètres et sont utilisés dans de nombreux domaines (audio, vidéo, informatique et multimédia). Depuis leur sortie en 1982, on a su faire des disques beaucoup plus petits. Leur qualification de “compact” est cependant restée.

Les formats les plus courants sont les suivants :
- audio : 30 cm, 20 cm, 12 cm, 8 cm,
- vidéo : 30 cm, 26 cm, 21 cm, 20 cm, 12 cm,
- informatique : de 30 cm à 2,5 cm.

• **Le type de codage** : le *codage* physique des informations sur un disque peut être *analogique* ou *numérique*. Sur les disques optiques, on peut utiliser les deux types de codage simultanément. On caractérise parfois les disques par le type de codage physique utilisé : disques analogiques ou numériques.

• **Le temps d'accès** à l'information enregistrée sur le disque est une caractéristique importante des disques magnétiques et optiques. Elle mesure la durée qui s'écoule entre le moment où l'information est demandée au *lecteur* et le moment où elle est disponible pour le *décodeur* (voir ces mots). Le temps d'accès se mesure en millisecondes (ms), il est de moins de 10 ms pour les disques les plus rapides. Le temps d'accès est, avec le *débit*, un paramètre critique des systèmes multimédias, surtout lorsqu'ils traitent des images animées (où la vitesse d'affichage souhaitable est de 25 images par seconde).

• **La capacité** se mesure en million d'*octets* (Mo) ou en milliards d'octets (Go) pour les données informatiques, en temps pour le son et l'image animée (un CD peut contenir jusqu'à 72 minutes de film sonore) et en nombre d'images pour l'image fixe (un disque compact photo peut contenir par exemple, 800 images). Elle dépend, entre autres paramètres, de la taille du disque, de son mode d'*enregistrement*, des performances de l'appareil d'enregistrement et des techniques de *codage* et de *compression* utilisées.

• **Le type d'utilisation** distingue les *disques fixes* (installés à demeure dans leur appareil de lecture-écriture) et les *disques amovibles* qui sont interchangeables. Les disques sur lesquels on peut écrire une fois seulement sont appelés WORM (Write Once Read Many : écriture unique, lecture multiple) ; ceux sur lesquels on peut réécrire à volonté sont appelés *disques réinscriptibles*. Les disques compacts sur lesquels on ne peut pas réécrire du tout sont appelés, en informatique, *CD-ROM* (Read Only Memory : mémoire en lecture seule). Dans les autres domaines, on les qualifie par le type d'informations qu'ils contiennent (*disques compacts audio, disques compacts vidéo, disques compacts photo...*).

• Disque et bande magnétique

Le disque est le grand concurrent de la *bande magnétique*. Son coût est plus élevé que celui d'une bande, mais ses avantages sont nombreux : en audio et en vidéo, il offre souvent une qualité de restitution nettement supérieure, sa durée de vie est plus longue, sa fiabilité plus grande et il permet surtout l'*accès direct* aux informations.

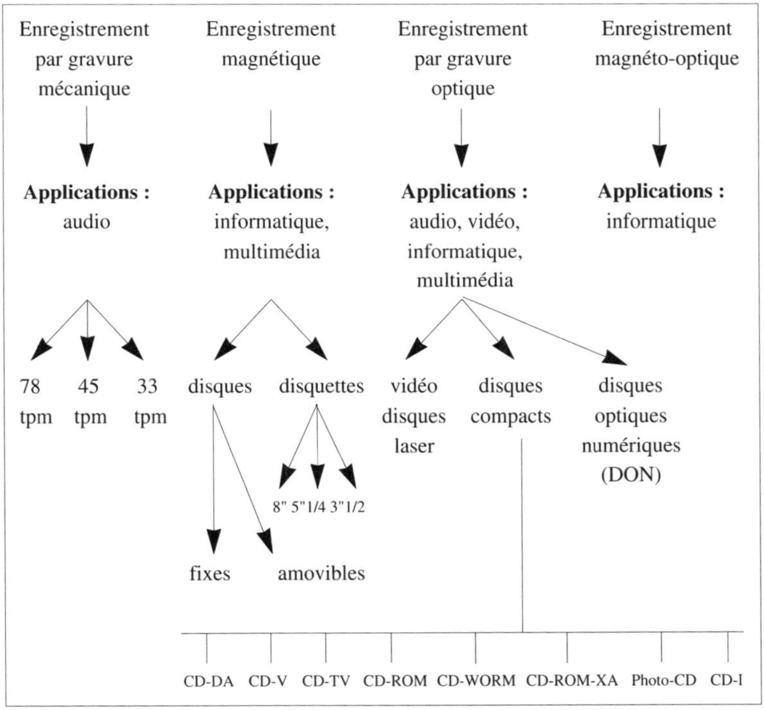

Les principales familles de disques.

• Domaines d'utilisation des disques

Disque et informatique

Les disques, et en particulier les *disques magnétiques*, sont les supports privilégiés de l'informatique. Chaque ordinateur est aujourd'hui doté d'unités de disques et de disquettes. Le système d'exploitation encore le plus diffusé au monde se nomme *MS-DOS* (MicroSoft-Disk Operating System : système d'exploitation sur disque de Microsoft). Les disques servent de mémoire auxiliaire rémanente, à grande capacité, plus lents (de 10 à 1 000 fois) mais plus économiques que la mémoire centrale. Ils servent aussi de support d'échange et de diffusion de données : la diffusion des logiciels se fait sur des *disquettes* ou des *disques compacts* (*CD-ROM*).

Disque et audio
Les disques vinyles ont pratiquement disparu au profit des disques compacts dont la vente devance de loin celle des cassettes. Les cassettes numériques lancées par Sony n'ont pas mis en péril cette domination. Celles annoncées par Philips à la fin de 1992 n'étaient pas destinées, de l'avis même du constructeur, à concurrencer le disque compact. Le disque est le support par excellence de distribution des enregistrements sonores.

Disque et vidéo
Le disque n'a pas encore supplanté la cassette en Europe, mais il l'a fait au Japon dès 1991 où il s'est vendu plus de disques vidéo que de cassettes préenregistrées. On peut s'attendre à une évolution semblable en Europe dans la fin des années 90, avec le lancement des *disques compacts* vidéo disposant d'une image animée plein écran de qualité.

Disque et multimédia
Le disque, et en particulier le *disque compact*, est le support par excellence du multimédia hors ligne : il stocke de grandes quantités d'informations numérisées et compressées et il permet l'accès direct nécessaire à l'interactivité.

Corrélats : accès, bande magnétique, mémoire (voir aussi tous les articles disques ci-après et les articles "CD").
Étymologie : *français* : XVIe siècle. *Latin* : "discus" (disque, palet, plateau, cymbale). *Grec* : "diskos" (palet, disque) de "dikein" (lancer, jeter). *Indo-européen* : "*deik-" (montrer, prononcer solennellement, diriger un objet ou un discours vers, pointer) [Pokorny p. 188].

Disque amovible exp.
[Anglais : removable disk]

Informatique : disque qui peut se retirer de son lecteur, par opposition au disque fixe. La majorité des disques magnétiques, dits "disques durs" sont fixes. Les disquettes magnétiques et les disques optiques sont, en revanche, amovibles. Un disque amovible peut servir de support d'archivage, d'échange ou de diffusion des informations. Il est le support idéal pour l'édition électronique en direction du grand public. Un ordinateur disposant d'un lecteur de disques amovibles bénéficie d'une capacité de mémoire auxiliaire illimitée.

Corrélat : amovible.
Étymologie : voir *amovible.*

Disque compact (CD) exp.
[Anglais : compact disk (CD)]

Audiovisuel et informatique

1. *Disque optique* dont le premier modèle grand public fut lancé en 1982 (*disque compact audio*). Son format était compact par rapport aux autres disques optiques qui existaient à l'époque (diamètre de 12 cm au lieu de 20 cm ou de 30 cm). Ce disque était, à l'origine, une mémoire morte : on ne pouvait pas écrire plusieurs fois dessus.

2. Par extension, standard d'enregistrement et de duplication pour disques optiques. Ce standard est défini dans le "livre rouge" qui contient l'ensemble des spécifications du disque compact audio.

3. Par extension du sens 2, disque optique conforme aux standards d'enregistrement et de duplication du livre rouge (voir *disque compact audio*), même s'il n'a pas nécessairement le format compact de 12 cm (*disque compact vidéo* et disque compact "single").

4. Par extension du sens 1, système constitué du support et de son appareil de lecture et/ou d'enregistrement.

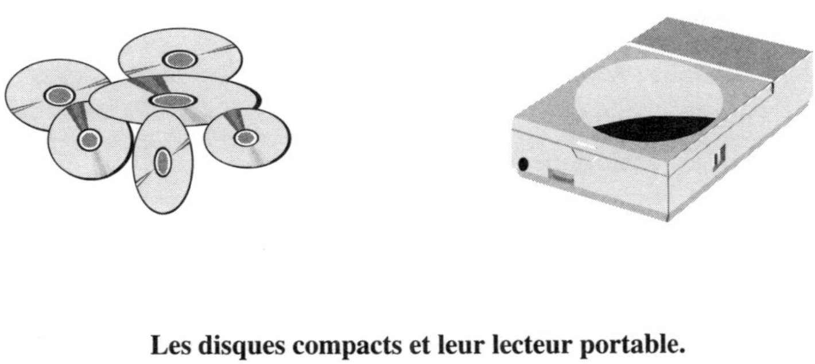

Les disques compacts et leur lecteur portable.

• Les différents disques compacts

D'un point de vue pratique, les principaux disques compacts étaient, en 1995 :

le *disque compact audio* (CD-DA),
le *disque compact informatique* (CD-ROM et CD-ROM-XA),
le *disque compact interactif* (CD-I),
le *disque compact photo* (Photo-CD),
le *disque compact vidéo* (vidéo-CD).

À la même date, un nouveau disque était en projet : le *CD-multimédia.*

Le lecteur se reportera à ces articles.

On retrouve dans cette liste les principales applications du multimédia :
- le son,
- les bases de données,
- l'interactivité,
- l'image fixe,
- l'image animée.

• Caractéristiques techniques communes aux disques compacts

Tous ces disques compacts ont en commun les caractéristiques suivantes, issues du *disque compact audio* :

- Galette de polycarbonate recouverte d'une couche d'aluminium et d'un vernis transparent
- Diamètre : 120 mm
- Épaisseur : 1,2 mm
- Piste en forme de spirale
  longueur : 5,37 kilomètres
  pas de spire : 1,66 micron
  densité : 600 spires/mm
- Enregistrement/lecture : par rayon laser
- Codage : analogique ou numérique

Ces caractéristiques datent de 1982 et le besoin de nouveaux disques plus efficaces pour les applications multimédias pousse les constructeurs à donner au support une plus grande rapidité de lecture et une plus grande capacité. Cette course à l'innovation s'accompagne d'une inflation de dénominations techniques et commerciales ; à titre d'exemple, nous donnons ci-dessous une liste des principaux termes utilisés en 1995 par la presse et les constructeurs. Pour chacun d'eux, nous avons indiqué l'article à consulter pour en savoir plus...

Bref aperçu de l'inflation des CD...

CD-Audio : voir disque compact audio
CD-Bridge : voir ce terme.
CD-Catalog : voir disque compact photo.
CD-DA : voir disque compact audio.
CD-E : voir disque réinscriptible.
CD-EB : voir ce terme.
CD+G : voir ce terme.
CD-Hybride : voir ce terme.
CD-I : voir disque compact interactif.
CD-I Ready : voir ce terme.
CD-mixed mode : voir ce terme.
CD-MO : voir disque magnéto-optique.
CD-Multimédia : voir ce terme.
CD-Multisession : voir ce terme.
CD-Photo : voir disque compact photo.
CD-Plus : voir ce terme.
CD-Portfolio : voir disque compact photo.
CD-Pro : voir disque compact photo.
CD-R : voir disque réinscriptible.
CD-ROM : voir disque compact informatique.
CD-ROM-XA : voir disque compact informatique.
CD-TV : voir ce terme.
CD-V : voir disque compact vidéo.
CD-Vidéo : voir disque compact vidéo.
CD-Worm : voir disque réinscriptible.
CD-32 : voir CD-TV.

On trouve en outre les dénominations suivantes :
DVD : voir *CD-multimédia.*
Vidéo-CD : voir *disque compact vidéo.*
Photo-CD : voir *disque compact photo.*
WORM : voir *disque réinscriptible.*

Le schéma suivant indique les compatibilités entre les principaux disques et lecteurs. Il met en évidence que le disque compact audio (CD-DA) est à l'origine de toute la famille des disques compacts.

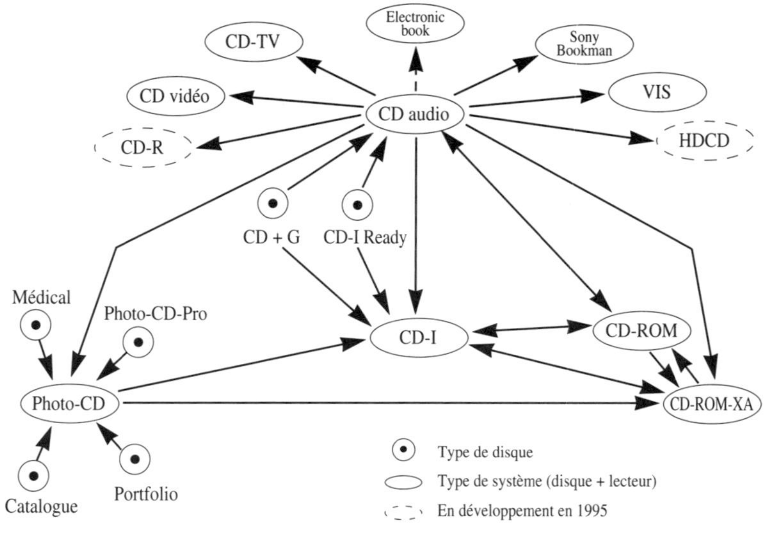

Une flèche pointe vers un autre lecteur qui peut lire le disque d'origine. Par exemple le disque CD-audio peut être lu par le lecteur de CD-Photos.

Compatibilité entre les différents disques compacts et leurs lecteurs.
(*D'après : Screen Digest.*)

• Disque compact et multimédia

Les disques compacts adaptés au multimédia en 1995 étaient les CD-ROM-XA, les CD-Photo, les CD-I et les CD-vidéo. À la même date, le CD-R, le *CD-Multimédia* et le HDCD étaient annoncés.

Le disque compact a de nombreux atouts pour être le support par excellence du multimédia :

— il est *amovible* : il peut faire l'objet d'une activité d'*édition* et de *distribution*,

— il est bon marché : la technique de *duplication* est la même pour tous les types de disques, ce qui permet d'amortir les coûts de pressage,

— il est résistant, de manipulation aisée et dispose d'une grande longévité,

— il a une grande capacité de stockage (de 650 millions d'*octets* à 7,4 *Giga-octets* prévus pour 1997),

— on peut accéder directement aux informations qu'il contient (voir *accès direct*).
Trois inconvénients poussent à l'innovation : sa lenteur de lecture, sa capacité encore insuffisante de stockage et l'impossibilité d'effacer et d'enregistrer.

La lenteur de lecture

— Les *temps d'accès*, bien que beaucoup plus longs que ceux d'un *disque magnétique*, sont rendus acceptables par les techniques d'*antémémoire*, de codage entrelacé des images et des sons et de *compression* : en 1995, ils variaient de 195 à 900 millisecondes (contre 6 à 60 millisecondes pour les disques magnétiques).
— Le *débit* de ses lecteurs (appelé aussi taux de transfert) est amélioré par la capacité accrue des *antémémoires*, le *codage* entrelacé de l'image et du son et par l'augmentation de la vitesse de rotation (lecteurs à double, triple, quadruple, sextuple ou octuple vitesse) ; en 1994, il variait entre 150 (débit standard et immuable du lecteur de cd-audio) et 600 kilo-octets par seconde ; en 1995, il atteignait 912 ko/s sur les lecteurs à sextuple vitesse.

• **La capacité de stockage**

La capacité standard, de 650 millions d'octets, convient parfaitement aux applications audios ou informatiques. Elle est insuffisante pour enregistrer de l'image animée (elle autorise 72 minutes seulement de film, durée déjà insuffisante pour un simple film non interactif). Deux grands projets concurrents menés par des groupements d'industriels prévoient de porter la capacité des disques compacts à plusieurs giga-octets (voir *CD-multimédia*).

• **Effacer et enregistrer**

La mise à disposition du public d'appareils lecteurs-enregistreurs de disques compacts est une condition pour véritablement concurrencer les magnétoscopes ou les disques magnétiques. Les disques à grande capacité prévus pour les années à venir seront vraisemblablement réenregistrables (voir l'article *CD-multimédia*). Cependant le problème nouveau qui se pose est de nature commerciale : les éditeurs freinent la libération de tels produits qui engendrent des pertes de revenus. L'exemple a déjà été donné par les cassettes numériques : les constructeurs en ont bridé les possibilités d'enregistrement (en limitant par exemple le nombre de copies d'un même enregistrement).

Bibliographie : Jolivat 92, Philips 88, Semeteys 92, Terasson 92.
Corrélats : disque compact audio, disque compact interactif, disque compact informatique, disque compact photo, disque optique.
Étymologie : disque : voir *disque.* **Compact** : *Français* : 1377. *Latin* : "compingere" (assembler en serrant, serrer) < "cum-" (avec) + "pangere" (ficher, enfoncer, planter). *Indo-européen* : "*pag-, pak-" (attacher, joindre, lier) [Pokorny p. 787].

Disque compact audio (CD-DA) exp.

[Anglais : Compact Disk — Digital Audio (CD-DA)]

Audiovisuel

1. *Disque compact* lancé en 1982 et destiné à l'enregistrement et à la restitution des sons.

— Standard : "livre rouge".
— Capacité maximale : 764 Mo.
— Capacité standard : 601 Mo.
— Durée maximale d'enregistrement :
 • pour diamètre de 120 mm : 72 min,
 • diamètre de 80 mm : 20 min.
— Vitesse d'enregistrement : 1,3 m/s.
— Taux d'erreurs de lecture : 10^{-9}.
— Code correcteur : CIRC.
— Mode de lecture : VLC.
— Vitesse de rotation : de 200 à 535 tpm.
— Spirale :
 • longueur : 5,37 km,
 • pas de la spirale : 1,6 micron.
— Cuvettes :
 • longueur : de 0,9 à 3,3 microns,
 • largeur : 0,6 micron,
 • profondeur : 0,12 micron.
— Fréquence d'échantillonnage : 44,1 kHz.
— Nombre de voies : 2.
— Séparation des voies : ⩾ 90 dB.
— Bande passante : de 20 à 20 000 Hz.
— Encodage : 16 bits linéaires PCM.
— Dynamique : ⩾ 90 dB.
— Rapport Signal/Bruit : 98 dB.
— Distorsion : ⩽ 0,05 % à 0 dB.
— Débit de lecture : 175,2 Ko/s.
— Lecteur muni d'un convertisseur analogique-numérique.

Caractéristiques techniques d'un système CD audio.

2. Par extension, standard d'enregistrement optique sur disques compacts, standard de codage des sons pour ce type d'enregistrement et standard de pressage et de duplication de disques optiques.

3. Par extension, appareil de lecture de disques compacts audio. Un lecteur de CD-DA est un appareil *autonome* : il lit et interprète le contenu des disques. Il ne peut pas enregistrer. Les disques compacts audio sont ineffacables : ce sont des mémoires mortes.

• Le "livre rouge"

Les spécifications du disque compact audio, développées par Philips et Sony et regroupées dans le "livre rouge", servent de référence à tous les autres types de disques compacts. Elles portent essentiellement sur le standard d'enregistrement physique et sur le standard de codage des informations qui sont exclusivement des sons.

Le disque compact audio a détrôné en quatre ans les disques microsillons en vinyle. Ses avantages sont nombreux :

— sa qualité est nettement supérieure à celle de son prédécesseur (voir le tableau des caractéristiques techniques ci-avant) ;

— sa longévité est prévue pour une durée d'au moins 25 ans ;

— le mode de lecture laser lui assure un taux d'usure pratiquement nul puisque la tête de lecture n'est pas au contact du disque ;

— le revêtement métallique et le vernis de protection permettent de le manipuler sans danger d'altération des enregistrements ;

— la durée maximale d'écoute stéréo (qualité haute fidélité) est de 72 minutes.

Les disques compacts audio sont lisibles sur :

— tous les lecteurs CD-DA,

— tous les lecteurs CD-I,

— tous les lecteurs CD-TV,

— tous les lecteurs Photo-CD

— tous les lecteurs VIS,

— la plupart des lecteurs CD-ROM (voir *disque compact*).

Compatibilité des disques compacts audio.

Bibliographie : Jolivat 92, Philips 88, Semeteys 92, Terasson 92.
Corrélat : disque compact.

Disque compact informatique (CD-ROM et CD-ROM-XA) exp.

[Anglais : Compact Disk-Read Only Memory (traduction littérale : mémoire morte sur disque compact)-eXtended Architecture (traduction littérale : architecture avancée)

Informatique et multimédia : on désigne indifféremment par “CD-ROM” deux types de *disques compacts* : ceux respectant le standard “CD-ROM”, lancés en 1985 et destinés à l'origine au monde informatique et professionnel, et ceux respectant le standard “CD-ROM-XA”, lancés en 1991 et plus spécialement destinés au monde multimédia et grand public.

• Du CD audio au CD-ROM

Le succès commercial du disque compact audio et sa nature de mémoire numérique confirmèrent naturellement l'idée des constructeurs d'utiliser le même type de disque pour les besoins informatiques, dans le monde professionnel.

♦ Le CD audio ne contient que du son mais, techniquement, il représente beaucoup plus qu'un simple type de disque sonore. Il définit :
— un standard d'*enregistrement* optique sur disques compacts,
— un standard de *codage* des sons pour ce type d'enregistrement,
— un standard de *duplication* offrant l'avantage d'une technique éprouvée et bon marché.

Le CD-ROM est une extension du CD audio (CD-DA) dont il reprend toutes les caractéristiques physiques (format, vitesse de rotation, mécanisme de lecture) et le modèle de fabrication (matriçage et duplication). La différence entre les deux supports concerne avant tout les types de données qu'ils contiennent et les applications visées. Tandis que le CD audio était destiné au grand public, le CD-ROM était, à l'origine, destiné aux entreprises et aux professionnels de l'informatique pour être utilisé comme mémoire auxiliaire d'ordinateur. On trouvera ci-après la description des nouvelles contraintes imposées au disque compact par son utilisation en informatique.

• Du CD-ROM au CD-ROM-XA

Le standard CD-ROM, spécialisé dans le stockage de données informatiques, a vite évolué vers un standard de stockage de données multimédias : le CD-ROM-XA.

♦ Deux raisons principales motivent cette évolution :

— De nouvelles techniques apparaissent à la fin des années 80 permettant un traitement informatique *des images* et des *sons* (ce que les informaticiens ont appelé le *multimédia*). Ces techniques sont matérielles (accroissement spectaculaire de la vitesse des microprocesseurs, de la capacité des mémoires, de la définition des écrans...) et logicielles (*numérisation* et *algorithmes* de *codage* et *compression* des informations...). Leur apparition a été favorisée par la concurrence féroce qui condamne les constructeurs informatiques à toujours innover.

Dès la fin des années 80, on trouvait déjà, dans le monde professionnel des CD-ROM (pas encore CD-ROM-XA) contenant des images et du son. Cependant, à cause du standard CD-ROM, les images étaient en général fixes et les applications très limitées, incapables par exemple, de fournir simultanément des images et du son.

— Un marché potentiellement important existait pour des produits utilisant ces nouvelles techniques : le marché de l'audiovisuel et du multimédia grand public. Ce marché était occupé par différents appareils jusque-là associés au terminal universel qu'était le récepteur de télévision : magnétoscopes, vidéodisques, vidéodisques interactifs puis CD-I et Photo-CD. Il avait habitué ses consommateurs à une qualité de programmes nettement supérieure à celle que pouvait offrir le simple standard CD-ROM. Cependant le développement d'une informatique familiale offrait une alternative de plus en plus crédible au monopole de la télévision. Ce développement était favorisé par :

- la baisse impressionnante des coûts du matériel micro-informatique,
- l'augmentation de ses performances matérielles et logicielles,
- l'offre d'*interfaces d'utilisation* conviviales (Windows, Mac...),
- l'habitude prise par le public d'utiliser l'informatique dans la vie quotidienne.

Le standard CD-ROM-XA est une extension du standard CD-ROM. La différence essentielle repose sur le type de données qu'ils contiennent et surtout sur les techniques de codage. On trouvera ci-dessous les caractéristiques du standard CD-ROM-XA.

• CD-ROM et disque magnétique

Le CD-ROM offre les avantages d'un *disque optique* : il est amovible, de grande capacité et d'un coût relativement modeste. Il est un support idéal pour la distribution de logiciels ou de documentations volumineuses. Ses médiocres performances (10 à 20 fois plus lent qu'un disque magnétique) et l'impossibilité d'effacer et de réinscrire des informations lui interdisent de prétendre remplacer les disques fixes magnétiques.

• **CD-ROM et multimédia**

Le CD-ROM a été conçu initialement pour l'informatique. Le standard CD-ROM ne prévoyait pas la possibilité d'entrelacer les données graphiques et sonores, technique nécessaire pour obtenir des temps de restitution tolérables. Cet inconvénient, ajouté aux médiocres performances de ses lecteurs n'en font pas un support adapté au multimédia. Pour pallier cet inconvénient, les standards CD-I et CD-ROM-XA ont été développés. Grâce au standard CD-ROM-XA, le CD-ROM est devenu synonyme de multimédia.

• **CD-ROM et CD-I**

Le CD-I est une évolution du CD-ROM (voir l'article *Disque compact interactif*) et un concurrent du CD-ROM-XA. Le CD-ROM est un simple périphérique d'ordinateur tandis que le CD-I est un système complet conçu comme un élément de la chaîne haute fidélité domestique que l'on connecte sur l'appareil de télévision. Les deux visent le marché grand public, mais le sort du CD-ROM dépend du développement du marché de l'*informatique* familiale, ce dont le CD-I à essayé de s'affranchir. On retrouve ici un des points-clés du *multimédia* qui est celui du choix du terminal (voir l'article *multimédia*). Les disques compacts vidéos, lisibles sur des lecteurs de CD-I munis de l'option plein écran ou sur des consoles CD32 de Commodore, sont des concurrents sérieux des CD-ROM ; ces derniers nécessitent un appareillage coûteux pour fournir la même qualité d'application (carte de décompression MPEG, logiciel applicatif, etc...).

• **Les lecteurs de CD-ROM**

Le lecteur de CD-ROM étant un simple périphérique d'ordinateur, il nécessite un *pilote* adapté au *système d'exploitation* du *micro-ordinateur* auquel il est connecté.

Les lecteurs peuvent être internes (ils sont intégrés dans le micro-ordinateur) ou externes (ils se présentent alors sous forme d'un boîtier autonome). La connexion d'un lecteur, interne ou externe, pose tous les problèmes habituels de la compatibilité d'un *périphérique* informatique, cependant les constructeurs proposent des micro-ordinateurs pourvus dès l'origine d'un lecteur de CD-ROM intégré.

Les deux principales caractéristiques d'un lecteur de CD-ROM sont le *temps d'accès* et le *débit* (appelé aussi taux de transfert). Voir le paragraphe « disque compact et multimédia » dans l'article *Disque compact*, et voir aussi le tableau ci-dessous : caractéristiques techniques d'un système CD-ROM.

L'évolution du parc de lecteurs est impressionante : à la fin de 1992, il y avait 40 000 lecteurs de CD-ROM installés en France dont 5 000 chez des particuliers. Le nombre était de près de 100.000 en 1993 et on en comptait près de 200.000 à la fin de 1994. 4,5 millions de lecteurs étaient installés à la fin de 1993 aux États-Unis alors qu'il n'y en avait que 1,44 million en 1991. Il y avait près de 27 millions de lecteurs installés dans le monde en 1994 (voir figure ci-dessous).

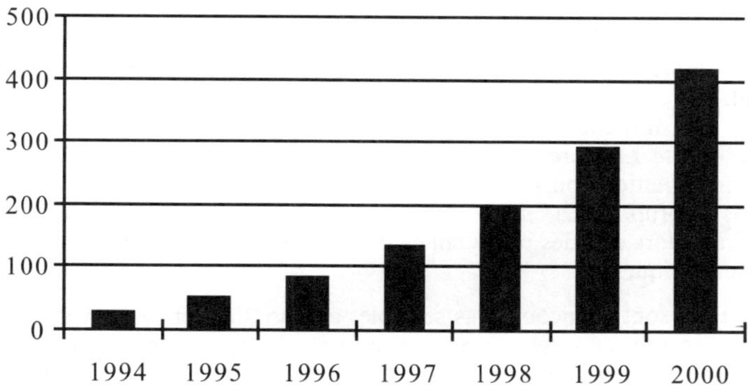

Prévision du parc mondial de CD-ROM, en millions d'unités.
(*D'après : Infotech.*)

• CD-ROM et édition électronique

L'édition électronique sur CD-ROM est née avec l'apparition du standard CD-ROM-XA. Comme pour toute activité d'édition, deux grands marchés existent : l'édition institutionnelle et l'édition grand public (voir l'article *Communication*). Le coût de production d'un CD-ROM de qualité variait, en 1995, de 0,5 millions à 3 millions de francs français. La même année, le prix d'un disque CD-ROM dans le grand public variait de cent à plusieurs milliers de francs.

• Standard CD-ROM

Les spécifications des CD-ROM, développées par Philips et Sony, sont consignées dans le "livre jaune" paru en 1985, équivalent du "livre rouge" du CD audio. Par rapport au CD audio, le problème nouveau posé au CD-ROM était de stocker des informations qui ne sont pas des sons : les données informatiques.

♦ Soulignons deux des caractéristiques qui les distinguent des informations sonores :

— Elles nécessitent des *temps d'accès* plus rapides et des *débits* plus importants. La *lecture* d'informations sonores est essentiellement *séquentielle* tandis que la lecture de données informatiques doit pouvoir se faire dans un ordre aléatoire et nécessite un accès direct et rapide à n'importe quel endroit de la surface du disque.

Pour améliorer les débits, certains constructeurs proposent des lecteurs de disques CD-ROM ayant des vitesses de rotation accélérées par rapport à la vitesse standard qui est celle des lecteurs de CD audio (lecteur double, triple ou quadruple vitesse).

Pour améliorer les temps d'accès, les techniques de codage entrelacé et de compression sont utilisées. Le standard CD-ROM-XA a été défini dans ce but.

La compatibilité avec le CD audio oblige à conserver le mode de lecture en *Vitesse Linéaire Constante* et pénalise l'utilisation des disques compacts en informatique où un mode de lecture en *Vitesse Angulaire Constante* serait plus approprié. La même compatibilité oblige à conserver une gravure en spirale alors que des pistes concentriques seraient mieux adaptées aux besoins informatiques.

— Elles sont beaucoup plus sensibles aux erreurs : une erreur d'un bit affecte peu l'écoute d'une séquence sonore mais elle est intolérable si elle porte sur la valeur représentant un compte en banque, par exemple.

Pour pallier ce second point, le "livre jaune" prévoit deux modes de codage des informations sur un CD-ROM :

— le mode 1, destiné aux données informatiques, très protégé contre les erreurs,
— le mode 2, destiné aux informations audio ou graphiques, avec la protection standard du CD audio.

Le taux d'erreurs passe de 10^{-9} (soit un chiffre binaire erroné sur un milliard de chiffres) pour le CD-DA à 10^{-15} pour le CD-ROM si l'on utilise les *algorithmes* de correction d'erreurs les plus puissants (un bit erroné tous les deux millions de disques).

Les deux modes de codage n'utilisant pas la même place sur le disque, la capacité d'un CD-ROM n'est pas fixe et peut varier de 500 à 650 Mo.

Certains appareils de lecture de CD-ROM ne savent lire que le mode 1, destiné aux données informatiques. Ces appareils ne peuvent pas lire les disques CD audio ni les disques CD-ROM qui contiennent du codage en mode 2.

• Standard High-Sierra et norme ISO 9660

Un groupe de constructeurs et d'éditeurs logiciels proposa, en 1986, un *standard* d'organisation des données sur CD-ROM. L'*ISO* compléta ces travaux et publia la *norme* ISO 9660 en 1988. Toute application respectant cette norme peut lire et interpréter les fichiers d'un CD-ROM qui lui est conforme.

— Standards : "livre jaune",
High-Sierra.
— Norme : ISO 9660.
— Capacité : 500-650 Mo.
La capacité utile dépend du codage et des algorithmes de correction d'erreur choisis.
— Équivalence : 275 000 pages au format A4.
650 disquettes.
— Correction d'erreurs :
- Mode 1 : pour les données informatiques.
- Mode 2 : pour le son et l'image.

— Lecteur
- Temps d'accès : de 150 à 900 ms.
- Débit : de 150 à 900 Ko/s.

Caractéristiques techniques d'un système CD-ROM.

• Deux mondes pour le CD-ROM

Apple a introduit, après la publication de la recommandation High-Sierra en 1986, son propre standard de fichiers sur CD-ROM : les fichiers HFS (Hierarchical File Structure pour structure de fichiers hiérarchique). Les CD-ROM sont donc divisés, entre autres, en deux grandes familles correspondant à deux des principaux mondes de la micro-informatique : le monde PC et le monde Mac. Il existe cependant des disques hybrides qui contiennent les deux types de fichiers.

Deux mondes à l'intérieur du CD-ROM : les disques avec des fichiers au format ISO 9660 et ceux avec des fichiers au format HFS de Apple.
Les disques CD-ROM peuvent être lus par des lecteurs CD-ROM ou CD-ROM-XA.
Certains lecteurs CD-ROM peuvent lire les CD audio.
Aucun autre disque compact ne peut être lu par les lecteurs CD-ROM.
L'interprétation des données stockées sur un CD-ROM nécessite un logiciel adapté à ces données.

Compatibilités du système CD-ROM.

• Standard CD-ROM-XA

(Compact Disk-Read Only Memory-eXtended Architecture)

En 1991, une extension au “livre jaune” (voir ci-avant), développée par Philips et Sony, a été publiée pour adapter le CD-ROM au multimédia. Cette extension décrit le standard CD-ROM-XA.

♦ La description du standard CD-ROM-XA :
— reprend la norme ISO 9660,
— ne retient que le mode 2 de codage des informations défini dans le “livre jaune” (une possibilité de mode 1 est conservée, mais à l'intérieur du mode 2),
— code les sons en *ADPCM* niveau B (qualité modulation de fréquence) et C (qualité modulation d'amplitude),
— incorpore une partie des spécifications du CD-I pour ajouter l'utilisation du mode entrelacé qui permet d'accélérer le transfert des images et des sons.

Le standard CD-ROM-XA permet de coder des images animées en quart d'écran avec une vitesse d'affichage de 15 images par seconde. Il est compatible avec une animation *plein écran* au standard *MPEG*. Il nécessite un ordinateur avec une *carte* de contrôleur XA, une carte graphique Super VGA et un lecteur de CD capable de lire le mode 2 de codage des données sur CD-ROM.

Bibliographie : Jolivat 92, Semeteys 92, Terasson 92.
Corrélats : disque compact, multimédia.

Disque compact interactif (CD-I) exp.

Compact-Disk Interactive (Interactivité sur disque compact)

Audiovisuel et informatique

1. *Disque compact* pouvant contenir des *images fixes* ou *animées*, du *son*, des *données* et des *programmes* informatiques. Ce support est destiné à l'*édition* grand public et institutionnelle. Les *applications* concernent les *jeux vidéos*, la formation, l'édition de programmes encyclopédiques et culturels et de catalogues commerciaux. Le disque peut contenir jusqu'à 72 minutes d'images animées en format *plein écran.*

2. Par extension, appareil de *lecture* de disques compacts enregistrés au *standard* CD-I. Intégré dans la chaîne Hi-fi domestique, le système est en fait constitué d'un *ordinateur*, d'un *lecteur* de *disques compacts* et d'une télécommande. Il se connecte à n'importe quel *écran* de *télévision* standard par une prise *péritel.* Il peut lire les *disques compacts audio* (CD-DA), les *disques compacts photo* (Photo CD), les disques CD-I Ready et certains disques *CD-ROM XA*. Il exécute les programmes informatiques enregistrés sur le disque compact et diffuse des images fixes ou animées simultanément aux sons et aux données. Une option lui permet d'*afficher* les images animées en *plein écran*.

♦ Lancé en 1991 aux États-Unis et en 1992 en France, le disque compact interactif est une extension du CD-DA et du CD-ROM.

Les spécifications des CD-I sont consignées dans le livre vert, équivalent du livre rouge du CD-audio et du livre jaune du CD-ROM. Par rapport au CD-ROM, le problème posé au CD-I était double :
a. libérer l'utilisateur de toute contrainte de type informatique,
b. restituer les images et les sons stockés sur les disques avec une qualité comparable à celle de la télévision.

♦ **Le livre vert**
Paru en 1987, il définit le standard CD-I qui comprend la définition du système informatique (matériel et logiciel) et la définition de l'enregistrement des données sur le disque. Il reprend les spécifications du CD-DA et de la norme High Sierra du CD-ROM. Il assure la compatibilité totale avec le parc de téléviseurs et avec la télévision à haute définition. La méthode de duplication des disques est celle des disques compacts audio ; son coût est très faible.

Standard : **Livre vert**

Capacité :
- 250.000 pages de texte ou
- > 7.000 images photographiques ou
- 72 minutes d'image animée plein écran ou
- > 18 heures de son monophonique en qualité voix humaine ou
- toute combinaison des données ci-dessus.

Compatibilité : Un lecteur de CD-I peut lire :

- N'importe quel disque CD-I,
- N'importe quel disque CD-DA,
- N'importe quel disque CD-Photo,
- Les disques CD-ROM à la norme High Sierra
- N'importe quel disque CD-ROM XA
- N'importe quel disque CD-I Ready.

Tableau 1 Caractéristiques du standard CD-I.

♦ **Le système informatique**
Il reste totalement invisible à l'utilisateur.

- Ordinateur 32 bits.
- Mémoire vive de 1 Mo.
- Microprocesseur Motorola 68070 cadencé à 10 Mhz.
- Un boîtier d'extension doté d'un microprocesseur C-Cube permet d'afficher des images animées en plein écran.
- Lecteur de disque compact intégré.
- Télécommande avec deux boutons d'action et un manche à balai ou une boule.
- Système d'exploitation CD-RTOS (**C**ompact **D**isc — **R**eal Time **O**perating **S**ystem : système d'exploitation en temps réel pour disque compact) enregistré en mémoire morte. CD-RTOS est une adaptation du système d'exploitation. OS/9 de la société Microware. C'est un système multitâche.

Tableau 2 Le standard du système CD-I.

- **Codage et compression des données**

Le livre vert définit deux modes de codage des informations :
— Le mode 1 repris au livre jaune du CD-ROM concerne les données *sensibles* de type informatique. Les algorithmes de correction d'erreurs ont été améliorés et permettent un taux de correction de 10^{-18} (10^{-15} pour le livre jaune).
— Le mode 2 est utilisé pour les données sonores ou picturales ; il comprend deux sous-modes appelés formes. Les deux formes du mode 2 permettent l'entrelacement des données.

Qualité	Durée d'écoute stéréo	Type de codage	Bande passante	Fréquence d'échant.	Nb bits / échant.	Occupation du canal en stéréo
CD-DA	> 1h	PCM	20 kHz	44,1 kHz	16	100 %
Hi-Fi	> 2h	ADPCM	20 kHz	37,8 kHz	8	50 %
FM	> 4h	ADPCM	17 kHz	37,8 kHz	4	25 %
AM	> 8h	ADPCM	8,5 kHz	18,9 kHz	4	12,5 %

Tableau 3 Codage des sons du CD-I.

- **Les sons**

Le système CD-I dispose de 32 canaux dont 16 peuvent être utilisés pour transmettre n'importe quel type de données et 16 uniquement pour des sons. Le système permet par exemple d'enregistrer un même commentaire dans seize langues différentes et de basculer instantanément d'une langue à l'autre lors de la visualisation du programme.

Pour optimiser l'occupation du disque, le standard CD-I définit quatre qualités de codage des sons, la qualité supérieure occupant le plus de place.

- **Les images**

Le standard CD-I est compatible avec n'importe quel appareil de télévision standard (NTSC, PAL ou SECAM) équipé d'une prise péritel.

Définition	NTSC : nb de pixels (Largeur/hauteur)	PAL/SECAM : nb de pixels (Largeur/hauteur)
Normale	360/240	384/480
Double	720/240	768/280
Haute	720/280	768/560

Tableau 4 Définition des images du CD-I.

L'image affichée sur l'écran peut être composée de quatre *plans* superposés avec ou sans effet de transparence :

— un plan monochrome de 16 x 16 pixels utilisé pour le curseur,

— un ou deux plans codés et affichés seuls ou simultanément, composés de n'importe quelle combinaison d'image DYUV ou CLUT. Ces deux plans peuvent être combinés en un seul au format RVB 5 :5 :5.

— un arrière-plan monochrome (16 couleurs possibles) qui n'est visible que là où les autres plans sont transparents. Certains lecteurs CD-I permettent d'y afficher une source vidéo externe.

Standard	Type d'image	Nombre de couleurs
DYUV	Photographie	16 millions
RVB 5:5:5	Graphisme complexe	32 768
CLUT	Graphisme normal	256 parmi 16 millions
par longueur de séquence	Graphisme simple	8 à 128
MPEG 1	Images animées	

Tableau 5 Le codage des images du CD-I.

• Le marché du CD-I

Le CD-I a été conçu pour devenir le standard international du multimédia destiné au grand public. Il a été présenté conjointement par les trois plus grands constructeurs électroniques mondiaux : Matsushita, Philips et Sony. Seul Philips a mené une véritable promotion tout en tenant compte des erreurs commises lors des lancements d'autres produits comme les cassettes V2000. Son relatif isolement explique le retard que prend le parc de CD-I par rapport à celui des lecteurs de CD-ROM ; le CD-I se positionne désormais comme un produit familial proche des *jeux vidéo*.

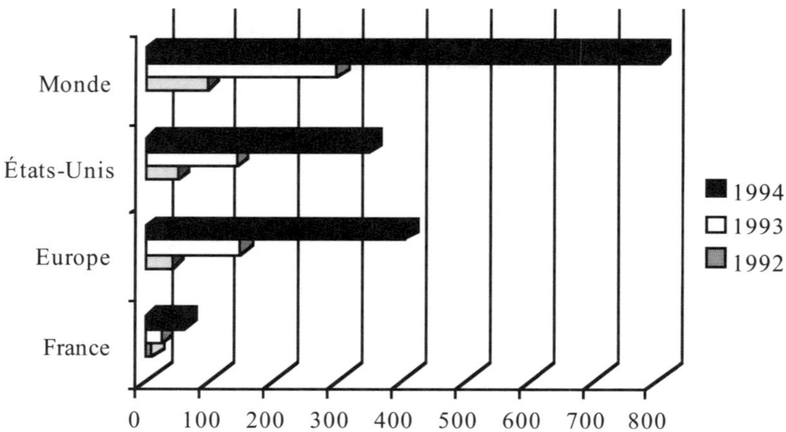

Tableau 6 Le parc des lecteurs CD-I, en milliers d'unités.
(*D'après : CD-Info.*)

- ***L'avenir du CD-I***

Le succès du produit dépend de plusieurs facteurs.
— Caractéristiques et succès des produits concurrents (VIS, 3DO, CD-ROM...).
— Disponibilité d'un grand nombre de titres et en particulier en vidéo animée sans interactivité, en concurrence avec les cassettes vidéo, ce qui suppose un accroissement de la capacité du disque (voir CD-multimédia).
— Disponibilité de programmes de qualité signés par des auteurs.
— Disponibilité de lecteurs portables bon marché.
— Accompagnement actif d'autres grands de l'électronique.
— Complémentarité avec la télévision interactive (voir l'article *multimédia*).
— Compatibilité avec les autres types de *disques compacts* (voir *disque compact*).

Bibliographie : Jolivat 92, Philips 88, Semeteys 92, Terasson 92.
Étymologie : **disque** : voir ce terme. **Interactif** : emprunt à la langue commune. *Français* : Inter- + actif. **Inter-** : préfixe savant d'origine latine. **Actif** : emprunt à la langue commune. *Français* : XVIIe siècle. *Latin* : "inter-" (entre, parmi, à l'intérieur de deux ; sens local et temporel) + "actor" (représenter tout au long, tenir un rôle) de "agere" (pousser devant soi, faire de manière continue, agir). *Indo-européen* : "*en-" (dans) [Pokorny p. 311] + "*ag-" (pousser, chasser, conduire) [Pokorny p. 4].

Disque compact photo (Photo-CD) exp.

[Anglais : Photo-CD]

Audiovisuel

1. *Gamme de disques compacts* lancée par la société Kodak en 1992. Le premier modèle de la gamme, qui lui a donné son nom, est le disque compact photo. Ces disques contiennent des images photographiques et, pour certains, du son. Ils sont destinés au marché grand public ou à différents segments du marché professionnel. Ce sont des disques de type passerelle : ils sont lisibles par les lecteurs de CD-I, de CD-ROM-XA et par des lecteurs spécialisés.

2. Appareil de lecture des disques compacts photo.

Le disque compact photo se décline en cinq modèles :
— le disque grand public (il contient 100 images avec, pour chaque image, une pyramide (voir ce terme) à cinq étages, depuis la *vignette* jusqu'à l'image en grand format permettant de faire des *zooms*) ;
— le disque catalogue : 4500 images ;
— le disque port-folio : 800 images ou 72 minutes de son ;
— le disque professionnel : 25 images de haute définition.

Kodak a également lancé un disque médical destiné au marché des hôpitaux. La société a passé des accords avec Microsoft et Adobe qui rendront leurs produits compatibles au disque compact photo.

Corrélat : disque compact.

Disque compact vidéo (vidéo-CD) exp.

[Anglais : digital video disc, DVD]

Audiovisuel : *disque optique* contenant des programmes vidéo. Il concurrence les *cassettes* vidéo : il offre l'avantage d'être beaucoup moins sensible à l'usure et de donner une meilleure qualité d'image, en particulier lors des *arrêts sur image.* Il en existe différents modèles.

Les plus anciens n'ont pas le format compact de 12 centimètres mais ont un diamètre de 20 centimètres ; ils tiennent leur nom de leur conformité aux standards d'*enregistrement* et de reproduction des *disques compacts*

Un *standard* plus récent, mis au point par Philips et Sony et baptisé livre blanc, définit un disque qui peut être lu par un CD-I muni de l'option plein écran, par un CD-ROM-XA connecté à un ordinateur muni d'une *carte* de décompression *MPEG* ou par un *CD32* de *Commodore.* Les disques conformes à ce standard sont aussi appelés Vidéo-CD. Ils peuvent contenir 74 minutes d'image animée avec une qualté supérieure au VHS et un son stéréo. Avec un lecteur CD-I ou CD32, qui sont bon marché, ces disques se posent en concurrents sérieux des CD-ROM classiques connectés aux PC qui ne donnent qu'une image de petit format et souvent de mauvaise qualité.

Cependant la capacité standard des disques compacts (650 millions d'octets) s'avère insuffisante pour mémoriser un film entier numérisé avec la technique MPEG. Une bataille est donc engagée pour définir un nouveau standard de disque compact ayant une plus grande capacité. Voir *CD-multimédia.*

L'article *image plein écran* décrit le problème technique que doit résoudre un disque compact vidéo.

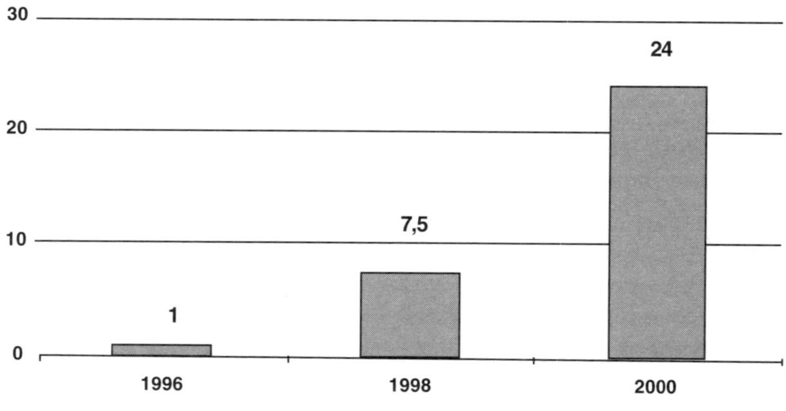

Prévision des ventes de disques compacts vidéo, en millions d'unités.
(*Source : Paul Kagan Associates.*)

Corrélat : CD-multimédia, disque compact, image plein écran.

Disque dur exp.

[Anglais : hard disk]

Informatique : voir *disque fixe.*

Étymologie : *calque* du terme anglais "hard disk".

Disque fixe exp.

[Anglais : fixed disk, hard disk]

Informatique : *disque* qui reste dans l'*ordinateur*, par opposition aux disques *amovibles* et aux *disquettes.* Les disques fixes sont en général des *disques magnétiques.* On trouve désormais un disque fixe (appelé aussi disque dur) dans tout ordinateur comme mémoire auxiliaire.

Il s'est vendu en 1994 près de 64 millions de disques fixes ; le marché est dominé par les fabricants nord-américains : Quantum, Seagate... (voir figure).

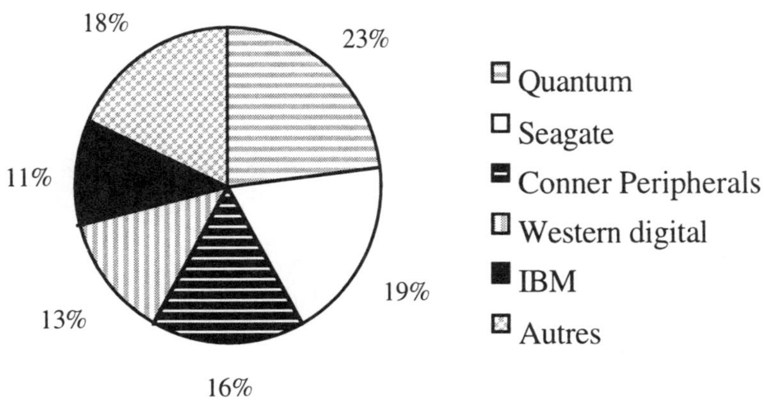

Le marché des disques fixes en 1994.
(*D'après : Dataquest.*)

Corrélats : disque, mémoire auxiliaire, lecteurs.

Disque laser exp.
[Anglais : laser disk]

Audiovisuel, informatique : voir *disque optique.*

Disque magnétique exp.
[Anglais : magnetic disk]

Informatique : disques privilégiés dans les sytèmes informatiques : ce sont les mémoires auxiliaires par excellence. Les disques magnétiques sont constitués d'un plateau recouvert d'un enduit magnétisable et tournant autour d'un axe avec des vitesses pouvant aller jusqu'à plus de 6 000 tours par minute. Une tête de lecture est portée par un bras qui se déplace au-dessus de la surface du disque, permettant ainsi l'accès direct aux informations. La surface des disques est divisée en pistes et en secteurs.

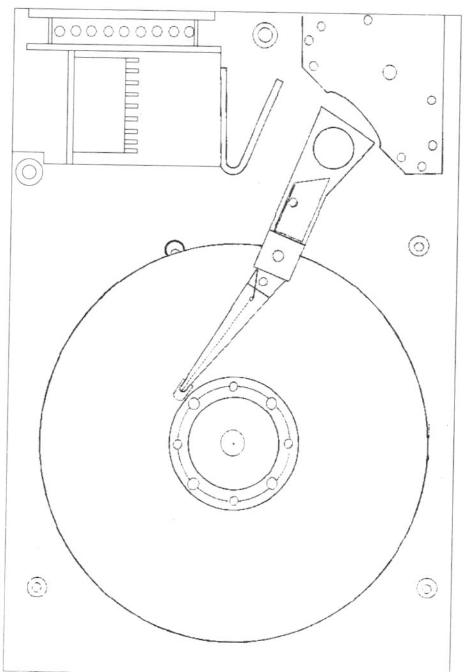

Disque magnétique.

Les disques magnétiques se présentent sous différents formats : depuis les piles de disques ayant une capacité de plusieurs gigaoctets jusqu'aux disquettes amovibles d'une capacité standard de 1,4 mégaoctet.

• **Facteurs contribuant à la performance des disques**
Les principaux facteurs sont :
— Diminution de la largeur des disques (8 pouces puis 5,25 pouces puis 3,5 pouces puis 1,5 pouce...) pour accélérer le temps de positionnement de la tête de lecture.
— Accélération de la vitesse de rotation (plus de 6 000 tours minute pour les plus rapides).
— Augmentation de la densité linéaire exprimée en nombre de pistes par pouce (*Tpi*).
— Augmentation de la densité radiale exprimée en nombre de bits par pouce (*Bpi*).
— Appareils de pilotage (contrôleurs) intelligents intégrés au lecteur et disposant d'antémémoires.
— Techniques de compressions des données, ...

Disque magnéto-optique exp.
[Anglais : magnetic-optical disk]

Informatique : *disque* alliant les techniques magnétique et optique pour l'enregistrement et la lecture d'informations. Les disques magnéto-optiques offrent de grandes capacités de stockage et sont bien adaptés aux *sauvegardes.*

• **Avantages** :
— grande robustesse : pas de de risque d'*accroc* d'une *tête de lecture* sur la surface du disque, pas d'usure du support ni des têtes ;
— grande longévité ;
— possibilité d'*accès direct* aux informations ;
— grande capacité (au delà du *giga-octet)* ;
— faible encombrement (format d'une disquette) ;
— format *amovible.*
Par rapport aux disques optiques ils offrent l'avantage d'un meilleur temps d'accès et ils sont *réinscriptibles.*

• **Inconvénients** :
— Capacité encore trop limitée pour le multimédia ;
— Les coûts de *duplication* sont plus élevés que ceux des disques optiques.

On appelle CD-MO des disques compacts magnéto-optiques. Par rapport aux autres disques compacts, ils ont l'avantage d'être réinscriptibles.

Les disques magnéto-optiques sont des concurrents des *disquettes* et des *bandes magnétiques*, ou comme disques d'appoint complémentaires des *disques magnétiques*. Les disques compacts de haute densité, avec des capacités allant jusqu'à 4,7 giga-octets, et réinscriptibles (voir *CD-multimédia*), prévus pour l'année 1997 risquent d'être leurs principaux concurrents.

♦ L'enregistrement s'effectue en magnétisant la surface du disque préalablement chauffée à 200°C par le faisceau laser (seuil de température appelé point Curie). La polarité se fixe lorsque la surface refroidit. Ce système rend le disque insensible aux champs magnétiques externes (contrairement aux disques magnétiques) dans les conditions normales de température.

La lecture est purement optique et s'effectue par réfléchissement d'un rayon laser.

Il existe en outre des disques magnéto-optiques qui ne sont pas réinscriptibles (O-ROM) ou qui ne le sont que sur une partie de leur surface (P-ROM) (voir *disque réinscriptible*). Les premiers servent comme support d'édition et les seconds peuvent contenir à la fois des données faisant l'objet d'une édition et des données complémentaires propres à chaque utilisateur.

Corrélats : disque magnétique, disque optique.

Disque optique exp.

[Anglais : optical disk]

Audiovisuel, informatique : disque contenant une information enregistrée sous forme de petites cavités creusées sur sa surface et qui peuvent être lues au moyen d'une technique optique (le *laser*).

Les disques optiques constituent l'une des quatre principales familles de *disques*. Ils ont largement contribué à la quasi-disparition des *disques vinyles*. Tandis que les *disques magnétiques* sont spécialisés dans les utilisations informatiques, les disques optiques sont aujourd'hui utilisés dans tous les domaines de l'information (*audio*, *vidéo*, *informatique* et *multimédia*).

Avantages :
— plus grande *capacité*,
— plus grande *durée de vie*,
— plus grande *résistance à l'usure*.

Inconvénients :
— temps d'accès plus long,
— format plus gros.

Comparaison des caractéristiques techniques disque optique/disque magnétique.

À l'intérieur de la famille des disques optiques, les différents types de disques se caractérisent par leur fonction, leur *format*, leur type de *codage*, leur *temps d'accès*, leur *capacité* et leur *standard*.
Les standards relatifs aux disques optiques se divisent en deux grandes sous-familles, suivant qu'on les utilise pour la collecte ou pour la diffusion de données.

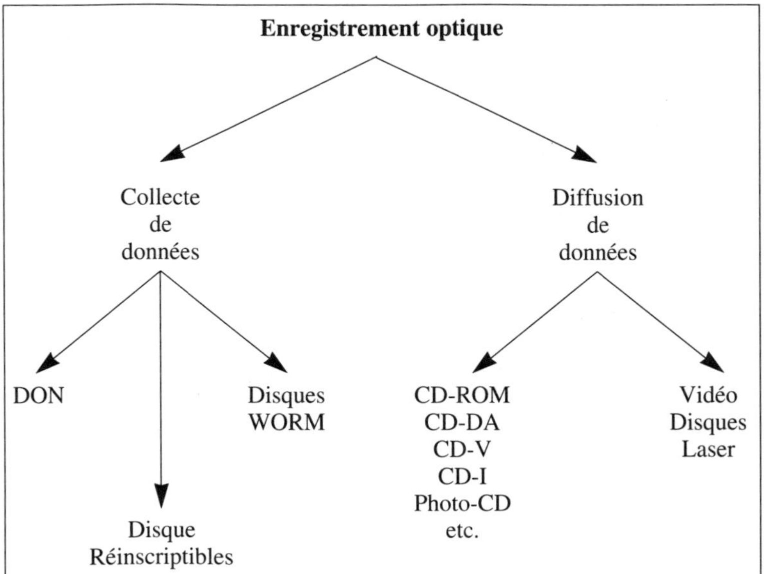

La famille des disques optiques.
(*D'après : Compact Disk Interactive ; a Designer's Overview, Kluwer,* Philips International Corporation.)

Pour la collecte des données, les disques utilisés sont les Disques Optiques Numériques (DON) et les disques réinscriptibles.

Pour la diffusion des données, on distingue les disques utilisés en vidéo (*vidéodisques* laser) et les disques utilisés en informatique et multimédia (CD-ROM, CD-I...).

Corrélats : disques magnétiques, disques magnéto-optiques.

Disque réinscriptible exp.

[Anglais : rewritable disk]

Informatique : *disque* sur lequel on peut effacer et enregistrer des informations, à volonté. Les principaux disques réinscriptibles sont :

— les *disques magnétiques* ;

— les *disques magnéto-optiques* ; mais pas tous : les O-ROM (Optical Read-Only Memory ; mémoires mortes optiques) ne le sont pas et les P-ROM (Partially Read-Only Memory : mémoires en partie mortes) ne le sont que partiellement ;

— certains disques optiques : les futurs CD-E (CD-E : CD Enregistrables), CD-R : CD Rewritable, et HDCD (High density disk : disque à haute densité).

Pour éviter les copies et protéger les ventes de disques préenregistrés, les constructeurs freinent la commercialisation de disques réinscriptibles utilisables en édition.

Les CD-ROM multisession sont partiellement réinscriptibles.

Les WORMs (Write Once Read Many : écriture unique, lecture multiplie) sont inscriptibles mais pas réinscriptibles.

Corrélats : disques, enregistrement.

Étymologie : **Disque** : voir ce mot. **Réinscriptible** : emprunt à la langue commune. *Français* : XXe siècle. re + inscri(re) +-ible. RE : préfxe marquant la répétition (Latin “re-”. Inscrire : XIIIe sicèle. *Latin* “inscribere” (écrire sur, inscrire) < “in-” (dans, sur) + “scribere” (tracer des caractères, écrire). *Indo-européen* : “*skeri-, *(b)keribh-” (couper, trancher) [Pokorny pp. 945, 946]. -ible : (latin : “-ibilis” suffixe savant marquant la possibilité, la qualité.

Disquette n.f.

[Anglais : floppy disk, diskette]

Informatique : disque amovible de petit format (8 pouces, 5 pouces 1/4 et 3 pouces 1/2) et de petite capacité. Leur temps d’accès est relativement lent, comparé à celui des disques durs. Les premières disquettes de format 8 pouces et 5 pouces 1/4 étaient flexibles (d'où l'opposition aux disques "durs"). Les disquettes actuelles sont livrées dans un emballage rigide.

Distorsion n.f.

[Anglais : distortion]

Electronique : déformation d'un *signal* lors de son passage dans un canal, se manifestant par une perte de linéarité entre le signal d'entrée et le signal de sortie. Elle est due à la présence d'un signal parasite ou aux caractéristiques du *canal* de transmission (voir *saturation*). La distorsion étant un phénomène non linéaire, il est difficile de la mesurer mais l'ensemble des constructeurs de matériels audio émettent des mesures de taux de distorsion harmonique qui expriment, dans le signal sortant d'un appareil (en particulier pour les hauts parleurs), le rapport entre le signal parasite et le signal total de sortie.

♦ Exemples de valeurs de distorsion harmonique :
– amplificateur de puissance : < 0,05 %,
– magnétophone numérique : < 0,05 %,
– magnétophone analogique : < 1 %,
– haut-parleur : < 1 %,
– microphone : < 0,5 %.

(*d'après* : Rumsey 94)

Étymologie : emprunt à la langue commune. *Français* : XVIe siècle. *Latin* : "distorsio" (distortion) < "distorquere" (tordre) < "dis-" (éloigné de) origine obscure + "torquere" (tordre). *Indo-européen* : "*ter-" (frotter, tourner) [Pokorny pp. 1075-1077].

Distribuer v.

[Anglais : to distribute]

Audiovisuel, informatique et télécommunications : faire une *distribution* (voir ce terme).

Distributeur n.m.

[Anglais : distributor]

Audiovisuel, informatique et télécommunications

1. Matériel ou logiciel qui fait une *distribution*. Certaines *bornes interactives* par exemple distribuent des imprimés (plan, carte, ticket, billets de banque...) aux utilisateurs après consultation du programme.

2. Personne morale ou physique qui fait une *distribution*. En particulier :

- **a.** Distributeur en ligne : opérateur de *télécommunications* spécialisé dans la gestion de réseaux de *distribution* de programmes *audiovisuels*. Synonyme de *câblo-opérateur*.
- **b.** Distributeur hors ligne : société qui répartit du matériel, et en particulier des supports d'information pré-enregistrés (disques compacts, disquettes, cassettes, films) dans des réseaux de points de vente (magasins, revendeurs, salles de cinéma) ; elle achète les originaux des supports aux *éditeurs*, en assure la duplication et se rétribue par la marge réalisée lors de la vente des duplicatas aux points de vente de son réseau.
- **c.** (Cinéma) : société à qui un *producteur* de films confie la vente de ses programmes en direction des chaînes de télévision ; elle se rétribue en prélevant un pourcentage sur les ventes.

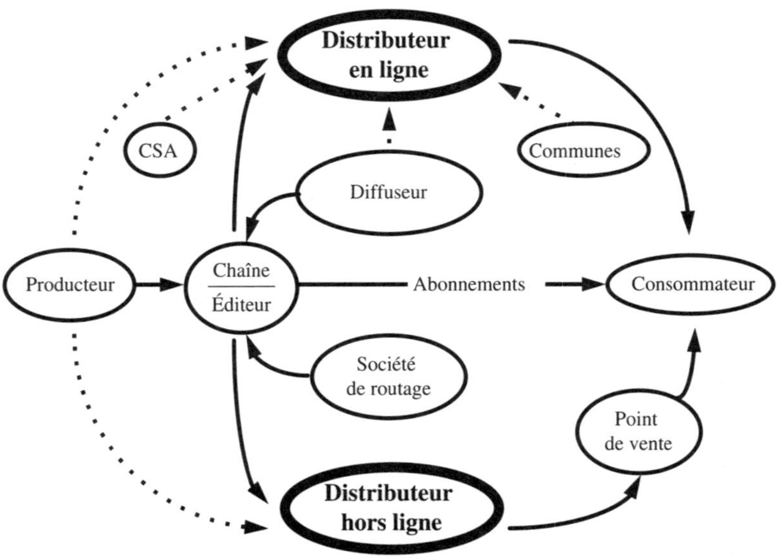

Figure 1 Place des distributeurs parmi les acteurs du multimédia.
(*Les flèches partent du fournisseur de service pour pointer vers l'acheteur.*)

♦ **Les distributeurs " en ligne " ou câblo-opérateurs**
Les distributeurs en ligne sont plus couramment appelés *câblo-opérateurs.* Ils passent un contrat avec le *Conseil Supérieur de l'Audiovisuel* (CSA) et avec les communes où ils installent et/ou exploitent leur *réseau câblé.* Ils sont en relation directe avec les foyers connectés à leur *réseau câblé* : ils leur vendent des programmes audiovisuels qu'ils achètent eux-mêmes à des *éditeurs* (*chaînes* de radio ou de télévision) ou parfois directement à des *producteurs.* Ils peuvent aussi capter sur leur *tête* de réseau les programmes audiovisuels transmis par un *diffuseur* pour les distribuer sur leur *câble,* économisant ainsi au consommateur l'achat d'une *antenne* (voir *Télévision par câble*). Les principaux distributeurs sont présentés à l'article *câblo-opérateur.*

Distributeur en ligne et diffuseur
Contrairement aux *diffuseurs,* les distributeurs en ligne vendent aux consommateurs et achètent aux chaînes. Ils s'intéressent naturellement aux contenus des programmes, principal moteur de leurs ventes ; une simple position d'acheteurs de programmes n'étant pas suffisante pour en maîtriser les contenus, ils investissent l'activité d'*édition* : ils prennent des participations dans ou s'allient avec les *éditeurs* que sont les *chaînes* de programmes et éventuellement avec les *producteurs.*

Distributeur en ligne et multimédia
Les *réseaux* des distributeurs sont adaptés au *multimédia* en ligne : ils permettent le *codage numérique,* offrent de grands *débits* de transmission et des voies de retour pour l'*interactivité.* Disposant de l'infrastructure nécessaire et bénéficiant de la déréglementation des télécommunications, les distributeurs en ligne sont prêts à devenir les futurs opérateurs des *autoroutes de l'information* et à compléter leur offre de programmes audiovisuels par des services multimédias :
— *télévision presque à la demande* et *télévision à la demande,*
— *paiement à la séance* et *paiement à la consommation,*
— services de téléphonie et de visiophonie,
— services *télématiques* (télé-achat, *messagerie électronique,* transfert de fichiers, télé-banque, télé-enseignement, consultation de bases de données...).

Distributeur hors ligne
Le distributeur de supports est un acteur important de l'*édition électronique.* Le tableau de la page suivante donne un exemple de répartition des recettes (en francs français) liées à la vente d'un disque compact de type CD-ROM ou CD-I en 1995.

Cette répartition varie en fonction des accords passés entre les différents acteurs ; dans ces accords, le distributeur peut fournir tout ou partie des prestations suivantes :
— duplication des supports,
— présentation et emballage,
— gestion des stocks,
— répartition dans des points de vente (vente, acheminement, gestion),
— promotion, publicité,
— gestion commerciale et suivi des ventes.

	% du reste	Montant	Reste
Prix de vente au public		400	400
Taxe à la valeur ajoutée	20,6 %	82	318
Part du vendeur	30 %	95	222
Part du distributeur	**60 %**	**133**	**89**
Droits d'auteur	15 %	13	76
Reste aux producteurs et à l'éditeur		76	

Figure 2 Exemple de recette attribuée au distributeur dans la vente d'un CD-ROM.

Dans l'exemple ci-dessus, le distributeur assure l'ensemble de ces prestations.

Bibliographie : INA 95, Lunven 93, Vasseur 92.
Corrélats : câblo-opérateur, diffuseur, éditeur, producteur, réseau câblé, télévision par câble.
Étymologie : voir *distribution.*

Distribution n.f.
[Anglais : distribution]

1. Général : répartition de produits ou de services en des points identifiés d'un réseau. S'oppose à *diffusion.*

2. Audiovisuel, informatique et télécommunications : ensemble des activités financières, techniques et commerciales concernant l'acheminement d'informations vers des *terminaux* connectés à un *réseau* (distribution en ligne) ou la répartition de produits dans différents points de vente ou de consommation (distribution hors ligne). Voir *distributeur.*

3. Informatique : informatique distribuée : technique d'optimisation des ressources dans un réseau. La mise en réseau des ordinateurs permet d'utiliser au mieux, à un moment donné, les ressources matérielles et logicielles présentes sur ce réseau. La distribution consiste à allouer à chaque instant les ressources du réseau les mieux adaptées à la résolution de chaque problème.

4. Télécommunications : réseau de distribution : partie intermédiaire d'un réseau, comprise entre le réseau de branchement (raccordement des terminaux) et le réseau de transport (artères principales du réseau reliant les centres de commutation ou partant de la tête de réseau). Voir *réseau câblé.*

Corrélats : distributeur, réseau câblé.
Étymologie : emprunt à la langue commune. *Français* : XIIIe siècle. *Latin* : "distributio" (distribution) < "distribuere" (distribuer) < "dis-" (éloigné de) origine obscure + "tribuere" (donner, distribuer) < "tribus" (tribu) mot d'origine étrusque.

Dithering t.a.

Audiovisuel et informatique : voir *éparpillement.*

DME s.a. et n. mq.
Distributed Management Environment

Informatique : l'un des produits d'*OSF* qui permet de développer, puis d'exécuter des logiciels d'administration de réseaux hétérogènes. DME utilise un autre produit d'OSF concernant l'architecture distribuée : *DCE.*

Document n.m.
[Anglais : document]

Informatique : voir *gestion électronique de documents.*

Documentaire n.m.
[Anglais : documentary]

Audiovisuel : genre de *production* cinématographique ou télévisuelle qui se distingue d'une part de la *fiction* parce qu'il fait référence à un réel tangible et d'autre part des émissions de *plateau* parce qu'il ne nécessite pas la présence d'un animateur. Le documentaire se rapproche du reportage mais il n'utilise pas le direct et il fait plus appel aux techniques de *montage.*

Le multimédia est une technique tout à fait adaptée au documentaire. L'*interactivité* donne au réalisateur une grande liberté d'expression (voir *hors-champ* et *transition*) et permet au spectateur de « se documenter » à son aise dans les méandres de l'arborescence. De nombreux titres de cd-rom peuvent être considérés comme des « documentaires multimédias », en particulier dans les domaines artistique et culturel.

Bibliographie : Colleyn 93.
Corrélats : multimédia, langage cinématographique.
Étymologie : emprunt à la langue commune. *Français* : adjectif : XIXe siècle < document XIIe siècle. *Latin* "documentum" (exmple, modèle, leçon, enseignement) < "docere" (enseigner). *Grec* : "dokeo" (sembler, paraître, penser, croire). *Indo-européen* : "*dek-" (prendre, accueillir) [Pokorny pp. 189, 190].

Donnée n.f.
[Anglais : data]

Informatique : représentation d'une *information* sous une forme conventionnelle destinée à en faciliter le traitement.

• Les types de données

Critère	Type de données	
Nature des informations représentées	*Informatiques*	*textes*
		nombres
		programmes
	Audiovisuelles	*images*
		sons
	Tactiles	pression
	Spatiales	*coordonnées*
	Kinesthésiques	*retour d'effort*
Codage (*)	*Numériques*	*formats de fichiers*
	Analogiques	
Volume d'information	*Compressées*	
	Non compressées	
Tolérance des erreurs	*Sensibles*	
	Insensibles	
Organisation	*Séquentielles*	
	Aléatoires	

(*) En pratique, on réserve le terme de données aux seules données numériques.

• Saisie des données
La *saisie des données* consiste à *coder* les informations et à les *enregistrer* avec une certaine *organisation* sur un *support.*

• Sensibilité des données
Une fois *numérisées*, les informations multimédias ont toutes une forme binaire du type :

1100 0100 0110 1010 0101 ...

Il existe cependant différents codes binaires ; on les choisit en fonction de la sensibilité des informations représentées.

Les données informatiques sont très sensibles : on conçoit aisément qu'on ne puisse pas tolérer la moindre erreur lors de l'enregistrement ou de la transmission d'un numéro de fiche dans une banque d'images ; de même le changement d'un seul chiffre binaire dans le codage d'un *programme* peut avoir des conséquences désastreuses.

Les informations audiovisuelles au contraire tolèrent des erreurs minimes : si, après enregistrement ou transmission, un *pixel* est un peu plus foncé ou un *échantillon* sonore un peu plus *aigu*, la modification de l'image ou du son qui en résulte est souvent imperceptible.

On choisit donc des codes détecteurs ou correcteurs d'erreurs (voir *code autocorrecteur*) pour les données informatiques et des codes plus souples pour les données audiovisuelles. Il existe ainsi deux modes d'*enregistrement* des données sur les *disques compacts* (voir *disque compact informatique* : le standard CD-ROM).

• Organisation des données
Les informations audiovisuelles sont de nature séquentielle : les images et les sons se succèdent dans le temps toujours dans le même ordre. En informatique au contraire l'*accès* aux informations se fait souvent dans un ordre aléatoire : après avoir visionné un tableau de Uccello, l'utilisateur peut indifféremment demander à l'ordinateur une reproduction d'Altdorfer, d'Utrillo ou de Matisse. Pour faciliter l'accès aléatoire aux données, l'informatique a mis au point des techniques d'*organisation* en *fichiers* et en *bases de données.*

Corrélats : audiovisuel, base de données, fichier, informatique, numérisation, programme.
Étymologie : *Latin* : “donare” (donner). *Indo-européen* : “*do-” (donner), [Pokorny p. 223].

DOS s.a.

Disk Operating System

Informatique : système d'exploitation utilisant des disques comme ressources privilégiées. Le plus célèbre de ces systèmes est *MS-DOS* (MicroSoft-DOS) développé par Microsoft pour les ordinateurs personnels d'IBM (PC) construits à base de processeurs Intel x 86 (voir *MS-DOS*). Il a existé, au début de l'informatique, des systèmes d'exploitation qui ne privilégiaient pas nécessairement les disques, comme par exemple, les TOS (Tape Operating System : système d'exploitation sur bande).

Doublage n.m.

[Anglais : dubbing]

Audiovisuel

1. Réenregistrement, en studio, des paroles d'un film en synchronisation avec les mouvements des lèvres des acteurs. Le doublage fait partie de l'étape de post-production.

2. Enregistrement en studio d'une traduction des paroles prononcées par les acteurs lors du tournage.

Corrélat : post-production.
Étymologie : emprunt à la langue commune. *Français* : adjectif : XVe siècle. Doubler + -age. **-age** : suffixe marquant un état, une action ou le résultat de l'action. **Doubler** : *Latin* "duplare" (doubler) < "duo" (deux) + "plicare" (plier, replier). *Indo-européen* : "*duo(u)" (deux) [Pokorny p. 228] + "*pel-" (plier) [Pokorny p. 802] < "*plek-" (tresser, entrelacer) [Pokorny p. 834].

Doubler v.

[Anglais : to dub]

Audiovisuel : procéder au *doublage.*

DPCM s.a.

Audiovisuel, informatique et télécommunications : voir *modulation par impulsion et codage.*

dpi u.a.
dot per inch (point par pouce)

Informatique : unité de mesure de la *résolution* d'une image. Cette unité est utilisée lors de la numérisation ou la reproduction des images numériques à l'écran ou sur papier.

♦ Les résolutions les plus courantes étaient, en 1994, de 300 à 600 dpi pour les imprimantes et de 75 dpi pour les écrans. Les numériseurs ont souvent, pour la saisie, une résolution très supérieure à celle des appareils de restitution, par exemple : 1200 dpi. On peut ainsi reproduire une image en plus grand format, sans en altérer la qualité.

Corrélats : résolution, définition, pixels.

DQDB s.a.
Distributed Queue Dual Bus (traduction littérale : double canal à file d'attente)

Télécommunications : *Protocole* d'accès au support de transmission retenu par l'*IEEE* pour les *réseaux métropolitains*. Il utilise des cellules de même taille que celles de l'*ATM*.

♦ Les réseaux DQDB sont fondés sur deux *bus* parallèles de longue distance (plusieurs dizaines de kilomètres) ayant des sens de transmission inverses. Au bout de ces deux bus se trouvent des générateurs de *trames* assurant la *synchronisation* du système. Des *nœuds* sont connectés sur les deux bus pour permettre les échanges d'informations. Les réseaux DQDB utilisent la technique de commutation de cellules par l'intermédiaire de "cellules pré-arbitrées" (communication *synchrone*) et de "cellules arbitrées" (communication *asynchrone*), qui transitent sur le bus. Le débit potentiel est de 155 Mbits/s à 600 Mbits/s.

Corrélats : réseau métropolitain, synchrone.

DRAM s.a.
Dynamic Random Access Memory (traduction littérale : mémoire vive dynamique)

Informatique : mémoire vive de grande capacité sur *circuit intégré*. Les capacités de ces mémoires sont passées de 1 000 octets en 1972 à 16 millions d'octets en 1992. On les utilise en multimédia pour stocker des images.

♦ Les DRAM sont des condensateurs situés entre deux transistors. Ils doivent être rafraîchis ou rechargés périodiquement, d'où le qualificatif de dynamique. La période de rafraîchissement s'est allongée avec les progrès technologiques :

aujourd'hui, chaque case mémoire doit être relue puis réécrite toutes les 8 ms sous peine de perdre son contenu. Cette contrainte entraîne la mise en place d'un circuit complexe.

Corrélat : circuit intégré.

Drapeau n.m.

[Anglais : flag]

Informatique : signal pouvant prendre plusieurs valeurs. Utilisé comme pense-bête aussi bien dans le domaine matériel que logiciel, la signification de chaque valeur est laissée au libre choix du développeur.

Étymologie : emprunt à la langue commune. *Français* : XIIe siècle au sens de vêtement moderne, XXe au sens technique. Dérivé du bas latin "Drappus" origine gauloise. Drap + eau (diminutif issu du latin : "-ellum").

DR-DOS s.a. et n. mq.

Digital Research - Disk Operating System

Système d'exploitation pour ordinateur personnel comparable à MS-DOS et mis au point par la société Digital Research.

Driver t.a.

Informatique : voir *pilote.*

Droits d'auteur exp.

[Anglais : author rights]

Multimédia

1. Ensemble des droits dont bénéficie l'auteur d'un produit multimédia relatifs à toute utilisation de son œuvre : *adaptation, copie, diffusion, distribution, vente,* citation...

2. En particulier, rémunération qui lui est versée lors de la vente.

♦ La complexité des produits multimédias et de leurs modes de consommation pose les problèmes du statut de l'auteur et de son mode de rémunération.

La fabrication d'un produit multimédia fait intervenir plusieurs personnes susceptibles de revendiquer le statut d'auteur : musicien, graphiste, réalisateur vidéo, programmeur... On convient en général d'appeler auteur celui qui apporte le projet initial, qui en écrit le *scénario* et qui assure la direction artistique lors de la fabrication, comme dans une *production* vidéo ou cinématographique. Sa rémunération peut se faire de différentes façons, suivant que le produit est destiné à être *diffusé* ou *distribué*, *en ligne* ou *hors ligne*. Elle varie du simple forfait à un pourcentage sur les ventes en fonction des accords passés avec le *producteur*, l'*éditeur* et le *distributeur*. Le tableau 1 donne un exemple de la part revenant à un auteur dans la vente (en francs français) d'un *disque compact* de type CD-ROM ou CD-I. L'auteur est ici rémunéré sur les ventes. Dans une telle situation, il bénéficie habituellement d'une avance de la part de l'éditeur ou du producteur, déductible sur les premières ventes.

	% du reste	**Montant**	**Reste**
Prix de vente au public		400	400
Taxe à la valeur ajoutée	20,6 %	82	318
Part du vendeur	30 %	95	222
Part du distributeur	60 %	133	89
Droits d'auteur	**15 %**	**13**	**76**
Reste aux producteurs et à l'éditeur		76	

Tableau 1 Exemple de rémunération de l'auteur d'un disque compact multimédia.

Plusieurs sociétés sont impliquées dans la protection de la propriété intellectuelle et dans la défense des auteurs, interprètes, éditeurs ou producteurs ; la figure 2 en indique quelques unes.

Sociétés	**Domaines**
SACEM	Musique
SACD	Théâtre, cinéma
SCAM	Graphisme, photographie, cinéma, vidéo, logiciel
SGDL	Littérature
SPADEM	Arts du spectacle
APP	Logiciel

Tableau 2 Exemples de sociétés regroupant des professions de créateurs.

Corrélats : distributeur, éditeur, niveau d'authenticité, producteur.

DTC s.f.

Voir *dispositif à transfert de charge.*

DTE s.a.
Data Terminal Equipment (traduction littérale : Équipement Terminal de Traitement de Données)

Voir *ETTD.*

Duplex n.m.
[Anglais : duplex]

1. **Télécommunications** : voir *bidirectionnel.*

2. **Audiovisuel** : programme d'une chaîne diffusé en direct avec une transmission bidirectionnelle.

Duplication n.m.
[Anglais : duplication]

Audiovisuel et informatique : reproduction d'un enregistrement sur un support, souvent en vue d'une distribution.

Dupliquer v.
[Anglais : to duplicate]

Audiovisuel et informatique : faire une *duplication.*

DV-I s.a. et n. mq.
Digital Video Interactive

Audiovisuel et informatique : système de numérisation, compression, décompression et affichage d'images mis au point par la société *Intel.* Ce système est proposé par de nombreux constructeurs sur des micro-ordinateurs avec des compléments de type CD-ROM pour le stockage des images numérisées. Les sytèmes d'exploitation compatibles sont DOS, Windows ou OS/2.

Le DV-I propose deux qualités de compression : une qualité supérieure dite PLV (Presentation Level Video : vidéo avec qualité pour diffusion) et une qualité inférieure dite RTV (Real Time Video : vidéo en temps réel) destinée à faire des maquettes. Le système est encore lourd à manipuler puisque la compression avec l'algorithme PLV doit se faire dans des centres spécialisés agréés par Intel.

Corrélat : Action media II.

DVB s.a.
Digital Video Broadcasting (diffusion vidéo numérique)

Audiovisuel : voir *télévision numérique.*

DVC s.a.
[Digital Video cassette : cassette pour vidéo numérique]

Audiovisuel et informatique : type de *cassette* numérique.

DVD s.a.
[Digital Video disk : disque pour vidéo numérique]

Audiovisuel et informatique : ensemble des disques compacts contenant des images animées plein écran. (voir *disque compact vidéo*). Le terme désigne notamment les deux projets de standards en compétition promus par Philips et Sony d'un côté et par Toshiba et Time Warner de l'autre (voir *CD-multimédia*).

DVM s.a.
Digital Vario Motion (défilement à variation numérique)

Audiovisuel : système à mémoire numérique qui permet des défilements ralentis ou *accélérés* et des *arrêts sur image.* Ce système est utilisé sur les magnétoscopes au format 1 pouce B.

DXF s.a.
Drawing interchange Format (format pour l'échange de dessins)

Informatique : format de fichier graphique utilisé dans les applications de *CAO*, développé par la société *Autodesk* pour son programme AutoCAD. Il existe une version du format plus économique en place mémoire appelée DXB (Drawing eXchange Binary).

Dynamique n.f.

[Anglais : dynamic range]

Électronique : amplitude de la variation d'une valeur. Elle se mesure en *décibels.* La dynamique d'une caractéristique d'un *signal* est le rapport entre sa valeur maximale et sa valeur minimale. Elle doit être inférieure au rapport signal/bruit du canal.

Corrélats : bruit de fond, échelle de gris, écrêtement, saturation, signal.
Étymologie : mot savant d'origine grecque. *Français* : XVIIIe siècle. *Grec* "dynamikos" (puissant, efficace) < "dynamis" (le pouvoir, la puissance, la force). Peut-être issu de l'*Indo-européen* : "*du-" (puissant, considérable, vénérable, énorme) [Pokorny p. 218].

E

E.A.O. s.f.
Enseignement Assisté par Ordinateur
[Anglais : Computer Assited Learning (CAL)]

Informatique : voir *enseignement.*

EBCDIC s.a.
Extended Binary Coded Decimal Interchange Code
(traduction littérale : code d'échange décimal codé binaire étendu)

Informatique : extension à 8 bits du code à 6 bits BCDIC (Binary Coded Decimal Interchange Code) pratiquement disparu.

EBU s.a.
European Broadcasting Union (Union Européenne de Radiodiffusion)

Audiovisuel : voir *Union Européenne de Radiodiffusion.*

Échantillon n.m.
[Anglais : sample]

Électronique : ce qui est obtenu par l'*échantillonnage.*

Échantillonnage n.m.
[Anglais : sampling]

Électronique : prélèvement, à intervalles déterminés, des valeurs d'un signal analogique. Voir *numérisation.*

Étymologie : mot construit par dérivation sur "échantillon" avec le suffixe "-age" qui indique une collection d'objets, une action ou le résultat d'une action. Terme emprunté à la langue commune. *Français* : XVe siècle. Échantillon : XIIIe siècle (étalon de poids et de mesure, échelle pour mesurer). Emprunt au dialecte lyonnais "Eschandillon" < "eschandiller" (vérifier les mesures des marchands). *Latin* : "scandaculum" (jauge) < "scandere" (monter, gravir) [*cf.* "scander" des vers par analogie avec le mouvement du pied qui marque la mesure]. *Indo-européen* : "*sk-" (sauter) "*skand-" et "skend-" (monter).

Échantillonner v.
[Anglais : to sample]

Électronique

1. Procéder à un *échantillonnage.*

2. Action commerciale qui consiste à mettre des échantillons de circuits nouveaux à la disposition des développeurs de matériels.

Échantillonneur n.m.
[Anglais : sampler]

Électronique : appareil qui effectue un *échantillonnage.*

Échelle de gris exp.
[Anglais : grey scale ; américain : gray scale]

Audiovisuel et informatique : échelle des valeurs de *luminance* nécessaires à la reproduction d'une image, définie lors de la *numérisation* en fonction de la *dynamique* et de la précision souhaitée.

♦ L'échelle de gris élémentaire ne comporte que deux états : blanc et noir. On peut donc la coder avec un seul bit par pixel. On peut améliorer l'échelle de gris en utilisant 2 bits par pixel, ce qui donne :

00	noir,
01	gris foncé,
10	gris clair,

11 blanc,

ou avec 3 bits :

000 noir,
001 gris foncé,
010 gris moyen foncé,
011 gris moyen,
100 gris moyen clair,
101 gris clair,
110 gris très clair,
111 blanc,

et ainsi de suite.

L'échelle de gris la plus répandue contient 256 valeurs (0 = noir, 255 = blanc). Il faut 8 bits par échantillon pour coder la dynamique totale ; la précision est de 1 pour 256 soit 4 pour 1000.

Corrélats : numérisation, dynamique.
Étymologie : échelle : emprunt à la langue commune. *Français* : XIIe siècle. *Latin* : "scala" (échelle, degré). *Indo-européen* : "*(s)kel-" (couper, frapper, trancher) [Pokorny p. 923]. **Gris** : emprunt à la langue commune. *Français* : XIIe siècle d'un mot *francique* *gris. *Indo-européen* : "*gher-" (briller) [Pokorny p. 441].

Écho n.m.

[Anglais : echo]

Audiovisuel : phénomène acoustique par lequel on perçoit un son répété avec, souvent, un affaiblissement léger mais progressif d'*intensité*. L'écho peut être naturel ou artificiel. Sa perception dépend de plusieurs facteurs : la puissance du *signal* sonore, le pouvoir séparateur de l'oreille (qui varie selon les individus et, pour un même individu, selon l'environnement sonore) et la nature du signal émis. Un signal de courte durée est plus facilement perçu en écho. On peut simuler l'écho en introduisant des circuits de retard dans l'émission sonore.

♦ L'écho naturel est dû à des réflexions successives du signal sonore sur des objets ou des parois. Il faut que le signal réfléchi revienne à l'oreille avec suffisamment de retard par rapport au signal émis pour qu'il soit distingué de ce dernier (on admet généralement que l'écho se produit lorsque le retard entre le son émis et le son réfléchi est de l'ordre de 50 ms, ce qui correspond à une distance parcourue par le son réfléchi d'environ 35 mètres. La multiplication de l'effet d'écho produit l'effet de réverbération.

Étymologie : du nom de Echo. *Grec* : "echo" (son, bruit, écho). Dans la mythologie grecque, nymphe des bois et des sources qui aimait Narcisse mais sans retour. Désespérée, elle se laissa mourir jusqu'à devenir transparente et se fondre dans les rochers. Il ne restait d'elle qu'une voix qui répète les dernières syllabes que l'on prononce. *Indo-européen* : "*uagh-" (crier, résonner) [Pokorny p. 110].

Éclairage n.m.

[Anglais : lights]

Audiovisuel

1. Répartition et distribution de la lumière sur un lieu de *tournage* et en particulier dans le *champ* de la caméra.

2. Résultat de cette répartition ou distribution.

3. Ensemble des appareils destinés à fournir la lumière.

L'éclairage est un des éléments du *langage cinématographique.* Il participe à la mise en scène avec les décors et les costumes ; comme eux, il peut être réaliste et renforcer *l'effet de réalité* en évoquant un contexte social, historique ou géographique ; mais sa véritable fonction est d'ordre expressif et symbolique en jouant en particulier sur les ombres et les *contrastes.* On distingue les éclairages d'intérieur et d'extérieur et les éclairages naturels (ils existent indépendamment du *tournage*) et artificiels (produits à l'aide de projecteurs, d'*arcs* et de réflecteurs). Dans les productions de *fiction*, l'éclairage naturel est souvent complété d'un éclairage artificiel. Avec *l'image de synthèse*, le résultat de l'éclairage peut être obtenu sans éclairer... et peut être programmé : le réalisateur dispose d'une inépuisable combinaison d'éclairages possibles..

Bibliographie : Boullot 91, Maillot 94, Martin 94, Millerson 89.
Corrélats : langage audiovisuel, éclairgiste, hors-champ.
Étymologie : voir *Éclairagiste.*

Éclairagiste n.m.

[Anglais : lighting engineer]

Audiovisuel : technicien chargé de régler les éclairages lors des séances de prise de vue en vidéo. Au cinéma, on l'appelle "chef électro" ou "électro".

Étymologie : mot construit par dérivation sur "éclairage" avec le suffixe "-iste". Terme emprunté au langage technique du music-hall. *Français* : XXe siècle < éclairage (XVIIIe siècle) < éclairer < *latin* : "esclarare" (éclairer) < "ex-" (complètement, totalement) + "clarare" (rendre clair, lumineux) <

"clarus" (clair, brillant). *Indo-européen* : "*kel-, *kle-, *kla-" (crier, faire du bruit, sonner) [Pokorny pp. 548, 549].

Éclairement n.m.

[Anglais : illumination]

Audiovisuel

1. Projection de lumière sur un objet.

2. Mesure de la quantité de lumière reçue par un objet. L'éclairement s'exprime en flux lumineux par unité de surface éclairée (lux). Un éclairement d'un lux correspond à un flux de 1 lm (un lumen) qui atteint une surface de 1 m^2.

Corrélats : luminance, brillance.

ECMA s.a.

European Computer Manufacturers Association

Informatique : association européenne de fabricants d'ordinateurs qui propose des standards dans le domaine du matériel informatique.

Corrélat : AFNOR, organisation internationale de normalisation.

Écran n.m.

[Anglais : screen, display unit]

Audiovisuel et informatique

1. Surface sur laquelle se matérialise la reproduction d'une image. Par extension, ensemble de l'écran et de l'appareil qui permet cette reproduction.

2. Contenu de l'image reproduite sur cette surface.

♦ Les deux types d'écrans les plus répandus sont les écrans cathodiques et les écrans plats. Les premiers fournissent un affichage de meilleure qualité et coûtent moins cher. Les seconds offrent l'avantage d'un encombrement, d'un poids et d'une consommation électrique réduits.

Corrélats : tube à rayons cathodiques, moniteur.
Étymologie : le mot écran désigne souvent un ensemble complexe d'éléments (récepteur, décodeur, amplificateur, ...) par un procédé commun qui consiste à désigner le tout par la partie (métonymie). *Français* : XIIIe siècle, du

néerlandais “scherm” *Indo-européen* : “*beidh-” (éclater, séparer) [Pokorny p. 116].

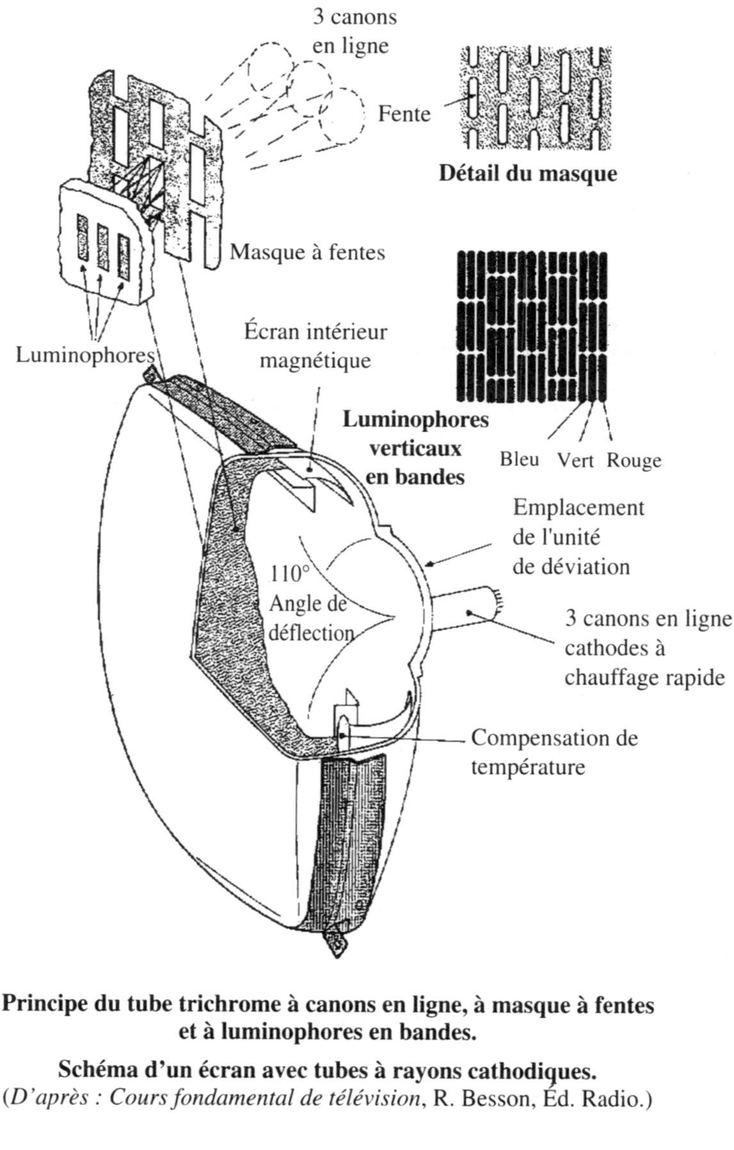

Principe du tube trichrome à canons en ligne, à masque à fentes et à luminophores en bandes.

Schéma d’un écran avec tubes à rayons cathodiques.
(*D’après : Cours fondamental de télévision*, R. Besson, Éd. Radio.)

Écran cathodique exp.

[Anglais : cathodic display]

Audiovisuel et informatique : écran de télévision pourvu d'un *tube à rayons cathodiques* (voir ce terme).

Écran plat exp.

[Anglais : flat screen]

Informatique : type d'*écran* équipant en particulier les ordinateurs *portables*. Les techniques de fabrication les plus utilisées sont les cristaux liquides et les matrices actives qui offrent une meilleure qualité. Une technique appelée FED (Field Emission Display : écran à émission de champ) est apparue récemment.

♦ Le cristal liquide est placé entre deux lames de verre recouvertes d'un conducteur transparent. Lorsque l'on applique une tension de l'ordre de 2 volts, ses molécules s'orientent suivant le champ électrique. Une lumière incidente polarisée sera alors plus ou moins absorbée en fonction de leur position. Une image est ainsi créée.

La technique par “matrice active” utilise une matrice de transistors en couche mince (TFT : Thin Film Transistors). À chaque pixel de l'image correspond un transistor. Lorsqu'une tension suffisante est appliquée, le transistor devient passant, et les cristaux correspondants subissent une torsion plus ou moins complexe suivant la technique employée (Twisted Nematic : TN, Super Twisted Nematic : STN, double STN ou triple STN). Le cristal modifie alors son état optique (il passe du blanc au noir). Une image est ainsi créée.

La technique à émission de champ est fondée sur l'émission d'électrons par des micropointes à travers une grille de contrôle sur une surface de grains de phosphore amalgamés. Chaque point excite son propre pixel.

Premier constructeur mondial d'écrans plats à cristaux liquides, Sharp propose une gamme d'écrans couleur à matrice active allant de 3 pouces à 14,2 pouces (ce dernier pouvant afficher 260 000 couleurs, avec une définition de 640 pixels par 480 et une finesse de point de 0,15 × 0,45 mm).

Étymologie : **écran** : voir ce mot. **Plat** : emprunt à la langue commune. *Français* : XIe siècle. *Latin* : “plattus” (plat). *Grec* : “platis” (plat et large). *Indo-européen* : “*plat-” (plat et large) [Pokorny p. 833].

Écran tactile exp.

[Anglais : touch screen]

Audiovisuel et informatique : unité périphérique d'entrée et de sortie d'informations dans un système informatique. La partie "sortie" d'informations est identique à celle d'un écran normal. L'entrée d'informations est réalisée par un dispositif transparent placé devant l'écran appelé "dalle". Lorsqu'on le touche, les *coordonnées* du point de contact avec le doigt sont envoyées à l'ordinateur. Le programme d'application peut ainsi gérer un dialogue avec l'utilisateur en affichant des questions et en traitant les coordonnées d'impact du doigt comme des réponses. Les écrans tactiles sont très utilisés dans les *bornes interactives* ; ils permettent, en supprimant les périphériques traditionnels d'entrée comme le clavier ou la souris, de réaliser des applications *interactives* conviviales.

♦ Plusieurs techniques sont utilisées pour fabriquer des écrans tactiles : la plus répandue est la technique "capacitive". Le contact du doigt sur la dalle située devant l'écran modifie sa charge de capacité à l'endroit touché. Les coordonnées de cet endroit sont envoyées à l'ordinateur qui les interprète selon les ordres donnés par l'*application.*

Étymologie : **écran** : voir ce mot. **Tactile** : emprunt à la langue commune. *Français* : XVIe siècle. < tact (XIVe). *Latin* : "tactus" participe passé de "tangere" (toucher, toucher à). *Indo-européen* : "*tag-, *teg-, *tog-" (toucher, attaquer).

Écran système exp.

[Anglais : system display unit]

Informatique

1. Écran lié à l'unité centrale et servant au dialogue entre l'opérateur et la machine.

2. Information affichée sur un écran par le système d'exploitation.

Écrêtement n.m.

[Anglais : lopping]

Électronique : suppression de la partie d'un *signal* dépassant un niveau maximum. Toute valeur dépassant un certain seuil est ramenée à la valeur de ce seuil. L'écrêtement peut être volontaire ou au contraire dû à une imperfection du *canal* de transmission du signal.

♦ Un écrêtement peut servir à supprimer des parasites dans un signal analogique ou à diminuer la *dynamique* d'un signal avant de le *numériser.*

Corrélats : dynamique, saturation, canal.
Étymologie : emprunt à la langue commune. *Français* : écréter (XVIIe) + "-ement" (suffixe abstrait qui s'ajoute aux verbes, du latin "-amentum". Écreter XVIIe siècle. < crête XIIe siècle < crête (XIIe siècle). *Latin* : "crista" (crête d'un animal). *Indo-européen* : "*(s) krei-s-" (oscillation, vibration, agitation, tremblement). [Pokorny p. 937]. "E-" préfixe privatif. *Latin* : "ex-" (hors de). *Indo-européen* : "*eghs-" (hors de) [Pokorny p. 292].

Écrêter v.
[Anglais : to lop]

Électronique : faire un *écrêtement*.

EDI s.f. et s.a.
Échange de Données Informatisé
[Anglais : Electronic Data Interchange]

Informatique : automatisation des échanges dans les domaines juridiques, économiques et commerciaux d'informations utilisant une structure de messages normalisée. La mise en place d'un système EDI supprime toute duplication dans la saisie des informations.

♦ Quelques données permettent de mesurer l'importance de l'EDI :
— Dans les pays industrialisés, 60 % de l'activité (en termes de nombre de personnes employées) concerne le traitement et la circulation des informations.
— Le coût d'établissement et de traitement classique d'une facture est très élevé .
— Les délais de livraison sont fortement réduits par l'utilisation de l'EDI.
— La gestion des stocks est optimisée par l'EDI.

Informatiser le dialogue entre des entreprises d'activités complémentaires et de pays différents pose de nombreux problèmes :
— normaliser les vocabulaires et les procédures,
— assurer la sécurité et la confidentialité des informations,
— résoudre les problèmes relatifs à la valeur juridique des échanges électroniques,
— assurer la compatibilité des protocoles d'accès aux réseaux,
— adapter les logiciels utilisés aux extrémités...

Les études ont débouché sur la norme *EDIFACT*, langage d'échange pour l'EDI (ISO 9735).

Les premières expériences de l'EDI remontent aux années 70 aux États-Unis dans les domaines des transports et de la grande distribution. Les applications ont ensuite été développées dans les administrations (ministère des finances, douanes...). En France, des applications sont en cours à la

Direction Générale des Impôts (TDS : Transfert des Données Sociales, TDFC : Transfert des Données Fiscales et Comptables), dans l'aéronautique (système de réservation de places) et dans l'assurance.

Bibliographie : Bloch 91, Sandoval 90.
Corrélat : EDIFACT.

EDIFACT s.a.

Informatique : langage utilisé pour les échanges *EDI* et recommandé par l'*ISO* depuis 1987.

♦ En France, c'est l'association EDIFRANCE qui, en collaboration avec l'AFNOR, anime les travaux d'études et de normalisation sur EDIFACT.

La structure d'un message EDIFACT repose sur les notions suivantes :
— Le vocabulaire : c'est l'ensemble des mots susceptibles d'être transmis. Il fait l'objet d'un répertoire d'éléments de données commerciales (Trade Data Elements Directory (TDED) : norme ISO 7372) qui comprend la liste de près de 800 notions types couramment employées dans les transactions commerciales, financières et juridiques et dans les relations entre entreprises et administrations. Ces notions ont été numérotées, décrites et ont une représentation normalisée (type de caractère, longueur des champs). Deux fois par an, a lieu à Genève la réunion du Groupe de Référence des Dictionnaires (DRG) qui met à jour la TDED.
— La syntaxe : les règles de syntaxe (norme ISO 9735) ont pour but de présenter l'agencement des mots entre eux pour former des segments types.
— Les messages types : ce sont des regroupements de segments. Un message contient un en-tête, plusieurs segments et un segment de service de fin de message.

Bibliographie : Bloch 91, Sandoval 90.

Éditer v.
[Anglais : to edit]

Audiovisuel et informatique : procéder à une *édition* (voir ce terme).

Éditeur n.m.
[Anglais : editor]

1. **Général** : personne morale ou physique qui fait une *édition.*

2. **Audiovisuel et informatique** : personne morale ou physique qui assemble et met en forme des informations pour les *diffuser* ou les *distribuer* auprès d'un public.

3. Informatique : par *calque* sur l'anglais, programme de modification, de mise en forme et de structuration d'informations ; voir *créateur de liens.*

♦ Audiovisuel : éditeur et distributeur

Par analogie avec l'éditeur de livres ou de journaux, on appelle éditeur audiovisuel celui qui monte des collections ou des séries de programmes audiovisuels qui sont *distribués* sur des *supports* (*cassettes* ou *disques compacts*). Il se rémunère sur la vente de ses supports qui est gérée par le distributeur. L'éditeur peut prendre en charge aussi tout ou partie des activités suivantes : *duplication* des supports, emballage, stockage, promotion... Le tableau ci-dessous, en francs français, montre une répartition classique des recettes de vente dun CD-ROM entre les différents acteurs.

	% du reste	**Montant**	**Reste**
Prix de vente au public		400	400
Taxe à la valeur ajoutée	20,6 %	82	318
Part du vendeur	30 %	95	222
Part du distributeur	60 %	133	89
Droits d'auteur	15 %	13	76
Reste aux producteurs et à l'éditeur		**76**	

Exemple de répartition des marges brutes dans l'activité d'édition électronique.

Audiovisuel : éditeur et diffuseur

Les chaînes de télévision ou de radio sont plutôt appelées *diffuseurs.* Elles jouent pourtant un rôle d'éditeur : achat de programmes à des producteurs, constitution de lignes éditoriales (la grille des chaînes) et vente à des consommateurs par l'intermédiaire d'un réseau ; seule diffère la nature de ce *réseau.* Les chaînes de télévision ont souvent une filiale qui se spécialise dans l'édition de leurs programmes sur des *supports* destinés à la *distribution.*

Audiovisuel : éditeur et producteur

La frontière entre éditeur et *producteur* est floue. Le terme de producteur vient de l'industrie cinématographique. Un même producteur peut vendre ses programmes à plusieurs *chaînes* (ce qui est fréquent) ou à plusieurs éditeurs (ce qui est plus rare). Le producteur peut aussi jouer un rôle d'éditeur : il définit alors des lignes éditoriales et peut négocier directement avec des *diffuseurs* ou des *distributeurs.* À la radio ou à la télévision, le producteur peut être chargé d'une partie de la grille éditoriale d'une chaîne : il produit alors une série d'émissions qu'il vend à cette chaîne, souvent en exclusivité.

Audiovisuel : éditeur et consommateur
L'éditeur n'est pas directement en relation avec le consommateur ; lorsqu'il confie ses supports à un réseau de *distribution*, son rapport avec les consommateurs est en fait un rapport de *diffusion* : la distribution s'arrête aux points de vente et les consommateurs ne sont pas identifiés.

Il peut cependant vendre ses cassettes ou ses disques directement au consommateur par abonnements ; il confie alors la distribution des supports à une société de routage. Cette solution a été plusieurs fois tentée pour l'édition de disques audio et de magazines sur cassettes vidéos ou CD-ROM, mais sans véritable succès. Elle est par contre utilisée avec succès par des chaînes de programmes qui diffusent un signal embrouillé (par exemple Canal +) et qui vendent, par abonnement, des désembrouilleurs aux consommateurs.

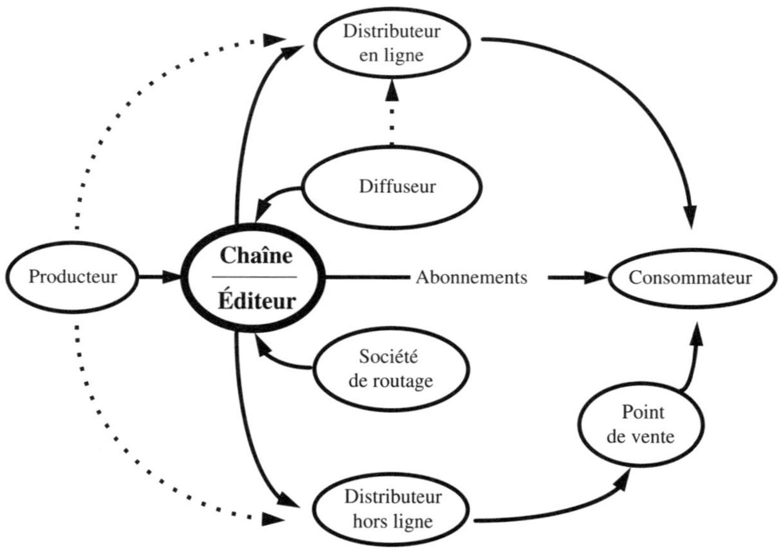

Les éditeurs et les acteurs du multimédia.
(*Les flèches partent du fournisseur de service pour pointer vers l'acheteur.*)

Éditeur informatique
On appelle éditeur informatique une société qui conçoit et fabrique des *logiciels*. Les éditeurs américains (*IBM*, *Microsoft*, Computer Associates, Oracle...) dominent un marché jusque là cantonné dans le monde professionnel mais qui s'ouvre, avec l'informatique familiale, au grand public. Ils confient la *distribution* de leurs produits aux constructeurs d'ordinateurs et, de plus en plus, à des réseaux de revendeurs spécialisés ou non en informatique.

Éditeur et multimédia
L'éditeur multimédia — appelé aussi éditeur électronique — dispose de fonds documentaires, lance des collections, sélectionne des auteurs, finance des productions, dispose de moyens techniques pour fabriquer des programmes multimédias et sélectionne ses distributeurs. Il est le propriétaire des droits de catalogue. Parmi les éditeurs multimédias, on compte les sociétés d'édition sur papier qui disposent de fonds *documentaires*, les *producteurs*, les *chaînes* de programmes audiovisuels et les éditeurs informatiques.

Corrélats : édition, chaîne, créateur de liens, diffuseur, distributeur, producteur.
Étymologie : emprunt à la langue technique de la presse. *Français* : XIIIe siècle. *Latin* : "editor" (auteur, fondateur) < "edere" (publier, faire connaître) < "ex-" (hors de) + "dare" (donner). *Indo-européen* : "*eghs-" (hors de) [Pokorny p. 292] + "*do" (donner) [Pokorny p. 223, 224] ou, peut-être, "*dhe-" (placer) qui a donné toute la chaîne de "facere" > "faire, faciès, facile, interface.

Éditeur bitmap exp.
[Anglais : bitmap editor]

Informatique : voir *éditeur en mode points.*

Éditeur de liens exp.
[Anglais : link editor]

Informatique : *calque* de l'anglais. Voir *créateur de liens.*

Éditeur en mode points exp.
[Anglais : bitmap editor]

Informatique : logiciel ou matériel de création d'images en *mode points.*

Éditeur vectoriel exp.
[Anglais : vectorial editor]

Informatique : logiciel ou matériel de création d'images en *mode vectoriel.*

Édition n.f.

[Anglais : editing]

1. **Audiovisuel et informatique** : ensemble des activités de définition de programmes, regroupés ou non dans des collections, de leur fabrication, de leur mise en forme et de leur enregistrement sur des *supports* destinés à être *dupliqués* et *distribués* auprès d'un public. L'activité recouvre aussi parfois tout ou partie des activités de *production* et de *distribution.*

Corrélats : diffusion, distribution, éditeur, production.
Étymologie : emprunt à la langue technique de la presse. *Français* : XIIIe siècle. *Latin* : "editio" (publication d'un ouvrage) < "edere" (publier, faire connaître) < "ex-" (hors de) + "dare" (donner). *Indo-européen* : "*eghs-" (hors de) [Pokorny p. 292] + "*do" (donner) [Pokorny p. 223, 224] ou, peut-être, "*dhe-" (placer) qui a donné toute la chaîne de "facere" > "faire, faciès, facile, interface".

2. **Informatique** : par *calque* sur l'anglais, activité de modification, de mise en forme et de structuration d'*informations* (*données* ou *programmes*).

3. **Audiovisuel** : par *calque* sur l'anglais, synonyme de *montage.*

Corrélats : créateur de liens, montage.
Étymologie : calque de la langue technique informatique ou audiovisuelle américaine. *Français* : XXe siècle. *Anglais* : "editing"- *Latin* : "editio" (publication d'un ouvrage) < "edere" (publier, faire connaître) < "ex-" (hors de) + "dare" (donner). *Indo-européen* : "*eghs-" (hors de) [Pokorny p. 292] + "*do" (donner) [Pokorny p. 223, 224] ou, peut-être, "*dhe-" (placer) qui a donné toute la chaîne de "facere" > "faire, faciès, facile, interface".

Édition électronique exp.

[Anglais : electronic editing]

1. **Audiovisuel et informatique** : Voir *édition* au sens **1.**

2. **Audiovisuel** : parfois, par *calque* sur l'anglais, activité de *montage* en vidéo.

Effet d'escalier exp.

[Anglais : aliasing]

Informatique : voir *crénelage.*

Étymologie : mot composé. **Effet** : XIIIe siècle. *Latin* : "effectus" (exécution, accomplissement, résultat, effet) < "efficio" (achever de faire, faire entièrement) < "facio" (poser, placer, faire). *Indo-européen* : "*dhe-" (poser, placer) [Pokorny p. 235, 236]. **Escalier** : XVIe . *Provençal* : "escalier" XIVe. *Latin* : "scalarium" (escalier) < "scala" (échelle, marche d'escalier) < "scandere" (monter, gravir, escalader). *Indo-européen* : "*sk-" (sauter) "*skand" (gravir).

Effet de réalité exp.

Audiovisuel : illusion produite par un programme audiovisuel sur les spectateurs qui leur fait confondre la réalité avec sa représentation.

L'impression de réalité est forte au cinéma ; elle est due à la richesse des matériaux visuels et sonores : grande *définition* de l'image, illusion de *mouvement* et de profondeur de l'image, conjonction de l'image et du son...

Elle est due aussi aux conditions de reproduction (pénombre, salle de spectacle, groupe de spectateurs...) qui favorisent un relâchement de la perception.

Elle est enfin due à l'histoire racontée et à son environnement, à ce que l'on appelle la diégèse : l'univers imaginaire du récit chez le spectateur dont les éléments s'accordent et se complètent pour lui donner de plus en plus de vraisemblance jusqu'à le rendre semblable au vrai.

L'effet de réalité engendre une double identification du spectateur : d'une part à la *caméra* et au réalisateur et d'autre part aux personnages du récit. La première identification (que Jean-Louis Baudry et Christian Metz ont appelé l'identification primaire) lui donne un point de vue en quelque sorte objectif sur ce qu'il voit tandis que la seconde, appelée identification secondaire lui donne un point de vue subjectif.

• **Effet de réalité et multimédia**

La qualité de reproduction en multimédia est semblable à celle de la *télévision* :

– même *définition*, nettement inférieure à celle du cinéma, même en haute définition,
– même reproduction du *mouvement* (25 images/secondes),
– environnement de projection peu propice à monopoliser l'attention (éveil perceptif et absence de salle noire),

— possibilité de diffusion en direct qui peut augmenter l'effet de réalité mais qui exclut l'identification secondaire.

Ce qui distingue fondamentalement le multimédia des autres techniques de représentation est l'interactivité. L'activité motrice, l'intervention du toucher et l'illusion forte de pouvoir modifier le déroulement du récit renforcent l'identification du spectateur à la caméra et aux personnages. Grâce à l'interactivité, le spectateur se transforme en démiurge tout puissant par qui et pour qui la réalité s'ordonne. Cet effet de réalité est notamment exploité dans les *jeux vidéos* où le spectateur se sent partie prenante du scénario et confond totalement la réalité et sa représentation.

L'effet maximum est obtenu par les techniques de *simulation virtuelle.*

Bibliographie: Aumont 88, Baudry 78, Bazin 75, Lebel 71, Martin 94, Metz 71.
Corrélats : définition, interactivité, langage cinématographique, langage audio-visuel, langage multimédia, mouvement.
Étymologie : **effet** : voir effet d'escalier. **Réalité** : Emprunt à la langue commune. *Français*: XIVe siècle < "réel" XIIIe siècle. *Latin*: "res" (la chose). *Indo-européen*: "*rei-" (la chose) [Pokorny p. 860].

Effet spécial exp.

[Anglais : special effect]

Audiovisuel : voir *truquage.*

Étymologie : **effet** : voir effet d'escalier. **Spécial** : emprunt à la langue commune. *Français*: XIIe. *Latin* : "specialis" (relatif à l'espèce, particulier) < "species" (espèce). *Indo-européen* : "*spek-" (observer attentivement) [Pokorny p. 984].

EIA s.a.

Electronic Industries Association

Informatique : organisme professionnel américain de l'industrie électronique qui a notamment défini le standard *RS-232C.*

EISA s.a.

Extended Industry Standard Architecture

Informatique : standard de *bus* à 32 bits pour ordinateurs personnels. EISA est une amélioration de l'architecture *ISA* à 8 ou 16 bits.

L'architecture EISA a été développée en 1988 par un regroupement de constructeurs (Compaq, AST, Epson, Hewlett Packard, Nec, Tandy, Wyse, Zenith et Olivetti) en réponse à l'architecture MicroChannel (MCA) proposée par IBM qui visait à remplacer l'architecture ISA.

Par rapport à ISA, EISA permet des taux de transfert beaucoup plus rapide et offre un espace d'adressage plus grand (32 bits d'adresses et 32 bits de données).

Par rapport à MCA, EISA a deux avantages : il est plus rapide et, surtout, il est compatible avec ISA : les cartes ISA peuvent être mécaniquement installées sur les bus EISA mais non pas sur les bus MCA.

♦ Une version EISA-EMB (Enhanced Master Burst) prévoit de faire passer le bus de 32 à 64 bits. Le débit pourra ainsi atteindre 133 Mo/s. Cette version devrait rester compatible avec les bus ISA et EISA.

Bibliographie : Lilen 86.
Corrélats : bus, ISA, MCA.

E-ISA s.a.

Extended-ISA (ISA étendu)

Informatique : intermédiaire entre le bus EISA et le bus ISA dont il garde le connecteur.

E-mail t.a.

Voir *courrier électronique.*

*Embrouillage n.m.

[Anglais : scrambling]

Audiovisuel et télécommunications : voir *cryptage.*

*Embrouiller v.

[Anglais : to scramble]

Audiovisuel et télécommunications : voir *crypter.*

***Embrouilleur** n.m.
[Anglais : scrambler]

Audiovisuel et télécommunications : voir *crypteur.*

Emprunt n.m.
[Anglais : borrowing, loan word]

Linguistique : type de néologisme qui consiste à utiliser un mot d'une autre langue.

♦ L'emprunt est, avec le calque, le type de néologisme le plus fréquent dans la langue technique du multimédia. Si la majorité des emprunts se font à la langue française commune, le nombre des emprunts à la langue technique américaine est aussi très important, en particulier sous forme de sigles.
Étymologie : XIIe < emprunter (XIIe). *Latin* :"impromutare" < "promutari" (emprunter) < "promutuum" (argent avancé) < "mutuari" (emprunter). *Indo-européen* : "*mei-t-(h)-" (échanger, troquer, changer) [Pokorny p. 715].

Émulateur n.m.
[Anglais : emulator]

Informatique : *système* ou *programme* qui permet de faire une *émulation.*

Émulation n.f.
[Anglais : emulation]

Informatique : action de simuler le comportement d'un appareil ou d'un programme en veillant à conserver les mêmes performances. L'émulation est pratiquée dans la phase de *développement* d'une *application,* au moment des tests, pour vérifier si le comportement d'un produit développé correspond bien aux attentes. On peut ainsi *émuler* un matériel ou un logiciel dont l'acquisition est relativement coûteuse et dont on n'aura besoin que pendant un temps limité. Cette économie justifie parfois que l'on émule également en période d'exploitation.

Étymologie : emprunt à la langue commune. *Français* : XIIIe siècle. < émule (XIIIe). *Latin* : "AEmulus" (rival). *Indo-européen* : "*ai-" (donner, attribuer, se faire donner, prendre) [Pokorny p. 10].

Émuler v.

[Anglais : to emulate]

Informatique : faire une *émulation.*

Encapsulation n.f.

[Anglais : encapsulating]

Informatique : mise en commun et emboîtement d'informations ayant des liens logiques entre elles. Les informations encapsulées héritent des caractéristiques des informations encapsulantes. Cette technique de programmation est utilisée en particulier dans la programmation *objet* : les données et les comportements d'une même famille sont encapsulées pour constituer un objet.

Bibliographie : Budd 92, Coutaz 90.
Corrélat : objet.
Étymologie : emprunt à la langue commune. *Français* : capsule XVIe siècle. *Latin* "capsula" (petite boîte) < "capsa" (coffre, cassette) < "capere" (prendre). *Indo-européen* : "*kap-" (prendre) [Pokorny p. 527].

En ligne adj.

[Anglais : on-line]

Télécommunications : qualifie un matériel, un logiciel ou un utilisateur connecté sur un réseau. S'oppose à *hors ligne.*

Enregistrement n.m.

[Anglais : record, recording]

Audiovisuel et informatique

1. Action de fixer un signal sur un support pour le conserver et le restituer à volonté.

2. Résultat de cette action.

On distingue trois grands modes d'enregistrement : l'*enregistrement magnétique*, l'enregistrement par gravure optique et l'*enregistrement magnéto-optique.* L'enregistrement magnétique se fait sur disque ou sur bande tandis que les enregistrements optique et magnéto-optique ne sont utilisés que sur disque. L'ancien enregistrement par gravure mécanique sur les disques en vinyle a été abandonné avec ses supports au profit de la gravure optique sur les *disques compacts.*

Synonyme : écriture.
Bibliographie : Budd 92, Coutaz 90.
Corrélats : disque magnétique, disque magnéto-optique, disque optique.
Étymologie : emprunt à la langue commune. *Français* : XIVe siècle ; "registre" XIIIe siècle ; "enregistrer" XIIIe siècle. *Latin* "regesta" (registre, catalogue) < "regerere" (rapporter, inscrire) < "re-" (en arrière) + "gerere" (porter, apporter), origine obscure.

Enregistrement hélicoïdal exp.

[Anglais : helical recording]

Audiovisuel

1. Enregistrement sur des bandes magnétiques qui ont un défilement hélicoïdal autour du tambour muni des têtes d'écriture. S'oppose à enregistrement linéaire ou transversal.

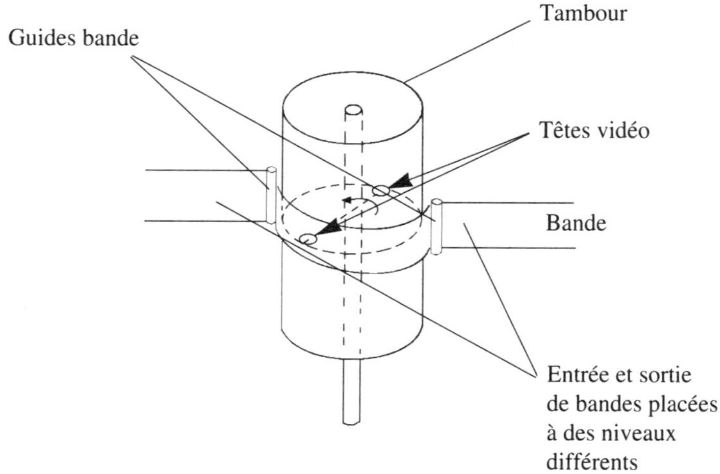

Type d'enregistrement hélicoïdal oméga sur bande magnétique vidéo.
(D'après : Les techniques audiovisuelles vidéo et film,
Institut National de l'Audiovisuel, Éd. Économica.)

♦ Le défilement est dit hélicoïdal parce qu'en s'enroulant autour du tambour, la bande change de niveau, décrivant un morceau d'hélice. La bande peut s'enrouler entièrement autour du tambour (enregistrement hélicoïdal alpha, abandonné) ou seulement en partie (enregistrement hélicoïdal oméga). Dans ce dernier cas on distingue l'enregistrement oméga ouvert, le plus répandu (la bande entoure environ la moitié du tambour, par exemple, les formats 1 pouce B, U-matic, Bêta, VHS, ...) et l'enregistrement oméga fermé (la bande s'enroule sur un angle proche de 360°, par exemple, le format 1 pouce C).

2. Enregistrement sur disque : le parcours que suit la tête d'enregistrement sur la surface du disque est en forme de spirale. Cette technique était utilisée avec la gravure mécanique sur disques vinyles et est utilisée pour la gravure des disques optiques. Sur les disques magnétiques, l'enregistrement se fait en pistes concentriques.

Corrélats : défilement, enregistrement linéaire, enregistrement magnétique.
Étymologie : **enregistrement** : voir ce terme. **Hélicoïdal** : *Français* : XIXe siècle ; *Grec* : "helicoeides" (sinueux, tortueux) < "helix" (spirale, zig-zag). *Indo-européen* : "*uel-" (tourner, tordre) [Pokorny pp. 1140, 1141].

Enregistrement linéaire exp.
[Anglais : linear recording]

Audiovisuel et informatique : type d'enregistrement magnétique sur des bandes. La tête de lecture est placée face à la bande magnétique qui défile droit devant elle. Cette technique est utilisée pour l'enregistrement du son sur les bandes vidéo ou les bandes audio et pour l'enregistrement des données en informatique.

Corrélats : enregistrement hélicoïdal, enregistrement magnétique, QIC.

Enregistrement magnétique exp.
[Anglais : magnetic recording]

Audiovisuel et informatique : enregistrement par aimantation d'une couche magnétique reposant sur un support (bande ou disque). L'aimantation se produit par l'intermédiaire d'une *tête* d'enregistrement. Pour le son, l'enregistrement magnétique a remplacé l'enregistrement par gravure mécanique. Depuis l'apparition du disque compact, il est de plus en plus remplacé par l'enregistrement optique.

Corrélats : bande magnétique, disque.
Étymologie : voir enregistrement et magnétoscope.

Enregistrement magnéto-optique exp.
[Anglais : magnetic-optical recording]

Informatique : voir *disque magnéto-optique.*

Enregistrement optique exp.
[Anglais : optical recording]

Voir *disque optique.*

Enregistrement segmenté exp.

Audiovisuel : mode d'enregistrement où les informations sont découpées.

Par exemple, le format 1 pouce B de codage vidéo sur bande magnétique utilise un enregistrement segmenté : 52,5 lignes par piste.

Corrélat : bande magnétique.
Étymologie : **enregistrement** : voir ce terme. **Segmenté** : *Français* : XIXe siècle < "segment" XVIIe siècle ; *Latin* "segmentum" (coupure, entaille, incision) < "secare" (couper) ; *Indo-européen* : "*sek-" (couper) [Pokorny p. 895].

Enregistrement vidéo exp.
[Anglais : video recording]

1. Fixation d'un signal vidéo sur un support.

2. Résultat de cette action.

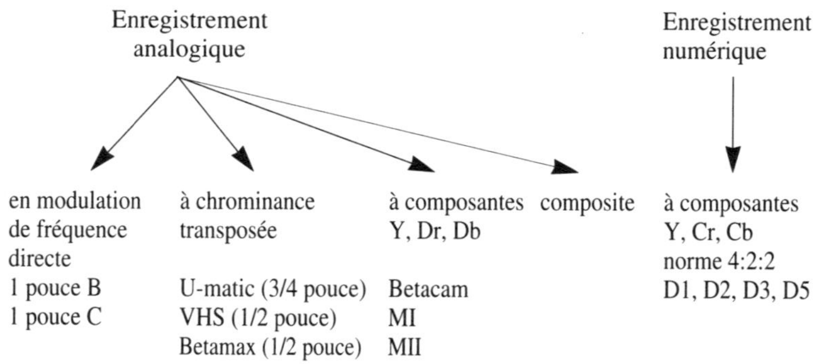

Les formats d'enregistrement vidéo.
(Voir aussi *codage*.)

Corrélats : enregistrement, défilement, analogique, numérique B, C, Umatic, VHS, Betamax, Betacam, MI, MII, D1, D2, D3, D5.
Étymologie : **enregistrement** : voir ce terme. **Vidéo** : XXe siècle. *Latin* : "videre" (voir). *Indo-européen* : "*u(e)di-" (voir) [Pokorny p. 1125].

Enseignement n.m.

[Anglais : education]

1. **Général** : un des grands domaines d'*application* du multimédia. L'enseignement utilise déjà amplement les trois techniques de l'*audiovisuel*, de l'*informatique* et des *télécommunications*.

L'audiovisuel est un outil efficace d'enseignement : l'esprit humain mémorise bien les images et les sons. L'*effet de réalité* capte l'attention entière du spectateur et certaines techniques comme le *ralenti*, l'*arrêt sur image*, l'*accéléré* ou le dessin animé permettent de montrer des phénomènes invisibles à l'œil nu. Le genre privilégié est le *documentaire*.

Informatique : l'enseignement assisté par ordinateur (E.A.O.) est en plein développement. Il est utilisé à toutes les étapes de l'enseignement :
— avant les cours, les tests d'évaluation précisent le niveau des élèves et aident à définir les objectifs de la formation,
— pendant les cours, l'*ordinateur* est un professeur patient et infatigable ; il apporte une aide précieuse aux professeurs ; il peut se charger de l'apprentissage des tâches répétitives en laissant chaque élève apprendre à son rythme.
— après les cours, il est utilisé dans la phase de validation des acquis.
Cependant l'informatique est un outil et ne remplacera jamais, bien évidemment, le rapport privilégié qui s'instaure entre le maître et l'élève. Le principal obstacle rencontré par l'E.A.O. est celui de l'*ergonomie* et de l'attrait des *interfaces d'utilisation*.

Les télécommunications permettent à un même professeur d'enseigner sur plusieurs sites simultanément. Le télé-enseignement, qui s'est développé au cours des vingt dernières années, peut utiliser les techniques de *visioconférence*. Plusieurs universités proposent de tels services à des étudiants qui ont ainsi accès à des matières non enseignées dans leur établissement.

2. **Multimédia** : l'arrivée du multimédia permet de réunir le film pédagogique, l'EAO, et le téléenseignement dans un même programme.

Connecté sur un *réseau*, l'enseignant peut instaurer un véritable dialogue et échanger des documents *composites* avec des étudiants situés à distance. Le marché semble prometteur : dans une enquête menée aux États-Unis, près de 80 % des personnes interrogées se déclaraient intéressées par des émissions d'enseignement en télévision interactive (voir figure 1).

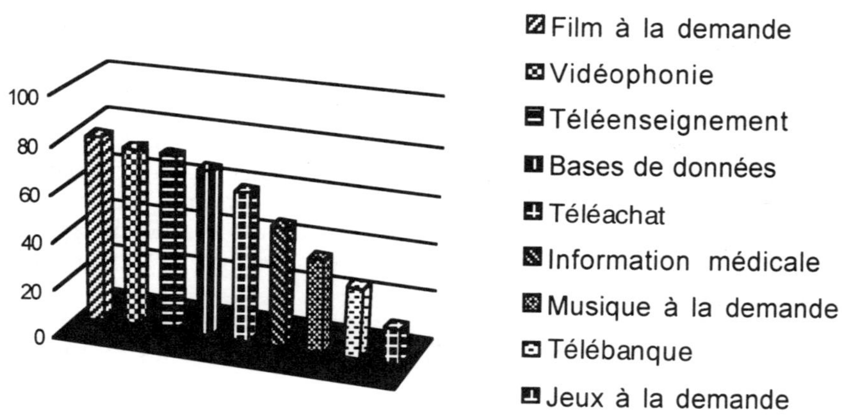

Figure 1 Pourcentage des intérêts manifestés pour la télévision à la demande, par domaine.
(*D'après : État de Pensylvanie.*)

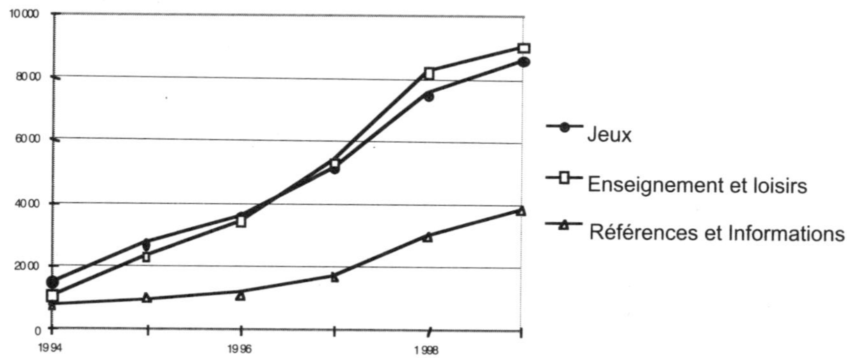

Figure 2 Prévisions de vente de CD-ROM par grands domaines d'application (en millions de francs).
(*D'après : SPA.*)

La connexion à des réseaux peut s'enrichir localement de programmes d'EAO utilisant images et sons, combinés avec des accès à des encyclopédies éditées sur *disques compacts.* Les prévisions de ventes de CD-ROM par domaine d'*application* confirment l'importance de l'enseignement pour le développement du mutimédia.

Corrélat : multimédia.
Étymologie : *Français* : XIIe siècle < "enseigner" XIe siècle. *Latin* "insignare" renforcement de "signare" (indiquer) < "signum" (signe). *Indo-européen* : "*sek-" (couper) [Pokorny p. 895].

Enseignement assisté par ordinateur (EAO) exp.

[Anglais : Computer Assisted Learning (CAL)]

Informatique : voir *enseignement.*

En-tête n.m.

[Anglais : header]

Informatique et télécommunications : ensemble des informations placées au début d'un *fichier* ou d'un *enregistrement*, pour en préciser le contenu, la provenance, la destination, le type de codage, les tables de références, l'organisation...

♦ La définition du contenu de l'en-tête est du ressort du programmeur et se fait dans la phase d'analyse. Le contenu des en-têtes de *fichiers* varie d'un format à l'autre et on se sert souvent des en-têtes pour caractériser les *formats des fichiers.*

Corrélats : ATM, fichiers, identificateur, paquet, multiplexage.
Étymologie : **en-** : préposition. *Latin* : "in-" (dans). *Indo-européen* : "*en" (dans) [Pokorny p. 311]. **Tête** : emprunt à la langue commune. *Français* : XIe siècle. *Latin* "testa" (carapace de tortue, coquille, vase de terre cuite, crâne, tête). *Indo-européen* : "*tek(f)-to-" (charpenter) [Pokorny p. 1058].

Environnement n.m.

[Anglais : environment]

Informatique

1. Ensemble des produits avec lesquels peuvent communiquer un *programme* ou un *ordinateur*. On distingue les environnements *matériels* souvent appellés *plate-forme* et les environnements *logiciels*.

2. Par extension, ensemble des fonctions, des *procédures* et des *standards* spécifiques au fonctionnement de ces produits.

On parle par exemple d'un environnement *Unix*, d'un environnement *TCP/IP*, d'un environnement *IBM*, d'un environnement PC, d'un environnement graphique, d'un environnement réseau...

Lorsqu'un environnement contient plusieurs types de produits avec des standards différents, il est dit *hétérogène*. Un produit isolé dans un environnement aux standards différents est qualifié d'*exotique*.

Corrélat : système informatique.
Étymologie : emprunt à la langue commune. *Français* : “environner” XIIe siècle < “environ” XIe siècle. **En-** : préposition. *Latin* : “in-” (dans). *Indo-européen* : “*en” (dans) [Pokorny p. 311]. + **Viron** : (cercle) < “virer”. *Latin* “vibrare” (faire tournoyer). *Indo-européen* : “*ueib-” (tourner, tordre, tortiller, pivoter) [Pokorny pp. 1131, 1132].

Éparpillement n.m.

[Anglais : dithering]

Informatique : technique de reproduction d'images qui simule les demi-teintes, en monochrome à l'aide d'alternance de points noirs et de points blancs, en couleur à l'aide de *textures* composées à partir d'un nombre réduit de couleurs de base.

♦ On reconstitue la couleur en créant une texture mélangeant les couleurs de base, pixel par pixel, avec des pourcentages choisis.

Par exemple, on crée des images en ton continu du noir au blanc en répartissant des pixels noirs sur fond blanc avec une texture de plus en plus lâche. Seize teintes suffisent pour simuler les couleurs.

Corrélat : couleur.
Étymologie : emprunt à la langue commune. *Français* : XIIe siècle < “éparpiller” XIIe siècle. *Latin* “dispare pallare” (répartir inégalement).

EPS s.a.
Encapsulated PostScript (PostScript encapsulé)

Format de fichier graphique développé par la société Aldus permettant d'afficher des images PostScript dans des applications *Macintosh*.

Ergonomie n.f.
[Anglais : ergonomics]

1. Général : étude des lois du travail humain.

2. Informatique : adaptation d'un système à ses utilisateurs. Autrefois négligée, l'ergonomie est aujourd'hui la clé de la réussite commerciale d'un programme ou d'un système. La définition des interfaces d'utilisation tient compte de l'ergonomie dans le dialogue avec les utilisateurs.

L'utilisation d'objets multimédias (images et sons) améliore l'ergonomie des ordinateurs. C'est d'ailleurs par le besoin d'ergonomie que l'informatique s'est tournée vers le multimédia (voir interface d'utilisation).

Corrélats : écran tactile, interface d'utilisation.
Étymologie : mot composé savant emprunté au grec. *Grec* : "ergon" (le travail) + "nomos" (l'usage, la coutume, la loi). *Indo-européen* : "*uergom" (le travail) < "*uerg-, ureg-" (faire) [Pokorny p. 1168] + "*nem-" (attribuer, répartir, assigner, prendre) [Pokorny p. 763].

ESDI s.a.
Enhanced System Device Interface (traduction littérale : Interface améliorée entre périphériques et systèmes)

Informatique : interface de communication entre un système et des disques ou des bandes rapides qui reprend et améliore le standard *ST 506*.

Espace d'adressage exp.
[Anglais : address space]

Informatique : zone de la mémoire centrale accessible au processeur central et au système d'exploitation. L'espace d'adressage est limité par le nombre de *bits* qu'utilise le processeur central pour formuler ses *adresses* et qui sont transmis par le *bus*.

Par exemple, les anciens microprocesseurs *Intel* 8086 et 8088 utilisent 20 bits pour indiquer leurs adresses. La limite supérieure qu'ils peuvent adresser est donc égale à 2^{20} soit 1 Mo (méga-octet). Les modèles 80286 utilisent 24 bits et peuvent adresser 16 Mo. Les modèles 80386 et 80486 peuvent adresser 2^{32} octets soit 4 Go (giga-octets).

Espace de représentation exp.

[Anglais : exhibition space]

Audiovisuel : espace imaginaire constitué par le *champ* et le *hors-champ.*

Espacement n.m.

[Anglais : pitch]

Électronique : écart des points d'impact des électrons envoyés par le tube à rayons cathodiques sur l'écran. Cet écart sépare deux pixels de l'écran. Il est l'inverse de la résolution de l'écran qui s'exprime en dpi (dot per inch : point par pouce). Il se mesure en millimètre entre pixels ou en milliradian.

ETCD s.f.

Équipement de Terminaison de Circuit de Données
[Anglais : Data Circuit Equipment, DCE]

Télécommunications : équipement de transmission dont le rôle est l'établissement d'un *circuit* entre extrémités terminales : effectuer les fonctions d'établissement de la connexion, de transcodage, de conversion des signaux entre le terminal et la ligne de transmission. La plupart des ETCD sont aussi appelés *modems.* La normalisation des ETCD est du ressort de l'*UIT-T* (recommandations des séries V et X). (Voir la figure à *liaison*).

Bibliographie : Battu 94, Macchi 83, Maiman 94.
Corrélats : circuit de transmission, ETTD, liaison.

Ethernet n. mq.

Télécommunications et informatique : *réseau local,* ayant une *architecture en ligne* et un *débit* de 1 à 10 Mbit/s. Il se matérialise par un câble coaxial muni d'un “bouchon” à chaque extrémité (évitant la réflexion du signal). Entre les deux bouchons, on peut connecter 1 024 stations. La longueur du câble peut atteindre 2,5 kilomètres. C'est un des deux grands standards de réseaux locaux avec les *réseaux à jeton.*

♦ La technique d'accès au réseau Ethernet est basée sur le protocole CSMA/CD (Carrier Sense Multiple Access/Collision Detection) : les stations écoutent en permanence le réseau et ne transmettent des informations que si le réseau est libre ; si deux stations essaient d'émettre en même temps, leur émission est annulée et les stations ne réemettent qu'après un temps aléatoire différent pour chacune d'elle. On peut ainsi se trouver devant des temps d'attente relativement long. Le réseau Ethernet est normalisé sous la référence IEEE 802.3 et ISO 8802.3.

Corrélats : réseau à jeton, réseau local, TCP/IP.

ETSI s.a.

European Telecommunication Standards Institute (Institut Européen de normalisation en télécommunications)

Télécommunications : institut de *normalisation* européen, créé en 1988 et intervenant dans les domaines des réseaux, terminaux et services de télécommunication. Cet institut a son siège à Sophia Antipolis. Il est chargé des travaux de normalisation de la CEPT (*Conférence Européenne des administrations des Postes et des Télecommunications*). Il reprend souvent des normes existantes, en particulier celles issues de l'*UIT*. Par exemple, dans le domaine de l'*ATM*, la liste suivante donne la correspondance entre les avis de l'UIT-T et les normes de l'ETSI :

Nº Avis UIT-T	Nº Norme ETSI
I.361 (ATM Layer Specification)	ETS 300.298
I.363 (AAL Specification)	ETS 300.300
I.432 (UNI Physical Layer Specification)	ETS 300.301

ETTD s.f.

Équipement Terminal de Traitement de Données
[Anglais : Data Terminal Equipment, DTE]

Télécommunications : matériel informatique situé à l'extrémité d'une *liaison* de données et pouvant recevoir, traiter ou émettre des données. Les terminaux les plus courants sont des écrans-claviers, des micro-ordinateurs ou des ordinateurs pourvus d'une *carte de communication.* La normalisation des ETTD ressort de l'ISO. Les ETTD traitent les couches 2 (niveau liaison) et au-delà du modèle d'*interconnexion de systèmes ouverts.*

Bibliographie : Macchi 83, Maiman 94.
Corrélats : carte de communication, circuit de transmission, ETCD, liaison.

Eurocrypt n. mq.

Télécommunications : norme d'embrouillage adoptée par plusieurs pays européens, mise au point et utilisée par France Télécom (pour les programmes émis en *D2-Mac*). Le désembrouilleur correspondant est le *visiopass* (qui joue aussi le rôle de *décodeur D2-Mac/SECAM*).

♦ Le principe de l'embrouillage est de décaler chaque ligne de l'image vidéo d'un intervalle plus ou moins grand. L'intervalle est défini par une clé, écrite dans un mot de contrôle. Ce mot de contrôle change toutes les dix secondes, aussi le piratage est-il impossible. Le mot de contrôle est transmis, dans les paquets de données du code D2-Mac, au terminal Visiopass, ce qui permet le désembrouillage chez le téléspectateur.

Eurovision n. mq.

Audiovisuel : réseau international de télévision mis en place entre les pays d'Europe occidentale, à l'initiative des pays membres de l'*UER.* Ce réseau permet l'échange de programmes entre les chaînes de l'Europe occidentale.

♦ Le réseau Eurovision est en cours d'équipement en liaisons satellites à 34 Mbit/s sur le satellite *Eutelsat.* Ce réseau peut être connecté au réseau d'Intervision des pays d'Europe orientale et, par l'intermédiaire de satellites du système *Intelsat*, aux réseaux de télévision des pays d'Afrique, d'Asie et d'Amérique. Le réseau permanent d'Eurovision est géré par le centre technique de l'*UER*, précisément par le centre de contrôle Eurovision situé à Bruxelles. La direction des programmes d'Eurovision se trouve à Genève.

Eutelsat n. mq. et n.s.

Télécommunications : opérateur européen de satellites créé en 1977 par la *Conférence Européenne des administrations des Postes et Télécommunications* (CEPT) et représentant 33 pays en 1994. Eutelsat était au début des années 90 le premier fournisseur de services de télécommunications par satellite en Europe.

♦ Il offre des services à vocation pan-européenne : la téléphonie, la diffusion télévisée, les services de communication d'entreprise et de localisation de mobiles terrestres.

En 1994, la flotte d'Eutelsat comprenait 7 satellites :
– 3 satellites Eutelsat I pourvus de 10 répéteurs en bande Ku ; d'une puissance de 20 Watts ils ont deux types de couvertures : eurofaisceaux et faisceaux ponctuels.
– 4 satellites Eutelsat II équipés de 16 répéteurs en bande Ku ; d'une puissance de 50 Watts, ils assurent deux types de couvertures : larges et très larges faisceaux.
En 1996, deux satellites supplémentaires (Hot Bird 1 et 2, d'une puissance de 100 Watts) devaient être placés sur la même position que Eutelsat II F1 (13e Est) : avec 52 répéteurs disponibles, Eutelsat devait fournir, à cette position, une capacité importante de diffusion en direction de récepteurs individuels pourvus d'antennes de 60 à 90 cm de diamètre (voir figure).

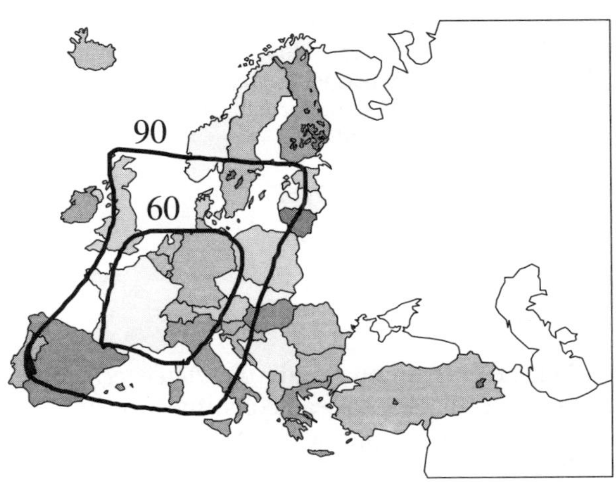

Zone de couverture d'Eutelsat.

Bibliographie : INA 92.
Corrélat : satellite.

Exabyte n. mq.

Informatique : enregistreur à bande de très grande capacité, utilisé pour archiver des données dans les systèmes à très grosse charge de fichiers de textes et d'images.

♦ Géré comme un dérouleur de bandes magnétiques, mais de dimension beaucoup plus petite, l'enregistreur Exabyte reçoit des cassettes 8 mm d'une capacité allant jusqu'à 5 Go, mais reste pénalisé par une faible vitesse de transfert, d'écriture et de gestion. La connexion d'un Exabyte se fait généralement par l'interface SCSI.

EXIF s.a.
[EXchangeable Image File Format : format de fichier image échangeable]

Informatique : format de fichier contenant des images provenant de caméras ou d'appareils photos numériques. Ce format était proposé par le *Jeida* en 1995. Il est proche du format JPEG. Une première utilisation de ce format était faite par la société FUJI avec son appareil DS-505.

♦ Le format EXIF s'apparente à un format JPEG dans lequel on a inséré, en mode commentaire APPx, toutes les informations relatives à la prise de vue et à l'appareil utilisé, structurées selon un principe équivalent à celui utilisé dans le format TIFF. EXIF permet la création directe d'images compressées, ce qui représente un avantage important par rapport aux formats en *mode points* qui sont plus encombrants.

Corrélats : JEIDA, mode points, TIFF.

Exotique adj.
[Anglais : exotic]

Informatique : élément non standard et *hétérogène* dans un système.
Par exemple, dans un réseau constitué d'ordinateurs personnels équipés du système d'exploitation *MS-DOS* avec l'interface d'utilisation *Windows*, un micro-ordinateur doté d'un système d'exploitation particulier et peu connu apparaîtra comme exotique. Il posera des problèmes de connexion au réseau.

Corrélat : environnement.
Étymologie : emprunt à la langue commune. *Français* : XVIe siècle. *Latin* : “exoticus” (étranger, exotique) < *Grec* : “exôtikos” (étranger) < “exo-” (à l'extérieur) < “ex-” (hors de). *Indo-européen* : “*eghs-” (dehors, hors de) [Pokorny p. 292].

Exportation n.f.

[Anglais : export]

Informatique

1. Dans un logiciel, ensemble des actions nécessaires pour pouvoir fournir à un autre logiciel des données qu'il pourra traiter.

2. (rare) Résultat de ces actions.

On trouve la fonction d'exportation dans tous les logiciels de développement multimédia. Elle se résume souvent à la traduction de codes de représentation des données et de formats de fichiers. Elle peut se compléter d'une transformation de la structure des données et de leur organisation. L'exportation s'oppose à l'*importation* : elle se fait sur la machine source tandis que l'importation se fait sur la machine cible.

Corrélats : format, importation, portage.
Étymologie : emprunt à la langue commune. *Français* : XVIIIe siècle. “ex-” préfixe savant emprunté au latin + porter (980). *Latin* : “exportatio” (exportation) < “ex”, préverbe et préposition (idée de sortir, hors de, à partir de) + “portare” (faire passer, transporter, amener au port, porter). *Indo-européen* : “*eghs-” (hors de) [Pokorny p. 292] + “*per-, *pere-” (mener de l'autre côté, conduire de l'autre côté, porter de l'autre côté, faire traverser, passer de l'autre côté, ...) [Pokorny p. 816].

F

Facsimile t.a.

Télécommunications : voir *télécopie.*

Faisceau n.m.
[Anglais : beam]

Télécommunications : regroupement de *circuits* dans un *réseau.* On utilise le terme de faisceau dans les télécommunications *câblées,* dans les télécommunications hertziennes et dans les télécommunications par satellite.

Dans les télécommunications câblées, un faisceau regroupe un ensemble de circuits reliant deux nœuds de commutation voisins. Tous les circuits d'un même faisceau ont les mêmes adresses de départ et d'arrivée.

Dans les télécommunications hertziennes et satellitaires, on appelle faisceau le cône d'émission des ondes.

Corrélats : réseau hertzien, réseau satellitaire.
Étymologie : emprunt à la langue commune. *Français* : XIIe siècle. *Latin* : "fascellus" (petit faisceau) < "fascis" (faisceau, fagot, paquet, fardeau). *Indo-européen* : "*bhasko-" (lien, paquet) [Pokorny p. 111].

Fax t.a.
abréviation de fac-simile

Télécommunications : voir *télécopie.*

FDDI s.a.
Fiber Distributed Data Interface (traduction littérale : interface de données distribuées sur fibre optique)

Télécommunications : type de *réseau métropolitain* avec une structure en anneau de longueur maximale de 100 kilomètres. Les premiers réseaux FDDI sont apparus en 1982. Ils utilisent des câbles à fibre optique pour transporter les informations avec un débit maximum de 100 Mbit/s et un *protocole* de type à jeton (voir *réseau à jeton*).

♦ FDDI a comme marché potentiel l'*interconnexion des réseaux* locaux d'entreprises et les liaisons entre stations de travail de type CAO. Malgré des potentiels certains, le réseau FDDI semble devoir être écarté dans le futur au profit de nouvelles techniques de transmission en fibre optique telles que Sonet aux États-Unis (débit de 52 Mbit/s à 2,5 Gbit/s) et *SDH* en Europe (débit de 155 Mbit/s à 2,5 Gbit/s). La technique *ATM* devrait également être un concurrent sérieux de FDDI.

Bibliographie : Shah 94.
Corrélat : architecture de réseaux, ATM.

Fenêtrage n.m.
[Anglais : windowing]

Informatique : attribution d'une *fenêtre* à un programme et définition des caractéristiques de cette fenêtre.

Fenêtre n.f.
[Anglais : window]

Informatique : sur un écran, espace d'affichage et de dialogue attribué à un programme.

Lors de la généralisation des écrans en informatique dans les années 70, chaque programme utilisait toute la surface de l'écran. Ce n'est que dans les années 80, avec l'apparition des systèmes d'exploitation multitâches sur les micro-ordinateurs et surtout des *interfaces d'utilisation* (en particulier l'interface du Macintosh) que la notion de fenêtre est devenue une des notions majeures de la micro-informatique. L'interface d'utilisation la plus célèbre, développée par la société *Microsoft*, s'appelle d'ailleurs "fenêtres" (Windows). Cette interface ne fait que reprendre, pour une grande part, les spécifications de fenêtres proposées par IBM dans le cadre de son projet d'*Architecture Unifiée d'Application.* La fenêtre est l'interface privilégiée de dialogue entre un programme et son utilisateur.

Fenêtre active exp.
[Anglais : active window]

Informatique : dans un écran présentant plusieurs fenêtres à un instant donné, fenêtre où l'utilisateur peut saisir des données ou faire des choix et où le programme met à jour son affichage. La fenêtre active se distingue des autres fenêtres par un marquage particulier sur le titre. Le curseur n'est actif que dans la fenêtre active.

Feuilletage n.f.
[Anglais : browsing]

Informatique : parcours rapide dans un ensemble d'objets pour éventuellement extraire ceux qui présentent un intérêt particulier. Ce parcours peut s'accompagner d'une visualisation des informations sur un écran. Le feuilletage est une fonction importante de recherche dans une base de données. Dans une recherche aboutissant à plusieurs réponses, le feuilletage permet de les faire défiler rapidement, une par une. Sur un réseau, le feuilletage d'un serveur à l'autre s'appelle aussi une navigation.

♦ Par exemple : lors d'une recherche dans une base d'images, on affiche, en guise de réponse, des *vignettes* (images de taille réduite). L'opérateur afin d'observer en détail l'une des images présentées demande un affichage en plein écran. Il peut ensuite reprendre le feuilletage et visualiser d'autres images.

Feuilleter v.
[Anglais : to browse]

Informatique : faire un *feuilletage.*

Feuilleteur n.m.
[Anglais : browser]

Informatique : *programme* de consultation de documents ou de tout objet informatique permettant un *feuilletage.* En particulier programme utilisé sur le WEB permettant de passer d'un *serveur* à l'autre (appelé aussi navigateur).

Corrélats : HTTP, HTML, internet.

Fibre optique exp.

[Anglais : optical fibre]

Télécommunications

1. Fibre constituée de silice ou de matière plastique utilisée pour le transport de rayons optiques.

2. Système à fibre optique : système de transmission d'informations par câbles à fibre optique utilisé en téléphonie, télématique et télévision.

Comparée aux câbles traditionnels coaxiaux, la fibre est moins lourde, moins encombrante et moins rigide. Ses performances sont nettement supérieures : capacité de transmission augmentée, affaiblissement moindre, meilleure résistance aux parasites. Pour une comparaison chiffrée, voir *câble.*

♦ **Fabrication**

Les fibres sont fabriquées par étirement d'une préforme chauffée.

La préforme est un barreau de silice d'un mètre de long et d'un diamètre pouvant varier de un à vingt centimètres suivant la technique de fabrication choisie. Les préformes sont obtenues par différents procédés utilisant des mélanges gazeux de tétrachlorure de silicium, de tétrachlorure de germanium, de fluor et d'oxygène qui circulent dans ou autour d'un tube de verre chauffé. On peut aussi utiliser des matières plastiques qui procurent des fibres plastiques de meilleur marché mais de moindre performance qui sont utilisées pour des distances courtes (quelques dizaines de mètres) et des débits d'information assez bas.

L'étirement ou fibrage se fait par échauffement de la préforme à très haute température en contrôlant le diamètre avec une très grande précision (au dixième de micron). Les techniques les plus avancées permettent d'obtenir plusieurs centaines de kilomètres de fibres à partir d'une préforme d'un mètre de long et de quelques centimètres de diamètre.

• **Les différents types de fibres**

Les fibres multimodes ont un diamètre de 100 à 200 microns. La lumière emprunte plusieurs trajets (ou modes) à l'intérieur du cœur de la fibre. Les fibres multimodes sont plus épaisses et ont un affaiblissement du signal plus important que les fibres monomodes. On distingue deux catégories de fibres multimodes :

– *Les fibres à saut d'indice*: le cœur de la fibre est en silice, entouré d'une gaine en silice elle aussi mais pourvue d'un indice de réfraction différent (n 1 et n 2). Le signal lumineux est injecté dans le cœur de la fibre et se propage par réfraction contre les parois de la gaine comme contre un miroir. L'affaiblissement et la déformation du signal sont importants et la largeur de bande ne dépasse pas 50 MHz.
– *Les fibres à gradient d'indice*: plus performantes, l'indice de réfraction diminue progressivement du centre vers l'extérieur de la fibre. Le rayon qui s'éloigne du cœur est constamment infléchi et ramené vers le centre de la fibre. La *bande passante* est de l'ordre du gigahertz.

Les fibres monomodes ont un diamètre plus étroit et la lumière ne suit qu'un seul trajet parallèle à l'axe de la fibre. Les performances sont supérieures à celles obtenues en multimode et la bande passante peut atteindre plusieurs dizaines de gigahertz. C'est ce type de fibre qui est utilisé pour le transport d'images en télévision ou en multimédia.

Les performances des différents types de fibre sont les suivantes :
– multimode à saut d'indice : bande passante allant jusqu'à 40 MHz sur 1 kilomètre,
– multimode à gradient d'indice : 500 MHz sur 1 kilomètre.
– monomode : 100 GHz sur 1 kilomètre,

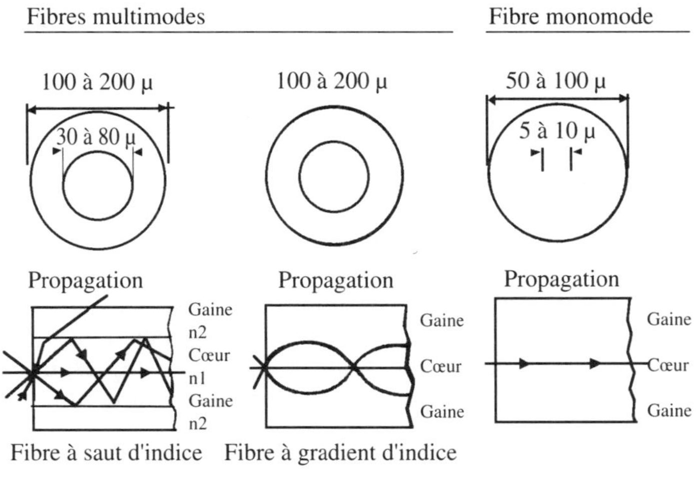

Propagation de la lumière dans les fibres optiques.
(*D'après* : La revue *Fréquences Télécom* "Fréquences Informations Techniques".)

• **Fonctionnement d'un système à fibre optique**
La transmission comporte trois étapes :

1. Transformation d'un signal électrique en signal lumineux au moyen de diodes électroluminescentes ou de diodes laser. Les diodes laser émettent une lumière invisible (infrarouge) avec une puissance supérieure (2 milliwatts contre 50 microwatts pour les diodes électroluminescentes).

2. Transport du signal lumineux : des *répéteurs* optiques pallient l'affaiblissement du signal. La distance entre deux répéteurs, appelée portée, peut atteindre plusieurs centaines de kilomètres.

3. Transformation du signal lumineux en signal électrique au moyen de photodiodes semblables à celles qui mesurent la lumière dans les appareils photographiques.

• **Les réseaux à fibre optique dans le monde**
La mise en place d'un réseau universel à haut débit nécessite l'utilisation de fibres optiques, ce qui explique les dépenses importantes faites partout dans le monde pour ce type de support.

Bibliographie : Halley 85.
Corrélats : câbles, réseau à longue distance, transmission.
Étymologie : **fibre** : emprunt à la langue commune. *Français* : XIVe siècle. *Latin* : “fibra” (filament des racines, fibre, veine) origine obscure.

Fichier n.m.
[Anglais : file]

Informatique : par analogie avec un ensemble de fiches, ensemble de *données* enregistrées et rangées dans un certain ordre conçu pour en faciliter l'exploitation par un *programme* informatique.

Par exemple : le fichier des clients contient l'ensemble des données concernant les clients d'une entreprise. Ces données sont rangées dans l'ordre le mieux adapté aux traitements informatiques qui leur seront appliqués (facturation, listes statistiques, traitement des commandes...). De même, un fichier image contient l'ensemble des informations nécessaires aux traitements informatiques d'une image (archivage, transmission, affichage, modification de couleur...).

La principale caractéristique d'un fichier est son *organisation*, appelée aussi *format*. Elle est définie par le programme qui crée le fichier (et donc par le programmeur qui conçoit ce programme).

♦ **Format d'un fichier**
Pour définir un format de fichier, le programmeur prend en compte le type d'informations contenues dans ce fichier et l'utilisation qui en sera faite ultérieurement. Un format peut ainsi être plus particulièrement adapté aux informations sonores, un autre aux images, un troisième aux textes. De même, un format peut faciliter la transmission du fichier, un autre la modification de son contenu. Il n'existe pas de norme unique d'*organisation* des fichiers.

• **Format de fichier, standard et norme**
Même pour un type de données (image, son...) ou pour un type d'utilisation (archivage, transmission...), il n'existe pas de norme et la difficulté d'échange de fichiers entre ordinateurs qui en découle est un des symptômes de l'immaturité de l'informatique et du multimédia. Chaque constructeur et chaque éditeur de logiciel essaient d'imposer comme standard leur propre organisation de fichiers.

• **Format de fichier et en-tête**
On place habituellement en début de fichier, dans une zone appelée *en-tête*, la description du contenu du fichier et de son organisation. Cet en-tête contient par exemple, le nom du fichier, sa date de création, sa longueur, et diverses informations dépendant du contenu (par exemple, pour un fichier contenant une image, on pourra indiquer la taille en octet de l'image, sa largeur, sa longueur, sa densité horizontale et verticale, le type de codage des couleurs...). Chaque format de fichier a son propre en-tête.

Sous le système d'exploitation *MS-DOS*, le nom d'un fichier ne doit pas dépasser 8 caractères et il est suivi de trois caractères identifiant que l'on appelle l'extension du fichier. Cette extension correspond souvent au nom du format du fichier (par exemple : les fichiers au format TIFF auront "TIF" comme nom d'extension).

• **Types de fichiers**
Les fichiers peuvent être qualifiés par :
— La nature des données qu'ils contiennent (image, son, texte, programmes...). Lorsque les fichiers contiennent des *programmes*, on considère ces programmes comme des données à traiter (par exemple, des programmes écrits en *langage* évolué sont destinés à être traduits par un *compilateur* ; des programmes que l'on vient d'acheter sont destinés à être installés sur une machine...). Ces fichiers, d'un type spécial, sont appelés *bibliothèques*.
— La nature du programme qui les traite ("fichier C = fichier créé et traité par un programme écrit en C", "fichier Word = fichier créé et traité par le traitement de texte Word").
— Leur format : un fichier *TIFF* est un fichier image ayant le standard d'organisation TIFF.
— Le domaine d'application des données qu'ils contiennent (fichier client, fichier de jeu...).
— Le code utilisé pour numériser les données ; par exemple : un fichier ASCII, un fichier EBCDIC, un fichier en *mode points*, un fichier en *mode vectoriel.*

– La plate-forme sur laquelle (ou pour laquelle) le fichier a été créé ; par exemple : un fichier DOS, un fichier Windows, un fichier Unix, un fichier Mac.

Bibliographie : Lepecq 91, Tanenbaum 91.
Corrélats : base de données, indexation, objet, organisation.
Étymologie : emprunt à la langue commune. *Français* : dérivé de "**fiche**" XVe siècle. Déverbal de "ficher" (attacher, fixer) ; fiche désignait une attache, un clou, un pieu que l'on fichait puis, par analogie, a désigné une marque de jeu et toute sorte de cartes (cartes de bibliothèque notamment) + suffixe **-ier** (marque, entre autres, un réceptacle, une collection, un ensemble). *Latin* : "*figicare" < "figere" (ficher, enfoncer). *Indo-européen* : "*dheigu-" (attacher, fixer) [Pokorny p. 243].

Fichier d'images exp.

[Anglais : image file]

Informatique : fichier contenant une ou plusieurs images. On distingue deux grands types de fichiers d'images selon le type de codage utilisé : les fichiers en *mode points* et les fichiers en *mode vectoriel.*

Les *formats des fichiers* d'images en mode points les plus répandus sont les suivants : *BMP, IMG, TIFF, PCX, SPIFF, PCD* (voir ces termes). En mode vectoriel, on trouve généralement des fichiers de type *PostScript* ou *HPGL, CGM.*

Fichier de sons exp.

[Anglais : sound file]

Informatique : fichier contenant une séquence sonore. WAV était, en 1995, le format des fichiers de sons le plus répandu.

Fiction n.f.

[Anglais : fiction]

Audiovisuel : un des trois principaux genres de *production* télévisuelle, avec le *documentaire* et les émissions de *plateau.* C'est le genre cinématographique par excellence. Le film de fiction ne fait pas référence à un réel tangible : les *acteurs* principaux sont le plus souvent des comédiens et ils incarnent, pendant le temps du tournage, des personnages différents d'eux-mêmes (voir *acteur*) ; l'histoire racontée est imaginaire ; les lieux peuvent être réels ou imaginaires et lorsqu'ils sont réels, ils sont toujours aménagés (voir *décor* et *éclairage*).

Les premières œuvres multimédias de fiction (histoires policières ou d'aventures) ont toutes un contenu ludique très marqué. L'adaptation de la fiction au multimédia semble plus difficile que celle du documentaire.

Bibliographie : Maillot 94, Martin 94.
Corrélats : documentaire, multimédia, langage cinématographique, plateau.
Étymologie : emprunt à la langue commune. *Français* : XIIIe siècle. *Latin* "fictio" (action de façonner, façon, formation, création) < "fictus" participe passé de "fingere" (façonner dans l'argile > façonner > presser, toucher > reproduire les traits, représenter > imaginer, feindre, inventer). *Indo-européen* : "*dheig'h-" (pétrir la glaise > construire) [Pokorny p. 244].

FIF s.a.

Fractal Image File (traduction littérale : fichier fractal d'images)

Informatique : format de fichier d'images compressées en utilisant une technique *fractale*.

♦ Une image S-VGA codée sur 24 bits au format FIF occupe environ 3 Ko.

FIFO s.a.

First In First Out (premier entré, premier sorti)

Informatique : voir *file d'attente*.

Fil de fer exp.

[Anglais : wire, wireframe]

Informatique : modèle de représentation graphique en trois dimensions par un ensemble de points et de lignes qui les relient. Une représentation "fil de fer" est transparente : on voit l'ensemble de toutes les arêtes, y compris celles qui sont normalement cachées à la vue. L'image prend l'aspect d'un grillage maillé. Le *rendu* des surfaces est évidemment impossible.

♦ La technique de représentation en fil de fer est la plus ancienne utilisée en image 3D. Elle a été remplacée par les techniques de représentation utilisant des *polygones*, des *volumes* ou des *surfaces*.

Représentation en fil de fer. Théière dite de l'"Utah".
(*D'après* : *3D. Modeling lab*, Philip Shaddock, The Waite group.)

Corrélat : image 3D, polygone.

File d'attente exp.

[Anglais : buffer file, FIFO]

Informatique

1. Méthode de gestion d'un ensemble de données : les données les premières entrées sont les premières traitées (et donc les premières sorties), par analogie avec la file d'attente dans un magasin. S'oppose à *pile*.

2. Par extension, structure de données gérée avec cette méthode.

3. Par extension, dispositif matériel qui gère des échanges de données avec la méthode de file d'attente.

♦ La file d'attente doit avoir une taille suffisante pour absorber les variations de quantité de données entrantes par rapport aux données sortantes et éviter toute perte d'information. En effet, si la file d'attente est pleine, soit on refuse une entrée, soit on écrase la plus ancienne par la plus récente. Pour cela, les circuits de gestion de file d'attente ont un marqueur indiquant "file d'attente pleine" (certains disposent d'un autre marqueur "file d'attente à moitié pleine") pour prévenir du risque de débordement. Une file d'attente peut être gérée par des techniques matérielles (circuits intégrés spécifiques) ou logicielles (allocation de zone mémoire).

Bibliographie : Tanenbaum 91.
Corrélat : pile.
Étymologie : emprunt à la langue commune. *Français* : XVe siècle <"filer" : XIIe siècle. *Latin* : "filare" (étirer en fil) < "filum" (fil, tissu). *Indo-européen* : "*gwh-" [Ernout 85, p. 235] ; "gwhislo-" [Pokorny p. 489].

Filtrage n.m.

Voir *convolution.*

Filtre n.m.

[Anglais : filter]

Audiovisuel, informatique et télécommunications : dispositif qui laisse passer sans modification une partie de l'information et affaiblit le reste.

♦ En télécommunications, on sélectionne une bande de fréquences en filtrant le signal transmis. En imagerie, on peut filtrer des *couleurs* ou des *artefacts.*

Corrélat : bande passante.
Étymologie : emprunt à la langue commune. *Français* : XVIe siècle. *Latin* : "filtrum" (morceau de feutre). *Francique* : "*filtir" (morceau de feutre). *Indo-européen* : "*pel-" (pousser, frapper) [Pokorny p. 801].

Filtrer v.

[Anglais : to filter]

Audiovisuel et informatique : utiliser un *filtre.*

Firmware t.a.

Informatique : voir *microprogramme.*

Flag t.a.

Informatique : voir *drapeau.*

Flash back t.a.

Audiovisuel : voir *retour en arrière.*

Flops u.a.
Floating-point operations per second (instructions à virgule flottante par seconde)

Informatique : unité de vitesse de calcul d'un *processeur central.* Exprime le nombre d'instructions réalisées en une seconde traitant des données codées en *virgule flottante.*

Corrélats : Gflops, kflops, Mflops, processeur central, instruction à virgule flottante.

Flux n.m.
[Anglais : flow]

Informatique : quantité d'*informations* traversant une *connexion* ou un *réseau* pendant une unité de temps.

♦ Le flux de données caractérise la charge d'un réseau ou d'une connexion. Il s'exprime souvent en mégaoctet par seconde.

Corrélat : débit.

FMV s.a.
Full Motion Video

Audiovisuel et informatique : technique d'affichage d'images animées numériques sur la totalité de l'écran d'un ordinateur ; voir *image plein écran.*

Fonction graphique exp.

Informatique : fonction réalisée par un logiciel de *dessin assisté par ordinateur.* Les principales fonctions sont la modification d'une courbure ou d'une surface, le *lissage*, la transformation de couleur, le découpage, la rotation, etc. Les fonctions peuvent être pilotées par des *points de commandes* situés sur la courbe ou la surface que l'on traite.

Corrélats : Courbe de Bézier, mode vectoriel.

Fondeur n.m.

Informatique : fabricant de circuits intégrés et en particulier de microprocesseurs. AMD, *Cyrix, IBM, Intel*, ITT, *Motorola*, NEC, Thomson sont des fondeurs connus du marché.

Étymologie : voir *fondu.*

Fondu n.m.

[Anglais : dissolve]

Audiovisuel : procédé de *transition* qui consiste à dissoudre progressivement une image pour arriver à du blanc (fondu au blanc) ou du noir (fondu au noir). Dans ces deux cas on parle de fondu à la fermeture. Les fondus à l'ouverture procèdent à l'inverse en partant du blanc ou du noir pour arriver progressivement à l'image. Le fondu enchaîné s'obtient par surimpression progressive d'une image qui apparaît par un fondu à l'ouverture sur une image qui disparaît par un fondu à la fermeture. Les fondus peuvent se compléter avec d'autres effets spéciaux comme les iris qui font grossir ou diminuer une ouverture circulaire sur l'écran.

Le fondu à la fermeture ponctue le rythme du film ; il délimite des séquences qui prennent dans un film un rôle comparable à celui de chapitres dans un roman. L'enchaînement d'un fondu à la fermeture puis d'un fondu à l'ouverture marque encore plus la ponctuation.

Les fondus étaient trés utilisés au début du cinéma, en particulier dans le cinéma muet. Il est progressivement abandonné au profit de la coupe franche.

Bibliographie : Maillot 94, Martin 94, Passek 86.
Corrélats : langage cinématographique, transition, effets spéciaux, truquages.
Étymologie : emprunt à la langue technique du cinéma. *Français* : XXe siècle < "fondre" XIIe siècle. *Latin* : "fundere" (verser, couler). *Indo-européen* : "*gheu-, *gheud-" (verser, répandre, arroser) [Pokorny pp. 447,448].

Foreground t.a.

1. **Informatique** : synonyme de *actif.*
2. **Audiovisuel** : qui est au premier *plan.*

Format n.m.
[Anglais : format]

Audiovisuel et informatique
Caractéristique de la structure d'un matériel ou d'un logiciel.

1. **Informatique** :
   a. Matériel : taille d'un composant matériel ou standard de son *pilote* ou encore toute caractéristique jugée importante dans le contexte énoncé.
   Par exemple : une disquette 3 pouces, un clavier 80 touches, un disque *SCSI*, un écran 12 pouces (dimension de la diagonale), un écran VGA (standard de définition), un micro-ordinateur portable, une carte EISA (connectable sur un bus de type EISA)...
   b. Logiciel : le terme de format est utilisé pour les données : on parle donc de *format de fichier* mais pas de format de programme.

2. **Audiovisuel** : images
   a. Matériel : caractéristique d'un appareil ou d'un support.
   Par exemple : largeur d'une *bande magnétique* servant à l'enregistrement des programmes (voir le tableau à l'article *bande magnétique*).
   Par extension, on peut caractériser un matériel par le type de codage qu'il reconnaît.
   Par exemple : une cassette au format 3/4 de pouce, un magnétoscope au format U-matic, un téléviseur SECAM, ...
   b. Logiciel : type de codage, exprimé d'une manière plus ou moins précise, utilisé lors de l'enregistrement des images et des sons.
   Par exemple : un enregistrement en format numérique, un enregistrement au format *Betacam SP.*

3. **Audiovisuel** : sons
   a. Matériel : caractéristique d'un appareil ou d'un support.
   Par exemple : largeur de la bande magnétique servant à

l'enregistrement des sons.
b. Logiciel : type de codage utilisé lors de l'enregistrement du son.
Par exemple : un enregistrement ADPCM (voir *modulation par impulsion et codage*).

Corrélats : codage, fichier, norme, standard.
Étymologie : emprunt à la langue commune. *Français* : XVIIIe siècle. de l'*italien* : "formato" (forme, figure) < "formare" (former) < "forma" (forme, moule, belle forme, beauté). Peut-être emprunt au *grec* : "morphe" (belle forme) ? *Indo-européen* : "*mer-" (briller, luire) [Pokorny p. 733].

Format de carte exp.
[Anglais : board format]

Informatique : caractéristique d'une carte. Le format peut définir la taille, le poids, toute caractéristique physique de la carte ou, pour les circuits imprimés destinés à être intégrés dans un système à bus de données, toute caractéristique mécanique ou électrique (points de connexion, type de connecteur, forme des signaux, etc.).
Par exemple : carte *MCA*, carte *VGA*, ...

Format d'écran exp.
[Anglais : screen size]

1. Audiovisuel : rapport entre la largeur et la hauteur d'un écran, par exemple 4/3, 5/3, 16/9.
Le format de l'écran de projection est pris en compte par les réalisateurs lors du *tournage*. Les grands écrans (cinémascope, cinérama...) renforcent le côté spectaculaire du cinéma et conviennent mieux aux films tournés en extérieur ou avec de grands décors qu'aux films traitant d'une description psychologique ou intimiste de personnages.

2. Informatique :
a. Taille d'un *écran* exprimée généralement par la dimension de sa diagonale (ex. 14 pouces, 17 pouces, 55 centimètres).
b. Caractéristique du mode d'*affichage* que cet écran permet. Exemple : écran VGA, S-VGA ...

♦ Les écrans les plus courants en télévision ou en informatique ont un format 4/3, c'est à dire qu'un écran de 15 pouces (diagonale) a une hauteur de 9 pouces et une largeur de 12 pouces. Le format 16/9, plus proche du format du champ visuel et du format utilisé au cinéma tend à le remplacer pour la *télévision numérique.*

Format de fichier exp.

[Anglais : file format]

Informatique

1. Type d'*organisation* d'un fichier.

2. Par extension, synonyme de type de fichier.

Le format peut être désigné par les caractéristiques fonctionnelles du fichier, par le nom du programme qui l'a créé, par le code utilisé ou par toute autre caractéristique jugée déterminante.

Par exemple : un fichier *TIFF*, un fichier Word (du nom du programme de traitement de texte "Word"), un fichier *ASCII* (qui contient des informations codées en ASCII) ...

Corrélats : en-tête, fichier, organisation.

Format d'image exp.

[Anglais : image format]

Audiovisuel et informatique

1. Rapport de la longueur sur la largeur de l'image telle qu'elle apparaît après affichage sur écran ou impression sur papier.

2. *Format du fichier* représentant une image.

Forum n.m.

[anglais : forum]

Informatique, télécommunications

1. Dans une *messagerie électronique* :

a. Service permettant à plusieurs personnes de dialoguer simultanément.

b. Groupe d'utilisateurs partageant un même centre d'intérêt.

2. Groupement d'entreprises en vue d'opérations communes. Synonyme de *consortium* (voir ce terme).

Corrélat : 1. messagerie électronique ; 2. consortium.
Étymologie : *calque* de l'anglo-américain « forum » : **a.** place publique, **b.** tout support permettant une discussion publique comme un programme de radio ou de télévision, **c.** tribunal. *Français* : XIIIe siècle. (réunion publique accom-

pagnée d'un débat, colloque). *Latin* : "forum" (enclos qui entoure la maison, place de marché, tribune, place publique). *Indo-européen* : "*dhùer-" (porte, entrée). [Pokorny p. 278].

Fractal adj.
[Anglais : fractal]

Informatique : qualifie un objet naturel ou une figure géométrique ayant les caractéristiques suivantes :
— Ses parties ont la même forme ou structure que le tout, à ceci près qu'elles sont à une échelle différente et peuvent être légèrement déformées.
— Sa forme est, soit extrêmement irrégulière, soit extrêmement interrompue ou fragmentée, et le reste, quelle que soit l'échelle d'examen.
— Il contient des éléments "distinctifs" dont les échelles sont très variées et couvrent une très large gamme [Mandelbrot 89].

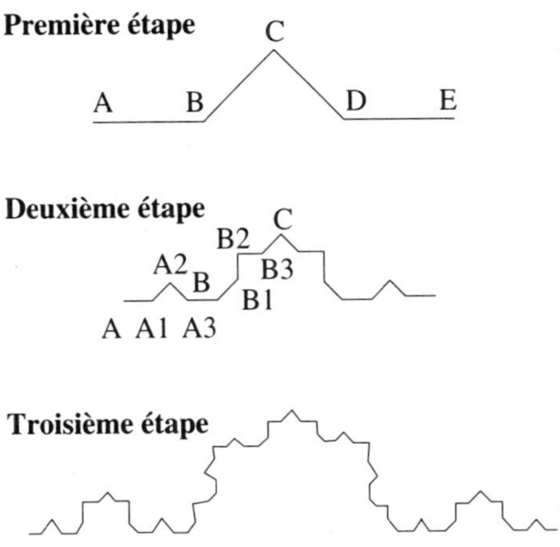

Exemple de fractale.
(*D'après : Dictionnaire de l'infographie,* F. Jemma, Éd. Eyrolles.)

- **Compression fractale**

Une image *fractale* s'obtient par application d'un algorithme itératif. La compression fractale d'une image consiste à trouver, par approximations successives, un algorithme qui produit une fractale la plus proche possible de l'image recherchée. Les taux de compression sont très variables mais généralement plus élevés que dans les codages de type *JPEG*. On peut atteindre des taux de compression de 200 pour 1, voire de 600 pour 1. L'analyse itérative est longue, mais l'image transformée est reconstituée plus rapidement qu'elle n'est analysée : la compression fractale est asymétrique ; elle utilise des fichiers de type *FIF* ou *FVF*.

♦ **Historique** : l'invention des figures fractales est due à Benoît Mandelbrot (en 1975).

Bibliographie : Mandelbrot 89.
Corrélat : compression.

Fractale n.f.

[Anglais : fractal]

Informatique : configuration *fractale*. Ensemble ou objet fractal.

France Télécom n.s.

Télécommunications : opérateur français de Télécommunications. Depuis janvier 1991, France-Télécom n'est plus une administration, mais une entreprise publique. Un contrat de plan pluriannuel lie France Télécom à l'État français et fixe ses orientations stratégiques, financières, sociales et économiques. Ce contrat maintient les missions de service public de France Télécom (par exemple le téléphone pour tous et aux mêmes conditions).

♦ En 1994, France Télécom était le quatrième opérateur mondial de télécommunications.

Activités	**% du CA 94**
Produits téléphoniques	73,9
Liaisons louées et réseaux	10,9
Mobiles	3,9
Images	2,9
Services d'informations	2,2
Logiciels et services informatiques	0,9

France-Télécom est un groupe *multimédia* ; parmi ses filiales, on trouve :
— *Télédiffusion de France* (TDF) qui commercialise et exploite des *réseaux* de *radiodiffusion* et les *satellites* de la gamme TDF.
— *Transpac*, spécialisée dans la transmission de données,
— France-Télécom câble, un des trois grands câblo-opérateurs français.
— France Télécom Multimédia qui coordonne les investissements du groupe dans le multimédia.

L'engagement de France Télécom dans ce domaine s'est concrétisé par :
— la création de la première chaîne européenne de télévision avec *paiement à la séance*, Multivision,
— la création d'une chaîne de télé-achat,
— la création d'un bouquet de radios numériques,
— la participation à la Cinquième, la nouvelle chaîne de télévision française du savoir et de la connaissance,
— la création de « Japan Multimedia Services Corporation », société multimédia mixte Europe — Japon regroupant dix-neuf entreprises,
— l'offre de services de télévision d'entreprise, de télé-enseignement et de vidéotransmission,
— l'offre de nouveaux services télématiques (télétel-micro),
— le développement de terminaux (« décodeur » Visiopass).

Bibliographie : FT 94.

Corrélats : TDF, plan câble.

France télévision n.s.

Audiovisuel : organisme public de télévision française regroupant, depuis 1992, les deux sociétés nationales de programmes : France 2 et France 3. France 2 fut créée en 1964 sous le nom d'Antenne 2 et France 3 en 1973 sous le nom de France région 3, ce nom reflétant sa vocation de chaîne d'informations régionales. Depuis 1989, les deux chaînes ont une présidence commune et pratiquent la complémentarité de programmation. France 2 bénéficiait, en 1990, d'un canal sur le *satellite TDF1* et, en 1991, d'un canal sur TDF2 d'où elle diffusait en *D2-Mac*.

Bibliographie : INA 92.
Corrélat : Arte.

Freeware t.a.

Informatique : logiciel dont la distribution est gratuite ou dont le prix est laissé à la libre appréciation de l'utilisateur.

Fréquence n.f.
[Anglais : frequency]

Électronique : nombre de fois où un phénomène périodique se reproduit identique à lui-même par unité de temps. La fréquence est l'inverse de la *période* du signal, temps au bout duquel le signal redevient identique à lui-même. La fréquence se mesure en hertz (Hz). Elle est une des trois caractéristiques du signal électromagnétique avec la phase et l'amplitude. La fréquence du courant électrique est de 50 hertz en Europe mais de 60 aux États-Unis et au Japon.

Bibliographie : Du Castel 93.
Corrélats : onde, modulation, spectre.
Étymologie : emprunt à la langue de la physique (XIXe siècle) qui l'a emprunté à la langue commune. *Français* : XIIe siècle. *Latin* : "frequentia" (réunion, foule, grand nombre, abondance, fréquence) < "frequens" (idée de lieu : réunion ; idée de temps : répété, fréquent). Peut-être de l'*indo-européen* : "*bhareku-" (serrer ensemble) [Pokorny p. 111].

FTAM s.a.
File Transfert Access and Management (traduction littérale : accès, gestion et transfert de fichiers)

Informatique : norme proposée par l'*ISO* pour définir l'accès aux enregistrements d'un fichier, le transfert de fichiers d'ordinateur à ordinateur et les fonctions courantes de gestion des enregistrements d'un fichier : création, consultation, modification, suppression.

Full duplex t.a.

Télécommunications : voir *bidirectionnel simultané.*

Full motion (video) t.a.

Audiovisuel : voir *image plein écran.*

FVF s.a.

Fractal Video File (fichier vidéo fractal)

Informatique : format de fichier vidéo compressé en utilisant une technique fractale. Une minute de vidéo compressée au format FVF n'occupe que de 1,5 à 4,5 Mo.

Corrélat : fractal.

G

G abr.f.

Voir *giga*.

Gain n.m.
[Anglais : gain]

Électronique : variation de niveau d'une grandeur (tension, courant, puissance, ...), exprimée en *décibel*, entre la sortie et l'entrée d'un module dans une chaîne. Le gain peut être positif (*amplification*) ou négatif (*affaiblissement*). On utilise parfois le terme de gain comme synonyme d'amplification ; il s'oppose alors à affaiblissement.

Bibliographie : Mercier 90.
Corrélat : décibel.
Étymologie : emprunt à la langue commune. *Français* : XIIe siècle < "gagner". *Francique* : "*waidanjan" (chercher de la nourriture). *Indo-européen* : "*uei-" (aller, chercher, chasser) [Pokorny p. 1123].

Gamma n.m.
[Anglais : gamma]

Audiovisuel

1. Coefficient de correction de la *brillance* d'un écran pour améliorer la qualité de reproduction de l'image.

♦ Le coefficient gamma d'un écran varie avec le phosphore utilisé ; la correction de brillance est nécessaire quand une impression de "bouchage" (c'est-à-dire d'obscurité) empêche le traitement de l'image dans des zones sombres ou quand au contraire des zones d'écran produisent une image trop pâle.

2. Coefficient de correction de la sensibilité d'un capteur de lumière pour obtenir la linéarité souhaitée entre l'*éclairement* et le signal.

Gamme de gris exp.

[Anglais : greyscale ; américain : grayscale]

Audiovisuel et informatique : voir *échelle de gris.*

Gant sensitif exp.

[Anglais : virtual hand controller]

Informatique : *périphérique d'entrée* d'un ordinateur dans un système de *simulation virtuelle* ou dans une console de jeu vidéo de type Sega ou Nintendo. Le gant sensitif dispose de *capteurs* qui envoient à l'ordinateur des informations décrivant les mouvements des phalanges, des doigts, de la main et parfois aussi des poignets. Dans les sytèmes virtuels, on ajoute souvent au gant sensitif des dispositifs de *retour tactile*, les transformant ainsi en *gants tactiles* et des *capteurs de position.*

Les premiers gants commercialisés furent les gants *Dataglove* proposés en 1987 par la société *VPL* aux États-Unis qui utilisaient des *fibres optiques.* Les autres principaux gants disponibles sont le *Cyberglove* (de la société Virtex), le PowerGlove (de la société Mattel, vendu à un million d'exemplaires en 1990) et le *DHM* (Dextrous Hand Master, de la société Exos).

♦ Différentes techniques ont été développées pour saisir les mouvements de la main. Le PowerGlove de Mattel capte la résistivité d'une surface enduite d'encre au carbone. Lorsque le doigt se plie, la surface s'étire et la résistivité augmente. Cette technique est évidemment moins fiable que celle utilisée par le CyberGlove par exemple, mais elle a permis de vendre à bon marché un grand nombre de gants sensitifs aux adolescents fanatiques de *jeux vidéo.* Le DataGlove et le PowerGlove sont destinés aux application virtuelles. Ils utilisent des techniques plus sophistiquées mesurant l'affaiblissement du rayon lumineux circulant dans la fibre optique qui file sur chaque doigt : lorsque la main est ouverte, les cinq fibres sont droites et transmettent le rayon lumineux sans affaiblissement. Lorsque le doigt se plie, une partie du rayon lumineux

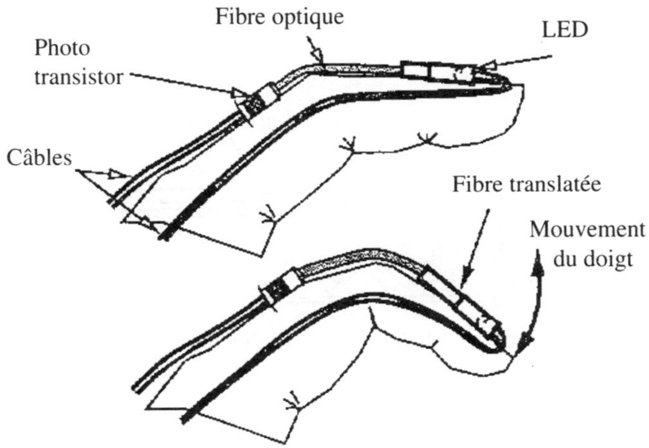

Flexion du doigt.

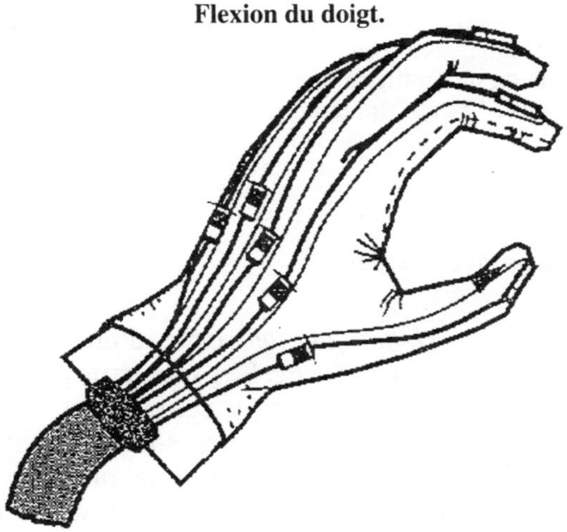

Gant sensitif (d'après Wright, 1990).

Exemple de gant sensitif avec capteur optique linéaire.
(D'après : La réalité virtuelle, G. Burdea, Éd. Hermès.*)*

s'échappe de la fibre. Les variations de l'intensité du signal lumineux capté au bout de la fibre permettent, par analogie, de déduire les mouvements de la main.

Le détail du capteur optique est présenté ci-dessous et un exemple de gant sensitif est donné en page 403.

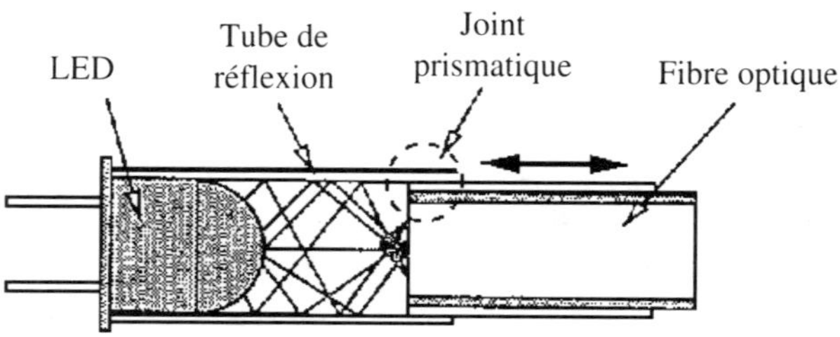

Capteur optique linéaire.

Bibliographie : Burdea 93, Rheingold 93.
Étymologie : **gant** : emprunt à la langue commune. *Français* : XIe siècle. *Francique* : "*want" (gants, mitaine) origine obscure. **Sensitif** : emprunt à la langue commune. *Français* : XIIIe siècle. *Latin* : "sensitivus" (sensitif) < "sensus" (action de sentir, de s'apercevoir, sens) <"sentire" (percevoir, sentir). *Indo-européen* : "*sent-" (prendre une direction, aller) [Pokorny p. 908].

Gant tactile exp.

[Anglais : tactile feedback glove]

Informatique : *périphérique de sortie* d'un ordinateur dans un système de *simulation virtuelle*. Le gant tactile procure à l'utilisateur des sensations de *retour tactile*, contribuant ainsi à augmenter l'*effet de réalité*. Les gants tactiles sont souvent également des *gants sensitifs* et ils peuvent aussi être pourvus de *capteurs de position*. Les recherches actuelles portent sur l'intégration, dans un même gant, des fonctions de *retour d'effort* et de retour tactile.

♦ Les gants tactiles utilisent des techniques hydrauliques dans les applications de robotique industrielle et des techniques vibrotactiles ou pneumatiques, moins dangereuses, dans les autres. Des couplages de dispositifs tactiles ont été réalisés sur les gants sensitifs (le *DataGlove*, le *CyberGlove* ou le *DHM*). La technique pneumatique consiste à faire piloter par l'ordinateur un compresseur pour gonfler ou dégonfler des petits coussinets d'air situés le long des doigts ou sur la paume du gant.

Gateway t.a.

Informatique : voir *passerelle.*

GED s.f.

Informatique : voir *Gestion Électronique de Documents.*

GEIDE s.f.
[Gestion Électronique de l'Information et des Documents Existants]

Informatique : voir *Gestion électronique de documents.*

General Magic n.s.

Informatique : société créée en 1990 par des transfuges d'*Apple*, *Motorola* et *Sony*. En 1993, les principaux acteurs mondiaux des domaines de la communication et du multimédia avaient investi dans General Magic, et en particulier *Philips*, *AT&T* et *Matsushita*. *France Télécom* est entré dans la société à hauteur de 2 % en 1994.

Très actif dans le multimédia, General Magic développe un logiciel de base pour outils de communication personnels, le langage de programmation graphique Telescript et le système d'exploitation Magic Cap.

Génie logiciel exp.
[Anglais : Software engineering]

Informatique : conception et mise en œuvre des produits et des procédures tendant à rationaliser la production du logiciel et sa maintenance.

Face à la croissance des besoins d'informatisation et à la surcharge causée par la maintenance des applications toujours plus nombreuses, les équipes de développement doivent améliorer leur efficacité et passer d'une production de type artisanal à une véritable production industrielle que l'on désigne par le terme de génie logiciel. Le génie logiciel peut être assisté par ordinateur. Il prend alors le nom d'*atelier de génie logiciel.*

Bibliographie : AFNOR 89, CCM 91, Moitessier 89.
Corrélats : atelier de génie logiciel, programme, standard.
Étymologie : **génie** : *français* : XVIe siècle mais fin du XIIe dans le sens d'"art de fortifier les places". *Latin* : "Genius" (divinité génératrice qui préside à la naissance de quelqu'un). *Indo-européen* : "*g'en-" (naître, engendrer) racine très répandue [Pokorny p. 373]. **Logiciel** : néologisme savant créé en opposition à "matériel" en reprenant le suffixe adjectival "-iel" qui marque une relation et la racine "logi-" qui vient du mot "logique". Est logiciel tout ce qui est en relation au "logos", c'est-à-dire à la parole et au langage. L'opposition "matériel-logiciel" est un calque de l'*anglais* : "hardware-software". *Français* : "logique" adj. XVIe siècle, subst. XIIIe siècle : *latin* : "logicus" du *grec* : "logikos" (relatif à la raison, au discours). *Indo-Européen* : "leg-" (collecter, assembler, parler) [Pokorny p. 658].

Genlock t.a.

Informatique : voir *verrouilleur.*

Géostationnaire adj.

[Anglais : geostationary]

Télécommunications :

1. Qualifie un satellite qui, vu de la terre, paraît rester immobile (stationnaire).

2. Par extension, qualifie l'orbite d'un satellite géostationnaire. S'oppose à *défilement.*

♦ Le *satellite* est placé en orbite à 36 000 km d'altitude ; il a la même vitesse de rotation autour du centre de la terre que la terre sur elle-même. L'avantage réside dans le fait que les antennes peuvent rester immobiles au sol pour communiquer avec lui ; l'inconvénient est que le satellite est très haut dans l'espace, ce qui rallonge les temps de transmission. Il y avait, en 1993, 150 satellites géostationnaires en orbite autour de la terre et 250 en 1995.

Bibliographie : Boisseau 91, du Castel 93, Wallstein 89.
Corrélats : satellite, télévision par satellite.
Étymologie : **géo-** : *grec* : < geos (la terre), origine obscure. **Station** : voir ce mot.

Gestion Électronique de Documents (GED) exp.

[Anglais : Electronic Document Management System (EDMS)]

Informatique : ensemble des fonctions de structuration, de *saisie*, d'*indexation*, d'*archivage*, de recherche puis de *diffusion* ou de *distribution* de l'*information* sous forme de documents.

La notion centrale de la GED est le document qui doit être compris au sens large, de « chose qui documente », ce qui peut être tout support contenant des informations de toutes natures : textes, nombres, images, sons, informations tactiles, programmes... L'étendue de ce concept explique l'existence de plusieurs dénominations qui se recouvrent en tout ou en parties comme par exemple la GEIDE (Gestion Électronique de l'Information et des Documents Existants), la documentique, les *systèmes d'archivage*, la *publication assistée par ordinateur*, la bureautique, etc... La GED se donne comme objectif de réaliser une communication où la circulation et le classement des documents sur papier seraient remplacés par un traitement électronique de documents informatisés.

♦ **Les documents**

Traditionnellement, les documents sont des supports imprimés. Ils se caractérisent par une double structure logique et physique. La structure logique est en rapport avec le contenu du document (organisation en chapitres, sections, paragraphes...) tandis que sa structure physique est reliée au support (organisation en livres, volumes, pages...). L'informatique a *numérisé* les documents et a rendu uniforme la représentation d'informations de différentes natures : textes, images, sons, impressions tactiles... Elle a fait apparaître de nouvelles structures construites autour de la notion d'*objet* qui associe l'information et les méthodes qui la traitent. Les documents sont devenus *multimédias* et *hypermédias*.

• **Les applications**

Les applications de la GED couvrent tous les domaines de l'activité humaine où s'échangent des informations. Les applications les plus importantes concernent :

— la documentation technique : description de produits pour en assurer la maintenance comme la description des avions, des ordinateurs, des centrales nucléaires... Ce type de documentation, très structurée, associe données, plans et schémas dans des bases comportant de nombreux liens ;

— la gestion des entreprises : gestion des approvisionnements, de la production, des commandes, des livraisons, de la facturation, du personnel, archivage... (voir un exemple sous l'article *CALS)* ;

— les collectivités locales et leurs sous-traitants (voir l'article *Système d'Information Géographique*) ;

— les musées, les archives et les bibliothèques (voir l'article *Système d'archivage*) ; l'informatisation de la nouvelle Bibliothèque de France est un bon exemple de ce type d'application ;
— le monde de l'édition : journaux, magazines, livres ou édition électronique ;
— les systèmes de *messagerie électronique* (voir les articles *Internet, WEB* et *html*)...

• **Un projet exemplaire : la Bibliothèque de France**
L'application prévoit la numérisation de dix millions de notices et de trois cent mille ouvrages. Une première étape prévoit la numérisation de 10 000 ouvrages en *mode caractère* et 90 000 en *mode points*, restituant ainsi les images et la présentation typographique originale. La bibliothèque sera accessible par réseau ; le lecteur pourra consulter les catalogues et réserver à distance les ouvrages de son choix. Le projet le plus avancé concerne le poste de lecture assisté par ordinateur destiné aux chercheurs et aux érudits : le lecteur aura la possibilité, à partir de son poste de travail, de créer des liens entre les différents documents de la bibliothèque, de porter des annotations sur les documents retenus, d'y joindre ses propres documents de travail, de se connecter à d'autres bibliothèques dans le monde pour *importer* des extraits de documents, de mettre en forme et d'imprimer ses propres assemblages d'extraits de documents et d'annotation. La lecture devient ainsi active et indissociable de l'écriture et de l'édition.

• **Matériels et logiciels**
Un système de GED comprend :
— un *ordinateur* ou un *réseau* d'ordinateurs, pourvus de capacités de calcul et de mémorisation suffisantes pour traiter l'ensemble des informations concernées ;
— des systèmes périphériques d'acquisition : *claviers*, *numériseurs*, crayons optiques, *microphones* ;
— un système périphérique d'archivage de grande capacité, en général sur *disques optiques* ;
— des systèmes périphériques de restitution : *écrans*, *hauts parleurs*, tables traçantes, *imprimantes* ;
— éventuellement un système de connexion à des réseaux (*cartes de communication, modems...*) ;
— un *système d'exploitation* : tous les systèmes importants du marché permettent aujourd'hui d'exécuter des applications de GED : Unix, MVS, OS/2, Windows ;
— un logiciel applicatif de gestion électronique de documents qui constitue l'essentiel du système (voir un exemple sous l'article *Taurus*).

• **Évolution**
Les systèmes de GED évoluent vers une prise en compte des objets multimédias et du traitement automatique des flux d'information dans l'entreprise. Un bon exemple de cette évolution est donné par les fonctions nouvelles qui s'ajoutent au produit *Taurus*. À plus long terme, on peut prévoir une évolution vers l'analyse et le traitement des contenus en s'appuyant sur les techniques de l'*intelligence artificielle* et des *agents intelligents*.

• **Normalisation**

Il existe de nombreuses normes ISO concernant la gestion électronique de documents :

– *SGML* (Standard Generalized Mark-up Language, Langage standard généralisé de balisage, norme ISO 8879, 1986) : ce langage normalise des descriptions de modèles de documents (et non pas des documents ni des modèles de documents), ce qui lui donne une grande souplesse d'application. *CALS* ou *html* sont des exemples d'applications utilisant cette norme.

– ODA (Office Document Architecture, Architecture des documents de bureau, norme ISO 8613, 1989) : cette norme spécifie la représentation et l'échange de documents textuels, photographiques et graphiques ; elle définit la structure logique du document (chapitres, appendices, en-têtes, paragraphes, notes de bas de pages, figures) et sa structure physique (éléments relatifs aux supports de présentation tels que pages et zones dans les pages). Elle s'appuie sur la notion d'*objet* : un document électronique est considéré comme un ensemble d'objets logiques ou physiques qui matérialisent les structures logiques et physiques du document ; la description du document bénéficie alors de tous les concepts de l'approche orientée objet (classes, *encapsulation*, méthodes, héritage...). ODA utilise la norme CGM (Computer Graphics Metafiles, métafichiers graphiques pour ordinateur, norme ISO IS 8632, 1989) pour la représentation des graphiques dans les documents.

– ODIF (Open Document Interchange Format, Format ouvert d'échange de documents qui est un sous-ensemble de ODA).

– SDIF (Standard Document Interchange Format, Format normalisé d'échange de documents, norme ISO 9069, 1988). Spécifie les échanges de documents SGML

– *EDIFACT* (voir ce terme) (Electronic Data Interchange For Administration, Commerce and Transport, Échange de données informatisées pour l'administration, le commerce et le transport, norme ISO 9735, 1988).

– SPDL (Standard Page Description Language, langage de description de page normalisée, norme ISO/IEC DIS 10180, 1991) définit une norme d'échange de documents formatés pour l'impression ou l'affichage. Il reprend en partie les caractéristiques du langage *PostScript*.

– DSSSL (Document Style Semantics and Specification Language, sémantique de présentation de documents et langage de spécifications, norme ISO/IEC DIS 10179, 1991) définit l'aspect physique, la structure et les commandes de composition de documents sur papier, écran ou tout autre support.

– *Hytime* (HYpermedia/TIME-based structuring language, langage de structuration temporelle hypermédia, norme ISO DIS 10744, 1992) qui est une application SGML.

– *MHEG* (Multimedia and Hypermedia information coding Experts Group, groupe d'experts pour le codage de l'information hypermédia et multimédia). Définit une représentation des informations en terme d'objets permettant un échange et une reproduction en temps réel, c'est-à-dire tenant compte des contraintes de *synchronisation*.

– STEP (Standard for the Exchange of Product data, norme d'échange d'informations de production, norme ISO DIS-10303) Step est un projet ambitieux et unificateur de normalisation des descriptions des informations nécessaires à l'entreprise, depuis la conception des produits jusqu'à la gestion de la maintenance en fin de vie, en passant par la production, la commercialisation, etc...

Bibliographie : Bodin 92, Danish 91, Dupoirier 94, Sandoval 94.
Corrélats : CALS, HTLM, SGML, système d'archivage, système d'information géographique, Taurus.
Étymologie : **gestion** : emprunt à la langue commune. *Français* : XVe siècle. *Latin* : "gestio" (administration, gestion) < "gerare" (porter, prendre sur soi, faire) origine obscure. **Électronique** : *Français* : XXe siècle < "electron" emprunt à l'anglais. *Anglais* : "electron" (électron) XIXe siècle. *Latin* "electrum" (ambre). *Grec* "êlektron" (l'ambre jaune) qui produit des étincelles quand il est frotté ; origine obscure. **Document** : emprunt à la langue commune. *Français* : XIIe siècle. *Latin* "documentum" (exemple, modèle, leçon, enseignement) < "docere" (enseigner). Grec : "dokeo" (sembler, paraître, penser, croire). *Indo-européen* : "*dek-" (prendre, accueillir) [Pokorny pp. 189, 190].

Gestionnaire n.m.

[Anglais : manager]

Informatique : programme ayant en charge la gestion d'une fonction, d'un objet ou d'un sous-ensemble dans un système informatique ou multimédia.

Par exemple : gestionnaire de liens, gestionnaire de communication, gestionnaire de données, gestionnaire d'images...

Étymologie : construit par dérivation savante sur "gestion" avec le suffixe savant "-aire" (du latin -aris, -arius) qui correspond au suffixe populaire "-ier, -er" qui signifie "qui tient à, qui a...". **Gestion** : emprunt à la langue commune, *Français* : XVe siècle. *Latin* : "gestio" (administration, gestion) < "gerare" (porter, prendre sur soi, faire) origine obscure.

Gflops u.i.

gigafloating-point operations per second (milliard d'instructions à virgule flottante par seconde)

Informatique : unité de puissance de systèmes informatiques. Mesure notamment la puissance des systèmes à *architecture massivement parallèle.*

Corrélats : architecture parallèle, flops.

GHz u.i.

Électronique : voir *gigahertz.*

giga- préf.
(abréviation : G)

Général : préfixe entrant dans la composition des noms de mesure pour indiquer une multiplication par un milliard. Un giga-octet (noté Go) équivaut à un milliard d'octets, soit 10^9 octets.

Étymologie : du grec “gigas” (géant, homme fort ou violent), origine obscure.

gigahertz (GHz) u.i.
[Anglais : gigahertz, abréviation : GHz]

Électronique : unité de mesure de fréquence correspondant à un milliard de hertz. Les fréquences exprimées en gigahertz sont utilisées en radio pour les liaisons par satellites, par exemple.

giga-octet (Go) u.i.
[Anglais : gigabyte, abréviation : GB]

Informatique : unité de mesure de quantité d'information. Un giga-octet correspond à un milliard d'octets.

Gigue n.f.
[Anglais : jitter]

Télécommunications : défaut de transmission numérique dû à des variations dans la synchronisation des éléments d'information (bits, paquets, cellules...).

Il peut arriver que plusieurs éléments d'une même information subissent des temps d'attente différents lorsqu'ils sont placés dans les *files d'attente* des *commutateurs* qu'ils traversent ; dans ce cas, le temps de transmission des éléments à travers le réseau varie et l'information reconstituée, à l'arrivée, n'est pas *synchrone* avec l'information émise. Cette variation, qui peut être de l'ordre de 0,1ms, s'appelle une gigue. Pour absorber la gigue et restituer parfaitement l'information émise, le récepteur peut stocker l'information reçue pendant un temps au moins égal au temps de propagation dans le réseau, augmenté de la valeur maximale de la gigue.

Bibliographie : du Castel 93.
Corrélats : commutateur, synchrone.
Étymologie : emprunt à la langue commune. *Français* : air de danse XVIIe siècle. Peut-être un emprunt à l'anglais "jig" (danse) qui vient lui-même peut-être de l'ancien français "gigue" (violon) du XIIe siècle lui-même issu de l'allemand "Geige" (violon). *Indo-européen* : "*ghei-gh-" < "*ghe-, *ghei-" (bailler, être béant) [Pokorny, pp. 419, 421].

GIS s.a.

Geographical Information System

Informatique : voir *système d'informations géographiques.*

GKS s.a.

Graphical Kernal System (traduction littérale : système graphique de base)

Informatique : logiciel de production et de manipulation d'images indépendant de tout type d'ordinateur et de *périphérique* graphique.

♦ Ce logiciel a été normalisé par l'*ISO* sous les références suivantes :
— ISO 7942 : Systèmes de traitement de l'information - Infographie - Système graphique de base (GKS) - Description fonctionnelle, 1985.
— ISO 8661-1 à 3 : Systèmes de traitement de l'information - Infographie - Système graphique de base (GKS) - Interface language [en anglais], 1988.
— ISO 8805 : Systèmes de traitement de l'information - Infographie - Système graphique de base en trois dimensions (GKS-3D) - Description fonctionnelle [en anglais], 1988.

Une version française de la norme a été publiée par l'*AFNOR* : NF EN 27942 : Systèmes de traitement de l'information - Infographie - Système graphique de base (GKS) - Description fonctionnelle, 1986.

GKS est indépendant de tout langage de programmation et permet d'adapter les programmes d'application à une grande variété de dispositifs graphiques. Il définit quatre fonctions engendrant quatre formes géométriques élémentaires appelées *primitives* à partir desquelles toute image peut être reconstituée :
— la polyligne : fonction qui dessine une suite de segments consécutifs,
— la polymarque : fonction qui marque une suite de points avec le même symbole,
— le polygone : fonction qui affiche une surface spécifiée,
— le texte : fonction qui écrit une chaîne de caractères.

Chaque primitive dispose de paramètres et d'*attributs* qui en précisent le fonctionnement. Les attributs fournissent des caractéristiques relativement stables du système.

Glossaire n.m.

[Anglais : glossary]

Général : ensemble des mots utilisés dans une documentation, une notice ou un ouvrage, accompagnés d'une brève définition. Élément essentiel lors de la consultation d'un ouvrage technique.

♦ Deux séries de facteurs concourent à la nécessité de mettre un glossaire dans les présentations et les modes d'emploi des produits techniques : des facteurs liés à la technique elle-même et des facteurs d'ordre extra-technique.

Les facteurs d'ordre technique sont les plus importants :

— La même notion se matérialise différemment d'un constructeur à l'autre, voire, chez un même constructeur, d'un produit à l'autre. Le mot qui la désigne recouvre des réalités techniques différentes. Ces différences sont parfois minimes, mais il est toujours impératif de pouvoir les identifier.
— La plupart des termes techniques ont une durée de vie éphémère, liée à celle des produits ou des techniques qu'ils désignent.

Pour ces deux raisons, il est plus économique pour le technicien de se référer rapidement à un glossaire que de consacrer un temps précieux à l'apprentissage et à la mémorisation de l'usage spécifique des termes.

Les facteurs d'ordre extra-technique sont :
— La politique commerciale et publicitaire des constructeurs favorise l'apparition de termes nouveaux (ou l'atttribution de sens nouveaux à des formes lexicales existantes) pour donner l'illusion d'innovation.
— Les échanges industriels et commerciaux favorisent une utilisation massive des *emprunts* et des *calques*. Les termes ne sont pas motivés (voir *motivation*) et nécessitent une définition.
— Les néologismes de sens sont fréquents et les néologismes de forme sont rares. Le terme technique peut aller jusqu'à signifier presque le contraire de ce qu'il veut dire dans la langue commune.
— Comme toutes les langues, la langue technique remplit des fonctions autres que la simple fonction de communication d'information. Elle participe à l'identité et à la cohésion du groupe qui la parle, donne des références de valeur et transmet des mythes.

Bibliographie : Gobard 76, Kocourek 82.
Étymologie : emprunt à la langue commune, calque de l'*anglais* : "glossary", préféré au terme "lexique". *Français* : XVIIe siècle. *Latin* : "glossarium".

Go u.i.
[Anglais : GB]

Informatique : voir *giga-octet.*

Gonflage n.m.
[Anglais : blow-up process]

Audiovisuel

Cinéma : opération qui consiste à transférer des images du format 16 mm négatif vers le format 35 mm négatif puis 35 mm positif. L'*agrandissement direct* désigne un gonflage du format Super 16 mm négatif vers le format 35 mm positif directement.

Étymologie : emprunt à la langue commune. *Français* : XXe siècle. Dérivé de "gonfler" (voir ce terme) avec le suffixe "-age" qui marque un état, une action, ou le résultat de l'action.

Gonfler v.
[Anglais : to blow-up]

Audiovisuel

Cinéma : procéder à un *gonflage.*

Étymologie : emprunt à la langue commune. *Français* : XVIe siècle. *Italien* : "gonflare" (gonfler). *Latin* : "conflare" (former en soufflant, fondre, former, forger, réunir) < "cum" (avec) + "flo" (souffler, fondre). *Indo-européen* : "*kom" (à côté, auprès de, avec) [Pokorny p. 612] + "*ghl-" (gonfler, enfler, grossir) [Pokorny p. 121].

Grain n.m.
[Anglais : grain]

Général

1. Petites aspérités à la surface d'un support d'impression.

2. Plus petite unité d'une information pouvant être différenciée.
Dans les techniques d'impression ou de reproduction d'image, le rapport de la grosseur du *pixel* à celle du grain est proportionnel à la qualité. On peut cependant utiliser le grain pour créer des effets artistiques, à la manière de peintres qui choisissent des toiles à gros grain. Le grain définit la *résolution* du support.

3. Informatique : dans un ordinateur ayant une *architecture parallèle*, niveau des actions susceptibles d'être exécutées en parallèle : le grain le plus fin est une instruction, le grain le plus gros est un programme.

Corrélats : définition, signal.
Étymologie : emprunt à la langue commune. *Français* : XIIe siècle. *Latin* : "granum" (graine). *Indo-européen* : "*ger-" (croître,vieillir) [Pokorny p. 390].

Granularité n.f.
[Anglais : granularity]

Général : propriété de ce qui a du *grain*.

Étymologie : voir grain.

Graphique adj.
[Anglais : graphic]

1. Qui a trait au graphisme, c'est-à-dire à une représentation *continue* (ou découpée en unités fines) de l'information par opposition à une information plus grossière découpée en *caractère*.
2. Qualifie aussi des "caractères graphiques" qui simulent la représentation continue. Ils conviennent parfaitement à la représentation des lignes droites mais sont incapables de représenter des courbes avec finesse. On les utilise pour représenter des tableaux ou des graphes.

Par exemple, les caractères graphiques suivants :

Corrélats : mode caractère, mode graphique, mode points, mode vectoriel.
Étymologie : emprunt à la langue commune. *Français* : XVIIIe siècle. Emprunt savant au *Grec* : "graphikos" (qui concerne l'action d'écrire, qui concerne la peinture). *Indo-européen* : "*grigh- < *gerebh-" (rayer) [Pokorny p. 392].

Grass Valley n.s.

Audiovisuel : constructeur américain de matériel vidéo. Grass Valley propose notamment son système de *truquage* numérique Kaléidoscope, le système de montage Sabre et toute une gamme d'appareils de *régie*.

GUI s.a.

Graphic User Interface (interface d'utilisation graphique)

Informatique : voir *interface graphique.*

Guirlande n.f.

[Anglais : daisy chain]

Informatique : dans un système informatique, assemblage de modules matériels ayant le même type d'*interface* avec un *bus*. Le signal entre dans un module pour sortir vers le suivant sans qu'il y ait traitement. On dit aussi montage en *série* sur une ligne.

Étymologie : emprunt à la langue commune. *Français* : XIVe siècle. De l'*italien* : "ghirlanda" (guirlande, garniture). *Francique* : "*weron-" (garnir). *Indo-européen* : "*vei-" (courber, tordre) [Pokorny p. 1122].

H

Habillage n.m.

[Anglais : broadcast design]

Audiovisuel : ensemble des signes sonores et visuels qui constituent l'identité d'une *chaîne* de télévision, d'un programme, d'un produit multimédia et qui lui donnent un style facilement mémorisable. Les chaînes de télévision, avec la concurrence accrue, soignent de plus en plus leur habillage.

L'habillage concerne le logo, la *charte graphique*, mais aussi pour le multimédia, *l'interface d'utilisation* et, en particulier, *l'interface graphique.*

Corrélats : design, interface d'utilisation.
Étymologie : emprunt à la langue commune. *Français* : XVe siècle. Dérivé de "habiller" + "-age" (avec un verbe marque un état, une action ou le résultat de cette action, avec un nom, indique une collection d'objets de même espèce), du latin "-aticum". **Habiller** : *Français* : XIVe siècle (préparer, équiper, apprêter) < "bille" XIVe siècle. < *Gaulois* : "*bilia" (tronc d'arbre). *Indo-européen* : "*bheidh-" (battre, frapper) [Pokorny pp. 117, 118].

Habiller v.

Audiovisuel : faire un *habillage*.

Half-duplex t.a.

Télécommunications : voir *bidirectionnel à l'alternat.*

Handshake t.a.

Télécommunications : voir *poignée de main.*

Hardcopy t.a.

Informatique : voir *copie d'écran.*

Hardware t.a.

Informatique : voir *matériel.*

Harmonique n.m. (ou f.) et adj.
[Anglais : harmonic, overtone]

Électronique et audiovisuel : grandeur sinusoïdale dont la *fréquence* est un multiple entier d'une fréquence dite fondamentale.

En acoustique, un son pur correspond à une fréquence fondamentale ; les harmoniques ont des fréquences qui sont des multiples entiers de la fréquence fondamentale. Le spectre des harmoniques détermine le caractère d'un son complexe et le *timbre* des instruments.

Étymologie : emprunt à la langue commune. *Français* : XIVe siècle. Emprunt savant au latin "harmonicus" (bien proportionné, harmonieux) < *Grec* "harmonicos" (musical) < (armonia" (ajustement, harmonie). *Indo-européen* : "*ar-" (joindre, être ajusté, s'accorder avec) [Pokorny p. 58].

Harry n. mq.

Audiovisuel : appareil de *régie* numérique vidéo de la société *Quantel* qui permet des effets de *truquage.*

Haute Autorité de l'Audiovisuel n.p.

Audiovisuel : organisme chargé, de 1982 à 1986 de veiller au respect des lois en vigueur dans le domaine de l'audiovisuel en France. Il a été remplacé par la *Commission Nationale de la Communication et des Libertés.*

Haute définition exp.

[Anglais : high definition]

Audiovisuel : qualifie des images ou un système de télévision dont la *définition* est supérieure aux standards en vigueur.

♦ On peut parler de haute définition pour des images ayant 1 000 points ou lignes et plus. La haute définition nécessite de grands volumes d'informations. En technique numérique, on est amené à découper et compresser les fichiers correspondants pour faciliter leur manipulation.

Corrélats : définition, SCOPYR, télévision à haute définition.
Étymologie : *calque* de l'anglais "high-definition". *Français* : XXe siècle. **Définition** : voir ce mot.

Haute Fréquence (HF) exp.

[Anglais : High Frequency (HF)]

Télécommunications : *fréquence* de l'ordre du mégahertz ou de la dizaine de mégahertz. Voir le tableau sous *onde hertzienne.*

Corrélats : fréquence, onde.
Étymologie : *calque* de l'anglais "high-frequency". *Français* : XXe siècle. **Fréquence** : voir ce mot.

Hauteur n.f.

[Anglais : loudness]

Audiovisuel : caractéristique d'un *son* correspondant à la sensation perçue. La hauteur est une notion subjective et elle varie en fonction de la *fréquence*, de l'*intensité*, du *timbre* et de la durée du son.

♦ La fréquence d'un son est une caractéristique physique tandis que la hauteur est une caractéristique psycho-acoustique. La hauteur varie avec la fréquence mais de manière non linéaire : elle augmente moins vite que la fréquence dans les valeurs hautes, par exemple. De même la perception de la hauteur diffère avec la durée du son perçu. Un son très bref est perçu moins haut qu'un même son plus long.

La perception de la hauteur des sons se mesure en mel (unité de tonie) : 1 000 mels correspondent à la perception d'un son pur d'une fréquence de 1 000 *hertz* ayant une courbe *isosonique* de 40 *phones*.

Étymologie : emprunt à la langue commune. *Français* : XIIe siècle. *Latin* : "altus" (haut). *Indo-européen* : "*al-" (grandir, croître, cultiver, nourrir) [Pokorny p. 26].

Haut-parleur n.m.

[Anglais : loud speaker]

Audiovisuel : appareil de diffusion du son. Dernier maillon de la chaîne de reproduction sonore, un haut-parleur est un transducteur qui transforme une énergie électrique en énergie acoustique. Il opère en fait deux transformations : une transformation du *signal* électrique en signal mécanique (fonction réalisée par un moteur) et une transformation du signal mécanique en signal acoustique (fonction réalisée par une membrane). Les différents haut-parleurs se distinguent par leur spécialisation dans les fréquences qu'ils diffusent : basses, médiums ou hautes ; on les regroupe dans une enceinte.

Bibliographie : Mercier 92.

HDCD s.a.

High Density Compact Disk (Disque compact à haute densité)

Audiovisuel et informatique : voir *CD-multimédia.*

HD-Mac n. mq.

High Definition-Multiplexed analog components (traduction littérale : composantes analogiques multiplexées - haute définition)

Audiovisuel : standard de télévision avec image analogique et son numérique qui devait être retenu par la Communauté Européenne comme norme de sa future télévision à haute définition. Ce standard a été définitivement abandonné en septembre 1993 au profit du codage numérique qui offre des avantages importants (voir *télévision numérique*).

♦ Le HD-Mac avait les caractéristiques suivantes : signal analogique 1 250 lignes (au lieu de 625 actuellement) et 1 920 pixels par ligne (au lieu de 400). La définition de l'image passait de 250 000 points à 2,4 millions de points, ce qui la rapprochait de celle d'une image de cinéma. Le HD-Mac devait être compatible avec les postes actuels de télévision (sans amélioration de la qualité de l'image), ce qui permettait aux chaînes de diffusion de conserver leur public quelque fût le taux d'équipement en nouveaux téléviseurs.

Corrélats : D2-Mac, Mac, télévision à haute définition.

HDSL s.a.

High speed Digital Subscriber Line (traduction litérale : Ligne d'abonné numérique à grande vitesse)

Télécommunications : technique de transmission d'informations numérisées sur les lignes téléphoniques avec des débits allant jusqu'à 2 mégabits par seconde. Le même débit peut être obtenu dans les deux sens de la transmission : depuis l'abonné vers le réseau et depuis le réseau vers l'abonné. L'utilisation de cette technique, qui nécessite des câbles avec 2 paires de fils de cuivre au moins, est réservée aux entreprises.

France Télécom a prévu d'installer, à partir de 1996, de 1 500 à 4 000 raccordements HDSL par an pendant 3 ans.

Corrélats : ADSL, câble.

HDTV s.a.

High Definition TeleVision

Audiovisuel : voir *télévision à haute définition.*

Header t.a.

Informatique : voir *en-tête.*

Hélicoïdal adj.

[Anglais : helical]

Général : qui a la forme d'une hélice.

Corrélats : défilement, disque.
Étymologie : emprunt à la langue commune. *Français* : XIXe siècle ; emprunt savant au *Grec* : “helicoeides” (sinueux, tortueux) < “helix” (spirale, zig-zag). *Indo-européen* : “*uel-” (tourner, tordre) [Pokorny pp. 1140, 1141].

Henry n. mq.

Audiovisuel : appareil de *montage* vidéo de la société *Quantel.*

Hertz u.i.

(Abréviation : Hz)
[Anglais : hertz]

Général : unité de *fréquence* d’un mouvement périodique. Un hertz correspond à une fréquence d’un cycle par seconde.

Étymologie : du nom du physicien allemand Heinrich Hertz (1857-1894).

Hertzien adj.

[Anglais : hertzian]

Télécommunications

1. Qui peut se mesurer en hertz.

2. Qui a trait aux transmissions électromagnétiques sans support physique.

Hétérogène adj.

[Anglais : heterogeneous]

Informatique : qualifie un ensemble dont les composants ont des caractéristiques et des comportements différents. S’oppose à homogène.

Par exemple : un réseau sur lequel sont connectés des ordinateurs ayant des *systèmes d'exploitation* différents (Unix, MS-DOS, OS/2 ...) sera dit hétérogène.

Corrélat : homogène.
Étymologie : emprunt à la langue commune. *Français* : XVIIe siècle. *Latin* : "heterogeneus" (hétérogène). *Grec* : "heterogenes" (de différents genres) < "heteros" (autre, un parmi deux) + "genos" (genre, race, sexe). *Indo-européen* : "*sm-tero" < "*sem-" (un) [Pokorny p. 902] + "*gen-" (donner naissance à) [Pokorny p. 373].

Hewlett-Packard n.s.

Informatique : constructeur américain en informatique. Après s'être spécialisé dans les moyens et gros systèmes et dans la mini-informatique, Hewlett-Packard s'est réorienté vers le monde *Unix* avec des machines et des stations de travail à processeurs *RISC*.

En 1994, Hewlett-Packard entrait à hauteur de 15 % dans le capital de la société américaine *Taligent*.

Hexadécimal adj.

[Anglais : hexadecimal]

Informatique

Mathématiques : qui appartient à un système de numération à base seize, c'est-à-dire ayant seize chiffres (notés en général de 0 à F).

Système décimal	Système hexadécimal	Système décimal	Système hexadécimal
0	0	9	9
1	1	10	A
2	2	11	B
3	3	12	C
4	4	13	D
5	5	14	E
6	6	15	F
7	7	16	G
8	8	17	H

Le système hexadécimal est utilisé pour représenter les valeurs binaires. En effet, la représentation binaire des nombres, qui ne dispose que de deux chiffres, est beaucoup plus longue que la représentation hexadécimale et chaque chiffre hexadécimal peut coder 4 chiffres binaires.

Bibliographie : Guitel 75, Ifrah 81.
Corrélats : binaire, décimal.
Étymologie : *français* : XVIe siècle. Dérivé savant du latin. *Latin* : "decimus" (dixième) < "decem" (dix). *Indo-européen* : "*dekm" (dix) [Pokorny p. 191].

HF s.f. et s.a.
[Anglais : HF : High Frequency]

Télécommunications : voir *haute fréquence.*

HFS s.a.
Hierarchical File Structure (traduction littérale : structure hiérarchique de fichiers)

Informatique : *format* de *fichiers* du constructeur *Apple.*

Corrélats : Apple, disque compact informatique, format de fichier.

HI 8 s.a. et n. mq.

Audiovisuel

Vidéo : *format* d'enregistrement *analogique* des images et des sons développé par Sony pour succéder au format Vidéo 8 lancé en 1985 auprès du grand public. Il utilise des cassettes métalliques de 8 millimètres de large et d'une durée de 90 minutes. Il a une définition de 400 points par ligne (240 pour le format Vidéo 8). L'enregistrement, de nature *composite*, comprend une *trame* par piste.

♦ Le défilement de la bande est de type hélicoïdal ouvert (en forme de U). La vitesse relative tête-bande est de l'ordre de 10 km/h. La technique d'enregistrement est en *composite.* Chaque image est codée par deux pistes.

La bande passante est de 2,6 MHz pour la *luminance* et de 0,6 MHz pour la *chrominance*. Elle est de 32 à 17 500 Hz pour un son codé en *MIC*. Le nombre maximal de générations en copie est de 2.

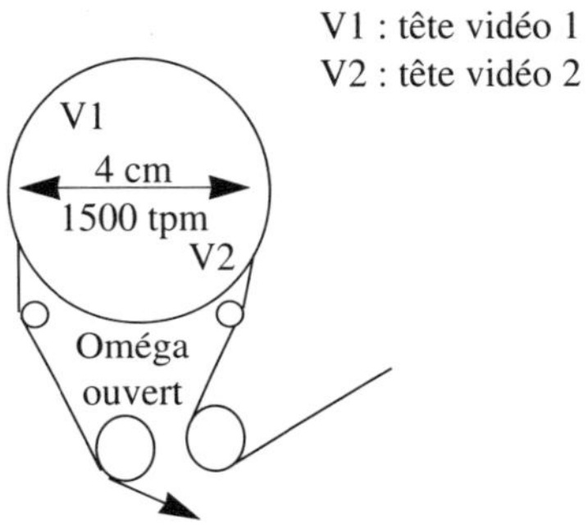

1. Défilement

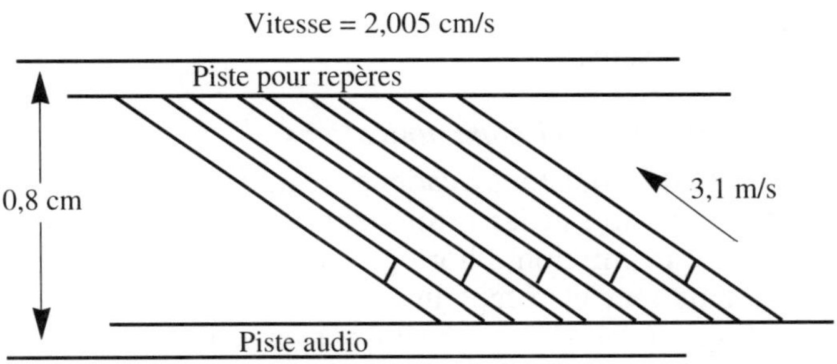

2. Enregistrement

Format HI 8.

(*D'après : Les techniques audiovisuelles et film*, Institut National de l'Audiovisuel, Éd. Économica.)

Bibliographie : Achard 91, INA 93, Luxereau 92, Mahieu 89.
Corrélats : cassette, chrominance, défilement, enregistrement, format.

HIPPI s.a.

HIgh Performance Peripheral Interconnexion (traduction littérale : connexion rapide entre périphériques)

Informatique : standard de *bus* externe à grand débit (100 Mo et au-delà). Voir aussi *IPI*.

Homogène adj.

[Anglais : homogeneous]

Informatique : qualifie un ensemble dont les composants ont des caractéristiques et des comportements semblables. S'oppose à hétérogène.

Par exemple : un réseau sur lequel ne sont connectés que des ordinateurs d'un même modèle sera dit homogène.

Corrélat : hétérogène.
Étymologie : emprunt à la langue commune. *Français* : début du XVIe siècle. *Latin* : "homogeneus" (homogène). *Grec* : "homogenês" (de genre semblable, de même race) < "homos" (semblable, pareil à) + "genos" (genre, race, sexe). *Indo-européen* : "*som-o-" < "*sem-" (un) [Pokorny p. 902] + "*gen-" (donner naissance à) [Pokorny p. 373].

Horloge n.f.

[Anglais : clock, timer]

Informatique et télécommunications

1. Source d'impulsions à cadence régulière utilisée dans les appareils de transmission et les ordinateurs.

En transmission, l'horloge *synchronise* les échanges de signaux entre émetteur et récepteur.

En informatique, l'horloge synchronise le déroulement des processus dans l'ordinateur et en particulier dans le *microprocesseur* central : recherche d'une information en *mémoire*, chargement des *opérandes* d'une *instruction*, décodage et exécution de l'instruction ...

On assiste régulièrement à une accélération des cadences des horloges des microprocesseurs. Cette accélération accroît la vitesse de traitement des machines. En 1993, les microprocesseurs les plus répandus utilisaient des horloges dont les vitesses variaient de une impulsion toutes les 125 nanosecondes (cadence de 8 MHz) jusqu'à une impulsion toutes les 10 nanosecondes (cadence de 100 MHz). Deux ans plus tard, la vitesse maximum avait triplé (voir *alpha*).

♦ Une horloge est constituée d'un système logique émettant une impulsion élémentaire dite *base de temps* et plusieurs impulsions retardées qui déterminent des cycles déphasés par rapport au cycle de base. Le tout est piloté par un oscillateur à quartz.

2. Système matériel ou logiciel indiquant le temps, généralement exprimé en heure, minute et seconde.

Bibliographie : Tanenbaum 91.
Corrélat : microprocesseur synchrone.
Étymologie : emprunt à la langue commune. *Français* : fin du XIIe siècle. *Latin* : “horologium” (appareil à indiquer le temps : cadran solaire, clepsydre). *Grec* : “horologion” (appareil qui dit l’heure : cadran, horloge) < “hora” (désigne toute période de temps) + “legein” (dire). *Indo-européen* : “ei-ro-” < “*ie, *iero-” (année, saison) [Pokorny pp. 296-297] < “*ei-” (aller) [Pokorny p. 293] + “*legh-” (collecter, rassembler, lier, parler) ; [Pokorny p. 658].

Hors-champ exp.

[Anglais : off, off camera, off-screen]

Audiovisuel

1. Tout ce qui n’est pas dans le *champ* de la *caméra.*

2. Par restriction sur le sens précédent, éléments d’image qui ne sont pas dans l’image mais qui s’y rattachent par un moyen quelconque de façon à ce qu’ils soient perçus dans l’imagination du spectateur :
— une partie de l’élément est visible,
— référence en est faite dans le champ (regard d’un acteur, geste, signe, symbole, parole, lumière, ombre...),
— trace sonore : *bruitage* ou musique,

3. Son émis par une source qui n’apparaît pas dans le champ de la caméra.

Le champ et le hors-champ constituent l’*espace de représentation* du récit cinématographique, reconstruit dans l’imaginaire du spectateur. Le hors-champ y tient une place au moins aussi importante que le *champ* : défini par le *cadrage* et le *montage*, il est un des éléments majeurs du *langage cinématographique* dont la fonction est autant de suggérer que de montrer ; en ce sens, le cinéma est l’art de l’ellipse et de la maîtrise du hors-champ.

Le statut du hors-champ est différent dans le *multimédia* et en particulier l’*hypermédia.* Avec l’interactivité, le réalisateur précise le contenu du hors-champ : il peut le détailler à loisir et autoriser le spectateur à le découvrir en l’invitant par exemple à cliquer sur un bouton ou tout simplement sur le côté de l’image dont il veut explorer le dehors. Le multimédia interactif marque ainsi un progrès dans les moyens d’expression offerts aux réalisateurs. Le spectateur, de son côté, est privé d'une part de sa liberté d'interprétation : la possibilité de découvrir le hors-champ diminue le rôle de son imagination dans la construction de l'*espace de représentation* et le plonge encore plus précisément dans l'univers du réalisateur.

Bibliographie : Aumont 88, Maillot 94, Martin 94.
Corrélats : cadrage, champ, hypermédia, langage cinématographique, langage multimédia, montage.

Hors ligne adj.

[Anglais : off-line]

Informatique : qualifie un matériel qui est déconnecté d'un réseau. S'oppose à *en ligne.*

Hot line t.a.

Informatique : voir *ligne directe.*

Hot spot t.a.

Informatique : voir *point sensible.*

HP s.a.

Hewlett-Packard

Informatique : voir *Hewlett-Packard.*

HPGL s.a.

Hewlett-Packard Graphic Language

Informatique : *format* de description d'objets graphiques en *mode vectoriel.* Ce format est le plus répandu après *PostScript.*

HP-UX s.a.

Hewlett-Packard-UniX

Informatique : version du système d'exploitation *Unix* du constructeur américain *Hewlett-Packard.*

HSI s.a.

Hue, Saturation, Intensity (couleur, saturation, intensité)

Audiovisuel, informatique : voir *HSL.*

HSL s.a.

Hue, Saturation, Luminance (couleur, saturation, luminance)

Audiovisuel et informatique : espace à trois dimensions dans lequel sont définies toutes les couleurs. Les trois dimensions sont : la couleur proprement dite ou *teinte* (H), la *saturation* (S) et l'intensité ou *luminance* (I ou L).

Par exemple : un objet peut être bleu (H), plus ou moins clair ou foncé (S), et de mélange plus ou moins blanc (L).

Pour faciliter le traitement des images on effectue souvent une conversion de *RVB* vers *HSI.* Pour imprimer ou afficher sur écran, on effectue alors la conversion inverse.

Corrélat : couleur.

HTML s.a.

[HyperText Mark-up Language (langage de balisage pour hypertexte)]

Informatique et télécommunications : *langage* de description de documents utilisé notamment par les *serveurs* WEB d'*Internet.* Il exprime des ordres de présentation des documents envoyés par le serveur ; ces ordres seront interprétés par des programmes situés sur les machines clientes appelés *feuilleteurs* ou *navigateurs.* HTML est un exemple de produit de *gestion électronique de documents.*

♦ Les documents proposés par un serveur sur le réseau sont susceptibles d'être reçus par des clients utilisant des *plate-formes* différentes (UNIX, WINDOWS NT, WINDOWS 95, Mac...) et des logiciels d'interface (navigateurs) différents (les plus connus sont Netscape et Mosaic). Pour résoudre les problèmes de compatibilité, les dialogues entre clients et serveurs ont été découpés en *couches.* Le langage HTML appartient aux couches hautes de ce dialogue (figure 1).

• **Fonctions du langage**

HTML est un exemple d'implémentation de description de type documents *SGML* (DTD). On peut considérer qu'il est à une description de type de documents (DTD) ce qu'un langage informatique est à un programme, c'est pourquoi on le qualifie de « langage » ; il remplit les fonctions suivantes :

— Description de la structure logique des documents (titre, en-tête, corps, sections, paragraphes...).

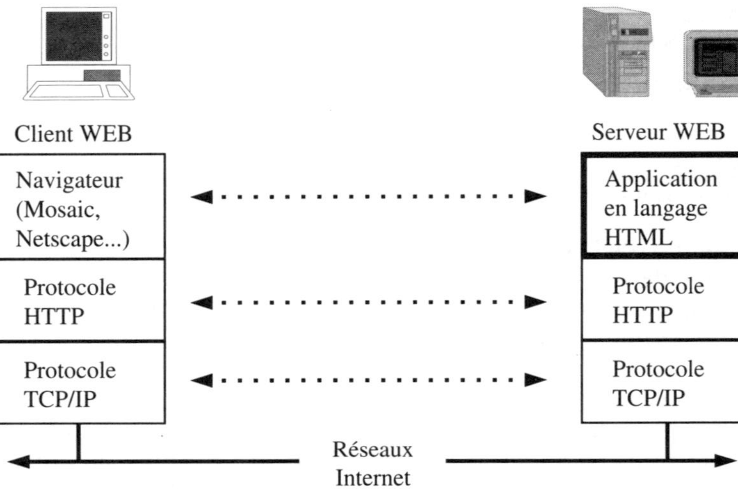

Figure 1 Place du langage HTML.

— Description de certains attributs des textes contenus dans le document, par exemple mise en italique ou graissage de parties de texte.
— Positionnement d'images : par rapport au texte, ou par *coordonnées...*
— Définition de liens pour des objets (images, sons, textes) du document (fonction d'*hypermédia*).

- Les liens peuvent être tissés à l'intérieur du document ; un mot peut par exemple être associé à sa définition dans un glossaire situé à la fin du document.
- Ils peuvent aussi relier des parties du document à d'autres documents situés n'importe où sur le réseau ; la grande qualité de HTML réside dans sa capacité à définir simplement ces liens en fournissant son *URL.*

Les programmes *navigateurs* situés sur les sites clients se distinguent les uns des autres par l'interprétation qu'ils font des directives HTML données par le serveur. Ainsi une partie de texte que le serveur déclare liée à un objet, c'est-à-dire qui est de l'hypertexte (elle est encadrée par des balises <A> et </A>, voir figure 2), sera affichée en bleu par certains navigateurs mais sera soulignée par d'autres ; une partie de texte déclarée de niveau 1 par le serveur (elle est encadrée par des balises <H1> et </H1>) sera affichée en corps 20 par un navigateur et en corps 24 par un autre, les éléments d'une liste non ordonnée (encadrés par les balises <ul> et </ul>) seront précédés d'une flêche ou d'un point... Le même document HTML sera donc présenté différemment par des navigateurs différents mais conservera toujours la même structure logique.

Le langage HTML se caractérise par l'emploi de balises ; le tableau de la figure 2 donne, à titre d'exemple, quelques-unes de ces balises.

Balises		**Fonctions**
ouvrantes	**fermantes**	
<html>	</html>	Encadrent un document HTML
<head>	</head>	Encadrent l'en-tête d'un document HTML
<title>	</title>	Encadrent le titre du document HTML
<body>	</body>	Encadrent le corps du document HTML
<H1> à <H6>	</Hx>	Encadrent les niveaux de texte (de 1 à 6) à l'intérieur du corps
<pre>	</pre>	Encadrent une zone de document préformatée
<ul>	</ul>	Encadrent une liste d'éléments non numérotés
<ol>	</ol>	Encadrent une liste d'éléments numérotés
<li>		Début d'un élément de liste, numéroté ou non
<dl>	</dl>	Encadrent des éléments de listes de définition
<form action="URL">	</form>	Encadrent un formulaire
 		Retour à la ligne
<p>		Paragraphe (retour à la ligne et saut de ligne)
<b>	</b>	Encadrent une chaîne de caractères à graisser
<i>	</i>	Encadrent une chaîne de caractères italiques
<a href="URL">	</a>	Encadrent un lien (un ancrage) vers un objet
<img src="URL">		Placement d'une image (extension à HTML introduite par Mosaic)
<a name="étiquette">		Définit un point de branchement dans le document
<a href="#étiquette">	</a>	Encadrent un lien (un ancrage) vers un point de branchement
<address>	</address>	identification et adresse de l'auteur du document

Figure 2 Les principales balises du langage HTML.

Voici un des plus courts exemples possibles d'un document HTML :

```
<html>
<title>Exemple de document html</title>
<H1> Voici un en-tête de niveau 1</H1>
Bonne lecture du document.
Fin du premier paragrpahe.<p>
Début et fin du <i>second</i> paragraphe.<p>
</html>
```

Une fois interprété par un navigateur, le document HTML ci-dessus pourra être affiché avec l'aspect suivant :

Exemple de document HTML

Voici un en-tête de niveau 1

Bonne lecture du document.
Fin du premier paragraphe.

Début et fin du *second* paragraphe.

Bibliographie : Péliks 95.
Corrélats : feuilleteur, gestion électronique de documents, HTTP, hypermédia, Internet.

HTTP s.a.

[HyperText Transmission Protocol (protocole de transmission pour hypertexte)]

Télécommunications : *protocole* de communication utilisé sur *Internet* pour l'échange d'informations entre les *serveurs* WEB et leurs *clients.*

♦ La quête d'un document, relativement simple, se déroule en trois temps :
– le client envoie une requête au serveur ; il demande par exemple un document en précisant son adresse (appelée son *URL*) ;
– le serveur va chercher le document demandé et l'envoie au client ;
– le serveur coupe la connexion avec le client.

Le navigateur client peut alors afficher le document en interprétant les balises du langage *HTML.*

La quête se renouvelle lorsque le document contient des *ancrages* vers d'autres documents éventuellement situés sur d'autres serveurs et que l'utilisateur clique sur ces ancrages.

Le protocole HTTP ne concerne pas que des fonctions de recherche : il peut transmettre également des demandes d'exécution de programmes sur le serveur, le client fournissant les paramètres nécessaires. Dans ce cas se posent des problèmes de sécurité d'accès, en particulier pour les serveurs d'entreprises ; les solutions à ces problèmes marqueront l'évolution du monde Internet.

HTTP se situe à un niveau correspondant à la couche session du modèle OSI ; il complète le protocole *TCP/IP* utilisé pour le transport des informations sur le réseau *Internet*.

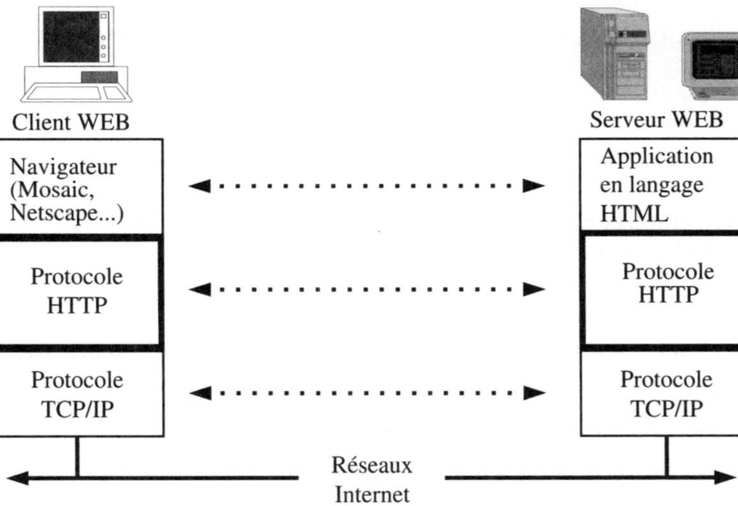

Place du protocole HTTP.

Bibliographie : Péliks 95.
Corrélats : HTML, Internet, interconnexion de systèmes ouverts.

Huffman n.p.

Voir *code de Huffman.*

Hyper- préf.

Général : indique une idée de grandeur et de dépassement : "au-dessus, sur, au-delà, ...". Préfixe savant d'origine grecque entrant dans la composition de nombreux termes scientifiques et techniques.

Étymologie : emprunt à la langue commune. *Français* : XVIe siècle. *Grec* : "huper" (au-dessus, au-delà). *Indo-européen* : "*upér, upéri" (au-dessus) [Pokorny p. 1105].

Hyperfréquence n.f.

[Anglais : Super High Frequency (SHF), ou Extra High Frequency (EHF)]

Télécommunications : *fréquence* de l'ordre du gigahertz ou de la dizaine de gigahertz. Voir le tableau sous *onde hertzienne.*

Corrélats : fréquence, onde.
Étymologie : hyper + fréquence ; voir ces termes.

Hypermédia n.m.

[Anglais : hypermedia]

Multimédia

1. Support qui permet de réaliser la fonction d'hypertexte.

2. Fonction comparable à celle de l'hypertexte mais étendue à d'autres médias que le texte, en particulier à l'image. En désignant une partie d'image, on obtient automatiquement une autre image (ou séquence d'images) qui vient compléter la partie désignée.

Par exemple : en désignant un endroit sur une carte on obtient un zoom sur cette carte ; en désignant un monument dans une ville, on visualise une séquence retraçant son histoire ; le fait de pointer la partie d'un moteur permet de voir une séquence explicative sur son fonctionnement...

Corrélats : hypertexte, interactivité, langage multimédia, navigation.
Étymologie : hyper + média ; voir ces termes.

Hypertexte adj.

[Anglais : hypertextual]

Informatique : qui est relatif à l'*hypertexte.*

Hypertexte n.m.

[Anglais : Hypertext]

Informatique

1. Fonction logicielle qui, dans un texte, associe à certains mots ou groupes de mots des programmes procurant des compléments d'informations se situant au-delà du texte. À chaque instant, le lecteur peut obtenir ces compléments d'informations en cliquant simplement sur le mot ou le groupe de mots choisi. Certains logiciels hypertextes traitent ainsi tous les mots d'un texte en associant, par exemple, à chacun sa définition puisée dans un dictionnaire ou un *glossaire*.

La fonction d'hypertexte est simplement une application de l'*interactivité* au texte. Couplée à des fonctions multimédias, elle est très spectaculaire. On peut ainsi entrer dans un édifice ou jouer d'un instrument en cliquant sur leur nom (CD-I "Smithonian" de Philips Interactive Media of America), ...

2. Texte pourvu d'une telle fonction.

Bibliographie : Balpe 90.
Corrélats : interactivité, langage multimédia, navigation.
Étymologie : calque de la langue technique anglo-américaine. Mot savant composé du préfixe "hyper-" (au-delà) + texte.

Hytime s.a. et n.p.

Hypermedia/time-based structuring language (traduction littérale : langage de structuration temporelle/hypermédia)

Informatique : langage de description d'informations qui peuvent être autonomes, reliées logiquement entre elles ou synchronisées (comme les informations sonores) et qui sont traitées et échangées dans les *applications multimédias* et *hypermédias*. Hytime est un exemple d'implémentation de DTD (description de type de documents) SGML (Standard Generalized Markup Language : langage standard généralisé de balisage, norme ISO 8879 ; 1988).

♦ Hytime fournit des procédures normalisées pour définir des liens à l'intérieur de documents ou entre des documents et d'autres objets porteurs d'informations. Il assure l'indépendance des *attributs* des informations vis-à-vis de toute *plateforme* : lorsqu'ils sont décrits en utilisant Hytime, les attributs qui ne sont pas liés à des traitements spécifiques peuvent être traités par d'autres applications et sur d'autres plateformes que celles qui les ont créées. Les documents hypermédias sont décrits par Hytime comme un ensemble de documents élémentaires reliés par un réseau de liens et respectant des contraintes de temps rigoureuses. La description ne porte pas sur le contenu ni sur la présentation des documents mais sur les liens qu'ils établissent entre eux ou entre des parties d'eux-mêmes et sur les contraintes de temporalité (durée, vitesse, synchronisation) qui doivent être respectées lors de leur restitution.

Bibliographie : Dupoirier 94, Sandoval 94.
Corrélats : gestion électronique de document, SGML.

Hz u.i.

[Anglais : Hz]

Général : voir *hertz.*

I

IA s.f.

Informatique : voir *Intelligence Artificielle.*

IBM n.s. et n. mq.
International Business Machines

Informatique : constructeur américain en informatique qui domine le marché dans de nombreux domaines de l'informatique (vente de disques, d'unités centrales, d'écrans, de systèmes d'exploitation, de systèmes de base de données ...). IBM a une offre complète dans le domaine multimédia baptisée Ultimédia.

♦ IBM succède en 1924 à la société Tabulating Machines Corporation fondée par Herman Hollerith (1860-1929), inventeur de l'un des ancêtres de l'ordinateur. En 1939, IBM fabrique le MARK 1, premier calculateur commandé par programme, inventé par Howard H. Aiken (1900-1973). Après la guerre, et pendant toute la guerre froide, la société bénéficiera d'importants crédits de recherche accordés à l'armée américaine dans le cadre du projet SAGE, en concurrence avec la société UNIVAC, puis des programmes de recherche spatiale. Ce n'est que dans les années 50 qu'IBM se lancera dans la commercialisation de machines sur le marché civil. La société connaîtra son véritable succès avec le lancement des modèles de la série 360 qui ont servi de référence jusque dans les années 70. Paradoxalement, c'est avec le succès de sa propre machine - l'ordinateur personnel : Personal Computer (*PC*) - au début des années 80 que commenceront les difficultés d'IBM.

On peut trouver à cela quatre raisons :

— l'ordinateur personnel était en totale contradiction avec la conception de l'informatique promue par IBM à cette époque : celle d'une informatique où

prédominent de gros systèmes assurant une gestion centralisée de l'information (le projet *AUA* était, à l'origine, issu de ces conceptions),
— l'ordinateur personnel n'était pas protégé contre les copies : très vite de nombreux clones sont apparus proposés par de petites sociétés à des prix nettement inférieurs à ceux pratiqués par IBM,
— IBM avait confié à une petite société californienne, *Microsoft*, le développement du système d'exploitation appelé *MS-DOS* (preuve de sa totale sous-estimation de l'intérêt de la machine),
— l'arrivée dans le domaine de l'informatique - par le biais des composants - des constructeurs d'origine sud asiatique.

Tout au long des années 80, IBM s'est entêté à sous-estimer l'importance de la micro-informatique, laissant *Microsoft* vendre son logiciel à des millions d'exemplaires et d'autres constructeurs prendre des niches de marché extrêmement fructueuses, soit avec des "*compatibles*" comme Compaq, Olivetti, et de nombreux asiatiques, soit avec d'autres systèmes plus conviviaux comme *Apple*.

La réponse d'IBM au succès du PC qui lui échappait fut le lancement des "systèmes personnels" (Personal Systems : PS) avec le nouveau système d'exploitation *OS/2*. Cependant il était déjà trop tard et, au début des années 90, la crise générale de l'industrie informatique n'a pas épargné le géant de l'informatique. IBM a annoncé, pour la première fois dans son histoire, des pertes d'exploitation, a fermé des usines et a licencié du personnel. En 1992, IBM détenait 37 % du marché mondial des grands ordinateurs, 20 % des mini-ordinateurs, 13 % des stations de travail (sa part de marché avec la machine RISC RS 6000 a doublé en 1992), 18 % des micro-ordinateurs (il en détenait 32 % en 1986) et 25 % des logiciels pour gros ordinateurs. Au premier trimestre 1995 il ne détenait plus que 8,5 % de parts du marché des *micro-ordinateurs*. Par ailleurs les composants et les circuits intégrés constituent un point fort d'IBM qui se trouve à la pointe de la technologie dans ces domaines.

Icône n.f.

[Anglais : icon]

Informatique : dans les *interfaces d'utilisation*, représentation graphique sur laquelle on peut *cliquer* pour sélectionner un objet, l'ouvrir, le ranger, lancer une fonction... Les objets représentés peuvent être des boutons, des disques, des fichiers, des documents, des tableaux, des imprimantes, des images, des sons, ou toute ressource *matérielle* ou *logicielle* du système. L'utilisation systématique des icônes dans le multimédia est une des caractéristiques des *interfaces graphiques* et agrémente le dialogue entre l'*application* et son utilisateur.

Bibliographie : Microsoft 93.
Corrélat : interface graphique.

Étymologie : emprunt à la langue commune. *Français* : XIXe siècle. Du *russe* : “Nkoha”(icône). *Grec* : “εικων” (image sainte). *Indo-européen* : “*ueik-” (concorder, être semblable) [Pokorny p. 1129].

Iconographie n.f.

[Anglais : iconography]

1. Général : Inventaire, étude ou description d’un ensemble d’images relatives à un même sujet ou appartenant à un même ouvrage.

2. Audiovisuel :

a. Dans une *production*, ensemble des activités nécessaires à produire cet inventaire, cette étude ou cette description.
b. Par extension, ensemble des *images* ainsi répertoriées. L’iconographie se constitue dans la phase de *pré-production*.

Corrélats : audiovisuel, image, préproduction, production.
Étymologie : voir icône + graphique.

IDE s.a.

Integrated Device Electronics (traduction littérale : électronique pour appareil intégré)

Informatique : interface pour unités de disques utilisées sur les ordinateurs personnels de type PC AT. L’interface IDE peut gérer jusqu’à deux unités de disques de 500 millions d’octets sous le système d’exploitation *DOS*.

Identificateur n.m.

[Anglais : identifier]

Informatique, télécommunications

1. Étiquette ajoutée à une information pour l’identifier. Comme toute étiquette, l’identificateur peut être plus ou moins détaillé. Son contenu peut aller du simple numéro d’ordre de l’information jusqu’à une description complète précisant son origine, sa date de création, le code utilisé, le destinataire ou tout autre renseignement pouvant faciliter un traitement. La définition du contenu de l’identificateur est du ressort du programmeur et se fait dans la phase d'analyse. Les *formats* de fichiers placent des identificateurs dans l'*en-tête* du fichier.

2. Appareil ou logiciel servant à créer ou décoder un identificateur.

Corrélat : en-tête.

Identification n.f.

[Anglais : identification]

Informatique, télécommunications

1. Action d'associer un *identificateur* à une information.

2. Action de décoder ou de traiter un *identificateur.*

IDRC s.a.

Improved Data Recording Capability (traduction littérale : système amélioré d'enregistrement de données)

Informatique : standard de *compression* de données pour les enregistrements sur bandes magnétiques.

IEEE s.a.

Institute of Electric and Electronic Engineers (Institut des ingénieurs électriciens et électroniciens).

Électronique, télécommunications : institut américain qui élabore des spécifications dans les domaines de l'électricité et de l'électrotechnique. Cet organisme est en particulier connu pour ses normes relatives aux *réseaux locaux* d'entreprise (802) : le groupe 802.6 a normalisé le protocole *DQDB* pour les *réseaux métropolitains* ; le groupe 802.9, en charge de la connexion des *terminaux* aux *réseaux à longues distances* ou aux *réseaux locaux*, travaille sur *ATM.*

IFF s.a.

Informatique : format de fichier graphique utilisé sur les systèmes Amiga de Commodore.

IFRB s.a.
International Frequency Registration Board

Audiovisuel, télécommunications : organisme international chargé d'attribuer les fréquences *radioélectriques* aux différents utilisateurs en vue d'éviter les brouillages.

ILB s.a.

Informatique : format de fichier graphique utilisé sur les systèmes Amiga de Commodore.

Image n.f.
[Anglais : image, picture]

Audiovisuel

1. Ensemble des rayons lumineux perçus par l'œil humain directement depuis une source lumineuse ou par réflexion sur une surface ou un objet.

2. Représentation plus ou moins fidèle d'une partie de la réalité.

3. Ensemble de données permettant de reproduire une image au sens **1** et **2**.

4. Ensemble des propriétés que l'on associe à une personne morale ou physique (image de marque) ou à un objet (représentation mentale).

L'image est une réalité à visage multiple. Elle peut être perçue comme une simple reproduction — plus ou moins fidèle, mais toujours déformée — du réel. Elle a aussi son propre statut d'objet ayant une dimension, un poids, des couleurs, occupant un volume, etc. On distingue donc l'image-objet et l'image-représentation.

♦ **Image-objet**
En tant qu'objet, l'image s'identifie avant tout par son *cadre*. Le cadre définit les contours et les limites de l'image. Il nous permet de l'appréhender comme

un tout distinct de l'espace dans lequel elle se trouve. Le cadre (et donc à travers lui l'image) a toujours été un sujet de réflexion pour les peintres, graveurs, cinéastes, vidéastes ... Les techniques du multimédia ont une contrainte très forte dont elles essaient de s'affranchir : le cadre des écrans. Ce sont pourtant elles qui, pour la première fois, ont réussi à supprimer tout cadre de l'image grâce aux techniques de *simulation virtuelle.*

L'objet image se caractérise aussi par son support qui peut être solidaire ou distinct du cadre. Depuis les parois rocheuses du magdalénien jusqu'aux écrans de grande définition, la mise en avant — et parfois, heureusement, la mise en question — du support a été une préoccupation constante des fabricants d'images. Le multimédia utilise les mêmes supports que la télévision : les supports électroniques. Les images électroniques ont un point commun avec les images cinématographiques : elles nécessitent un important et coûteux appareillage pour être vues. Cet appareillage est différent de celui nécessaire à leur production et à leur conservation.

Une autre caractéristique de l'image-objet est sa place dans l'espace et dans le temps. Les images électroniques sont fugitives et ne peuvent perdurer qu'au prix d'une mobilisation importante d'énergies (électrique, mécanique, humaine).

L'image-objet se caractérise enfin par l'ensemble des techniques qui en permettent la production, depuis celles qui fabriquent les supports et les cadres jusqu'à celles qui permettent de composer l'image elle-même. Les images multimédias sont produites par les techniques les plus avancées : l'informatique, les télécommunications et l'audiovisuel.

Comme tous les objets, l'image-objet a suivi, au cours de l'histoire, l'évolution de ses techniques de fabrication. Depuis la production artisanale jusqu'à la production en grande série, que de chemin parcouru... La grande nouveauté a eu lieu aux alentours de la Renaissance lorsque les techniques de fabrication ont permis de reproduire automatiquement, à l'identique, les images. On est ainsi entré dans un nouveau type d'images dont le modèle n'était plus le réel mais une autre image. Qui suit le parcours emprunté par une image de télévision, s'aperçoit que l'image reçue sur un téléviseur est obtenue par une succession de reproductions utilisant différents codages et transcodages (voir *audiovisuel*).

Pour souligner encore l'importance du support de l'image, rappelons que la fabrication des supports donne lieu à une importante activité économique et sociale : parmi les géants de l'industrie contemporaine, on trouve de nombreux fabricants de supports d'images (Sony, Matsushita, Time Warner, Thomson, Philips ...).

• Image-représentation

En tant que représentation, l'image semble d'une richesse inépuisable. Donnons, à titre d'exemple, trois de ses caractéristiques :

— L'image-représentation entretient un rapport étroit avec l'*analogie.* Toutes les techniques de représentation picturale ont toujours cherché à parfaire la relation d'analogie qui existe entre l'image et son modèle, depuis la sculpture grecque jusqu'aux techniques contemporaines de *simulation virtuelle.* Cependant, la ressemblance et la représentation sont deux choses bien distinctes et la fonction de représentation ne peut se résumer à la recherche vaine d'une ressemblance parfaite. En effet, et pour reprendre une observation pleine de bon sens, un tableau de Manet qui représente un déjeuner sur l'herbe ressemble beaucoup plus à n'importe quel autre tableau qu'à un réel déjeuner sur l'herbe et cependant c'est bien un déjeuner sur l'herbe qu'il représente et non pas un tableau : la valeur du tableau ne se limite bien sûr pas à la finesse de sa ressemblance au modèle. De même la véritable création *hypermédia* d'images consistera non pas à parfaire techniquement une analogie illusoire, mais bien à trouver le statut de ces nouvelles images et de leur agencement.

— L'image joue un rôle de trace et de médiateur entre son modèle et son producteur : Manet peint autant Manet que les plaisirs dominicaux des artistes parisiens du Second Empire pudibond. En regardant une image, le spectateur participe aussi à cette médiation. Quelle que soit l'opacité de la technique que le créateur place entre lui et le spectateur, ce rapport subsiste et sa maîtrise est une condition nécessaire à la production d'images de qualité.

— En tant que représentation, l'image définit un nouveau *cadre*, abstrait celui-là, qui est un découpage du réel représenté. Dans ce cadre, elle agence ses nombreux composants : formes, couleurs, contraste, lignes de force, perspectives, déformations, symétries ... Perçus simultanément, ces composants se renforcent ou entrent en opposition. Chacun porte ses propres significations et l'agencement de l'ensemble donne à l'image toute sa force et tout son pouvoir évocateur. La qualité de l'image dépend beaucoup plus de cet agencement que de la technique de fabrication.

Bibliographie : Aumont 90, Cocula 86, Gombrich 81, Gombrich 87, Groupe µ 92, Saly 94, Martin 94, Sorlin 92.

Corrélats : anamorphose, cadre.

Étymologie : emprunt à la langue commune. *Français* : XIe siècle. *Latin* : “imaginem” accusatif de “imago” (représentation, imitation, portrait, image, ombre, écho, copie) peut-être dérivé d'un v. à radical “*im-” qui aurait donné “imitor” (imiter). Étymologie obscure.

Image 2D exp.

[Anglais : 2D-image]

Audiovisuel : image en deux dimensions. Les images 2D s'opposent aux images 3D. Elles sont moins complexes, occupent moins de place en mémoire et les logiciels qui les traitent sont plus simples. On distingue deux techniques principales de représentation numérique des images 2D : le *mode vectoriel* et le *mode points*.

Corrélat : station graphique.

Image 3D exp.
[Anglais : 3D-image]

Audiovisuel, informatique : image donnant l'illusion de relief. La fabrication des images en trois dimensions comprend deux étapes : la *modélisation* et la finition (élaboration du *rendu*). La *modélisation* utilise différentes techniques : représentation en *fil de fer*, par *polygones*, par *volumes* ou par *surfaces*. Le *rendu* concerne l'élimination des parties cachées de l'image (voir *tampon*-Z), la reproduction des *couleurs*, la reproduction des ombres et des *lumières*, la reproduction de la *texture* ... Ces images 3D se font sur des stations graphiques.

Bibliographie : Louguet 92, Peretz 90, Péroche 91.
Corrélat : image de synthèse.

Image animée exp.
[Anglais : moving picture]

Audiovisuel : succession d'images fixes donnant l'impression de mouvement. Cette impression est due au phénomène de la *persistance rétinienne* de l'œil : deux phénomènes successifs séparés par moins d'1/15e de seconde paraissent liés. Le cinéma projette 24 images par seconde, la télévision en projette 25 en Europe et 30 aux États-Unis.

L'image animée est beaucoup plus captivante que l'image fixe : l'œil suit spontanément ce qui bouge dans le champ de vision. L'auteur d'un programme multimédia a donc tout intérêt à utiliser l'image animée. Cependant la numérisation des images animées pose de difficiles problèmes de volumes d'information et de rapidité de traitements. Ces problèmes commencent seulement à être résolus à des prix abordables grâce à des algorithmes de *compression* du type *MPEG*.

Corrélats : animation, image plein écran.

Image de synthèse exp.
[Anglais : synthesis picture]

Informatique : image engendrée par des commandes de type informatique. Contrairement à toutes les autres, les images de synthèse ne sont pas issues de la mise en relation de la *lumière* avec une surface photosensible. Leur création ne se fait pas par *capture* mais par *programmation.* Leur fabrication a été considérablement accélérée par l'accroissement de puissance des microprocesseurs. De nombreux logiciels d'images de synthèse sont disponibles sur le marché. Le format des fichiers le plus répandu est CGM (Computer Graphics Metafile : fichier descripteur d'images de synthèse).

Bibliographie : Chaillou 92, Louguet 92.

Image fixe exp.

[Anglais : still picture]

Audiovisuel : *image* dont la structure et les éléments sont immobiles. Lorsqu'elles ont une fonction de représentation, les images fixes représentent un instantané de la scène, à la manière d'un tableau ou d'une photographie. Cependant certaines images fixes, spécialement conçues, peuvent donner une impression d'animation lorsque l'on se déplace devant elles.

♦ L'œil s'attarde sur l'image fixe et la scrute en détail (alors que l'attention est naturellement captée par l'impression de mouvement donnée par l'image animée). La *définition* d'une image fixe est un critère important de sa qualité. Certaines applications exigent une très grande définition : détection, imagerie militaire, imagerie médicale ...

Bibliographie : Joly 94, Rimmer 93.
Corrélats : image, JPEG, SCOPYR.

Image fractale exp.

[Anglais : fractal image]

Informatique : voir *fractal.*

Image numérique exp.

[Anglais : digital picture]

Audiovisuel et **informatique** : image codée en *numérique.* S'oppose à image *analogique.* Les images numériques peuvent être issues d'une *capture* ou d'une synthèse d'image (voir *image de synthèse*). Selon le type de codage choisi, on distingue deux grands types d'images numériques : les images en *mode points* et les images en *mode vectoriel.*

Bibliographie : Rimmer 93.

Image plein écran exp.

[Anglais : full screen image]

Audiovisuel et informatique : image qui occupe la totalité de la surface de l'écran. L'affichage d'images animées numériques en plein écran nécessite des *cartes de visualisation* qui n'étaient pas disponibles en standard sur les micro-ordinateurs au milieu des années 90 (voir ci-après le paragraphe vitesse d'affichage).

♦ **Évolution des formats d'écran**

En télévision, pour mieux adapter les écrans aux caractéristques de la vision, on fabrique désormais des récepteurs au format 16/9 (voir *format d'écran*). Cependant la *production* et la *diffusion* des programmes restent pour l'essentiel au format 4/3 et les images diffusées en format *PAL* ou *SECAM* n'occupent pas la totalité de l'écran d'un récepteur au format 16/9. Seules les images diffusées au format 16/9 (par exemple le *D2-Mac*) peuvent le faire.

• **Vitesse d'affichage des images numérisées**

Images fixes

Une image de 320 *pixels* sur 240 lignes totalise 76 800 pixels. Si l'on veut attribuer à chaque pixel une couleur choisie dans un ensemble de 64 000 couleurs, il faut attribuer deux *octets* (soit 16 bits) à chaque pixel pour coder sa couleur (2^{16}= 64 000 ; rappellons que l'œil humain est capable de distinguer plus de 60 000 couleurs). La taille de l'image ainsi codée est donc de

2 x 76 800 = 153 600 octets, soit environ 1,23 Mbits.

Le temps de transport d'une telle quantité d'information sur un réseau *RNIS* qui a un débit de base de 64 Kb/s pour les informations utiles (voir *réseau numérique à intégration de service*) serait donc de l'ordre de 20 secondes. Ce délai est inacceptable et on le diminue en utilisant des techniques de *compression* (voir ce terme), comme par exemple le codage *JPEG*. Cependant lors de l'affichage, il faut décompresser le code et les *cartes de visualisation* des ordinateurs se complètent donc de *cartes* ou de *logiciels* de décompression ; on se heurte alors à des problèmes de rapidité d'affichage. On peut résoudre en partie le problème en utilisant des images de petit format. Pour les images fixes on utilisera par exemple la technique des *pyramides.*

Images animées

Le codage non comprimé d'une image numérique utilisant 2 *octets* par *pixel* (codage 4 :2 :2) avec le format *CCIR* 601 (720 points x 576 lignes) occupe 829 440 octets. Une seconde d'image animée à 25 images par seconde occupe 20,7 millions d'*octets.*

La mise en place de réseaux à grands débits (les *autoroutes de l'information*) permettra la transmission de telles images constitutives de la *télévision numérique.*

Les *cartes de visualisation* et de décompression d'images animées restent optionnelles sur les micro-ordinateurs : leur prix est encore élevé. Ceci explique la relative pauvreté des programmes multimédias que l'on trouve sur les CD-ROM qui se contentent d'afficher en 1/4 voire en 1/9 d'écran.

Cependant les *normes* de compression (*JPEG* pour l'*image fixe* et *MPEG* pour *l'image animée*) étant stabilisées, les productions de *cartes* et de *puces* en quantité peuvent s'envisager et la bataille industrielle pour prendre le marché d'un support multimédia de qualité est engagée (voir *CD-multimédia* et *Disque compact vidéo*).

Bibliographie : Terasson 92.
Corrélats : carte, pyramide, JPEG, MPEG, disque compact vidéo, CD-multimédia, télévision numérique.

Image vectorielle exp.
[Anglais : vectorial image]

Informatique : voir *mode vectoriel.*

Image virtuelle exp.
[Anglais : virtual image]

Informatique

1. Image produite par un système de *simulation virtuelle.*

2. En optique, image formée dans un plan immatériel, pouvant être observée au moyen d'un instrument d'optique (microscope, lunette) et correspondant à la transformation optique de la scène observée.

Bibliographie : Burdea 93, Quéau 93, Rheingold 93.

Imagerie n.f.
[Anglais : imagery]

Informatique

1. Ensemble d'images associées à un même domaine.

2. Ensemble des métiers, techniques et procédures relatifs à la fabrication et à la diffusion d'images.

Imagerie MBA exp.

Informatique : imagerie destinée aux Musées, Bibliothèques et Archives. L'imagerie MBA se caractérise par une grande qualité dans le traitement de ses images aux fins de conservation et de consultation.

Imagerie médicale exp.

Informatique : imagerie utilisée dans les applications médicales : radiographie, microscopie, tomographie, scanner ... L'importance du contenu des images médicales impose l'emploi de bonnes définitions d'images et de modes de *compression* conservateurs.

Corrélat : disque compact photo.

Imagette n.f.

Informatique : petite image. En technique numérique, l'imagette se compare à l'*image plein écran* dont elle est souvent la réduction dans un rapport de 2 (quart de surface). Elle est intermédiaire entre l'image plein écran et la *vignette*. Elle est utilisée pour pouvoir comparer deux images simultanément sur le même écran. Sa petite taille diminue l'espace de la mémoire occupée lorsqu'on l'archive.

Corrélats : image plein écran, pyramide.

*Imageur n.m.
[Anglais : paint box]

Informatique

1. *Périphérique* de sortie qui crée des images sur diapositives à partir d'*images numériques*. L'image sur diapositive est argentique et sa définition est de l'ordre de 30 à 40 millions de points. La gestion des imageurs nécessite donc d'importantes ressources de mémoire pour fournir des images de très grandes définitions. D'autre part la gestion d'images à grande définition pose des problèmes lors de leur affichage pour contrôle ou traitement sur écran informatique. En effet ces écrans ont une définition bien plus basse que celle des diapositives. Il y a donc des opérations de conversion de définition qui sont toujours délicates et consommatrices de temps de traitement.

2. Matériel ou logiciel d'exploitation d'*images numériques*. Un imageur peut remplir les fonctions de création, consultation, modification, impression et sauvegarde d'images. Certains peuvent s'intégrer dans une base de données et gérer la partie image associée à la base documentaire. (Remarque : dans la pratique courante, le terme imageur ne désigne en général que des outils de consultation.)

Certains imageurs très utilisés dans les studios de *postproduction* vidéo servent à dessiner et à colorier sur écran. On peut ainsi, soit créer, soit retoucher des images numérisées. Les techniciens les appellent couramment "palettes graphiques" ou utilisent le terme anglais : "paint box".

Les plus courants sont des logiciels disponibles sur micro-ordinateur ou station de travail graphique. Ces logiciels sont couramment appelés aussi logiciels de dessin assisté par ordinateur (DAO) ou de publication assistée par ordinateur (PAO). On les classe en deux catégories : ceux qui travaillent en *mode points* et ceux qui travaillent en *mode vectoriel.*

Exemple d'utilisation d'un imageur dans une base de données

1. Consultation : selon les critères choisis, l'imageur peut afficher les images sous leur plus petit format, les *vignettes*, pour que le spectateur en choisisse une. Il donne ensuite accès aux *imagettes* ou *images plein écran.* Certains imageurs permettent ensuite d'afficher des détails dans l'image plein écran.

2. Traitement : l'imageur peut effectuer les traitements suivants : filtrage, modification de couleurs, inversion, rotation ...

3. Impression et sauvegarde : l'imageur gère un *fichier d'images* qui peut être imprimé ou sauvegardé.

Imagina n. mq.

Audiovisuel, informatique et télécommunications : manifestation annuelle sur le monde des nouvelles images et de la simulation virtuelle, coorganisée avec le festival de télévision de Monte-Carlo. Conférences et expositions font le point sur les environnements virtuels, les effets spéciaux, les nouvelles techniques numériques, les *autoroutes numériques*, les *interfaces* homme-image, la *haute définition*, le *multimédia* interactif, les développements de la création artistique.

IMG s.a.

Informatique : format de fichier graphique en 16 couleurs utilisé principalement sur les systèmes Atari.

IMP s.a. et n. mq.

Interactive Multimedia Player (lecteur multimédia interactif)

Informatique : système multimédia grand public proposé par la société 3DO.

Corrélat : Matsushita.

Importation n.f.

[Anglais : importation]

Informatique

1. Dans un logiciel, ensemble des actions nécessaires pour pouvoir traiter des données issues d'un autre logiciel.

2. (rare) Résultat de ces actions.

On trouve la fonction d'importation dans tous les logiciels de *développement* multimédia. Elle se résume souvent à la traduction de codes de représentation des données et à la conversion de *formats* de fichiers.

L'importation s'oppose à l'*exportation* : elle se fait sur la machine cible tandis que l'exportation se fait sur la machine source.

L'importation s'oppose au *portage* : elle concerne les données tandis que le portage, opération plus complexe, concerne les *programmes*.

Corrélats : exportation, format, portage.
Étymologie : emprunt à la langue commune. *Français* : XIVe siècle, emprunt à l'anglais. *Latin* : "importare" (importer) < "in" (dans, dedans) + "portare"

(faire passer, transporter, amener au port, porter). *Indo-européen* : "*en-" (dans) [Pokorny p. 311] + "*per-, *pere-" (mener de l'autre côté, conduire de l'autre côté, porter de l'autre côté, faire traverser, passer de l'autre côté, ...) [Pokorny p. 816].

Importer v.
[Anglais : to import]

Informatique : procéder à une *importation.*

Impression n.f.
[Anglais : printing]

Informatique : représentation sur un *support* (papier, tissu ou tout autre matériau) du contenu d'un fichier d'images ou de textes. La *résolution* de l'impression étant au moins 4 fois supérieure à celle de l'affichage sur écran, l'impression sur papier sera utilisée pour étudier les détails d'une image.

♦ L'impression peut servir à conserver une trace de l'information ou à évaluer la qualité d'une chaîne de numérisation, transmission et restitution en comparant le résultat imprimé à l'original. On se sert alors de mires de résolution, de définition et de géométrie.

Corrélat : définition.
Étymologie : voir *imprimer.*

Imprimante n.f.
[Anglais : printer]

Informatique : appareil qui réalise une *impression.* L'imprimante est une unité *périphérique* d'un ordinateur, fonctionnant sous la commande d'un *pilote.*

♦ Technologies des imprimantes :
— à impact (marteau, tambour, marguerite, aiguilles),
— électrostatique,
— à jet d'encre,
— thermique,
— à laser,
— à transfert thermique.

Les imprimantes peuvent être monochromes, bichromes ou couleurs (le système de référence pour le codage des couleurs est le système *CMYK*).

Certaines fonctionnent avec du papier spécial (thermique) ou une pellicule à transfert (ruban, transfert thermique).

La connexion entre l'unité centrale et l'imprimante se fait par l'intermédiaire d'une carte qui comporte un connecteur appelé souvent "port d'imprimante". Le mode d'échange est de type parallèle *asynchrone* : l'imprimante stocke les fichiers à imprimer dans un tampon pour libérer l'unité centrale. Les imprimantes de grande qualité se connectent par une liaison de type SCSI. Elles peuvent être associées aux *appareils photographiques numériques*, aux lecteurs de *disques compacts photos* et peuvent servir de périphérique de sortie pour les systèmes de gestion de banques d'images. Ce sont en général des imprimantes thermiques utilisant un papier spécial et des rouleaux de transfert cyan, magenta et jaune.

Corrélat : système informatique.
Étymologie : voir imprimer.

Imprimer v.

[Anglais : to print]

Informatique : procéder à une *impression.*

Étymologie : emprunt à la langue commune. *Français* : XIIIe siècle. *Latin* : "imprimere" (appliquer sur, appuyer sur) < "premere" (presser, serrer, enfoncer, planter) + "in" (dans). *Indo-européen:* "*per-" (frapper) [Pokomy pp. 818, 819].

INA s.f.

Institut National de l'Audiovisuel

Établissement public français à caractère industriel et commercial créé lors du démentèlement de l'ORTF en 1974. L'INA a cinq délégations régionales à Lille, Marseille, Toulouse, Lyon et Strasbourg. Ses activités sont les suivantes :
— archivage de documents audiovisuels (plus d'un million de documents archivés en 1994, nombre en augmentation d'environ 100 000 par an). Depuis 1995, l'Inathèque gère le dépôt légal des documents audiovisuels ou sonores *diffusés.*
— production d'œuvres de création et de recherche pour l'ensemble des chaînes françaises (plus de 1 200 titres produits, 70 heures de programmes produits par an),
— activité de recherche (*images de synthèse, simulation virtuelle, nouveaux réseaux, autoroutes de l'information, multimédia...*),
— études socio-économiques sur les médias (coût de production, audience),
— formation aux métiers de l'image, du son et de la communication,

— publication de la revue *Les Dossiers de l'audiovisuel*,
— gestion d'un centre de documentation (10 000 ouvrages, 200 revues spécialisées françaises et étrangères, 3 millions de documents photographiques ...),
— gestion de moyens techniques (studios, régies numériques ou analogiques, multimédias...).

Bibliographie: INA 92, INA 95.
Corrélats : Paysage audiovisuel français.

Inathèque de France n.mq.

Audiovisuel : Institut national de l'Audiovisuel / audiovidéothèque. Organisme dépendant de l'*INA* qui gère le dépôt légal de tous les documents audiovisuels ou sonores qui ont fait l'objet d'une diffusion.

Incrustation n.f.
[Anglais : encrustation]

Audiovisuel, informatique : *truquage* consistant à *mélanger* du texte ou une image avec une autre image.

Corrélat : truquage.
Étymologie : emprunt à la langue commune. *Français* : XVIe siècle. *Latin* : "incrustare" (couvrir d'un enduit) < "crusta" (croûte, coquille), origine obscure.

Incruster v.
[Anglais : to encrust]

Audiovisuel, informatique : réaliser une *incrustation.*

Indeo n. mq.
abréviation de Intel video

Informatique : mode de compression et de décompression pour les *images animées* promu par la société *Intel.*

Corrélat : DV-I.

Index n.m.
[Anglais : index]

Informatique : information associée à une autre et lui servant de repère ou de *lien* (voir *indexation*).

Corrélat : indexation.
Étymologie : emprunt à la langue commune. *Français* : XVIe siècle. *Latin* "index" (celui qui montre, indicateur > le doigt index) < "dico" (montrer > faire comprendre par la parole, dire). *Indo-européen* : "*deik-, *dik-" (montrer).

Indexation n.m.
[Anglais : indexing]

Informatique : activités de conception et création des *index* dans un *fichier* ou une *base de données.*

L'indexation est un moment important de la constitution des *bases de données.* C'est elle qui permet d'effectuer des *accès directs* aux informations.

♦ L'exemple ci-dessous montre une organisation de la surface du *disque* en *pistes* et en secteurs (figure 1). On suppose qu'un *fichier* des musées contient une description de musée par fiche et que l'*enregistrement* d'une fiche occupe la place correspondant à l'intersection d'un secteur et d'une piste. Les fiches sont enregistrées séquentiellement sur le disque, dans un ordre aléatoire (figure 2). Si l'on veut pouvoir accéder directement à une fiche en donnant son numéro, il est nécessaire d'avoir un index qui associe au numéro de la fiche son *adresse* sur le disque. L'ensemble de ces index constitue un fichier d'index qui est trié par numéro de fiche de musée (figure 3). Si l'on veut pouvoir accéder directement aux fiches en donnant le nom du musée, on constitue un index par nom qui sera trié par nom de musée (figure 4) etc...

Dans la pratique, on appelle index indifféremment :
— une zone d'un fichier qui permet d'y accéder directement ; dans notre exemple, le numéro de fiche et le nom de musée dans le fichier des musées sont deux index du fichier musées ;
— l'association de cette zone avec une autre information permettant l'accès direct ; dans notre exemple, chaque fiche du fichier d'index est un index ;
— un fichier d'index.
Un fichier d'index est en général moins volumineux que son fichier de données. Pour accélérer le déroulement des programmes, on le charge en mémoire centrale où l'accès aux différentes fiches d'index est rapide. On diminue ainsi le nombre d'accès aux disques mais on mobilise de la place en mémoire centrale... Le choix des index, de leur codage, de leurs emplacements sur les disques et du moment où on les charge en mémoire centrale ressort du travail d'*analyse.* Il influe tout à la fois sur la *convivialité* de l'*application* et sur ses performances.

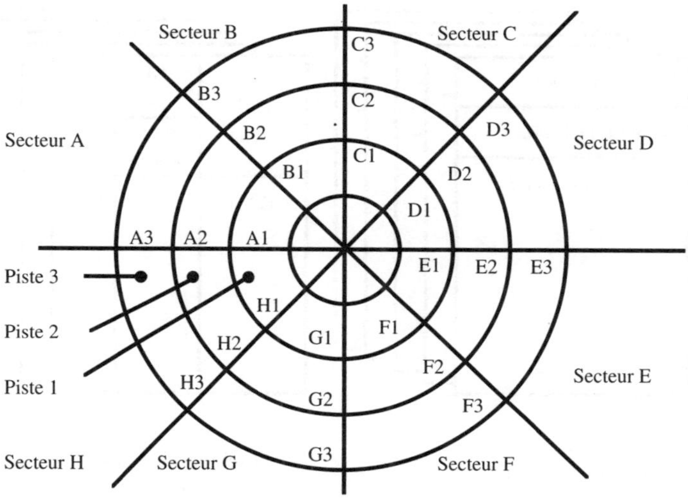

Figure 1 Organisation d'un disque.

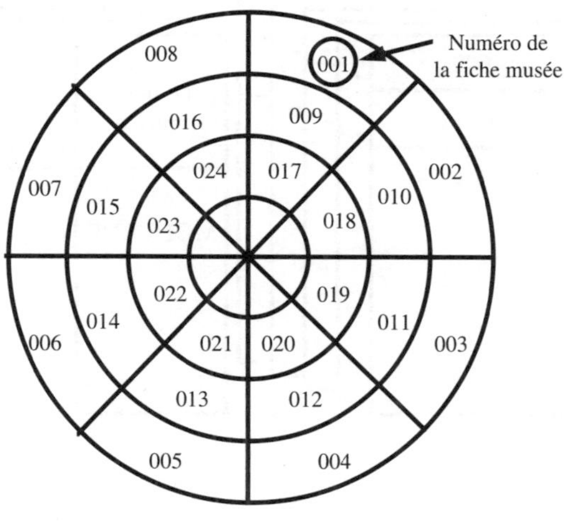

Figure 2 Enregistrement des fiches musées.

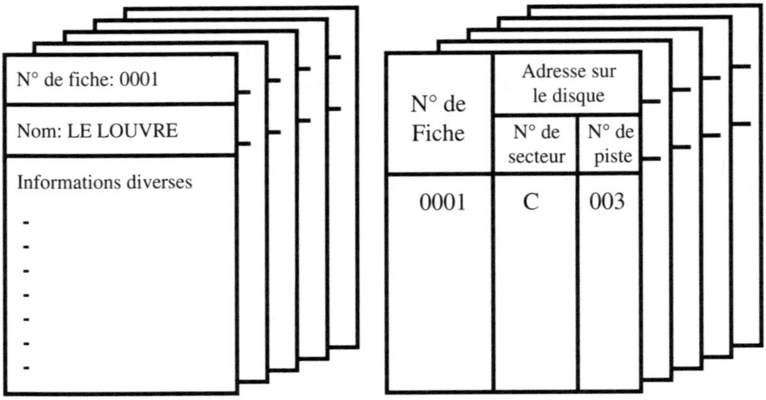

Fichier des musées

Fichier d'index trié par numéro de fiche

Figure 3 Le fichier d'index par numéros.

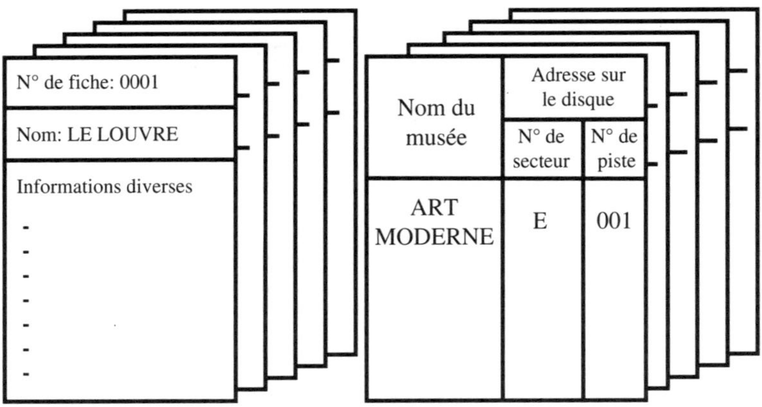

Fichier des musées

Fichier d'index trié par nom de musée

Figure 4 Le fichier d'index par noms.

Lorsqu'un utilisateur consulte une base de données, la recherche des informations est facilitée par l'existence de nombreux mots-clés qui sont autant d'index. Cependant les fichiers d'index augmentent le volume occupé sur les disques et risquent de freiner le traitement ; si l'on crée trop d'index, la machine passe plus de temps à gérer les index qu'à traiter les données ; chaque fois que l'on modifie par exemple le contenu d'une zone d'index dans le fichier de données, la machine doit reporter cette modification dans le fichier d'index concerné.

Le travail d'analyse consiste donc à trouver le meilleur compromis entre la convivialité qui augmente le nombre d'index et la performance qui tend à le réduire.

Corrélats : base de données, gestion électronique de documents, index, lien.
Étymologie : voir index.

Indexer v.

[Anglais : to index]

Informatique : procéder à une *indexation* (voir ce terme).

Indigo n. mq.

Audiovisuel et informatique : *station graphique* de milieu de gamme de *Silicon Graphics.*

Indy n. mq.

Audiovisuel et informatique : *station graphique* d'entrée de gamme de *Silicon Graphics.*

Infographie n.f.

[Anglais : computer graphics]

Informatique : ensemble des techniques liées à la fabrication, au traitement et à l'exploitation d'images numériques. L'infographie peut être considérée comme une branche de l'informatique : celle qui traite des informations graphiques, des images. Ses contours sont mal définis mais on peut y inclure les techniques de *capture*, de *numérisation*, de *synthèse d'images*, de transfert, de *codage*, de compression et de reproduction sur tous *supports.*

L'infographie prend une place de plus en plus grande dans l'informatique et le multimédia. Grâce aux progrès des techniques matérielles et logicielles, l'infographie est aujourd'hui utilisée dans de nombreux domaines : médecine, conception et fabrication de produits industriels, télévision, systèmes d'informations géographiques, muséographie, architecture ...

Corrélat : image numérique.
Étymologie : mot-valise. Néologisme créé avec informatique et graphie.

*Infonaute n.m.

[Anglais : infonaut]

Audiovisuel, informatique, télécommunications : navigateur d'un genre nouveau qui parcourt les espaces enivrants des toiles d'araignées électroniques et mondiales ou des simulations virtuelles.

Corrélat : navigation
Étymologie : néologisme construit avec info (rmation) + -naute. **Info** : voir information. **-naute** : *Grec:* "nautes" (marin, matelot, navigateur) < "naus" (le navire, le vaisseau). *Indo-européen:* "*naus" (bateau) [Pokorny p. 755].

Information n.f.

[Anglais : information]

Général

1. Tout ce qui fait l'objet de connaissance ou de mémoire.

2. Tout ce qui peut être transmis par un ou plusieurs *signaux.*

L'information prend une importance croissante dans les sociétés industrialisées. La maîtrise de sa production, de son transport et de son traitement est un enjeu de domination planétaire : le gouvernement américain en a toujours été conscient qui associait dès 1945 la diffusion de son cinéma à l'aide qu'il dispensait aux pays ravagés par la guerre ; cette maîtrise passe désormais par celle de la numérisation : le projet HPCC lancé en 1992 par le gouvernement américain en est une illustration (voir *autoroutes de l'information*). L'information est l'ingrédient commun aux trois domaines du *multimédia* (*audiovisuel, informatique, télécommunications*) ; elle est à l'origine de leur convergence.

♦ **Audiovisuel** : L'audiovisuel est grand créateur d'informations : ses productions, marquées par un esprit inventif, fournissent des représentations de la réalité (*documentaires*, reportages) ou de l'imaginaire (*fictions*). La prise de son, la prise d'image et le *montage* sont des activités productrices d'informations au même titre que l'écriture, la composition musicale ou le dessin. L'information audiovisuelle est constituée d'images, de sons et de textes. Depuis son origine, l'audiovisuel code les informations sous forme *analogique* ; il utilise, depuis les années 90, les codages numériques notamment dans le domaine des *effets spéciaux* et du *montage.*

♦ **Informatique** :

• **Informations traitantes et informations à traiter**
On limite souvent l'informatique à une activité de traitement d'informations déjà disponibles sous forme de textes et de nombres : elle les mémorise, les met en forme, effectue des calculs, des conversions... Les informations ainsi traitées sont appelées des *données* ; elles sont mémorisées dans des *fichiers* ou des *bases de données.* Ce faisant, on oublie que l'informatique produit aussi de l'information, mais d'un genre nouveau : les programmes. Tandis que les données sont une représentation du réel, les programmes décrivent les traitements à appliquer aux données ou, suivant une conception plus moderne — et plus proche de la réalité — les comportements de ces données ; cette conception considère que les informations traitantes et les informations à traiter sont deux aspects indissociables d'une même réalité que l'on nomme, faute de mieux, *objet.*

• **Codage numérique, représentation et contenu**
L'informatique traite des textes et des nombres. Elle transcode leurs représentations habituelles, faites à l'aide de lettres ou de chiffres, dans des *codes numériques* *binaires.* Elle ne traite que la représentation de l'information et elle en ignore le contenu : pour un informaticien, un nom n'est qu'une suite de caractères et un prix n'est qu'une suite de chiffres. Dans le monde réel, au contraire, contenant et contenu sont les deux faces indissociables de l'information.

♦ **Télécommunications** : Les télécommunications ne produisent pas et ne modifient pas les informations, sinon pour leurs propres besoins ; elles se limitent à les transporter. Les codes qu'elles utilisent sont adaptés aux supports de transmission et non pas aux utilisateurs.

♦ **Multimédia** : Le multimédia utilise tous les types d'information sous forme numérique : les informations traitantes gèrent l'interactivité des productions et les informations à traiter sont les images, les textes, les sons et les commandes entrées par l'utilisateur du programme interactif.

Étymologie : emprunt à la langue commune. *Français* : 1274. *Latin* : "informarer" (mettre en forme, former, façonner) < "forma" (forme, moule). *Grec* : "morphe" (forme, beauté, apparence). *Indo-européen* : "*mer-" (briller, luire) [Pokorny p. 733].

Informatique adj.
[Anglais : informatic]

Informatique : qui est relatif au traitement automatique de l'information.

Informatique n.f.

[Anglais : informatics, computer science, electronic data processing]

Informatique

1. Traitement automatique de l'*information*, notamment au moyen d'*ordinateurs*.

2. Par extension, ensemble des métiers, des méthodes, des produits ou des dispositifs financiers, industriels et commerciaux mis en œuvre pour le traitement de l'information.

♦ Évolution de l'informatique

L'ENIAC, ancêtre de l'ordinateur, fut construit en 1945. L'usage de l'informatique se généralise à partir des années 60 dans les entreprises. Depuis les années 70, on peut distinguer trois phases :

1970	Généralisation de l'*interactivité.*
1980	Développement de la *télématique* et apparition de la *micro-informatique.*
1990	Naissance du *multimédia* et d'une informatique familiale.

L'*interactivité* est apparue à la fin des années 60 avec les premières unités *périphériques* associant un *écran* et un *clavier.* À la fin des années 70 la convergence des *télécommunications* et de l'informatique donne naissance à la *télématique* dont le produit phare est en France le *minitel.* À la même période *IBM* lance ses premiers *micro-ordinateurs* personnels qui seront largement copiés par un nouveau type de constructeurs, les *clôneurs.* Tout au long de l'histoire de l'informatique, l'importance du *logiciel* par rapport au *matériel* n'a cessé de croître et le succès de la micro-informatique sera aussi celui de *Microsoft,* société spécialisée dans le logiciel. Dans les années 90 la *numérisation* des *images* et des *sons* introduit un nouveau type d'*informations* traitées par l'informatique que les informaticiens ont appelées les informations multimédias. La baisse des prix de la micro-informatique (ils ont été divisés par 5 en dix ans) et l'utilisation d'images dans les *interfaces d'utilisation* modifient radicalement l'informatique qui vise désormais le grand public. La convergence avec l'*audiovisuel* complète celle déjà réalisée avec les télécommunications et donne naissance au *multimédia.*

• Le marché de l'informatique

Le marché mondial de l'informatique était estimé à 2000 milliards de francs en 1990 et à 2650 milliards en 1993, ce qui représentait environ 1,7% du P.I.B. mondial. Il se répartit entre la vente de services et la vente de produits aux entreprises et au grand public.

	Services				Produits	
	Développement d'applications spécifiques	Location de centres d'exploitation	Maintenance matérielle	Maintenance logicielle	Matériels	Logiciels
Marché professionnel	Oui	Oui	Oui	Oui	Oui	Oui
Marché grand public	Non	Non	Oui	Non	Oui	Oui

Figure 1 Services et produits informatiques.

Ce marché se caractérise par :
— une très forte domination américaine et japonaise,
— une concurrence vive entraînant une course permanente à l'innovation et la baisse de prix,
— l'importance croissante des logiciels,
— la simplification d'utilisation,
— l'absence de normes et la prédominance de standards de faits,
— l'émergence d'une informatique familiale.

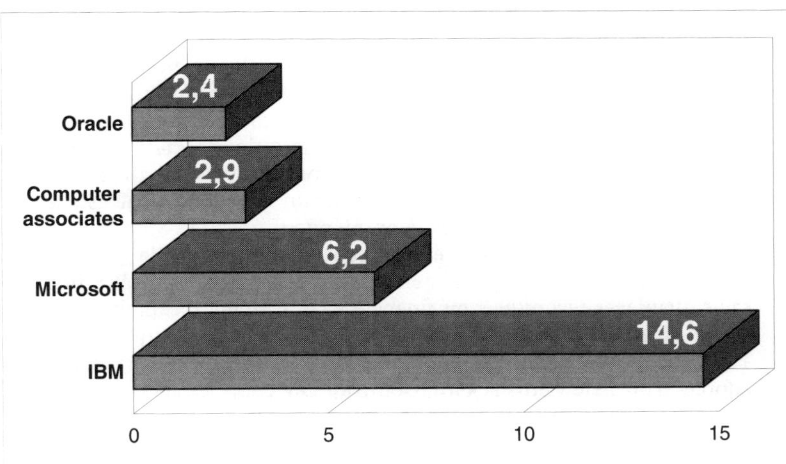

Figure 2 Classement des vendeurs de logiciels (en % de parts du marché mondial 1994, tous logiciels confondus).
(*D'après : IDC.*)

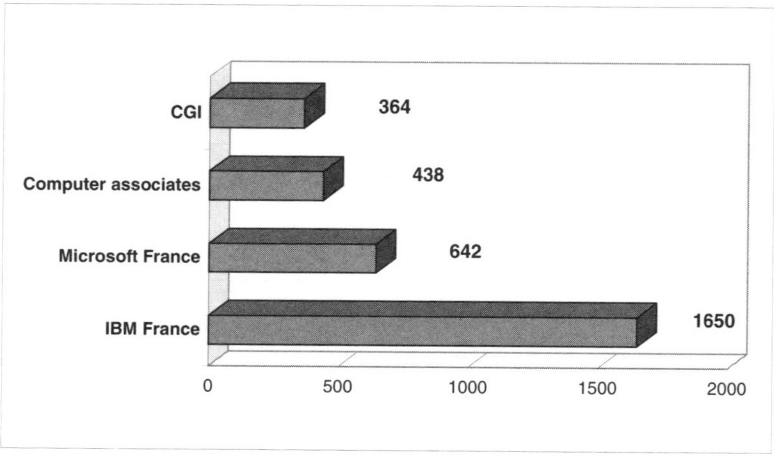

Figure 3 Classement des sociétés françaises spécialisées dans les progiciels en 1993.
Chiffre d'affaires en millions de FF
(D'après : Le Monde Informatique.)

• **Informatique et multimédia**
L'informatique est un des trois grands domaines du *multimédia* avec l'*audiovisuel* et les *télécommunications.* Sa spécificité tient à la très grande *sensibilité* des *données* qu'elle traite et à la complexité de leur *organisation,* ce qui lui a donné une grande maîtrise de la *numérisation* et de l'*interactivité.*

La culture de l'informatique, très marquée par la rigueur technique s'oppose à celle de l'audiovisuel plus tournée vers la créativité ; un des problèmes qui se posent dans une *production* multimédia consiste à faire coopérer les techniciens issus des deux mondes.

Cette différence culturelle explique peut-être aussi la particularité des systèmes informatiques utilisés en audiovisuel qui ne peut être imputée aux seuls avantages techniques ou financiers : le système d'exploitation *MS-DOS* et de *Microsoft* domine le monde de la micro-informatique (il équipait en 1995 plus de 80% du parc mondial et tous les grands constructeurs l'avaient adopté : IBM, Hewlett-Packard, Compaq, Digital...). Le monde audiovisuel se distingue cependant en utilisant de préférence des sytèmes *Unix* ou *Macintosh* promus par *Sun, Silicon Graphics* ou *Apple* (à la même date, les systèmes Macintosh ne représentaient que 8,5 % du parc mondial micro-informatique et Unix, spécialisé dans les stations graphiques, environ 5 %).

• **La chaîne informatique**
L'ensemble du processus informatique, de l'analyse jusqu'à l'exploitation, est représenté sur la figure 4 (qui reprend la figure 2 de l'article *multimédia*).

Chaque cercle y symbolise une étape et chaque flèche un flux d'informations mono- ou bi-directionnel (la grosseur des ronds n'est pas significative). Chaque étape fait l'objet d'une entrée dans le dictionnaire. Pour l'insertion de la chaîne informatique dans la chaîne multimédia, voir l'article *multimédia*.

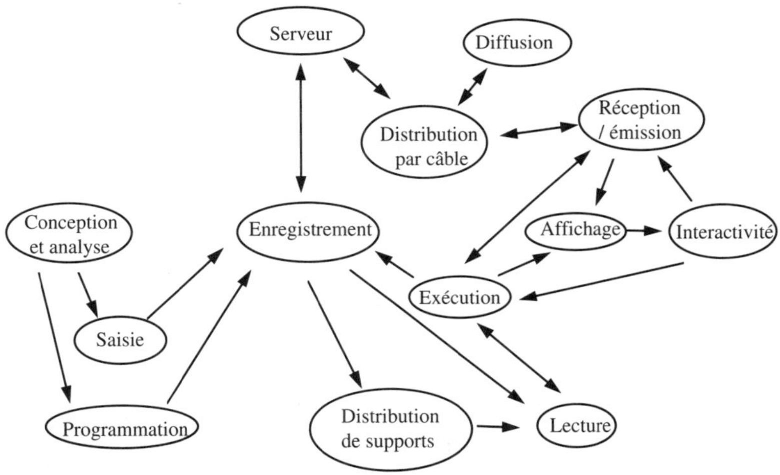

Figure 4 La chaîne informatique.
(*Source: Anacor.*)

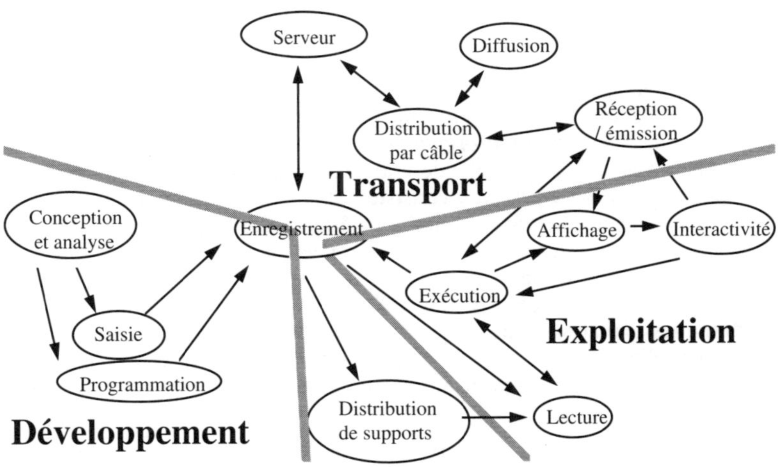

Figure 5 Les trois fonctions de la chaîne informatique.

À chaque étape de la chaîne sont associés des produits, des métiers, des techniques, des normes, des marchés et des acteurs. Pour mieux lire cette figure, on peut la découper en sous-ensembles fonctionnels : la figure 5 distingue la fonction de développement (à gauche), de transport (au centre) et d'exploitation (à droite). La figure 6 délimite les expressions en ligne et hors ligne qui sont souvent employées.

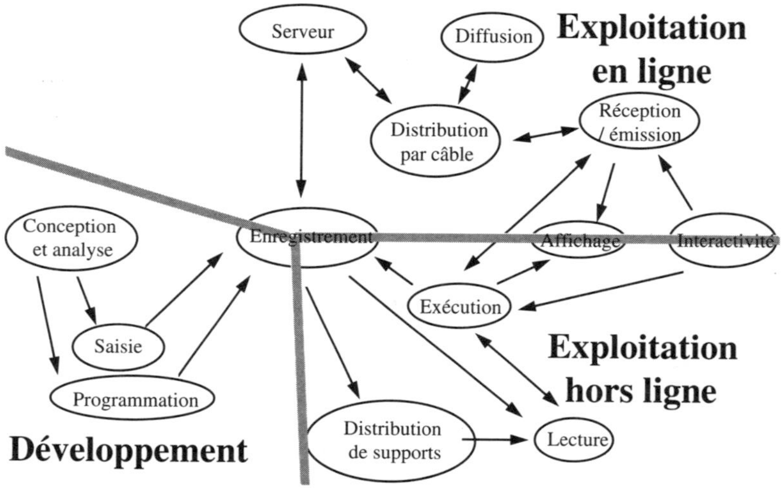

Figure 6 En ligne et hors ligne.

- **Le développement**

La conception d'une *application* se déroule en deux phases : l'*analyse fonctionnelle* et l'*analyse organique.* La distinction entre *programmation* et *saisie* correspond à celle établie entre *informations* traitantes et informations à traiter. La *programmation* consiste à exprimer le résultat de l'analyse dans des *langages* qui seront traduits pour être exploités par les *ordinateurs* (voir *compilation* et *interprétation*). La saisie est un *codage* des *données* et son *enregistrement* sur un support avec une *organisation* définie par l'analyse. L'organisation est choisie pour accélérer les *accès* aux informations. Différentes méthodes d'analyse et de programmation ont été mises au point et le travail est partiellement automatisé par l'utilisation des *ateliers de génie logiciel* et d'outils de mise au point et de *débogage.*

- **Le transport**

Le transport s'effectue de deux manières : par des *réseaux* (en ligne) ou par *distribution* de *supports* (hors ligne).

L'exploitation en ligne est du domaine de la *télématique*, le transport lui-même étant du ressort des *télécommunications.* Les réseaux informatiques se distinguent par leur taille (la grande majorité sont des *réseaux locaux*) et par les *protocoles* qu'ils utilisent qui ont pour vocation de transmettre dans les temps et surtout sans erreur (voir *donnée* et *ATM*). Les supports matériels de transmission comprennent des *câbles* qui permettent la *distribution* de l'information ou des *réseaux hertziens* qui en permettent la *diffusion*, des *modems*, des *ponts*, des *passerelles*, des *routeurs* et des contrôleurs ou des *cartes de communication*. L'informatique utilise le *réseau téléphonique* mais dispose aussi de réseaux spécialisés comme *Transpac*.

Le transport par supports (*cassettes, disquettes* ou *disques*) donne lieu à une intense activité d'*édition* et de *distribution*. Les *disques magnétiques amovibles* sont le support privilégié de l'informatique mais la distribution des logiciels se fait de plus en plus sur des CD-ROM (voir *disque compact informatique*).

• L'exploitation

L'ordinateur fonctionne sous la commande d'un *système d'exploitation* qui gère les ressources de la machine pour exécuter les ordres du *système d'application* : ce dernier gère l'*interactivité* ; il dialogue avec l'utilisateur et donne les ordres de *lecture* des informations enregistrées lors de la *saisie*, de traitement, d'*affichage*, de *transmission*, d'*écriture*, d'*impression* des résultats. Le dialogue avec l'utilisateur a été considérablement amélioré dans les années 80 avec l'apparition des *interfaces graphiques*. Il reste cependant l'un des points faibles de l'informatique et freine en particulier sa diffusion auprès du grand public.

• Normalisation

L'*information* qui circule de la saisie à l'affichage passe par des *supports* et des *codages* différents mais tous *numériques*. Ces supports et ces codages évoluent, posant de nombreux problèmes de compatibilité. Comme en audiovisuel, la normalisation est incomplète et chaque constructeur essaie d'imposer ses *standards* au marché. Les *normes* qui existent en informatique portent essentiellement sur le *codage* et la *compression* et sur des *formats* de matériels ; elles sont émises par l'*ECMA*, l'*ANSI* et l'*ISO*. Comme en multimédia, des groupements d'intérêt et diverses associations réunissent des constructeurs et parfois des grands utilisateurs (voir par exemple *OMG*).

• Domaines d'application

L'informatique s'utilise dans tous les domaines de l'activité humaine où se traite de l'information, c'est-à-dire presque partout... Le domaine privilégié est la gestion des entreprises mais l'informatique industrielle, avec la robotique a connu un essor remarquable depuis les années 70. Avec l'arrivée du multimédia, l'informatique pénètre désormais le marché domestique. Les applications les plus prometteuses sont les applications de *gestion électronique de documents*.

Bibliographie : Breton 87, Levy 92, Tanenbaum 91.
Corrélats : information, ordinateur, réseau, saisie, système d'exploitation, télématique.

Étymologie : néologisme créé en 1962 par dérivation à partir du nom "information" (voir ce mot) et du suffixe savant "-ique" (du latin "-icus") utilisé dans la formation d'adjectifs en terminologie scientique.

Infrarouge n.m.

[Anglais : infrared]

Général : ensemble des ondes électromagnétiques de fréquences immédiatement inférieures aux fréquences des rouges dans l'échelle des *ondes visibles*. Leur longueur d'onde est supérieure à 0,8 microns qui est la longueur des ondes rouges et elles sont porteuses de rayonnements de chaleur. (Voir le *spectre* aux articles *onde électromagnétique* et *onde visible)*.

♦ Les télécommandes à infra-rouge sont devenues familières : ouverture de portières de voitures, pilotage d'appareils électroniques familiaux... Les zappeurs utilisent une longueur d'onde d'environ 0,9 microns ; ils ont contribué à modifier le comportement du public face à la télévision : en facilitant le passage d'une chaîne à une autre, ils lui ont permis d'être plus exigeant ; la programmation des *chaînes* en a été modifiée et la télévision a inventé un style d'écriture différent de celui du cinéma, plus *rythmé*, privilégiant les *gros plans* et les *effets spéciaux* pour capter l'attention...

Les ondes infrarouges ne sont pas utilisées en télécommunications ; en effet, à la différence des ondes radios, les infrarouges ne peuvent pas franchir les obstacles ; on en fait l'expérience lorsqu'on utilise la télécommande d'une télévision : la présence d'une personne entre le zappeur et le poste interrompt la commande à distance.

L'informatique utilise les ondes infrarouges pour relier les *micro-ordinateurs* et leurs périphériques ou pour relier plusieurs ordinateurs entre eux, en particulier les *portables* et les *bloc-notes électroniques* ; l'utilisation de l'infrarouge simplifie les problèmes de connectique en supprimant les câbles qui encombrent toujours l'arrière des ordinateurs ; cependant elle se heurte au problème du franchissement des obstacles.

L'infrarouge est utilisé dans les applications militaires. Il existe par exemple des projecteurs à infrarouge permettant "l'éclairement" d'une scène dans l'obscurité ; les systèmes de visualisation nocturne détectent des rayonnements de longueur d'onde de 0,5 à 1 micron, correspondant à celle émise par le corps humain.

Citons enfin les applications telles que la cartographie thermique des sols ou le pilotage de véhicules (voir l'article *transport*).

Pour émettre un rayonnement de longueur d'onde $\lambda = 0{,}9\ \mu$, on utilise des diodes électroluminescentes en arsenure de gallium (AsGa) : ce matériau émet une lumière infra-rouge lorsqu'il est excité par un courant électrique.

Pour capter un rayonnement infra-rouge, on utilise des photodiodes en silicium capables de détecter des longueurs d'onde comprises entre 0,3 et 1μ.

Les cellules photo-sensibles des *dispositifs à transfert de charge* (DTC) sont très réceptives à l'infrarouge ; pour éviter la création d'images faussées par la température, on fait usage, dans les caméras, de *filtres* infrarouges qui bloquent les fréquences en dessous du visible.

Corrélats : fréquences, transport.
Étymologie : mot savant composé au XIXe siècle par "infra-" (préfixe) + "rouge". **Infra-** : *Latin* : "infra" (sous, en dessous). *Indo-européen* : "*ndhos-, ndheri-" (sous) [Pokorny p. 771]. **Rouge** : emprunt à la langue commune. *Français* XIIe siècle. *Latin* : "rubeus" (rougeâtre). *Indo-européen* : "*reudh-" (rouge) [Pokorny p. 872].

Ingénieur du son exp.

[Anglais : audio engineer, recording engineer]

Audiovisuel : ingénieur ou technicien chargé de la prise de son lors des tournages ou des enregistrements en post-production.

Ingénieur système exp.

[Anglais : system engineer]

Informatique : ingénieur spécialiste des programmes du système d'exploitation.

Étymologie : calque de l'anglais "system engineer".

Initialisation n.f.

[Anglais : initialization]

Informatique : ensemble des opérations réalisées par un système avant de commencer une tâche.

Par exemple : lors de son initialisation, un ordinateur vérifie l'état de l'ensemble de ses ressources (clavier, mémoire, disque, écran...) et se met dans la situation *par défaut*. L'initialisation peut être commandée par l'utilisateur, soit à partir de la situation d'arrêt, soit à partir de la situation de fonctionnement normal par une action appelée remise à zéro (RAZ), soit pour sortir d'une situation d'erreur irrécupérable.

Corrélat : par défaut.
Étymologie : néologisme. Action de rendre initial. **Initial** : *français* : XIIIe siècle. *Latin* : "initialis" (initial) < "initium" (début, commencement, origine) <

“in” (dans) + “eo” (aller dans, entrer, commencer, saillir). *Indo-européen* : “*ei-” (aller) [Pokorny pp. 293, 294].

Insérer v.
[Anglais : to insert]

Informatique : placer entre. Fonction utilisée en particulier dans les traitements de textes et les bases de données.

Insert t.a.

Audiovisuel : voir *insertion.*

Insertion n.f.
[Anglais : insert]

Audiovisuel : plan très court inséré au moment du *montage* entre deux plans pour assurer une *transition* qui autrement poserait problème. L’utilisation des insertions peut servir à créer des effets de style.

Corrélat : transition.
Étymologie : emprunt à la langue commune. *Français* : XVIe siècle < “insérer” XIVe siècle. *Latin* : “insertio” (insertion, greffe) < “inserere” (introduire, insérer, intercaler). *Indo-européen* : “*ser-” (nouer, attacher, juxtaposer) [Pokorny pp. 911].

Instruction n.f.
[Anglais : instruction, opération]

Informatique : *information* élémentaire, écrite dans un code appelé *langage.* Un ensemble d’instructions constitue un *programme.* Une instruction est composée d’un code d’opération et, éventuellement, d’un ou plusieurs *opérandes.*

Corrélats : langage de programmation, processeur.
Étymologie : calque de la langue technique anglo-américaine. *Latin* : “instruere” (assembler, équiper, disposer les troupes en ordre de bataille) < “in-” (dans, sur) + “struere” (disposer avec ordre). *Indo-européen* : “*en-” (dans) [Pokorny p. 311]. + “*ster-” (étendre) [Pokorny pp. 1029, 1030].

Instruction à virgule flottante exp.
[Anglais : floating-point operation]

Informatique : instruction pouvant traiter des nombres représentés dans un code où le nombre de décimales est variable, ce qui permet une très grande précision.

Intel n.s. et n. mq.

Informatique : constructeur de matériel informatique américain spécialisé dans la fabrication de processeurs et de bus. Intel s'est rendu célèbre par ses micro-processeurs I8088 puis par ceux de la famille 80x86 (80286, 80386, 80486 et *Pentium*) et par son bus Multibus qui équipaient la plupart des ordinateurs personnels compatibles avec ceux d'*IBM*. En 1994 il annonçait le successeur du pentium, le P6. Intel est devenu, en 1992, le premier constructeur mondial de semi-conducteurs, devançant ses concurrents directs Motorola, Nec et Dell.

♦ Les processeurs de la famille 80x86 ont remporté un immense succès : Intel a vendu 11 millions de processeurs 80486 en 1992, année de son lancement. Ce succès a amené certains concurrents d'Intel à se spécialiser dans la production de clones de 80x86 : AMD et Cyrix sont les deux plus connus.

Dans le domaine du multimédia, Intel travaille sur la compression et décompression d'images ; il concurrence *MPEG*.

Intelligence n.f.
[Anglais : intelligence]

Informatique : capacité d'un appareil à exécuter des programmes et à adapter son comportement en fonction des instructions de ces programmes.

Par exemple : un *terminal* pourvu d'intelligence est un terminal qui possède un microprocesseur et qui est programmable.

Intelligence artificielle exp.
[Anglais : artificial intelligence]

Informatique

1. Ensemble de programmes fournissant des résultats qui sont qualifiés d'intelligents lorsqu'ils sont fournis par des êtres humains. On les appelle aussi programmes heuristiques.

2. Par extension, ensemble des *applications* incluant ces programmes.

3. Par extension, ensemble des métiers, techniques, procédures mis en œuvre pour la réalisation de ces applications.

Les grands domaines d'application de l'intelligence artificielle sont :
— les systèmes experts,
— la reconnaissance et l'évaluation de formes,
— l'enseignement,
— la planification,
— la robotique,
— la communication en langage naturel (reconnaissance et synthèse de la parole).

Bibliographie : Genthon 89.

Intelligent adj.

[Anglais : intelligent]

Informatique : qualifie un appareil pourvu d'*intelligence.*

Intelsat n. mq. et n.s.

Télécommunications : créée en 1964 à l'initiative des États-Unis, Intelsat est la plus ancienne et la plus importante organisation de télécommunication par satellites. Elle comprend plus de 130 pays membres qui contribuent à son capital au prorata de leur utilisation du réseau de satellites. La France était en 1994 le quatrième investisseur après les États-Unis, le Royaume-uni et le Japon. Communications Satellite Corporation's (COMSAT) est l'entreprise américaine, installée à Washington D.C., chargée de commercialiser les services INTELSAT.

Ses services sont :
— la téléphonie intercontinentale utilisée par plus de 180 pays,
— les communications internationales d'entreprises (IBS, International business services) qui offrent des liaisons numériques permanentes avec des débits variant de 64 kbit/s à 8,448 Mbit/s,
— Intelnet (réseaux en étoile avec des débits numériques entre 1,2 et 64 kbit/s),

— Vista (services nationaux ou internationaux de téléphonie sur des zones à faible densité d'équipements),
— la transmission internationale de télévision,
— un système mondial de reportages d'actualité par satellite (RAS ; anglais : SNG) en *numérique.*

Sa flotte devait atteindre 34 satellites en 1997.

Corrélat : satellite.

Intensité n.f.
[Anglais : **1.** intensity, **2.** loudness]

Audiovisuel

1. Imagerie : quantité de lumière par unité angulaire (cône de lumière). Elle s'exprime en candela (cd). L'intensité lumineuse d'un candela correspond à peu près à celle d'une bougie. Peut être parfois utilisé comme synonyme de *luminance.*

2. Son : qualité d'une sensation auditive. L'intensité perçue est liée au contexte sonore. On perçoit plus facilement les écarts d'intensité des sons que leur intensité absolue ; c'est pourquoi on mesure habituellement l'intensité en *décibel* ; la valeur d'intensité ainsi exprimée s'appelle le *niveau* sonore. L'intensité minimum correspond au seuil d'audibilité. Elle varie avec les fréquences. Le seuil d'audibilité est le plus bas pour les fréquences situées entre 2 000 et 3 000 hertz. L'intensité maximum correspond au seuil de douleur. Pour l'ensemble des fréquences audibles, les niveaux compris entre le seuil d'audibilité et le seuil sonore constituent le *champ auditif.*

L'intensité mesurée en décibel est une grandeur physique. Elle se distingue de la sensation de niveau d'intensité qui s'appelle la sonie. On utilise en général un son pur de 1 000 hertz (appelé le mille) comme référence pour comparer la sonie de différents sons.

Inter- préf.

Général

1. Entre, parmi.

2. Mutuellement, réciproquement, ensemble.

Étymologie : préfixe savant d'origine latine. *Latin* : "inter-" (entre, parmi, à l'intérieur de deux ; sens local et temporel). *Indo-européen* : "*en-" (dans) [Pokorny p. 313].

Interactif, ve adj.

[Anglais : interactive]

Informatique : qui est relatif à l'interactivité (voir ce terme).

Interactivité n.f.

[Anglais : interactiveness, interactivity]

1. Théorie des systèmes : type de relation entre deux *systèmes* qui fait qu'une modification dans le comportement de l'un modifie le comportement de l'autre.

2. Informatique :

a. Propriété d'un *programme* qui modifie son déroulement en fonction du comportement de son utilisateur. S'oppose à linéarité.

b. Ensemble des techniques et des procédures mises en œuvre pour conférer cette propriété à un programme.

L'interactivité est depuis longtemps pratiquée en *informatique.* Combinée à l'*audiovisuel,* elle a donné naissance au *multimédia.* La possibilité d'intervenir sur le déroulement d'un programme audiovisuel renforce l'*effet de réalité* donné par la combinaison des images et des sons. L'effet maximum est obtenu dans les techniques de *simulation virtuelle* où le spectateur est isolé de son environnement réel, un peu comme dans une salle de cinéma, et interagit avec un environnement virtuel simulé par un *programme* d'*ordinateur* qui sollicite son ouïe, sa vue, mais aussi ses sens du toucher et du mouvement. La maîtrise de ce nouvel effet de réalité sera longue à acquérir.

♦ **Les degrés d'interactivité.**

Une conversation peut être très interactive (et le dialogue est riche) ou au contraire tomber dans le monologue.

Le livre peut être un support interactif : dans l'annuaire par exemple, tout un appareillage de volumes, de chapitres, de rubriques, de mise en pages et de renvois est mis à la disposition du lecteur pour lui permettre d'intervenir sur le déroulement de sa recherche et d'accéder au plus vite à l'information souhaitée, en évitant les informations inutiles. Il s'agit d'un système d'*indexation* élaboré. Certains livres pour enfants ou adolescents proposent une interactivité comparable : à certains endroits du texte, le lecteur décide lui-même de la suite du récit et choisit dans une liste qui lui est proposée la page qui suivra dans sa lecture. En 1961 déjà, Raymond Queneau écrit un livre interactif où le lecteur peut construire des sonnets à partir de cent quarante vers regroupés en dix sonnets, le nombre total de poèmes potentiels contenus dans le livre étant de cent mille milliards... [Queneau 61].

Les supports électroniques permettent différents niveaux d'interactivité. Comme dans un livre, mais de manière plus souple encore, le spectateur peut naviguer à son choix, sauter d'une séquence à l'autre, revenir en arrière, demander des compléments d'informations sur un point particulier ... Ce qui est nouveau par rapport au livre, grâce à l'informatique, c'est que le programme peut suggérer ou imposer au spectateur différents déroulements du récit, en fonction de données précises (identité du spectateur, chemin déjà parcouru, réponses fournies par le spectateur à des questions explicites ou implicites) ou en fonction d'un choix aléatoire effectué par la machine... Un excellent exemple de ces possibilités est donné dans le programme "Sesame street" édité sur CD-I par Philips Interactive Media of America.

- **Applications**

Les domaines d'application de l'interactivité sont nombreux, mais c'est surtout dans les *jeux vidéo* que l'interactivité a été le mieux utilisée.

- **Qualités de l'interactivité**

Le temps de réponse

L'*analyse* définit le temps moyen de réponse de l'ordinateur à l'utilisateur ; il dépend à la fois du matériel et du logiciel utilisés et du contenu des messages échangés. Un appareil qui met plus d'une seconde à répondre devient vite insupportable. On peut jouer sur quatre paramètres :

— Le *débit* des *canaux* qui apportent l'information : les *réseaux* lorsqu'on est *en ligne* ou les *lecteurs* de *disques compacts* lorsqu'on est *hors ligne*.

— Les capacités de l'ordinateur : son *processeur*, son *bus* ou sa *mémoire*.

— Le volume de l'information codée : les techniques de *compression* sont normalisées (voir *JPEG* et *MPEG*).

— Le contenu des messages : en diminuant la quantité d'informations échangées on améliore évidemment le temps de réponse mais on risque alors de perdre la *convivialité* du dialogue.

- **La convivialité**

Avec l'interactivité, l'utilisateur a une illusion de liberté ; il peut certes modifier le cours du programme avec lequel il dialogue, mais uniquement dans des limites fixées par le programmeur. On appelle *convivialité* d'un programme sa capacité à faire oublier ces limites et l'*informatique* a fait d'importants efforts au cours des années 80 et 90 pour l'améliorer (voir *interface d'utilisation* et *interface graphique*). Elle reste cependant un de ses points faibles. Le *multimédia* peut être perçu comme le prolongement des améliorations portées à la convivialité des programmes informatiques : l'utilisation d'images et de sons dans les dialogues et la maîtrise du *langage multimédia* séduisent l'utilisateur et augmentent son illusion de liberté.

• **L'interactivité collective**
Elle consiste à faire dialoguer non plus un individu mais un groupe de personnes avec un programme. Chaque individu dispose d'un périphérique d'entrée et à chaque question le *programme* calcule par exemple la moyenne des réponses du groupe pour choisir la branche de l'*arborescence* qu'il doit emprunter, un peu comme s'il dépouillait un vote en *temps réel.* Des expérimentations ont eu lieu dans des salles de cinéma ; elles sont restées sans suite. Le principal obstacle réside dans l'importance du matériel à mettre en place et dans le type d'application qui reste à trouver...

Bibliographie : Balpe 90, Levy 90.
Corrélats : carte multipoints, convivialité, hypertexte, langage multimédia, télévision interactive, point sensible.
Étymologie : **Inter-** : préfixe savant d'origine latine. *Latin* : "inter-" (entre, parmi, à l'intérieur de deux ; sens local et temporel). *Indo-européen* : "*en-" (dans) [Pokorny p. 311]. **Actif** : emprunt à la langue commune. *Français* : XIIe siècle. *Latin* : "activus" (pratique, terme de la langue philosophique, par opposition à théorique) de "agere" (pousser devant soi, faire de manière continue, agir). *Indo-européen* : "*ag-" (pousser, chasser, conduire, mener son troupeau) [Pokorny p. 4].

Interconnexion de réseaux exp.

[Anglais : network interconnection]

Télécommunications : constitution de réseaux par la mise en relation de réseaux existants.

L'interconnexion des réseaux s'inscrit dans une tendance des organisations à privilégier les démarches procédant « de bas en haut », un peu comme l'on assemble les pièces d'un puzzle, par opposition aux démarches dites « de haut en bas » qui sont le propre des organisations hiérarchiques et centralisées. on retrouve cette démarche dans l'interconnexion mondiale appelée *Internet.*

♦ Dans les entreprises, l'interconnexion des réseaux informatiques est la suite logique de deux mouvements qui se sont succédés dans les années 80 et 90.
— La *micromisation* : les grands systèmes informatiques centralisés qui pilotaient jusqu'à plusieurs centaines de terminaux (claviers + écran) ont progressivement été remplacés par des systèmes décentralisés d'abord à base de *mini-ordinateurs* puis à base de *micro-ordinateurs* ; en même temps les applications et les fonctions informatiques étaient aussi décentralisées, laissant une plus grande autonomie et plus de responsabilité aux utilisateurs.
— La mise en place de *réseaux locaux* reliant les micro-ordinateurs : ils permettent de communiquer avec de grands débits, ce qui diminue les temps de réponse et procure un confort d'utilisation ; ils permettent également de partager les ressources matérielles (imprimantes, espaces disques ou micro-

processeurs) ou logicielles, ce qui optimise les investissements tout en conservant l'autonomie de travail.

Ce double mouvement a été possible grâce à la baisse des coûts de la micro-informatique et des matériels de communication de données d'une part, et à l'accroissement des performances matérielles et logicielles des micro-ordinateurs d'autre part.

L'interconnexion des réseaux locaux procure les mêmes avantages que ceux qui ont présidé à leur mise en place : communication, partage des ressources et confort d'utilisation. Elle permet de grouper plusieurs réseaux locaux ou d'ouvrir un réseau local vers des réseaux extérieurs plus vastes, privés ou publics.

Les difficultés d'interconnexion dépendent des différences matérielles et logicielles entre les réseaux. Connecter par exemple un réseau utilisant des *câbles coaxiaux* avec un réseau équipé de *fibre optique* nécessite un appareil de jonction entre les deux supports (un *répéteur* peut assurer cette fonction) ; si des *protocoles* différents sont utilisés, on peut installer une *passerelle* pour les traduire.

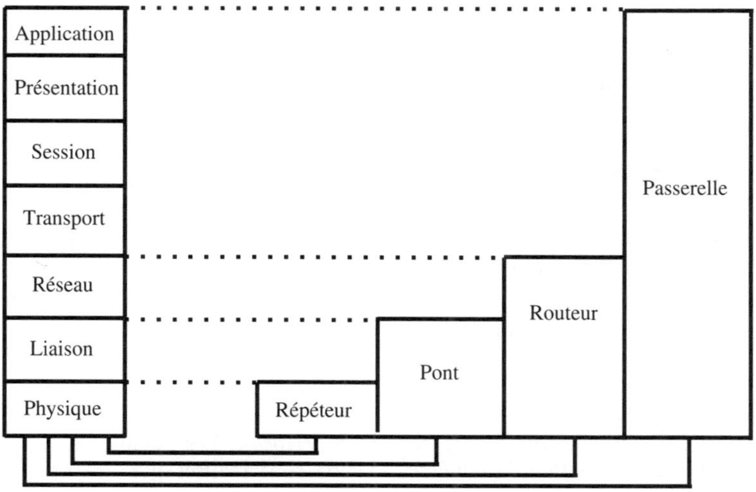

Figure 1 Les matériels d'interconnexion.
(*D'après D. Cali, Technologie de l'interconnexion de réseau,* Éd. Hermès.)

L'interconnexion des réseaux a bénéficié de l'existence d'une norme internationale appelée OSI qui fournit un modèle d'interconnexion où les fonctions sont découpées en couches parfaitement définies ; ce modèle a servi de référence pour les constructeurs de matériels et logiciels et pour les utilisateurs (*voir interconnexion de systèmes ouverts*).

Les appareils utilisés dans l'interconnexion sont des *répéteurs*, des *ponts*, des *routeurs* et des *passerelles*. Bien que ces termes ne soient pas normalisés, il est commode de reprendre la classification proposée par D. Cali et donnée en figure 1 qui s'appuie sur le modèle OSI. Dans la pratique les fabricants proposent des appareils qui sont souvent mixtes, par exemple des « ponts-routeurs ».

Bibliographie : Cali 94, Mac Kinnon 91, Maiman 94, Pujolle 92.
Corrélats : interconnexion de systèmes ouverts, Internet, réseau, TCP/IP.

Interconnexion de systèmes ouverts (OSI) exp.

[Anglais : Open System interconnection (OSI)]

Télécommunications : ensemble de normes et de tests de conformité élaborés en commun par l'*ISO* et l'*UIT-T* décrivant la communication entre des systèmes informatiques *hétérogènes*. Ces normes sont couramment appelées normes OSI. Elles reposent sur un modèle de référence qui découpe la communication en sept couches fonctionnelles et décrit la structure interne et les objectifs de chaque couche. Le début des travaux date de 1977. La généralisation de l'OSI permettrait de faire communiquer les systèmes informatiques dans le monde entier.

Tests de conformité aux normes

L'OSI est une solution indépendante des constructeurs. Des états de conformité aux normes de protocole (*PICS*) et des informations complémentaires (*PIXIT*) permettent de définir des tests de conformité aux normes (tests d'interconnection de base, tests de comportement, tests de capacité...).

♦ Les sept couches de l'OSI

Chaque couche d'un système dialogue avec la couche équivalente du système avec lequel il communique à travers un *protocole*. Les échanges d'une couche à l'autre à l'intérieur du même système sont réalisés par des programmes appelés “normes de service”.

— **Couche 1** : Physique (Anglais : Physical level)
Elle concerne le support de la transmission : elle assure la transmission physique des informations sur la *ligne* en fournissant les moyens mécaniques, électriques et procéduraux nécessaires.

Un exemple de norme est le protocole V24 ou *RS 232*, normalisant le *connecteur* qui assure la jonction *modem-terminal* (ou modem-*ETTD*) ; chaque broche de ce connecteur est numérotée et a une fonction précise. L'interface ISO 8877 ou UIT I.430 est un autre exemple : il définit la connexion des équipements terminaux sur le *réseau numérique à intégration de service* (RNIS). Les combinés téléphoniques et les terminaux informatiques sont de plus en plus équipés de cette prise.

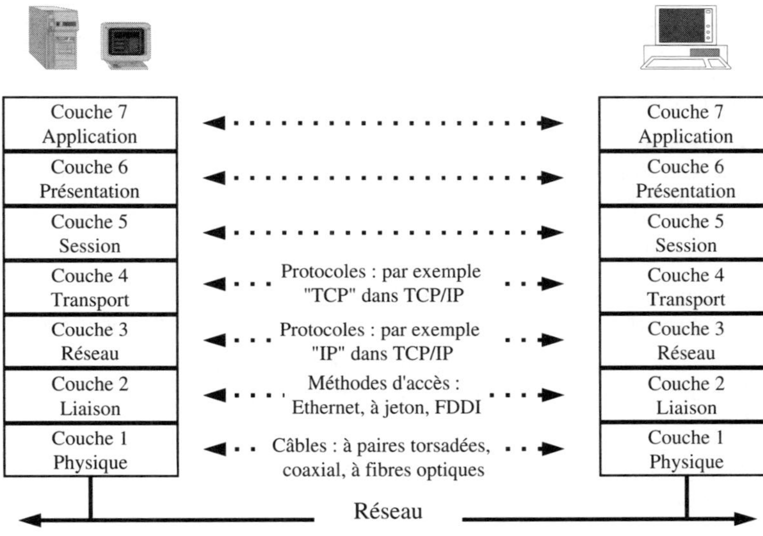

Figure 1 Les sept couches de l'OSI.
(*D'après : Comprendre les réseaux d'entreprise,*
P. Gomez et P. Bichon, Éd. Eyrolles.)

— **Couche 2** : Liaison (Anglais : Data link level)
Elle contrôle l'accès à la *liaison* physique, prévient les erreurs lors de l'acheminement des blocs d'information et contrôle la qualité de la transmission. Un protocole de liaison a été normalisé par l'ISO (protocole HDLC : High-Level data link control, Contrôle de liaison de données de haut niveau) et repris comme base pour les normes de liaison de l'UIT-T. Une norme particulière a été définie pour les réseaux locaux qui porte le numéro ISO 8802.2. Dans le *réseau numérique à intégration de services,* on applique les recommandations I.440 et I.441 de l'UIT-T pour ce qui concerne la couche liaison.

— **Couche 3** : Réseau (Anglais : Network level)
Elle concerne l'établissement de la connexion : elle assure les fonctions de *routage* à travers le réseau.

La recommandation X.25 de l'UIT-T utilisée par les réseaux de paquets publics français (TRANSPAC) et plusieurs réseaux étrangers (anglais, canadien, américain, allemand) regroupent des fonctions réparties sur les trois premières couches de l'OSI, et en particulier la couche réseau.

— **Couche 4** : Transport (Anglais : Transport level)
Elle concerne la connexion de bout en bout : elle assure l'interface entre les couches "basses" 1, 2, 3 de transfert d'information et les couches "hautes" 5, 6, 7 de traitement d'information ; elle fournit aux couches supérieures la

transparence du transfert des messages des utilisateurs, optimise la qualité de service offerte par les couches basses et contrôle le transport des informations de bout en bout. Le niveau transport est normalisé par les recommandations X.214 et X.224 de l'UIT-T.

— **Couche 5** : Session (Anglais : Session level)
Elle concerne les moyens de dialogue : elle gère l'échange de données, en particulier la synchronisation du dialogue entre les extrémités de la communication. Le niveau session est normalisé par les documents ISO 8326 ou X.215 et ISO 8327 ou X.225.

— **Couche 6** : Présentation (Anglais : Presentation level)
Elle concerne la représentation des informations, c'est-à-dire leur *codage*.

— **Couche 7** : Application (Anglais : Application level)
Elle traite de l'accès au système utilisateur du réseau. Le protocole http utilisé sur Internet se situe à ce niveau.

Bibliographie : Cali 94, Mac Kinnon 91, Pujolle 92.
Corrélats : couche, interconnexion de réseaux, réseau, TCP/IP.

Interface n.f.

[Anglais : interface]

Informatique : dispositif matériel et/ou logiciel qui définit les règles communes physiques ou logiques permettant à deux systèmes de communiquer. L'interface se résume parfois à l'énoncé de règles et de procédures que doivent appliquer les deux systèmes pour communiquer. On distingue deux niveaux dans une interface : le niveau physique qui assure la connexion entre les deux systèmes et l'adaptation des signaux échangés, et le niveau logique qui assure la traduction entre les langages des deux systèmes en présence.

Interface entre :	**Nom de l'interface :**
Ordinateur et utilisateur	Motif, Windows, Presentation Manager
Deux systèmes informatiques	OSI
Ordinateur et disques magnétiques	ESDI, SCSI, ST-506
Ordinateur et cartouche	QIC
Ordinateur et imprimante	Centronics, RS-232C

Bibliographie : Lévy 90.
Corrélats : connexion, interconnexion de systèmes ouverts, interface d'utilisation.

Étymologie : emprunt à la langue commune. Mot composé du préfixe "inter-" et de "face". *Latin* : "inter-" (entre, parmi, à l'intérieur de deux ; sens local et temporel) + "*facia" (non attesté) < "facies" (façon, forme, aspect puis façade, figure, face). *Indo-européen* : "*en-" (dans) [Pokorny p. 313] + "*dhe-" (mettre, placer, poser) [Pokorny p. 236].

Interface d'utilisation exp.

[Anglais : user interface]

Informatique : partie d'une application qui est consacrée au dialogue avec son utilisateur. Une interface d'utilisation gère le dialogue à deux niveaux :
— au niveau physique : connexion entre les organes sensorimoteurs de l'utilisateur et les *périphériques* d'entrée et de sortie de l'ordinateur.
— au niveau logique : traduction entre les formalismes de l'application définis par le programmeur et ceux de l'utilisateur.

L'interface d'utilisation gère l'*interactivité* entre l'homme et les programmes contenus dans la machine. C'est à Palo Alto, dans les années 70 que les études du *PARC* sur le bureau sans papier ont initialisé ce qui apparaît comme le grand tournant actuel de l'informatique. Le succès du Macintosh dans les années 80 et 90 et celui de *Windows* dans les années 90 ont souligné l'importance des interfaces d'utilisation.

• Qualité d'une interface d'utilisation
La principale qualité est la simplicité d'utilisation. Elle évite le recours à des manuels voire à des formations spécifiques et se mémorise facilement. Une interface ayant cette qualité est dite *intuitive.*

Bibliographie : Chaniat 88, Coutaz 90, Meinadier 91, Microsoft 93.
Corrélats : affichage, habillage, interactivité, interface graphique, point sensible.

Interface graphique exp.

[Anglais : graphic user interface]

Informatique : *interface d'utilisation* qui utilise un *affichage* en *mode graphique*, par opposition à une interface qui utilise un affichage en *mode caractères*. L'affichage en mode graphique qui permet de représenter des images est beaucoup plus agréable. Il permet de découvrir le fonctionnement de la machine sans nécessiter de formation (on dit que l'interface est *conviviale* et *intuitive*). La première interface graphique, commercialisée par *Apple,* a contribué au succès de sa gamme de micro-ordinateur *Macintosh. Microsoft* doit son succès financier à son interface graphique *Windows* ; le lancement de la version 95 de Windows a été un véritable événement médiatique et on estime à près de 80 millions le nombre de ses utilisateurs potentiels. Dans le monde *Unix*, les interfaces *Motif* et *Open Look*, fondées sur le standard *X-Windows*, sont également des interfaces graphiques.

♦ **Caractéristiques**
Le standard de fait des interfaces graphiques est Windows de Microsoft. Il reprend les spécifications CUA (Common User Interface, interface d'utilisation standard) définies dans le cadre du vaste projet d'*architecture unifiée d'application* lancé par IBM en 1987.
Les interfaces graphiques se caractérisent par :
— le multifenêtrage avec possibilité de dimensionner les *fenêtres* à volonté,
— l'utilisation d'*icônes*,
— l'utilisation de *menus* de différentes sortes (déroulants, flottants...),
— l'utilisation de *barres* de menu, de boutons radios, d'ascenceurs...

Corrélats : habillage, interface d'utilisation, CUA, Windows.

Interface utilisateur exp.

Informatique : voir *interface d'utilisation.*

Étymologie : calque de l'*anglais* : "user interface".

Interface visuelle exp.
[Anglais : visual interface]

Informatique : *interface d'utilisation* qui tend à supprimer tout recours aux signes linguistiques traditionnels (construits à partir de *caractères alphanumériques*) pour les remplacer par des *icônes*, des dessins d'objets ou d'animaux et des symboles d'actions. Les premiers développements sont dus au fondateur de la société *VPL* pour la réalisation d'un *langage* de programmation appelé Mandala puis Embrace. Les interfaces visuelles ne sont pas encore commercialisées dans le grand public mais on commence à les utiliser dans les développements d'applications de *simulation virtuelle.*

Bibliographie : Burdea 93.

*Interfacer v.

[Anglais : to interface]

Informatique : concevoir et mettre en place une *interface.*

Internet n. mq.

Informatique et télécommunications : *réseau* multimédia mondial construit par *interconnexion de réseaux.* Son accès est libre : toute personne munie d'un ordinateur spécialement équipé peut s'y connecter par l'intermédiaire d'un fournisseur d'accès et y échanger, avec le monde entier, des informations dans tous les domaines ; cependant Internet est surtout destiné au monde professionnel et en particulier, depuis l'origine, à celui de la recherche et de l'enseignement. Alliant l'*interactivité* (avec des possibilités d'*hypertexte* et d'*hypermédia*), l'utilisation d'images et de sons et l'échange à distance, Internet se situe au cœur du *multimédia,* au carrefour de l'*informatique,* de l'*audiovisuel* et des *télécommunications.*

♦ Un réseau mondial

Les réseaux interconnectés sont de toutes tailles : locaux, régionaux, nationaux, internationaux ; dans les deux derniers cas, ils ont de grands débits et on les appelle « épines dorsales » (en anglais : backbone) ; Renater (Réseau National de Télécommunications pour l'Enseignement et la Recherche) est une des épines dorsales françaises, Ebone (figure 1) est une épine dorsale européenne. Au milieu des années 90, on comptait des dizaines de milliers de réseaux informatiques interconnectés et plus de 4 millions d'ordinateurs (du simple micro-ordinateur au supercalculateur) servant plusieurs dizaines de millions d'utilisateurs.

Le réseau est décentralisé, avec une organisation de type coopératif : il n'y a pas d'administrateur central et l'*intelligence* est répartie entre les réseaux et les *serveurs.* Les réseaux interconnectés appartiennent à des organismes différents et restent la propriété de ces organismes. La supervision et l'évolution technique sont assurées par des associations internationales (voir p. 482).

Au cœur du multimédia

Alliant l'informatique des années 90 aux télécommunications, Internet est un véritable réseau télématique multimédia : il véhicule, de manière interactive, des textes, des programmes informatiques, des images et des sons.

La convergence avec le monde de la télévision est naissante ; elle se réalise par exemple dans une expérience intéressante et novatrice menée par la *Lyonnaise de Communication* à Paris : elle propose des services *télématiques,* appelés Multicâble sur une partie de son *réseau câblé* de *distribution* de télévision (voir la figure 4) ; Multicâble utilise un *boîtier* spécial connecté à la voie de retour du câble délivrant les programmes de télévision et propose, entre autres services, un accès à Internet. Cette expérience amorce la convergence des trois domaines contitutifs du multimédia (figure 2).

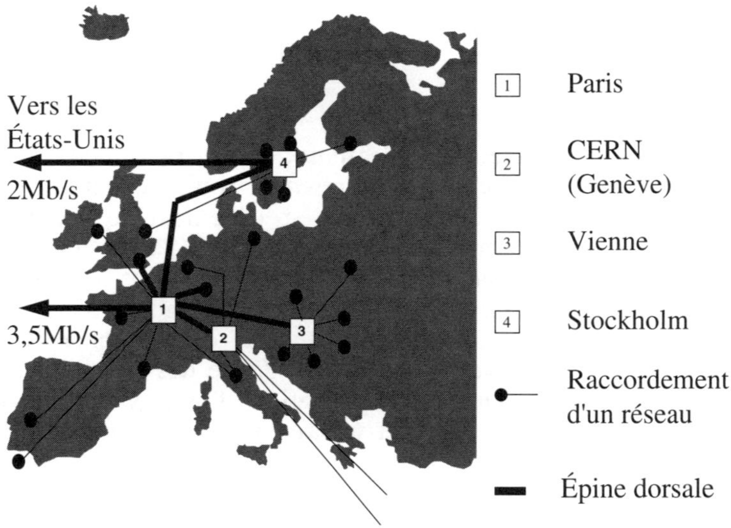

Figure 1 Carte du réseau européen Ebone.
(*D'après : L'Internet professionnel,* Éd. CNRS.)

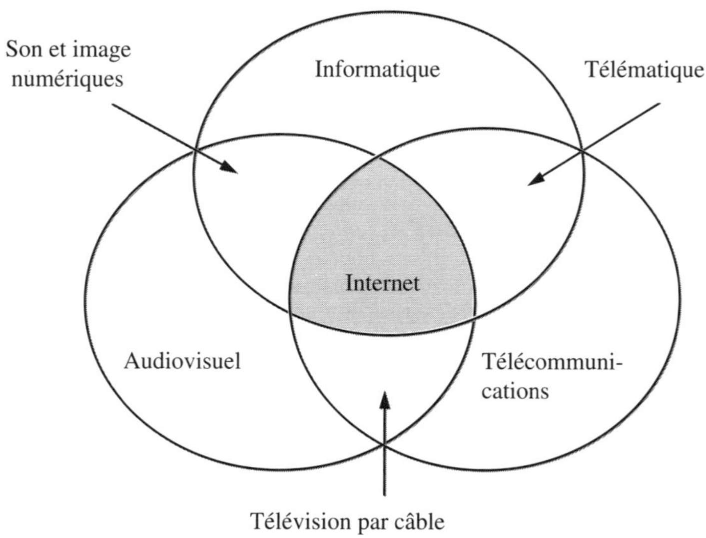

Figure 2 Internet se situe au cœur du multimédia.

Internet préfigure ce que sera la télévision interactive du XXIe siècle : un ensemble de *serveurs* vidéos de grande puissance répartis dans un réseau d'*autoroutes de l'information* et accessibles à partir de terminaux hybrides, à moitié micro-ordinateurs, à moitié télévisions.

Les services
Internet offre les services suivants :
— le *courrier électronique*
— le téléchargement de *fichiers*,
— la participation à des *forums*,
— la consultation de *bases de données* et de *banques d'images* ou de sons,
— l'accès à des grands centres de calcul et l'exécution de *programmes* informatiques à distance,
— l'échange vocal,
— la *diffusion* d'images,
— la *visioconférence*...

Internet et Télétel
La France s'est dotée, dans les années 80, du *Télétel*, plus connu sous le nom de son terminal : le *minitel*. Ce système télématique a rencontré un succès remarquable (plus de 1,5 milliard d'appels en 1993) ; offrant plus de 25 000 services, il est devenu un outil pratique de la vie quotidienne (réservation d'un billet de train, consultation de l'annuaire électronique, télé-achat...). Il est vraisemblable pourtant qu'Internet le supplantera ou, pour le moins, l'englobera. Les principales différences entre les deux services permettent de s'en persuader :

• **Le *terminal*** : contrairement au *minitel*, celui d'Internet n'est pas dédié à la seule télématique ; c'est un ordinateur, complété d'un *modem*, d'une *carte de communication* et de *logiciels* spécialisés. Le réseau est indépendant de toute *plateforme* matérielle ou logicielle : un micro-ordinateur connecté par exemple peut être indifféremment équipé de *Windows*, *Unix* ou *Mac-OS*.

Pour un particulier, un micro-ordinateur coûte plus cher qu'un minitel mais la différence de prix ne restera pas longtemps un obstacle : d'une part les prix ne cessent de baisser et les compléments nécessaires à la connexion à Internet sont de plus en plus livrés en standard ; *Microsoft* par exemple intègre la connexion à Internet dans son système *Windows* 95 ; d'autre part le micro-ordinateur remplit d'autres fonctions que le simple échange télématique : son coût s'amortit dans ses multiples usages.

Auprès du grand public, le micro-ordinateur pâtit d'une vieille culture informatique qui n'a toujours pas fait son deuil de l'ésotérisme et de l'anglophonie ; paradoxalement, il reste moins *convivial* que le minitel qui, en dix ans, a su se faire adopter en dépit d'un *affichage* et d'un *clavier* rustiques. Mais là encore, le temps fera son œuvre et on peut prévoir que les micro-ordinateurs, enfin *normalisés*, deviendront des objets de la vie quotidienne aussi simples à utiliser que le téléphone ou... le minitel !

La multiplicité des usages est l'avantage décisif du terminal d'Internet : on peut archiver localement des informations prises sur le réseau et les réutiliser *hors ligne* (on peut par exemple recevoir un document, l'archiver puis le modifier dans sa forme ou dans son contenu pour l'imprimer) ; on peut de même envoyer sur le réseau des informations créées ou archivées *hors ligne.* Ces facilités destinent irrémédiablement le *minitel* à être remplacé par l'ordinateur.

• **La dimension** : les serveurs d'Internet sont répartis à travers le monde entier alors que les serveurs de Télétel sont exclusivement français. Ceci a trois conséquences :

— on trouve sur Internet beaucoup plus d'informations que sur Télétel, mais d'un tout autre usage, souvent plus professionnel ;
— on y trouve, naturellement, de nombreux serveurs en langues étrangères, ce qui est un avantage important,
— on y trouve une forte empreinte anglo-américaine, jusque dans les *interfaces* d'utilisation.

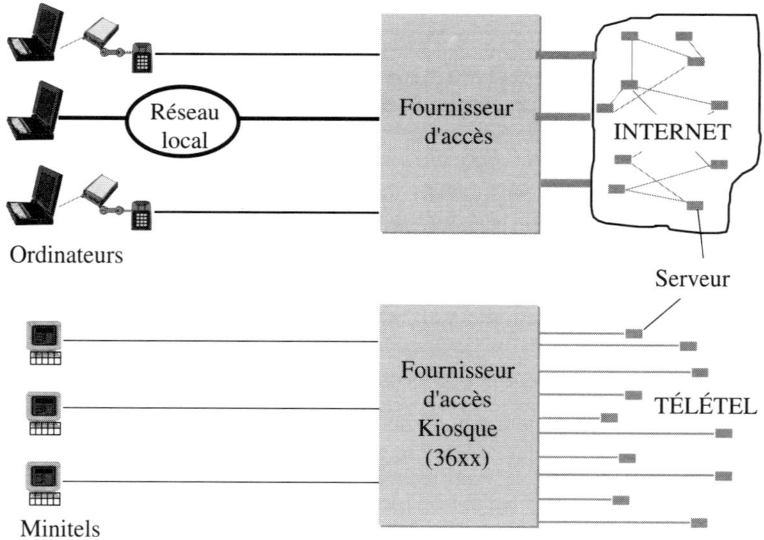

Figure 3 Les serveurs Internet (en haut) et Télétel (en bas).

• **L'interface d'utilisation** : l'ordinateur est devenu *multimédia.* Il peut reproduire les images et les sons véhiculés sur Internet tandis que le minitel est un terminal des années 80, limité à un affichage en *mode caractères* ou, au mieux, en mode de caractères graphiques (voir *graphique*). Cependant, depuis 1995, Télétel offre le service Kiosque micro, accessible depuis un micro-ordinateur équipé d'un modem ; il bénéficie dans ce cas lui aussi d'une *interface graphique* et permet l'accès à... Internet (voir l'article *Télétel*).

• **La navigation** : un sous-ensemble du réseau Internet, appelé *World Wide Web* (en français : toile d'araignée mondiale), permet de tisser des *liens* de type *hypermédia* entre *documents* répartis sur des *serveurs* différents : on peut, par son truchement, *naviguer* à la recherche d'informations dans le monde entier, de serveur en serveur, en gardant en mémoire les adresses des serveurs traversés. Cette toile d'araignée occupe une part grandissante d'Internet bien qu'il existe d'autres sous-ensembles du réseau offrant d'autres types de navigation, par exemple par mots-clés ; Wais et Gopher en sont les plus connus.

Dans Télétel au contraire, les serveurs sont indépendants les uns des autres : le terminal doit se déconnecter d'un serveur pour passer à un autre ; il n'y a pas de liens entre documents appartenant à des seveurs différents, pas de navigation possible entre serveurs (figure 3).

• **Le mode d'accès**

La connexion à Internet se fait par l'intermédiaire de sociétés spécialisées appelées fournisseurs d'accès. Il existe deux types de connexions : la connexion permanente (dite aussi directe) et la connexion à la demande (en anglais : “dial-up”). La connexion permanente est appropriée aux entreprises et aux institutions qui interconnectent leur réseau local à Internet ; l'utilisateur ou le réseau local deviennent alors une partie constitutive du réseau Internet. Dans la connexion à la demande, l'utilisateur se connecte au fournisseur d'accès *via* un modem et le *réseau téléphonique commuté.* Ce type de connexion est approprié pour des utilisations occasionnelles de particuliers ; le terminal n'est pas partie constitutive d'Internet.

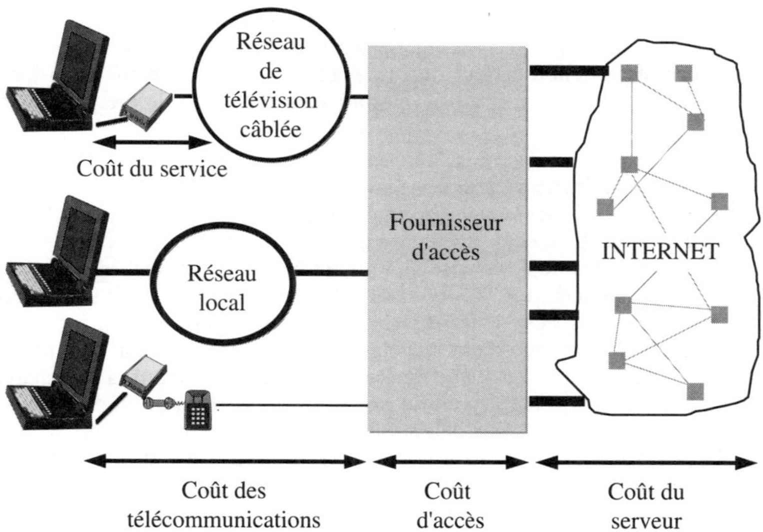

Figure 4 Accès et tarification d'Internet.

La connexion à un serveur télétel se fait à partir du terminal minitel (ou d'un ordinateur muni d'une *carte d'émulation* de ce terminal) *via* le *réseau téléphonique commuté* ou *Transpac* en composant un numéro spécial (voir la figure 3).

• **La tarification.** Le coût d'utilisation d'Internet est la somme de trois éléments : un coût d'accès, un coût de télécommunication et un coût de serveur (figure 4) ; les trois coûts sont facturés indépendamment par trois opérateurs différents.

— Le coût de télécommunication correspond au service permettant d'atteindre le fournisseur d'accès ; il est payable lors de chaque connexion à Internet en mode à la demande, et payable en général par abonnement en mode direct. Il est payé à l'opérateur de télécommunications auquel on est raccordé (en mode à la demande, France Télécom fait payer depuis 1996 le prix d'une communication locale quelle que soit la distance entre l'utilisateur et le fournisseur d'accès).
— Le coût d'accès, payable au fournisseur d'accès, se décompose en un droit d'abonnement (payable une fois lors de l'abonnement à Internet) et en forfait mensuel donnant droit à une durée déterminée de connexion : ce forfait permet une navigation libre sur l'ensemble des serveurs d'Internet.
— Le coût du serveur est payable au serveur que l'on consulte. Contrairement au réseau Télétel, Internet compte peu de serveurs commerciaux et la plupart de ses services sont gratuits.
Globalement, en 1995, le coût d'une heure de navigation variait entre 30 et 50 FF de l'heure avec des serveurs gratuits.
Le principe de tarification est donc très différent du système *Kiosque* adopté sur télétel, dans lequel les usagers n'ont pas besoin d'un abonnement spécial et paient à un seul interlocuteur (l'opérateur de télécommunications, France Télécom) en fonction de leur durée de connexion à un serveur et en fonction du tarif de ce serveur, France Télécom reversant à ce dernier une part des recettes.

♦ **Historique** : Internet a une origine militaire et américaine ; il a comme ancêtre le réseau Arpanet, créé en 1969 par la Darpa (Defense Advanced Research Projects Agency, agence du gouvernement américain pour les projets de recherche avancée de défense) pour relier des centres de recherche travaillant pour l'armée américaine. Les premières liaisons internationales sont apparues en 1973, entre les États-Unis et la Norvège. Le réseau s'est peu à peu ouvert à l'ensemble du monde de la recherche et des universités. La NSF (National Science Fondation), organisme américain à but non lucratif, a été chargé de la gestion et du développement du réseau : toute l'organisation du réseau était alors fondée sur le principe de gratuité de l'échange d'information ; la gestion et la promotion du réseau ont bénéficié juqu'en 1994 de subventions du gouvernement américain qui voyait en Internet un vecteur important du développement de la recherche et de sa politique mondiale. En 1990 Internet s'ouvrait au monde des entreprises et des particuliers et en 1995 le gouvernement américain cessait de subventionner le réseau ; l'amorçage était suffisant pour qu'Internet gère seul la progression importante de sa taille et de son trafic.

Enregistrement d'un réseau dans Internet : pour faire partie d'Internet, un réseau informatique doit recevoir un numéro d'identification de la part d'un organisme agréé. En France, l'Inria, Oléane, et Renater allouent les numéros d'identification pour les réseaux de moins de 250 machines, le Ripe (Réseaux IP Européens : association regroupant les opérateurs des réseaux européens qui utilisent TCP/IP) le fait pour les autres réseaux.

Les caractéristiques techniques
— *transmission* et *commutation* de *paquets* ;
— *protocole* de communication *TCP/IP* (Transmission Control Protocol pour la couche Transport du modèle OSI ; Internet Protocol pour la couche Réseau du modèle OSI) : ce protocole est très utilisé en transmission de données :
— des débits variant, en 1994, de 9,6 Kbits/s ou 14,4 Kbits/s (accès élémentaire) à plusieurs Mbits/s (artères internationales).

L'architecture d'Internet en France : quatre opérateurs sont directement reliés à Internet aux États-Unis et offrent des connexions à l'ensemble des fournisseurs d'accès et de services français : *Renater*, Oléane, EUNet et *Transpac*.

L'organisation administrative...
— 2 000 bénévoles,
— l'ISOC (Internet SOCiety, société Internet) : elle est chargée de la promotion d'Internet ;
— l'IAB (Internet Architecture Board, Bureau pour l'architecture d'Internet) : supervise l'évolution technologique de l'Internet ;
— l'IETF (Internet Engineering Task Force, Groupe de travail pour l'ingéniérie d'Internet) définit en particulier les nouveaux standards d'Internet.

Quelques difficultés...
— Le succès du réseau et l'augmentation du débit des applications posent des problèmes de congestion du trafic et de délai d'attente ;
— l'augmentation du nombre d'abonnés nécessite la définition d'un nouvel espace d'*adressage* et d'un nouveau protocole de comunication pour l'an 2000 (IPng : Internet Protocol new generation, nouvelle génération du protocole Internet) ;
— la défense contre l'intrusion sur les réseaux privés est un point sensible dû à l'organisation ouverte d'Internet et à la possibilité donnée à un terminal de lancer l'exécution de programmes sur les serveurs ;
— la sécurité des transactions commerciales (authentification, confidentialité, intégrité) est en cours d'étude (le plan d'activité commercial du réseau prévoit 1 000 sociétés commerciales en 1996 et 1 million en l'an 2000) ; cette sécurité implique l'emploi de méthodes de *cryptage* ;
— la facturation des services à valeur ajoutée et la rétribution des serveurs correspondants (par kiosque, à l'acte, par abonnement) est en cours de mise en place, elle devra être laissée au choix de chaque serveur.

Évolution prévisible...
— Augmentation des débits offerts : 600 Mbit/s sur le réseau scientifique d'Ile de France en 1996, 34 Mbit/s, voire 155 Mbit/s sur les liaisons internationales ;

— introduction d'*ATM* en parallèle au protocole IP.

Bibliographie : Andrieu 95, CNRS 95, Huitema 95, Huitema 95a, Péliks 95.
Corrélats : autoroute de l'information, HTML, HTTP, multimédia, télétel, Web.

Interprétatif adj.
[Anglais : interpretative]

Informatique : relatif à la technique d'*interprétation*.

Interprétation n.f.
[Anglais : interpreting, interpretation]

Informatique

1. Action d'*interpréter*.

2. Résultat de cette action.
En informatique, s'oppose à *compilation* (voir ce terme).

Étymologie : voir *interpréter*.

Interprète n.m.
[Anglais : actor]

Audiovisuel : celui qui, en interprétant le rôle d'un personnage ou un morceau de musique enrichit le message conçu par le créateur.

Étymologie : voir *interpréter*.

Interpréter v.
[Anglais : to interpret]

1. Audiovisuel : jouer le rôle d'un personnage ou exécuter un morceau de musique.

2. Informatique : traduire en *code machine* un programme d'application écrit dans un *langage* évolué et l'exécuter pas à pas au fur et à mesure de la traduction. S'oppose à *compiler* (voir ce terme et voir aussi *langage de programmation).*

Étymologie : calque de l'*anglo-américain* : "to interpret". L'anglais avait emprunté le mot au vieux français. *Français* : XIIe siècle. *Latin* : "interpretor" (expliquer, éclaicir, interpréter, traduire) < "interpres, interpretis" (négociateur, intermédiaire, courtier, puis interprète) < "inter" (voir ce terme) + "*-pres" suffixe supposé signifiant vendre, négocier. *Indo-européen* : "*per-, pere-" (assigner une valeur ou une équivalence dans le commerce) [Pokorny p. 817].

Interpréteur n.m.

[Anglais : interpreter]

Informatique : programme qui traduit en *code machine* et exécute pas à pas un programme d'application écrit dans un *langage* évolué. S'oppose à *compilateur.*

Étymologie : calque de l'*anglo-américain* : "interpreter". Voir *interpréter.*

Intuitif adj.

[Anglais : intuitive]

1. **Général** : qualifie un type de connaissance dans lequel les éléments déterminants sont assemblés instantanément sans être explicités.

2. **Informatique** : une interface intuitive est une interface qui ne nécessite pas ou peu d'apprentissage et qui se mémorise facilement.

Corrélat : convivialité, interface d'utilisation.
Étymologie : emprunt à la langue commune. *Français* : XVe siècle. *Latin* : "intuitus" (coup d'œil, regard, vue, considération, égard) < "intueor" (regarder attentivement) < "in-" (en, dans, sur) + "tueor" (voir, regarder, contempler). *Indo-européen* : "*en-" (dans, sur) [Pokorny p. 311] + "*teu-" (prêter, faire attention) [Pokorny p. 1079].

Inversion n.f.

[Anglais : backward, reverse]

Audiovisuel : *truquage* qui consiste à inverser le déroulement des images. Un des éléments du *langage cinématographique* qui peut produire des effets comiques ou évoquer une remontée dans le temps.

IPI s.a.
Intelligent Peripheral Interface (traduction littérale : interface pour périphériques intelligents)

Informatique : *interface* normalisée par l'*ANSI* qui voulait compléter l'interface *SCSI* vers le haut de gamme. L'évolution de l'interface SCSI ne lui en a pas laissé l'occasion ; l'interface IPI est spécialisée pour les gros systèmes tandis que la SCSI est restée le standard des minis et micro-ordinateurs.

♦ L'interface IPI définit un bus externe avec quatre niveaux normalisés :
– niveau IPI-0 : interface physique concernant le matériel (câbles, connecteurs...),
– niveau IPI-1 : interface physique concernant les signaux,
– niveau IPI-2 : commandes système (gestion de la configuration),
– niveau IPI-3 : commandes applicatives (gestion des messages).

La gestion du bus est de type hiérarchique : l'ordinateur est seul habilité à prendre l'initiative des transferts. Il pilote jusqu'à 8 contrôleurs qui peuvent eux-mêmes piloter jusqu'à 16 unités chacun. La longueur maximale du câble est de 75 mètres et la vitesse de transfert de 40 Mo/s (une version améliorée, appelée *HIPPI*, permet jusqu'à 100 Mo/s).

IPng s.a.
Internet Protocol new generation (nouvelle génération du protocole Internet)

Télécommunications : voir *Internet.*

IR s.a. et s.f.
[Anglais : InfraRed : IR]

Audiovisuel : voir *infrarouge.*

IRDS s.a.
Information Resources Dictionary System (traduction littérale : système de dictionnaire des ressources d'information)

Informatique : norme ANSI pour les *dictionnaires* de données dans les bases de données.

Iridium n.mq.

Télécommunications : système de télécommunication (téléphonie, fax, données) à couverture mondiale devant être mis en place par *Motorola* en 1998. Il utilise une constellation de 66 satellites en orbites polaires à 780 km d'altitude. La charge utile des satellites est complexe (commutation à bord) et les antennes forment au sol 48 points pour les liaisons avec les mobiles. Le principe de ce système est d'utiliser des liaisons intersatellites réalisant un réseau indépendant du réseau public : il utilise peu de stations au sol. Le coût du projet est estimé à 4 milliards de dollars.

Corrélat : satellite.

IRIG s.a.

Audiovisuel : *base de temps* utilisée pour identifier le jour et l'heure avec une précision pouvant aller jusqu'à la microseconde. Disponible sous différentes formes (signal parallèle ou porteuse modulée), l'IRIG est utilisée notamment dans les domaines aéronautiques et militaires.

Corrélats : SMPTE, code temporel.

ISA s.a.
Industry Standard Architecture

Informatique : standard de *bus* à 8 ou 16 bits pour ordinateurs personnels développé par *Intel* sous la dénomination Multibus. Le Multibus 1 était destiné aux microprocesseurs de la série 8080. Il a été normalisé par l'IEEE sous la référence IEEE-795.

En 1983, Intel a proposé son successeur, le Multibus 2, normalisé sous l'appellation IEEE-796 et offrant de meilleures performances (bande passante, capacité en multitraitement, ...).

En 1988, les bus ISA ont été concurrencés par les bus *EISA* et *MCA*. Leur remplacement par les bus PCI est en cours.

Bibliographie : Lilen 86.
Corrélats : bus, EISA, MCA.

ISDN s.a.
Integrated Service Digital Network

Télécommunications : voir *Réseau Numérique à Intégration de Services* (*RNIS*).

ISO n.p.

Normalisation : voir *organisation internationale de normalisation.*

Isochrone adj.
[Anglais : isochronous]

Électronique

1. Qualifie un signal doté d'*isochronie.* S'oppose à anisochrone.

2. Parfois utilisé comme synonyme de *synchrone.*

Isochronie n.f.
[Anglais : isochrony]

Électronique : caractéristique d'un *signal* dont les valeurs significatives consécutives sont séparées par des intervalles de temps de même durée.

Isosonique adj.

Audiovisuel : qui a le même niveau de *sonie.* Les courbes isosoniques caractérisent de nombreux appareils de haute fidélité. Elles indiquent l'*intensité* (en *décibel*) pour laquelle toutes les fréquences de la *bande passante* de l'oreille procurent la même sonie que le mille qui sert de référence. Voir aussi *intensité.*

Itération n.f.

[Anglais : iteration]

Informatique : l'une des trois structures élémentaires d'information, avec la *séquence* et *l'alternative.* L'itération est une répétition d'information.

Par exemple : une semaine peut être décrite comme une itération de jours (7 fois). Une image comme une itération de lignes qui sont elles-mêmes des itérations de points, etc.

Corrélat : programmation structurée.
Étymologie : néologisme par emprunt à l'anglais. *Anglais* : "iteration" (répétition) < "to iterate" (réitérer). *Latin* : "iterum" (encore, à nouveau). *Indo-européen* : "*e-" (forme pronominale) <"*e-tero" (à nouveau) [Pokorny p. 281].

J

Jack n. mq.

Audiovisuel et informatique : connecteur à verrouillage simple avec un seul axe de connexion et deux ou plusieurs pistes de contact. Ce connecteur est très utilisé en audio. Il en existe plusieurs modèles dont les plus courants sont le connecteur mono, le connecteur stéréo et le miniconnecteur.

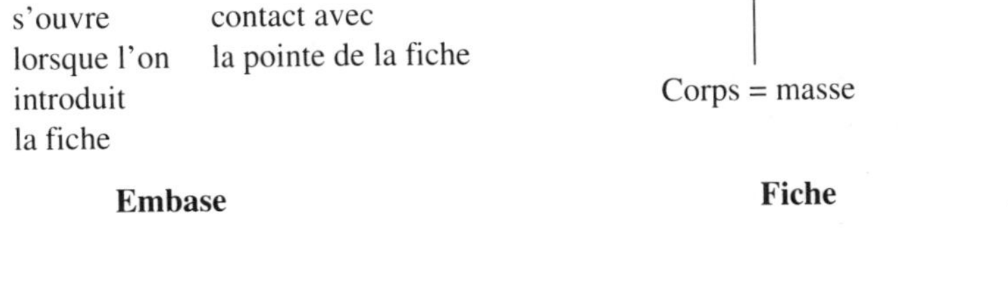

Prise Jack.
(*D'après : Le livre des techniques du son*, D. Mercier, Éd. Fréquences.)

JBIG s.a.
Joint BI-level image Group

Audiovisuel et informatique

1. Groupe d'experts commun à l'*ISO* et à la CEI ayant défini une norme de compression des *images fixes* en deux niveaux.

2. Norme de *compression* résultant des travaux du groupe JBIG à l'ISO. Cette norme, destinée initialement aux images monochromes, peut être utilisée pour des images ayant une *échelle de gris* limitée ou un nombre réduit de couleurs. Elle donne une meilleure compression que les normes groupes 3 et 4 de la télécopie. La norme est référencée sous le numéro ISO/CEI 11544.

JEIDA n.p. et s.a.
Japan Electronic Industry Development Association (association pour le développement de l'industrie électronique japonaise).

Association japonaise regroupant des fabricants de matériel électronique. Elle a notamment participé aux travaux de définition du standard *PCMCIA* et du format d'images *EXIF.*

Corrélats : normalisation, EXIF, PCMCIA.

Jeton n.m.
[Anglais : token]

Voir *réseau à jeton.*

Jeu d'arcade exp.
[Anglais : arcade game]

Audiovisuel et informatique : voir *jeu vidéo.*

Étymologie : calque de l'anglo-américain "arcade game". "Arcade" en américain est un terme d'architecture qui désigne une arche ; par extension il a désigné des passages couverts et en particulier ceux qui étaient bordés de commerces. Les "arcade games" sont des jeux électriques ou électroniques qui sont pratiqués dans des recoins ou des magasins spécialisés situés dans ces passages (billards électriques, machines à poker, machines à sous, simulateurs de conduite, etc...). L'anglais a emprunté le mot arcade au français qui l'avait lui-même emprunté au lombard. *Français* : arcade XVIe siècle < *Lombard* "arcada" (arche) < *Italien* : "arcata" (arcade) < "arco" (arche). *Latin* : "arcus" (arche). *Indo-européen* : "*arqu-" (courbé, incurvé) [Pokorny p. 67].

Jeu électronique exp.

[Anglais : electronic game]

Audiovisuel et informatique : voir *jeu vidéo.*

Jeu video exp.

[Anglais : electronic game]

Audiovisuel et informatique : jeu interactif qui affiche des images vidéo ou des images de synthèse qui tendent à leur ressembler. Il se pratique le plus souvent seul ou à deux, parfois à plus. Les programmes sont distribués sur des supports (cartouche, CD-ROM ou CD-I) et sont exécutés sur un ordinateur spécialisé pourvu d'un *lecteur* généralement appelé *console* ou sur un *micro-ordinateur* standard. Les jeux vidéo ont bénéficié d'importantes améliorations techniques au cours des années 90, leur permettant d'afficher des *images plein écran* et de qualité. Leur production se rapproche désormais de celle du cinéma. À titre d'exemple, en 1995, la société Samsung Electronics Co. entrait dans la coproduction d'un jeu vidéo d'aventures chez les Aztèques. La production engageait des *acteurs* professionnels de renom, reconstituait des *décors* en *images 3-D* combinées avec des *tournages* effectués à Mexico et en Amérique centrale.

♦ Les jeux vidéo ne sont pas encore disponibles *en ligne.* On pourra, avec les *autoroutes de l'information,* jouer de deux façons aux jeux vidéo : soit après avoir téléchargé le programme de jeu du *serveur* vers le *terminal* et en l'exécutant localement, soit en dialoguant depuis le terminal avec un programme situé à distance sur le serveur, l'autoroute de l'information ne transportant alors que les réponses du joueur au programme. Dans le premier cas, le joueur doit disposer localement d'un appareil pourvu d'*intelligence.* Dans le second, le principal problème est le temps de *transmission* du dialogue à travers le réseau. Les deux solutions existent depuis longtemps sur le *minitel,* mais évidemment sans image. On peut aussi imaginer des solutions intermédiaires où deux programmes coopèrent : l'un sur le serveur et l'autre sur le terminal (voir multimédia).

L'ancêtre du jeu vidéo est né au début des années 1970 avec un programme de simulation appelé “Pong” : sur l'écran, deux bâtons se renvoyaient un carré représentant une balle. Un quart de siècle plus tard, les graphismes, les scénarios et l'interactivité se sont améliorés et le succès des jeux vidéo est considérable : la vente de jeux vidéo représentait un chiffre d'affaires annuel de 2 milliards de francs en France en 1994. Le public est jeune et apprécie les jeux de réflexe, de société (aventures, combats, exploration...), de simulation (pilotage d'avion, de voiture ou de moto...) et les jeux éducatifs (l'Éducation nationale octroie en France 80 millions de francs de soutien à la production par an)... En plus de la qualité du *scénario*, deux facteurs techniques entrent en compte dans la qualité d'utilisation d'un jeu vidéo : l'interactivité et la qualité de l'image.

Bibliographie : Sheff 93
Corrélats : console, multimédia.

JFIF s.a.

JPEG File Interchange Format (traduction littérale : format d'échange de fichiers JPEG)

Audiovisuel : *format de fichier d'images* proposé par la société *C-Cube* en 1992 pour coder des *images fixes* en vue de les échanger d'une *plate-forme* à une autre.

Dans ce format, les images sont compressées selon l'algorithme élaboré par le groupe JPEG. En fait, JFIF est un sous-ensemble du format général proposé dans la norme JPEG.

Corrélats : fichier, format, inage fixe, JPEG.

Jitter t.a.

Audiovisuel et informatique : voir *sautillement.*

Joystick t.a.

Informatique : voir *manche à balai.*

JPEG s.a.

Joint Photographic Expert Group (Groupe commun d'experts en photographie).

Audiovisuel, informatique

1. Groupe d'experts, commun à l'ISO et au CEI, chargé d'élaborer une *norme* de *codage numérique* et de *compression* pour les *images fixes* en ton continu (par exemple les photographies).

2. Norme élaborée par le groupe JPEG ; elle porte le numéro ISO/IEC 10918.

♦ Le groupe JPEG est référencé à l'ISO sous la dénomination ISO/IEC/JTC1/SC29/WG10.
La compression procède en quatre étapes :
— le découpage de l'image en petites zones (8 × 8 pixels),
— l'application à la matrice ainsi obtenue d'une transformée cosinus discrète (voir *TCD*),
— la quantification des paramètres,

— un codage de type Huffman.

Le taux de compression obtenu est fonction du facteur de quantification choisi et du contenu de l'image. Le codage JPEG autorise des taux de compression variables. Il permet par exemple un mode d'affichage sans perte de qualité qui donne une compression de l'ordre de 10 en moyenne.

La compression JPEG peut être effectuée par le matériel (circuits spécifiques ou programmables) ou le logiciel.

En 1995, la norme JPEG comprenait trois parties :

— les principes (ISO/IEC 10918-1)
— les tests de conformité (ISO/IEC 10918-2)
— extensions et exemples d'applications (ISO/IEC 10918-3).

Bibliographie : norme ISO 10918.
Corrélats : compression, image fixe, numérisation.

JTC s.a.

Joint Technical Committee (comité technique commun)

Audiovisuel, informatique : comités techniques communs à l'*ISO* et à la *CEI*. Le comité JTC1 prépare des normes dans le domaine des technologies de l'information et en particulier du multimédia. On trouve, au sein du sous-comité numéro 29 (ISO/IEC/JTC1/SC29) trois groupes de travail (Working group, WG) chargés respectivement de *JPEG* (WG1), *MPEG* (WG11) et *MHEG* (WG12).

Corrélats : ISO, IEC, JPEG, MPEG, MHEG.

JTC1 s.a.

Joint Technical Committee 1 (Comité technique commun n° 1)

Audiovisuel, informatique : voir *JTC*.

JTIP s.a.

JPEG Tiled Image Pyramid (Image pyramidale en tuiles JPEG)

Audiovisuel, informatique : concept d'images pyramidales développé par la société Avelem qui figure dans la norme *JPEG*. Les images JTIP existent en différents *formats*, *compressées* séparément et regroupées en un ou plusieurs *fichiers*.
Un fichier d'images JTIP comporte plusieurs niveaux de résolution, ce qui donne l'aspect pyramidal au concept d'image. Les images de format supérieur à l'écran sont découpées en tuiles, compressées

séparément et traitées en un seul fichier (tuilage interne) ou en autant de fichiers que de tuiles (tuilage externe). Le concept JTIP est référencé dans la norme JPEG 10918-3.

♦ Un découpage en tuiles est nécessaire quand la taille des *fichiers* est trop grande pour être manipulée facilement. L'application ne fait appel qu'à certaines tuiles pour visualiser un détail. Dans le concept JTIP, les images sont découpées en tuiles et réduites en dimensions ; elles sont ensuite redécoupées, la taille des tuiles étant choisie en fonction de celle de l'écran de visualisation. Les réductions successives donnent une *image plein écran*, qui est encore réduite deux fois pour obtenir une *imagette* (quart d'écran) puis une *vignette* (seizième d'écran). La consultation des images est grandement facilitée par la présence de tailles réduites pour le *feuilletage* des vignettes et la comparaison des imagettes.

K

k, K u.i.

Général informatique : voir *kilo-, Kilo-*.

KB u.a.
Kilobyte (millier d'octets)

Informatique : voir *Ko*.

kbit u.i.
abréviation de kilobit

Informatique : *unité de mesure* d'information représentant un millier de bits.

kflops u.a.
kilofloating-point operations per second (millier d'instructions à virgule flottante par seconde)

Informatique : unité de vitesse de *processeurs*.

Corrélats : flops, Gflops, Mflops.

kilo-, Kilo- préf.
(abréviations : k, K)

1. Généralité : kilo est un préfixe entrant dans la composition des noms de mesure pour indiquer une multiplication par mille, soit 10^3.
2. Informatique : le Kilo désigne la puissance de 2 la plus proche de 1 000, soit 2^{10} (= 1 024). Un Kilo-octet (noté Ko) équivaut à 2^{10} octets, soit 1 024 octets.

Étymologie : *grec* : “khilioi” (mille). *Indo-européen* : “*ghèslo-” (mille) [Pokorny p. 446].

***Kinéscopage** n.m.

Audiovisuel : opération de transfert d’un film vidéo sur un support cinématographique (16, Super 16 ou 35 mm). La *définition* des images étant plus faible en vidéo qu’en cinéma, le résultat du kinéscopage est souvent de médiocre qualité. Le kinéscopage à partir d’un format de haute définition donnera une meilleure qualité. L’opération inverse du kinéscopage est le *télécinéma.*

Kiosque n.m.

Télécommunications et informatique : système de tarification utilisé pour les services *Télétel* en France. L’utilisateur paie sur une facture globale l’usage du réseau téléphonique commuté, celui du réseau de transfert de données *Transpac* et le prix du service consulté. *France Télécom* rémunère sur cette dernière somme le fournisseur de service.
Kiosque micro : voir télétel.

Corrélats : minitel, télétel, vidéotex.

Ko u.i.
Kilo-octet
[Anglais : KB]

Informatique : *unité de mesure* d’information représentant 1 024 octets.

L

LAN s.a.
Local Area Network

Informatique, télécommunications : voir *réseau local.*

Langage audiovisuel exp.
[Anglais : audiovisual language]

Audiovisuel : ensemble des moyens d'expression et de leurs assemblages, utilisés à la télévision et en vidéo pour raconter une histoire réelle ou imaginaire.

Le langage audiovisuel est issu du *langage cinématographique* avec lequel il se confond presque. Les différences essentielles portent sur les conditions de *tournage* et de reproduction.

• **Le tournage**
— L'image électronique a une moins bonne *définition* que l'image cinématographique, ce qui diminue en partie l'*effet de réalité.*
— Les effets spéciaux sont plus faciles à produire en images électroniques, et en particulier en images *numériques,*
— Les *caméras* ont une plus grande autonomie ; on peut effacer et ré-enregistrer à volonté sur le *support,* ce qui procure une plus grande souplesse au cours du *tournage.*
— Un *montage* simple et rapide peut être fait en *régie* au cours d'un tournage disposant de plusieurs caméras ; il privilégie les *transitions* en *coupes* franches.

• **La reproduction**

— Le format d'écran de la télévision favorise les plans rapprochés et les gros plans au détriment des plans d'ensemble ou des plans généraux.

— La télévision se regarde chez soi ; l'attention est détournée par la famille, la publicité, on zappe... La salle de cinéma au contraire est plongée dans un silence et une pénombre gardés par un groupe social anonyme. On regarde la télévision, on voit un film.

— À la télévision chaque émission s'insère dans un spectacle continu, infini ; elle succède à une autre, en précède une troisième et se trouve en concurrence avec d'autres simultanément. La séance de cinéma par contre a un début et une fin, elle se termine parfois au restaurant, elle est une fête.

— La télévision peut diffuser en direct.

Ces différences expliquent en partie l'écart entre le style de la télévision et celui du cinéma : plans plus courts, *transitions* en coupes franches, gros plans et plans moyens, *rythme* plus rapide, importance accrue du *commentaire*...

Bibliographie : Aumont 88, Barthes 64a, Burch 69, Lebel 71, Leroi-Gourhan 64, Martin 94, Metz 64, Metz 71, Passek 86.
Corrélats : audiovisuel, découpage, langage cinématographique, montage, multimédia, tournage.

Langage auteur exp.

[Anglais : authoring language]

Informatique : langage de programmation évolué spécialisé pour l'écriture d'applications interactives ayant un contenu narratif (*enseignement assisté par ordinateur*, *bornes* interactives de communication, programmes de *jeux vidéos* etc...).

Corrélat : langage de programmation.
Étymologie : calque de l'anglo-américain "authoring language". **Langage** : *Français* : emprunt à la langue commune XIIe siècle dérivé de "langue" avec le suffixe "-age" qui marque un état, une action ou le résultat de cette action. Langue : *Français* : XIe siècle. *Latin* "lingua" (la langue) < vieux latin "dingua" (langue). *Indo-européen* : "*dnghu-, *dnghua-" (la langue) [Pokorny p. 223]. **Auteur** : *Français* : emprunt à la langue commune XIIe siècle ; (au XVIe siècle, on écrivait autheur) < Latin "auctor" (celui qui fait croître, qui fait pousser, celui qui fonde, auteur) < "augere" (faire croître, accroître, augmenter, amplifier). *Indo-européen* : "*aùeg-, .*ùog-, *aug-" (augmenter, accroître, ajouter) ; [Pokorny p. 84].

Langage cinématographique exp.

[Anglais : motion picture language]

Audiovisuel : ensemble des moyens d'expression et de leurs assemblages utilisés au cinéma pour raconter une histoire réelle ou imaginaire.

♦ **Histoire** : on situe généralement la naissance du langage cinématographique dans les années 1910 avec l'apparition du *montage*, en particulier dans l'œuvre du cinéaste américan David Griffith (1875-1948) puis dans celle de l'école soviétique des années 1920 et notamment celle de Serguei Eisenstein (1898-1948).

• Les images et les sons

L'écriture cinématographique consiste à choisir et assembler divers éléments porteurs de sens. À l'origine, le cinéma ne disposait que de l'image et il était reproduit avec des accompagnements musicaux — en général au piano — qui ne dépendaient pas du réalisateur et variaient d'un pianiste à l'autre ou même d'une séance de projection à l'autre. Vers le milieu des années 20, le cinéma s'enrichit des techniques d'enregistrement du son ; les choix et les assemblages d'éléments portent désormais sur trois niveaux.

— Le premier niveau concerne la fabrication des *images* : le réalisateur reprend les techniques du peintre, du photographe, du metteur en scène de théâtre, du mime ou du chorégraphe : il compose l'image, module les *éclairages* et les *couleurs*, dirige les *acteurs*, choisit les *décors* et les *costumes*... Le cinéma ne fait jusque-là que reproduire d'autres moyens d'expression, d'autres médias. Cependant une nouveauté le distingue fondamentalement de toutes les techniques antérieures : la reproduction est faite d'*images animées* et doublement animées : aux *mouvements* des objets ou des acteurs dans l'image (dans le *champ* de la caméra) s'ajoutent les mouvements du cadre de l'image (les *mouvements de caméra*).

— Le second niveau concerne les *sons* : le réalisateur reprend les techniques pré-existantes, du théâtre, de la musique et de l'opéra ; chacun des composants sonores, paroles, bruits et musique peut être *synchrone* ou *hors champ*.

— Le troisième niveau concerne le choix puis l'assemblage définitif des sons et des images ainsi produits, activité spécifiquement cinématographique qui correspond en quelque sorte à une seconde mise en scène et que l'on appelle le *montage.* Comme l'imprimé et comme la musique, le résultat du montage est séquentiel ; il se décompose en *séquences* et en *plans* successifs dont le spectateur ne pourra plus changer l'ordre d'apparition.

• La projection

Les conditions de projection ont toujours été prises en compte par les plus grands réalisateurs. C'est un des éléments qui distingue le cinéma de la télévision. La formule de la séance de cinéma a beaucoup évolué pour passer d'un spectacle de foire à ce qu'elle est aujourd'hui. Le court-métrage tourné avec de moins grands budgets, donne lieu à une toute autre écriture que celle du long métrage, en général plus vive, privilégiant les *mouvements de caméra* et le *montage* plutôt que les *décors* et les *costumes* par exemple. Aujourd'hui la « première partie » de la scéance tend à disparaître ou à se limiter à une succession de courts films publicitaires qui réduisent le spectateur à un consommateur potentiel ; le cinéma utilise alors tous les *truquages* à la mode, propres à la publicité. La salle de cinéma obscure, avec son public anonyme, crée les conditions idéales pour capter le spectateur et l'empêcher de sortir. Le réalisateur de cinéma n'a pas la hantise du zappage propre à son collègue de la télévision... Le format de l'écran est aussi un élément important : le grand écran favorise les *panoramiques* et les *plans* d'ensemble...

♦ Principaux éléments du langage

On peut regrouper les éléments du langage d'après leur place dans la chaîne de *production.*

La conception

Le *scénario*
Le *découpage*

Le *tournage*

La *mise en scène*
- Le jeu d'*acteurs*
- L'*éclairage*
- Les *costumes*
- Les *décors*
- Les dialogues

La prise de vue
- Le *cadrage*
- Le *plan*
- L'*angle de prise de vue*
- Le *mouvement de caméra*

La *postproduction*

Le *doublage*
Le *mixage*
Les *truquages*
Les textes
Le *montage*
- La *scène*
- La *séquence*
- Le *plan*
- Le *rythme*
- Le *mouvement*
- Les *transitions*
  - La *coupe* franche
  - Le *fondu*
  - La *métamorphose*

La profondeur de champ
La *couleur*
La *définition*
La prise de son
Le son *synchrone*
Le son *hors-champ*
La parole
Le *bruitage*
La musique
Le plan de *coupe*
Le *volet*

La reproduction

Le *format d'écran*
La scéance de cinéma
La salle de projection

• L'art de l'ellipse

Le *montage* opère une série de choix dans les matériaux audiovisuels issus du *découpage* et du *tournage*. Il assemble les éléments sélectionnés en fixant leur durée, leurs enchaînements et leurs illustrations sonores. L'assemblage ainsi constitué donne un sens nouveau aux images et aux sons, leur confère un *rythme* et crée un *mouvement* et un style.

En enchaînant les différents *plans*, le montage crée un espace imaginaire, constitué du *champ* et du *hors-champ*, que le spectateur reconstruit mentalement : la pièce où entre le héros est spontanément perçue à côté de celle qu'il quittait au plan précédent ; dans la réalité les deux pièces peuvent évidemment se situer à des kilomètres l'une de l'autre... Le spectateur reconstruit aussi un temps fictif qui ne correspond ni au temps réel du tournage ni à celui de la projection : il imagine aisément que plusieurs années se sont écoulées entre la succesion de deux plans où les *décors*, les *costumes*, les *maquillages* ont changé. En ne montrant ni l'espace réel entre les deux pièces ni le temps réel entre les deux plans, le langage cinématographique se caractérise comme l'art de maîtriser l'ellipse. L'ellipse est permanente au cinéma, aussi bien dans la représentation d'éléments concrets (la contiguïté de deux pièces) que dans celle d'éléments abstraits (les relations, les sentiments, l'histoire...). Dans l'espace de liberté qui lui est ainsi laissé, le spectateur peut faire jouer toute son imagination, guidé cependant par tous les indices que lui glisse le réalisateur à travers l'image ou le son.

♦ Marcel Martin [Martin 94] cite un des premiers exemples de montage en ellipse dans l'histoire du cinéma : pour signifier la chute d'un trapéziste, le réalisateur danois Robert Dinesen montrait, dans son film *Les Quatre diables*, en 1911, le balancement du trapèze vide plutôt que la chute elle-même.

• **Place du langage cinématographique**

Le cinéma marque une double évolution dans l'histoire des *médias* : d'une part il accroît la puissance d'expression du créateur et, d'autre part il diminue la liberté d'interprétation du spectateur.

Le langage cinématographique reprend les éléments narratifs de nombreux arts qui le précèdent : la peinture et la photographie (*cadrage*, composition, *lumière*...), le théâtre (dialogues, *mise en scène, décors, costumes, jeu d'acteurs*...), la musique, la danse (mise en espace et en mouvement...), l'opéra, la littérature... Il ajoute à ces éléments ses propres techniques (image animée, *mouvement de caméra, truquages, montage*...) ; l'ensemble le dote d'un grand pouvoir d'expression et d'illusion. Le réalisateur peut exprimer les points de vue les plus complexes : au cinéma, tout est possible, comme dans un rêve. Le mouvement de la fleur qui s'ouvre est tout à coup perçu grâce à l'*accéléré* et le détail des gestes du coureur est analysé par le *ralenti*. La grande *définition* de l'image, la *synchronisation* du son et de l'image et les conditions de projection favorisant un relâchement de l'éveil perceptif produisent une illusion telle que le spectateur, fasciné, subit l'*effet de réalité*, « entre dans le film » en prenant tour à tour un point de vue objectif (il s'identifie à la *caméra* et au réalisateur) ou subjectif (il s'identifie aux personnages incarnés par les *acteurs*). Jamais auteur n'avait disposé d'un tel outil pour décrire la réalité ou exprimer sa pensée.

L'amateur de tableaux promène librement son regard, associe à son propre rythme ses souvenirs aux couleurs et aux formes, choisit à l'intérieur du cadre les éléments qu'il veut mettre en relation... De même le lecteur d'un roman rythme sa lecture, donne une voix aux personnages, construit les images suggérées par le texte... Le spectateur d'un film par contre est pris dans un ensemble visuel et sonore qui rétrécit la place laissée à son imagination. Ainsi s'expliquent la difficulté de l'*adaptation* des œuvres littéraires au cinéma, et la résistance étrange qu'éprouve le lecteur de bandes dessinées lorsqu'il entend pour la première fois les voix de ses héros de papier et qu'il les découvre pour la première fois en mouvement sur un écran.

Le langage cinématographique marque ainsi tout à la fois un progrès dans l'expression symbolique et un rétrécissement de la marge d'interprétation laissée au spectateur. Le *langage multimédia* qui en est issu amplifie ce double mouvement.

Bibliographie : Aumont 88, Barthes 64a, Baudry 78, Bresson 95, Burch 69, Guattari 75, Lebel 71, Leroi-Gourhan 64, Lyotard 85, Maillot 94, Martin 94, Metz 64, Metz 71, Passek 86.
Corrélats : découpage, langage audiovisuel, langage multimédia, montage, multimédia, tournage.

Langage multimédia exp.

[Anglais : multimédia language]

Multimédia : ensemble des moyens d'expression et de leurs assemblages, utilisés par le multimédia pour construire un récit.

Le langage multimédia est issu du *langage audiovisuel* (et à travers lui du *langage cinématographique*) qu'il englobe mais dont il se distingue par l'ajout de l'*interactivité.* Les différences essentielles qui en découlent portent à la fois sur la production et sur les conditions de reproduction.

• De nouveaux éléments de langage

L'interactivité met de nouveaux éléments à la disposition du créateur : le *point sensible* et les objets ou fonctions qui l'accompagnent : *programmes, menus, icônes, hypertexe, hypermédia.* Ils permettent au réalisateur d'exprimer la diversité des parcours de sa pensée.

• La production : l'expression du réalisateur

L'*interactivité* peut porter sur tous les éléments du *langage cinématographique* (voir ce terme). Le réalisateur peut ainsi donner la possibilité au programme de modifier non seulement le *scénario*, mais aussi le *cadrage*, l'*angle de prise de vue*, le *mouvement de caméra*, les *couleurs*, l'*éclairage*, le *décor*, les *costumes*, le *jeu des acteurs*, le *rythme*, les *transitions*, etc... en fonction des réponses de l'utilisateur. Il peut, pour chacun des éléments, prévoir autant de variantes qu'il le souhaite. Il peut prévoir par exemple qu'un personnage pourra, selon les réponses de l'utilisateur, être habillé de bleu ou de rouge, que le décor passera du XIIe siècle au XIXe, d'une île de l'océan Indien à la campagne cévenole...

Or c'est bien ainsi que procède l'esprit humain : par associations, analogies, substitutions, déplacements, bifurcations... et c'est par artifice que les langages linéaires forcent le créateur à choisir une ramification parmi tous les possibles, exprimant sa pensée en privilégiant un parcours artificiellement ordonné. Par sa construction en *arborescence*, le multimédia libère en partie le réalisateur de l'ordre linéaire et lui permet de resserrer l'espace entre sa pensée et sa représentation.

Du point de vue de l'utilisateur, la possibilité de choisir un chemin ou un autre procure une illusion de liberté et renforce l'identification primaire (voir *effet de réalité*). En fait, le spectateur est pris dans un filet tendu par le réalisateur qui lui impose ses propres variantes de pensée, en lui laissant l'illusion d'une liberté enfin retrouvée. Il ne peut jamais choisir que ce que le réalisateur a voulu qu'il puisse choisir. Sa marge d'interprétation personnelle s'est rétrécie.

Le langage multimédia se situe dans le prolongement du langage cinématographique : il perfectionne l'outil de représentation de la pensée et resserre la marge de liberté et d'imagination laissée au spectateur.

• **Les conditions de reproduction**

— L'*interactivité* monopolise l'attention du spectateur.

— Le *format d'écran* et l'environnement de visualisation sont ceux de la télévision ou de l'informatique et sont moins propices à capter l'attention que ceux du cinéma. Seule, la *simulation virtuelle* qui isole complètement le spectateur de son environnement visuel et, en partie de ses environnements sonores et tactiles, a un pouvoir d'illusion supérieur à celui du cinéma.

— Le plus souvent le spectateur est seul à pouvoir interagir avec la machine, mais certains *jeux vidéo* dialoguent avec plusieurs utilisateurs simultanément, chacun disposant d'un *périphérique* d'entrée ; signalons qu'on a construit des applications d'interactivité collective (voir *interactivité*). La consultation d'un produit multimédia se fait volontiers en petits groupes de deux ou trois personnes qui choisissent ensemble les réponses à donner au programme. Dans ce cas l'attention est toujours centrée sur le programme.

— On compare souvent les produits d'édition électronique (CD-ROM, CD-I...) aux livres pour leur reprocher, à juste titre, la lourdeur et l'encombrement des appareils. Remarquons simplement que la comparaison est nouvelle : on ne les compare plus au cinéma...

• **À propos des *transitions***

La transition est un élément essentiel du *langage cinématographique*. Elle est définie au *montage*. Avec l'*interactivité*, une même *séquence* ou un même *plan* peuvent donner lieu à différents enchaînements en fonction de la réponse de l'utilisateur et le choix de la transition est délicat. La définition des *points sensibles* y participe et elle est une tâche importante confiée au réalisateur (voir *affichage*). L'informatique a abordé le problème des transitions interactives dans ses travaux sur les *interfaces d'utilisation* ; elle le résout par l'utilisation de *menus* et d'*icônes*, solution qui convient aux *images fixes* et aux applications non narratives. Dans les domaines de la *fiction* ou du *documentaire*, la maîtrise des transitions reste à inventer. Un point particulièrement difficile concerne les transitions sonores interactives : le *son* est par nature séquentiel et l'enchaînement aléatoire de séquences musicales est un casse-tête des compositeurs travaillant dans les *productions* multimédias.

• À propos du hors-champ
Le couple *champ / hors-champ* fonde une caractéristique majeure *du langage cinématographique* : l'ellipse. Il illustre bien le double mouvement suivi par le langage multimédia par rapport aux langages cinématographique et audiovisuel : précision accrue de l'expression de la pensée du réalisateur et restriction de l'espace de liberté du spectateur. En effet avec l'*interactivité*, le réalisateur peut décider de laisser le spectateur voir certaines parties du hors-champ simplement en cliquant sur une flèche de déplacement par exemple ; les *jeux vidéo* usent à l'envie de cet effet et laissent l'utilisateur se déplacer virtuellement dans des espaces imaginaires qu'il explore avec frissons... Lorsqu'il va voir le hors-champ, le spectateur découvre un décor décidé par la réalisateur ; il a perdu sa liberté d'imagination, sa marge d'interprétation. Par contre, le réalisateur, lui, a exprimé plus précisément sa pensée : la connaissance du hors-champ qu'a le spectateur est bien conforme à ce qu'il souhaite.

Bibliographie : Balpe 90, Levy 90.
Corrélats : effet de réalité, interactivité, langage cinématographique, langage audiovisuel, multimédia.

Langage de programmation exp.

[Anglais : programming language]

Informatique : langage artificiel servant à écrire des *programmes*.

♦ La fonction impérative des langages humains
Deux individus qui communiquent utilisent tour à tour différentes fonctions du langage : raconter une histoire, décrire une situation, poser des questions,

donner des ordres, etc... La fonction impérative est celle qui nous intéresse ici. Un exemple est donné en figure 1 et sa généralisation en figure 2 : elle permet à celui qui parle de donner des instructions à celui qui écoute pour qu'il accomplisse des actions dans un univers de référence (le monde réel). La communication est possible grâce à des conventions qui constituent le vocabulaire et la syntaxe du langage.

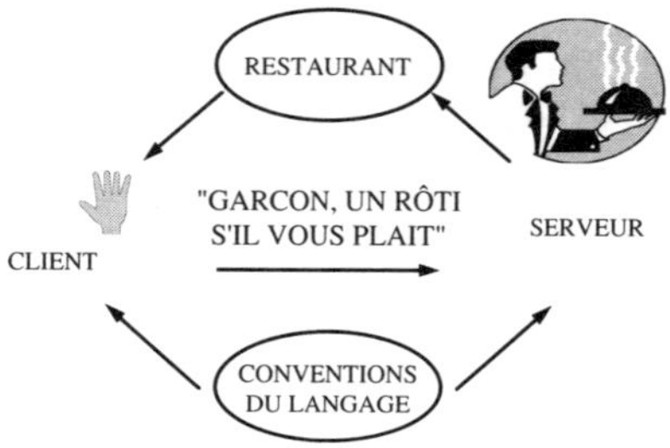

Figure 1 La fonction impérative.

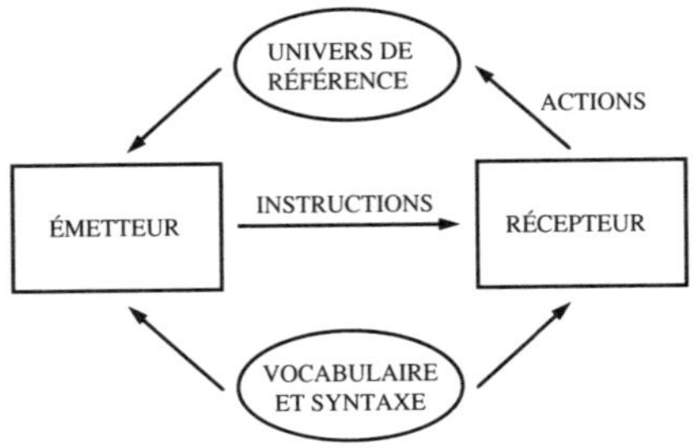

Figure 2 Généralisation.

- **Les langages de programmation**

Dans le cas des langages de programmation, l'émetteur est un programmeur et le récepteur un *ordinateur*. L'univers de référence n'est plus le monde réel mais sa représentation (on dit aussi son *modèle*) sous forme de *données*. Les langages de programmation décrivent les traitements à accomplir par l'ordinateur sur les données (figure 3).

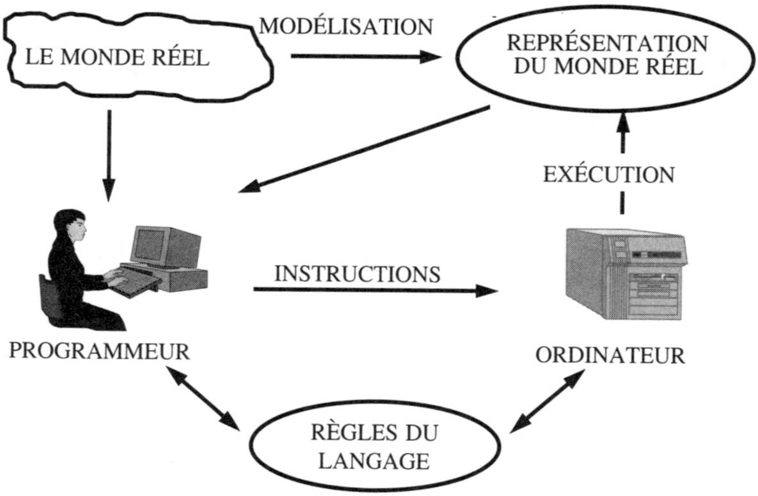

Figure 3 Le langage de programmation.

• Les différents types de langages de programmation
Une même instruction s'exprime de façon plus ou moins détaillée suivant à qui elle s'adresse. Le client demande au serveur : « Garçon, un rôti s'il vous plaît ! » et ne s'intéresse plus qu'au résultat de sa commande : l'arrivée d'un rôti sur sa table. Cependant, dans la cuisine, son ordre est exécuté par une suite d'actions élémentaires qui peuvent chacune donner lieu à une instruction : le chef commande l'apprenti : « allume le four » / « prends un plat » / « prends la viande dans le réfrigérateur » / « place la viande dans le plat », etc...

Il existe de la même façon différents langages de programmations qui commandent des actions plus ou moins détaillées : les langages exécutables (on dit aussi « langages-machines » ou « de bas niveau ») expriment des instructions fines correspondant aux actions élémentaires que peuvent effectuer les composants électroniques de l'ordinateur ; les langages évolués (appelés aussi « de haut niveau ») sont proches des langages humains : leurs instructions ordonnent des actions correspondant à l'exécution de plusieurs instructions d'un langage exécutable.

• Les langages exécutables
La figure 4 représente une mémoire et une suite d'instructions qui la pilote. Cet exemple, simplifié, montre le type d'actions élémentaires propres à un langage exécutable.

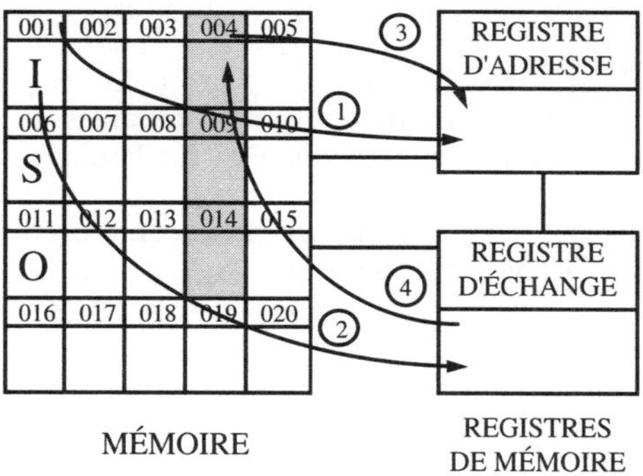

N°	CODE OPÉRATION	OPÉRANDE 1	OPÉRANDE 2
1	CHARGER	1	ADRESSE
2	LIRE		
3	CHARGER	4	ADRESSE
4	ÉCRIRE		
5	CHARGER	6	ADRESSE
6	LIRE		
7	CHARGER	9	ADRESSE
8	ÉCRIRE		
9	CHARGER	11	ADRESSE
10	LIRE		
11	CHARGER	19	ADRESSE
12	ÉCRIRE		

Figure 4 Exemple d'un langage exécutable.

La mémoire est composée de cases numérotées de 001 à 020 et de deux registres : un registre d'adresse et un registre d'échange. Les cases numéro 001, 006 et 011 contiennent les trois caractères « I », « S » et « O ». La mémoire ne sait faire que deux choses : lire et écrire.

Lorsqu'on lui fait LIRE une information, elle recopie le contenu d'une de ses cases dans son registre « ÉCHANGE » ; le registre « ADRESSE » indique alors le numéro de la case dont on veut lire le contenu.

Lorsqu'on lui fait ÉCRIRE une information, elle recopie le contenu de son registre « ÉCHANGE » dans une de ses cases ; le registre « ADRESSE » indique alors le numéro de la case dans laquelle on veut écrire l'information.

Le programme doit recopier les contenus des trois cases 001, 006 et 011 dans les cases 004, 009 et 014, indiquées en grisé. Il consiste à charger le registre adresse avec la bonne valeur puis à donner un ordre de lecture ou d'écriture ; le lecteur vérifiera qu'après l'exécution des douze instructions, le résultat cherché est bien atteint : les lettres I, S et O ont été recopiées aux bons endroits.

Les langages exécutables sont écrits en *binaire*, ce qui rend leur lecture encore plus difficile.

Les processeurs et les mémoires diffèrent les uns des autres par le nombre de registres et la manière dont on les utilise ; chaque ordinateur dispose ainsi d'un langage particulier et un programme exécutable sur un ordinateur pourvu d'un microprocesseur fabriqué par *Motorola* par exemple (comme le *Macintosh*) n'est pas directement exécutable par une machine pourvue d'un microprocesseur fabriqué par *Intel* (comme le *PC).*

- **Les langages évolués**

La figure 5 montre un extrait de *programme* écrit dans le langage Visual Basic de *Microsoft.* Ce programme recopie les trois premières cases d'une colonne d'un tableau dans une autre colonne d'un autre tableau. On remarquera qu'il fait exactement la même chose que le programme exécutable de la figure 4, mais avec deux fois moins d'instructions.

Chaque ligne correspond à une instruction, sauf les premières (repérées en italique) qui servent de *commentaire* indiquant au lecteur du programme ce que font les lignes suivantes.

Chaque instruction comprend un verbe (Sélectionner, Copier, Coller...) qui est un ordre précisant le traitement à exécuter et un nom (Feuilles (x), Plage (y), Sélection, Feuille Active) qui représente les données sur lesquelles appliquer le traitement.

Le langage évolué, proche du langage humain, est facilement compréhensible : ses instructions correspondent à une décomposition simple de l'action à accomplir.

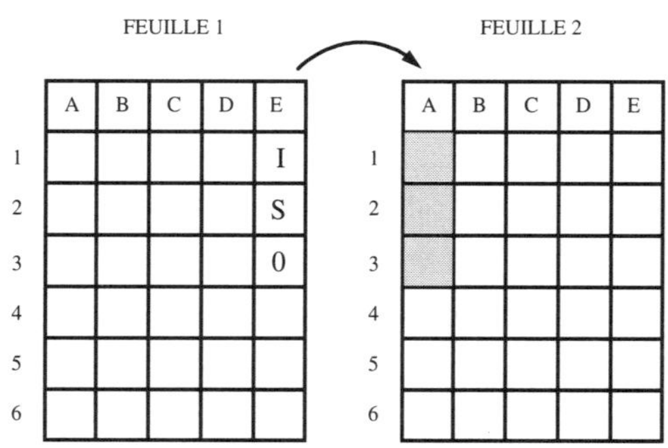

Copier les trois premières cases de la colonne E de la feuille 1 dans la colonne A, feuille 2

Feuilles (1). Sélectionner
Plage ("E1 : E3"). Sélectionner
Sélection. Copier
Feuilles(2). Sélectionner
Plage ("A1 : A3"). Sélectionner
Feuille Active. Coller

Figure 5 Exemple d'un langage évolué : Visual Basic de Microsoft.

Il existe de nombreux langages évolués, la plupart étant proches de l'anglais ; ils se distinguent les uns des autres par leur adaptation à différents domaines d'*application* :
— COBOL (Common Business Oriented Language : langage standard pour l'informatique de gestion),
— BASIC (Beginners All-purpose Symbolic Instruction Code : code d'instructions symboliques en tous domaines pour débutants, qui était destiné à l'enseignement),
— FORTRAN (FORmula TRANslator : traducteur de formules, destiné au monde scientifique).

Il existe également des *langages-auteurs*, des langages graphiques...Parmi les langages les plus récents, le langage C est aujourd'hui universellement répandu (voir l'article *C*) et son extension C++ est adaptée aux applications utilisant une démarche par *objets*.

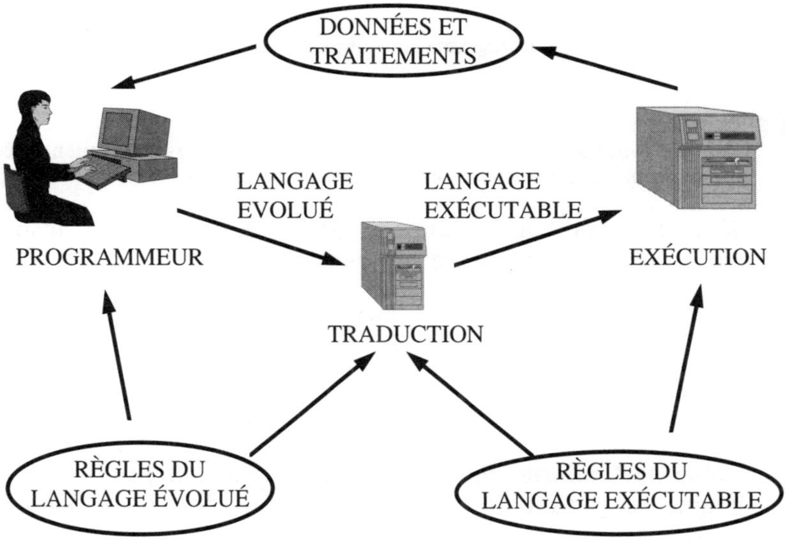

Figure 6 Passage du langage évolué au langage exécutable.

- **Traduction du langage évolué en langage exécutable**

Le langage évolué exprime les traitements en termes de logique humaine avec les symboles des langages humains ; le langage exécutable les exprime en actions élémentaires d'ordinateur, avec des symboles binaires. Une instruction du langage évolué se décompose en plusieurs instructions du langage exécutable (parfois plusieurs centaines). La *traduction* d'un langage à l'autre est automatisée et appelée *compilation* ou interprétation suivant la technique choisie (figure 6). Une bonne traduction minimise le nombre d'instructions exécutables traduisant une instruction évoluée ; elle accélère ainsi l'exécution des programmes et influe sur la performance globale de l'ordinateur (voir *banc de mesure*).

Bibliographie : Meinadier 80.
Corrélats : analyse, banc de mesure, compilation, processeur, programmation.
Étymologie : **langage** : voir *Langage auteur ;* **programmation** : voir programmation.

Langage orienté objet exp.

[Anglais : object oriented language]

Informatique : langage évolué permettant de programmer avec la notion d'*objet*.

Par exemple : *C++*.

Corrélats : langage de programation, objet.

Laser s.a. et n.m.

Light Amplification by Stimulated Emission of Radiations (traduction littérale : amplification de lumière par émission stimulée de rayonnements)

Général : générateur de lumière cohérente, capable de transporter avec précision une énergie très puissante.

Corrélats : disque optique, fibre optique.

Laser disc t.a.

disque laser

Audiovisuel, informatique : terme adopté par *Philips* en 1990 pour désigner sa gamme de disques laser (CD-vidéo, *Laservision*, LV-ROM).

Laservision n. mq.

Audiovisuel : appellation donnée en 1980 aux *disques optiques*, anciennement appelés VLP (Video Laser Play). C'étaient des disques de 30 centimètres de diamètre avec un enregistrement analogique sur deux faces et un son en modulation de fréquence.

Il existe deux modes d'enregistrement : à *vitesse angulaire constante*, ou à *vitesse linéaire constante*, offrant respectivement 36 minutes et 60 minutes d'enregistrement. MCA, Philips, Pioneer et Sony étaient les principaux fabricants de lecteurs de disques laservision.

LCD s.a.
Liquid Cristal Display (écran à cristaux liquides)

Informatique : voir *écran plat.*

LD-ROM s.a. et n. mq.
Laser Disc-Read Only Memory

Informatique : disque laser pouvant servir de *mémoire* informatique lancé en 1989 par Pioneer (on trouvait aussi le même produit sorti en 1984 sous l'appellation LV-ROM chez Philips). Les disques, de 30 centimètres de diamètre, nécessitaient des lecteurs spéciaux. Ils pouvaient contenir 30 minutes d'image *analogique* avec un *son numérique* ou 370 *Mo* de données.

LECAM s.f.
abréviation de LEcteur de CArte à Mémoire

Informatique : *lecteur* de cartes à mémoire utilisé en particulier en association avec le minitel.

Lecteur n.m.
[Anglais : reader]

Audiovisuel, informatique : appareil qui fournit une information enregistrée sur un *support.* Certains lecteurs peuvent, en complément, décoder l'information (lecteur-décodeur) ou l'enregistrer (lecteur-enregistreur). En audiovisuel on appelle les simples lecteurs des platines. On distingue les lecteurs en fonction du type d'enregistrement et du type de support qu'ils utilisent.
• **Composants** :
— un système mécanique de déplacement du support et des têtes qui détermine le *temps d'accès* et le mode d'*accès.*
— un système électronique de pilotage de la lecture (comprenant le pilotage de la *tête de lecture* et un dispositif d'*amplification*),
— une ou plusieurs têtes de lecture,
— un décodeur,

Type d'enregistrement	Type de support
magnétique	bande, cassette, cartouche, carte disque, disquette
	badge
optique	disque
	badge, code barre
magnéto-optique	disque

— une interface avec le système auquel l'information est transmise ; elle est constituée à la fois par les *protocoles* d'échange et par les *connecteurs* ; elle peut comprendre des *antémémoires* et elle détermine le *débit* du lecteur.

En informatique, un lecteur est commandé par un *pilote* qui gère la recherche physique de l'information puis son transfert vers l'unité centrale.

En informatique, les lecteurs ne sont pas normalisés mais il existe de nombreux standards de fait :
— standards pour disques : *SCSI*, *ST506*, ESDI, *le livre rouge*, *le livre blanc, le livre vert...*
— standards pour bandes magnétiques : *QIC...*

• Lecteur et multimédia

Le rôle du lecteur est très important en informatique : c'est lui qui alimente l'ordinateur en informations à traiter et son *débit* détermine la performance de la machine. En multimédia, où les volumes d'information sont importants, le débit du lecteur est un des point clés. C'est ainsi qu'on assiste à une permanente évolution des lecteurs de *disques compacts* (lecteurs à double vitesse, quadruple vitesse et sextuple vitesse).

Corrélats : bande magnétique, disque, lecture, multimédia, support, tête.

Lecture n.f.

[Anglais : reading, information retrieval]

Audiovisuel, informatique : opération réalisée par un *lecteur* pour fournir une information enregistrée sur un support.

♦ En général, la connexion physique du disque étant réalisée, une lecture sur disque comprend, en informatique, les opérations suivantes :
— la connexion logique qui vérifie l'identité du disque,
— l'appel de la table des matières qui donne en particulier la liste des fichiers contenus sur le disque et leurs adresses,
— le positionnement des têtes de lecture,
— la lecture proprement dite qui recopie l'information enregistrée depuis la surface du disque vers une mémoire tampon,
— le décodage de l'information,
— son transfert vers l'unité centrale.

LED s.a.

Light Emitting Diode (traduction littérale : diode émettrice de lumière)

Électronique : composant qui émet de la lumière quand il est alimenté en courant électrique. Les diodes ont un rendement énergétique élevé, elles consomment peu de courant. En associant un grand nombre de diodes, on peut fabriquer des écrans de toutes dimensions.

♦ Il existe des diodes LED de plusieurs couleurs (rouge, jaune, vert, orange et bleu). On peut constituer des panneaux rouge vert bleu en associant les diodes comme les *luminophores* d'un *écran* pourvu d'un *tube à rayons cathodiques.*

Liaison n.f.

[Anglais : link]

1. Audiovisuel : voir *transition.*

2. Télécommunications, informatique : lien établi entre un émetteur et un récepteur d'informations pour leur permettre de communiquer.

Par exemple : on appelle liaison de données, l'ensemble des ressources matérielles et logicielles mises en œuvre pour relier deux ordinateurs ou un ordinateur et un *terminal.* La liaison de données inclut deux *contrôleurs* de communication (dont un contrôleur de terminaux dans notre exemple) appelés *ETTD* (voir carte de communication), et le *circuit de données* constitué des deux *modems (ETCD)* et de la *ligne.*

Bibliographie : Du Castel 93, Lilen 86, Maiman 86.
Corrélats : carte de communication, ligne.

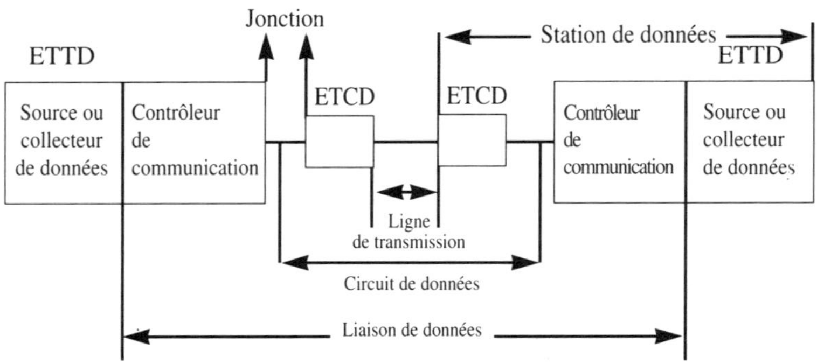

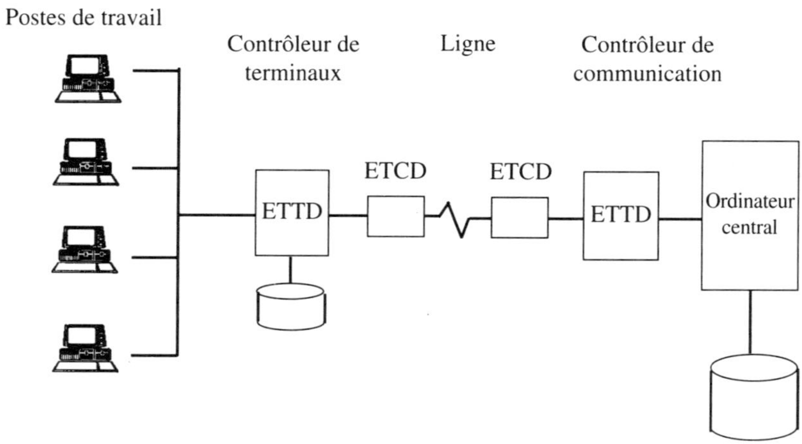

Principales composantes d'une liaison de données.
(D'après : Télématique téléinformatique et réseaux, M. Maiman, Éd. Masson.)

♦ Les différents types de liaisons
– Classement en fonction du sens des échanges d'informations :
  • liaisons *unidirectionnelles*,
  • liaisons *bidirectionnelles* : simultanées, à l'alternat.
– Classement en fonction du mode de transmission :
  • liaisons parallèles (les informations sont transmises en parallèle sur plusieurs fils),
  • liaisons en série (les informations sont transmises les unes à la suite des autres sur un fil).
– Classement en fonction du mode de *synchronisation* :
  • liaisons *synchrones* (la transmission se fait en synchronisation avec un signal d'horloge),
  • liaisons *asynchrones* : transmission une à une avec *poignée de main.*
– Classement en fonction de la durée de la liaison :
  • liaisons *commutées* (temporaires),
  • liaisons spécialisées (permanentes).
– Classement en fonction de la configuration des équipements terminaux :
  • liaison *multipoint*,
  • liaison *point à point*,
  • liaison en *boucle.*
– Classement en fonction du type d'application :
  • liaison de données,
  • liaison téléphonique,
  • liaison télévisée,
  • liaison radio,
  • liaison multimédia.
– Classement en fonction du matériel utilisé :
  • liaison satellite,
  • liaison câblée,
  • liaison hertzienne.

Étymologie : emprunt à la langue commune. *Français* : XIIIe siècle. *Latin* : "ligatio" de "ligare" (lier, attacher, bander). *Indo-européen* : "*leig-" (lier, attacher) [Pokorny p. 668].

Library t.a.

Informatique : voir *bibliothèque.*

Lien n.m.

[Anglais : link, linkage]

Informatique : relation établie entre différentes informations qui permet, lorsqu'on accède à l'une, d'accéder rapidement aux autres.

♦ Des liens peuvent être établis dans une base de données entre différentes entités de la base, à l'aide de pointeurs (base de données hiérarchique) ou de tables (base de données relationnelle). La mise à jour d'une information nécessite alors une mise à jour de ses liens. Le terme est souvent utilisé comme synonyme d'*index*.

Le terme est aussi employé pour désigner les relations que l'on établit entre les différents modules d'un même programme pour constituer le programme exécutable à partir des modules compilés. Voir *création des liens*.

• **Exemple** : la figure 1 montre un *fichier* de liens créé entre un fichier de peintres et un fichier de musées. Dans le fichier des peintres, il y a un *enregistrement* (une fiche) par peintre qui contient toutes les informations relatives à ce peintre. Chaque fiche est identifiée par un numéro. Dans le fichier des musées, il y a de même une fiche par musée. Si l'on veut avoir la liste de tous les peintres exposés dans le musée d'Orsay par exemple, plusieurs solutions sont possibles :
— soit on indique dans chaque fiche de peintre l'ensemble des musées où il est exposé. Lors de la consultation, le programme lit toutes les fiches de peintres et mémorise celles où le musée d'Orsay est mentionné. Après avoir lu l'ensemble du fichier des peintres, le programme peut donner la liste des fiches ainsi selectionnées. L'inconvénient d'une telle solution est double : d'une part la longueur des fiches des peintres varie en fonction du nombre de musées où le peintre est exposé et d'autre part le temps de consultation est allongé : on lit inutilement de nombreuses fiches de peintres où le musée d'Orsay n'est pas mentionné (par exemple toutes les fiches des artistes de la Renaissance).
— soit on indique dans chaque fiche de musée la liste de tous les peintres exposés dans ce musée. Lors de la consultation, le programme dispose immédiatement de l'information demandée mais la taille des fiches des musées est variable et peut être très longue pour certains d'entre eux.
— soit on crée un fichier de liens où chaque fiche, très courte, contient l'association Musée — peintre exposé. Dans ce fichier, il y aura pour chaque musée autant de fiches qu'il y a de peintres exposés. Lors de la consultation, le programme ne lit que les fiches concernant le musée d'Orsay et, pour chacune d'elle, mémorise le numéro du peintre mentionné ; ensuite il lit, dans le fichier des peintres, les fiches concernées pour trouver les noms des peintres et en afficher la liste.

Un fichier de liens est en général moins volumineux que les fichiers de données qu'il relie ; il peut cependant contenir des informations supplémentaires propres au lien ; dans notre exemple, on pourrait indiquer pour chaque lien le nombre de tableaux concernés et le nom de ces tableaux.

Pour accélérer le déroulement des programmes, on peut charger les fichiers de liens en mémoire centrale où l'accès aux différentes fiches de lien est très rapide. On diminue alors le nombre d'accès aux disques mais on mobilise de la place en mémoire centrale... Le choix des liens, de leur codage, de leurs emplacements sur les disques et du moment où on les charge en mémoire centrale ressort du travail d'*analyse*. Il influe tout à la fois sur la *convivialité* de l'*application* et sur ses performances.

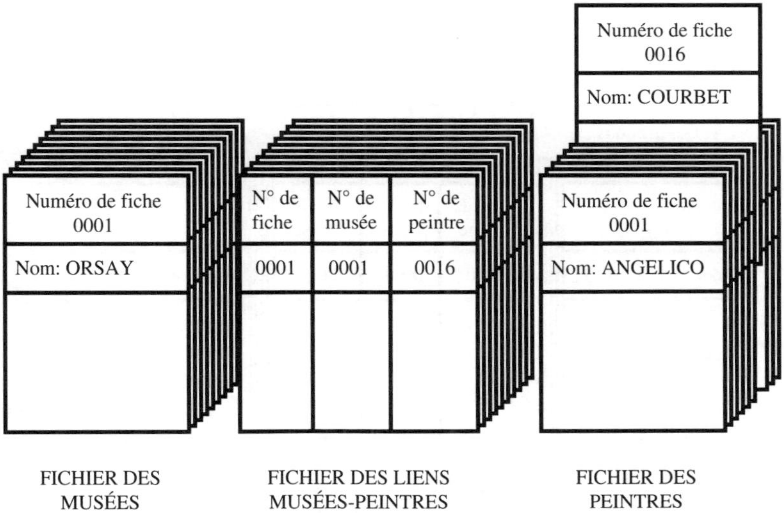

Figure 1 Exemple de fichier de liens.

Lorsqu'un utilisateur consulte une base de données, la recherche des informations est facilitée par l'existence de nombreux mots-clés qui sont autant de liens. Cependant les fichiers de liens augmentent le volume occupé sur les disques et risquent de freiner le traitement ; si l'on crée trop de mots-clés, la machine passe plus de temps à gérer les liens qu'à traiter les données ; chaque fois que l'on modifie par exemple le contenu d'une zone de liens dans le fichier de données, la machine doit reporter cette modification dans le fichier de liens concerné.

Remarque 1 : La technique présentée en figure 1 est utilisée dans les *bases de données relationnelles* ; les fichiers sont alors appelés des tables.

Remarque 2 : Le fichier de liens peut lui-même être *indexé.*

On peut aussi constituer des chaînes de liens. Les figures 2 et 3 montrent un *chaînage* permettant de visualiser tous les tableaux produits par un peintre. On dispose de trois fichiers :
— un fichier des peintres,
— un fichier des tableaux contenant uniquement leur descriptif,
— un fichier des images de tableaux.

Pour permettre à l'utilisateur de voir les tableaux d'un peintre particulier, on crée un fichier de liens « n° du peintre — n° de tableau » ; dans ce fichier il y aura autant de fiches qu'il y a de tableaux.

On crée deux fichiers de liens :
— un fichier de liens peintres – tableaux,
— un fichier de liens tableaux – images de tableau.

L'utilisateur entre dans le fichier des peintres et choisit par exemple de connaître le peintre Jean Fouquet. Il peut demander à voir le tableau « Portrait

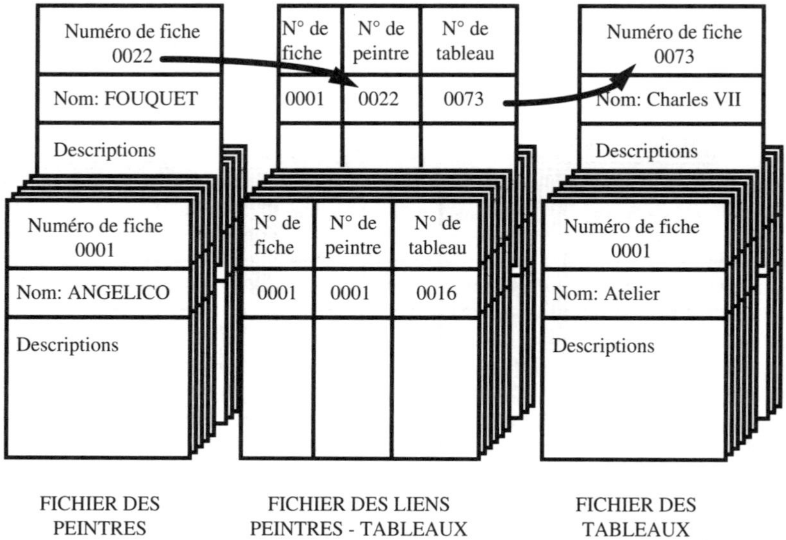

Figure 2 Liens entre peintres et tableaux.

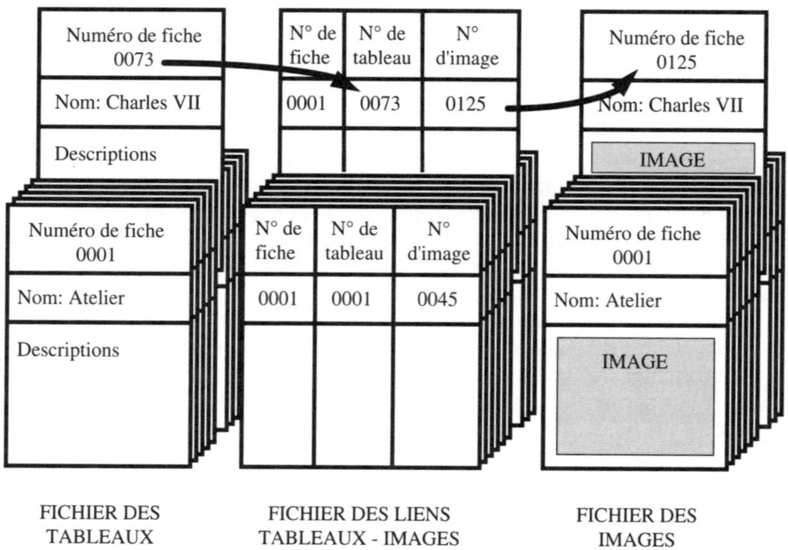

Figure 3 Liens entre tableaux et images.

de Charles VII ». Par les chaînages ainsi construits, la machine peut afficher le tableau demandé. On pourrait construire un lien direct Peintre-Image, ce qui accélérerait la visualisation des images mais au prix d'un encombrement de mémoire supplémentaire et de temps de mises à jour plus long.

Le travail d'analyse consiste donc à trouver le meilleur compromis entre la convivialité qui augmente le nombre de mots-clés et la performance qui tend à le réduire.

Le parcours par des mots-clefs des chaînages ainsi construits permet de naviguer dans des bases de données, des banques d'images ou des « toiles d'araignées » électroniques (voir *Internet*) pour y découvrir les joies que le multimédia procure aux *infonautes*.

Corrélats : ancrage, chaînage, hypertexte, hypermédia, index, navigation.
Étymologie : emprunt à la langue commune. *Français* : XIIe siècle. *Latin* : "ligamen" (lien, ruban, bandage) < "ligare" (lier). *Indo-européen* : "*leig-" (attacher, lier) [Pokorny p. 668].

Ligne n.f.

[Anglais : **1.** row, **2.** cable, **3.** line]

1. Informatique : une ligne de programme est une ligne d'écriture. Le nombre de lignes d'un programme correspond à peu près au nombre d'instructions qui constituent ce programme dans un langage donné. Ce nombre sert de mesure pour donner une idée de la taille du programme ou de la performance d'une équipe de programmeurs (nombre de lignes par jour).

2. Télécommunications : connexion, matérialisée en général à l'aide d'un câble, entre un émetteur et un récepteur. On peut caractériser les lignes par le débit des informations qu'elles transportent (par exemple : ligne à haut débit de 100 mégabits par seconde) ou par le type de *connexion* qu'elles établissent (lignes fixes, lignes louées ou lignes commutées). Voir la figure de l'article liaison.

3. Audiovisuel : ensemble des *pixels* situés à la même hauteur sur un écran. En télévision, suivant le format de diffusion choisi, l'écran est découpé en 525 (*NTSC*) ou 625 (*PAL* et *SECAM*) lignes. Les lignes sont numérotées de haut en bas et s'affichent sur l'écran de manière entrelacée, les lignes impaires s'affichant les premières. Les deux ensembles de lignes paires et impaires constituent deux *trames* qui sont affichées successivement par le balayage de l'écran. Dans la transmission et l'enregistrement des images, il existe, en haut des lignes d'images, des lignes dites de service qui contiennent des informations comme le *code temporel*, les lignes de tests et l'identification de la trame. Ces lignes peuvent être utilisées pour d'autres fonctions comme la diffusion d'informations (magazine *Antiope*).

Corrélats : 1. programme ; 2. câble ; 3. trame, image, synchronisation, définition.

Ligne directe exp.

[Anglais : **1.** direct ligne. **2.** hot line]

1. Télécommunications : *ligne* qui relie directement deux *terminaux*, sans passer par un *commutateur*.

2. Informatique : service rendu par un fabriquant de matériel ou de logiciel pour aider ses clients à résoudre rapidement les problèmes qu'ils peuvent rencontrer dans l'utilisation de ses produits. Les services de ligne directe sont de plus en plus fréquemment payants.

Corrélat : ligne.

Link editor t.a.

Informatique : voir *créateur de liens.*

Linpack (LNPK) n. mq.

Informatique : test d'évaluation de la puissance des ordinateurs surtout utilisé dans le domaine des applications scientifiques. Le test comprend des programmes écrits en Fortran qui résolvent des matrices d'équation. Il en existe deux versions : le LNPK SP (simple précision : 32 bits) et le LNPK DP (double précision : 64 bits). Le test permet d'évaluer la performance de l'unité centrale de la machine et la qualité du compilateur Fortran. Il fournit des résultats exprimés en *Mflops*.

Bibliographie : Deghilage 92, Weyand 91.
Corrélats : langage, compilateur, banc de mesure.

Lire v.

[Anglais : to read]

Audiovisuel et informatique

1. Lire une information : la faire passer d'une mémoire à une autre. Voir aussi *lecture.*

2. Par extension, on dit aussi lire un disque, lire une bande.

Lissage n.m.

[Anglais : smoothing, anti-aliasing]

Audiovisuel et informatique

1. Opération effectuée sur une courbe pour en arrondir les angles en calculant des moyennes de parcours ou de tracé.

2. Opération effectuée sur une image ou un son pour faire disparaître les *artefacts* dûs à la numérisation tels que le *crénelage.*

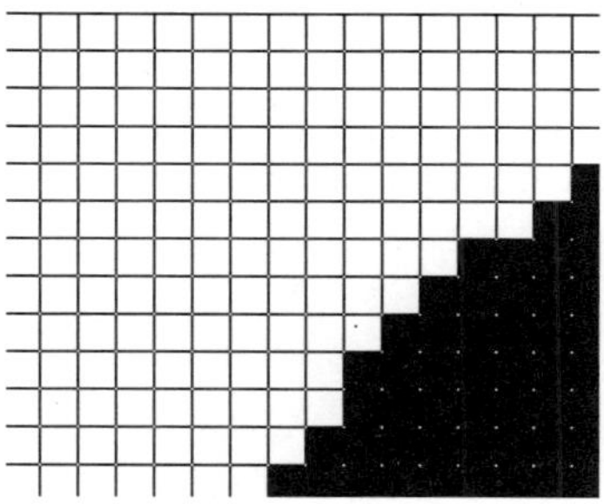

Figure 1 Détail des pixels d'une courbe non lissée.

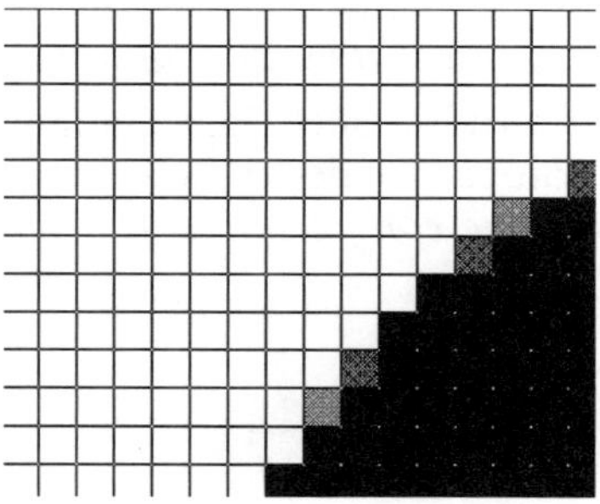

Figure 2 Détail des pixels d'une courbe lissée.

♦ Le lissage tend à faire disparaître les variations brutales de valeur consécutives à l'échantillonnage et à la numérisation. Ces variations sont génératrices de fréquences élevées que l'opération de lissage va gommer, soit par un filtre passe-bas, soit par l'insertion de valeurs intermédiaires réduisant la hauteur des "marches d'escalier" entre deux échantillons successifs. En imagerie, l'effet obtenu est spectaculaire.

Les figures 1 et 2 montrent les pixels de la même courbe avant et après un lissage obtenu en utilisant une *échelle de gris.*

Corrélats : crénelage, numérisation.
Étymologie : emprunt à la langue commune. Dérivé de lisser par le suffixe "-age" qui marque un état, une action ou le résultat d'une action. Voir "lisser".

Lisser v.
[Anglais : to smooth]

Audiovisuel et informatique : effectuer un *lissage.*

Étymologie : emprunt à la langue commune. *Français* : XIIe siècle. *Latin* : "lixare" (faire bouillir) < "lixa" (eau pour le coulage de la lessive). *Indo-européen* : "*k(e)nei-d" (piquer, irriter) [Pokorny p. 562] ou peut-être "*eph-" (cuire) [Pokorny p. 325].

Livre blanc exp.
[Anglais : white book]

1. Général : document de l'Union européenne, paru au début de 1994, dénommé "croissance, compétitivité, emploi". Ce document accorde une grande place aux domaines de l'information (câble, satellites, réseaux, *autoroutes de l'information...*).
2. Audiovisuel, informatique : recueil de spécifications du disque compact vidéo mis au point par Philips et paru en 1994 (voir *disque compact vidéo*).

Livre bleu exp.
[Anglais : blue book]

1. Télécommunications : recueil des spécifications du *Réseau Numérique à Intégration de Services* (*RNIS*) mises au point lors de la IXe Assemblée plénière de l'*UIT-T.* Il est paru en 1988.
2. Audiovisuel, informatique : recueil de spécification du CD-Plus mis au point par Philips et Sony et paru en 1995.

Livre jaune exp.
[Anglais : yellow book]

Informatique : recueil des spécifications du CD-ROM mises au point par *Philips* et *Sony.* Il est paru en 1985. Voir *disque compact informatique.*

Livre rouge exp.
[Anglais : red book]

Audiovisuel, informatique : recueil des spécifications du *disque compact audio* (CD-DA) mises au point par *Philips* et *Sony.* Il est paru en 1982. Voir *disque compact audio.*

Livre vert exp.
[Anglais : green book]

1. Audiovisuel, informatique : recueil des spécifications du CD-I mises au point par *Philips* et *Sony.* Il est paru en 1987. Voir *disque compact interactif.*

2. Audiovisuel : document sur la politique audiovisuelle de l'Union européenne, paru en avril 1994. Trois points sont abordés :
– la réglementation (avenir de la directive "Télévision sans frontières" qui oblige les chaînes à consacrer la majorité de leurs temps de diffusion à des œuvres européennes) ;
– le financement (utilisation du programme Media, 330 millions de francs par an, lancé en 1991 pour 5 ans) ;
– la convergence des systèmes nationaux de soutien.

Logiciel adj.
[Anglais : software]

Informatique : qui est relatif au *logiciel.*

Logiciel n.m.
[Anglais : software]

Informatique : dans un *système informatique,* ensemble des *ressources* complémentaires aux ressources *matérielles* et *humaines.* Le terme désigne l'ensemble des *informations* traitantes et à traiter c'est-à-dire des *fichiers,* des *programmes,* des *procédures* et des *protocoles.*

Le marché du logiciel a dépassé celui du matériel dans les années 90. Désormais les éditeurs de logiciels font partie des géants de l'informatique : l'image de *Microsoft* égale celle d'*IBM.*

Corrélats : fichier, programme, matériel système informatique.
Étymologie : néologisme savant créé par opposition à "matériel" en reprenant le suffixe adjectival "-iel" qui marque une relation et la racine du mot "logique". L'opposition "matériel-logiciel" est un calque de l'*anglais* : "hard-

ware-software". *Français* : "logique" adj. XVIe siècle, subst. XIIIe siècle. *Latin* : "logicus" du *grec* : "logikos" (relatif à la raison, au discours). *Indo-européen* : "leg-" (collecter, assembler, parler) [Pokorny p. 658].

Longueur d'onde exp.

[Anglais : wavelength]

Audiovisuel, télécommunications : dans un phénomène vibratoire, caractérisé par une fréquence, une amplitude et un support, la longueur d'onde représente la distance de déplacement de l'onde pendant une seconde. Elle est liée à la vitesse et à la fréquence par l'équation suivante :

$$\lambda = v / f$$

dans laquelle λ (lambda) représente la longueur d'onde du rayonnement, v, la vitesse du phénomène vibratoire et f, sa fréquence. La vitesse d'une onde électromagnétique est celle de la lumière : 300 000 kilomètres par seconde. On en déduit qu'une longueur d'onde électromagnétique de 1 m est liée à une fréquence de 300 MHz.

♦ La longueur d'onde est indépendante de l'amplitude ; elle est seulement liée à la fréquence et au support. Une vibration sonore aura une longueur d'onde différente dans l'air et dans l'eau, puisque la vitesse du son dans l'air (qui varie autour de 340 m/s selon la densité et l'altitude) est très inférieure à sa vitesse dans l'eau (1 460 m/s).

Corrélats : onde électromagnétique, fréquence.

Lossless t.a.

(sans perte)

Informatique : voir *conservateur.*

Louma n. mq. et n.s.

Audiovisuel

1. Fabricant d'appareils professionnels de tournage cinématographique.

2. Grue de tournage construite par le fabricant du même nom permettant des *mouvements de caméras* complexes.

LSI s.a.
Large Scale Integration (intégration à grande échelle)

Électronique : voir *circuit, circuit intégré.*

LSI Logic n.s.

Électronique : société américaine spécialisée dans la conception et la fabrication de circuits logiques VLSI, en particulier pour la compression et le traitement des signaux.

LTC s.a.
Longitudinal Time Code (traduction littérale : code temporel longitudinal)

Audiovisuel : voir *code temporel.*

Lumen (lm) u.i.
[Anglais : lumen]

Audiovisuel : unité de mesure des flux lumineux.
Voir aussi *lumière.*

Lumière n.f.
[Anglais : light]

Audiovisuel

1. Sensation ressentie lorsque certains rayonnements photoniques atteignent la rétine. La rétine est recouverte de bâtonnets et de cônes. Seuls les cônes transmettent l'impression de couleur. Ils sont divisés en trois groupes, chacun sensible à une couleur primaire dite fondamentale (rouge, vert et bleu). Les bâtonnets sont plus sensibles à la luminosité et ce sont eux seuls qui nous fournissent les impressions visuelles lorsque la lumière est faible, ce qui explique que l'on ne perçoit alors plus les couleurs. La lumière que nous percevons est, soit émise directement par une source lumineuse, soit réfléchie par une surface.

2. Phénomène physique constitué de photons et se manifestant comme un ensemble de rayonnements. Ces rayonnements sont perçus par l'œil humain lorsqu'ils ont une longueur d'onde comprise entre 0,39 et 0,77 micron. Les rayons ultraviolets ($< 0,39\ \mu$) et infrarouges (> 0,77 μ) sont des rayons « lumineux invisibles » (voir aussi *onde électromagnétique*). La vitesse de la lumière dans le vide est une constante universelle de valeur égale à 300 000 km/s. Elle varie suivant les milieux traversés, transparents ou translucides. Les deux principales caractéristiques de la lumière sont la luminosité, correspondant à l'amplitude des ondes et la *couleur* correspondant à leur fréquence.

3. Par extension, lors d'un *tournage*, source de rayonnement lumineux (lampe électrique, projecteur, ...) utilisée pour éclairer une scène.

La luminosité

Elle correspond à l'intensité du rayonnement lumineux. Sa mesure fait l'objet de la photométrie qui utilise différentes unités :

- **Le flux lumineux**
  C'est la quantité de lumière émise ou réfléchie par un objet. Elle s'exprime en lumen (lm). L'œil est sensible à un flux très faible (de l'ordre de 10^{-13} lm).
- **L'intensité lumineuse**
  C'est la quantité de lumière par unité angulaire (cône de lumière). Elle s'exprime en candela (cd). Une intensité lumineuse d'un candela correspond à peu près à celle d'une bougie.
- **La *luminance***
  C'est l'intensité lumineuse par unité de surface, exprimée en candela par mètre carré (cd/m^2).
- **L'éclairement**
  Quantité de lumière qui atteint un objet, exprimée en flux lumineux par unité de surface éclairée (lux). Un éclairement d'un lux correspond à un flux de 1 lm qui atteint une surface de 1 m^2.

Remarque : dans le langage technique courant de l'audiovisuel, on utilise souvent lumière, *luminance*, luminosité et intensité comme des synonymes.

La couleur (voir ce terme)

Son étude fait l'objet de la colorimétrie. La sensation des couleurs correspond à la perception de rayonnements de longueurs d'ondes différentes. La sensibilité de l'œil varie en fonction de la longueur d'onde des rayons lumineux. Elle est maximum pour les longueurs d'ondes correspondant à la couleur verte. La *Commission Internationale de l'Éclairage* (CIE) a défini, à partir de mesures statistiques, une courbe moyenne de sensibilité relative de l'œil humain en fonction des longueurs d'ondes. Cette courbe qui est représentée ci-dessous donne, en abscisses, les longueurs d'ondes et, en ordonnées, l'impression subjective de luminosité.

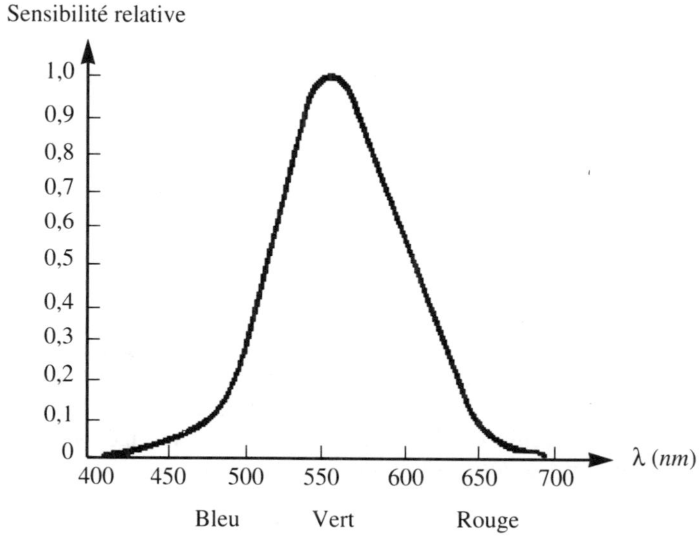

Courbe conventionnelle de sensibilité relative élaborée par la CIE pour un observateur moyen.
(D'après : *Cours fondamental de télévison,* R. Besson, Éd. Radio.)

Bibliographie : Achard 91, Besson 88, Terasson 92.
Corrélats : chrominance, couleur, luminance, onde élecromagnétique.
Étymologie : emprunt à la langue commune. *Français* : XIIe siècle. *Latin* : "luminaria" (astres, luminaires) < "lumen" (lumière). *Indo-européen* : "*leuk-" (brillance, lumière) [Pokorny p. 687].

Luminance n.f.
[Anglais : luminance]

Audiovisuel

1. Intensité lumineuse par unité de surface, exprimée en candela par mètre carré (cd/m^2). Synonyme de *brillance.*

2. Dans un signal vidéo destiné à la représentation d'une image, partie représentant la luminosité. La grandeur électrique du signal de luminance (symbolisé par Y) est obtenue à partir des trois signaux Rouge, Vert et Bleu (RVB) ; son équation, élaborée par la FCC (Federal Communication Commission), en tenant compte de la courbe de sensibilité de l'œil a pour expression :

$$Y = 0{,}30R + 0{,}59V + 0{,}11B$$

Le signal de luminance donne une image monochrome lorsqu'il est utilisé seul.

Corrélats : chrominance, couleur, lumière.

Luminophore n.m.

[Anglais : luminophor]

Audiovisuel : élément d'un écran cathodique, également appelé photophore, produisant de la lumière quand il est soumis au bombardement électronique de la cathode. Un luminophore engendre une seule couleur : il en faut trois (rouge, vert et bleu) pour créer une *palette de couleurs* à l'écran.

Corrélats : pixel, écran.

Luminosité n.f.

Audiovisuel : voir *lumière.*

LV-ROM s.a. et n. mq.

Laser Vision-Read Only Memory

Informatique : voir *LD-ROM.*

Lyonnaise de Communication n.s.

Télécommunications : *câblo-opérateur* français, filiale de la Lyonnaise des Eaux. Il gère le réseau câblé de Paris sur lequel il distribue une chaîne de *télévision presqu'à la demande* : Multivision, et propose un service innovant : Multicâble (voir *Internet*).

LZ-77 s.a.
Lempel et Ziv-1977

Informatique : algorithme de compression à base de dictionnaire mis au point en 1975 et publié en 1977 par Abraham Lempel et Jacob Ziv. Une version améliorée a été publiée en 1978 sous le nom LZ-78.

♦ Les travaux de A. Lempel et de J. Ziv ont été largement repris par l'UIT-T dans sa recommandation V.42 bis portant sur la compression de données pour modems, par le QIC pour les sauvegardes de données et par de nombreux programmes de compression.

Bibliographie : Held 91, Nelson 93.
Corrélats : compression, dictionnaire, QIC.

M

m u.i.

Général : voir *milli.*

M u.i.

Général : voir *méga.*

M1 n. mq.

Audiovisuel : format d'enregistrement vidéo analogique à *composantes* sur bande magnétique. Le format utilise des cassettes VHS d'1/2 pouce de large. Développé par *RCA* et *Matsushita,* il a été abandonné et remplacé par le format *M2.*

♦ La bande passante de la luminance est de 4,1 MHz, celle de la chrominance est de 1,1 MHz. Le défilement de la bande est de type hélicoïdal oméga ouvert, avec une vitesse relative tête-bande de l'ordre de 16 km/h. Les bandes ont un revêtement oxyde. La technique d'enregistrement est en composante avec multiplexage en fréquence. Deux têtes enregistrent simultanément deux pistes : une pour la *luminance* et l'autre pour les deux signaux de *chrominance* (Dr et Db) additionnés.

Bibliographie : INA 93.
Corrélats : Y, Dr, Db, enregistrement, format.

M2 n. mq.

Audiovisuel : amélioration du format *M1* développée par *Matsushita.*

♦ Les principales différences par rapport au format M1 sont les suivantes :
- utilisation de bande métal,
- vitesse relative tête-bande de l'ordre de 22 km/h,
- multiplexage temporel des signaux de chrominance,
- bande passante de la luminance de 5 MHz,
- bande passante de la chrominance de 1,5 MHz,
- nombre maximum de générations en copie : 5.

Bibliographie : INA 93.
Corrélats : enregistrement, format, M1.

MAC s.a.

Multiplexed Analogue Components (traduction littérale : composantes analogiques multiplexées)

1. Audiovisuel et télécommunications : procédé de codage à *composantes* des images de télévision. Le MAC est utilisé dans le *D2-Mac* pour certaines émissions de télévision relayées par *satellite* (par exemple : par les satellites *Télécom* et *TDF*).

2. Informatique : voir *Macintosh.*

♦ Les *signaux* de *luminance* et *chrominance* sont *multiplexés* dans le temps. Ces composantes reprennent le codage des signaux correspondants des systèmes *PAL, SECAM* et *NTSC.*

Corrélats : D2-Mac, télévision.

Macintosh n. mq.

Informatique : nom de la gamme de micro-ordinateurs qui a fait le succès du constructeur *Apple* dans les années 80. Les “Macs” sont *architecturés* autour de la gamme des *microprocesseurs Motorola* 68000 et sont gérés par le *système d'exploitation* Mac OS. L'avance du système d'exploitation Mac OS était due à la convivialité de son *interface d'utilisation.* Cette avance a été rattrapée par des systèmes d'exploitation comme *OS/2* (avec Presentation Manager), *MS-DOS* (avec *Windows*) ou *Unix* (avec *Motif* ou *Open Look*). Cependant, les “Macs” ont su occuper solidement certaines niches de marché (jeunes, université, édition, presse, publicité, cinéma, *télévision, multimédia*, etc.). Cette politique de "niches" permettait à Mac OS d'être, en 1991 puis en 1992, le second système d'exploitation pour micro-ordinateurs (avec respectivement 8 % et 12 % des parts de marché, MS-DOS avec Windows en ayant 91 % et 87 %). La lutte étant par trop inégale, les prévisions donnent un recul important des parts de marché de Mac OS dès 1996. D'ici là, il est vraisemblable que Apple aura tiré profit de sa stratégie d'alliance avec *IBM*. En 1994, Apple sortait en liaison avec IBM et Motorola le processeur RISC Power PC, qui augmentait considérablement la vitesse tant des "Macs" que des PC.

Mac OS n. mq.

Macintosh Operating System (traduction littérale : système d'exploitation pour Macintosh)

Informatique : voir *Macintosh.*

Magenta n.m.

Audiovisuel : synonyme de pourpre. Le magenta est le *complémentaire* du vert. En *synthèse additive*, il est obtenu par le mélange du bleu et du rouge. C'est une couleur primaire en *synthèse soustractive*, avec le cyan et le jaune.

Corrélat : CMYK.
Étymologie : emprunt à l'anglais. *Français* : 1950. *Anglais* : 1859. Le nom de magenta a été donné à la couleur pourpre-sang en 1859 par référence à la bataille de Magenta.

Magnéto-optique adj.

[Anglais : magnetic-optical]

Informatique

1. Qualifie une technique d'*enregistrement* sur *disques* ou *disquettes.* Voir *disque magnéto-optique.*

2. Par extension qualifie les *supports* d'informations sur lesquels on enregistre avec cette technique.

Corrélats : disque magnéto-optique, enregistrement.

Magnétoscope n.m.
[Anglais : VCR]

Audiovisuel : appareil d'enregistrement et de lecture d'images et de sons sur bande ou cassette magnétique. Les premiers magnétoscopes furent les modèles Quadruplex du constructeur *Ampex*, sortis en 1956. Les magnétoscopes peuvent se caractériser par leur fonction, le standard d'enregistrement qu'ils utilisent et le marché auquel ils sont destinés, ces trois critères étant bien sûr liés entre eux.

• Composants

Un magnétoscope comprend un ensemble mécanique et un ensemble électronique.

L'ensemble mécanique, souvent très complexe, assure le chargement de la cassette, le positionnement de la bande, sa tension optimale, son défilement et la rotation des tambours portant les différentes têtes de lecture et écriture. Les moteurs d'entraînement de la bande et du tambour sont asservis de façon à fournir une vitesse constante et aussi précise que possible.

L'ensemble électronique assure l'enregistrement et la lecture vidéo et audio, conformément à un ou plusieurs standards du marché (magnétoscope bistandard). Il pilote l'asservissement des moteurs d'entraînement de la bande et de rotation du tambour de têtes.

• Caractéristiques fonctionnelles

Les magnétoscopes servent à l'*enregistrement*, à la lecture et au *montage* de programmes vidéo. On distingue les lecteurs des lecteurs-enregistreurs. Les lecteurs sont utilisés en particulier dans le monde professionnel pour le montage en studio.

Les appareils portables sont destinés au reportage. Ils peuvent alors être couplés à une caméra vidéo. La miniaturisation permet de les intégrer dans le même boîtier que la caméra (voir *caméscope*).

• Caractéristiques techniques : les formats d'enregistrement

Les magnétoscopes se distinguent par le *format* de l'*enregistrement* qu'ils produisent. Ce format se définit par différents paramètres : la bande passante du signal, la largeur du ruban (1 pouce, 2 pouces, 1/2 pouce, 3/4 de pouce, ...), le type de codage (analogique ou numérique), le mode de *défilement* de la bande (*hélicoïdal alpha* ou oméga, *oméga* ouvert ou fermé, transversal), la largeur de la *bande passante*, le mode de *codage* (*composite* ou à *composantes*), ...

Marché	Format	Type d'appareil
Grand public	VHS S-VHS 8 mm HI-8 mm	Caméscope Magnétoscope de salon
Institutionnel	S-VHS HI-8 mm U-matic BVU, U-matic SP Betacam	Lecteurs Caméscopes Magnétoscopes de studio Portables
Professionnel	***Analogiques*** : 1 pouce B, 1 pouce C Betacam SP BVU, U-matic SP MI, MII ***Numériques*** : D1, D2, D3, D5 DCT Betacam numérique	Lecteurs Caméscopes Portables Magnétoscopes de studio

Les différents types de magnétoscopes.

• Caractéristiques du marché

1. Sur le marché grand public on trouve les magnétoscopes de salon et les caméscopes. Les caractéristiques des appareils sont avant tout le prix relativement faible, la simplicité d'utilisation et la maniabilité.

2. Le marché institutionnel : on désigne par là les appareils destinés aux institutions publiques ou privées qui s'équipaient de services vidéo pour réaliser des outils de communication institutionnelle. Ce marché est en train de disparaître et de s'intégrer au marché professionnel.

3. Le marché professionnel utilise des appareils de haut de gamme qui offrent une qualité compatible avec celle de la *diffusion*.

Bibliographie : Achard 91, Besson 88, INA 93, Luxereau 92, Mahieu 89.
Corrélats : enregistrement, bande magnétique, vidéo, audiovisuel, cassette.
Étymologie : néologisme formé avec deux racines grecques. **Magnéto-** : *français* : "magnétique" XVIIe siècle. Du *latin* : "magneticus" de "magnes lapis" (pierre d'aimant), emprunté au *grec* : "magnes" (pierre de Magnésie, ville d'Asie Mineure). **-scope** : *grec* : "skopein" (observer). *Indo-européen* : "*spek-" (observer) [Pokorny p. 984].

Maintenance n.f.

[Anglais : maintenance]

Audiovisuel, informatique, télécommunications : activité d'entretien et de réparation de matériels et de logiciels.

♦ La maintenance logicielle peut inclure, dans certains cas, l'amélioration fonctionnelle des applications. On constate alors qu'elle mobilise de 75 à 90 % des dépenses engagées tout au long du cycle de vie d'un logiciel. L'apparition des *ateliers de génie logiciel* vise à réduire ce taux de dépenses. La maintenance préventive se pratique surtout pour le matériel. Elle consiste à modifier ou changer périodiquement certains composants du système avant qu'ils ne tombent en panne et de prévenir ainsi le besoin d'une maintenance corrective.

Étymologie : emprunt à la langue technique américaine. Le mot a été emprunté par l'anglais au vieux français. *Latin* : "manu tenere" (tenir en main) : "manu" ablatif de "manus" (main, symbole de force et d'autorité) + "tenere" (tenir avec continuité, durer, persister, se souvenir, comprendre). *Indo-européen* : "*me-r-" (main) [Pokorny p. 740] + "*ten-" (tendre, tirer, tenir) [Pokorny pp. 1065, 1066].

Corrélat : bogue.

Maintenir v.

[Anglais : to maintain]

Audiovisuel, informatique, télécommunications : assurer la *maintenance.*

MAN s.a.

Metropolitan Area Network

Télécommunications : voir *réseau métropolitain.*

Manche à balai n.m.
[Anglais : joystick]

1. Informatique : unité *périphérique* d'entrée d'un ordinateur actionnant le positionnement du curseur sur l'écran. Sa forme rappelle celle du manche à balai d'un avion. Le manche à balai est très utilisé dans les *consoles de jeux.*

2. Virtuel : le manche à balai peut aussi servir de *périphérique* de sortie pour donner des informations de *retour d'effort.*

Corrélats : souris, simulation virtuelle, bras de retour d'effort.

Map t.a.

Informatique : voir *carte* au sens **3.**

Étymologie : *latin* : “mappa mundi” (carte du monde) <“mappa”. Origine obscure.

Masquage n.m.
[Anglais : masking]

Informatique : application d'un *masque.*

Masque n.m.
[Anglais : mask]

Informatique

1. Forme que l'on place physiquement ou électroniquement sur un écran pour cacher une partie de l'image.

2. Masque de saisie : mise en page prédéterminée pour permettre la saisie des informations dans des *champs.*

3. Programmation : *attribut* d'une information indiquant les traitements qui doivent lui être appliqués.

Par exemple : on peut associer à une information confidentielle un masque indiquant si elle peut être affichée à l'écran. Ce masque peut être par convention un bit positionné à 1 pour autoriser l'affichage et à 0 pour l'interdire. On peut enrichir le masque en faisant afficher un caractère substitutif en cas d'interdiction ; ainsi les guichets automatiques bancaires affichent des astérisques lorsque l'on saisit son numéro de carte de crédit.

La phase d'analyse définit les masques et décide des valeurs qui les rendent actifs ou inactifs.

Corrélat : attribut.
Étymologie : emprunt à la langue commune. *Français* : XVIe siècle. *Italien* : "maschera" du radical mask- (noir) origine obscure.

Masquer v.
[Anglais : to mask]

Informatique : appliquer un *masque.*

Matériel adj.
[Anglais : hardware]

Informatique : qui est relatif au matériel, par opposition à *logiciel.*

Corrélat : logiciel.
Étymologie : emprunt à la langue commune. *Français* : XIVe siècle. *Latin* : "materialis" (matériel, formé de matière) < "materia" (substance dont est fait le tronc d'arbre, bois de charpente, matériaux). *Indo-européen* : "*mater-" (mère) [Pokorny p. 700] < "*ma-" (mère) [Pokorny p. 694].

Matériel n.m.
[Anglais : hardware]

Informatique : ensemble des éléments physiques utilisés pour le traitement de l'information. S'oppose à *logiciel.*

Le matériel a longtemps constitué le composant le plus cher d'un *système informatique* et les principaux acteurs de la profession sont traditionnellement des constructeurs de matériel. Cependant, la part relative du prix du matériel dans le prix total d'un ordinateur n'a cessé de décroître et déjà le matériel d'un micro-ordinateur coûte moins cher que son logiciel. Les grands éditeurs de logiciels apparaissent désormais comme des acteurs majeurs du marché de l'informatique (*Microsoft*, Oracle, ...).

Unité centrale

processeur central,
mémoire centrale,
bus,
cartes diverses...

Unités périphériques

— **Unités périphériques d'extension de mémoire** :

unités de *disques,*
unités de disquettes,
unités de *bandes magnétiques,*
lecteur de caractères magnétiques,
unité de crayon optique...

— **Unités périphériques de communication** :

- **Communication avec l'homme**

  en entrée :
  clavier,
  souris, boule,
  écran tactile,
  table graphique,
  analyseur vocal avec microphone...

  en sortie :
  écran,
  imprimante,
  table traçante,
  casque de visualisation,
  synthétiseur de son ou de voix...

- **Communication avec d'autres ordinateurs**

  contrôleurs, *modems,* ...

Supports amovibles d'information

disques amovibles, disquettes, bandes magnétiques, cartes magnétiques, ...
papier d'imprimante.

Ressources matérielles d'un ordinateur.

Bibliographie : Meinadier 80, Tanenbaum 91, Terasson 92.
Corrélat : logiciel.
Étymologie : emprunt à la langue commune. *Français* : XVIIe siècle issu de l'adjectif "matériel". *Latin* : "materialis" (matériel, formé de matière) < "materia" (substance dont est fait le tronc d'arbre, bois de charpente, matériaux). *Indo-européen* : "*mater-" (mère) [Pokorny p. 700] < "*ma-", (mère) [Pokorny p. 694].

Matsushita n.s.

Audiovisuel et électronique : premier fabricant électronique japonais. Signe de son engagement dans le domaine du multimédia, Matsushita a racheté les studios américains de cinéma MCA/ Universal, a participé, avec Sony et Philips, à la définition du standard CD-I, a été, avec AT&T, l'un des promoteurs du produit IMP, concurrent du CD-I et participe activement à l'évolution du *standard* des *disques compacts.*

MB u.a.
megabyte (million d'octets)

Informatique : voir *Mo.*

Mbit u.i.
abréviation de mégabit

Informatique : unité de mesure d'information représentant un million de bits.

MCA s.a.
MicroChannel Architecture (traduction littérale : architecture micro-canal)

Informatique : type de *bus* 32 bits proposé par IBM pour sa gamme d'ordinateurs PS/2. Défini par IBM pour succéder au bus *ISA*, le bus MCA n'a pas rencontré le succès escompté malgré de très bonnes caractéristiques de *débit* (plusieurs dizaines de méga-octets par seconde), et des signaux de contrôle permettant le mélange de coupleurs rapides et lents. Sa principale faiblesse vient de son incompatibilité avec les cartes ISA fortement répandues dans le parc des micro-ordinateurs. Son principal concurrent est le bus *EISA*.

MCI s.a.

[Media Control Interface : interface de commande de médias]

Informatique : ensemble de spécifications *logicielles* défini en 1990 par l'éditeur *Microsoft* pour son *interface d'utilisation Windows.* Ces spécifications concernent le pilotage d'unités périphériques et notamment les CD-ROM. Elles visent à rendre compatible tout périphérique multimédia avec Windows et sont parties intégrantes des standards MPC.

Corrélats : pilote, interface d'utilisation, Microsoft, Windows.

MD s.f.

MiniDisque

Audiovisuel : type de disque optique audio lancé par *Sony* en 1992. Le MD permet 74 minutes d'écoute. Son format le rend incompatible avec les disques compacts audio.

Média n.m.

[Anglais : media]

Général

1. Support d'information.

2. Média de masse : support donnant lieu à une large diffusion.

3. Par extension, ensemble des activités et des produits relatifs à la fabrication et à la diffusion d'un support auprès du grand public ; dans ce sens, le cinéma, la presse, la télévision ... sont des médias.

♦ Le terme de média est un pluriel en latin. Son singulier est "medium". Nous utiliserons cependant le terme de média comme un singulier et comme synonyme de médium. Au pluriel, nous lui mettrons un "s" par simplification et par cohérence avec les règles habituelles de la grammaire.

On regroupe habituellement les médias par une de leurs caractéristiques, en général la plus immédiatement perceptible, par exemple la matière dont est fait le support. Ce classement n'est pas rigoureux mais il est pratique :

— papier (journaux, affiches...),

— électronique (télévision, vidéo, radio, multi-média...),

— physico-chimique (photographie, cinéma...),
— filaire métallique ou optique (télétransmissions).

Les médias se caractérisent aussi par leur *audience*. En 1989, le temps de consommation des médias occupait 11% du temps total des français (en occupation exclusive) ; dans ce temps, la *télévison* se taille la part du lion : en 1993, la durée d'écoute de la télévision par les foyers français était de cinq heures par jour et elle était d'environ trois heures par individu.

- **Caractéristiques techniques**

— le type de *codage* utilisé (numérique, analogique),
— le volume d'information enregistrée (la capacité du médium),
— le *débit* s'il s'agit de médias de transmission (câbles, ondes hertziennes...),
— la *définition* et la *résolution*,
— la pérennité,
— le *rapport signal/bruit*,
— la *bande passante*...

- **Le message c'est le médium**

Ce qui importe dans une communication, c'est évidemment le contenu échangé, mais cette constatation de bon sens ne dit rien sur les médias eux-mêmes. On peut remarquer qu'ils s'emboîtent comme des poupées russes : le contenu de l'imprimé est le manuscrit, le contenu du manuscrit est la parole, le contenu du film est le roman ou l'opéra, le contenu de la télévision est le cinéma, etc.... Dire que ce qui importe dans un médium est son contenu revient donc à déplacer la question dans un cercle vicieux qui renvoie d'un médium à l'autre.

Les médias ne sont pas neutres vis-à-vis de ce qu'ils véhiculent et l'essentiel de leur contenu est en eux-mêmes. Ils créent insensiblement un environnement nouveau qui contient l'ancien milieu créé par les médias préexistants. Comme le souligne Mac Luhan, le chemin de fer a modifié l'organisation des sociétés en favorisant la constitution de centres urbains, indépendamment de ce que transportaient les trains, que ce soit du charbon, des voyageurs ou du coton. De la même façon, la modification essentielle apportée par un médium à notre environnement est indépendante de ce qu'il véhicule.

Le multimédia contient les médias électroniques audiovisuels et informatiques. En rompant la linéarité habituelle des discours, il favorise une perception multidimensionnelle, globale et simultanée de la réalité. Il amplifie la rupture marquée par le cinéma et la télévision avec le monde séquentiel et discontinu de la "galaxie Gutemberg".

Bibliographie: INA 95, Lyotard 79, Mac Luhan 67.
Corrélats: audience, langage audiovisuel, langage cinématographique, langage multimédia, multimédia.
Étymologie: *Français*: emprunt à l'anglo-américain "media" (moyens de communication de masse). *Latin* : en latin, "media" est le pluriel de "medium" qui vient de "medius" (milieu accessible à tous, qui se trouve au milieu, intermédiaire, moyen). *Indo-européen*: "*medhi-", "*medhyo-" (milieu) [Pokorny pp. 706, 707].

Médiamat n.mq.

Audiovisuel : voir *audimat.*

Médiamétrie n.s.

Audiovisuel : voir *audience.*

Médium n.m.
[Anglais : medium]

1. Audiovisuel : ensemble des sons compris entre les graves et les aigus.

2. Général : voir *média.*

Corrélat: son.
Étymologie: *français*: emprunt à l'*anglo-américain*: "medium" (moyen de communication de masse). *Latin*: "medius" (milieu accessible à tous, qui se trouve au milieu, intermédiaire, moyen). *Indo-européen*: "*medhi-", "*medhyo-" (milieu) [Pokorny pp. 706, 707].

méga- préf.
(abréviation : M)

Général : préfixe entrant dans la composition des noms de mesure pour indiquer une multiplication par un million. Un méga-octet (noté Mo) représente un million d'octets, soit 10^6 octets.

mégabit (Mbit) u.i.

Informatique : unité de mesure d'information représentant un million de bits. Utilisée pour mesurer les capacités mémoire et les débits d'information.

Mégahertz (MHz) u.i.
[Anglais : megahertz, abréviation : MHz]

Général : unité de mesure de fréquence représentant un million d'hertz.

Méga-octet (Mo) u.i.
[Anglais : mega-byte, abréviation : MB]

Informatique : unité de mesure d'information représentant un million d'octets.

Étymologie : *grec* : "megas" (grand). *Indo-européen* : "*meg(h)-" (grand) [Pokorny p. 708].

Mélange n.m.
[Anglais : mix]

Audiovisuel

1. Action de *truquage* qui, à partir de plusieurs sources d'images, fournit une sortie constituée d'enchaînements, de *surimpressions*, de *fondus*...

2. Résultat de cette action.

Étymologie : emprunt à la langue commune. *Français* : XXe siècle < "mélange" XVe siècle <"mêler" XIe siècle. *Latin* : "miscere" (mêler, mélanger). *Indo-européen* : "*mei-k-" (mélanger) [Pokorny p. 714].

Mélanger v.
[Anglais : to mix]

Audiovisuel : faire un *mélange*.

Mélangeur n.m.
[Anglais : mixer]

Audiovisuel

Vidéo : appareil permettant de faire des *mélanges.*
Audio : voir *console.*

Mémoire n.f.
[Anglais : memory ; storage, store]

Informatique : tout dispositif ou support qui permet d'effectuer, sur des informations, une ou plusieurs des actions suivantes :
— enregistrer (fonction d'écriture),
— conserver (fonction de mémorisation),
— effacer (fonction d'effaçage),
— restituer (fonction de *lecture*).

• Technologies des mémoires
Différentes technologies sont utilisées : les *disques*, les *circuits* intégrés, les *bandes magnétiques*, les *cartes* à mémoire...

• Les différents types de mémoires
On qualifie les mémoires en fonction :
— des possibilités d'écriture qu'elles offrent (*mémoire vive* / *mémoire morte* / mémoire programmable / mémoire reprogrammable),
— du type d'information qu'elles contiennent (*mémoire analogique* / *mémoire numérique* / *mémoire de trame*),
— de leur place relative à l'intérieur d'un système (*mémoire centrale* / *mémoire auxiliaire*),
— de leur type d'utilisation (*antémémoire*, mémoire *tampon*, mémoire vidéo),
— de la durée de conservation de l'information (*mémoire volatile*, mémoire rémanente, mémoire permanente).

• Les caractéristiques des mémoires
On caractérise les mémoires par leur *capacité*, par leur *temps d'accès* et par leur mode d'*accès* (aléatoire ou séquentiel).

Étymologie : emprunt à la langue commune. *Français* : "memorie" fin du XIe siècle. *Latin* : "memoria" (mémoire, souvenir) dérivé de "memor, memoris" (qui se souvient). *Indo-européen* : "*smer-", "*mer-" (se souvenir, prendre en considération, prendre soin, se rappeler, évoquer) [Pokorny p. 969].

Mémoire analogique exp.
[Anglais : analogue memory]

Informatique : mémoire dans laquelle les informations sont codées de manière *analogique.*

Par exemple : *disque* audio vinyle, *bande* et *cassette* vidéo, *vidéodisque...*

Mémoire auxiliaire exp.
[Anglais : auxiliary storage]

Informatique : mémoire additionnelle à la *mémoire centrale* d'un ordinateur, en général de plus grande *capacité,* plus économique mais moins rapide d'*accès.* Le support privilégié des mémoires auxiliaires est le *disque.*

Corrélats : bande magnétique, disque.
Étymologie : **auxiliaire** : emprunt à la langue commune. *Français* : XVIe siècle. *Latin* : "auxiliaris" (qui secourt, efficace contre, auxiliaire) < "auxilium" (secours, accroissement de force, renfort) < "ageo, augere" (faire croître, amplifier). *Indo-européen* : "*aueg-" (accroître, augmenter) [Pokorny p. 84].

Mémoire cache exp.
[Anglais : cache memory]

Informatique : voir *antémémoire.*

Étymologie : voir *cache.*

Mémoire centrale exp.
[Anglais : central memory, main memory]

Informatique : dans un *ordinateur, mémoire* située dans l'*unité centrale,* par opposition aux mémoires périphériques dites aussi *mémoires auxiliaires* (disques, bandes magnétiques...).

La mémoire centrale est organisée comme une matrice dans laquelle transitent les informations ; c'est là que viennent par exemple se loger les *programmes* pour pouvoir être exécutés. La place qu'occupe une information dans la mémoire s'appelle un son *adresse* mémoire.

La mémoire centrale est connectée au processeur central par l'intermédiaire d'un bus. Elle est plus rapide mais plus chère que les mémoires auxiliaires. C'est une *mémoire volatile.* Dans les micro-ordinateurs, sa capacité varie de quatre à quelque dizaines de millions d'octets.

Corrélats : adresse, circuit intégré, système informatique.
Étymologie : **Central** : *Français* : milieu du XIVe siècle. *Latin* : "centralis" (central) < "centrum" (centre). *Grec* : "kentron" (aiguillon, dard, centre d'un cercle) < "kentein" (stimuler, piquer, percer). *Indo-européen* : "*kent-" (piquer) [Pokorny p. 567].

Mémoire de trame exp.

[Anglais : frame memory]

Audiovisuel : dispositif de mémoire ayant une capacité correspondant à une *trame* d'image au moins.

Une mémoire de trame s'utilise comme une mémoire *tampon.* Elle permet à un système d'afficher la trame numéro n pendant qu'il traite ou va quérir la trame numéro $n + 1$. Elle permet également de synchroniser deux signaux provenant de sources différentes. Les mémoires de trame sont utilisées dans certains téléviseurs, magnétoscopes et lecteurs de vidéodisques.

Corrélat : verrouilleur.

Mémoire morte exp.

[Anglais : read-only memory (ROM)]

Informatique : mémoire qui ne réalise que trois des quatre fonctions communes à toutes les mémoires : enregistrement, conservation et restitution. L'information y est écrite une fois pour toutes ; elle ne peut être ni effacée ni modifiée. Les disques compacts audio (CD-DA) sont des exemples de mémoires mortes. S'oppose à *mémoire vive.*

Corrélat : circuit intégré.
Étymologie : **mort, morte,** adjectif : *français* : Xe siècle. *Latin* : "mortuus" (mort) < "morior" (mourir). *Indo-européen* : "*mer-" (mourir) [Pokorny p. 735].

Mémoire numérique exp.

[Anglais : digital memory ; digital storage]

Informatique : mémoire dans laquelle les informations sont *codées* de manière *numérique.*

Par exemple : *disques* magnétiques, *disques optiques...*

Étymologie : voir *mémoire* et *numérique.*

Mémoire tampon exp.

Informatique : voir *tampon.*

Mémoire vive exp.

[Anglais : random access memory, RAM]

Informatique : mémoire permettant de lire et d'écrire des informations indéfiniment (par exemple : le magnétoscope et la cassette vidéo). S'oppose à *mémoire morte.*

Les principaux types de mémoires vives sont les *circuits intégrés* et les *disques magnétiques.*

Étymologie : **vif, vive,** adjectif : *français* : XIe siècle. *Latin* : "Vivusaga" (vivant) < "vivo, ere" (vivre, être en vie). *Indo-européen* : "*gwei-" (vivre) [Pokorny p. 467].

Mémoire volatile exp.

[Anglais : volatile memory]

Informatique : mémoire qui perd l'information si les conditions de son maintien ne sont pas assurées.

S'oppose à mémoire *rémanente.* Les mémoires centrales des ordinateurs sont des mémoires volatiles. Les disques sont des mémoires rémanentes. Dans les *circuits* intégrés à mémoire, les mémoires vives statiques (SRAM) perdent les informations si l'alimentation n'est pas continue, les mémoires vives dynamiques (DRAM) si le rafraîchissement n'est pas effectué.

Étymologie : **volatil, volatile,** adjectif : *français* : XIVe siècle. *Latin* : "Volatilis" (volant) < "volo, are" (voler), origine obscure.

Menu n.m.

[Anglais : menu]

Informatique : image affichée sur un écran qui propose un choix à l'utilisateur. Les menus sont une composante essentielle (mais non nécessaire) de l'*interface d'utilisation* d'un programme interactif. Lorsqu'il affiche un menu, le programme se met en attente d'une action de l'utilisateur.

Les menus sont constitués de champs qui servent au dialogue avec l'utilisateur. Ils sont caractérisés par :
— la manière dont les champs sont organisés,
— le type de champ utilisé (les menus d'interfaces graphiques utilisent par exemple, des icônes),
— la position qu'ils occupent sur l'écran : les menus déroulants s'affichent à partir d'un champ de la *barre* de menus, les menus flottants peuvent être positionnés au gré de l'utilisateur, les menus en cascade s'affichent les uns à la suite des autres...

Les interfaces d'utilisation standard (MOTIF, Open Look, Presentation Manager, Windows...) définissent leurs propres types de menus et leur utilisation.

♦ À titre d'exemple, la version 3.1 de l'interface d'utilisation Windows de la société Microsoft définit plusieurs types de menus. Les plus communs sont les menus déroulants. Ils apparaissent lorsque l'on clique sur un nom de menu dans la *barre* de menu. L'ouverture d'un menu déroulant fait apparaître un choix de commandes qui peuvent dénommer des actions (couper, coller, sélectionner...), des attributs de présentation (souligner, graisser, colorier, ...), des groupes de programmes ou des documents. Les menus en cascade apparaissent après le choix dans un menu déroulant de certaines commandes repérées par un triangle.

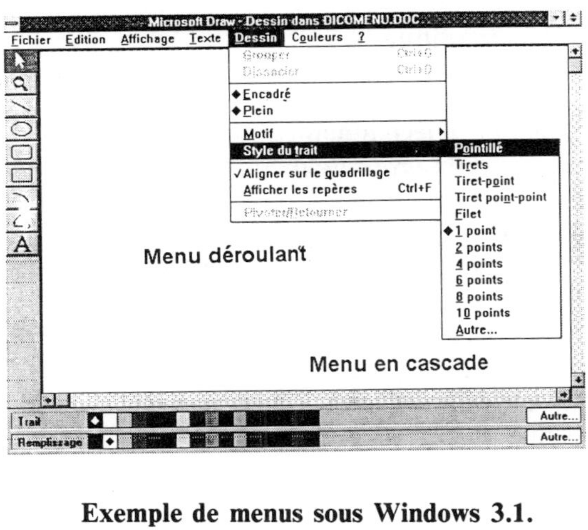

Exemple de menus sous Windows 3.1.

Bibliographie : Balpe 90, Chaniat 88, Coutaz 90, Microsoft 93.
Étymologie : emprunt à la langue commune. *Français* : XVIIIe siècle comme nom et XIe siècle comme adjectif. *Latin* : "minutus" (diminué). *Indo-européen* : "*mei-" (petit) [Pokorny p. 711].

Message n.m.
[Anglais : message]

1. Général : contenu d'une communication ; ce qui est véhiculé par les *médias.*

2. Télécommunications : suite d'informations formant un tout significatif pour l'émetteur et le récepteur lors d'une communication (par exemple, un fichier complet dans une communication informatique, une phrase dans une communication téléphonique). La taille des messages n'est pas limitée, contrairement à celle des *paquets* : elle dépend des informations émises par la source. En *transmission* et en *commutation de messages,* un message comprend des informations propres à l'application émettrice, appelées informations utiles et des informations dites de service, comparables à celles qui figurent sur l'enveloppe qui contient une lettre (destinataire, émetteur, urgent, confidentiel....).

Corrélats : commutation, média.
Étymologie : emprunt à la langue commune. *Français* : XIe siècle. *Latin* : "missus" (envoyé). *Indo-européen* : "*smeit-" (jeter) [Pokony p. 968].

Messagerie électronique exp.
[Anglais : electronic mail]

Informatique et télécommunications : échange de messages par l'intermédiaire d'un *ordinateur* connecté à un *réseau.* La messagerie électronique est une *application télématique* rendue familière en France par l'usage du *minitel.*

Une messagerie électronique peut remplir les fonctions d'un *courrier électronique* (voir ce terme) ; elle fournit en plus tout ou partie des services suivants :
— un dialogue en direct, en garantissant éventuellement l'anonymat aux utilisateurs,
— un service de petites annonces,
— un service d'informations,
— un service de réservation...

Le terme est souvent utilisé comme synonyme de *courrier électronique.*

Corrélats : courrier électronique, télématique.
Étymologie : voir message et courrier électronique.

Mesure n.f.

[Anglais : measure]

Voir *unités de mesure.*

Étymologie : emprunt à la langue commune. *Français* : XIe siècle. *Latin* : "mensura" (mesure, quantité, dimension) <"metiri" (mesurer, estimer). *Indo-européen* : "*me-", "*m-e-t-" (mesurer) [Pokorny p. 703].

Métamorphose n.f.

[Anglais : metamorphosis, morphing]

Audiovisuel : *truquage* qui consiste à transformer progressivement tout ou partie d'une image. La métamorphose est un procédé de *transition.*

♦ Différentes techniques existent depuis le *fondu*-enchaîné jusqu'aux transformations utilisant des *techniques numériques.*

Les *algorithmes* les plus simples réalisent de simples fondus-enchaînés : ils comparent les valeurs de *chrominance* (*teinte* et *saturation*) et de *luminance* des *pixels* situés aux mêmes *coordonnées* dans les zones de deux images, l'une dite image de départ, l'autre image d'arrivée ; ils dressent une table des différences, pixel par pixel ; chaque écart est alors découpé en intevalles égaux, le nombre d'intervalles étant égal au nombre de transformations intermédiaires souhaitées par le programmeur ; ils ajoutent enfin aux valeurs de chaque pixel de l'image de départ les valeurs des intervalles correspondants de la table jusqu'à obtention de l'image d'arrivée.

Figure 1 : des algorithmes plus complexes donnent l'illusion d'une transformation du sujet représenté et non pas d'un simple fondu-enchaîné. Ils utilisent la technique des points d'*ancrage* : un pixel de l'image de départ est associé à un autre pixel de l'image d'arrivée qui n'est pas nécessairemnt situé aux mêmes *coordonnées* dans l'image. La figure montre à gauche une image de départ et à droite une image d'arrivée. Les points d'ancrage ont été placés sur des zones privilégiées de l'image de départ : les yeux, les contours du visage, la bouche, le nez, les limites de la chevelure... On voit que les mêmes zones du visage représenté sur l'image d'arrivée n'ont pas les mêmes coordonnées : le point d'ancrage du bas du menton dans l'image de départ se retrouve au milieu du menton dans l'image d'arrivée. On peut définir des points dans l'image d'arrivée ayant les mêmes fonctions représentatives que les points d'ancrage. Pour procurer un véritable effet de transformation du visage, et non plus de simple fondu-enchaîné, le programmeur associe chaque point d'ancrage de l'image de départ non plus au point ayant les mêmes coordonnées dans l'image d'arrivée, mais au point ayant la même fonction représentative.

Ces métamorphoses produisent des effets spectaculaires notamment lorsqu'on les applique à la transformation de visages. Le procédé, à la mode au début des années 90, était très utilisé dans les films musicaux ou publicitaires.

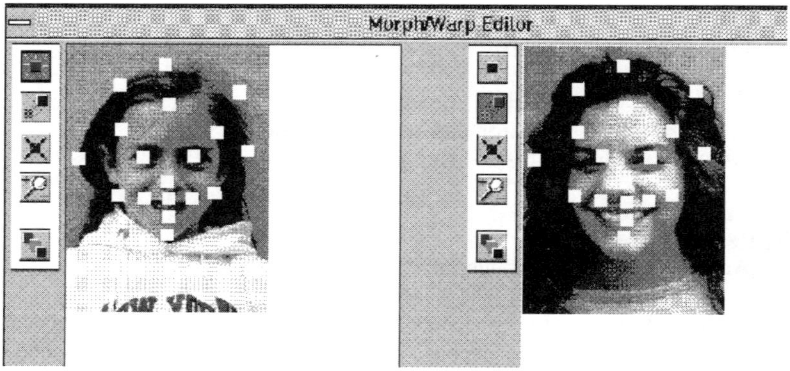

Figure 1 Exemple de position de points d'ancrage dans un programme de métamorphose.
(Image extraite du logiciel Photomorph2.)

Corrélats : langage cinématographique, transition, effets spéciaux, truquages
Étymologie : emprunt à la langue commune. *Français* : XVe siècle. *Latin* : “metamorphosis” (métamorphose). *Grec* : “metamorphosis” (métamorphose, changement de forme) < “meta” (après, au-delà) + “morphe” (forme). *Indo-européen* : “*me-” (au milieu de) [Pokorny p. 702] + “*mer-” (briller, luire) [Pokorny p. 733].

Méthode d'analyse exp.
[Anglais : analysis method]

Informatique : il existe différentes méthodes utilisées lors de la phase d'*analyse* d'une *application* informatique. Les plus utilisées en France sont les méthodes Merise, LCP (appelée aussi méthode Warnier) et SADT. Les méthodes d'analyse se complètent souvent d'une méthode de *programmation.* L'automatisation partielle des méthodes d'analyse a conduit au développement des *ateliers de génie logiciel.*

♦ On distingue deux démarches utilisées dans les méthodes d'analyse : celle qui procède de haut en bas en décomposant un problème de manière hiérarchique et celle qui procède de bas en haut en commençant par analyser des parties du problème puis en les assemblant de proche en proche un peu comme on reconstitue un puzzle (voir aussi l'article *Interconnexion de réseaux*). Une méthode d'analyse utilise souvent les deux démarches de manière complémentaire.

Bibliographie : AFNOR 89, Jaulent 89, Tardieu 83, Tardieu 85,
Corrélats : analyse, atelier de génie logiciel, interconnexion de réseaux, modèle, programmation.

MET s.a. et n.s.

Matra Ericsson Télécommunication

Télécommunications : constructeur franco-suédois de centraux téléphoniques équipant une partie du réseau téléphonique public français.

Mflops u.a.

Megafloating-point operations per second (traduction littérale : million d'instructions à virgule flottante par seconde)

Informatique : unité de vitesse de traitement d'un système informatique indiquant le nombre de millions d'instructions à virgule flottante que la machine peut traiter par seconde. On appelle instruction en virgule flottante une instruction qui traite des données numériques ayant un nombre variable de décimales. Le traitement de ces données est en général plus complexe et plus long que celui des autres nombres (les nombres entiers, par exemple).

Corrélats : instruction à virgule flottante, banc de mesure.

MHEG s.a.

Multimedia and Hypermedia information coding Expert Group

Audiovisuel, informatique, télécommunications

1. Groupe d'experts commun à l'*ISO* et à la *CEI* chargé d'élaborer la normalisation de la représentation et du codage des informations multimédias et hypermédias.

2. Norme élaborée par ce groupe de travail concernant les formats d'informations échangées entre *systèmes* ouverts.

♦ Le groupe MHEG est référencé à l'ISO sous la dénomination ISO/IEC/JTC1/SC29/WG12. La norme MHEG propose une représentation des informations et des documents sous la forme d'*objets*. Ces objets sont destinés à être échangés *via* des supports ou à être diffusés à travers des réseaux de télécommunication. Les objets MHEG sont par exemple des boutons ou des *icônes* qui déclenchent des actions lorsque l'on clique dessus. MHEG met l'accent sur l'indépendance de l'*application* et des *supports* de présentation.

MHz u.i.

Général : voir *mégahertz.*

MIC s.f.

[Anglais : PCM (Pulse Code Modulation)]

Audiovisuel, informatique, télécommunications : voir *modulation par impulsion et codage.*

MIC-D s.f.

Audiovisuel, informatique, télécommunications : voir *modulation par impulsion et codage.*

micro- préf.

(symbole : μ)

[Anglais : micro]

Général

1. Préfixe entrant dans la composition des noms de mesure pour indiquer une division par un million. Une microseconde équivaut à un millionième de seconde, soit 10^{-6} seconde. Micro s'insère, dans ce sens, dans la série *milli* (10^{-3}), *micro* (10^{-6}), *nano* (10^{-9}), *pico* (10^{-12}).

2. Préfixe indiquant une idée de petitesse.

Par exemple : un micro-ordinateur est plus petit qu'un mini-ordinateur.

Étymologie : *grec* : “micros” (petit). *Indo-européen* : “*sme[i]k-” (petites miettes broyées, pulvérisées) [Pokorny p. 966].

Micro n.m.

1. **Audiovisuel** : abréviation de *microphone.*
2. **Informatique** : abréviation de *micro-ordinateur.*

Micro-informatique n.f.

[Anglais : microprocessing]

Informatique : informatique utilisant des *micro-ordinateurs.*

Micro-instruction n.f.

[Anglais : microinstruction]

Informatique : *instruction* élémentaire de l’unité de commande d’une machine. Le nombre de micro-instructions par machine est réduit (de l’ordre d’une vingtaine). Les micro-instructions sont regroupées en séquences appelées micro-programmes. Elles définissent une machine virtuelle appelée micro-machine.

Par exemple : une micro-instruction peut piloter le transfert de données depuis un registre de mémoire vers un registre de l’unité arithmétique et logique.

Bibliographie : Tanenbaum 90.
Corrélat : langage de programmation.

*Micromisation n.f.

[Anglais : downsizing]

Informatique : remplacement des grands systèmes informatiques par des systèmes plus petits assurant des services équivalents.

Corrélat : interconnexion de réseaux.

Micron n.m.

[Anglais : micron]

Général : unité de longueur égale au millionième du mètre (10^{-6} m).

Le micron est l'ordre de grandeur qui mesure la distance d'une *tête* de lecture au dessus de la surface d'un *disque magnétique* ou encore de la largeur des spires des *disques optiques.*

Étymologie : du grec “mikros” (petit) Voir micro-.

Micro-ordinateur n.m.

[Anglais : microcomputer]

Informatique : petit ordinateur, en général personnel, c'est-à-dire monoposte et piloté par un *système d'exploitation* travaillant en *monoprogrammation.* Les micro-ordinateurs s'opposent aux *mini-ordinateurs* et aux gros ordinateurs appelés aussi systèmes centraux.

Par exemple : le *PC* (voir *ordinateur personnel*) avec le système d'exploitation MS-DOS et l'*interface d'utilisation* Windows ou le *Macintosh* avec son système d'exploitation Mac OS.

L'évolution des matériels et des logiciels a accru la puissance des micro-ordinateurs et on trouve, depuis les années 90, des micro-ordinateurs avec des systèmes d'exploitation travaillant en *multiprogrammation.*

Corrélat : système informatique.

Microphone n.m.

[Anglais : microphone]

Audiovisuel : appareil de prise de son. Un microphone est un transducteur qui transforme une énergie acoustique en énergie électrique. Il procède en fait par deux transformations successives : une transformation du signal acoustique en signal mécanique (la capture proprement dite) et une transformation du signal mécanique obtenu en signal électrique. Le microphone transmet en sortie un signal électrique via un câble dirigé vers un amplificateur. Par commodité, on trouve aussi des microphones sans fil qui sont munis d'un émetteur à hautes fréquences.

• Transformation acoustique-mécanique : microphones omnidirectionnels, bidirectionnels et unidirectionnels

La transformation acoustique-mécanique permet de distinguer les microphones en fonction du volume de l'espace d'où viennent les ondes captées.

Le microphone est pourvu d'une membrane (appelée aussi diaphragme) qui vibre au contact des ondes sonores qui se propagent dans l'air. La membrane tient le rôle de capteur.

Les membranes peuvent ne présenter qu'une face au contact de l'air ; elles captent l'ensemble des ondes acoustiques venant de toutes les directions. Elles équipent les microphones omnidirectionnels.

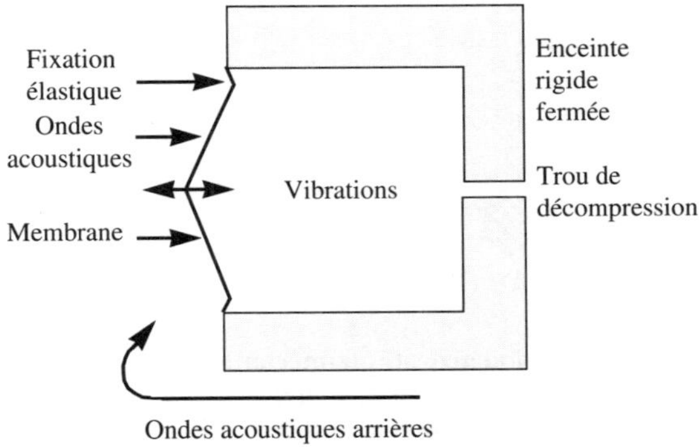

Figure 1 Transformation acoustique-mécanique : microphone omnidirectionnel.
(*D'après : le livre des techniques du son : la technologie.* D. Mercier, Éd. Fréquences.)

Les membranes présentant deux faces au contact de l'air ne vibrent qu'au contact des ondes venant d'un côté ou de l'autre de la membrane. Les ondes issues d'un point situé sur l'axe de la membrane viennent frapper en même temps les deux faces et la membrane ne vibre pas. Ces membranes équipent les microphones bidirectionnels.
Les microphones unidirectionnels associent les deux techniques : ils ont en fait deux membrannes et sont couramment dénommés "à capteur mixte" ou "à double membrane".

• Transformation mécanique-électrique : microphones électrodynamiques et à double membrane
Plusieurs techniques permettent de transformer l'énergie mécanique obtenue par vibration de la membrane en énergie électrique. Le schéma ci-dessous montre le principe du microphone électrodynamique à bobine mobile.

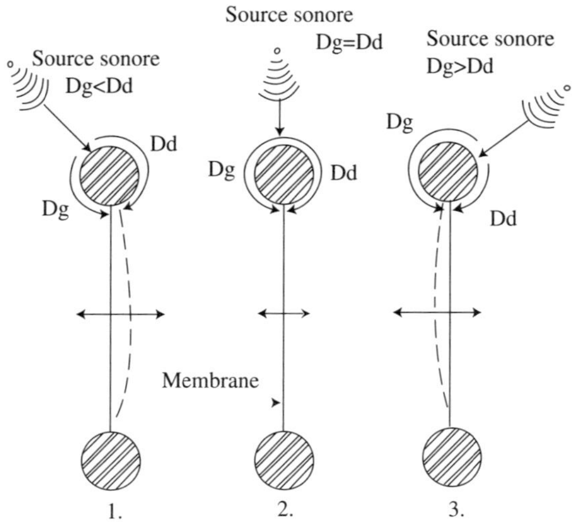

Figure 2 Transformation acoustique-mécanique : microphone bidirectionnel.
(*D'après* : *Le livre des techniques du son : la technologie*.
D. Mercier, Éd. Fréquences.)

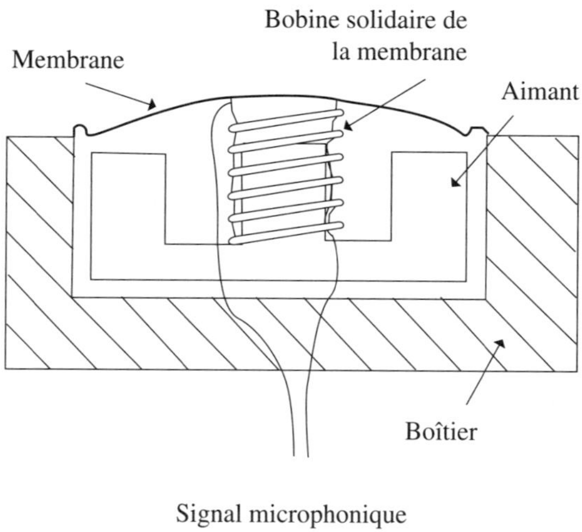

Figure 3 Transformation mécanique-électrique : microphone électrodynamique à bobine mobile.
(*D'après* : *Le livre des techniques du son* : *la technologie*,
D. Mercier, Éd. Fréquences.)

Dans le cas des microphones à double membrane, le mélange approprié des deux signaux électriques obtenus permet de constituer un microphone monodirectionnel.

• **Caractéristiques des microphones**
Les microphones se caractérisent par leur *dynamique* et par leur sensibilité aux *bruits*. La dynamique se situe entre le niveau de *bruit* de fond propre au microphone et le niveau maximum de pression qu'il peut supporter sans *distorsion* ; elle s'exprime en décibel. La sensibilité aux bruits parasites peut concerner les champs magnétiques, les chocs, le vent...

Bibliographie : Mercier 92, Rumsey 94.
Corrélats : capture, signal.
Étymologie : emprunt à la langue commune. *Français* : XVIIIe siècle. "**Micro-**" : voir ce terme + "**phone**" du *grec* : "phônê" (le son, la voix). *Indo-européen* : "*bha-" (parler) [Pokorny p. 105].

Microprocesseur n.m.
[Anglais : microprocessor]

Informatique : *processeur* dont tous les éléments sont miniaturisés et rassemblés en un ou plusieurs *circuits intégrés*.

Deux constructeurs dominent le marché des microprocesseurs : *Intel* avec sa gamme 80 × 86 et *Motorola* avec sa gamme 68000. Ces microprocesseurs sont destinés aux micro-ordinateurs.

Les applications multimédias traitent des informations volumineuses et nécessitent des microprocesseurs puissants du type *Pentium* (Intel), *Power PC* (IBM, Motorola et Apple), *alpha* (Dec) ou *SPARC* (Sun).

Corrélat : processeur.

Microprogramme n.m.
[Anglais : firmware]

Informatique : logiciel intégré dans du matériel, en général sous forme de microcode et qui n'est pas accessible aux programmeurs d'application.

Par exemple : une instruction en *langage* machine d'un ordinateur correspond à l'exécution d'un microprogramme.

Bibliographie : Tanenbaum 91.

Microsoft n.s.

Informatique : *éditeur* américain de *logiciel.* Son *système d'exploitation MS-DOS* (MicroSoft-Disk Operating System : système d'exploitation sur disque de Microsoft) a été choisi, au début des années 80, par *IBM* pour équiper ses premiers ordinateurs personnels. Ce choix a fait la fortune de Microsoft qui a su profiter de l'immense parc installé (plusieurs millions de machines en 1992) pour proposer, près de dix ans plus tard, l'interface d'utilisation conviviale *Windows.* Cette politique a fait entrer Microsoft en concurrence avec IBM qui proposait de son côté son système d'exploitation OS/2 avec l'interface Presentation Manager sur des plates-formes PS2. La guerre des anciens alliés n'est pas finie. Microsoft est devenu le premier éditeur de logiciels pour micro-ordinateurs au monde et propose de nombreux produits de qualité : Word, Excel, *Access*, ... Microsoft a été l'un des promoteurs du standard multimédia *MPC.*

Corrélat : multimédia.

Microstation n.f.

[Anglais : Very Small Aperture Terminal, VSAT]

Télécommunications : station terrestre de petite taille utilisée en télécommunications par *satellite* pour les transmissions de données et les *vidéoconférences.*

Les microstations sont reliées à des concentrateurs (appelés aussi *stations maîtresses*) *via* le satellite, et constituent ainsi un *réseau* ayant une *architecture en étoile.* Les liaisons avec le concentrateur peuvent être unidirectionnelles ou bidirectionnelles.

Une microstation comprend une *antenne* paraboloïde de taille comprise entre 0,50 mètre et 2 mètres, un équipement de radiofréquences, des *modems* et des *codecs.*

Plus de 100 000 microstations étaient installées en 1993 dans le monde.

Étymologie : *grec* : “micros” (petit). *Indo-européen* : “*sme[i]k-” (petites miettes broyées, pulvérisées) [Pokorny p. 966].

MIDI s.a.

Musical Instrument Digital Interface (traduction littérale : interface numérique pour instruments de musique)

Audiovisuel : *standard* d’interface numérique pour piloter les instruments de musique électroniques. L’*interface* MIDI permet de connecter, en série, les instruments sur un *réseau*.

♦ Une équipe de la société Sequential Circuit mit au point, au début des années 1980, l’interface MIDI. Elle fut relayée, en 1983, par l’association internationale MIDI (IMA : International MIDI Association). Depuis, de nombreux constructeurs ont rejoint le standard MIDI qui s’est imposé comme le standard de facto du monde musical.

MILIA s.f.

Marché International du Livre Illustré et des nouveaux médiAs

Audiovisuel, informatique, télécommunications : manifestation annuelle ayant lieu en janvier à Cannes et concernant le développement de titres et de programmes multimédias. Elle rassemble les acteurs suivants : éditeurs de livres, éditeurs musicaux, *producteurs* audiovisuels, *éditeurs* électroniques, musées, bibliothèques et archives, créateurs, *distributeurs* et investisseurs...

Mille n.m.

Audiovisuel : voir *intensité*.

milli- préf.

Général : préfixe entrant dans la composition des noms de mesure pour indiquer une division par mille. Une milliseconde représente un millième de seconde, soit 10^{-3} seconde ; milli s’insère, dans ce sens, dans la série milli (10^{-3}), *micro* (10^{-6}), *nano* (10^{-9}), *pico* (10^{-12}).

Corrélats : micro-, nano-, pico-.
Étymologie : *grec* : “micros” (petit). *Indo-européen* : “*sme[i]k-” (petites miettes broyées, pulvérisées) [Pokorny p. 966].

MIMD s.a.

Multiple Instruction stream Multiple Data stream (traduction littérale : flux d'instructions multiples, flux de données multiples)

Informatique : type d'*architecture parallèle* pour ordinateur multiprocesseur.

L'ordinateur MIMD dispose d'une mémoire centrale qu'il partage entre différents processeurs centraux. Tant que chaque processeur ne traite que des données qui lui sont propres, la gestion de cette architecture est relativement simple et donne des puissances de traitement très élevées.

À partir du moment où les différents processeurs doivent coopérer sur les mêmes données, le système d'exploitation doit gérer leur synchronisation et les éventuels conflits d'accès.

Bibliographie : Chaillou 92, Germain 91, Tanenbaum 91.
Corrélat : SIMD.

mini- préf.

Général : préfixe entrant dans la composition des noms pour indiquer une idée de petitesse.

Corrélat : micro-.
Étymologie : *grec* : “micros” (petit). *Indo-européen* : “*sme[i]k-” (petites miettes broyées, pulvérisées) [Pokorny p. 966].

Mini-informatique n.f.

[Anglais : minicomputing]

Informatique : informatique utilisant les mini-ordinateurs.

Mini-ordinateur n.m.

[Anglais : minicomputer]

Informatique : type d'ordinateur multiposte gérant typiquement de 2 à 100 postes. Les mini-ordinateurs sont de plus en plus concurrencés par les micro-ordinateurs. Le système d'exploitation le plus répandu sur les mini-ordinateurs est le système *Unix*. Les systèmes AS 400 et les systèmes RS 6000 d'*IBM* sont des exemples de mini-ordinateurs.

Miniquick n. mq.

Audiovisuel : type de connecteur coaxial à verrouillage par bague et cran d'arrêt. Utilisé en vidéo, il est simple et robuste.

Corrélats : BNC, coaxial.

Minitel n.mq.

Télécommunications : terminal de communication du service *télétel.* Créé à la fin des années 70 par *France Télécom* pour le projet d'annuaire électronique, le minitel a trouvé de nombreuses applications, de la messagerie à la réservation de places de théâtre. 6,5 millions de minitels étaient installés en France en 1994. À la fin des années 90, le nombre de minitels en service devrait progressivement diminuer : les micro-ordinateurs offrent des possibilités bien supérieures à celles du minitel (voir *télétel*, *téléservice*, *internet*). Les atouts du minitel restent cependant sa simplicité d'utilisation et son coût de location très faible.

♦ Le minitel se complète d'un poste téléphonique ; il comprend :
— un *clavier* alphanumérique, avec des touches de fonction,
— un *écran* avec *affichage* en *mode caractère,* monochrome ou en couleur,
— un système de gestion de la communication,
— un *modem* asymétrique 75/1200 bauds.

De nombreux produits ont été développés pour compléter le minitel : imprimantes d'écran, *LECAM*, systèmes de capture d'images...

Pour répondre à la concurrence des nouveaux services sur micro-ordinateur, France Télécom a commercialisé de nouveaux minitels en 1994 :
— le minitel VRP (vitesse rapide et photo) adopte une norme d'affichage en mode point et une vitesse de transmission augmentée :
— sa définition est de 320 x 240 pixels en 64 niveaux de gris. Les images, de qualité photographique, sont compressées au format *JPEG.*
— la vitesse d'accès est de 9 600 bits/s (modem symétrique conforme à la norme V29).

Ce nouveau terminal est plus spécialement destiné aux professionnels et donne accès à la fois aux services traditionnels *télétel* et à de nouveaux services spécialement conçus pour lui (consultation de photographies...).
— le minitel Magis est doté d'un lecteur de cartes à puce permettant d'accéder aux services de télépaiement sécurisé.
— le téléphone à écran Sillage intègre des fonctions étendues de téléphone, de répondeur-enregistreur et de minitel dans un seul terminal.

Historique : issu de développements menés à *TDF* (*ANTIOPE*) et au *CNET* (TIC-TAC), le minitel a été mis au point sous contrôle du *CCETT* dans les années 76-80. Il fut industrialisé à grande échelle après les essais du projet 3V : Velizy-Villacoublay-Versailles. La première application était la constitution d'un annuaire électronique. Pour encourager le développement des services télétel, France Télécom a offert un terminal minitel à la plupart de ses abonnés.

Bibliographie : Du Castel 93.
Corrélats : internet, kiosque, télétel, vidéotex.

Mips u.a. et n.p.

Informatique

1. Sigle : Million d'instructions par seconde. Unité de mesure de la vitesse d'un microprocesseur. Cette unité a longtemps servi de référence pour comparer les ordinateurs entre eux. La mesure de performance en Mips est pertinente si l'on compare deux processeurs RISC, mais elle est sans aucune signification si l'on compare un processeur RISC avec un processeur CISC. Voir aussi *banc de mesure*.

2. Nom propre : concepteur et fabricant américain de microprocesseurs, filiale de *Silicon Graphics*. Mips a notamment développé les familles de processeurs R 3000 et R 4000. Il vend ses processeurs à de nombreux constructeurs (Acer, DEC, NEC, Olivetti, Siemens-Nixdorf, Silicon Graphics, Sony, ...).

Mire n.f.

[Anglais : test chart]

Audiovisuel : image naturelle ou de synthèse servant à vérifier le bon fonctionnement d'une chaîne de visualisation. La mire est une image de référence utilisée pour le réglage ou la calibration d'une chaîne de transfert électronique se terminant sur un écran. Plusieurs types de mires sont utilisées :

- la mire de géométrie ; par exemple un quadrillage,
- la mire de luminance ; par exemple une barre de gris allant du noir au blanc,
- la mire de couleur ; par exemple une succession de bandes colorées dont la valeur théorique est connue.

À la télévision, pendant l'interruption des programmes et avant le début des émissions, il est courant de voir apparaître une mire qui permet au téléspectateur de régler son écran ; il s'agit le plus souvent d'une mire composite (de géométrie, de luminance et de couleur tout à la fois) ou de bandes colorées.

Miroir n.m.

[Anglais : mirror]

1. Informatique : qualifie un disque qui est utilisé comme le double d'un autre au moment de l'enregistrement des informations. Cette technique est utilisée pour assurer la sécurité des informations.

2. Audiovisuel : miroir dichroïque : voir caméra.

Mise en scène exp.

[Anglais : direction]

Audiovisuel : dans la phase de *tournage*, ensemble des actions qui définissent le contenu des images et des sons, et en particulier la direction du jeu des *acteurs*.

La mise en scène englobe en fait l'ensemble des actions qui définissent le *champ* et le *hors-champ* de la *caméra* au moment du *tournage*. On peut y inclure les *décors*, l'*éclairage*, le *cadrage*, les *costumes*, le maquillage, les *bruitages* et les *dialogues*. C'est un élément du *langage cinématographique*.

Bibliographie : Martin 94, Aumont 88, Passek 86.
Corrélats : acteur, langage cinématographique, tournage.

MIT s.a.

Massachusetts Institute of Technology (Institut de technologie du Massachusetts)

Informatique, télécommunications : institut d'enseignement et de recherche rendu célèbre par ses travaux dans le domaine de l'informatique et des télécommunications.

Mixage n.m.

[Anglais : mixing]

Audiovisuel : dans la phase de *post-production*, opération d'assemblage sur un même support d'informations issues de différentes sources. Le mixage se fait sur un banc de montage, en *régie* et avec des *mélangeurs*.

Bibliographie : INA 93.
Corrélats : audiovisuel, banc de montage, langage cinématographique, post-production.

Mo u.i.

méga-octet
[Anglais : MB]

Informatique : unité de mesure d'information correspondant à un million d'octets.

Mode n.m.

[Anglais : mode]

Informatique, télécommunications : type de fonctionnement ou d'organisation d'un système.
On trouve par exemple les expressions suivantes :

- **Télécommunications** :
  - *mode circuit* et *mode paquet,*
  - *mode commuté* et mode non commuté,
  - *mode connecté* et *mode non connecté,*
  - mode *synchrone* et mode asynchrone.
- **Affichage/codage** : *mode caractère, mode graphique.*
- **Imagerie** : *mode points, mode vectoriel.*

Étymologie : emprunt à la langue commune. *Français* : XVe siècle. *Latin* : “modus” (manière). *Indo-européen* : “*med-” (mesurer) [Pokorny p. 705].

Mode caractère exp.

[Anglais : character mode]

Informatique : représentation des *informations* en unités élémentaires *discrètes* appelées *caractères.* L'ensemble des caractères constitue un *alphabet.* Un caractère est en général codé sur un *octet* (huit bits). Le mode caractère est particulièrement bien adapté au codage des textes et des nombres puisque leurs unités de traitements sont la lettre et le chiffre qui correspondent chacun à un type de caractère. On peut aussi coder des images simples en mode caractère, et en particulier des graphes, des tableaux... On utilise alors des *caractères graphiques* (voir *graphique*).

Mode circuit exp.

[Anglais : circuit mode]

Télécommunications : mode de communication à travers un *réseau* où l'émetteur et le récepteur disposent d'un « circuit » dans le réseau (c'est-à-dire d'un ensemble de ressources du réseau) qui leur est réservé pendant toute la durée de leur communication, qu'il y ait ou non échange d'informations. Lors d'une communication téléphonique par exemple, des lignes sont réservées dans le réseau tant qu'aucun des deux abonnés n'a pas raccroché. En *multiplexage* temporel, une position fixe sur un multiplex est réservée pendant toute la durée de communication d'un émetteur, quel que soit le temps effectif de transmission de l'émetteur.

Le mode circuit s'oppose au mode paquet ; on parle de mode circuit et de mode paquet dans les techniques de *transmission*, de *commutation* et de *multiplexage*. La distinction entre les deux modes repose sur la façon dont la capacité de transmission est allouée aux voies de communication.

En mode paquet l'information à transmettre est découpée en unités appelées *paquets* ; la capacité de transfert à travers le réseau est individuellement attribuée à chaque *paquet*. L'émetteur n'a pas l'exclusivité des ressources de transmission qu'il utilise ; il doit les demander à chaque nouvelle émission d'une unité d'informations. Ce système peut créer des conflits, appelés collisions, lorsque deux émetteurs différents cherchent à utiliser simultanément le même support. Les collisions sont résolues par des mécanismes de file d'attente caractéristiques du mode paquet.

Avantages et inconvénients : le mode circuit est apprécié dans les applications en temps réel (téléphonie, vidéo) pour sa vitesse d'exécution et la sécurité qu'elle procure ; le mode paquet optimise l'utilisation des ressources de transmission.

Bibliographie : Maiman 94, Macchi 83.
Corrélats : commutation de circuit, commutation de circuit virtuel, multiplexage.

Mode commuté exp.

[Anglais : switched mode]

Télécommunications : mode de communication utilisant un réseau qui maintient un lien entre les deux terminaux pendant toute la durée de leur communication. Ce mode est aussi appelé *mode circuit.*

Par exemple, le téléphone fonctionne en mode commuté.

Corrélats : commutation mode circuit, réseau téléphonique commuté.

Mode connecté exp.

[Anglais : connection mode]

Télécommunications : synonyme de *mode commuté* ; voir ce terme.

Mode graphique exp.

[Anglais : graphic mode]

Informatique

1. Type de *mode caractère* représentant des images simples en unités élémentaires *discrètes* appelées *caractères* graphiques. Voir *graphique.*

2. Représentation d'*images,* soit en *mode points,* soit en *mode vectoriel.*

Mode matriciel exp.

[Anglais : bit-map]

Audiovisuel, informatique : voir *mode points.*

Mode non commuté exp.

[Anglais : unswitched mode]

Télécommunications : mode de *communication de données* où le terminal émetteur doit demander l'établissement d'une communication à chaque fois qu'il émet. Le mode non commuté est plus lourd et plus lent que le mode commuté.

Un exemple est donné par le mode « datagramme » en *commutation de paquets.* Même si deux paquets consécutifs appartiennent à la même communication, le routeur calcule une route indépendante pour chacun d'entre eux.

Bibliographie : Maiman 94, Macchi 83.
Corrélats : communication de données, mode communté.

Mode non connecté exp.
[Anglais : non connected mode]

Télécommunications : synonyme de *mode non commuté* ; voir ce terme.

Mode paquet exp.
[Anglais : packet mode]

Télécommunications : s'oppose à mode circuit. Voir ce terme.

Mode points exp.
[Anglais : bit-map]

Audiovisuel, informatique

1. Représentation binaire d'une *image* sous forme d'une matrice de points (on dit aussi mode matriciel). Chaque point (appelé *pixel*) occupe une place dans la matrice correspondant à sa place dans l'image modèle.

2. Par extension, qualifie un *fichier* contenant une image en mode points ou l'*imageur* qui le traite.

Le mode points s'oppose au *mode vectoriel.*

♦ Origine des images

Le mode points est bien adapté au codage des images analogiques ayant une composition aléatoire et comprenant de nombreuses nuances de couleurs (par exemple : les photographies de paysages), aucune logique interne dans la composition de leurs couleurs et de leurs formes ne permet de les réduire simplement à un algorithme de combinaison de formes élémentaires (contrairement aux dessins géométriques et aux images ayant des à-plats pour lesquels on préférera le mode vectoriel).

• Restitution des images

Le codage des images en mode points est particulièrement bien adapté à la restitution des images : les écrans et les imprimantes sont en effet conçus pour reproduire des suites de points alignés et le transfert de la matrice vers ces *périphériques* sera aisé. Cette option comporte cependant un inconvénient majeur : les diverses *résolutions* des différents supports sur lesquels on reproduit ou traite l'image. Ainsi, le codage d'une image en mode points est parfaitement adapté aux supports qui ont la même résolution que leur matrice binaire et à eux seuls.

• **Traitement des images**
Dans le codage en mode points, chaque point est représenté par ses attributs (intensité, couleur, transparence ...). L'ensemble des points, rangés dans une matrice selon leur position dans l'image, est enregistré dans un *fichier d'images.* Il existe différents *formats* de tels fichiers et le plus répandu est le format *TIFF.* Les fichiers diffèrent surtout par la structure de leur *en-tête* et le type de codage et de *compression* utilisés tandis que la structure de la matrice reste sensiblement identique, ce qui rend relativement simple la conversion d'un format de fichier dans un autre. En conséquence, le mode points sera choisi pour ses grandes possibilités de conversion et de traitement par différents logiciels. Le traitement de l'image (lissage, déformations, agrandissements, modification de contraste, de couleur ...) est en général plus fin qu'en mode vectoriel puisque l'on travaille à l'échelle du point. Il est également plus simple à utiliser, l'utilisateur retrouvant une technique semblable à celle qui est pratiquée à l'aide de crayons et de pinceaux. Les principaux programmes de dessin en mode points sont cités dans l'entrée *imageur.*

• **Sensibilité des données**
Le mode points est compatible avec des *compressions* de type lacunaire. Une légère perte d'information portant sur les points contenus dans la matrice du fichier image n'est pas perceptible ; en revanche, la perte d'information dans l'en-tête du fichier risque de causer de graves perturbations : si elle porte par exemple sur la zone où est codé le type de compression, l'image tout entière risque d'être perdue.

Exemple d'image en mode points réalisée avec le logiciel Corel Draw.

• **Volume des données**
L'occupation mémoire d'un fichier image en mode points dépend du nombre de points que contient la matrice, du nombre d'attributs que l'on donne à chaque point et du mode de *codage* choisi. Elle peut être très importante et c'est un des inconvénients majeurs du mode points. Par exemple, la *numérisation* d'une diapositive donnera environ 6 millions de points constitutifs

de l'image si l'on veut une reproduction de qualité. Si l'on code, pour chaque point, trois attributs correspondant aux valeurs de ses trois *composantes* rouge, vert et bleu (voir *synthèse additive*), chacun sur un *octet*, il faudra 18 millions d'octets pour représenter l'image. Bien que le codage en mode points s'accompagne généralement d'une *compression* qui diminue la taille du fichier, son volume reste supérieur à celui engendré par un codage en mode vectoriel.

Bibliographie : Lepecq 91, Monteix 93, Rimmer 93.

Mode vectoriel exp.

[Anglais : vector mode]

Audiovisuel, informatique

1. Représentation des *images* sous forme de descriptions géométriques.

2. Par extension, qualifie un *fichier* contenant une image en mode vectoriel ou l'*imageur* qui le traite.

La représentation en mode vectoriel s'oppose à la représentation en *mode points*.

♦ Origine des images

Le codage en mode vectoriel est bien adapté aux images simples et en particulier aux *images de synthèse* de type géométrique (dessin industriel, schémas, images stylisées, plans...). Ce type d'image peut en effet être facilement décomposé en formes géométriques élémentaires appelées "objets" par la majorité des logiciels de dessin vectoriel. On préférera le mode points pour coder des images analogiques ayant une structure compliquée.

• Restitution des images

Contrairement aux images en mode points, les images vectorielles n'ont pas une taille fixe : elles sont définies par l'assemblage d'objets de types divers ; la taille de ces objets et leur assemblage peuvent être paramétrés. Le logiciel applicatif travaille sur une image abstraite, dans un système de coordonnées relatives. Il transmet au *pilote* du *périphérique* des ordres concernant des objets géométriques ; ce dernier transforme l'objet en suite de points en adaptant la taille des objets aux capacités du périphérique qu'il gère. La *résolution* de l'image s'adapte ainsi à celle de n'importe quel type de périphérique. En contrepartie, la restitution de l'image demande une grande puissance de calcul pour exécuter le travail du pilote qui transforme l'objet géométrique (mémorisé sous forme d'un algorithme) en une suite de points. Certains périphériques *intelligents* permettent de pallier cet inconvénient : le contrôleur du périphérique se charge de ces calculs, soulageant d'autant le processeur central. Dans ce dernier cas, le rôle du pilote est réduit à son strict minimum.

• **Traitement des images**
Le codage vectoriel décompose une image en formes élémentaires: lignes, rectangles, cercles, ellipses, courbes de *Bézier*... Chaque forme élémentaire est codée sous forme d'un *algorithme* et possède un certain nombre d'*attributs* (couleur, épaisseur, texture, transparence ou tout autre caractéristique qui peut lui être associée : commentaires divers, prix, durée de validité, identification du propriétaire, séquence d'illustration sonore...). Le *fichier d'images* en mode vectoriel comprend d'une part une suite de petits *programmes* dont l'exécution engendre les formes élémentaires, et d'autre part des données codant les attributs de ces formes élémentaires. Les formats de fichiers vectoriels les plus répandus sont *PostScript, CGM* et *HPGL.* Les modifications d'images sont particulièrement simples lorsqu'elles portent sur les formes élémentaires: étirement d'un cercle par ses *poignées*, rotation d'un rectangle, remplissage d'une courbe fermée, épaississement d'un trait, coloriage d'une ellipse... En revanche, elles deviennent très complexes dès lors qu'il s'agit de modifier plusieurs parties d'objets qui se recouvrent: il faut procéder objet par objet, ce qui déroute quelque peu le néophyte qui doit s'habituer à penser l'image en termes de formes géométriques élémentaires. Les principaux programmes de dessin vectoriel sont cités dans l'entrée *imageur.*

• **Sensibilité des données**
Contrairement aux fichiers en mode points, les fichiers en mode vectoriel sont très sensibles aux moindres déformations et ne tolèrent pas de *compressions* lacunaires. En effet, les images sont représentées sous forme de petits programmes et le moindre changement d'un *bit* dans une *instruction* pourrait, par exemple, produire un cercle au lieu d'un carré.

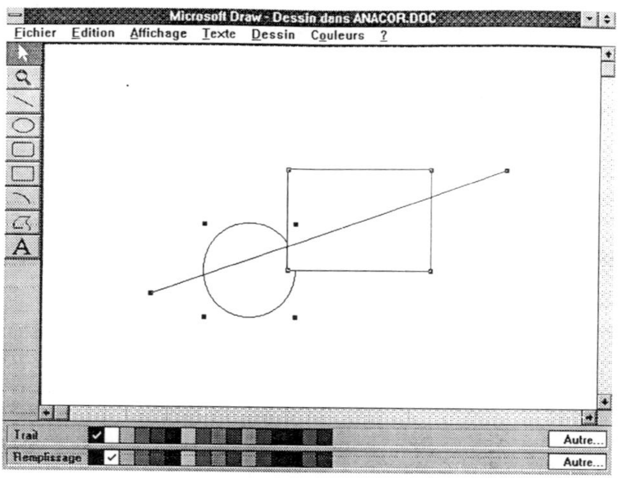

Exemple d'image en mode vectoriel réalisée avec le logiciel Microsoft Draw.

• **Volume des données**
Les images en mode vectoriel occupent moins de place que les images en mode points et le volume occupé ne dépend pas de la résolution souhaitée ; c'est l'un de leurs principaux avantages.

Bibliographie : Herellier 93, Lepecq 91.
Étymologie : **mode** : emprunt à la langue commune. *Français* : XVIIe siècle. *Latin* : "modus" (mesure, manière, genre). *Indo-européen* : "*med-" (mesurer, apprécier, estimer, juger) [Pokorny p. 705].

Modèle n.m.

[Anglais : model]

Général

1. Phénomène qui fait l'objet d'une représentation abstraite, d'une imitation. Dans ce sens, le terme correspond au sens commun utilisé dans les expressions « suivre un modèle », « le père est un modèle pour l'enfant » ou « le modèle du peintre ».

2. Représentation abstraite ou imitation d'un phénomène. Dans ce sens, le terme correspond au sens commun de « modèle réduit ».

Le concept de modèle est pour le moins ambigu puisque le terme signifie une chose et son contraire... C'est que le rapport d'*analogie* qu'il y a entre le phénomène et son modèle établit entre eux une relation d'équivalence et le modèle peut être défini comme la classe d'équivalence du phénomène.

L'utilisation du concept est cependant très productive. Elle permet au technicien de comprendre le fonctionnement d'un phénomène ou d'en prédire le comportement. Dans la construction d'un modèle, appelée modélisation, le technicien ne retient que la structure et les fonctions d'un phénomène, c'est-à-dire le système de relations qu'il y a entre ses éléments dont on oublie la nature et le nombre ; il procède en trois étapes :
— étude des fonctions et de la structure d'un phénomène,
— formalisation de la représentation : constitution d'un « modèle réduit » abstrait,
— généralisation : le modèle réduit devient le modèle à imiter : le phénomène et tous ses semblables deviennent alors des reproductions, des instances, dans le monde réel, du modèle abstrait.

Le concept de modèle est utilisé en informatique dans l'activité d'*analyse* dans l'imagerie de synthèse et dans les bases de données.

En télécommunications on l'utilise dans l'étude des *architectures de réseaux* (modèle ISO de *l'interconnexion de systèmes ouverts*).

Bibliographie : Bertalanffy 73, Dupuy 94, Walliser 77.
Corrélats : image 3D, langage de programmation, analyse, système.
Étymologie : emprunt à la langue commune. *Français* : XVe siècle. *Italien* : "modello" (modèle). *Latin* : "*modellus" < "modus" (manière). *Indo-européen* : "*med-, *mod-o-" (mesurer) [Pokorny p. 705].

Modélisation n.f.

[Anglais : modeling]

Général : conception et élaboration d'un *modèle* ; voir ce terme.

Modem n.m.

(abréviation de Modulateur-démodulateur)
[Anglais : modem]

Télécommunications : appareil qui transpose un *signal* en *bande de base* en signal *modulé* et réciproquement. Il est utilisé pour transmettre des données sur des circuits analogiques. Les modems se caractérisent par leur vitesse de modulation (600, 1 200, 2 400 bauds, etc.) et par diverses fonctions optionnelles (appel et réponse automatiques, détection et correction d'erreurs, ...). En transmission de données, un modem occupe la place d'un équipement terminal de circuit de données (*ETCD*).

♦ L'UIT-T émet des recommandations concernant les modems. Les plus utilisées sont :
— V. 21 : transmission bidirectionnelle simultanée à 300 *bauds*, symétrique.
— V. 22 : transmission bidirectionnelle simultanée à 1 200 bauds, symétrique.
— V. 23 : transmission bidirectionnelle simultanée asymétrique : 75 bauds à l'émission et 1200 bauds à la réception. C'est la norme du minitel.
— V. 24 : jonction d'un ETCD à un ETTD (voir *circuit* de transmission et *liaison*) et plus généralement entre appareils informatiques. L'avis V .24 correspond au standard *RS 232* défini par l'*EIA*.
— V. 25 et V. 25 bis : transmissions avec appel et réponse automatique sur le *réseau téléphonique commuté.*
— V. 29 : transmissions 4 800, 7 200 et 9 600 bauds utilisés dans les *télécopies* de groupe 3.
— V. 32 : transmission bidirectionnelle simultanée et symétrique à 9600 bauds.

Bibliographie : Battu 94, Du Castel 93, Maiman 86.
Corrélats : ETTD, circuit de transmission, liaison.

Modulateur n.m.
[Anglais : modulator]

Télécommunications : appareil qui remplit la fonction de *modulation* (voir ce terme).

Modulation n.f.
[Anglais : modulation]

Télécommunications

1. Transmission analogique : la modulation d'un signal (appelé onde porteuse) consiste à transformer une de ses caractéristiques (amplitude, fréquence ou phase) par l'effet d'un autre signal contenant l'information utile pour faciliter le transfert de ce dernier (transmission, enregistrement ou reproduction).

2. Transmission numérique : la modulation désigne la technique de *modulation par impulsion et codage* et ses dérivés.

En transmission analogique, les principaux types de modulation sont les suivants :
— Les modulations analogiques (*modulation d'amplitude, modulation de phase, modulation de fréquence*) où l'amplitude, la phase ou la fréquence d'une onde de base (onde porteuse) est modifiée d'une manière continue par le signal à transmettre.
— les *modulations numériques* [modulation par déplacement de phase (MDP), modulation par déplacement d'amplitude en quadrature (MAQ), modulation par déplacement de fréquence (MDF)] où la phase, l'amplitude et la fréquence de l'onde porteuse prennent un nombre de valeurs limitées (en général de 2 à 64) en fonction du signal à transmettre.

Bibliographie : Du Castel 93, Macchi 83, Mercier 90.
Corrélat : codage.
Étymologie : emprunt à la langue commune qui l'a emprunté à la langue technique musicale. *Français* : XIVe siècle. *Italien* : “modulazione” (modulation). *Latin* : “modulatio” (mesure) < “modulus” (petite mesure, mode, rythme) < “modus” (mesure). *Indo-européen* : “*med-” (prendre des mesures appropriées) [Pokorny p. 705].

Modulation d'amplitude (MA) exp.
[Anglais : Amplitude Modulation, AM]

Télécommunications : modulation analogique par variation de l'amplitude d'une onde porteuse au rythme des variations du signal à transmettre. Cette modulation est utilisée en transmission par voie radioélectrique, en transmission télévisuelle et en transmission de données.

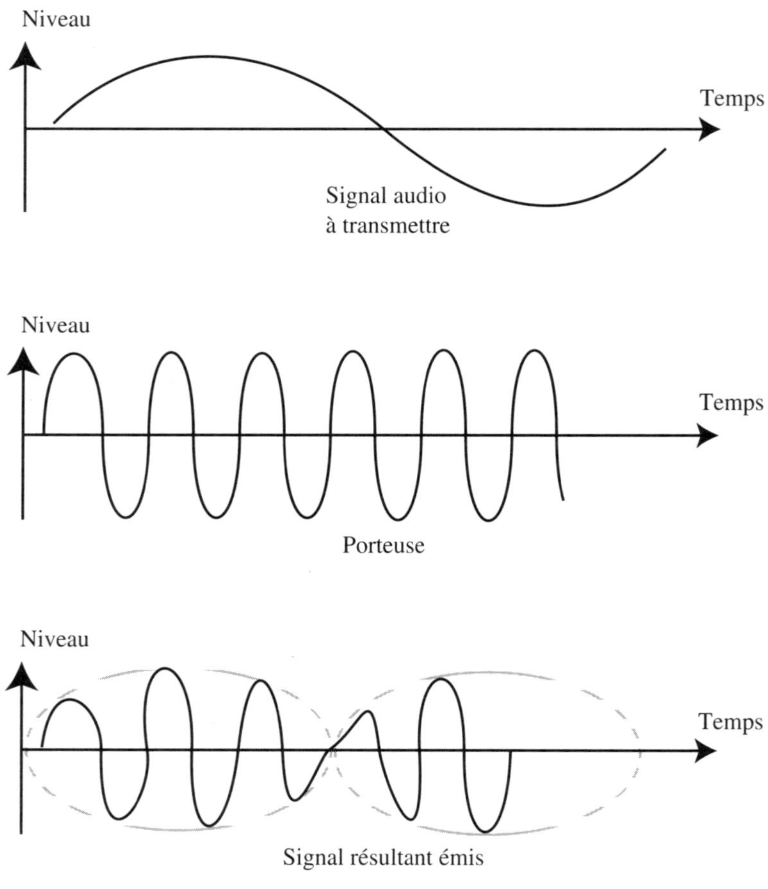

Figure 1 Exemple de modulation d'amplitude.
(D'après : *Le livre des techniques du son, notions fondamentales*, D. Mercier, Éd. Fréquences.)

♦ **Modulation à double bande latérale, à bande latérale unique, à bande résiduelle**
Dans le cas de la modulation à double bande latérale, la répartition suivant la fréquence de l'amplitude des signaux effectivement transmis est donnée par la figure 2 .
Cette modulation est appelée modulation d'amplitude à double bande latérale (MA, DBL). Pour éviter la duplication de l'information utile en deux bandes symétriques, on utilise la modulation d'amplitude à bande latérale unique (MA, BLU) qui consiste à effectuer un filtrage de façon à ne retenir que le signal minimum (suppression d'une des bandes latérales et de la porteuse). La BLU est utilisée en transmission par voie radioélectrique.

Lorsque la suppression totale de l'une des bandes n'est pas possible (fréquence très basse du signal modulant), on effectue une modulation à bande latérale résiduelle : la BLR est utilisée en transmission télévisuelle et en transmission de données.

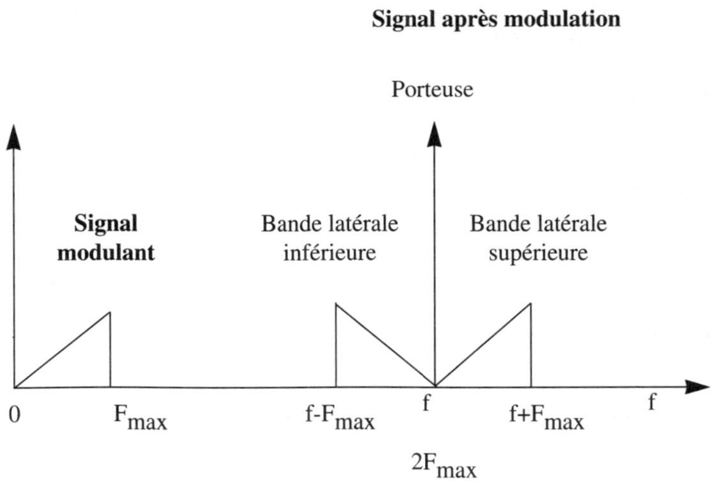

Figure 2 Exemple de modulation d'amplitude à double bande latérale.
(D'après : Les Télécommunications françaises,
Document du ministère des PTT.)

Modulation de fréquence exp.

[Anglais : Frequency Modulation, sigle : FM]

Télécommunications : modulation analogique par variation de fréquence d'une onde porteuse en fonction des variations du signal à transmettre. La modulation de fréquence est particulièrement utilisée pour la transmission par faisceau hertzien et la transmission par satellite. La modulation de fréquence procure une protection accrue contre les bruits et brouillages par rapport à la modulation d'amplitude.

♦ Le *spectre* d'une onde modulée en fréquence varie en fonction de l'indice de modulation (rapport entre la variation maximale de fréquence de l'onde porteuse et la fréquence maximale du signal à transmettre). Il peut être beaucoup plus important qu'en modulation d'amplitude : le signal effectivement transmis occupe une bande passante plus importante. La modulation de fréquence est insensible aux évanouissements de propagation subis par l'onde radio, tant que la puissance reçue est suffisante pour le bon fonctionnement du récepteur.

Modulation de phase exp.

[Anglais : phase modulation]

Télécommunications : modulation par variation de la phase d'une onde porteuse en fonction des variations du signal à transmettre. Les résultats sont semblables à ceux de la modulation de fréquence (indice de modulation proportionnel à la largeur de bande occupée, protection contre les bruits, insensibilité à l'affaiblissement). Voir *modulation de fréquence.*

Modulation delta exp.

[Anglais : delta modulation]

Audiovisuel, informatique, télécommunications : voir *modulation par impulsion et codage.*

Modulation numérique exp.

[Anglais : digital modulation]

Télécommunications : modulation dans laquelle on associe à chaque mot binaire à transmettre une valeur de l'amplitude, de la phase ou de la fréquence d'une onde porteuse. Lorsque cette valeur est choisie dans un ensemble fini à *n* valeurs, la modulation est dite à *n* états.

On distingue trois types principaux de modulations numériques :

— la modulation par déplacement d'amplitude en quadrature,

– la modulation par déplacement de fréquence,
– la modulation par déplacement de phase.

♦ L'efficacité spectrale, exprimée en bit/s/Hz mesure le débit binaire que l'on peut transmettre par unité de bande de fréquence.

La modulation par déplacement d'amplitude en quadrature (MAQ), à petits nombres d'états, est économe en puissance et utilisée lorsque le signal parcourt de longues distances (transmission par satellite). Les modulations à grands nombres d'états sont utilisées lorsque l'efficacité spectrale prime (faisceaux hertziens).

La modulation par déplacement de fréquence (MDF) est employée lorsque l'enveloppe du signal transmis doit être constante (communication avec les mobiles).

Modulation par impulsion et codage (MIC) exp.

[Anglais : pulse code modulation, PCM]

Audiovisuel, informatique, télécommunications

Type de modulation d'un signal *analogique* qui procède en trois étapes (voir *signal*) :

1. Le signal est échantillonné à une fréquence égale à deux fois au moins la fréquence maximale du signal original (le théorème de Shannon indique qu'il n'y a alors aucune perte d'information).

2. Chaque échantillon est ensuite quantifié et numérisé sous forme d'un *octet*. On dispose donc de 2^8 (=256) niveaux de représentation. L'écart entre la valeur de représentation et la valeur réelle du signal d'origine est appelé le *bruit* de quantification.

3. Les valeurs numériques sont enfin *compressées* pour être transmises sous forme d'impulsions.

♦ Ce type de modulation est très utilisé en téléphonie où, combiné avec un multiplexage temporel, il permet de mixer 30 voies sur le signal *composite*. Il est également utilisé pour numériser les signaux sonores dans l'enregistrement des *disques compacts audio*.

Il existe différents types de modulation dérivés de la modulation par impulsion et codage :

• **La modulation par impulsion et codage différentielle** (MIC-D [anglais : DPCM, Differential Pulse Code Modulation]) : on transmet la valeur non pas des différents échantillons du signal mais de la différence entre chaque échantillon et celui qui le précède.

Cette technique réduit la quantité d'informations à transmettre ou à stocker. On l'utilise pour numériser des images et des sons dans l'enregistrement des disques compacts CD-I et CD-ROM-XA.

• **La modulation par impulsion et codage delta** (MIC-D [anglais : DPCM, Delta Pulse Code Modulation]) : on se contente d'indiquer, par un bit, le sens de variation de la modulation (positive ou négative) d'un échantillon à l'autre. On réservera ce type de modulation pour coder des signaux à faible variation dans le temps.

• **La modulation par impulsion et codage différentielle adaptative** (MIC-DA [anglais : ADPCM, Adaptative Differential Pulse Code Modulation]) : c'est une modulation par impulsion et codage différentielle dans laquelle la valeur de l'incrément d'échantillonnage est adaptée aux caractéristiques du signal d'origine. Ce type de modulation est surtout utilisé dans le codage des sons. C'est l'une des techniques retenues pour l'enregistrement sonore sur les disques compacts CD-ROM-XA.

• **La modulation par impulsion et codage delta adaptative** (MIC-DA [anglais : ADPCM, Adaptative Delta Pulse Code Modulation]) : c'est une modulation par impulsion et codage delta dans laquelle la valeur de l'incrément d'échantillonnage est adaptée aux caractéristiques du signal d'origine. Ce type de modulation est surtout utilisé dans le codage des sons. C'est l'une des techniques retenues pour l'enregistrement sonore sur les disques compacts CD-I et CD-ROM-XA.

Bibliographie : Macchi 83, Philips 88.
Corrélats : compression, numérisation, signal.

Moduler v.

[Anglais : to modulate]

Télécommunications : appliquer une fonction de *modulation* (voir ce terme).

Moirage n.m.

[Anglais : watering effect]

Audiovisuel, informatique : irisation d'une image qui lui donne un aspect ondé et chatoyant. Cette irisation est due à un phénomène d'interférences lumineuses.

Corrélats : artefact, surtramage.
Étymologie : emprunt à la langue commune. *Français* : "moire" XVIIe siècle de l'*anglais* : "Mohair" (nom d'un tissu) de l'*arabe* : "mukhayar" (tissu grossier). Origine obscure.

Moiré n.m.

[Anglais : moiré effect]

Audiovisuel, informatique : résultat du *moirage.*

Moniteur n.m.

[Anglais : monitor, display]

Audiovisuel, informatique : appareil avec écran de visualisation d'images fixes ou animées. Un moniteur reçoit un signal non modulé (en *bande de base*) alors que le téléviseur reçoit un signal modulé. En général, les moniteurs diffusent des images de qualités supérieures à celles des téléviseurs. Les écrans connectés aux ordinateurs sont des moniteurs. On utilise aussi des moniteurs pour contrôler les images qui sont traitées dans les *régies.*

Corrélats : modulation, écran, téléviseur.

Monochrome adj.

[Anglais : monochrome]

Audiovisuel : qualité de ce qui est coloré, avec éventuellement différentes nuances, d'une couleur unique, en général en noir ou blanc.

Corrélats : couleur, échelle de gris.

Monoprogrammation n.f.

[Anglais : monoprogramming]

Informatique : mode d'exploitation d'un *ordinateur* où un seul *programme* peut s'exécuter à la fois. S'oppose à *multiprogrammation.*

Bibliographie : Meinadier 80, Tanenbaum 91.
Corrélats : multiprogrammation, système d'exploitation.

Montage n.m.
[Anglais : editing]

Audiovisuel

1. Étape dans la *post-production* où sont choisis et assemblés les *plans* et les *séquences* et déterminés leur ordre, leur durée et leurs *transitions.*

2. Par extension, tout assemblage d'unités filmiques qui peuvent être différentes du plan. Par exemple à l'intérieur d'une image, assemblage des clairs et des obscurs ; au delà du plan, assemblage de *séquences*, assemblage de l'image et du son ...

• **Montage et découpage** : le *découpage* produit un morcellement du récit qui sert de guide au *tournage.* Le montage est censé s'y conformer ; cependant, dans la pratique, le montage s'en écarte presque toujours : à la vue des éléments du tournage, le monteur opte pour des succesions ou des durées de plans différentes de celles qui étaient prévues sur le papier.

• **Montage et langage cinématographique**
On convient généralement que c'est avec l'apparition du montage, dans les années 1910, que le *langage cinématographique* est né. Le montage est un moyen de narration : l'enchaînement des plans construit la logique interne du récit, un *espace de représentation* et une chronologie (voir *langage cinématographique*). Il est aussi une technique d'expression : le choix et la juxtaposition de deux plans créent un sens nouveau qui n'est contenu dans aucun des deux plans juxtaposés et qui est propre au style du réalisateur.

• **Techniques de montages vidéo**
Le montage s'effectue dans une *régie* sur un *banc de montage* : on copie sur une bande d'enregistrement des ensembles non contigus d'images issues d'une bande de lecture, ce qui nécessite une bonne précision dans la *synchronisation* des appareils. Il existe deux techniques de montage : le montage par assemblage et le montage par insertion. Depuis les années 80, on contourne la contrainte de linéarité imposée par la *bande magnétique* en utilisant des *disques* d'ordinateurs pour mémoriser les *adresses* des *plans* et *séquences* à monter (voir *montage virtuel*).

♦ Le montage par assemblage enregistre sur une bande vierge tous les signaux de la bande de lecture (le signal vidéo, les signaux audio et le signal d'asservissement, indissociablement). Cette technique ne permet que des montages en coupe franche (en anglais "cut"), c'est-à-dire la juxtaposition des images avec leurs sons d'origine, sans possibilité de faire se chevaucher les images ou les sons.

Le montage par insertion enregistre, dans un premier temps, une suite d'images identiques et monochromes sur toute la longueur d'une bande vierge. Cette opération enregistre sur toute la bande un signal d'asservissement homogène. Lors de l'enregistrement des plans pris sur la bande de lecture, on n'enregistre pas le signal d'asservissement. En fait on insère les images dans le fond monochrome pré-enregistré.

Bibliographie : Ina 93, Martin 94, Passek 86.
Corrélats : découpage, code temporel, langage cinématographique, montage virtuel, plan, séquence, transition.
Étymologie : *Français* XIXe siècle (assemblage), XXe siècle (cinéma). *Latin* : "montare" (monter) de "mons" (montagne) qui a remplacé "ascendere". *Indo-européen* : "*men-" (se dresser, s'élever au dessus de) [Pokorny p. 726].

Montage virtuel exp.

[Anglais : random access editing]

Audiovisuel : technique de montage née dans les années 80 et utilisant un ordinateur pour mémoriser les adresses des séquences à assembler. Le montage réel des séquences sur une bande magnétique ne se fait qu'une fois l'ensemble des opérations terminées. Pendant le travail d'assemblage, le montage n'existe qu'en potentiel, à travers les adresses des séquences : il est virtuel. Cette technique, qui automatise un certain nombre de fonctions, permet de gagner du temps en particulier dans les phases d'essai : on peut réutiliser à volonté les images sans avoir de copies à faire qui sont toujours source de perte de qualité.

Bibliographie : INA 93.
Corrélats : accès aléatoire, adresse, montage.

Monteur n.m.

[Anglais : editor]

Vidéo : technicien chargé du *montage.*

Mosaïc n.mq.

Informatique et télécommunications : logiciel de *feuilletage* et de *navigation*, utilisé notamment sur Internet. Voir HTML.

Mosaïque n.f.
[Anglais : mosaic, tiling]

1. **Audiovisuel** :
a. *Truquage* consistant à découper l'image affichée sur l'*écran* en zones contiguës, chacune contenant une image de taille réduite. Les images élémentaires peuvent représenter les morceaux d'une image plus grande qui est recomposée par leur assemblage, mais ce n'est pas nécessaire. Les opérateurs de *télévision par câble* fournissent par exemple un canal en mosaïque qui permet de voir simultanément sur le même écran et en taille réduite l'ensemble des programmes *distribués* ; de même sur un *mur d'images*, on appelle mosaïque une configuration où tous les écrans diffusent des images de manière autonome. Comme tout truquage, la mosaïque est un moyen d'expression ; elle peut par exemple signifier la complexité d'une situation ou d'une pensée.
b. Truquage consistant à découper une image en zones élémentaires et à donner à chaque zone une couleur uniforme qui est la moyenne des couleurs des *pixels* qu'elle contient (figure 1). Lorsque le découpage est grossier, l'image originale

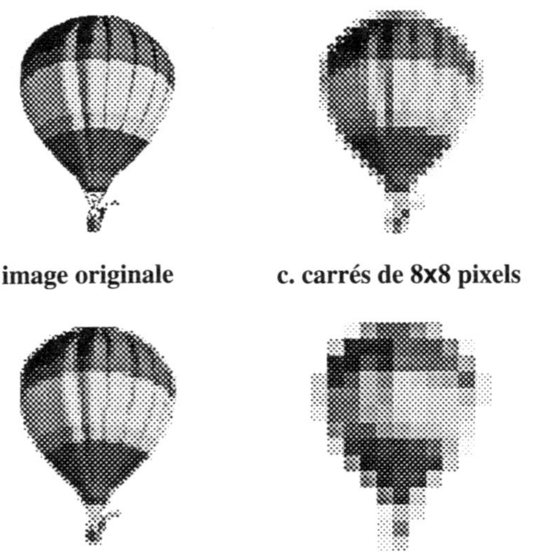

a. image originale **c. carrés de 8x8 pixels**

b. carrés de 4x4 pixels **d. carrés de 16x16 pixels**

Figure 1 Exemples de mosaïques.

est difficilement perçue ; lorsque le découpage est fin, la mosaïque donne une impression de flou. En images animées, l'enchaînement de mosaïques ayant un découpage de plus en plus fin jusqu'à retrouver l'image initiale produit un effet de surprise et de merveilleux.

2. Informatique : même sens que pour l'audiovisuel au sens a : *affichage* de plusieurs *fenêtres* juxtaposées sur le même écran ; s'oppose à l'affichage en *cascade* (figure 2).

Bibliographie : Microsoft 90, Microsoft 93.
Corrélats : mur d'images, truquage.
Étymologie : emprunt à la langue commune. *Français* : XVIe siècle. de l'*Italien* "mosaico" (mosaïque). Du *Latin* : "musaicum" (ouvrage en mosaïque) <"musiuus" (mosaïque, adjectif). Du *Grec* : "mouseion" (qui concerne les Muses). Origine obscure.

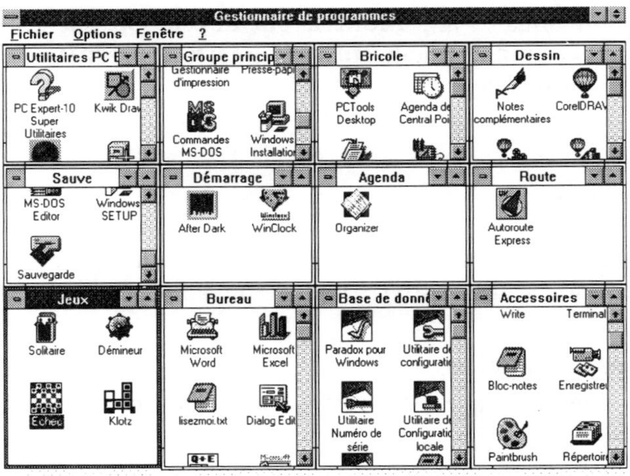

Figure 2 Exemple d'affichage en mosaïque sous Windows 3.1.

Moteur n.m.

[Anglais : engine]

1. Général : appareil qui convertit une énergie (en général électrique) en énergie mécanique, par exemple un haut parleur.

2. Informatique : par analogie, logiciel ou module matériel exécutant une fonction active dans un processus. Dans un programme, on appelle, par exemple, moteur de compression d'image la partie du programme chargée de la compression. En *intelligence artificielle*, on appelle moteur d'inférence, le logiciel qui applique aux données des règles prédéfinies pour obtenir les résultats cherchés.

Corrélat : haut-parleur, intelligence artificielle.
Étymologie : emprunt à la langue commune. *Français* : XIVe siècle. *Latin* : "motor" (celui qui remue) < "movere" (mouvoir). *Indo-européen* : "*meu-" (pousser) [Pokorny p. 743].

Motif n. mq.

Informatique : standard pour les *interfaces d'utilisation* graphiques tournant sous *Unix*. Motif a été développé par le consortium *OSF*. Son grand concurrent est l'interface Open Look développé par le constructeur *Sun*.

Motivation n.f.

Linguistique : capacité de la forme d'un mot à en évoquer le sens. Un terme est dit motivé lorsque son sens peut être déduit de ses composants.

Par exemple :
Le terme crénelage est construit avec une double suffixation sur cran :

cran > créneau > crénelage

Le premier suffixe -eau indique une idée de petitesse, sur le modèle de :

chevreuil > chevreau
lion > lionceau...

Le second suffixe -age indique une idée d'état, sur le modèle :

esclave > esclavage
pâture > pâturage...

Un crénelage est donc un état avec de petits crans, à comparer avec “un aliasing”.

À l’inverse, le mot cran n’est pas motivé dans le sens que nous venons de définir (l’association de la forme et du sens est arbitraire).

La motivation se retrouve dans toutes les langues. Elle repose sur des règles de formation des mots qui permettent de comprendre facilement les mots nouveaux. Parmi les nombreux inconvénients des emprunts et des calques, un des principaux est l’absence de motivation pour celui qui ne connait pas la langue d’origine du mot. Cet inconvénient peut être considéré comme un avantage par celui qui souhaite restreindre sa communication à un petit nombre d’interlocuteurs.

Par exemple :
– Les termes “bit-map” et “story-board” sont parfaitement motivés en anglais (ils obéissent à la règle de formation par composition) et ne le sont pas du tout en français : leur forme n’évoque pas grand chose au locuteur français non anglophone, car elle est étrangère (toutefois la sonorité de “map” dans “bit-map” évoque un peu “mappemonde”, voir l’étymologie du terme).
– Le terme “travelling shot” (plan en mouvement) est parfaitement motivé en anglais, de même ses variantes plus précises : “tracking shot”, “follow shot”, “Dolly shot”... L’emprunt tronqué “travelling” n’a pas de raison d’être dans la langue française.

Le calque pose le même problème de manière un peu plus complexe. Ainsi les termes “interface utilisateur” ou “ingénieur système” évoquent bien chacun les deux notions qui sont dans les termes anglais “user interface” et “system engineer”. Mais si l’assemblage des deux notions donne des termes parfaitement motivés dans la langue anglaise (formation par composition), elle donne des aberrations dans la langue française.

• Langue technique et motivation

Scénarimage évoque à la fois un scénario et des images. Il est parfaitement motivé selon les règles de formation de la langue française : n’importe quel francophone, à la simple perception du terme a déjà une idée, même inconsciente, de ce qu’est un scénarimage.

Force est de constater que la langue technique, dans son utilisation quotidienne (peut-être pourrait-on la nommer plutôt la "parole technique") n'a pas pour fonction principale d'être compréhensible au plus grand nombre : le terme scénarimage est rejeté par les professionnels. Il reste à comprendre pourquoi...

Motorola n.s.

Informatique et télécommunications : constructeur américain de matériel électronique professionnel. Motorola est spécialisé dans les matériels téléphonique et informatique. Grand concurrent d'*Intel* pour la fabrication de microprocesseurs, il est notamment le concepteur des microprocesseurs de la gamme 68000 qui équipent, entre autres, les ordinateurs *Macintosh* et les lecteurs de *CD-I*. Il est partenaire d'*IBM* et *Apple* dans le développement du processeur *Power PC*. Motorola est également un intégrateur : il propose des mini-ordinateurs tournant sous *Unix*.

Mouvement n. m.
[Anglais : move]

Audiovisuel

1. Illusion créée par l'affichage d'images fixes différant légèrement entre elles 25 fois par secondes (24 fois au cinéma). Lorsque l'on fait varier la vitesse, l'ordre de succession et l'importance de l'écart entre les images, on peut ralentir, accélérer, stopper ou inverser le mouvement. L'illusion est créée par une reconstruction mentale et s'appuie sur la *persistance rétinienne*. Une certaine perception de mouvement reste présente même lorsque les images qui se succèdent diffèrent beaucoup entre elles. La succession brusque d'images totalement différentes est un *truquage* : elle produit un effet de substitution ; leur succession progressive est utilisée dans les programmes de *transformation* ou de *métamorphose*.

En ce qui concerne l'image, l'écriture cinématographique consiste à assembler deux mouvements : le mouvement dans l'image (par exemple un personnage traversant le cadre) et le mouvement de l'image (voir *mouvement de caméra*).

2. Qualité d'un produit audiovisuel. Le mouvement est l'ensemble des rapports qu'entretiennent les plans ou les séquences dans leur succession. Il est créé par le *montage*. Il résulte de choix faits par le réalisateur et le monteur et, à ce titre, est un des éléments du *langage cinématographique*. Il se distingue du *rythme* qui est le rapport des plans ou des séquences dans leur durée.

Bibliographie : Aumont 88, Maillot 94, Martin 94, Passek 86.
Corrélats : accéléré, langage cinématographique, montage, plan, ralenti, rythme, séquence.

Mouvement de caméra exp.

[Anglais : camera move]

Audiovisuel : modification du *cadrage* obtenu par le déplacement de la *caméra* avec son pied. Les mouvements de caméras sont un des éléments du *langage cinématographique* ; ils s'opposent aux plans fixes. On distingue le *travelling* (où la caméra se déplace avec son pied) et le *panoramique* (où la caméra tourne autour d'un de ses axes, modifiant l'*angle de prise de vue*). Les deux mouvements peuvent se compléter et couvrir l'ensemble d'un espace à trois dimensions ; de tels mouvements, complexes, utilisent des grues (voir *Louma*).

Le mouvement de caméra, d'un point de vue objectif (voir *langage cinématographique*), élargit le champ de la caméra et permet de découvrir le *hors-champ* sans utiliser les procédés du *montage* ; il représente ainsi la relation spatiale qui existe entre les objets du *décor* ou les personnages. D'un point de vue subjectif, il peut exprimer la tension mentale d'un personnage ; il renforce l'identification du spectateur aux personnages en donnant l'illusion de reproduire exactement le déplacement de leurs regards.

En image de synthèse animée, les mouvements de caméra sont simulés par un programme et aucune contrainte physique ne les limite. On obtient ainsi des effets spectaculaires de circulation dans des espaces illimités ou de pénétration à l'intérieur d'objets ou de personnages.

Bibliographie : Maillot 94, Martin 94, Péroche 91, Quéau 93.
Corrélats : angle de prise de vue, cadrage, hors-champ, image de synthèse, langage cinématographique, panoramique, travelling.

MPC s.a. et n. mq.

Multimedia Personal Computer (Ordinateur personnel multimédia)

Standard proposé en 1992 par un groupe de constructeurs (le Multimedia Personal Computer Marketing Council, animé notamment par Microsoft, AT&T, Tandy, Zenith, Nec, Olivetti et des fournisseurs de périphériques) pour étendre les capacités de l'ordinateur personnel aux fonctions du multimédia. Conçu comme une gamme évolutive, il définit des configurations à bon marché mais aux possibilités très limitées. Le tableau ci-après montre l'évolution des principales caractéristiques du standard.

La dernière version MPC3 recommande, pour l'image animée, une compression de type MPEG1 par logiciel.

	MPC1	**MPC2**	**MPC3**
Année	1991	1993	1995
Processeur	386 SX 16 MHz	386 SX 25 MHz	Pentium 75 MHz
Mémoire	2 Mo	4 Mo	8 Mo
Disque	40 Mo	160 Mo	540 Mo
Affichage	VGA 256 couleurs	SVGA 65 536 couleurs	
Lecteur CD	150 Ko/s	300 Ko/s	600 Ko/s

Bibliographie : Frater 92, Herellier 93.
Corrélats : multimédia, ordinateur personnel.

MPEG s.a.

Moving Picture Experts Group

1. Groupe d'experts commun à l'*ISO* et à la *CEI* chargé d'élaborer des normes de compression d'images animées et son associés.

2. Normes élaborées par le comité MPEG : MPEG1, MPEG2 et MPEG4.

♦ Le groupe MPEG est référencé à l'ISO sous la dénomination ISO/IEC/JTC1/SC29/WG11. La norme MPEG1 est référencée sous le numéro ISO/IEC 11172 et la norme MPEG2 sous le numéro ISO/IEC 13818.

La norme MPEG1, adoptée en 1990, vise à réduire la taille d'un fichier d'images de 100 à 200 fois. Elle a été retenue par Philips pour la numérisation de l'image animée plein écran du CD-I.

La norme MPEG2, destinée à la télévision numérique réduit la taille des fichiers images dans un rapport 1/15 à 1/40, ce qui permet de disposer d'une qualité améliorée par rapport à MPEG1. La particularité de MPEG2 est de couvrir l'ensemble des applications multimédias (télécommunications, audio, images fixes, images animées, applications interactives) et les supports associés (bandes magnétiques, disques compacts, ordinateurs, télévisions).

En compression d'images fixes, les normes MPEG reprennent l'algorithme de compression adopté par JPEG.

En images animées, les normes MPEG se basent sur la continuité du mouvement pour ne retenir que quelques images dans le temps, qui seront effectivement captées, les images intermédiaires étant calculées (pour obtenir 25 ou 30 images/seconde). Le schéma suivant donne un exemple de codage :
— Le codage utilise une fréquence d'une image sur 12.
— Les images (1) et (13) sont codées indépendamment à partir de la capture d'images.
— Les images (4), (7) et (10) sont prédites à partir des images captées ou des images prédites précédemment.
— Les images (2), (3), (5), (6)... sont dites interpolées : elles sont codées à partir des images prédites ou captées voisines.

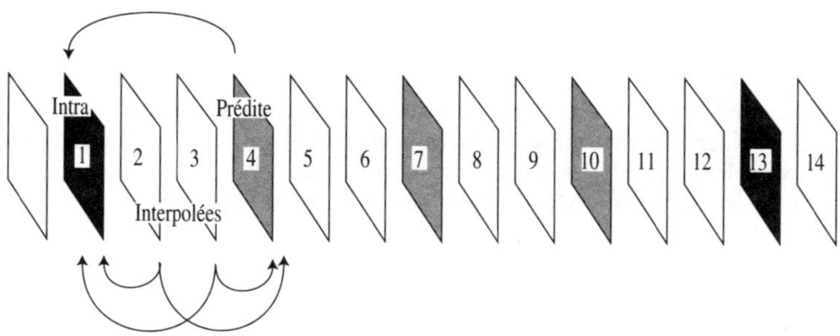

Schéma de prédiction d'image dans la norme MPEG.
(*D'après : Document AFNOR, G. Madec, la boîte à outils MPEG 2, 1993.*)

Ce type de codage donne de très bons résultats pour les séquences "prédictibles" : travelling, zoom ...
(*d'après* : Gérard Madec).

Le codage MPEG-Audio supprime la partie du son jugée inaudible : la courbe de perception de l'oreille dépend en effet de la fréquence du son et de l'effet de masque d'un son fort sur un son faible. MPEG-Audio compresse des signaux de qualité studio (largeur de bande 48 kHz), CD (largeur de bande 44,1 kHz) ou radio (largeur de bande 32 kHz) à des taux compris entre 1/4 et 1/12.

MS-DOS s.a.

MicroSoft-Disk Operating System (système d'exploitation avec disque de Microsoft)

Informatique : *système d'exploitation* utilisant les disques comme ressources privilégiées et développé par *Microsoft* pour les ordinateurs personnels d'*IBM*. La version 1 fut lancée en 1981. Son succès fut immense ; il n'était pas dû à ses qualités techniques plutôt médiocres : d'autres systèmes d'exploitation à la même époque offraient des performances semblables (par exemple CP/M) voire très nettement supérieures (Mac OS). Le succès est dû à la promotion faite par IBM qui a longtemps sous-estimé l'importance de la micro-informatique ; lorsque le géant a lancé son propre système d'exploitation pour micro-ordinateurs (*OS/2*), il était trop tard : le parc installé était trop important et il devait assurer la fortune de Microsoft.

♦ Selon Dataquest, MS-DOS était installé en 1991 sur 91% des *micro-ordinateurs* du monde entier (dont 26% avec Windows) tandis que Mac-OS ne détenaient que 8% de parts de marché. En France, il faut noter que les Macintosh possèdent environ 12% de part de marché. Les mêmes sources prévoient encore pour 1996 43% de parts de marché pour MS-DOS (hors Windows). Si MS-DOS a fait la fortune de son éditeur Microsoft, il a paradoxalement fait aussi la fortune (relative) de son concurrent *Apple* qui, grâce à la convivialité de son système MAC-OS, a pu s'installer dans des niches de marché où MS-DOS ne satisfaisait pas l'utilisateur. Avec Windows, Microsoft proposait une extension de MS-DOS avec une *interface d'utilisation* beaucoup plus conviviale. En 1995, Windows 95 améliorait encore la convivialité et remplaçait définitivement MS-DOS sur les micro-ordinateurs tandis que la version Windows-NT (Windows New Technology) était destinée aux *serveurs*. L'histoire retiendra que le système d'exploitation MS-DOS a été le composant logiciel constitutif du standard PC, complément indispensable du matériel sur lequel il tourne : la famille de *processeurs Intel* x86.

Corrélats : Microsoft, système d'exploitation, Windows.

MSI s.a.

Medium Scale Integration (traduction littérale : intégration à moyenne échelle)

Voir *circuit*, *circuit intégré*.

MTBF s.a.

Temps moyen de fonctionnement entre défaillances
[Anglais : MTBF : Mean Time Between Failures]

Mesure de qualité des appareils exprimée en heure.

Multi- préf.

Indique une idée d'abondance ou d'un nombre supérieur à un. Contraire d'uni- et de mono-.

Étymologie : *latin* : "multus" (nombreux). *Indo-européen* : "*mel-" (fort, grand) > *ml-to- (beaucoup) [Pokorny p. 720].

Multibus n. mq.

Bus développé par *Intel*, pour les processeurs de la famille 8080. Le Multibus 1 est normalisé sous l'appellation IEEE 795.

Corrélats : bus, ISA, EISA, MCA.

Multimédia adj.
[Anglais : multimedia]

Général : qui concerne plusieurs *médias*.

Informatique

1. Qualifie les *informations numériques* représentant des images ou des sons.

2. Par extension, qualifie :
— les outils matériels ou logiciels utilisés dans l'enregistrement, le traitement, le transport ou la reproduction d'images ou de sons,
— toute information numérique manipulée par des outils multimédias, y compris celles représentant des textes et des nombres,
— les fonctions remplies par les outils multimédias et listées ci-avant,
— les objets produits par les outils multimédias, mélangeant images, sons, textes et interactivité.

Communication : une entreprise qui travaille dans la presse par exemple et qui a également des activités dans la radio ou la télévision est qualifiée de multimédia, bien qu'elle ne produise pas nécessairement des produits multimédias.

Corrélat : multimédia (n.)

Multimédia n.m.

[Anglais : multimedia]

1. Technique de *communication* qui utilise au moins deux supports d'information. Par exemple, dans les années 60, le terme multimédia désignait l'utilisation conjointe de diapositives et de cassettes sonores.

2. Technique de communication qui utilise des *textes*, des *images*, des *sons* et l'*interactivité*, en local ou à distance.

3. Ensemble des métiers, des procédures et des techniques intervenant dans la création et l'utilisation d'œuvres multimédias.

♦ **Produits et services**

Le multimédia est utilisé
— à l'aide de *micro-ordinateurs* pourvus de lecteurs de *disques compacts* (CD-ROM, CD-I, CD-V...) et de *cartes* de son,
— sur des *bornes interactives* d'information ou d'orientation,
— dans les *consoles de jeux,*
— à travers des services en ligne naissants : *minitel-micro*, *minitel-photo*, services d'*Internet*,
— dans des expérimentations limitées de *télévision interactive,*
— à l'occasion de *visioconférences.*
On trouvera sous le paragraphe traitant du marché du multimédia une liste des principaux domaines d'application du multimédia.

• **La convergence de trois domaines.**

Le multimédia se réalise dans l'unité de trois techniques déjà anciennes : les *télécommunications*, l'*audiovisuel* et l'*informatique.*

Le premier système de télégraphie aérienne mis en place par Claude Chappe date de la fin du XVIIIe siècle ; les premières émissions de *télévision* en France datent de 1935 et l'ENIAC, ancêtre des *ordinateurs*, a été construit dix ans plus tard.

Longtemps les trois techniques semblent relativement autonomes :
— les télécommunications transportent l'*information*, pour le grand public ou le monde professionnel, à travers des *réseaux* de plus en plus complexes qui vont jusqu'à couvrir tout le globe terrestre pour la téléphonie ; ses métiers concernent la fourniture d'équipements et de services associés à l'émission, la *transmission,* la *commutation* et la réception d'informations.
— l'audiovisuel crée de l'*information* ; construit autour du cinéma et fortement influencé par lui, il est spécialisé dans le rêve et le divertissement du grand public ; ses métiers, très liés au contenu des *messages*, recouvrent la *production*, la *diffusion* la *distribution*, l'*édition* et la reproduction. C'est un domaine de *médias* de masse.
— l'informatique traite les *informations* ; elle s'est spécialisée dans le monde professionnel ; ses premières *applications* concernaient la gestion, la science ou l'industrie mais elle est utilisée aujourd'hui dans tous les domaines d'activité

(enseignement, médecine, transport, édition...) ; le grand public s'y intéresse depuis le début des années 90.

L'informatique crée aussi des *informations*, mais d'un type nouveau : les *programmes*. Deux caractéristiques la distinguent : elle *numérise* les informations et elle maîtrise l'*interactivité*. Ses métiers sont répartis entre *matériel* et *logiciel*.

La culture de l'audiovisuel valorise l'esprit créatif, tandis que les cultures des télécommunications et de l'informatique valorisent plutôt la rigueur et l'analyse techniques. Le mélange de ces cultures, qui pose souvent problème, caractérise le multimédia.

Les trois techniques partagent un ingrédient commun, l'*information* ; elles ont progressivement convergé, deux à deux :

— l'audiovisuel et les télécommunications se sont trés tôt associés pour *diffuser* images et sons ; au début des années 80, le *plan câble* inaugure en France une télévision non plus diffusée mais *distribuée*, utilisant de nouveaux supports (*fibre optique*), offrant de nouveaux services et annonçant la *télévision interactive* ;

— dès la fin des années 70, la *télématique* concrétise la convergence de l'informatique et des télécommunications avec, en particulier, la *communication de données* et la mise en place du réseau *Télétel* ;

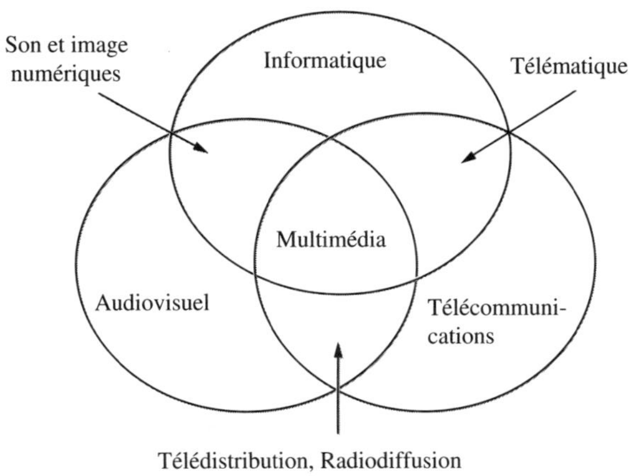

Figure 1 Le multimédia est à l'intersection de trois domaines.
(*Source : Anacor.*)

— à la fin des années 80 la maîtrise de la *numérisation* et de la *compression* des images et des sons a une double conséquence : d'une part elle permet à la *post-production* audiovisuelle d'utiliser l'informatique pour simplifier et accélérer le *montage* et créer les *effets spéciaux* dont le grand public est friand ; d'autre part elle apporte à l'informatique la solution pour simplifier l'utilisation des ordinateurs en créant des *interfaces d'utilisation* graphiques ; l'informatique peut désormais viser le marché du grand public.

Au milieu des années 90, la *numérisation* s'étend aux trois domaines et donne naissance au multimédia.

De façon naturelle, les professionnels de chacun des domaines qui composent le multimédia privilégient leur propre culture : ils tendent à qualifier la nouvelle technique par ce qu'ils y voient de neuf. Pour les informaticiens, ce qui est nouveau, c'est l'apparition de plusieurs médias : l'image et le son ; le monde audiovisuel, qui les maîtrise depuis longtemps, est séduit par l'interactivité : ce qui est nouveau pour lui c'est la possibilité de rompre la linéarité des programmes. Pour le monde des télécommunications, le multimédia signifie la numérisation du signal et la multiplicité des services.

• **La chaîne multimédia**

L'ensemble du processus multimédia, de la conception jusqu'à la consommation, est représenté sur la figure 2. Chaque cercle y symbolise une étape et chaque flèche un flux d'informations mono- ou bi-directionnel (la grosseur des ronds n'est pas significative). À chaque étape de la chaîne sont associés des métiers, des techniques, des normes, des marchés et des acteurs. La qualité finale d'une production multimédia, du point de vue technique, est égale à celle délivrée par le maillon le plus faible de la chaîne. Chaque étape fait l'objet d'une entrée dans le dictionnaire.

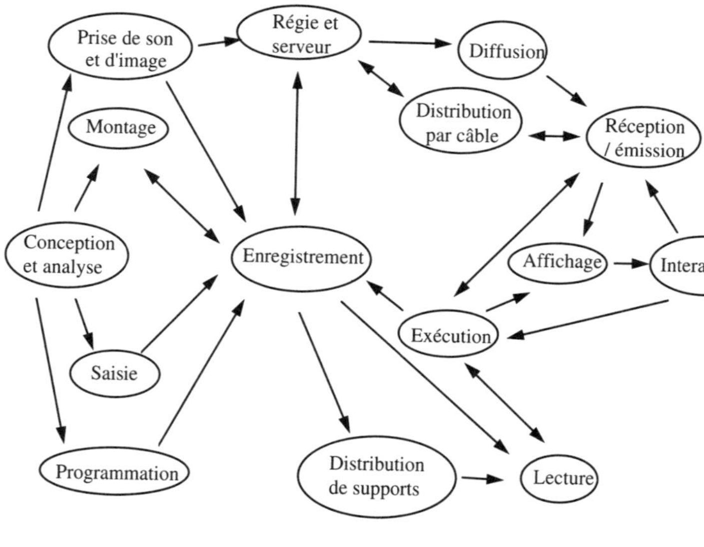

Figure 2 La chaîne multimédia.
(*Source : Anacor.*)

• **Les sous-ensembles fonctionnels de la chaîne**
On peut distinguer, pour mieux lire cette figure, différents sous-ensembles.

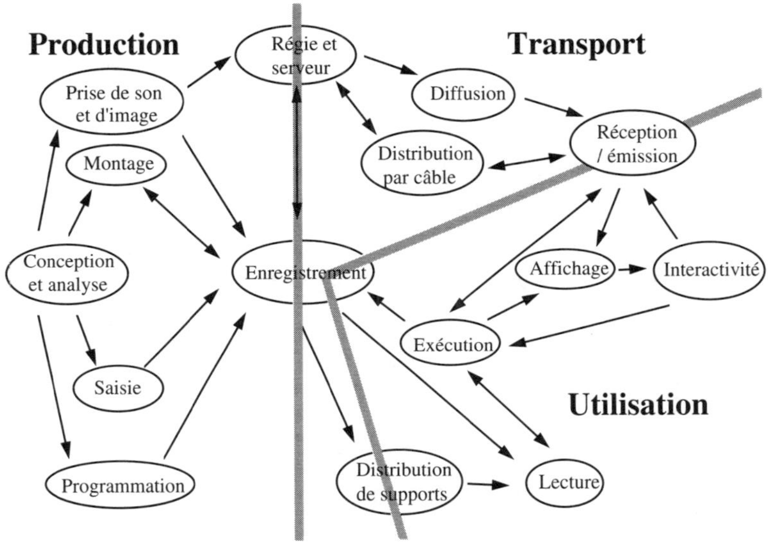

Figure 3 Production, transport et utilisation.
(*Source : Anacor.*)

La figure 3 distingue les fonctions de *production* (à gauche), de transport (au centre) et d'utilisation (à droite). La **figure 3bis**, page suivante, distingue l'utilisation en ligne et hors ligne qui sont des appellations également utilisées.

La production coordonne techniciens et créatifs qui sont de cultures différentes ; elle choisit les *standards* qui seront déterminants pour toute la suite de la chaîne ; elle regroupe les activités :
— de *conception* pour l'audiovisuel (écriture du *scénario*) et d'*analyse* pour l'informatique (écriture de la structure des *programmes*) ;
— de fabrication des objets multimédias : *images* et *sons* pour l'audiovisuel, *hypertextes, programmes* et *données* pour l'informatique ;
— d'*enregistrement* sur des *supports* (*disques, bandes magnétiques*).

Le transport des objets multimédias peut se faire par *diffusion* ou par *distribution* :
— en ligne (diffusion sur *réseau hertzien* terrestre ou via *satellite* ou distribution sur *réseau câblé ;* ici se situent les *autoroutes de l'information*)
— hors ligne (distribution de *supports* comme les *disques compacts* CD-ROM, CD-I ou CD-Vidéo).

L'utilisation en ligne (figure 3 bis, page suivante) comprend les fonctions suivantes :
— émission à l'aide d'*antennes*, de *modems*, de *cartes de communication*, de contrôleurs...
— *réception* à l'aide d'*antennes*, de *décodeurs*, ou de *boîtiers,*

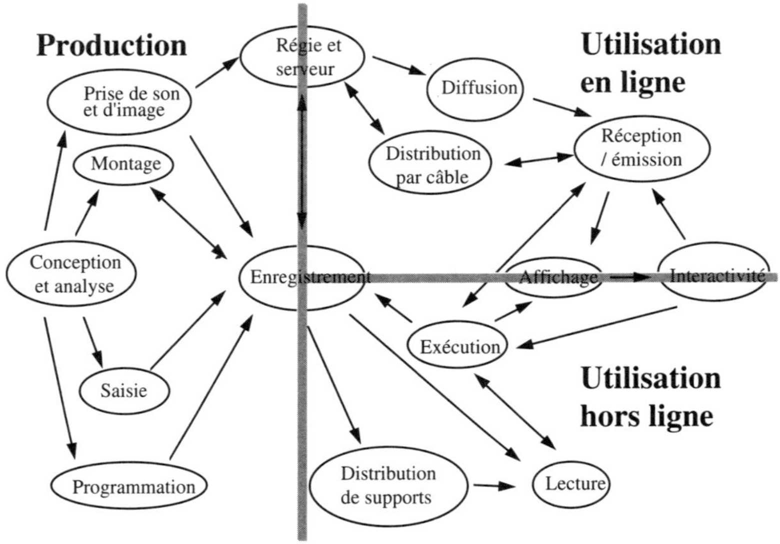

Figure 3 bis Production et utilisation.
(*Source : Anacor.*)

— reproduction des images et des sons à l'aide d'*écrans* et de *hauts parleurs*,
— exécution des *programmes* et de l'*interactivité*. Cette fonction, un des points-clés du multimédia en ligne, peut se faire de deux façons (figures 4 et 5).
— **Figure 4** : les programmes sont téléchargés depuis le *serveur* dans une *mémoire* du *terminal* ; ils sont alors exécutés localement par le *micro-processeur* du terminal ;
— **Figure 5** : le programme est exécuté dans le serveur central, au fur et à mesure des réponses fournies par le terminal à ses questions.

On peut supposer que la deuxième solution sera préférée par l'utilisateur : elle lui économise l'achat d'un terminal *intelligent*. Cependant elle nécessite l'usage de réseaux ayant de très grands *débits* (les *autoroutes de l'information*) qui seront longs à mettre en place et dont le coût sera, de toutes façons, répercuté sur l'utilisateur. D'autre part les coûts des mémoires et des micro-processeurs ne cessent de baisser et la possession d'un terminal intelligent permet à l'utilisateur d'exécuter des programmes hors ligne. Il est vraisemblable que le multimédia s'oriente vers une solution hybride.

L'utilisation hors ligne (figure 3 bis ci-dessus) se fait surtout à l'aide de *lecteurs* de *disques compacts (CD-I, CD-ROM ou CD-Vidéo)* ou de *cartouches* (pour les *jeux vidéos*) et d'*ordinateurs* ou de *consoles de jeux* pour exécuter les programmes.

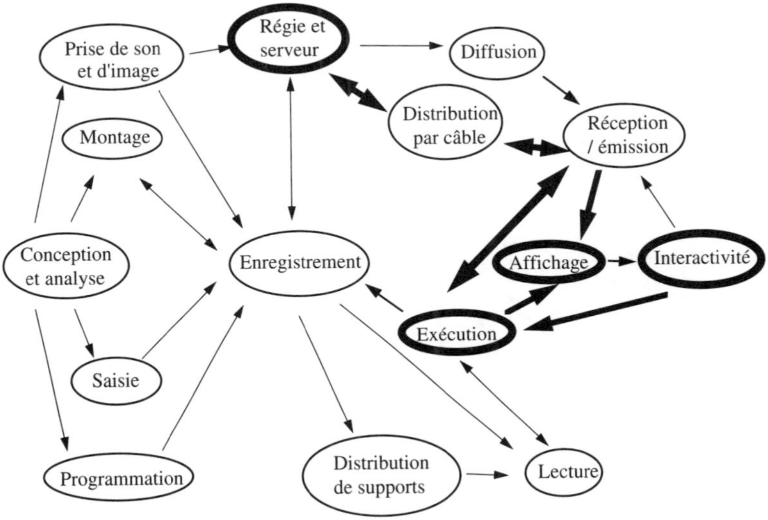

Figure 4 Téléchargement et exécution en local.
(*Source : Anacor.*)

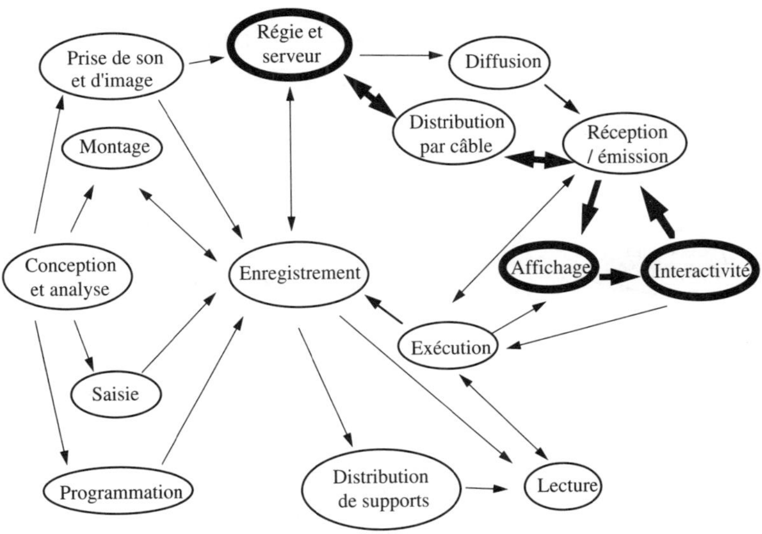

Figure 5 Exécution à distance.
(*Source : Anacor.*)

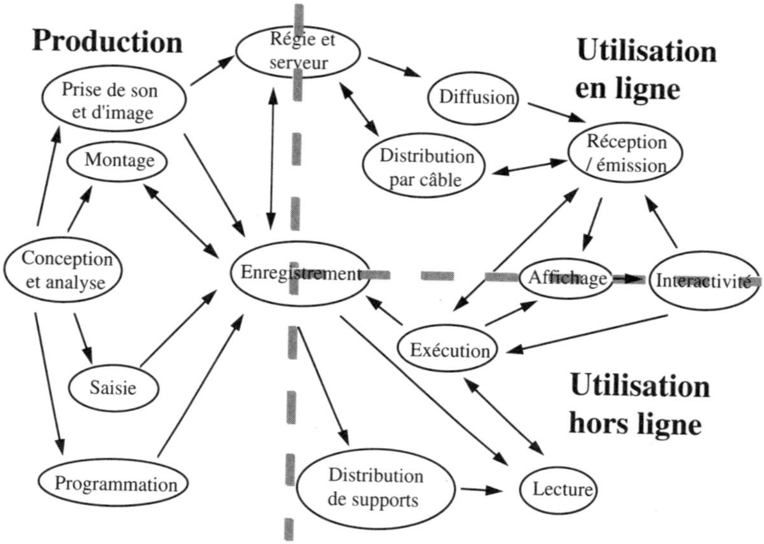

Figure 6 Abolition des frontières.
(*Source : Anacor.*)

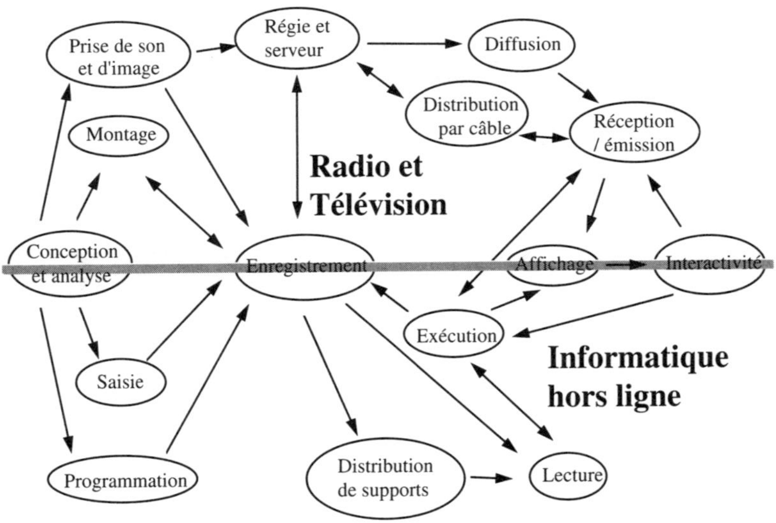

Figure 7 Audiovisuel et informatique.
(*Source : Anacor.*)

• **Évolution** (figure 6)
À moyen terme la frontière horizontale entre les deux utilisations en ligne et hors ligne sera supprimée : l'*affichage* sur le terminal mélangera les informations venant des supports enregistrés et des réseaux ; les *programmes* seront exécutés sur des *processeurs* répartis entre les *serveurs* et les *terminaux.*

À plus longue échéance, le multimédia supprimera également la frontière verticale entre production et utilisation : l'utilisateur produira lui-même ses propres programmes en puisant dans des *bases de données* et *des banques d'images*, en local ou à distance, les objets multimédias qu'il assemblera lui-même sur des supports *réinscriptibles* (voir *CD-multimédia*).

• **Les sous-ensembles par domaines de la chaîne**
La figure 7 montre les étapes de nature audiovisuelle (page précédente) et informatique (en bas).

Par souci de simplification, dans ce schéma l'audiovisuel a été réduit à la *télévision* et à la radio (l'édition *vidéo* en est exclue) et l'informatique ne comprend pas la *transmission de données* qui est montrée sur la figure 8.

— **Figure 9** : les fonctions de *télécommunications*, situées dans l'angle supérieur droit, assurent le transport déjà décrit aux figures 3 et 3 bis.
La particularité du multimédia, grâce à la *numérisation* des informations, consiste à briser les frontières entre l'audiovisuel, l'informatique et les télécommunications.

— **Figure 10** : l'*édition électronique* regroupe traditionnellement les fonctions d'*enregistrement* et de *distribution* de supports (*cassettes, disquettes, disques compacts...*).

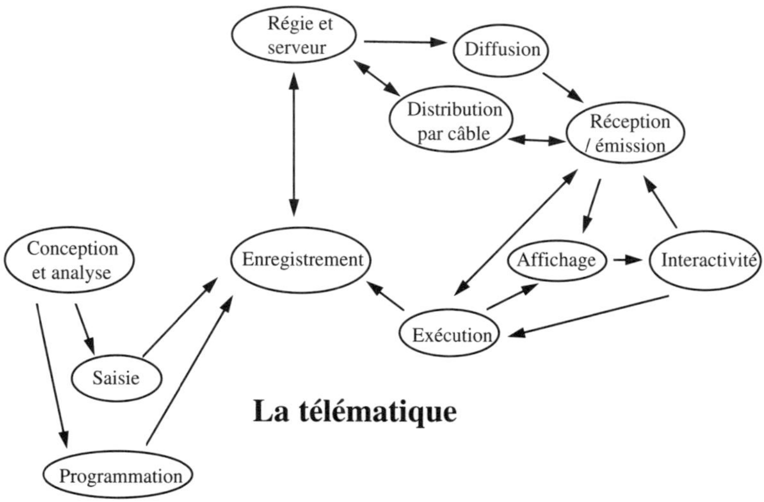

Figure 8 La télématique.
(*Source : Anacor.*)

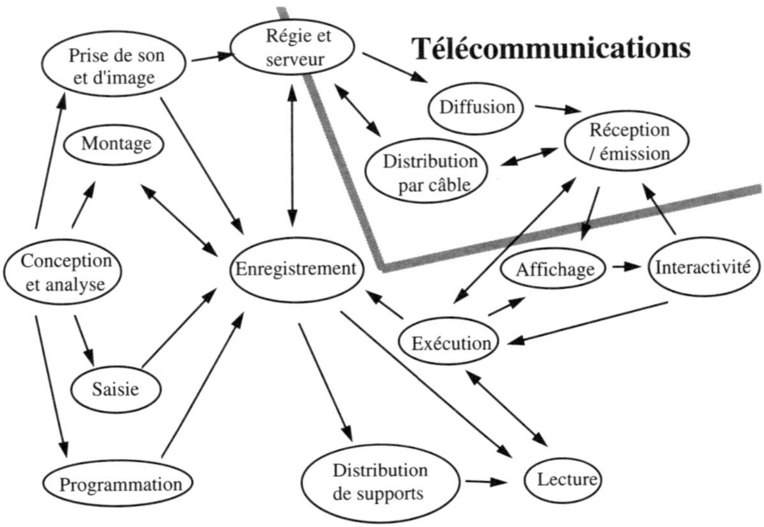

Figure 9 Les télécommunications.
(*Source : Anacor.*)

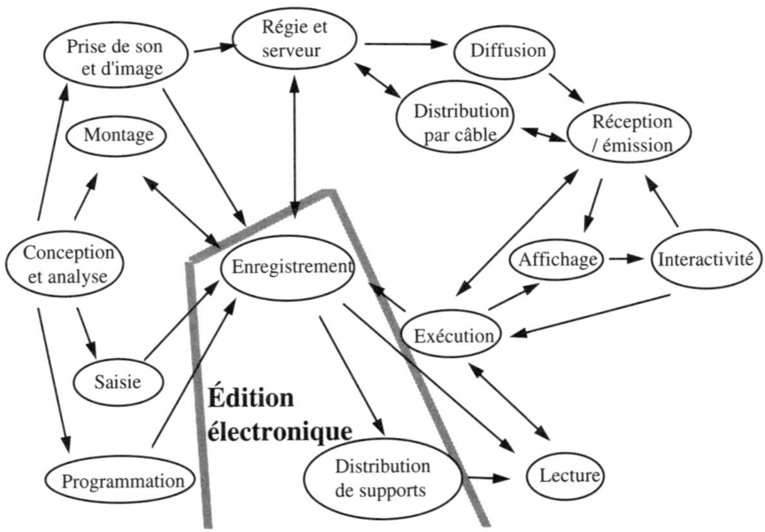

Figure 10 L'édition électronique.
(*Source : Anacor.*)

— **Figure 11** : on étend parfois le métier d'éditeur électronique aux fonctions de *production.*

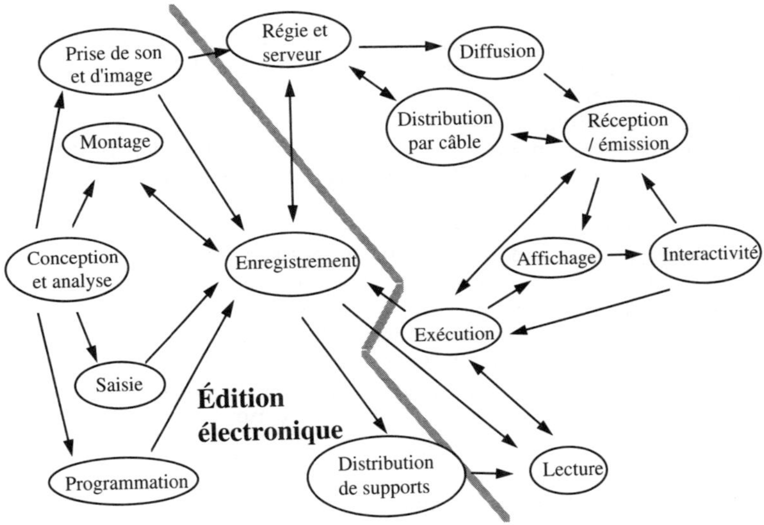

Figure 11 L'édition électronique.
(*Source : Anacor.*)

• **Un nouveau langage ?**

Le multimédia constitue-t-il un tout différent de la somme de ses parties ? La conjonction de l'audiovisuel, de l'interactivité et des télécommunications donne-t-elle naissance à un nouveau mode d'expression, à un nouveau langage ?

Le multimédia englobe les moyens d'expression de l'audiovisuel et du cinéma (voir *langage audiovisuel* et *langage cinématographique*). Ces deux langages sont linéaires :
— les images se succèdent au rythme de 25 images par seconde (ou 24 pour le cinéma), dans un ordre fixé une fois pour toutes par le réalisateur pour le spectateur,
— le son, qui par nature se déroule dans le temps est souvent associé à l'image de manière *synchrone*,
— les textes éventuels sont une mise bout à bout de caractères dans un ordre précis.

La principale nouveauté du multimédia tient dans l'apparition de l'*interactivité* qui rompt la linéarité du langage.

La présence, dans les *images* et les textes, de *points sensibles* donne naissance à l'*hypertexte* et à l'*hypermédia*, deux techniques qui ouvrent une dimension supplémentaire à l'expression des idées : les « chemins de traverse » que le spectateur peut emprunter dans le récit sont une expression de la pensée du créateur plus raffinée et plus complète que celle des langages linéaires.

Cependant cette plus grande précision du langage s'accompagne d'un rétrécissement de la marge d'interprétation et d'imagination laissée au spectateur : la liberté apparente qui lui est laissée de choisir « son » parcours dans l'arborescence multimédia n'est qu'illusoire : il ne peut jamais choisir que ce qui a été conçu par le créateur multimédia.

Le multimédia s'inscrit ainsi dans l'évolution qu'ont suivi les différentes formes d'expression inventées par l'homme : toutes, depuis les premières gravures rupestres jusqu'à la télévision, n'ont cessé d'éliminer le flou et la libre association d'idées au profit d'un resserrement du lien entre la pensée de l'émetteur et sa représentation. Toutes n'ont cessé de rogner la liberté d'interprétation laissée au récepteur du message.

Tout se passe comme si, avec l'apparition de l'interactivité, l'audiovisuel était dans la même situation que le cinéma lors de l'apparition du son dans les années 20 et l'on peut citer un extrait du manifeste d'Eisenstein, Poudovkine et Alexandrov datant de 1928 : « ... Le film sonore est une arme à double tranchant : il est probable qu'on l'utilisera selon la loi du moindre effort, c'est-à-dire simplement pour satisfaire la curiosité du public... » (cité par Marcel Lapierre, dans *Anthologie du cinéma*).

• **Les points-clés du multimédia**

Ils portent sur deux caractéristiques techniques : le volume des données numérisées et l'interactivité.

Le volume des informations

— **Le codage** : tous les codes utilisés en multimédia sont *numériques*, mais chaque étape de la chaîne utilise les siens propres et à l'intérieur d'une même étape, plusieurs codes, plusieurs *formats de fichier*, plusieurs modes de *compression* sont utilisés. La *normalisation* a naturellement porté en priorité sur ce point en définissant les normes *JPEG* et *MPEG*. Leur adoption dans toute la chaîne est une nécessité.

— **Les *supports* d'édition** : parmi les *supports* d'édition disponibles au milieu des années 90, le *disque compact* s'est imposé, mais sa capacité est trop faible pour stocker l'image animée. Plusieurs *standards* sont en concurrence qui visent à accroître la capacité des disques (voir *disque compact vidéo* et *CD-multimédia*).

— **Les *débits*** : le transport des informations d'un appareil à un autre ou à l'intérieur d'un même appareil nécessite de grands débits. La mise en place de réseaux rapides et à grande capacité (voir *autoroutes de l'information*) et la fabrication d'appareils à transfert rapide sont deux contraintes techniques du multimédia (voir *lecteur* et *bus*).

L'interactivité

— **La complémentarité en ligne/hors ligne** : les informations transmises sur réseau depuis un *serveur* peuvent se compléter d'informations situées dans une *base de données* locale sur le *terminal*. Cette complémentarité nécessite des *matériels* et des *logiciels* spécialisés.

— **La répartition de l'*intelligence*** : l'interactivité et la complémentarité en ligne/hors ligne nécessitent un dialogue entre des *programmes* situés d'une part dans les *terminaux* qui assurent l'*interface* avec l'utilisateur et d'autre part dans des *serveurs* situés à différents endroits du réseau : en *tête de réseau* ou répartis dans les différents *nœuds* du réseau. Les fonctions de recherche, de dialogue, d'interface, de supervision des échanges et des accès peuvent être remplies par tous ces programmes. Aucun standard ni aucune norme ne définit la répartition de ces fonctions.
— **Les voies de retour** : l'utilisateur envoie des ordres au serveur du réseau multimédia (choix d'un film, commande d'un article dans un catalogue, etc...) par une voie de retour. Il peut utiliser le réseau téléphonique, mais les véritables réseaux multimédias doivent être bidirectionnels. Ce sont ces réseaux bidirectionnels à hauts débits que l'on appelle les *autoroutes de l'information* ; leur mise en place est une condition préalable à tout développement de la *télévision interactive.*
— **Les *terminaux* des *réseaux*** : le choix du terminal n'est pas fait. Y aura-t-il un terminal pour les foyers et un autre pour les entreprises ou bien un seul appareil suffira-t-il ? Le *micro-ordinateur* complété de *cartes* spécialisées deviendra-t-il récepteur de télévision interactive ou équipera-t-on au contraire le *téléviseur* d'un *boîtier* pourvu d'*intelligence* ? L'importance des parcs installés (figure 12) est un critère à prendre en compte, mais la solution viendra peut-être d'un nouveau type de terminal qui reste à définir et à normaliser...
— **L'écriture multimédia** : la définition d'un nouveau *langage* intégrant l'interactivité à l'audiovisuel est le critère le plus important de la maturité du multimédia.

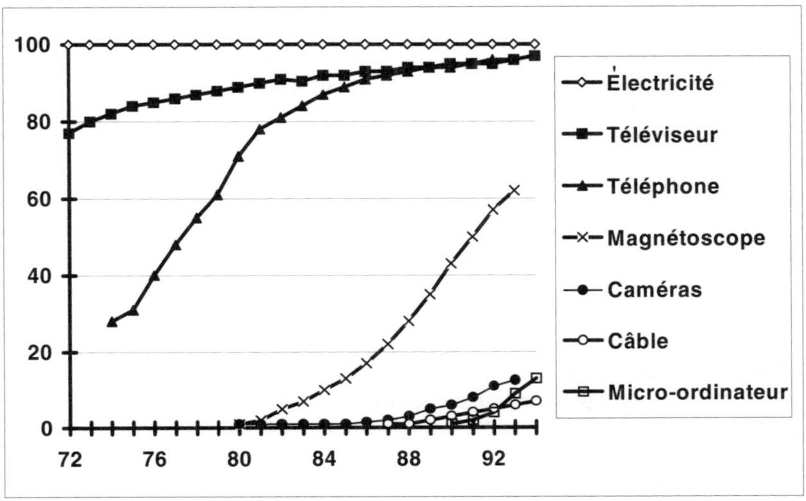

Figure 12 Le taux d'équipement des foyers en France.
(*D'après : Les Échos.*)

• **Le marché du multimédia**
Les applications du multimédia sont nombreuses : la *communication institutionnelle*, les *transports*, la médecine, l'armée, la recherche scientifique, l'industrie spatiale, l'édition, l'*enseignement*, la publicité, le commerce, la banque, la *télévision*, les musées, les collectivités locales ...

Marché institutionnel : une institution, publique ou privée, est commanditaire du programme multimédia. Le programme est destiné au personnel ou aux clients de l'institution. Le consommateur du programme n'en est généralement pas l'acheteur. Exemples : les bornes interactives d'orientation ou d'information dans les collectivités locales ou les musées, les catalogues de produits, les programmes de présentation d'entreprise...
Marché grand public : le consommateur du programme multimédia est l'acheteur (il achète en général un support). Exemples : les *jeux vidéos*, les cd-rom ou cd-i culturels, éducatifs, érotiques...

Les deux segments du marché du multimédia.

Le marché est immense mais naissant ; il est encore difficile à mesurer. Par contre le poids des techniques concernant le multimédia dans l'économie mondiale peut être estimé en considérant leur chiffre d'affaires respectif exprimé en milliards de francs :

	1990	1993	% du P.I.B. mondial 93
Télécommunications	2400	3054	2 %
Audiovisuel	1500	1736	1,2 %
Informatique	2000	2650	1,7 %
Total	5900	7440	4,9 %

Figure 13 L'économie du multimédia.

• **Les acteurs du multimédia**
On peut les regrouper autour de quatre métiers : les *producteurs*, les *éditeurs*, les *diffuseurs* et les *distributeurs* dont les rapports commerciaux sont représentés en figure 14.
Ce schéma est théorique. Dans la pratique, une même société peut avoir plusieurs métiers représentés dans cette figure. Ainsi la *chaîne* de télévision Canal +, dont le métier de base est celui d'*éditeur*, joue un rôle de *producteur* lorsqu'elle réalise ou finance ses propres programmes ; elle peut aussi avoir une part de l'activité de *distributeur* ou de *diffuseur*.

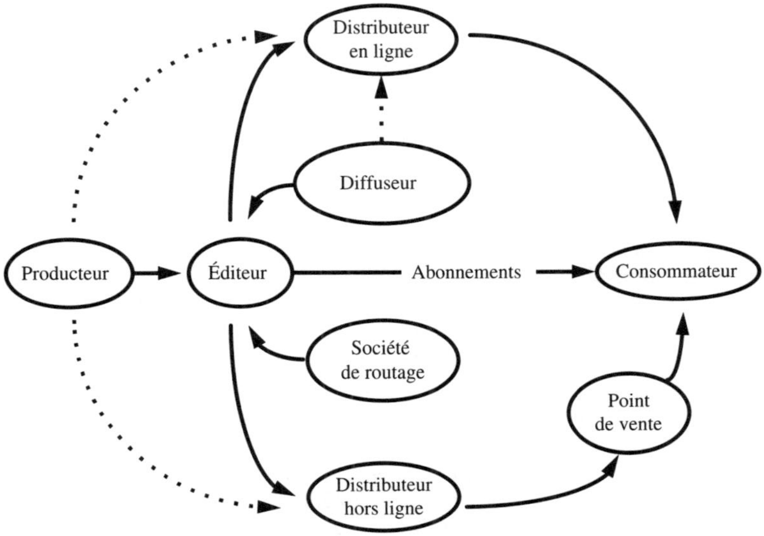

Figure 14 Les acteurs du multimédia.
(*Les flèches partent du fournisseur de service pour pointer vers l'acheteur.*)

• Les *éditeurs* occupent le centre de la chaîne commerciale. Ils commandent des programmes aux producteurs et les insèrent dans des lignes éditoriales qu'ils vendent aux distributeurs ou qu'ils diffusent en payant les services de diffuseurs. C'est à eux que le CSA attribue les autorisations d'émettre sur des *canaux* précis. Tout comme pour la presse, certains éditeurs peuvent vendre directement aux consommateurs ; ils leur vendent alors un droit d'accès à leurs programmes sous forme d'abonnement ou de location d'un *désembrouilleur* (solution retenue par Canal + par exemple). Ils peuvent s'adresser à une société de routage pour vendre directement, par abonnement, des supports à parution périodique (cassettes vidéo ou cd-rom).

• Les *producteurs* fournissent aux éditeurs les programmes dont ils ont les droits. Ils peuvent travailler sur commande de l'éditeur ou de leur propre initiative. Ils achètent les compétences des auteurs (scénaristes, réalisateurs, interprètes...). Les petits producteurs peuvent éventuellement vendre directement leurs programmes aux distributeurs, sans passer par l'éditeur, en particulier pour la distribution hors ligne (vente de supports).

• Les *distributeurs* en ligne appelés aussi *câblo-opérateurs*, installent et commercialisent des réseaux câblés. Ils achètent des grilles de programmes aux éditeurs (plus rarement aux producteurs) et peuvent éventuellement acheter les services d'un diffuseur par satellite par exemple qui délivre à leur *tête* de réseau des programmes destinés à enrichir l'offre câblée. L'opérateur technique peut être distinct de l'opérateur commercial qui vend ses services aux foyers d'une ville qui lui a donné l'exclusivité de son marché.

• Les *distributeurs* hors ligne achètent des programmes aux éditeurs — ou aux producteurs — pour les distribuer dans des réseaux de points de vente. Leur participation dans la duplication, l'emballage et la promotion des produits varie en fonction des accords passés avec les éditeurs ou les producteurs.

• Les *diffuseurs* sont des opérateurs techniques qui vendent leurs services aux éditeurs et éventuellement aux distributeurs.

On a assisté, au début des années 90, à de nombreuses alliances qui couvraient trois domaines principaux :
— les *logiciels* ou *matériels* de fabrication d'information et les terminaux de visualisation développés par les industriels de l'audiovisuel et de l'informatique,
— les *réseaux* que maîtrisent les opérateurs des télécommunications,
— les contenus (bases de données, banques d'images, émissions de télévision, films, musiques, livres...) que possèdent les maisons d'édition et de production.

En 1993 par exemple, *Time Warner*, premier groupe *multimédia* au monde, numéro 2 des *câblo-opérateurs* aux États-Unis tentait de réunir un conglomérat multimédia exemplaire : l'alliance avec US West, compagnie téléphonique régionale américaine, visait à mettre en place des services de *télévision interactive* et à équiper ses réseaux en câbles à *fibres optiques*. L'accord avec *Silicon Graphics* devait fournir les micro-processeurs et les logiciels nécessaires au projet. Enfin, le rapprochement avec *Toshiba* et Scientific Atlanta devait produire les *boîtiers* programmables de sélection des chaînes. *Microsoft,* numéro 1 mondial du logiciel envisageait un rapprochement avec ces sociétés pour la conception des systèmes de distribution et d'exploitation permettant aux utilisateurs de naviguer dans un univers de plusieurs centaines de chaînes de télévision.

Bibliographie : Balpe 90, Boursier 93, Frater 93, Herelier 93, Leroi-Gourhan 64, Lunven 93, Lyotard 79, Terrason 92, Touchard 93, Vasseur 92.
Corrélats : audiovisuel, informatique, télécommunications, langage cinématographique, langage audiovisuel, langage multimédia, numérisation.
Étymologie : *Français* : emprunt à la langue technique américaine de l'informatique. *Américain* : construit avec "multi-" préfixe savant composé de "multus" + "média" (pluriel de *médium*). *Latin* : "multus" (abondant, nombreux) + "medius" (milieu accessible à tous, qui se trouve au milieu, intermédiaire, moyen). *Indo-européen* : *mel- (fort, grand) > *ml-to- (beaucoup) [Pokorny. 4. p. 720] + "*medhi-", "*medhyo-" (milieu) [Pokorny. pp. 706, 707].

Multiplex n.m.

[Anglais : multiplex]

1. Télécommunications : ensemble de voies de communication multiplexées.

2. Audiovisuel : émission réalisée en utilisant des voies de communication multiplexées ; elle permet à plusieurs présentateurs d'intervenir simultanément à l'antenne bien qu'étant situés à distance les uns des autres.

Étymologie : **multi-** : voir ce mot. **-plex** : *Latin* "-plex" (pli) < "plicare" (plier). *Indo-européen* : "*-plek" (plier) [Pokorny p. 834].

Multiplexage n.m.

[Anglais : multiplexing]

Télécommunications : partage de la capacité d'un support de transmission entre plusieurs voies de communication. Le multiplexage assemble plusieurs signaux provenant de sources différentes en un seul, appellé signal composite ou multiplex, pour économiser des ressources de transmission. Le multiplexage est un procédé réversible : il est fait de telle façon que les signaux composants puissent être à nouveau séparés lors de la réception du signal composite (démultiplexage). Le multiplexage se distingue de la concentration (voir *concentrateur*).

♦ Il existe deux modes de multiplexage : le multiplexage par répartition en fréquence (MRF), couramment appelé analogique, et le multiplexage par répartition dans le temps (MRT), appelé numérique.

Multiplexage en fréquence
[Anglais : frequency division multiplexing]

Partage de la *bande passante* de transmission en plusieurs sous-bandes adjacentes, chacune étant affectée à un signal composant. L'ensemble des messages est transmis simultanément et le démultiplexage consiste à *filtrer* le signal composite à la réception.

En téléphonie, le multiplexage analogique est utilisé depuis de nombreuses années : l'espace des fréquences permettant la reconnaissance de la voix humaine et utilisée en téléphonie s'étend de 300 Hz à 4 KHz ; on appelle groupe primaire la transposition de 12 voies téléphoniques à 4 KHz chacune, soit un encombrement de 48 KHz, dans la bande de fréquences situées entre 60 KHz et 108 KHz. Le groupe primaire est le résultat d'un multiplexage de 12 voies dans la bande de 60 à 108 KHz (60-64 KHz, 64-68 KHz, ..., 104-108 KHz).

Multiplexage temporel
[Anglais : time division multiplexing]

L'intégralité de la bande passante de transmission est affectée, à tour de rôle, à chacune des voies entrantes. Chaque message transmis contient des informations de contrôle (identification et synchronisation) et des informations utiles. Le multiplexage partage le débit sortant qui est beaucoup plus important que chacun des débits entrants. On distingue le multiplexage temporel synchrone et le multiplexage temporel asynchrone.

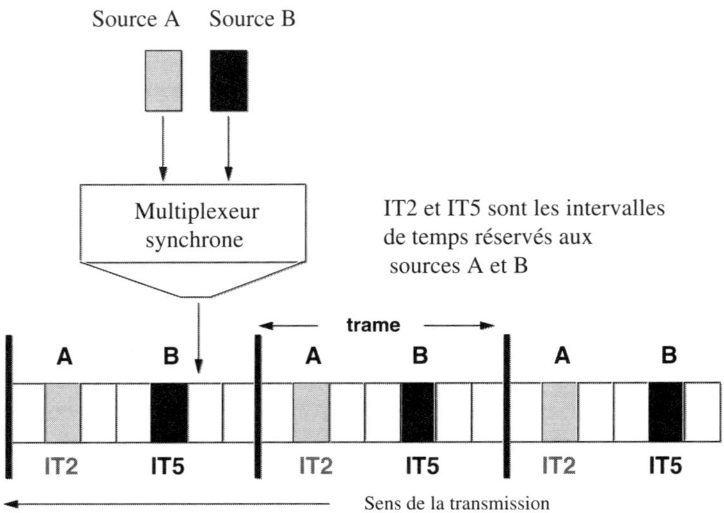

Figure 1 Le multiplexage synchrone.

En multiplexage **synchrone (par position)**, la voie de sortie est divisée en blocs, appelés *trames*, composés d'un nombre constant d'intervalles de temps élémentaire (IT) ; à chaque voie entrante est affectée une position bien définie dans la trame, qu'elle émette ou pas. Ce type de multiplexage impose un rythme de transmission aux sources d'émission. Voir figure 1.

En multiplexage **asynchrone (par étiquette)**, des éléments binaires, appelés étiquettes, sont émis au début de chaque bloc d'information utile ; ils permettent d'identifier le terminal émetteur et le chemin vers le destinataire. Des informations émises à des débits différents peuvent être acheminées sur une même voie de transmission en conservant chacune son débit propre : les informations de débits les plus élevés occupent plus fréquemment les intervalles de temps disponibles.

Il existe trois modes de multiplexage par étiquette, qui diffèrent par la nature de l'information d'identification :

— **en mode datagramme**, l'étiquette contient une adresse de destination et chaque paquet est acheminé individuellement : plusieurs paquets consécutifs d'une même communication peuvent emprunter des chemins différents.

— **en mode auto-acheminement**, l'étiquette contient une description des actions de commutation successives le long du trajet du paquet, par exemple les

adresses de sortie des nœuds de commutation traversés. L'ensemble des paquets d'une communication suit le même chemin physique, mais la longueur de l'étiquette peut varier au cours du cheminement, parfois de façon importante.
— **en mode circuit virtuel**, l'étiquette porte un numéro de voie logique, qui attribue une position sur un multiplex à la communication, lorsque celle-ci en a besoin. Ce numéro, de nature identique au numéro d'intervalle de temps des systèmes de multiplexage synchrone, peut être modifié à chaque opération de commutation.

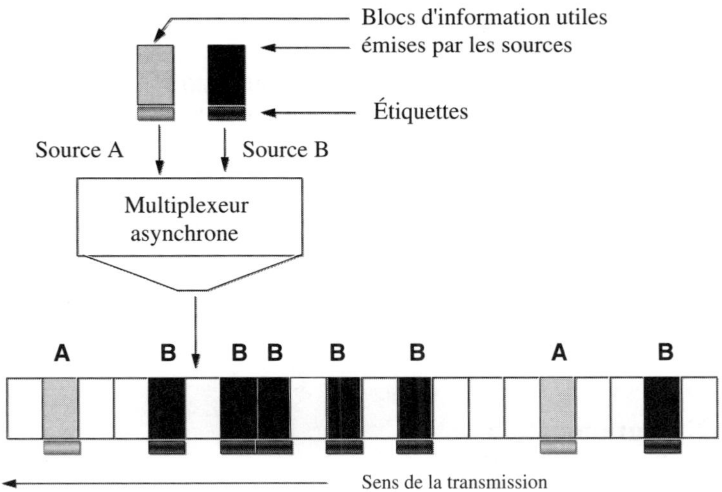

Figure 2 Le multiplexage asynchrone.

Bibliographie : Besson 88, Du Castel 93, Friedel 94.
Corrélats : ATM, commutation, concentrateur, transmission.
Étymologie : *Français* : emprunt à la langue technique américaine. *Américain* : construit avec "multi-" préfixe savant emprunté au latin dérivé de "multus" + "média" (pluriel de *médium*). *Latin* : "multus" (abondant, nombreux) + "medius" (milieu accessible à tous, qui se trouve au milieu, intermédiaire, moyen). *Indo-européen* : "*mel-" (fort, grand) > "*ml-to-" (beaucoup) [Pokorny 4. p. 720] + "*medhi-", "*medhyo-" (milieu) [Pokorny pp. 706,707].

Multiplexer v.

[Anglais : to multiplex]

Télécommunications : transmettre des signaux par *multiplexage*.

Multiplexeur n.m.
[Anglais : multiplexor]

Télécommunications : matériel ou logiciel qui effectue un *multiplexage.*

Multipoint adj.
[Anglais : multipoint]

Télécommunications

1. Qualifie l'architecture d'un réseau où chaque terminal peut être relié, par l'intermédiaire d'un serveur, à tous les autres terminaux. Chaque terminal est identifié par une adresse dans le réseau. S'oppose à *point à point.*

2. Qualifie le mode de liaison géré sur un réseau multipoint.

3. Carte multipoint : voir *carte.*

Corrélat : architecture de réseau.

Multiprogrammation n.f.
[Anglais : multiprogramming]

Informatique : mode d'exploitation d'un *ordinateur* où plusieurs *programmes* peuvent s'exécuter simultanément. S'oppose à *monoprogrammation.*

Sur les ordinateurs multiprocesseurs, les différents programmes peuvent s'exécuter en réelle simultanéité (voir *architecture parallèle*).

Sur les ordinateurs monoprocesseurs, les différents programmes se partagent le temps du processeur central et s'exécutent de manière imbriquée, sous le contrôle du *système d'exploitation.*

Les tâches du système d'exploitation sont alors de gérer :
— les priorités d'exécution des programmes (c'est-à-dire le partage du temps du *processeur central*),
— le partage de l'espace de la *mémoire centrale. Unix* est un système d'exploitation qui gère la multiprogrammation.

Bibliographie : Meinadier 80, Tanenbaum 91.
Corrélats : architecture parallèle, monoprogrammation, système d'exploitation.

Multisession adj.

[Anglais : multisession]

Informatique : voir *CD-multisession.*

Mur d'images n.m.

[Anglais : videowall]

Dispositif de diffusion d'une ou plusieurs images sur plusieurs *écrans* empilés. Un mur d'images comporte une ou plusieurs sources d'images (*magnétoscopes* ou *lecteurs* de *vidéodisques*), un *commutateur* complété d'une électronique de découpe d'images qui répartit ou éclate les images et plusieurs *écrans* vidéo ou rétro-projecteurs. Le mur d'images permet d'afficher de manière dynamique les images fournies par les sources en répétant ou en éclatant chaque image sur les différents moniteurs.

♦ La figure ci-dessous donne un exemple de mur d'images avec 6 entrées et 9 sorties.

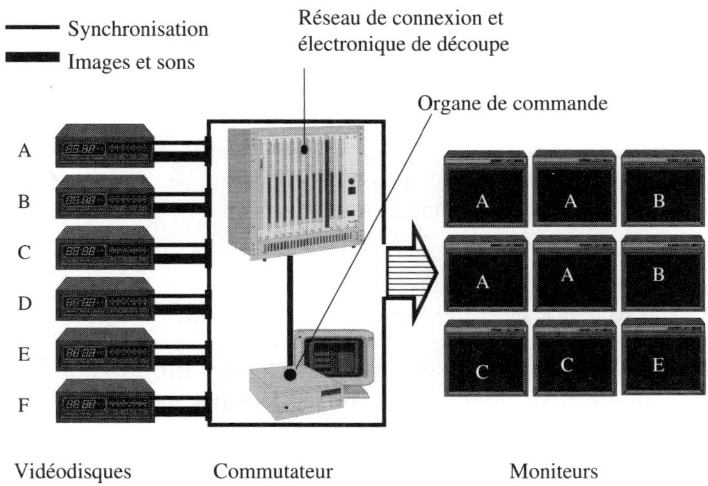

Figure 1 Configuration d'un mur d'images.

Suivant la complexité du commutateur et de l'électronique de découpe dont on dispose, on peut afficher les 6 sources en sorties en *mosaïque* ou avec toutes les configurations possibles :
Les moniteurs qui constituent le mur d'images proprement dit sont des moniteurs spéciaux ; ils doivent avoir des *cadres* les plus fins possibles pour

donner une impression de continuité de l'image sur le mur et des *écrans* les plus plats possibles pour éviter la déformation de l'image dans les angles.

Les commutateurs ne permettent souvent que 2 sources d'entrées mais peuvent piloter jusqu'à 256 écrans en sortie. Il existe des systèmes de commande pilotés par logiciel qui permettent de programmer les enchaînements d'effets spéciaux.

Les murs d'images produisent toujours un effet spectaculaire, en particulier lorsqu'on éclate une seule source sur l'ensemble des moniteurs en sortie et que l'on affiche des *gros plans*.

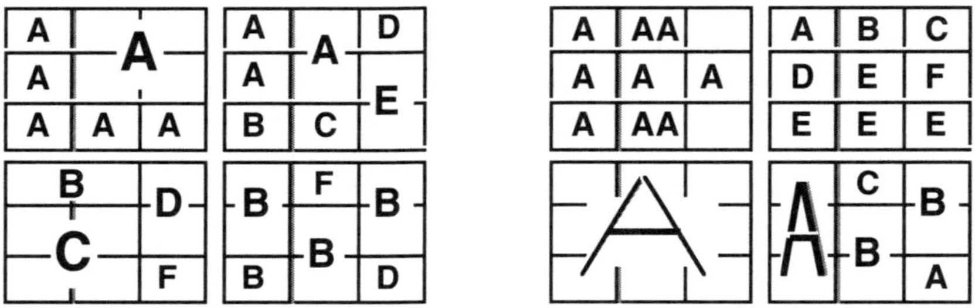

Figure 2 Différentes combinaisons d'affichage.

Corrélats : Commutateur, moniteur, mosaïque.
Étymologie : *Latin* : "murus" (mur d'une ville, mur de défense, par opposition au mur d'une maison) origine obscure.

Musicam n. mq. et s.a.

Masking pattern adapted Universal Sub-band Integrated Coding And Multiplexing

Audiovisuel : système de codage et de compression des sons particulièrement adapté aux sons musicaux et utilisé notamment en *diffusion audionumérique.*

♦ Le *spectre* sonore est découpé en 32 sous-bandes chacune codée et *compressée* avec son propre *algorithme.* En diffusion audionumérique, chaque sous-bande peut ainsi être transmise avec son propre débit, en fonction de la qualité requise, en utilisant le système de diffusion *Digicast.* On trouve par exemple, des débits de 2 × 192 kbit/s en qualité professionnelle et de 2 × 64 kbit/s en qualité de reportage.

N

n u.i.

Général : voir *nano-*.

Nagra n.s.

Audiovisuel : fabricant de magnétophones professionnels très utilisés dans le monde du reportage et de l'enregistrement direct.

nano- préf.
(abréviation : **n**)

Général : préfixe savant d'origine grecque entrant dans la composition des noms de mesure pour indiquer une division par un milliard. Une nanoseconde (notée ns) représente un milliardième de seconde, soit 10^{-9} seconde.

Corrélat : unités de mesure.
Étymologie : *latin* : "nanus" (nain). *Grec* : "nannas" (tante) ; "nanos" (nain). *Indo-européen* : "*nana, nena" (tante, belle-mère) [Pokorny p. 754].

Navigateur n.m.
[Anglais : browser]

Informatique et télécommunications : logiciel permettant de faire une *navigation*. Voir *feuilleteur*.

Navigation n.f.
[Anglais : navigation]

Informatique : consultation *interactive* d'une *base de données* ou d'un produit *multimédia, hypermédia* ou d'un système de *simulation virtuelle.* Le terme est utilisé pour accentuer le caractère actif de l'utilisation. La navigation consiste à prendre des repères dans la base et à modifier son chemin en fonction des informations fournies. Elle s'oppose à une consultation linéaire dans laquelle l'utilisateur ne peut pas infléchir le parcours qu'il emprunte.

On utilise des logiciels de navigation sur Internet. Les plus connus sont Netscape et Mosaic. Voir HTML.

Corrélats : interactivité, HTML.
Étymologie : emprunt à la langue commune. *Français* : XIIIe siècle. *Latin* : "navigatio" (navigation, voyage sur mer) < "navis" (navire). *Indo-européen* : "naus-" (bateau, navire) [Pokorny p. 755].

Naviguer v.
[Anglais : to browse, to surf]

Informatique et télécommunications : faire une navigation (voir *navigation*).

NBC n.s.
National Broadcasting Corporation

Audiovisuel : une des trois chaînes les plus importantes des États-Unis, (avec *ABC* et *CBS*). NBC est une des premières chaînes à avoir lancé les nouvelles séries télévisées populaires : "talk show", flashs d'information et "soap-operas". Son chiffre d'affaires, en 1992, était de 20 milliards de francs.

NBC s.a.
Non Backward Compatible

Informatique : qui n'est pas *rétrocompatible.* Voir ce terme.

Netscape n.mq.

Informatique, télécommunications : voir HTML.

NFS s.a.

Network File System (traduction littérale : système de fichiers pour réseau)

Informatique : standard de fait de partage de fichiers sur un réseau de mini-ordinateurs, de micro-ordinateurs ou de stations de travail. Ce système a été développé par le constructeur *Sun* puis repris par la fondation X/Open dans son guide de portabilité pour systèmes Unix. NFS a également été repris et porté sur les ordinateurs personnels tournant sous *MS-DOS.*

Niveau n.m.

[Anglais : level]

Général : logarithme du rapport d'une quantité à une autre quantité prise comme référence. Le niveau se mesure en *décibel.* Il est très utilisé en audio pour mesurer l'*intensité* sonore.

Corrélat : onde sonore.
Étymologie : emprunt à la langue commune. *Français* : XIVe siècle < "livel" XIIIe siècle. *Latin* : "libella" (instrument de mesure du niveau d'eau), diminutif de < "libra" (livre : mesure de liquide). Probablement d'origine grecque.

Niveau d'authenticité exp.

Informatique : paramètre attaché à un fichier image indiquant l'état et la provenance de l'information qu'il contient. Est situé dans l'*en-tête* du fichier et doit être mis à jour à chaque manipulation du fichier.

♦ Le codage suivant est normalisé dans le domaine 10918-3 (SPIFF).

Valeur	Description
0	Source inconnue, non protégée
1	Original numérique
2	Extrait non modifié de l'original
3	Modification d'après l'original

Corrélats : en-tête, fichier, SPIFF.

Nodal adj.
[Anglais : nodal]

Télécommunications : relatif à un *nœud* dans un réseau.

Nœud n.m.
[Anglais : node]

Télécommunications : dans un réseau, point de concentration de chemins physiques ou logiques.

Normalisation n.f.
[Anglais : standardization]

Général

1. Ensemble des activités liées à l'élaboration des normes.

2. Élaboration d'une *norme.*

• **Normes et standards**
La norme a une existence de droit ("de jure") tandis que le standard a une existence de fait ("de facto").

On réservera le terme de norme aux spécifications techniques qui ont un caractère officiel et public, élaborées par des experts réunis au sein d'organismes de normalisation et faisant l'objet d'une publication.

Le terme de standard désignera, en revanche, les spécifications ou les produits qui sont imposés par une entreprise, un pays ou un marché.

Exemple de normes :
Les normes OSI (interconnexion de systèmes ouverts) portent sur l'échange d'informations entre systèmes. À l'origine d'une importante activité de normalisation internationale, elles sont principalement regroupées dans les classes Z 66 (OSI couches basses) et Z 70 (modèle de référence OSI, applications OSI).

Exemples de standards :
1. Certaines administrations imposent, dans leurs appels d'offres, l'utilisation du système *Unix* qui est un exemple de standard promu par des clients.

2. Le système d'exploitation *MS-DOS* de la société *Microsoft* est devenu un standard pour les ordinateurs personnels. Il a été imposé par *IBM.*

• Normalisation et réglementation

L'application d'une norme n'est pas une obligation juridique. Cependant, le respect d'une norme présente de nombreux avantages (voir ci-après **Normalisation et économie**) et les normes sont en général appliquées volontairement par les acteurs concernés. Dans certains cas, une "directive" de l'Union Européenne ou un décret national peut rendre une norme obligatoire.

• Normalisation et économie

La normalisation est l'une des caractéristiques du monde industriel contemporain. Elle n'est pas un frein à l'innovation, mais au contraire un atout : elle favorise les échanges entre systèmes d'origines différentes ; elle encourage la consommation en simplifiant l'utilisation des produits et en garantissant leur qualité technique et leur pérennité. Les fabricants et les consommateurs sont donc tous intéressés à la mise en place de normes. En France, c'est sous la responsabilité de l'Association Française de NORmalisation (*AFNOR*) que s'élaborent les normes.

Le rôle des acheteurs est particulièrement important dans la normalisation. C'est eux qui, en dernière instance, décident du succès ou de l'échec d'une norme. Tout organisme peut, lors de ses appels d'offres, exiger la conformité à une norme.

L'élaboration d'une norme peut être longue, car elle nécessite un consensus entre les différents acteurs concernés : fabricants, administrations, exploitants, fournisseurs de services, utilisateurs (voir *PCTE*). Parallèlement, la durée de vie des produits industriels est de plus en plus courte. Cette contradiction tend à favoriser les standards au détriment des normes, en particulier dans les domaines très innovants et concurrentiels comme le multimédia ; ainsi, diverses attitudes sont observées :

— Certains industriels adoptent une stratégie qui consiste à occuper le marché le plus vite possible en essayant d'imposer leur standard.

Par exemple, les constructeurs informatiques préfèrent imposer leurs systèmes d'exploitation dits "*propriétaires*" (MS-DOS, Unix, Windows, OS/2, ...), plutôt que contribuer à la mise au point d'une norme de droit. De même, le disque compact audio, qui est aujourd'hui utilisé dans le monde entier, a été imposé comme un standard de fait.

— Un fabricant peut renforcer cette stratégie en participant aux instances de normalisation pour faire adopter une norme qui soit conforme aux caractéristiques de ses produits ou, pour le moins, qui ne soit pas en contradiction avec elles.
— Une autre attitude consiste à participer à des forums ; ce sont des groupes de travail sans pouvoir normatif réel, souvent très fermés, qui peuvent, par la suite, tenter de faire valider leurs travaux par les organismes de normalisation.

Par exemple, plusieurs groupes ont été créés en informatique pour travailler sur une standardisation d'*Unix* : l'*OSF*, l'USI (Unix System International : internationale des systèmes Unix), l'*X/Open*, ... Le droit d'entrée à ces groupes peut être très élevé.
— Une dernière attitude est d'attendre la sortie des normes ou des standards de fait et de s'y conformer.

Pour être réellement utile, une norme doit correspondre aux besoins d'un marché et ne peut concerner que des techniques arrivées à maturité. Les instances de normalisation collaborent étroitement avec les organismes de recherche et de développement, les industriels et les universités.

• Qui élabore les normes ?

Les normes sont élaborées par des organismes nationaux et internationaux de normalisation.

L'Union Européenne peut imposer l'application de certaines normes qui, *via* ses directives, concernent des normes européennes. Ces normes sont élaborées par trois principaux organismes :
— l'*ETSI* qui publie les ETS (European Telecommunication Standards : normes européennes de télécommunication),
— le *CEN* et le *CENELEC* qui publient les EN (European Norms : normes européennes).

• La certification

La certification apporte la preuve objective :
— de la conformité d'un produit à un référentiel technique,
— de son niveau de qualité,
— de ses performances à l'usage.

Le référentiel technique est composé de normes et documents de référence choisis par l'ensemble des partenaires du secteur concerné (fabricants, consommateurs, pouvoirs publics).

Un produit sur lequel est apposée la marque NF est un produit qui a passé avec succès les essais et vérifications prévus dans le référentiel. Dans le secteur des technologies de l'information, deux marques NF existent : NF TI messageries X.400 et NF terminaux de transactions financières.

• Les cinq étapes de l'élaboration d'une norme internationale

Avant d'être promulguée, une norme internationale passe par quatre états :
— document de travail interne (Working Draf : WD),
— document de comité (Committee Document : CD),
— projet de norme internationale (Draft International Standard : DIS),
— norme internationale (International Standard : IS).
Les étapes de l'élaboration sont les suivantes :
1. Inscription du sujet à l'ordre du jour d'un organisme de normalisation (par exemple : l'*ISO*).

2. Réunion d'un groupe de travail d'experts, qui élabore un projet de norme.

3. Le projet est soumis à l'accord de l'organisme de normalisation, qui consulte les différentes instances nationales qui lui sont associées (par exemple : l'*AFNOR*).

4. Les instances nationales de normalisation réalisent une enquête publique auprès de tous les acteurs intéressés. Cette enquête donne à la norme sa légitimité et permet aux experts de modifier le projet.

5. La norme fait ensuite l'objet d'un vote. L'adoption d'une norme requiert au moins 75 % des voix.

• Normes et multimédia
Deux instances jouent un rôle important dans la normalisation du multimédia : le sous-comité *SC 29* du comité technique TC 46 de l'ISO et le comité commun à l'ISO et au CEI : le *JTC1*.

Étymologie : emprunt à la langue commune. Norme : *français* : XIIe siècle. *Latin* : "norma" (équerre, employé au sens moral de règle, ligne de conduite). *Grec* : "gnomon" (qui sert de régulateur ou de règle, aiguille d'un cadran solaire, cadran solaire, règle de conduite. *Indo-européen* : "*gen-, *gno-" (connaître, savoir) [Pokorny pp. 376, 377].

Normaliser v.

[Anglais : to standardize]

Général

1. Élaborer une *norme.*

2. Rendre conforme à une norme.

Corrélat : normalisation.
Étymologie : voir *normalisation.*

Norme n.f.

[Anglais : standard]

Général

1. Ensemble de spécifications techniques approuvées par un organisme reconnu et qui servent de référence.
Voir *normalisation.*

2. Plus rarement : produit ou procédure conforme à ces spécifications.

♦ **Normes et standards**
On réservera le terme de “norme” aux spécifications qui ont un caractère officiel et public, élaborées par des experts réunis au sein d’organismes de normalisation et faisant l’objet d’une publication. Standard désignera en revanche les spécifications ou les produits qui sont imposés par une société, un pays ou un marché. L’anglais, qui ne dispose que d’un seul mot distingue “standard” (norme) et “de facto standard” (standard).

Étymologie : voir *normalisation.*

Novell n.s.

Informatique : éditeur américain de logiciels, spécialiste de la gestion des réseaux. L’évolution des systèmes d’exploitation conduit à y intégrer progressivement la gestion des réseaux et des groupes de travail. En 1993, Novell a racheté *USL* (Unix Systems Laboratories) à *AT&T* pour pouvoir disposer d’un système d’exploitation face à son concurrent *Microsoft* qui propose Windows NT. Cette même année, il rachetait Univel, Serius, Software transformation, Fluent. En 1994, Novell a racheté Wordperfect (traitement de texte) et Quatropro (tableur) à Borland. De plus, il s’est allié avec AT&T pour offrir un réseau de services équivalant à *Internet.*

NTSC s.a.
National Television System Committee

Audiovisuel : premier système de télévision en couleur, mis au point aux États-Unis en 1953 par des ingénieurs de *CBS* et *RCA*. Le système NTSC a été conçu pour être totalement compatible avec la diffusion en noir et blanc et a servi de fondement aux deux autres grands systèmes de diffusion, *PAL* et *SECAM*. Pour faciliter l'utilisation du courant électrique qui a une fréquence de 60 hertz aux États-Unis, le standard NTSC diffuse 30 images par seconde. Le standard a été adopté par tous les pays ayant la même fréquence de secteur (Canada, Japon, Mexique...). Le système NTSC code l'image sur 525 lignes (*PAL* et *SECAM* codent sur 625 lignes).

Numérique adj.
[Anglais : digital]

Général

1. Qui a trait aux nombres.

2. Qui a subi un codage sous forme de nombres.

Corrélats : analogique, numérisation.
Étymologie : voir *numérisation.*

Numéris n. mq.

Télécommunications : nom commercial donné par France Télécom au *réseau numérique à intégration de services* installé en France.

Numérisation n.f.
[Anglais : digitization]

Multimédia : ensemble des opérations effectuées pour représenter une information à l'aide de nombres. La numérisation est un *codage* : elle transforme des informations *analogiques* en informations *numériques.*

L'informatique est la première discipline qui a systématiquement numérisé les informations. Elle traite essentiellement des textes et des nombres qui sont déjà représentés avec des éléments de nature *discrète* et peuvent donc se coder facilement sous forme numérique : un texte est constitué d'un certain nombre de caractères pris dans un alphabet fini et à chaque caractère il est aisé de faire correspondre un code numérique.

Cependant, la réalité est *continue* : il y a une infinité de nuances dans le bleu du ciel ou dans le tintement du carillon. Jusqu'aux années 1980, l'ensemble de la chaîne de reproduction (capture, enregistrement, transmission, restitution) reposait essentiellement sur des techniques *analogiques.* Le téléphone par exemple reproduit la voix humaine en faisant vibrer la membrane d'un *haut-parleur* proportionnellement aux vibrations de la membrane d'un *microphone* (voir ces termes). Le respect de la proportion est assuré par une conversion du signal acoustique en signal mécanique puis du signal mécanique en signal électrique et, inversement, par une reconversion du signal électrique en signal mécanique puis du signal mécanique en vibrations acoustiques (figure 1). La numérisation du signal consiste à rajouter, dans ce cas, une étape supplémentaire dans la chaîne de reproduction (figure 2).

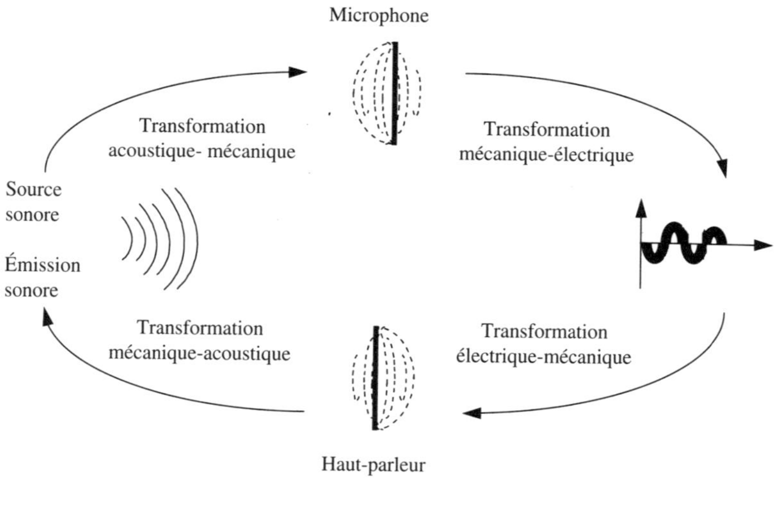

Figure 1 La reproduction analogique du son.

Les premières applications de numérisation du signal en *télécommunications* ont concerné la *transmission* et la *commutation* du signal téléphonique (par la technique de *Modulation par Impulsion et Codage*, MIC) ; elles s'étendent, depuis les années 90, à la transmission des images et des sons, ce qui donne naissance au *multimédia.*

Dans l'*audiovisuel*, ce sont les activités de *postproduction* qui ont favorisé la numérisation et l'on envisage seulement maintenant de l'utiliser dans le *tournage*, la *distribution* et la *diffusion.*

La numérisation des informations analogiques s'effectue en quatre étapes : la *discrétisation*, l'*échantillonnage,* la *quantification* et le *codage* qui sont représentées dans les figures 3 à 7 ci-dessous.

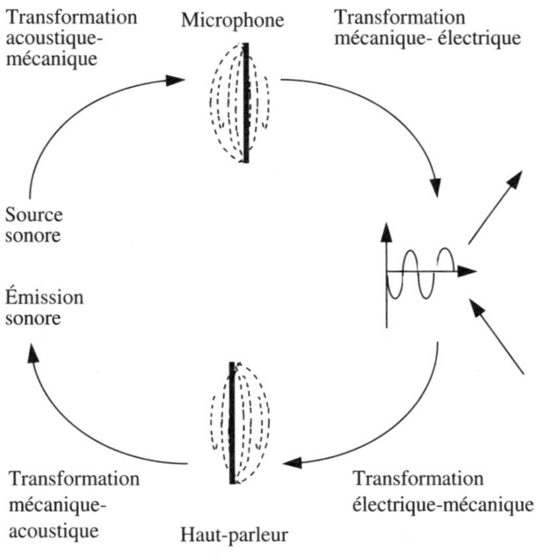

Figure 2 La reproduction numérique du son.

Figure 3 : un *signal* sinusoïdal est un exemple d'information *analogique.* Ses valeurs varient de manière continue : il y a toujours une infinité de points entre deux points quelconques situés sur la courbe.

Figure 4 : la discrétisation découpe le signal continu, le long d'une de ses dimensions, en une suite d'éléments distincts (on dit aussi *discrets).* Le pas de discrétisation contribue à définir la *résolution* du signal dans la dimension considérée.

Figure 5a : une fois le signal discrétisé, on procède au choix de certains éléments de signal appellés échantillons. On démontre qu'une fréquence d'échantillonage égale au moins au double de la fréquence du signal permet de le reconstituer sans perte d'information (théorème de Shannon). Plus la fréquence d'échantillonnage est élevée, meilleure est la qualité de reproduction du signal.

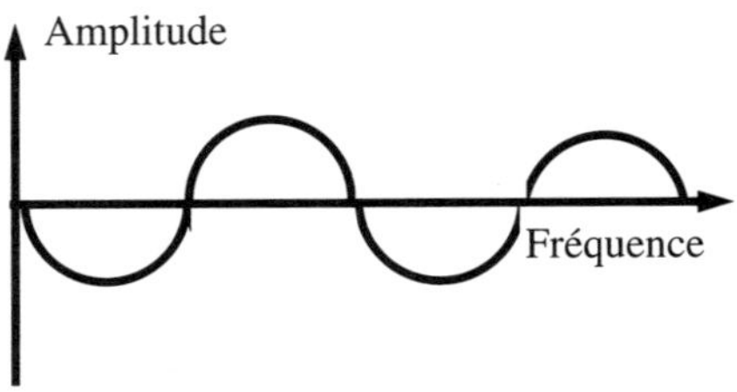

Figure 3 Le signal analogique.

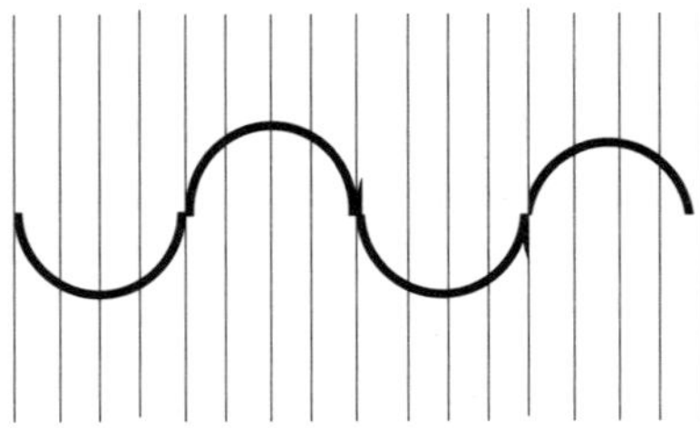

Figure 4 La discrétisation.

Figure 5b ; l'échantillonage se termine par l'élimination des éléments non retenus.

Figure 6 : la quantification consiste à remplacer chaque échantillon par une valeur choisie arbitrairement (par exemple la moyenne d'une de ses variables), ici son amplitude.

Figure 7 : la numérisation se termine par le codage binaire des valeurs ainsi obtenues ; dans la figure, les valeurs décimales sont remplacées par des valeurs exprimées en *décimal codé binaire.*

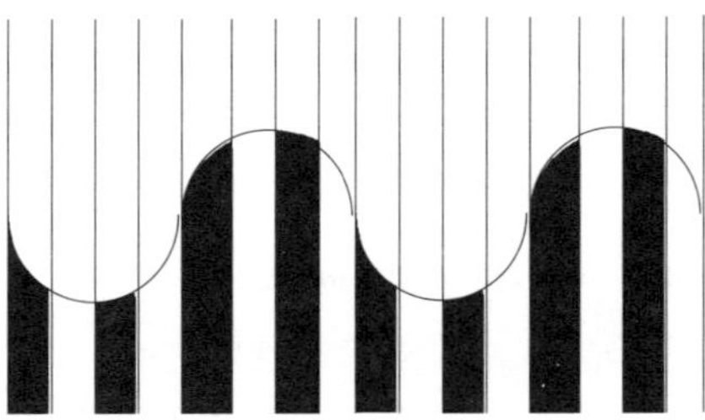

Figure 5a L'échantillonnage (1).

Figure 5b L'échantillonnage (2).

- **Réversibilité**

Les appareils qui effectuent la numérisation sont les *numériseurs* et *les convertisseurs analogiques-numériques* ou CAN. Le signal initial peut aisément être retrouvé par la succession des opérations inverses effectuées par des convertisseurs numériques-analogiques (CNA).

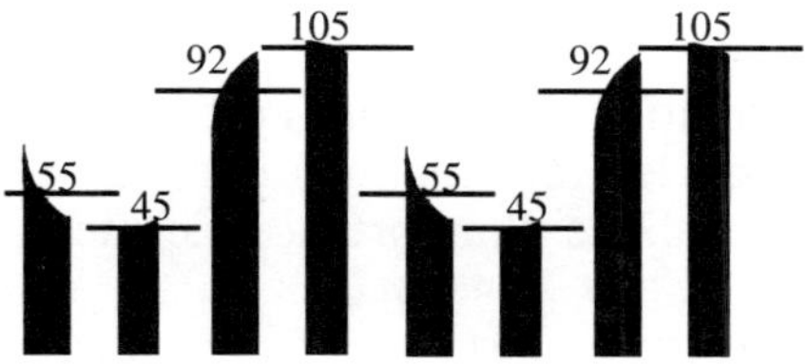

Figure 6 La quantification.

Table de correspondance
code décimal codé binaire

0	=	0000
1	=	0001
2	=	0010
3	=	0011
4	=	0100
5	=	0101
6	=	0110
7	=	0111
8	=	1000
9	=	1001

45 = 0100 0101

55 = 0101 0101

92 = 1001 0010

105 = 0001 0000 0101

Figure 7 Le codage.

• **Avantages de la numérisation**

— Elle permet de mémoriser, traiter et transmettre de façon uniforme tous les types d'informations, textes, images, programmes ou sons. L'utilisation du même type de machines engendre des économies d'échelle importantes chez les fabricants de matériels ; ainsi le même *disque compact* sert désormais de support musical, vidéo ou informatique ; les micro-ordinateurs qui gèrent les *régies* de *post-production* audiovisuelle, les *serveurs* ou les *commutateurs* des télécommunications ou *les bases de données* informatiques sont souvent équipés des mêmes *mémoires* et des mêmes *micro-processeurs.*

— Les traitements du signal numérisé sont plus faciles et plus précis que ceux du signal analogique. L'audiovisuel s'est par exemple progressivement équipé de matériels numériques d'abord pour faire des *truquages* ou du *montage.*

— La copie d'un signal peut se faire sans dégradation plusieurs fois de suite. Cet avantage est particulièrement intéressant pour la duplication de mémoires. En audiovisuel par exemple, l'utilisation de *formats* numériques (de type *D1*) tend à remplacer les formats analogiques comme le *Bétacam SP* et les supports audio numériques (*DAT*, *disques compact audio*) supplantent les traditionnelles cassettes analogiques.

— Après *distorsion* ou *affaiblissement*, la *regénération* d'un signal numérique est possible alors qu'elle ne l'est pas en analogique ;

— Un signal numérique s'accomode d'un *affaiblissement* supérieur du signal transmis, ce qui permet de diminuer le nombre d'*amplificateurs* nécessaires à une ligne.

— La numérisation du signal permet d'utiliser les techniques de détection et correction d'erreurs (voir *code autocorrecteur*) ; elle accroît la fiabilité des traitements et des transmissions, particulièrement importante pour les *programmes* de type informatique.

• **Inconvénients de la numérisation**
— La place occupée par les informations numériques est toujours plus grande que celle occupée par les informations analogiques équivalentes. Cet inconvénient souligne l'importance des techniques de *compression.*
— Le parc de matériels analogiques, et en particulier de récepteurs, restera important pendant plusieurs années ; il pose des problèmes de compatibilité.

Bibliographie : Masquelier 95.
Corrélats : analogique, discret, multimédia, signal.
Étymologie : dérivé du v. "numériser". *Français* : "numérique" XVIIe siècle *Latin* : "numerus" (partie de l'ensemble classée à son rang, compte, catégorie, nombre). *Indo-européen* : "*nem-" (attribuer, allouer, prendre) [Pokorny p. 763].

Numériser v.
[Anglais : to digitize]

Général : rendre *numérique* une information *analogique.*

Étymologie : voir *numérisation.*

Numériseur n.m.
[Anglais : digitizer, scanner]

Informatique : appareil servant à numériser.

Plus particulièrement, appareil de saisie d'images fixes en noir et blanc ou en couleur. Les modèles les plus répandus sont les numériseurs à plat qui disposent d'un système mécanique de balayage automatique. Les numériseurs à main que l'on déplace manuellement au-dessus de l'image sont en général de petit format, en noir et blanc et leur précision est moindre. Les numériseurs de diapositives sont des appareils professionnels et fournissent les meilleures définitions d'image.

♦ Un numériseur comprend une rangée de capteurs (en général des DTC : *Dispositif à Transfert de Charge*) qui balaient la surface de l'image éclairée. Leur précision varie de 300 à 2 000 dpi. L'image éclairée réfléchit plus ou moins la lumière selon sa composition de couleurs ou de niveaux de gris. L'image numérisée devient un fichier informatique qui peut ensuite être traité par un *imageur* (modification de formes, de couleurs, de contraste, reconnaissance de caractères...). Les numériseurs se connectent par l'intermédiaire d'une interface SCSI et les formats de fichiers d'images dépendent des pilotes qui leur sont associés. Le plus répandu est le format *TIFF*.

Bibliographie : Boursier 93, Fraer 93, Herellier 93, Terrasson 92.
Étymologie : voir *numérisation*.

Nyquist n.p.

Général : voir *signal*.

O

Objet n.m.

[Anglais : object]

Informatique : entité qui détient des informations et qui a certains types de comportement. Un objet peut se définir par l'ensemble des données qui décrivent ses caractéristiques et des traitements qui décrivent ses comportements.

Par exemple : l'affichage de plusieurs poissons qui traversent un écran comme dans un aquarium peut se faire en utilisant la technique des objets : chaque poisson devient alors un objet doté de son autonomie de comportement.

La notion d'objet a été introduite dès les années 60 pour pallier la dichotomie entre informations traitantes et informations à traiter que l'informatique traditionnelle n'arrivait pas à surmonter. La notion d'objet permet de créer des modèles d'informations ayant une structure beaucoup plus proche de la réalité représentée que les autres modèles. Elle a été un enrichissement puissant pour la programmation, rendu possible par l'augmentation de la puissance des ordinateurs. Tous les principaux éditeurs de logiciels proposent aujourd'hui des produits "orientés objet". *IBM* et *Apple* ont créé une filiale commune, la société *Taligent*, pour développer un système d'exploitation orienté objet. Un groupe de travail s'est donné pour but d'émettre des standards dans le domaine des objets : l'*OMG*. Il existe également une *méthode d'analyse* orientée objets, appelée OMT (Objet Modelling Technique : technique de modélisation par objets).

♦ **Principaux concepts caractérisant la démarche « orientée objet »** :
— **L'encapsulation** : mise en commun des données et des traitements d'une même famille pour constituer un objet.
— **Le message et la méthode** : les objets communiquent en s'échangeant des messages. Ils peuvent avoir le rôle de client ou de serveur ; le client ne fait que demander un service ; il n'est pas de son ressort de spécifier comment ce service doit être réalisé ; le serveur réalise les opérations demandées en utilisant ses propres règles ou méthodes.
— **La classe et l'instance** : tous les objets utilisant la même méthode pour répondre à un même message constituent une classe. Chaque objet appartenant à une classe est une instance de cette classe.
— **L'héritage** : les classes d'objets peuvent s'emboîter hiérarchiquement. Les sous-classes héritent des propriétés des superclasses. Il y a héritage multiple lorsqu'une même classe hérite de deux superclasses distinctes.
— **La liaison des méthodes** : pour répondre à un message, le récepteur cherche la méthode appropriée dans sa classe puis, s'il ne la trouve pas, dans les différentes superclasses de sa classe.
— **Le polymorphisme** : le code d'un objet n'est écrit qu'une seule fois, avec un haut degré d'abstraction, et il peut appliquer sa méthode à des messages différents.

Bibliographie : Budd 92, CCM 91, Coutaz 90.
Corrélats : base de données orientées objet, information, programmation orientée objet.
Étymologie : emprunt à la langue commune par calque sur le terme technique américain. *Français* : XIVe siècle. *Latin* : "objectum" (jeté devant) < "objicere" (jeter devant) < "ob-" (devant, au devant de, en vue de, contre, en échange de) + "jacere" (jeter). *Indo-européen* : "*ie-, *iek-" (jeter, lancer, faire) [Pokorny p. 502].

Observatoire des industries du multimédia exp. et n.p.

Multimédia : organisme privé d'études et de services mis en place en 1993. Installé à Paris, ses activités essentielles sont les suivantes :
— veille technologique,
— édition d'un bulletin d'informations,
— organisation de colloques et de journées d'étude,
— service documentaire,
— banque de données multisectorielle.

OCR s.a.

Optical Character Recognition

Informatique : voir *reconnaissance optique de caractères.*

octet u.i.
[Anglais : Byte]

Informatique : unité d'information constituée de huit *bits*.
Un octet comprend 2^8 (256) combinaisons possibles de ses éléments binaires. Il permet ainsi de représenter 256 caractères différents, ce qui est largement suffisant pour représenter l'alphabet latin en majuscule, minuscule, les chiffres de 0 à 9 et différents signes spéciaux. On utilise souvent l'octet comme synonyme de *caractère* et il sert d'unité de mesure d'information.

Corrélats : caractère, bit.
Étymologie : *français* : XXe siècle. *Latin* : "octo-" (huit). *Grec* : "oktas" (huit). *Indo-européen* : "*okto(u)-" (huit) [Pokorny p. 775].

ODA s.a.
Office Document Architecture

Informatique : voir *gestion électronique de documents.*

OEM s.a.
[Original Equipement Manufacturer ; fabricant d'origine]

Informatique, télécommunications : qualifie un type de matériel vendu par une société qui ne le fabrique pas mais, qui le vend sous sa propre marque, généralement intégré dans un système de sa conception.

Off-line t.a.

Télécommunications, informatique : voir *hors ligne.*

OLE s.a.
Object Linking and Embedding (traduction littérale : liaison et insertion d'objet)

Informatique : ensemble de fonctions logicielles disponibles dans l'interface d'utilisation *Windows*. Ces fonctions permettent notamment de déplacer des *objets*, c'est-à-dire des images, des textes ou des sons, d'une application à une autre. On peut, par exemple, lorsque l'on utilise un traitement de texte souhaiter insérer un schéma d'illustration dans le texte. Le dispositif OLE fait automatiquement appel à un logiciel de *dessin assisté par ordinateur* avec lequel on dessinera le schéma. L'objet créé - le schéma - restera associé à ce logiciel tout en étant inséré dans le texte.

Bibliographie : Robbins 93.

Oméga adj.

Audiovisuel : qualifie un type de défilement de la bande magnétique autour du tambour dans un magnétoscope (voir le shéma de l'article *Enregistrement hélicoïdal*). S'oppose au défilement de type alpha. On distingue le défilement oméga ouvert, le plus répandu (la bande entoure le tambour sur un angle d'environ 180° : format 1 pouce B, U-matic, Betacam, SP, VHS...), et le défilement oméga fermé (la bande entoure le tambour sur un angle d'environ 350° : format 1 pouce C).

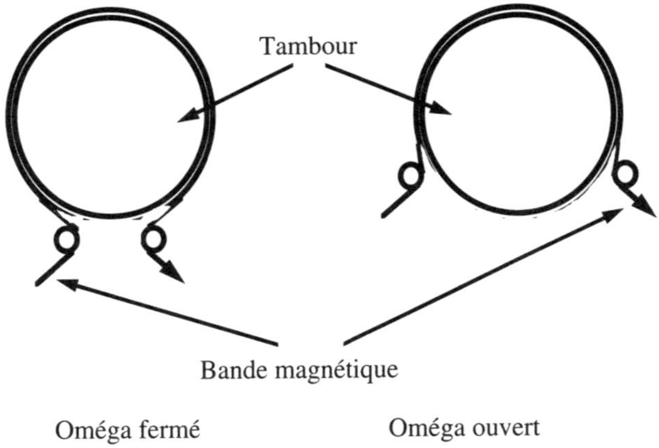

Bibliographie : Mahieu 89.
Corrélat : défilement.
Étymologie : nom de la dernière lettre de l'alphabet grec : "O" (lettre O) + "mega" (grand, large) voir "méga-octet".

OMG s.a.

Object Management Group (traduction littérale : groupe de gestion des objets)

Informatique : groupe de travail émettant des standards concernant les technologies de programmation par objet. Le groupe OMG a notamment proposé le standard *CORBA*.

Omnimax n. mq.

Audiovisuel : système de projection cinématographique sur très grand écran sphérique. Les quelques salles équipées dans le monde forment un réseau de diffusion des films tournés à ce format. La Géode, à Paris, fait partie de ce réseau.

OMT s.a.

[Object Modelling Technique : technique de modélisation par objet]

Informatique : voir objet.

Onde n.f.

[Anglais : wave]

Général : phénomène vibratoire dû à la propagation d'une perturbation, d'un ébranlement ou d'un choc. L'onde a pour principales caractéristiques la longueur d'onde, la vitesse de propagation, l'amplitude et la fréquence. L'exemple élémentaire est la propagation de rides à la surface de l'eau consécutive à la chute d'un caillou. Le même phénomène a lieu quand, sous l'effet d'un courant électrique, une *onde électromagnétique* prend naissance et se propage.

Bibliographie : Bonomo 91.
Corrélats : fréquence, lumière, son.
Étymologie : emprunt à la langue commune. *Français* : XIIe siècle. *Latin* : "unda" (eau, onde, flot). *Indo-européen* : "*au(e)-, *aued-, *auer-" (mouiller, humecter, couler, s'écouler, passer) [Pokorny pp. 78-79].

Onde électromagnétique n.f.

Audiovisuel et télécommunications : onde constituée d'un champ électrique et d'un champ magnétique qui varient à des fréquences déterminées et qui sont perpendiculaires l'un à l'autre. L'onde se déplace dans l'axe perpendiculaire aux deux champs, à la vitesse de la lumière.

♦ Les fréquences des ondes électromagnétiques s'étendent jusqu'à 10^{25} Hz et correspondent à des types d'ondes différentes (les ondes hertziennes font partie de cet ensemble et les ondes lumineuses y sont souvent incluses).

La répartition des fréquences est donnée par la figure ci-contre.

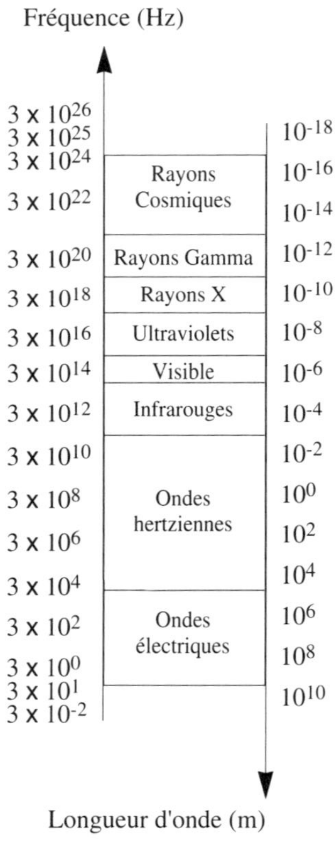

Le spectre électromagnétique.
(*D'après : Les antennes,* D. Bensoussan, Éd. Dunod.)

Onde hertzienne exp.

Audiovisuel, télécommunications : type d'onde électromagnétique dont la fréquence varie entre 10 kHz et 300 GHz et utilisée en télécommunication hertzienne et par satellite, synonyme de onde radioélectrique. La répartition des fréquences est donnée par le tableau ci-dessous.

Fréquence	Longueur d'onde	Type d'onde	Désignation courante	Abréviation internationale
10 kHz à 30 kHz	30 km à 10 km	myriamétriques	Très basses fréquences	VLF : Very Low Frequencies
30 kHz à 300 kHz	10 km à 1 km	kilométriques	Basses fréquences	LF : Low Frequencies
300 kHz à 3 MHz	1 km à 100 m	hectométriques	Moyennes fréquences	MF : Medium Frequencies
3 MHz à 30 MHz	100 m à 10 m	décamétriques	Hautes fréquences	HF : High Frequencies
30 MHz à 300 MHz	10 m à 1 m	métriques	Très hautes fréquences	VHF : Very High Frequencies
300 MHz à 3GHz	1 m à 10 cm	décimétriques	Ultra-hautes fréquences	UHF : Ultra High Frequencies
3GHz à 30 GHz	10 cm à 1 cm	centimétriques	Hyperfréquences	SHF : Super High Frequencies
30 GHz à 300 GHz	1 cm à 1 mm	millimétriques	Hyperfréquences	EHF : Extremely High Frequencies

Le spectre des ondes hertziennes.
(*D'après* : *Les antennes*, D. Bensoussan, Éd. Dunod, 1980.)

Onde sonore exp.

Audiovisuel : type d'onde mécanique se propageant dans un milieu fluide (l'air, l'eau...). Les ondes sonores se caractérisent par leur *niveau*, leur *fréquence* et leur *spectre*. L'oreille humaine perçoit les sons ayant une fréquence comprise entre 20 et 20 000 Hz.

Onde visible exp.

Audiovisuel : type d'onde dont la fréquence varie entre 8×10^5 GHz et 4×10^6 GHz. Les longueurs d'ondes correspondantes varient entre 800 nm (rouge) et 400 nm (violet). La sensibilité de l'œil humain varie en fonction de la longueur d'onde ; elle est maximum pour les ondes de 550 nm correspondant au vert.

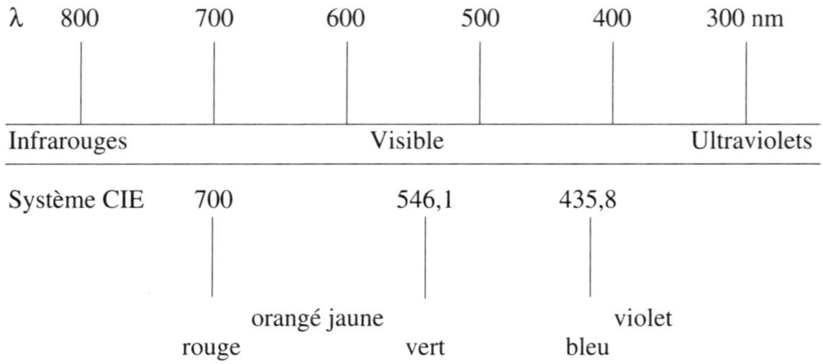

Le spectre des ondes visibles.
(*D'après : Vidéo, principes et techniques,* F. Luxereau, Éd. Dujarric.)

Ondelettes n.f.pl.
[Anglais : wavelets]

Électronique : méthode d'analyse d'un signal complexe applée aussi codage en sous-bande qui permet de compresser le signal par le principe de la multirésolution et de la quantification.

♦ Appliquée à un espace à deux dimensions, la méthode sert à coder des images. Elle produit un codage en sous-bande qui utilise deux filtres orthogonaux et engendre une succession de sous-images de résolutions croissantes, ce qui permet de choisir l'image à la résolution souhaitée. La technique date de 1909 mais, à cause de la puissance de calcul nécessaire, n'a pu être mise en application que dans les années 80. La « transformée en ondelettes » peut aussi s'appliquer à des espaces à plus de deux dimensions.

Étymologie : voir *Onde.*

On-line t.a.
(connecté, en ligne)

Télécommunications : voir *en ligne.*

Onyx n. mq.

Informatique : nom d'une station graphique multiprocesseur haut de gamme utilisée en *simulation virtuelle.* Onyx est développée par *Silicon Graphics.*

Open GL n. mq.

Informatique : protocole de transport d'images 3D développé par *Silicon Graphics* pour l'environnement *Unix*, mais aussi pour *Windows* et *Windows NT.* Open GL est le concurrent de *PEX.*

Open Look n. mq.

Informatique : *interface d'utilisation* graphique tournant sous *Unix.* Open look a été développée par le constructeur *Sun.* Son concurrent est l'interface *Motif* développée par le consortium *OSF.*

Opérande n.m.
[Anglais : operand]

Informatique : partie d'une *instruction* qui indique les éléments auxquels elle s'applique.

Par exemple, dans une addition, les opérandes sont les données à additionner, dans une instruction de lecture, les opérandes sont les adresses des données à lire. Dans une instruction, les opérandes se complètent d'un opérateur.

Opérateur n.m.
[Anglais : operator]

1. Informatique :

a. Partie d'une instruction qui indique le type d'opération à effectuer.

Par exemple : dans une addition, l'opérateur est la partie qui indique "additionner" ; dans une opération de lecture, l'opérateur est la partie qui indique "lire". L'opérateur opère sur des opérandes.

b. Technicien responsable de l'exploitation d'un ordinateur (utilisé surtout pour les minis et gros systèmes).

c. Parfois, utilisateur d'une application.

2. Audiovisuel : opérateur de prise de vue. Voir *cadreur.*

3. Généralités : personne physique ou morale qui est impliquée dans le développement ou l'exploitation d'une technique sur un marché, par exemple : un *câblo-opérateur*, un opérateur de *télécommunications.*

Corrélats : instruction, opérande, système d'exploitation, cadreur, câblo-opérateur.
Étymologie : emprunt à la langue commune. *Français* : XIVe siècle. *Latin* : "operator" (travailleur, ouvrier, artisan). *Indo-européen* : "*op-" (travailler, venir à bout de quelque chose.) [Pokorny p. 780].

Optique adj.
[Anglais : optical, optic]

Général : qui est relatif à l'*optique.* Voir aussi *disque optique.*

Optique n.f.
[Anglais : optics]

Général

1. Ensemble des connaissances concernant la lumière et la vue.

2. Appareil ou ensemble d'appareils permettant de traiter ou transmettre la lumière. Dans une caméra, l'optique est constituée de filtres, de lentilles, de prismes et de miroirs.

Corrélat : caméra.
Étymologie : Emprunt à la langue commune. *Français* : XIVe siècle. *Latin* : "optice" (l'optique). *Grec* : "optikê" (optique). *Indo-européen* : "*oku-" (voir) [Pokorny p. 775].

Oracle n. mq. et n.s.

Informatique

1. Éditeur de logiciels aux États-Unis, auteur notamment d'un système de gestion de base de données relationnelle.

2. *Système de gestion de base de données* relationnelle produit par la société du même nom.

Orbite n.f.
[Anglais : orbite]

Télécommunications : trajectoire d'un *satellite* dans l'espace. Pour les satellites de télécommunications, il existe deux types d'orbites :
— les orbites à *défilement* : un observateur terrestre ayant une position fixe à la surface de la terre voit le satellite « défiler » devant ses yeux. La trajectoire du satellite est elliptique et à faible altitude (quelques centaines de kilomètres).
— les orbites *géostationnaires* : un observateur terrestre ayant une position fixe à la surface de la terre voit le satellite immobile dans le ciel. La trajectoire du satellite est, dans ce cas, circulaire à 36 000 kilomètres d'altitude au-dessus de l'équateur ; à cette altitude, le satellite a la même vitesse de rotation autour du centre de la terre que la terre sur elle-même et paraît donc immobile dans le ciel ; les antennes au sol peuvent rester immobiles pour communiquer avec lui. Cependant le satellite est très haut dans le ciel et le temps de transmission s'en trouve rallongé.

Le nombre de sattellites augmente de manière impressionnante : il y avait 150 satellites géostationnaires en orbite autour de la terre en 1993, tous satellites confondus ; on en comptait 250 spécialisés dans les télécommunications en 1995...

♦ Le premier satellite de télécommunications fut le satellite TELSTAR, lancé en 1962 ; il avait une faible puissance de communication et tournait sur une orbite basse à défilement ; les stations terrestres de réception utilisaient des *antennes* paraboliques de grande dimension et à pointage asservi qui suivaient sa trajectoire dans l'espace.

La plupart des satellites de télécommunication des années 90 sont des satellites géostationnaires. La conférence de l'*UIT* de 1977 sur l'attribution mondiale des ondes radios (*Conférence Administrative Mondiale des Radiocommunications,* CAMR 77) a réparti des positions orbitales entre les différents pays. Ces positions correspondent au repérage en longitude de chaque satellite sur l'orbite équatoriale. La position 19° Ouest a été attribuée à 8 pays européens dont la France. On considère que plusieurs satellites distants de quelques kilomètres sur une orbite à 36 000 km occupent la même position orbitale.

Les satellites géostationnaires ont une durée de vie limitée : ils doivent être maintenus sur leur orbite par des réacteurs de faible puissance, mais consommant une masse importante de carburant. Leur dérive est due, entre autres, à la sphéricité imparfaite de la terre, à l'alternance de mers et de terres à la surface du globe, à la pression solaire... La durée de vie était d'environ 7 ans pour les satellites construits à la fin des années 80, de 10 ans pour ceux construits en 1995 et on prévoyait de la porter à 15 ans en 1997.

Certains satellites ont une orbite non géostationnaire : ceux qui couvrent les zones polaires par exemple. Par ailleurs, des essaims de satellites (plusieurs dizaines) à orbite basse, donc à défilement, étaient prévus pour la fin des années 90 (*Iridium,* Globalstar). Cette technique, qui réduit le temps de transmission entre la terre et le satellite est particulièrement intéressante pour les communications avec les mobiles.

Corrélats : défilement, géostationnaire, iridium, satellite.
Étymologie : emprunt à la langue commune. *Français* : XIVe siècle. *Latin* : "orbita" (trace d'une roue, ornière) < "orbis" (cercle, disque), origine obscure.

Ordinateur n.m.
[Anglais : computer]

Informatique : appareil de traitement automatique de l'information. Voir *système informatique.*

Étymologie : néologisme proposé par M. Dreyfus en 1956. Emprunt à la langue de l'église. *Français* : "celui qui institue quelque chose" fin du XVe siècle. *Latin* : "ordinatio" (ordination, classement) < "ordino" (mettre en ordre, ordonner, gouverner) < "ordo" (ordre, rang, rangée, alignement, ordre). *Indo-européen* : "*ar-" (assembler) [Pokorny p. 55].

Ordinateur personnel exp.
[Anglais : personal computer (PC)]

Informatique : ordinateur destiné à une personne. Son système d'exploitation est mono-utilisateur et il comprend en général un écran et un clavier. Les ordinateurs personnels sont apparus dans les années 80. Les modèles les plus répandus sont les PC d'IBM et les appareils qui leurs sont compatibles ; l'ensemble représente plus de 80 % du marché mondial. Les *Macintosh* d'Apple tiennent la seconde place avec environ 10 % du marché. Les ordinateurs personnels sont souvent désignés par le terme de micro-ordinateurs.

Organisation n.f.
[Anglais : organization]

Informatique : manière dont sont rangées les *informations* lors de leur *enregistrement* sur les supports. L'organisation est faite pour faciliter la recherche et accélérer l'*accès* aux informations. Organisation et *accès* sont donc deux notions complémentaires.

♦ Il est commode de distinguer trois niveaux d'organisation :

— le premier niveau fournit un système de rangement en tables, en *fichiers*, en dossiers, en *bibliothèques*, en répertoires, etc... On peut le comparer à la fourniture de placards, d'armoires, d'étagères, de tiroirs... qui sont vides et prêts à accueillir des *données*. Ces outils de rangements sont fournis par une partie du *système d'exploitation* appelée la gestion des données ; les *systèmes de gestion de bases de données* (SGBD) en sont des extensions ; les *formats de fichiers* en font partie ;
— un second niveau concerne l'organisation des *données* à l'intérieur des boîtes et des tiroirs ainsi mis à la disposition du programmeur. Cette organisation, de type logique, ressort du *système d'application*. Elle est définie lors du travail d'*analyse* au cours duquel on établit l'inventaire des informations élémentaires et on décide de leur regroupement, de leurs *index* et de leurs *liens*, construisant ainsi un *modèle* du système applicatif. À un certain moment de l'analyse, il faut évidemment tenir compte des outils du premier niveau dont on dispose ; on passe alors de l'*analyse fonctionnelle* à l'*analyse organique* ; si l'on dispose d'un système de gestion de bases de données, le second niveau consiste à construire la *base de données* ;
— le troisième niveau pourrait se comparer à la disposition des placards et des armoires dans une pièce ; il s'agit de la répartition physique des fichiers sur la surface des disques ; en multimédia, on regroupe par exemple sur une même zone de la surface du disque compact les informations qui risquent d'être consultées en même temps ; on diminue ainsi les déplacements des *têtes* de lectures qui sont des mouvements de nature mécanique relativement lents et on accélére les temps d'accès aux informations.

• Organisation et système d'exploitation

Les systèmes d'exploitation se distinguent par la manière dont ils agencent les informations sur les disques. Certains adoptent une organisation par type d'information : les *programmes* sont dans des bibliothèques, les données dans des fichiers qui se différencient eux-mêmes en fichiers d'index, fichiers d'images, fichiers de sons etc... D'autres banalisent les informations et les rangent toutes dans des boîtes identiques.

La gestion des données n'est pas normalisée ; le multimédia utilise majoritairement trois systèmes d'exploitation : *MS-DOS*, qui gère un système de répertoires en arbre, *Mac OS* avec son système HFS (Hierarchical File Structure : structure de fichiers hiérarchique) et *Unix* qui dispose d'un système de fichiers particulièrement souple. Il existe cependant une norme d'organisation des données sur les disques compacts : la norme ISO 9660 (voir *disque compact informatique*).

• Organisation et applications

On distingue traditionnellement deux grands types d'organisation des données : les organisations *séquentielles* et les organisations *indexées*. On choisit les secondes si l'on veut se donner la possibilité d'*accès aléatoires* aux données.

Dans l'organisation séquentielle, les informations sont rangées les unes à la suite des autres dans un ordre quelconque (dans leur ordre de leur création ou par ordre alphabétique par exemple). Pour trouver une information rangée dans un fichier séquentiel, il faut lire toutes celles qui la précèdent ; un bon exemple est donné par les informations enregistrés sur des bandes magnétiques qui sont des supports de nature séquentielle. Ce type d'organisation est bien adapté aux images, aux sons et aux programmes.

L'organisation indexée n'est possible que si l'on utilise des diques comme supports d'enregistrement ; elle permet des *accès directs* à l'information et donc des traitements dans un ordre aléatoire. Les informations sont également enregistrées séquentiellement sur le support, mais on mémorise au fur et à mesure leurs adresses sur le disque dans un fichier associé appelé fichier d'index (voir un exemple à l'article *indexation*).

La technique des index permet aussi de tisser des *liens* entre les fichiers et de passer aisément d'une information à une autre. La mise en place des liens conduit à la constitution des *bases de données* et, en multimédia, de l'*hypertexte* et de l'*hypermédia* (voir un exemple sous l'article *lien*).

Corrélats : accès, analyse, indexation, base de données, lien, système d'exploitation.
Étymologie : emprunt à la langue commune. *Français* : XIVe siècle < "organe" XIIe siècle. *Latin* : "organum" (instrument, instrument de musique). *Grec* : "organon" (instrument, mécanique). *Indo-européen* : "*werg-, *worg-" (faire) [Pokorny p. 1168].

Organisation internationale de normalisation (ISO) n.p.

[Anglais : International Organization for Standardization (ISO)]

Normalisation : organisme international regroupant, au niveau mondial, l'ensemble des organismes nationaux de normalisation : *AFNOR* (France), *ANSI* (États-Unis), *BSI* (Royaume-Uni), *DIN* (Allemagne), JISC (Japon), CSBTS (Chine), GOST R (Fédération de Russie), SCC (Canada)... Il travaille en collaboration étroite avec différents organismes professionnels internationaux (*UIT-T*, *UIC*, *ECMA*, ...) et émet des normes dans tous les domaines de l'activité économique et industrielle, à l'exception des domaines de l'électricité et de l'électronique qui relèvent de la CEI.

Bibliographie : Les publications de l'*AFNOR*.
Corrélat : normalisation.

Original numérique exp.

[Anglais : digital original, digital master]

Informatique : objet issu de la création d'une information numérique (image, texte, son...) et qui n'a pas subi de modifications. On indique dans l'en-tête du fichier un *niveau d'authenticité* maximum. L'original numérique peut être déposé comme pièce officielle et servir à justifier les *droits d'auteur*.

Étymologie : néologisme. **Original** : emprunt à la langue commune. *Français* : XIIIe siècle. *Latin* : "originalis" (original) < "origo" (source, origine) < "orior" (se lever, s'élancer hors de, naître). *Indo-européen* : "*er-, *ere-, *erei-" (mettre en mouvement, exciter, couler, s'écouler, circuler, passer) ; [Pokorny pp. 326, 330]. **Numérique** : voir *Numérisation.*
Corrélat : niveau d'authenticité.

OS s.a.

Operating System

Informatique : voir *système d'exploitation.*

OS/2 n. mq.

Informatique : système d'exploitation livré par *IBM*. OS/2 a été retenu pour l'architecture unifiée d'application. Il est destiné aux PS (Personnal Systems) qui devaient remplacer, dans la stratégie d'IBM, les ordinateurs personnels (PC). OS/2 est donc, pour IBM, le successeur de *MS-DOS.* Il permet la multiprogrammation et offre une interface d'utilisation beaucoup plus conviviale que celle de MS-DOS : Presentation Manager. Cependant IBM n'a pas réussi à remplacer le parc MS-DOS, à cause du retard pris par la sortie de OS/2 et de la politique de *Microsoft* qui a proposé son interface d'utilisation *Windows* compatible avec MS-DOS.

OS/9 n. mq.

Informatique : système d'exploitation des appareils *CD-I.*

OSF s.a.

Open Software Foundation

Informatique : fondation internationale regroupant différents partenaires du monde de l'informatique, et en particulier des constructeurs et des éditeurs de logiciels, autour d'*IBM.* Son siège en Europe est à Munich. Le groupe *Cose* a rejoint l'OSF en 1994. En février 1994, AT&T, Bull, Fujitsu, JCL, Sun, Novell étaient membres de l'OSF.

♦ L'OSF promeut la fabrication de systèmes ouverts et propose des produits logiciels comme standards. Les quatre produits majeurs de l'OSF sont *Motif* (*Interface d'utilisation*), OSF/1 (*Système d'exploitation*), DCE (Distributed

Computing Environment ; traduction littérale : environnement pour un *traitement réparti*) et DME (Distributed Management Environment ; traduction littérale : Environnement pour une gestion répartie). L'interface d'utilisation Motif gère les applications multimédias depuis 1994.

Corrélat : normalisation.

OSI s.a.
Open Systems Interconnection

Informatique et télécommunications : voir *interconnexion de systèmes ouverts.*

P

p préf.

Général : voir *pico-*.

PABX s.a.
Private Automatic Branch eXchange

Télécommunications : voir *autocommutateur privé.*

PAD s.f.
Prêt À Diffuser

Audiovisuel : version finale d'un programme vidéo prête à être donnée à la *chaîne* de télévision par le studio de *postproduction.*

P.A.F. s.f.
Paysage Audiovisuel Français

Audiovisuel : voir *paysage audiovisuel français.*

Paiement à la consommation exp.
[Anglais : pay per view]

Audiovisuel : mode de tarification des émissions de télévision où le consommateur paye en fonction de la durée pendant laquelle il regarde une *chaîne.* Ce mode s'oppose au mode forfaitaire qui est en vigueur pour les chaînes publiques en France, au mode par abonnement que pratique par exemple Canal + et au *paiement à la séance.* Il s'applique surtout à la *télévision par câble.*

Corrélat : télévision par câble.

Paiement à la séance exp.
[Anglais : pay per view]

Audiovisuel : mode de tarification des émissions de télévision où le consommateur paye en fonction de ce qu'il voit (il paye un programme qu'il a commandé). Ce mode s'oppose au mode forfaitaire qui est en vigueur pour les chaînes publiques en France, au mode par abonnement que pratique par exemple Canal + et au *paiement à la consommation.* Il s'applique à la *télévision à la demande* qui est un service offert par la *télévision interactive.*

Corrélat : télévision interactive.

Paint Box t.a.

Voir *imageur.*

Paire n.f.
[Anglais : pair]

Télécommunications : association de deux fils destinés à acheminer un signal électrique. Un des fils est dit fil actif et l'autre fil de retour. Certaines paires sont composées de deux fils actifs complémentaires : ils transportent deux signaux qui sont inverses l'un de l'autre, ce qui permet d'annuler certains parasites.

♦ Notons que dans les transmissions rayonnantes (faisceau hertzien ou par fibre optique), il n'y a pas de retour. En effet, il n'y a pas de matière mise en jeu, seulement de l'énergie.

Paire blindée exp.
[Anglais : screened pair, shielded pair]

Télécommunications : paire dont les fils sont protégés par une gaine contre les rayonnements électromagnétiques et les effets électrostatiques de proximité.

Corrélat : câble.

Paire torsadée exp.
[Anglais : twisted pair]

Télécommunications : ensemble de deux fils conducteurs (en général en cuivre) gainés et entrelacés constituant des *câbles* de télécommunications, un même câble pouvant contenir plusieurs paires (figure ci-dessous). Les câbles en paires torsadées équipent depuis longtemps les réseaux téléphoniques pour le raccordement des abonnés sur une distance allant de quelques dizaines à quelques centaines de mètres ; on les utilise de plus en plus en transmission de données. Leur coût est moindre que celui des câbles *coaxiaux* ou à *fibre optique*, mais leurs performances également : moindre débit, affaiblissement plus grand du signal et donc distance d'installation plus courte, sensibilité plus grande aux interférences avec des appareils voisins (moteurs, transformateurs...). Pour pallier ces inconvénients, on fabrique des câbles « blindés » en utilisant des gaines métalliques ; leur fabrication est plus onéreuse mais reste moins chère que celles des câbles coaxiaux ou à fibres optiques. Il en existe plusieurs sortes qui se différencient par le type et le nombre de blindages qu'ils comprennent ; les blindages des fils éliminent la *diaphonie* entre conducteurs.

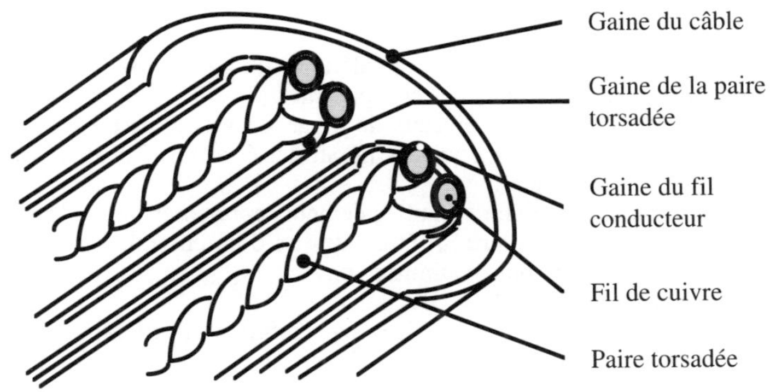

Câble contenant deux paires torsadées.

Bibliographie : Du Castel 93, Gomez 93.
Corrélats : câble, diaphonie.

PAL s.a.

Phase Alternation Line (Traduction littérale : ligne à phase alternée)

Audiovisuel : type de *codage composite* mis au point en Allemagne pour la diffusion des signaux de télévision. Le système PAL est utilisé dans la majorité des pays européens et dans l'ensemble des pays en voie de développement. Les professionnels trouvent plus de matériels conformes au standard PAL qu'au standard *SECAM.* Le codage PAL s'est donc vite imposé comme standard professionnel de production et postproduction nécessitant, en France, un transcodage en SECAM pour la diffusion. Pour le grand public, les nouveaux récepteurs de télévision et les magnétoscopes offrent de plus en plus souvent les deux standards PAL et SECAM.

Palette de couleurs exp.

[Anglais : palette]

Audiovisuel et informatique : ensemble de couleurs. Il y a deux types de palette : le premier est constitué de couleurs obtenues par la combinaison d'un nombre restreint de *couleurs élémentaires* (palette combinatoire). Le deuxième est constitué de couleurs directement choisies dans un ensemble plus vaste de couleurs prédéfinies (palette prédéfinie).

♦ L'ensemble des couleurs d'une palette combinatoire est obtenu en associant tous les niveaux de toutes les composantes.

Par exemple, avec 4 niveaux de rouge, de vert et de bleu, on obtient une palette de 4 x 4 x 4 = 64 couleurs possibles. 6 bits suffisent à coder chaque couleur de cette palette.

Une palette prédéfinie peut également représenter 64 couleurs sur 6 bits, mais les 64 couleurs pourront être extraites d'un ensemble plus vaste.

Les palettes les plus courantes sont :

– La palette de base R, V, B :
  - on peut coder chaque pixel sur 12 bits en attribuant 4 bits à chaque couleur élémentaire (ce qui donne 16 valeurs pour chaque couleur et au total 16 × 16 × 16 = 4 096 nuances),
  - avec 15 bits par pixel (5 bits par couleur élémentaire), on obtient 32 000 nuances,
  - avec 24 bits par pixel (8 bits par couleur élémentaire), on obtient 16 millions de nuances.

– La palette à 256 couleurs choisies parmi 4 096, 32 000 ou 16 millions de nuances.

Corrélat : couleur.

Palette graphique exp.
[Anglais : paint box]

Audiovisuel et informatique : voir *imageur.*

Palettisation n.f.
[Anglais : paletization]

Audiovisuel et informatique : transformation de l'ensemble continu des couleurs d'une image en un ensemble discret de couleurs choisies dans une *palette.*

Panoramique n.m.

Audiovisuel : *mouvement de* la *caméra* autour de son axe transversal ou vertical, sans déplacement du pied.

Le panoramique est un élément du *langage cinématographique.* Il peut se combiner avec d'autres *mouvements de caméra.* Il permet par exemple de changer le *cadrage* sans passer par une *transition.*

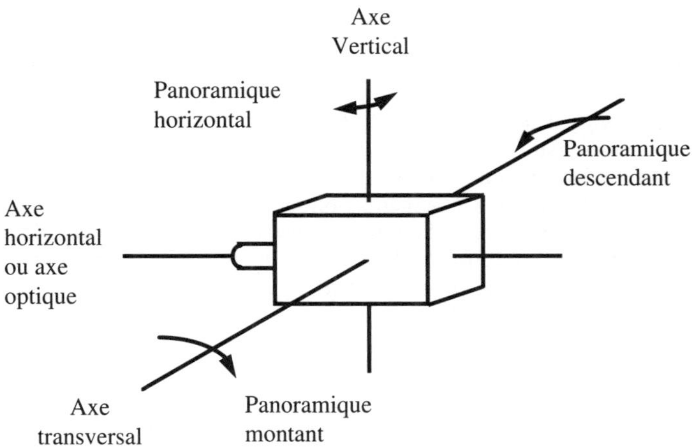

Les différents types de panoramiques.

Bibliographie : Aumont 88, Maillot 94, Martin 94.
Corrélats : langage cinématographique, mouvement de caméra.

PAO s.f.
[Anglais : desktop publishing]

Voir *Publication Assistée par Ordinateur.*

Papillotement n.m.
[Anglais : flicker]

Audiovisuel et informatique : effet de scintillement produit lors de l'affichage d'une image sur un écran. Cet effet apparaît lorsque le temps d'affichage et de renouvellement de l'image est plus long que la *persistance rétinienne* : l'œil perçoit alors l'extinction entre deux images.

Les facteurs du papillotement sont :
— la fréquence de renouvellement,
— le contraste de l'image,
— le rémanence de l'écran,
— la persistance rétinienne.

On perçoit plus de papillotement dans les zones les plus blanches de l'écran et à la périphérie du champ de vision. On doit tenir compte de ce phénomène dans la composition des images sur écran en évitant de border l'image avec un cadre trop clair.

♦ On distingue le papillotement du *battement*. Le premier est un effet engendré par un seul signal. Le second est dû à l'interférence entre deux signaux.

On s'affranchit du papillotement en augmentant la fréquence de renouvellement de l'image : au cinéma, on double l'allumage des images ; à la télévision, on entrelace deux trames représentant chacune une demi-image ; en informatique, on utilise des fréquences supérieures à 70 images par seconde. L'amélioration vient de la multiplication des impressions lumineuses ou de la diminution du contraste.

Corrélats : persistance rétinienne, battement.

Paquet u.i.
[Anglais : packet]

Télécommunications : dans certaines *transmissions* numériques, les *informations* sont découpées en blocs de longueur fixe avant d'être acheminées à travers le réseau ; ces blocs sont appelés des paquets.

Leur taille est en général comprise entre 500 et 2 000 éléments binaires (en fonction du débit des équipements).

Un paquet est constitué d'un bloc d'informations utiles et d'un bloc d'informations de service. Les informations utiles sont celles que s'échangent les applications émettrices et réceptrices. Les informations de service sont rajoutées par le réseau sous forme d'*en-tête* ou d'étiquette ; elles indiquent la source d'émission, le *routage*, le numéro d'ordre du paquet dans l'ensemble des paquets émis... Elles sont traitées par les différents appareils tout au long du chemin parcouru dans le réseau (*commutateurs*, *passerelles*, *multiplexeurs*, *concentrateurs*...).

Bibliographie : Du Castel 93, Maiman 94.
Corrélats : commutation de paquets, message, trame.
Étymologie : emprunt à la langue commune. *Français* : XIVe siècle. *Néerlandais* : "pak" (paquet) origine obscure.

Parallèle adj.

[Anglais : parallel]

1. Télécommunications : qualifie des actions ou des fonctions qui s'effectuent simultanément. S'oppose à *série*. On distingue en particulier les *liaisons* parallèles et les liaisons séries.

2. Informatique : qualifie un type d'*architecture* d'ordinateur où plusieurs processeurs travaillent simultanément.

Corrélat : architecture parallèle, série.
Étymologie : emprunt à la langue commune. *Français* : XVIe siècle *Latin* : "parallelus" (parallèle). *Grec* : "parallelos" (placé en regard, parallèle) < "para" (à côté, voisin de, le long de) + "allelon" (les uns les autres) < redoublement de "allos" (autre, un autre, différent, étranger). *Indo-européen* : "*al-" (à côté de) [Pokorny p. 24].

Parallélisme n.m.

[Anglais : parallelism]

Général : propriété de ce qui est *parallèle*.

PARC s.a.

Palo Alto Research Center

Informatique : dans les années 70, le centre de recherche PARC a notamment développé le concept de bureau sans papier. Il a utilisé la métaphore du bureau : l'écran représente le plan du bureau et le logiciel réalise les fonctions habituelles qu'on y exécute : calculer, trier, recevoir, émettre, écrire, communiquer, classer, rechercher, ranger, jeter à la poubelle, ... Ses travaux, repris par *Apple* pour sa gamme de micro-ordinateurs Macintosh, ont largement influencé l'évolution des *interfaces d'utilisation.*

Par défaut exp.

[Anglais : by default]

Informatique : qualifie l'ensemble des options modifiables prises par un *matériel* ou un *logiciel* lors de son démarrage. Par exemple : *par défaut*, l'alimentation électrique d'un micro-ordinateur est positionnée sur 220 volts lorsqu'on l'achète en France. Un *ordinateur* — une *carte*, un *périphérique* ou même un simple *logiciel* — comprend de nombreux paramètres qui sont modifiables pour mieux adapter son fonctionnement aux besoins de son utilisateur. L'ensemble des valeurs que leur donne le constructeur constitue sa *configuration par défaut* ; c'est le réglage le plus général possible choisi par le constructeur.

Corrélat : initialisation.
Étymologie : calque de l'anglo-américain "by default" (par forfait, par abandon).
Défaut : emprunt à la langue commune. *Français* : XIIIe siècle ; ancien participe passé de défaillir (XIIIe siècle) < faillir (XIe siècle). *Latin* : "fallere" (cacher, être caché > tromper, échapper à. *Indo-européen* : "*ghuel-, *guelo-s" (se tordre, se courber, se détourner du droit chemin) [Pokorny p. 489].

Parité n.f.

[Anglais : parity]

Général : propriété d'un ensemble composé d'un nombre pair d'éléments.

Corrélat : bit de parité.

Parseur s.m.

[Anglais : parser]

Informatique : en *gestion électronique de document*, programme ou partie de programme qui analyse un document nouvellement créé pour vérifier s'il est conforme aux normes de description du langage *SGML ;* le parseur vérifie en particulier le balisage du document. Synonyme d'analyseur.

Bibliographie : Sandoval 94.
Corrélats : gestion électronique de document, SGML.
Étymologie : emprunt francisé à la langue technique linguistique anglo-américaine. *Anglais* : "parser" (analyseur) < "to parse" (analyser syntaxiquement un mot, une phrase, les découper en morceaux pour en analyser les formes et les fonctions). *Latin* : "pars" (partie). *Indo-européen* : "*per-, *pere-" (octroyer, attribuer) [Pokorny pp. 817, 818].

Passerelle n.f.

[Anglais : gateway]

1. Informatique : partie d'un logiciel qui assure l'*interface* avec un autre ayant des normes ou des standards différents. On oppose parfois la passerelle qui est incluse dans un logiciel et le *pont* qui est un logiciel autonome, mais les deux termes sont aussi souvent utilisés comme synonymes.

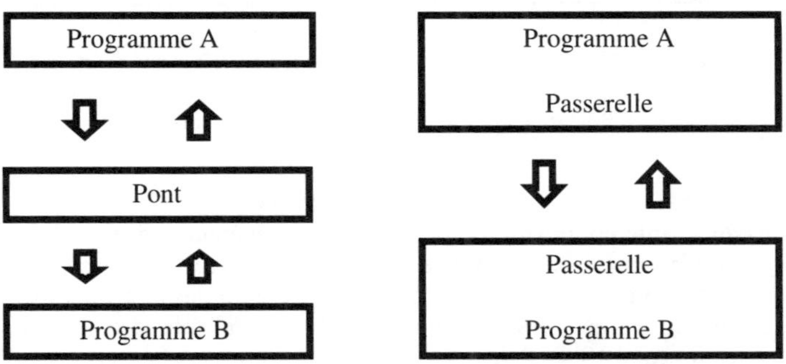

Figure 1 Pont et passerelle en informatique.

2. Télécommunications : équipement d'*interconnexion de réseaux* qui utilisent des *protocoles* différents. Une passerelle peut remplir les fonctions réparties dans les couches les plus hautes du modèle OSI d'*interconnexion de systèmes ouverts* ; son rôle principal est de convertir les protocoles d'un réseau à un autre (par exemple lors de l'interconnexion d'un réseau Ethernet et d'un réseau IBM de type SNA), mais elle peut également remplir des fonctions diverses selon les applications, comme l'*émulation* de terminaux ou le transfert de fichiers. Les passerelles rendent des services plus complets que ceux rendus par les *répéteurs,* les *concentrateurs,* les *ponts* ou les *routeurs* ; en contrepartie, elles sont plus lentes. Les passerelles se présentent sous la forme d'appareils autonomes, des *cartes de communication* que l'on insère dans un ordinateur ou simplement de logiciels qui peuvent être répartis sur différents ordinateurs du réseau.

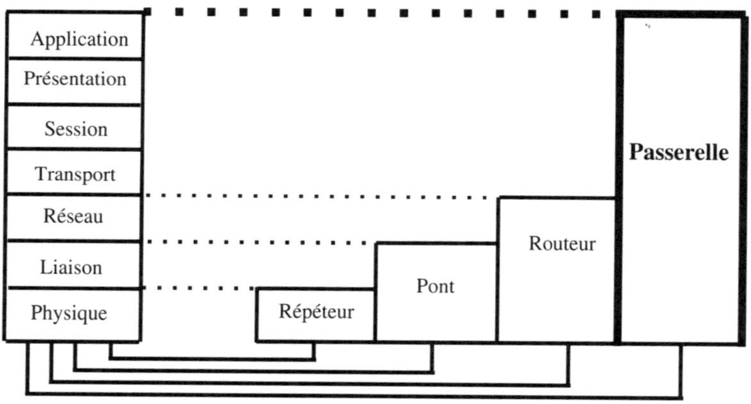

Figure 2 Une passerelle traite toutes les couches du modèle OSI.
(*D'après : Technologie de l'interconnexion de réseau,*
D. Cali et G. Zany, Éd. Hermès 1995.)

Bibliographie : Cali 95,Gomez 94, Maiman 94.
Corrélats : interconnexion de réseaux, pont, répéteur, routeur.
Étymologie : emprunt à la langue commune. *Français* XIXe siècle. < "passer". *Latin* : "*passare" (passer) < "passus" (écartement des jambes, espace compris entre les jambes écartées, pas, mesure) <"pandere" (étendre, déployer, écarter, ouvrir en écartant). *Indo-européen* : "*pet-" (écarter) [Pokorny p. 824].

Pay Per View exp. a.
[Paiement à la séance]

Audiovisuel : voir *paiement à la consommation* et *paiement à la séance.*

Paysage audiovisuel français (PAF) exp.

Audiovisuel : ensemble des *acteurs* et des règles de fonctionnement du monde de l'*audiovisuel* en France. Le secteur de la télévion et de la radio est passé d'un statut avec monopole d'État à un statut mixte où cohabitent des acteurs privés et publics ; ainsi, jusqu'aux années 70 par exemple, les chaînes de radio privées étaient obligées d'émettre depuis la périphérie du territoire français ; de même, jusqu'aux années 80, les *chaînes* de télévision française étaient *diffusées* et avaient un statut public ; depuis sont apparues les chaînes privées (Canal +, TF1, M6...) et la *distribution* par *câble.*

Le *Conseil Supérieur de l'Audiovisuel* (CSA) est chargé de faire respecter la réglementation de l'audiovisuel en France. Il délivre les autorisations de *diffusion* et surveille la bonne conduite de l'ensemble des chaînes et des câblo-opérateurs.

♦ **Les acteurs**

On trouve des acteurs privés ou publics dans toute la chaîne représentée dans la figure ci-dessous. Pour obtenir plus d'informations sur leurs fonctions, le lecteur se reportera aux entrées du dictionnaire correspondant aux différents maillons de cette chaîne.

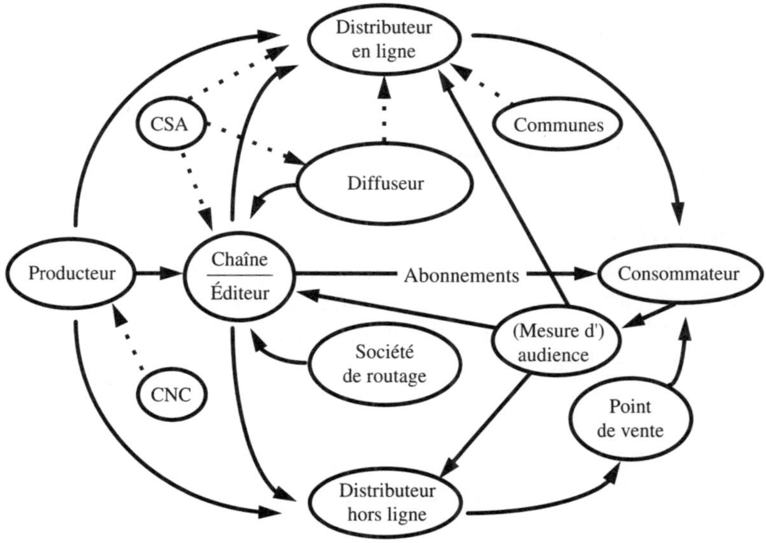

Les acteurs du paysage audiovisuel français.

(Les flèches en trait plein partent du fournisseur de service pour pointer vers l'acheteur ; celles en pointillé indiquent une délivrance d'autorisation ou de subvention.)

Du paysage audiovisuel au paysage multimédia
L'arrivée du *multimédia* modifie la place de certains acteurs dans ce paysage et en introduit de nouveaux.

La *numérisation* par exemple, en uniformisant tous les types d'*informations*, place au même niveau les programmes audiovisuels traditionnels (images et sons) et les services fournis par les opérateurs de télécommunications (téléphonie, visiophonie, télématique...) ; la différence entre contenus et contenants tend à s'amenuiser dans la perception du consommateur qui s'abonne plutôt « au câble » qu'à une chaîne ou à un service particulier, confirmant ainsi la nature des médias soulignée par Mac Luhan (voir l'article *média*) ; la place des fournisseurs de médias dans le paysage prend de plus en plus d'importance (*diffuseurs*, *câblo-opérateurs*, distributeurs...).

D'un autre côté, l'apparition de l'*interactivité* introduit de nouveaux acteurs issus du monde de l'*informatique*, et en particulier du monde du *logiciel*.

Bibliographie : INA 95.
Corrélats : audience, audiovisuel, multimédia.

PC s.a.

Personal Computer

Informatique : voir *ordinateur personnel.*

PCI s.a.

Peripheral Component Interconnection (traduction littérale : connexion entre périphériques)

Informatique

1. *Consortium* créé à l'initiative du constructeur *Intel* pour définir un nouveau *bus* de *micro-ordinateurs* destiné à remplacer les bus *ISA*, *MCA* et *EISA* vieillissant. PCI est un concurrent du consortium *Vesa.*

2. Ensemble des spécifications émises par le consortium PCI. Ces spécifications reposent sur la technologie du *bus local.* L'avenir du bus PCI est garanti par le nombre de constructeurs faisant partie du consortium et par le grand nombre de *cartes* construites pour s'y adapter.

3. Qualifie les produits conformes aux spécifications du consortium PCI.

♦ Le bus PCI peut cohabiter avec les bus *ISA*, *EISA* et *VESA*. Il est utilisable dans les *environnements* PC, MAC et VME, moyennant des adaptations mineures généralement réglées par *logiciel.* La particularité de son fonctionnement est de permettre des échanges de *périphérique* à périphérique en laissant le *bus système* du micro-ordinateur utilisé par d'autres transferts.

Caractéristiques techniques

– *bande passante* : 32 bits, extensible à 64,

– vitesse d'*horloge* adaptée à celle du *microprocesseur* central (maximum : 33 Mhz), ce qui permet de faire évoluer la machine dans laquelle il est installé sans changer le bus,

– *débit* maximum de 132 ou 264 Mo/s suivant la largeur de la bande passante ; ce débit permet de l'utiliser comme un bus rapide, par exemple pour le transfert de la vidéo numérique qui nécessite, dans la phase de production, un débit de 270 Mbits/s, soit 33,75 Mo/s.

PCM s.a.

Pulse Code Modulation

Audiovisuel, informatique et télécommunications : voir *modulation par impulsion et codage.*

PCMCIA s.a.

Personal Computer Memory Card Industry Association

Informatique : association de fabricants de cartes mémoires pour ordinateurs personnels qui recommande des formats de *cartes* pour les *ordinateurs personnels* et en particulier pour les portables. Ces cartes ont la taille d'une carte de crédit et étaient à l'origine développées au Japon sous l'appellation de *JEIDA.* Le PCMCIA normalise également un brochage pour connecter un disque sur n'importe quel type de machine.

Corrélat : JEIDA,

PCTE s.a.

Portable Common Tool Environment

Informatique : lancé en 1983 dans le cadre d'un projet “Esprit” de l'Union Européenne, le projet PCTE visait à normaliser les interfaces entre les outils de *développement* logiciel et les *systèmes d'exploitation.* L'objectif était de rendre *portables* les environnements de *génie logiciel.* Le premier standard *ECMA* est sorti en 1990. La norme ISO a été proposée en 1993, soit dix ans après le début des travaux.

PCX s.a.

Informatique : format de fichier graphique utilisé sous *DOS* et gérant, à l'origine, des images 16 couleurs. Le format a été adapté à l'évolution des cartes graphiques du PC (EGA, VGA et MCGA) mais ne dépasse pas la gestion de 256 couleurs ; cette limite, associée à un taux de compression médiocre, le rend périmé.

PDA s.a.
Personal Digital Assistant

Informatique : voir *bloc-note électronique.*

PEL s.a.
Picture Element (élément d'image)

Audiovisuel et informatique : voir *pixel.*

Pentium n. mq.

Informatique : microprocesseur développé par *Intel.* Le pentium est le successeur du processeur Intel 80486 et un concurrent du *Power PC* d'IBM et de l'*alpha* de DEC.

Perchiste n.m.
[Anglais : boom operator]

Audiovisuel : technicien chargé de tenir la perche au bout de laquelle se trouve un microphone lors d'une prise de son.

Péri- préf.

Général : signifie “autour de”. Le préfixe péri- entre dans la composition de nombreux termes savants.

Étymologie : *grec* : “peri” (autour de, dans le voisinage de). *Indo-européen* : “*per-” (devant, à travers, face à, autour de, auprès de, devant, avant) [Pokorny p. 810].

Période n.f.
[Anglais : period]

Général : intervalle de temps au bout duquel un *signal* se reproduit identique à lui-même. Inverse de la *fréquence*, la période se mesure en seconde (s). Le courant électrique ayant une fréquence de 50 hertz, sa période est de 1/50, soit 0,020 seconde.

Corrélats : onde, signal.
Étymologie : *français* : XIVe siècle. *Latin* : “periodus” (circuit). *Grec* : “periodos” (circuit, période) < “peri” (autour de, dans le voisinage de) + “hodos” (chemin). *Indo-européen* : “*per-” (devant, à travers, face à, autour de, auprès de, devant, avant) [Pokorny p. 810] + “*sed-” (aller) [Pokorny p. 887].

Périphérique adj.
[Anglais : peripheral]

1. Audiovisuel : qualifiait, du temps du monopole de la radio d’État, une chaîne de radio qui n’avait pas le droit d’émettre en France et qui émettait à partir d’un pays situé à la périphérie de la France.

2. Informatique : dans un ordinateur, qualifie un matériel qui est à la périphérie d’une *unité centrale*, comme l’*imprimante* ou l’*écran*.

Corrélats : **1.** Paysage audiovisuel français. **2.** Ordinateur, unité centrale.
Étymologie : voir périphérique, n.m.

Périphérique n.m.
[Anglais : peripheral unit]

Informatique : appareil placé à la périphérie de l’unité centrale d’un ordinateur.

• Composants d’une unité périphérique
On peut distinguer quatre composants :
— Un appareil qui remplit la fonction spécifique du périphérique (lecteur de disques, écran d’affichage...).
— Un contrôleur qui est la partie *intelligente* du périphérique. Il exécute les instructions émises par le *pilote* et commande l’unité matérielle du périphérique. Il sert d’intermédiaire dans l’échange des informations entre l’unité centrale et le périphérique. Un même contrôleur peut commander plusieurs matériels périphé-

riques de même nature, voire de natures différentes. Par exemple, un même contrôleur *SCSI* peut commander plusieurs unités de *disques* magnétiques mais également des *imprimantes*.
— Un ensemble de connexions : les unités périphériques sont reliées à l'unité centrale par l'intermédiaire de câbles de longueur variant en fonction des spécifications du constructeur. Lorsque l'éloignement n'est pas trop grand, l'échange des informations peut se faire par une *liaison* parallèle ; autrement, on utilise une liaison en *série*. Certains périphériques peuvent se connecter à distance. Dans ce cas, on utilise un *réseau* et le contrôleur devient aussi contrôleur de communication.
— Un logiciel *pilote* situé dans l'unité centrale (et souvent intégré au *système d'exploitation*) qui évite au programmeur d'application d'avoir à écrire les commandes détaillées du fonctionnement de l'appareil.

• **Les unités périphériques d'extension de mémoire**
Leurs échanges avec l'unité centrale sont bidirectionnels. Ces unités sont principalement les lecteurs de *disques* et *disquettes*, et les lecteurs de *bandes magnétiques*, *cassettes* ... Ces périphériques se caractérisent, comme toutes les mémoires, par leur temps d'accès et leur capacité de mémoire. Comparées à la mémoire centrale, les unités périphériques sont moins chères, plus lentes et souvent de plus grande capacité.

• **Les unités périphériques de communication**
Elles permettent à l'ordinateur de communiquer avec les hommes ou avec d'autres ordinateurs. On différencie les unités périphériques de communication qui entrent des informations dans l'ordinateur (unités périphériques d'entrée : *clavier*, *souris*, *numériseur*, *gant sensitif*), celles qui sortent des informations de l'ordinateur (unités périphériques de sortie : *écran*, *haut-parleur*, *imprimante*, *gant tactile* ...) et celles qui sont bidirectionnelles (essentiellement les contrôleurs de communication).

Corrélat : système informatique.
Étymologie : emprunt à la langue commune. XIXe siècle < "périphérie" XIVe siècle. *Latin* : "peripheria" (circonférence, périphérie). *Grec* : "peripheria" (circonférence) < "peri" (autour de, dans le voisinage de) + "pherein" (porter). *Indo-européen* : "*per-" (devant, à travers, face à, autour de, auprès de, devant, avant) [Pokorny p. 810] + "*bher-" (porter) [Pokorny p. 128].

Péritel n. mq.
(abréviation de Péritélévision)

Audiovisuel et informatique : type de *connecteur* équipant certains matériels audiovisuels et, en particulier, les téléviseurs. La prise Péritel possède les entrées et sorties suivantes, détaillées sur le connecteur :
— entrée audio stéréo,
— sortie audio stéréo,
— entrée vidéo *composite*,
— sortie vidéo composite,
— entrées R, V et B,
— commande de commutation rapide de l'entrée composite vers l'entrée RVB (pour incrustation de caractères),
— commande de commutation lente de l'entrée composite vers l'entrée RVB,
— horloge de synchronisation,
— masses particulières à toutes les entrées,
— blindage de l'ensemble.

Persistance rétinienne exp.

Audiovisuel : phénomène physiologique, durant environ 1/15e de seconde, qui se traduit par la persistance de la perception visuelle après disparition du rayonnement lumineux. La persistance rétinienne varie en fonction des individus et des caractéristiques du rayonnement lumineux. Elle est plus courte dans les fréquences basses (rouges) que dans les fréquences hautes (bleus) et elle augmente avec l'intensité lumineuse.

C'est ce phénomène qui donne l'illusion de la perception d'un mouvement continu à partir de la vision d'une succession suffisamment rapide d'images fixes et qui est utilisé par la télévision. Lorsque la rapidité est insuffisante, un effet de *papillotement* est ressenti.

Bibliographie : Besson 88.
Corrélats : image animée, onde visible.

PEX s.a.
Phigs + Extension to X-Windows

Informatique : utilisation du standard *X-Window* et de la norme *PHIGS* + pour définir un protocole de transport des *primitives* contenues dans des bibliothèques de graphiques 3D sous *Unix*. Ce protocole, mis au point par le *MIT*, permet aussi le stockage des images 3D sur le serveur d'affichage X. Il est le concurrent de *Open GL* développé par *Silicon Graphics*.

PHIGS+ s.a.

Programmer's Hierarchical Interactive Graphics Standard (traduction littérale : norme de graphiques interactifs hiérarchiques pour programmeur)

Informatique : norme *ANSI* de *primitives* 3D pour bibliothèques graphiques. Ces primitives sont des interfaces de programmation qui facilitent le développement d'applications traitant des images 3D.

Philips n. mq.

Audiovisuel : société multinationale spécialisée dans l'électronique et l'éclairage, Philips est surtout connue par ses produits destinés au grand public, bien que l'essentiel de son activité concerne le monde professionnel. Inventeur de la cassette et du disque compact audio, l'entreprise est, avec *Sony* et *Matsushita*, concepteur du *disque compact interactif*. Philips a une importante activité dans le monde des télécommunications avec, en France, sa filiale TRT. Elle a vendu, en 1992, sa filiale informatique à DEC.

Phone n.m.

[Anglais : sone]

Audiovisuel : unité de mesure de la *sonie*. Un phone correspond à une sonie du *mille* à 40 *décibels* au-dessus du seuil d'audibilité (voir intensité).

Corrélats : intensité, sonie.

Photo-CD n. mq.
Photo-Compact Disk

Audiovisuel, informatique : voir *disque compact photo.*

Photographie numérique exp.
[Anglais : digital photography]

Audiovisuel et informatique : *fichier d'images* obtenu par un *appareil photographique numérique.* La photographie numérique se distingue de la photographie traditionnelle dite aussi argentique. Elle est traitée, comme tous les fichiers d'images, par les procédés habituels de l'informatique.

Corrélats : appareil photographique numérique, fichier d'images.

Photophore n. m.
[Anglais : photophore]

Audiovisuel : voir *luminophore.*

Photoshop n. mq.

Informatique : logiciel de manipulation et de traitement d'images développé par la société *Adobe.* Photoshop gère des numériseurs, des caméras, des Photo-CD des appareils photographiques numériques et des imprimantes.

Pico- préf.
(abréviation : p)

Général : préfixe entrant dans la composition des unités de mesure pour indiquer une division par mille milliards. Une picoseconde (notée ps) représente un millième de milliardième de seconde, soit 10^{-12} seconde.

Étymologie : emprunt à l'*espagnol* : "pico" (petit). *Latin* : "picus" (pie). *Indo-européen* : "*spiko" (pie) [Pokorny p. 999].

PICS s.a.

Télécommunications et informatique

1. Protocol Implementation Conformance Statement (état de la conformité à la norme de protocole). Définition des tests vérifiant qu'un protocole est bien conforme aux normes relatives à l'*interconnexion de systèmes ouverts* (OSI). Les clauses de conformité font partie intégrante du corpus normatif.

2. Voir *PICT.*

Bibliographie : MacKinnon 91.
Corrélat : normalisation.

PICT s.a.

PICTure Format (format d'image)

Informatique : format de fichier graphique développé par *Apple.* La version initiale, datant de 1984, traite les images graphiques monochromes. PICT2, développée en 1987, code les couleurs et les échelles de gris sur 8 bits. En 1988, la société Macromind développa une version pour images animées baptisée PICS.

Pictogramme n. m.

[Anglais : pictogram]

Informatique : dessin à caractère symbolique ou mnémotechnique utilisé pour faciliter la lecture des menus. Synonyme d'*icône.*

Pile n.f.

[Anglais : stack]

Informatique : technique logicielle de gestion d'informations qui consiste à ranger les informations les unes sur les autres dans l'ordre où elles arrivent, comme on entasse des chemises sur une étagère. La première information disponible dans la pile est celle qui se trouve au sommet de la pile, soit la dernière arrivée. On dit aussi “dernier entré, premier sorti”. La gestion de pile s'oppose à la gestion de *file.*

Pile de disques exp.
[Anglais : diskpack]

Informatique : ensemble de disques magnétiques superposés et solidaires. Une pile de disques peut comprendre de 2 à 20 disques. Le bras de lecture comprend une tête pour chaque face de chaque disque. Lors d'un seul déplacement du bras, le lecteur de disques peut ainsi accéder à plusieurs pistes superposées qui constituent un cylindre. Les *temps d'accès* en sont d'autant améliorés.

Pilote n.m.
[Anglais : **informatique** : driver]

1. **Informatique** : programme de pilotage d'une unité périphérique.
   Par exemple : un pilote d'imprimante, d'écran, etc.
2. **Audiovisuel** : dans une série de programmes télévisés, premier programme ou maquette qui est montré à différents producteurs potentiels pour faciliter le montage financier de la production de la série.

Étymologie : emprunt à la langue commune. *Français* : XIVe siècle. *Italien* : "piloto" (pilote). *Grec* : "pedon" (gouvernail) *Indo-européen* : "*ped-" (pied) [Pokorny p. 790].

Pipe-line n.m.
[Anglais : pipe-line]

Informatique : architecture d'une ligne de traitement de l'information où les opérations sont effectuées en chaîne et où le résultat est disponible à la sortie de la chaîne seulement.

♦ Dans un traitement en pipe-line, la sortie du premier étage sert d'entrée au deuxième étage et ainsi de suite. Tous les étages ont un temps de traitement connu et il est possible de prévoir le retard global du signal de sortie sur le signal d'entrée pour le compenser. Tous les opérateurs fonctionnant en même temps sur des données décalées dans le temps, la puissance de calcul est importante, malgré une structure assez légère. La synchronisation de toutes les opérations est un paramètre essentiel du fonctionnement du pipe-line.

l'architecture d'un processeur en pipe-line se caractérise par :
– le nombre d'étages,
– le nombre de cycles d'horloge nécessaires pour passer un étage.

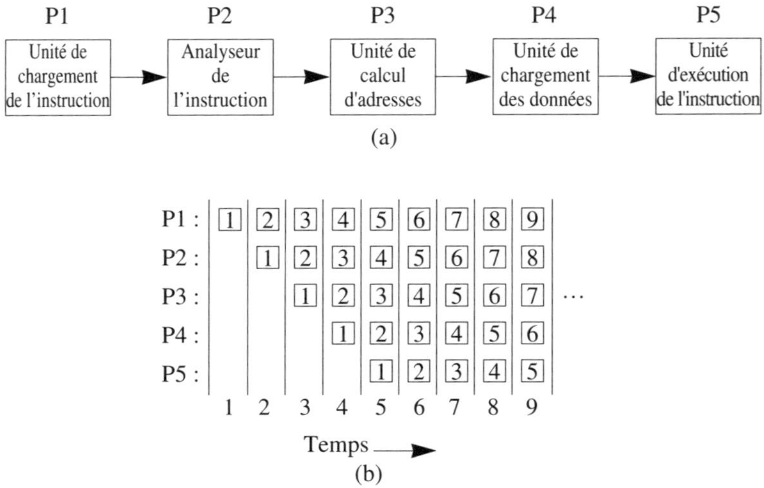

a) Machine pipe line à cinq unités.
b) État de chaque unité de traitement en fonction du temps. Par exemple au temps T_3, l'instruction 1 est exécutée par P_3, l'instruction 2 par P_2 et l'instruction 3 par P_1.

Exemple de pipe line.
(*D'après : Architecture de l'ordinateur*, A. Tanenbaum, InterÉditions.)

Bibliographie : Tanenbaum 91.
Corrélat : processeur.

PIRE s.f.
Puissance Isotrope Rayonnée Equivalente

Télécommunications : mesure des puissances des signaux émis par un satellite dans sa zone de couverture. Elle dépend de la puissance des *répéteurs* et du gain de l'antenne d'émission du satellite ; elle s'exprime en dBW (*décibel* Watt) : plus la PIRE est importante, plus la réception est facile. Elle détermine la taille de l'antenne de réception : de 50 cm à 1 m 50 pour une antenne individuelle, avec des PIRE variant de 40 à 60 dbW. Des *amplificateurs* à tube à ondes progressives (au lieu des amplificateurs à transistor à effet de champ) sont utilisés pour émettre de fortes puissances, jusqu'à 5 kw, et obtenir des PIRE atteignant 90 dBW.

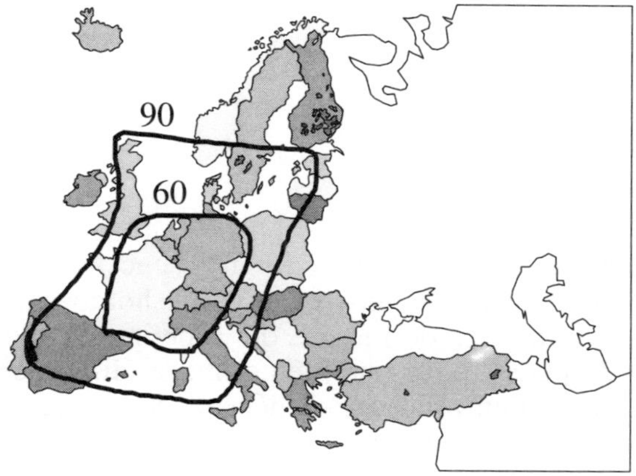

Courbes de PIRE pour le faisceau large du satellite EUTELSAT II.
(*Les nombres indiquent le diamètre des antennes de réception.*)

Bibliographie : Baudelot 94.
Corrélat : satellite.

Piste n.f.

[Anglais : track]

Audiovisuel, informatique : surface continue d'enregistrement sur un support. Les pistes peuvent être rectilignes (bandes magnétiques), circulaires ou *hélicoïdales* (disques).

Corrélats : bande magnétique, disque.
Étymologie : emprunt à la langue commune. *Français* : XVIe siècle, *Italien* : "pista" (piste). *Latin* : "pistare" (piler, battre, broyer) < "pinsere" (piler, broyer). *Indo-européen* : "*peis-, *pis-" (concasser, broyer, piler) [Pokorny p. 796].

Piste d'asservissement exp.

[Anglais : control track]

Audiovisuel : piste qui contient des informations d'*asservissement*. Utilisée dans certains *formats* d'*enregistrement* vidéo sur bandes et cassettes magnétiques (*Betacam*, *BVU*, *B*, *C*, *M2*...).

Pitch t.a.

Informatique : voir *espacement.*

Pixel n.m.

[Anglais : pixel]

Audiovisuel et informatique : élément d'une image. On utilise ce terme pour désigner la plus petite partie homogène d'une image. Le pixel sert d'unité de mesure de la définition d'une image. Le nombre de pixels, pour une même image, diffère en fonction du support : lors d'un affichage, il dépend de l'*espacement* propre à l'écran, lors d'une impression, il dépend de la qualité de l'imprimante et du *grain* du papier.

Étymologie : emprunt à la langue technique anglaise. *Anglais* : contraction de PICTure ELement (élément d'image).

Pixel écran exp.

[Anglais : screen dot]

Audiovisuel et informatique : la plus petite partie adressable d'un écran à structure discontinue.

*Pixélisation n.f.

[Anglais : pixelisation]

Audiovisuel et informatique : décomposition d'une image analogique en éléments discrets appelés *pixels.*

Corrélats : numérisation, signal.

*Pixélisé adj.

Informatique : voir *mode points.*

PIXIT s.a.

Protocol Implementation eXtra Information for Testing (traduction littérale : informations complémentaires sur le protocole en vue de pratiquer les tests)

Informatique : ensemble d'informations relatives à la conformité aux normes d'*interconnexion de systèmes ouverts.* Ces informations sont complémentaires des *PICS* et concernent une réalisation à tester et son environnement de test. Elles sont fournies par un constructeur ou un éditeur de logiciels qui affirme que son produit est conforme à une norme *OSI.* Elles précisent les caractéristiques de son produit pour le soumettre aux tests.

Bibliographie : MacKinnon 91.
Corrélat : normalisation.

Plan n.m.
[Anglais : shot]

Audiovisuel

1. La plus petite partie d'un film. À l'origine c'est l'ensemble des images captées par une caméra lors d'une même prise de vue. Le plan est la plus petite unité d'écriture audiovisuelle. Les plans s'enchaînent lors du montage pour constituer des *séquences* ou *scènes.* L'enchaînement de deux plans, appelé transition, peut être la coupe franche (voir *montage*), le *fondu,* les *volets* ou différents effets spéciaux.

2. Type de cadrage lors d'une prise de vue. On peut distinguer les plans en fonction du *mouvement de caméra* : plan fixe, *panoramique, travelling* horizontal, travelling vertical, *zoom.* On peut également caractériser les plans par l'organisation de l'espace dans le cadrage : contre-plan, plan général, plan moyen, plan américain, plan rapproché, gros plan, *plongée.*

3. Découpage dans la profondeur virtuelle d'une image : premier-plan, second-plan, *arrière-plan.*

On distingue les plans suivants :
— **Plan américain** : [Anglais : medium, close shot] type de cadrage où les acteurs sont filmés à mi-cuisse.
— **Plan fixe** : [Anglais : fixed shot] plan où la caméra reste fixe.
— **Plan d'ensemble** : [Anglais : long shot] type de cadrage qui montre l'ensemble de l'espace où se déroule l'action.
— **Plan moyen** : [Anglais : medium shot] type de cadrage où les acteurs sont filmés en pied.
— **Plan rapproché** : [Anglais : close shot] type de cadrage où les acteurs sont filmés à hauteur de la taille.
— **Plan-séquence** : [Anglais : sequence-length shot] plan assez long filmant en une seule prise une scène qui généralement pourrait être découpée en plusieurs plans.

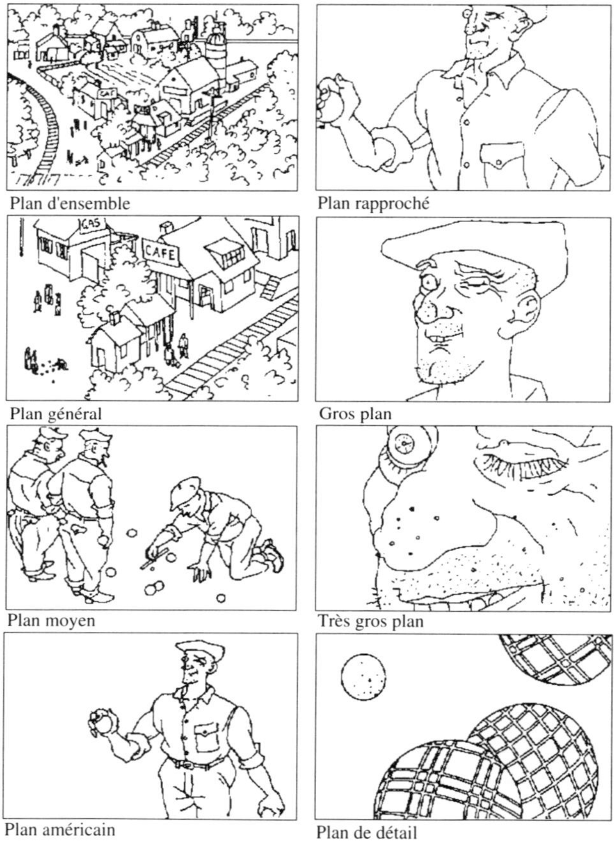

Différents types de plans.
(D'après : Vidéo principes et techniques, F. Luxereau, Éd. Dujarric.)

Bibliographie : Maillot 94, Martin 94, Luxereau 92.
Corrélats : cadre, montage, mouvement de caméra, séquence.
Étymologie : emprunt à la langue commune. *Français* : XVIe siècle, (forme savante de “plain” qui subsiste dans les mots composés “de plain-pied”). *Latin* : “planus” (plat, uni, plan). *Indo-européen* : “*pele-” (plat) [Pokorny p. 805].

Plan câble exp.

Télécommunications : réglementation du câblage en France de 1982 à 1986 qui définissait quatre partenaires :
— La ville : elle décidait de l'opération de câblage.
— *France Télécom* : sollicité par la ville, il était le propriétaire du réseau et avait la responsabilité de sa construction et de sa maintenance.
— La SLEC (Société Locale d'Exploitation du Câble) : constituée par la ville, elle était responsable de la gestion commerciale et de l'exploitation du réseau (définition de la programmation, abonnements).
— Un opérateur privé à qui la SLEC pouvait sous-traiter l'exploitation commerciale du réseau (*COM-DÉV*, *CGV*, *Lyonnaise de Communication*).

Soixante-quatre réseaux ont été construits suivant ce schéma juridique. France Télécom a investi 20 milliards de francs dans la construction de ces réseaux.

Depuis la loi du 30 septembre 1986, les règles du câblage ont été profondément modifiées. La ville décide du câblage, de son site et peut, soit créer une régie municipale, qui construit puis exploite commercialement le réseau câblé, soit sous-traiter l'ensemble des opérations à un opérateur. Le rôle spécifique de France Télécom a complètement disparu : France Télécom est devenu un câblo-opérateur comme un autre. Le câblo-opérateur doit aussi recevoir l'autorisation du CSA (Conseil Supérieur de l'Audiovisuel) pour les programmes qu'il diffuse sur son réseau (règles similaires — bien qu'un peu plus souples — à celles qui s'appliquent aux chaînes hertziennes concernant la diffusion des films et la publicité).

Les techniques employées pour la construction des réseaux ont fortement évolué avant et après le plan câble. Le début du plan câble correspond à la technique 1G (réseau tout entier en fibre optique, avec une architecture en étoile, prévue pour permettre l'échange d'images entre un abonné et la *tête* de réseau, voire entre abonnés). Cette technique révolutionnait le traitement d'images de télévision tel qu'on le connaissait jusqu'alors : d'une simple diffusion, on passait à un échange d'images (voir *réseau câblé*).

Pour des raisons financières, cette technique a été abandonnée et on est revenu à des techniques moins innovantes. On construit maintenant des réseaux à architecture en arbre (voir *réseau câblé*), en utilisant des fibres optiques dans la partie amont du réseau (à partir de la tête de réseau), puis des câbles coaxiaux et éventuellement des paires torsadées dans la partie terminale. L'interactivité est naturellement plus limitée dans cette dernière solution.

Bibliographie : Lunven 93, Vasseur 92.
Corrélats : câble, câblo-opérateur, réseau câblé, télévision par câble.

Plateau n.m.

[Anglais : stage]

Audiovisuel : espace aménagé dans un studio pour effectuer un tournage. Un plateau dispose d'un *décor*, d'un *éclairage* et de plusieurs *caméras* dites caméras de plateau. Le *tournage* en plateau se distingue du tournage en extérieur. Les conditions de travail permettent de disposer d'un équipement plus sophistiqué et de réaliser par exemple, des *effets spéciaux* lors des prises de vue.

Les émissions de plateau constituent un genre spécifique à la télévision. Il s'oppose aux *fictions*, aux *documentaires* et aux reportages.

Corréltas : fiction, documentaire.
Étymologie : emprunt à la langue commune. *Français* : dérivé de "plat" (voir plate-forme) avec le suffixe "-eau" (du latin "-ellum" qui avait, à l'origine un sens de diminutif).

Plate-forme n.f.

[Anglais : platform]

Informatique : *système informatique* caractérisé par un ou plusieurs de ses composants matériels ou logiciels.

Par exemple, une plate-forme 80 x 86 est un micro-ordinateur avec microprocesseur Intel ; une plate-forme Unix est un ordinateur avec système d'exploitation Unix, etc.

Télécommunications : voir *satellite.*

Corrélat : système informatique.
Étymologie : calque du terme technique américain "platform". *Français* : XVe siècle. Plat + forme. **Plat** : *Français* : XIe siècle. *Latin* : "plattus". *Grec* : "platus" (plat, étendu). *Indo-européen* : "*plat" (étendre, étaler) [Pokorny p. 833] < "*pele-" (plat, étaler, étendre, étaler) [Pokorny p. 805]. **Forme** : XIIe siècle. *Latin* : "forma" (forme, moule, belle forme, beauté). Peut-être

emprunt au *grec* : "morphe" (belle forme) ? *Indo-européen* : "*mer-" (briller, luire) [Pokorny p. 733].

Plein écran exp.

[Anglais : full screen]

Audiovisuel, informatique : voir *image plein écran.*

Pleurage n.m.

[Anglais : wow]

Audiovisuel : effet sonore produit, lors de la lecture d'une bande magnétique, par des variations de tension de la bande. La variation de tension de la bande se traduit par une modulation de très basses fréquences du signal de lecture et produit un effet proche de celui que procure l'instabilité de la voix mêlée aux pleurs.

Corrélat : bande magnétique.
Étymologie : emprunt à la langue commune. *Français* : pleurer : Xe siècle + suffixe "-age" (du latin "-aticum" ; marque une action ou le résultat de cette action). *Latin* : "plorare" (se plaindre, se lamenter, pousser des cris de douleur). *Indo-européen* : "*plab-" (bavarder, babiller, jaser) [Pokorny p. 831].

PLL s.a.

Phase Lock Loop (traduction littérale : boucle de verrouillage de phase).

Audiovisuel : voir *verrouilleur.*

Plongée n.f.

[Anglais : high angle shot, tilt-down]

Audiovisuel : *angle de prise de vue* avec un axe de *caméra* dirigé vers le bas ; s'oppose à *contre-plongée* où l'axe est dirigé vers le haut. La plongée est un élément du *langage cinématographique* ; elle tend à écraser le sujet filmé tandis que la contre-plongée tend à le mettre en valeur.

Corrélats : angle de prise de vue, contre-plongée, langage cinématographique.
Étymologie : emprunt à la langue commune. *Français* : plonger : XIIe siècle > plongée : XVe siècle. *Latin* : "plumbicare" (plomber les filets de pêche) dérivé de "plumbum" (plomb), origine obscure.

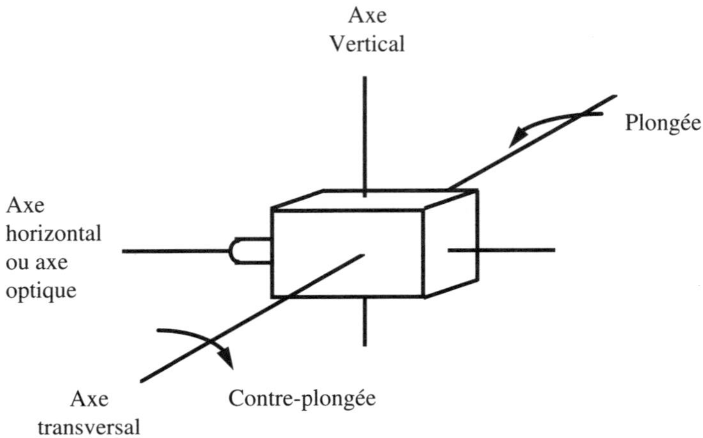

PLP s.a.
Presentation Level Protocol (traduction littérale : protocole de la couche présentation)

Informatique et télécommunications : protocole qui traite des fonctions de présentation d'une application. Ces fonctions sont décrites dans la couche 6 du modèle d'*interconnexion de systèmes ouverts*.

Poignée n.f.
[Anglais : handle]

Informatique : dans le traitement des images en *mode vectoriel*, petites zones affichées à l'écran entourant un objet lorsqu'il est sélectionné et permettant de le manipuler (par translation, étirement ou rotation) à l'aide du pointeur et de la souris.

Étymologie : emprunt à la langue commune. *Français* : XIIe siècle, < "poing" XIe siècle. *Latin* : "pugnus" (poing). *Indo-européen* : "*peug-" (piquer, boxer) [Pokorny p. 828].

Poignée de main exp.
[Anglais : handshake]

Télécommunications : protocole de dialogue utilisé dans une connexion de type *asynchrone* entre deux terminaux.

♦ Par exemple : l'émetteur présente une donnée avec un signal de validation. Le récepteur répond par un signal d'acquiescement, ce qui autorise l'émetteur à présenter une nouvelle donnée et un nouveau signal de validation, et ainsi de suite... Ce protocole est très utilisé dans les connexions *parallèles*. Il permet à chacun de transmettre à son rythme (asynchronisme). Chaque interlocuteur limite par convention le temps d'attente. Ce protocole est utilisé sur le système *SCSI* asynchrone, de même que sur les ports parallèles pour imprimantes.

Corrélats : synchrone, protocole, SCSI.

Point à point exp.

[Anglais : point to point]

Télécommunications : qualifie une *liaison* entre deux terminaux directement reliés entre eux, sans intermédiaire. S'oppose à *multipoint*.

Corrélat : architecture de réseau.
Étymologie : **point** : *Français* : XIIe siècle ; *Latin* : "punctum" (piqûre, point, petit trou fait par une piqûre) < "pungere" (piquer). *Indo-européen* : "*peug-, *peuk-" (piquer) [Pokomy p. 828].

Point de commande exp.

[Anglais : control point]

Informatique : *dessin assisté par ordinateur* : point situé sur une courbe ou une surface qui permet au dessinateur d'en modifier les caractéristiques. Suivant les logiciels utilisés, les points sont associés à différentes *fonctions graphiques*. Les plus fréquentes, utilisées dans les *courbes de Bézier*, permettent d'étirer une courbe ou de la *lisser*.

Corrélats : fonction graphique, métarmorphose.

Point sensible exp.

[Anglais : hot point]

Informatique : zone d'un écran identifiée par ses coordonnées. Si l'on y positionne le *curseur* et que l'on clique sur la souris ou la télécommande, le programme met en œuvre une suite d'actions particulières (dans un écran tactile, l'opération se déroule lorsque l'on touche du doigt la zone). La gestion des points sensibles, de leur succession logique et de leur présentation graphique, est une des caractéristiques de l'*interactivité.*

Corrélats : interactivité, langage multimédia.

Pointeur n.m.

Informatique : voir *lien.*

Polarisation n.f.
[Anglais : polarization]

1. Télécommunications : variation particulière des composantes d'une *onde électromagnétique.* La polarisation peut être horizontale, verticale, circulaire ou elliptique. Elle est choisie pour améliorer la propagation et la réception d'un signal : polarisation horizontale ou verticale pour les antennes de télévision et polarisation circulaire pour la radio.
2. Audiovisuel : traitement d'une image par modification des caractéristiques ondulatoires des rayons lumineux qui la constituent.

Corrélats : antenne, ondes électromagnétiques.
Étymologie : dérivation savante "pôle + -iser" (suffixe verbal savant correspondant au suffixe populaire "-oyer") + "-ation" (suffixe nominal pour créer des termes abstraits). *Français* : "pôle" XIVe siècle > "polaire" XVIe siècle > "polariser" XIXe siècle > "polarisation" XIXe siècle. *Latin* : "polus" (pôle, ciel). *Grec* : "polos" (pivot autour duquel tourne une chose, cercle, cadran solaire) origine obscure.

Polariser v.
[Anglais : to polarize]

Audiovisuel et télécommunications : appliquer une polarisation.

Polhemus n.s.

Informatique : société américaine spécialisée dans la commercialisation de *capteurs de position* pour les applications de *simulation virtuelle.*

Polygonal adj.
[Anglais : polygonal]

Informatique : qui a plusieurs angles.
Représentation polygonale : représentation utilisant comme éléments des *polygones.*

Corrélat : mode vectoriel.

Polygone n.m.
[Anglais : polygon]

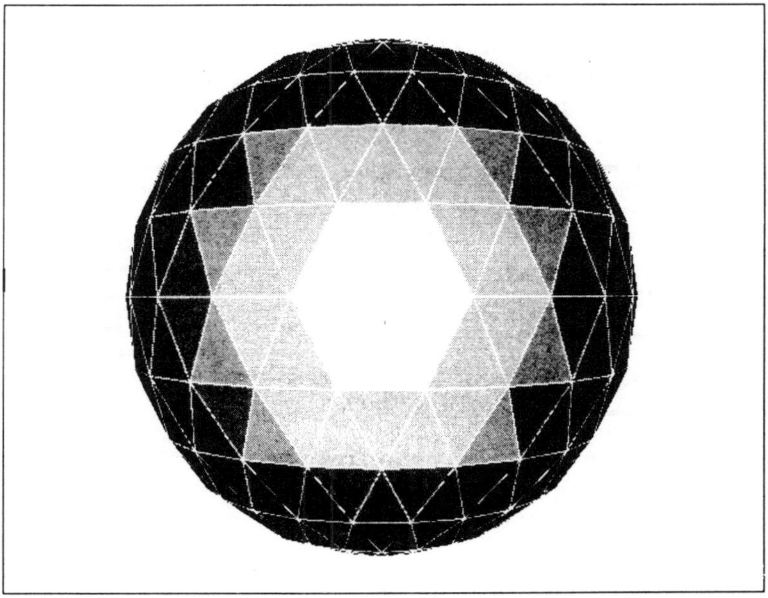

Sphère composée de polygones triangulaires.
(*D'après* : *3D. Modeling lab*, P. Shaddock, The Waite Group.)

Informatique : modèle de représentation graphique en trois dimensions utilisant comme unités, des éléments de surface délimités par des points reliés par des lignes. Avec l'augmentation de la puissance des machines, la représentation polygonale a remplacé peu à peu le modèle *fil de fer* dans les années 80. Le polygone permet notamment de supprimer les faces cachées d'un objet en trois dimensions et de créer des effets de texture, d'ombrage et d'illumination. La représentation de surfaces arrondies est possible en augmentant le nombre de polygones.

Corrélats : image 3D, rendu, surface, volume.
Étymologie : mot composé savant. *Grec* : "polùs" (nombreux, grand) + "gone" (genou) > "gonia" (ange, coin, équerre). *Indo-européen* : "*pélu-" (quantité, grand nombre, beaucoup, nombreux) [Polorny p. 800] + "*genu-, *gneu-" (genou, coin, angle) [Pokorny pp. 380, 381].

Pont n.m.

[Anglais : bridge]

1. Informatique : logiciel qui assure l'*interface* avec un autre ayant des normes différentes. On oppose parfois la *passerelle* qui est inclue dans un logiciel et le pont qui est un logiciel autonome, mais les deux termes sont souvent utilisés comme synonymes.

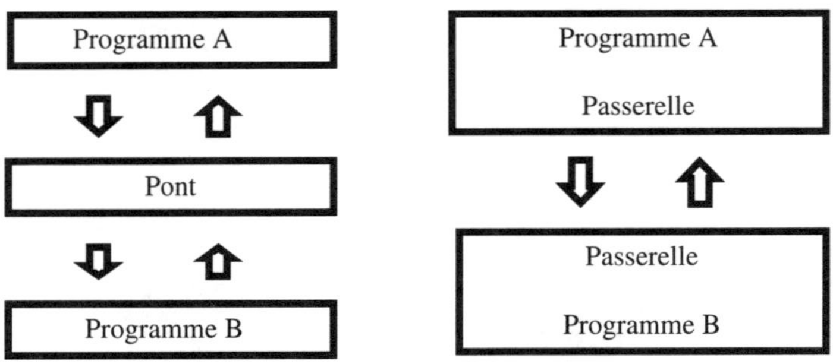

Figure 1 Pont et passerelle en informatique.

2. Télécommunications : appareil d'extension ou d'interconnexion de réseaux.

Comparé au *routeur* ou à la *passerelle*, le pont est un appareil plus simple et moins onéreux ; il se connecte à deux réseaux ou segments de réseaux, reçoit les informations qui y circulent et les fait transiter de l'un à l'autre ; il ne remplit que les fonctions situées au niveau 2 (gestion de la *liaison* de données) des couches du *modèle* OSI d'*interconnexion des systèmes* ouverts.

Comparé au *répéteur*, il est un élément plus actif : les fonctions situées au niveau 2 du modèle OSI donnent en effet accès aux *adresses* de départ et d'arrivée des informations qui circulent sur les réseaux ; le pont peut ainsi décider de ne pas transmettre inutilement un message d'un réseau à un autre.

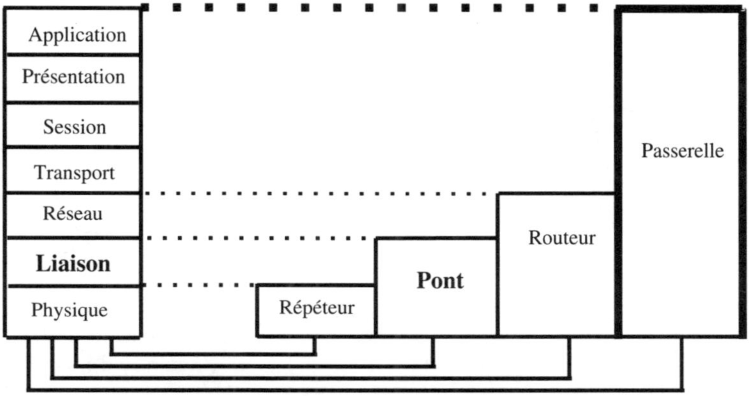

Figure 2 Place du pont dans le modèle OSI.
(*D'après : Technologie de l'interconnexion de réseau,*
D. Cali et G. Zany, Éd. Hermès 1995.)

♦ La figure 3, page suivante, montre deux réseaux locaux dans une entreprise, l'un situé aux ateliers, l'autre au bureau d'études. Le réseau des ateliers est composé de deux segments reliés par un *répéteur* : le premier sert la fabrication, le second le magasin. L'utilisation d'un système de *conception et fabrication assistée par ordinateur* nécessite l'interconnexion des deux réseaux locaux : elle est assurée ici par un pont. Le pont ne laissera pas circuler sur le réseau des ateliers une information propre au bureau d'étude, émise par exemple par la station B1 à destination de B4 : il évite ainsi des encombrements inutiles de réseaux. Le *répéteur*, par contre, qui n'a pas connaissance des adresses des informations, laissera circuler vers les ateliers une information interne aux magasins émise par exemple par A5 en direction de A4.

Certains ponts peuvent aussi tamponner les messages qui transitent par eux, fournissant ainsi une information qui pourra être utilisée, aux niveaux supérieurs du modèle OSI, pour optimiser les *routages* dans des réseaux complexes.

Il existe enfin des ponts, dits multiports, qui peuvent interconnecter plus de deux réseaux.

Bibliographie : Cali 95, Gomez 94, Maiman 94.
Corrélats : interconnexion de réseaux, passerelle, répéteur, routeur.
Étymologie : emprunt à la langue commune. *Français* XIe siècle. *Latin* : « pons » (pont, passerelle). *Indo-européen* : « *pent- » (aller, marcher), « *pnt(h)e- » (sentier, chemin, gué, pont), [Pokorny pp. 808,809].

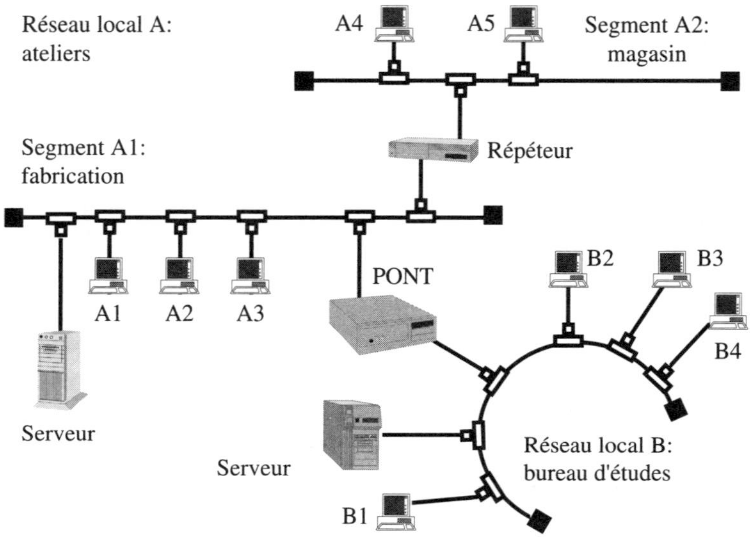

Figure 3 Exemple d'utilisation d'un pont.

Portabilité n.f.

[Anglais : portability]

Informatique : propriété de ce qui est *portable.* En logiciel, un standard de portabilité a été mis au point pour les systèmes tournant sous *Unix* : le BCS (Binary Compatibility Standard : standard de compatibilité binaire).

Portable adj.

[Anglais : **1.** portable ; **2.** nomad]

Informatique

1. Logiciel : se dit d'un programme ou d'une application qui peut être exécuté sur différentes *plates-formes.*

2. Matériel : qualifie un *micro-ordinateur* qui peut être facilement transporté.

Étymologie : emprunt à la banque commune. Dérivé avec le suffixe "-able" (latin "-abilem" marque la possibilité, la qualité) + "porter" *Français* : XIIIe siècle. *Latin* : "portare" (faire passer, transporter, mener au port, porter).

Indo-européen : "*per-, *peré-" (transporter, traverser, faire passer sur une autre rive, conduire) [Pokorny p. 816].

Portable n.m.

[Anglais : notebook]

Informatique : micro-ordinateur qui peut être transporté.

Portage n.m.

[Anglais : porting]

Informatique : ensemble des actions de traduction et d'adaptation nécessaires pour qu'un programme ou un ensemble de programmes puisse s'exécuter sur une *plate-forme* autre que celle pour laquelle il a été initialement développé.

POSIX s.a.

Portable Open System Interface Environment (traduction littérale : environnement d'interfaces des systèmes ouverts portables)

Informatique : défini par l'*IEEE*, POSIX est un standard pour les systèmes d'exploitation proches d'*Unix*. Le ministère américain de la Défense (DoD) l'imposant dans ses appels d'offres, tous les constructeurs proposent des produits qui lui sont conformes. POSIX est au cœur des recommandations émises par l'association X-OPEN et fait l'objet d'une normalisation internationale (norme ISO 9945-1 et suivantes).

L'objectif visé par POSIX est d'assurer la *portabilité* des *applications* : une application conçue et écrite conformément à POSIX peut théoriquement s'exécuter sous n'importe quel système d'exploitation conforme à POSIX, après une simple *compilation*. Sont traités par POSIX les appels systèmes, procédures, utilitaires et langages de commande, ainsi que les tests de conformité aux normes, l'utilisation des *langages de programmation* (ADA, Fortran, C, ...), l'administration du système informatique, ...

Postproduction n.f.

[Anglais : post-production]

Audiovisuel : ensemble des actions qui succèdent au *tournage*. La postproduction se déroule en studio et comprend le *montage* des images, l'*enregistrement* des sons, le *doublage* ou postsynchronisation, le *mixage* et la réalisation de certains *trucages*. La postproduction est un moment crucial de la réalisation d'un document vidéo. Elle est effectuée sur des matériels souvent très onéreux et constitue la partie principale du budget de *production*.

Corrélat : audiovisuel.

PostScript n. mq.

Informatique : langage de description de *caractères* pour l'impression de textes sur photocomposeuses mis au point par la société *Adobe* en 1984. Depuis, PostScript est devenu un standard de fait dans le domaine de la *PAO*. De plus en plus d'*imprimantes* laser reconnaissent les caractères codés en PostScript et de nombreux *imageurs* logiciels reconnaissent PostScript comme un *standard* de fait pour les *fichiers d'images* en *mode vectoriel*.

♦ PostScript utilise un mode vectoriel de description des caractères, ce qui facilite les traitements et la compatibilité avec les imprimantes : les caractères sont décrits non pas sous forme de matrices de points mais sous forme de petits programmes qui manipulent des formes géométriques constitutives des contours des lettres. Progressivement, les programmes PostScript ont été utilisés pour réaliser toute sorte de dessins et PostScript est devenu le standard de fait des images en mode vectoriel.

Pouvoir séparateur exp.

Audiovisuel : capacité de l'œil ou d'un appareil optique à distinguer deux points rapprochés.

Le pouvoir séparateur de l'œil humain est exprimé en écart angulaire mesuré en radians ; sa valeur est de 3/10000 de radian. L'angle étant faible, on peut l'exprimer avec la valeur de sa tangeante qui est de 3 mm lorsqu'on est situé à 10 m ou de 30 cm lorsqu'on est à 1 km. Cette valeur est utilisée pour définir la distance d'observation optimum d'un écran à structure discontinue : elle est de 80 cm environ pour un écran ayant un *espacement* de 0,25 mm.

Corrélat : espacement.

Power Open n. mq. et n.s.

Informatique

1. Ensemble de spécifications décrivant un système construit autour d'un microprocesseur *Power PC.*

2. Consortium de constructeurs informatiques partageant les spécifications de Power Open. L'association comprend plus de cent membres. Les membres fondateurs sont au nombre de sept : *IBM*, *Apple*, *Motorola*, *Bull*, Thomson CSF, Harris et Tadpole.

Power PC n. mq.

Informatique : famille de *microprocesseurs* de type *RISC*, développée conjointement par *Apple*, *IBM* et *Motorola* et lancée en 1993. Concurrent du *Pentium* d'*Intel* et de l'*alpha* de DEC, le Power PC est complété par un ensemble de spécifications qui le rendent compatible avec la majorité des systèmes d'exploitation standard de micro-ordinateurs : *DOS*, *Windows*, *Windows NT*, *OS/2*, *Mac OS*, *Unix*, Novell Netware (voir *Power Open*).

PPISA s.a.
Plug ang Play Industry Standard Architecture (traduction littérale : architecture standard pour une compatibilité industrielle totale)

Informatique : standard d'*architecture* pour micro-ordinateurs proposé par un groupe d'industriels américains dont *Intel*, *Microsoft*, Compaq, AMD et National Semiconductor. Ce standard doit permettre l'autoconfiguration des cartes que l'on connecte sur un *bus*.

Corrélat : configuration.

pps u.a.
période par seconde

Général : unité de mesure de *fréquence* équivalente à 1 hertz.

PPV s.a.
Pay Per View

Audiovisuel : voir *paiement à la séance* et *paiement à la consommation.*

Préao abr. f.
Présentation assistée par ordinateur

Informatique : voir *présentation assistée par ordinateur.*

Prédiction n.f.
[Anglais : prediction]

Informatique et télécommunications : méthode utilisée pour coder des signaux représentant des mouvements (sons et images). La méthode permet de prévoir le signal à l'instant $t+1$ en tenant compte de la séquence précédant l'instant t.

♦ La prédiction permet de compresser des séquences d'information en codant non pas la différence entre chaque information et celle qui la précède, comme dans le codage différentiel, mais la différence par rapport à la différence prévue, ce qui donne une quantité d'informations très inférieure.

La prédiction est très utilisée dans les programmes de traitement d'images faisant appel à la "poursuite" d'un mobile ou d'un mouvement, et dans la compression d'images animées (*MPEG*).

Corrélats : compression, MPEG.

Préproduction n.f.
[Anglais : pre-production]

Audiovisuel : ensemble des actions qui précèdent le *tournage*. La préproduction comprend le montage financier, l'écriture du *scénario*, le choix des équipes, des moyens de tournage et de *postproduction*, le repérage et la recherche *iconographique*.

Corrélat : audiovisuel.

Présentation assistée par ordinateur (préao) exp.

Informatique : *application* de l'*informatique* ou du *multimédia* à la présentation de documents, pour faire des exposés par exemple.

Les logiciels de préao permettent de produire rapidement des rapports, des transparents ou des diapositives. Certains permettent de produire des *effets spéciaux* notamment pour l'enchaînement des différentes pages de l'exposé ; ils intègrent des fonctions d'animation (dessin animé) ou des séquences sonores. La préao se situe entre le *dessin assisté par ordinateur* et *la publication assistée par ordinateur.* Parmi les logiciels les plus connus, citons Corel Draw et Power Point.

Primitive n.f.

[Anglais : primitive]

Informatique : programme ou partie d'un programme assurant une fonction élémentaire et destiné à être inclus dans d'autres programmes. Les primitives sont souvent regroupées dans des *bibliothèques* dites "de primitives".

Par exemple, dans une description en *mode vectoriel* d'une image on fait appel à des primitives qui sont, chacunes, associées à des objets graphiques. Ainsi la norme *GKS* définit quatre primitives pour créer ou traiter une image.

Corrélat : GKS.
Étymologie : emprunt à la langue commune. *Frnaçais* : XIVe siècle ; *Latin* : "primitivus" (droit d'aînesse) < "primitus" (en premier lieu) < "primus" (le premier de plusieurs, celui qui est en avant). *Indo-européen* : "*prai-, *p(e)ri-, *pri-" (avant, devant) [Pokorny pp. 811, 812].

Procédural adj.

[Anglais : procedural]

Informatique et télécommunications : qui fait l'objet d'une *procédure*, qui suit une procédure.

Procédure n.f.

[Anglais : procedure]

Informatique et télécommunications

1. Ensemble de règles définissant une manière de procéder.

2. Résultat de l'application de ces règles.

3. Dans un programme, partie qui décrit les traitements, par opposition à la partie qui décrit les données ou l'environnement.

4. Procédure de transmission : voir *protocole.*

La frontière théorique entre procédure et programme est souvent floue : d'une part, les procédures peuvent être automatisées et programmées dans un langage de procédure et d'autre part, un programme n'est jamais qu'une suite d'instructions procédurales sur des données. La distinction varie donc avec chaque *système d'exploitation.* Le terme sert souvent à désigner une sorte de méta-programme (qui permet, par exemple, d'exécuter d'autres programmes) ou des programmes standard spécialisés (dans le domaine des transmissions ou de l'exploitation du système).

Corrélats : programme, protocole.
Étymologie : dérivé de "procéder" + suffixe "-ure" qui indique, soit le résultat d'une action, soit un ensemble de choses d'une même espèce. *Français* : procéder XIVe siècle. *Latin* : "procedere" (s'avancer, progresser, réussir) préposition "pro-", "prod-" (devant, en avant) + "cedere" (aller, marcher, arriver). *Indo-européen* : "*per-" (en avant, à travers) [Pokorny p. 813] + "*sed-" (aller) [Pokorny p. 887].

Processeur n.m.

[Anglais : processor]

Informatique : dispositif matériel ou logiciel qui remplit une fonction en exécutant un ensemble d'opérations dans un ordre précis. En particulier, dispositif matériel qui exécute les fonctions définies par les instructions d'un *programme.*

♦ Composants d'un processeur d'ordinateur
Un processeur comprend :
— des composants logiques : au moins une unité de décodage et d'exécution des instructions, une unité arithmétique et logique et des registres de mémoire ;
— un *bus* interne qui relie les composants logiques ;
— trois bus externes : le bus d'adresses, le bus de données et le bus de commandes par l'intermédiaire desquels il communique avec son environnement.

L'ensemble de ces composants a pour fonction d'exécuter les *instructions* écrites en *langage* machine qui constituent les *programmes* situés en mémoire centrale.

• Chargement d'une instruction
Avant d'exécuter une instruction, le processeur doit la *lire* en mémoire centrale. Cette opération de lecture se décompose en trois actions :
— le processeur envoie l'adresse de l'instruction, *via* le bus d'adresse, à la mémoire centrale ;

— il envoie une commande de lecture à la mémoire *via* le bus de commande ;
— il reçoit l'instruction en retour *via* le bus de données.

• **Exécution d'une instruction**
L'instruction est analysée et exécutée par les composants logiques du processeur :
— décodage de l'instruction ;
— chargement depuis la mémoire centrale des données à traiter (il s'effectue comme le chargement d'une instruction) ;
— exécution de l'instruction sur ces données ;
— rangement des résultats en mémoire centrale.

• **Performance d'un processeur**
La vitesse de traitement du processeur central d'un ordinateur est un élément important de ses performances, mais elle n'est pas la seule (voir *banc de mesure*). Elle s'exprime en nombre d'instructions exécutées par unité de temps (millions d'instructions par seconde : Mips ou millions d'instructions à virgule flottante par seconde : *Mflops*). Cette vitesse dépend elle-même de plusieurs facteurs :
— la complexité des instructions à exécuter (voir *RISC*) ;
— le temps d'exécution des instructions élémentaires qui s'exprime en nanoseconde ;
— le cadencement de l'*horloge*, exprimé en mégahertz (des valeurs courantes vont de 12 à 120 MHz) ;
— la capacité des *bus* interne et externes : elle s'exprime en nombre de lignes parallèles constituant ces bus.

Par exemple, un processeur disposant d'un bus de données de 16 bits fera quatre opérations de lecture là où un processeur pourvu d'un bus de données de 64 bits n'en fera qu'une. C'est pourquoi on qualifie souvent les microprocesseurs par la capacité de leurs bus : le modèle 68030 du constructeur Motorola est un microprocesseur 32 bits, ce qui signifie que ses bus interne, de données et d'adresse font 32 bits chacun. Le modèle 80286 d'Intel dispose d'un bus de 24 bits pour les adresses et d'un bus de 16 bits pour les données.

• **Exemple de processeurs**
Voir *microprocesseur*.

Bibliographie : Oloumi 94, Tanenbaum 91.
Corrélats : banc de mesure, bus, compilation, CISC, instruction, langage de programmation, microprocesseur, RISC.
Étymologie : dérivé de "procéder" + suffixe "-eur" qui indique un nom d'agent. *Français* : procéder XIVe siècle. *Latin* : "procedere" (action de s'avancer, progrès) de "procedere" (s'avancer, progresser, réussir) < préverbe et préposition "pro-", "prod-" (devant, en avant) + "cedere" (aller, marcher, arriver). *Indo-européen* : "*per-" (en avant, à travers) [Pokorny p. 813] + "*sed-" (aller) [Pokorny p. 887].

Processeur central exp.

[Anglais : main processor, central processing unit (CPU)]

Informatique : processeur qui est au cœur de l'ordinateur. Il exécute les instructions des programmes chargés en *mémoire centrale* et en particulier de ceux qui constituent le *système d'exploitation.* S'oppose à *processeur spécialisé.*

Par exemple : les microprocesseurs Intel 80486 dans les micro-ordinateurs de type PC.

Corrélats : microprocesseur, processeur, programme, système informatique.
Étymologie : **processeur** : voir ce mot. **Central** : *français* : milieu du XIVe siècle. *Latin* : "centralis" (central) < "centrum" (centre). *Grec* : "kentron" (aiguillon, dard, centre d'un cercle) < "kentein" (stimuler, piquer, percer). *Indo-européen* : "*kent-" (piquer) [Pokorny p. 567].

Processeur graphique exp.

Informatique : processeur spécialisé chargé de l'affichage d'informations en *mode graphique.*

Processeur spécialisé exp.

[Anglais : dedicated processor]

Informatique : dans un ordinateur, par opposition au *processeur central,* processeur chargé d'une fonction spécifique et souvent périphérique.

Par exemple : un processeur vidéo est chargé de l'affichage des informations sur un écran, un processeur de transmission est chargé de gérer la connexion, l'échange des informations et la déconnexion de l'ordinateur avec l'extérieur.

Corrélats : processeur, programme.
Étymologie : **processeur** : voir ce mot. **Spécialisé** : *français* : XVIe siècle, mais rare avant le XIXe. *Latin* : "specialis" (spécial, particulier) < "species" (vue, aspect, genre, espèce) < "*specio"(apercevoir, regarder). *Indo-européen* : "*spek-" (observer) [Pokorny p. 984].

Processus n.m.

[Anglais : process]

Informatique

1. Ensemble d'opérations exécutées dans un ordre précis.

2. Programmation : exécution d'une *séquence* d'instructions non simultanées.

Corrélats : processeur, programme.
Étymologie : emprunt à la langue technique de la médecine. *Français* : XVIe siècle. *Latin* : "processus" (action de s'avancer, progrès) de "procedere" (s'avancer, progresser, réussir) < préverbe et préposition "pro-", "prod-" (devant, en avant) + "cedere" (aller, marcher, arriver). *Indo-européen* : "*per-" (en avant, à travers) [Pokorny p. 813] + "*sed-" (aller) [Pokorny p. 887].

Producteur n.m.
[Anglais : producer]

Audiovisuel et multimédia : personne morale ou physique qui gère tout ou partie de l'ensemble des activités financières, administratives et techniques nécessaires à la réalisation de programmes audiovisuels ou multimédias.

♦ **Les différents producteurs (figure 1)**
Les coûts de réalisation d'un programme audiovisuel ou multimédia étant élevés, les producteurs s'associent dans des co-productions et se répartissent les rôles : on distingue les co-producteurs, le producteur délégué et le producteur exécutif.

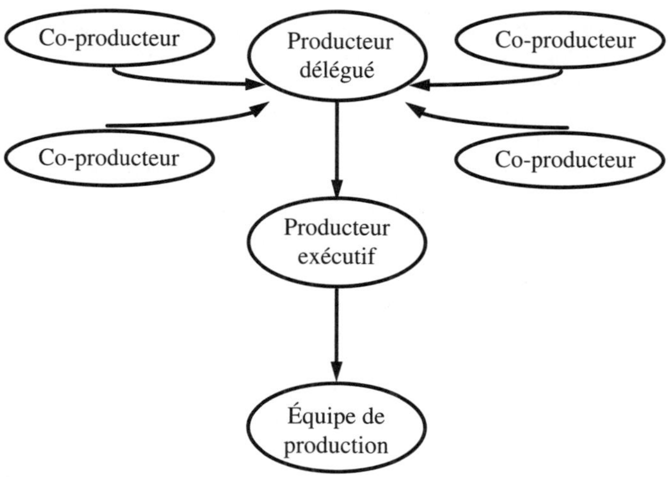

Figure 1 Co-producteurs, producteur délégué et producteur exécutif.

Un co-producteur est un apporteur de capitaux ou de savoir-faire ; il se rétribue, au prorata de son apport, sur la vente du programme qu'il a contribué à réaliser.

Le producteur délégué est un des co-producteurs à qui l'ensemble des autres confie la maîtrise d'ouvrage du projet ; il réunit et il gère l'ensemble des capitaux de la co-production et il sous-traite au producteur exécutif la réalisation technique du projet ; il se constitue un catalogue de programmes dont il restera propriétaire et dont il gère les droits d'exploitation.

Le producteur exécutif n'est pas nécessairement un des co-producteurs ; il recoit une commande du producteur délégué et il est le maître d'œuvre du projet : il sélectionne et rétribue les auteurs et les techniciens qui constituent l'équipe de production et il dirige la réalisation technique du film ou du programme.

Place des producteurs (figure 2)

Un producteur de films peut bénéficier de subventions du *Centre National de la Cinématographie* (CNC) mais ses ressources principales proviennent de la vente des droits d'exploitation de ses programmes : il les vend à des *éditeurs* (*chaînes* ou éditeurs de *supports*) ou parfois à des *distributeurs*, *en ligne* (*câblo-opérateurs*) ou *hors ligne* (*distributeurs* de supports). Il confie en général ses ventes à des intermédiaires spécialisés dans la commercialisation qui se rémunèrent au pourcentage (voir *distributeur* au sens **2.c**). Dans la pratique, les frontières entre producteur et éditeur sont floues : les éditeurs peuvent être commanditaires des productions et ils sont de plus en plus souvent co-producteurs.

Rémunération des producteurs

1. *Diffusion* ou *distribution en ligne* d'un programme de télévision

Le prix d'achat des droits d'exploitation d'un programme de télévision par une *chaîne* varie en fonction :

— de sa nature (*fiction*, *documentaire*, émission de *plateau*, reportage...),

— de sa durée (les durées standard sont de 13, 26, 52 minutes ou plus),

— de sa qualité (critère difficile à estimer et différent en fonction de la politique de *programmation* de chaque chaîne),

— des conditions d'exploitation souhaitées par la chaîne (exclusivité, première diffusion, rediffusion, diffusion unique, diffusion multiple...),

— et surtout en fonction du taux d'*audience* que la chaîne espère pouvoir réaliser lors de sa diffusion ou sa distribution.

Au milieu des années 90, ce prix variait entre 20 000 francs français pour un documentaire sans exclusivité et plus d'un million de francs pour une émission de plateau avec reportages en direct et en différé.

L'ensemble de cette somme revient au producteur s'il vend directement ses droits d'exploitation ; il convient d'en retrancher environ 20 % s'il passe par un intermédiaire.

La rémunération des producteurs de films publicitaires obéit à des règles différentes (ils vendent aux annonceurs et non pas aux chaînes) et les prix sont en général beaucoup plus élevés.

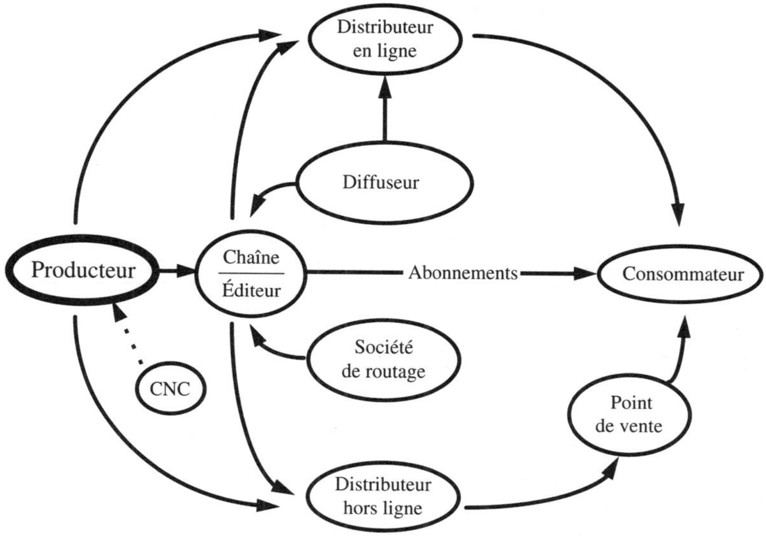

Figure 2 Place des producteurs parmi les acteurs de l'audiovisuel et du multimédia.
(*Les flèches en trait plein partent du fournisseur de service pour pointer vers l'acheteur, celle en pointillé indique une subvention.*)

2. *Distribution hors ligne* du programme

Dans la distribution de supports, ce qui se vend, c'est le support plus que le programme ; ceci explique que les prix des supports soient sensiblement les mêmes quels que soient les programmes qu'ils contiennent. Le revenu du producteur varie donc essentiellement en fonction des accords passés avec l'*éditeur,* le *distributeur* et les vendeurs. Le tableau ci-dessous donne un exemple de répartition des recettes de vente d'un CD-ROM en francs français au milieu des années 90.

Si l'on considère que les coûts de production et d'édition du CD-ROM de cet exemple sont de 700 000 francs français (coût moyen au milieu des années 90), on en déduit que producteur et éditeur retrouvent leur investissement aprés la vente de 9 200 exemplaires du disque.

Corrélats : distributeur, multimédia, paysage audiovisuel français.
Étymologie : emprunt à la langue technique du cinéma qui a emprunté à la langue commune. *Français* : XVe siècle ; XXe au sens technique du cinéma. *Latin* : "productus" < "producere" (produire, prolonger) < prév. et préposition "pro-", "prod-" (devant, en avant) + "duco" (tirer à soi, conduire, mener).

Indo-européen : "*per-" (en avant, à travers) [Pokorny p. 813] + "*deuk-" (conduire, mener) [Pokorny p. 220].

	% du reste	**Montant**	**Reste**
Prix de vente au public		400	400
Taxe à la valeur ajoutée	20,6 %	82	318
Part du vendeur	30 %	95	222
Part du distributeur	60 %	133	89
Droits d'auteur	15 %	13	76
Reste aux producteurs et à l'éditeur		**76**	

Exemple de répartition des marges brutes dans l'activité d'édition électronique.

Production n.f.

[Anglais : production]

Audiovisuel et multimédia

1. Ensemble des activités financières, administratives et techniques nécessaires à la réalisation d'un programme audiovisuel ou multimédia. On distingue la production déléguée et la production exécutive (voir *producteur*). Dans le monde du multimédia, le terme, issu de l'audiovisuel, est parfois synonyme de *développement* ou d'*application*, termes issus de l'informatique.

2. Résultat de ces activités disponible sous forme d'un *programme* enregistré sur un *support*.

Corrélats : application, développement, producteur.
Étymologie : emprunt à la langue technique du cinéma qui a emprunté à la langue commune. *Français* : XIIIe siècle, XXe siècle pour le sens technique. *Latin* : "productio" < "producere" (produire, prolonger) < prév. et préposition "pro-", "prod-" (devant, en avant) + "duco" (tirer à soi, conduire, mener). *Indo-européen* : "*per-" (en avant, à travers) [Pokorny p. 813] + "*deuk-" (conduire, mener) [Pokorny p. 220].

Produire v.

[Anglais : to produce]

Audiovisuel et multimédia : financer ou diriger une *production*. Dans le monde du multimédia, le terme est parfois synonyme de *développer*.

Profondeur de champ exp.
[Anglais : depth of field]

Audiovisuel : lors de la prise de vue, zone de netteté qui s'étend avant et après le plan de mise au point. La profondeur de champ dépend de l'ouverture du diaphragme et de la focale : elle leur est inversement proportionnelle.

Corrélat : langage cinématographique.

Programmateur, trice n.m. ou f.
[Anglais : programmer]

Audiovisuel : personne chargée, dans une chaîne de télévision, de définir la grille des programmes.

Programmation n.f.
[Anglais : programming]

1. Informatique :

a. Conception et expression d'un problème en vue d'en automatiser la résolution (dans ce sens, la programmation est parfois appelée analyse-programmation).
b. Codage de cette solution dans un langage informatique.
c. Ensemble des activités de conception, expression et codage.

La programmation informatique est réalisée par des programmeurs.

2. Audiovisuel : sélection d'un programme par une chaîne pour diffusion à une heure précise. L'ensemble des sélections ainsi effectuées constitue la grille de programmation. Elle est un élément important pour capter l'*audience*. La programmation à la télévision est réalisée par des programmateurs.

Corrélats : **1.** langage de programmation. **2.** Audience.

Programmation orientée objet exp.
[Anglais : object oriented programming]

Informatique : technique de *programmation* utilisant le concept d'*objet* appelée aussi programmation par objets. Elle s'est imposée dans les années 80. Les *langages de programmation* se sont adaptés à cette méthode (C++, Pascal objet, ...).

Corrélat : objet.

Programmation structurée exp.
[Anglais : structured programming]

Informatique : technique de programmation qui considère un programme comme un assemblage de structures élémentaires.

♦ On dénombre, traditionnellement, trois structures élémentaires d'information : la séquence, l'alternative et la répétition. Historiquement, la programmation structurée a succédé à la programmation modulaire et a précédé la programmation par objets. Différentes méthodes de programmation structurée ont été élaborées dans les années 60 et 70 : les plus célébres sont la méthode Jackson et, en France, la méthode Warnier. La programmation structurée facilite la maintenance des programmes mais elle ne résout pas toutes les difficultés propres à la programmation d'applications interactives.

Bibliographie : Jackson 76.
Corrélats : alternative, répétition, séquence.
Étymologie : **programmation** : voir ce mot. **Structuré** : emprunt à la langue commune. *Français* : XIXe siècle < Structure XIVe siècle. *Latin* : "structura" (arrangement, disposition, construction) < "struere" (disposer en couches, avec ordre, empiler, construire). *Indo-européen* : "*ster-" (étendre) [Pokorny p. 1029].

Programme n.m.
[Anglais : program]

1. **Informatique** : ensemble d'*informations traitantes.* Le programme, en programmation classique, s'oppose aux *données* (informations à traiter). Un programme est constitué d'*instructions* écrites dans un *langage de programmation.*

2. **Audiovisuel** : sujet d'un film ou d'une émission de télévision.

Bibliographie : Angosto 93, Maiman 94, MacKinnon 91.
Corrélats : **1.** Information, langage de programmation, programmation. **2.** Audience, programmation.
Étymologie : *Français* : XVIIe siècle ; *Latin* : "programma" (édit affiché) *Grec* : "programma" (placard, affiche, inscription < "prographein" (écrire auparavant, écrire en tête de, faire savoir par affiche) < "pro" (devant, avant) + "graphein" (écrire). *Indo-européen* : "*per-" (en avant, à travers) [Polorny p. 810] + "*gerebh-" (gratter) [Pokorny p. 392].

Programmer v.
[Anglais : to program]

1. **Informatique** : concevoir et écrire un *programme.*

2. Audiovisuel : définir les grilles de *programmes* d'une chaîne de télévision.

Programmeur n.m.

[Anglais : programmer]

Informatique : personne chargée de faire des *programmes.*

Progressif adj.

[Anglais : progressive]

Informatique : se dit d'un codage itératif où l'information est décrite de façon progressive, c'est-à-dire avec une précision qui augmente avec le nombre de passages dans le codeur ou le décodeur.

♦ Le codage fractal des images est progressif : à chaque itération l'image originale est mieux décrite.

Corrélats : codage, fractal.

Propagation des ondes électromagnétiques exp.

Télécommunications : les ondes électromagnétiques se propagent dans le vide et dans l'air à la vitesse de 300 000 kilomètres par seconde.

• **La propagation par ondes de surface**
Propagation des ondes dans la basse atmosphère. On distingue la surface terrestre ou maritime (propagation par ondes de sol) et les couches basses de l'atmosphère (propagation troposphérique). Ainsi :
— *La propagation par ondes de sol* se fait par l'intermédiaire d'antennes en *polarisation* verticale et elle est utilisée surtout pour des fréquences inférieures à 10 MHz sur une distance maximum de quelques centaines de kilomètres (portée dite “optique”).
— *La propagation troposphérique* : située à partir du sol jusqu'à environ 3 kilomètres d'altitude. Elle concerne les ondes de fréquence supérieure à 30 MHz. Elle est très sensible aux conditions météorologiques (température, humidité, pression). Tout comme dans la propagation ionosphérique (voir ci-après), les ondes peuvent

être canalisées ou réfractées dans les couches de la troposphère et peuvent rebondir sur le sol.

• **La propagation ionosphérique** (ondes d'espace)
Située de 50 à 1 000 kilomètres d'altitude, l'ionosphère permet une propagation à des distances de plusieurs milliers de kilomètres. Cette propagation s'effectue par réfraction, par guidage ou par rebonds sur le sol.

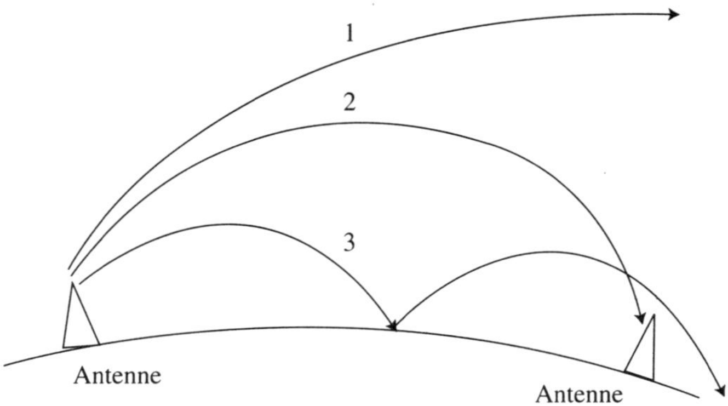

Trois chemins possibles pour la propagation d'une onde troposphérique :
1. L'onde se perd dans l'espace.
2. L'onde revient au sol.
3. L'onde rebondit plusieurs fois pour couvrir des distances importantes.

Propagation d'une onde dans l'espace.
(*D'après : Initiation à la propagation des ondes,* D. Bonomo, Éd. Soracom 1991.)

Bibliographie : Bensoussan 80, Bonomo 91.
Corrélat : onde.

Propriétaire adj.

[Anglais : proprietary]

Informatique : qui n'est pas standard, qui est spécifique à un constructeur. Se dit en particulier des systèmes d'exploitation ou de logiciels proches du système d'exploitation, comme la gestion d'écran, l'interface d'utilisation, ...

Corrélats : norme, standard.
Étymologie : calque de l'*anglais* : "proprietary" (particulier, privé, spécifique). "Proprietary article" désigne un produit breveté, c'est-à-dire qui appartient à un individu ou une société privée. *Latin* : "proprietarius" (propriétaire) < "proprietas" (caractère particulier, propriété, droit de possession) < "proprius" (propre, particulier, contraire de "communis" (commun, public) < "pro-" (devant, pour, à cause de) + "privus". *Indo-européen* : "*per-" (en avant, devant, avant, ...) [Pokorny p. 810] + "*prei-uos" < "*per-" (en avant, devant, avant, ...) [Pokorny pp. 811, 812].

Protocole n.m.
[Anglais : protocol]

Informatique, télécommunications : ensemble de conventions qui encadrent et rendent possible un échange d'informations.

Par exemple : le salut et la présentation entre personnes sont des comportements protocolaires. De même en transmission de données, l'établissement de la *liaison* donne lieu à l'échange, par les terminaux, d'informations sur leur identification mutuelle que l'on appelle protocoles, par opposition aux informations dites utiles qui font l'objet propre de la communication.

Dans un réseau hiérarchisé, les interlocuteurs de même niveau utilisent des protocoles spécifiques à leur niveau.

Par exemple, dans le modèle d'*interconnexion de systèmes ouverts* proposé par l'*ISO*, chacune des sept couches est caractérisée par des protocoles qui lui sont propres.

Bibliographie : Angosto 93, Maiman 86, Du Castel 93, MacKinnon 91.
Corrélat : interconnexion de systèmes ouverts.
Étymologie : *Français* : XIVe siècle ; *Latin* : "protocollum" < *Grec* : "prôtokollon" (première page collée à un rouleau de papyrus et contenant la table des matières) < « protos » (le premier) < « pro » (devant, avant) + « kollema » (feuilles de papyrus collées ensemble) < « kollan » (coller, assembler) < « kolla » (colle). *Indo-européen* : "*per-", *pro-, *pro-ato" (en avant, à travers) [Pokorny p. 810] + "*kol(e)i-" (colle) [Pokorny p. 612].

Publication Assistée par Ordinateur (PAO) exp.
[Anglais : desktop publishing]

Informatique : logiciel assurant l'ensemble des fonctions de :
— traitement de texte,

— mise en page,
— création, modification et insertion d'illustrations (images et photos),
— impression simulée,
— exportation et importation de fichiers.

Parmis les principaux logiciels de publication assistée par ordinateur, citons : Pagemaker et Xpress.

Puce n.f.
[Anglais : chip]

Informatique : *circuit intégré.* Les connecteurs ressemblant à des pattes donnent au circuit l'aspect d'un insecte. Les puces peuvent être des mémoires ou des processeurs ou des composants réalisant des fonctions de logique combinatoire ou séquentielle (voir *circuit intégré*).

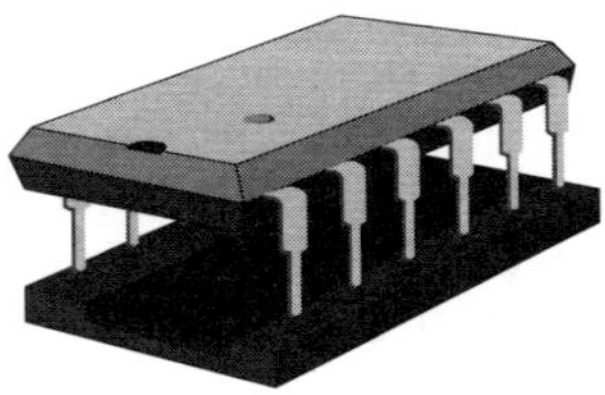

Puce informatique.

Bibliographie : Bahut 90, INA 92.
Corrélats : circuit intégré, processeur.
Étymologie : emprunt à la langue commune. *Français* : XIIe siècle. *Latin* "pulex, -icis" (puce). *Indo-européen* : "*blou-" (puce) [Pokorny p. 102].

Pupitre n.m.
[Anglais : console]

1. Informatique : *terminal* constitué principalement d'un écran et d'un clavier à partir duquel un *opérateur* pilote un ordinateur.

2. Audiovisuel : synonyme de *console.*

Étymologie : emprunt à la langue commune. *Français* : XIVe siècle. *Latin* : "pulpitrum" (estrade), origine obscure.

Pyramide n.f.

[Anglais : pyramid]

Informatique : en imagerie, ensemble de représentations en *mode points*, d'une même image avec des niveaux de *définition* successifs. Ainsi, au lieu d'un fichier d'images, on dispose de plusieurs fichiers utilisables directement, sans calcul, pour l'affichage à l'écran ou l'impression.

♦ **Exemple : le disque compact photo** (photo-CD)
Chaque image est compressée et occupe environ 6 *Mo*. On peut enregistrer environ 100 images sur un *disque compact* grand public de 650 Mo. L'image est enregistrée selon cinq *définitions* différentes :
— la *vignette* avec un format de 128 × 192 pixels,
— l'*imagette* : 256 × 384 pixels,
— l'image de base : 512 × 768 pixels,
— l'image « base 4 » : 1 024 × 1 536 pixels,
— l'image « base 16 » : 2 048 × 3 072 pixels.

On peut ainsi :
— visualiser plusieurs vignettes simultanément pour choisir une des images,
— visualiser une seule image en *plein écran*,
— faire des *zooms* simplement en accédant aux différents niveaux de la pyramide.

Corrélats : disque compact photo, JTIP, SCOPYR.
Étymologie : emprunt à la langue commune. *Français* : XIIe siècle ; *Latin* : "pyramis, pyramidis" (pyramide). *Grec* : "puramis" (pyramide) origine obscure.

Q

QCIF s.a.

[Quarter Common Interchange Format, Quart du format commun d'échange]

Audiovisuel et télécommunications : *format* de *fichier* d'*images animées*, destiné en particulier à la *visiophonie* utilisant des réseaux à faibles débits. Il définit une image de petite taille (176 x 144 *pixels*) qui représente le format minimum de la norme H261.

Corrélats : CIF, télévision numérique.

QIC s.a.

Quarter Inch Committee

Informatique

1. Organisme professionnel international d'origine américaine qui émet des recommandations et des standards dans le domaine de la gestion des mémoires auxiliaires de petites dimensions (un quart de pouce : quarter inch en anglais), principalement les *cartouches* magnétiques.

2. Standards émis par le comité QIC.

Les standards d'enregistrement QIC diffèrent par leur rapidité de transfert (utile lors des opérations de sauvegarde) et par l'algorithme de compression qu'ils utilisent. Les techniques de *compression* sont évidemment *conservatrices* puisque les données sont de type informatique.

Par exemple, le standard QIC 122 utilise un algorithme à base de *dictionnaire*.

QIC 02	Interface système - périphérique
QIC 24	format d'enregistrement 9 pistes, 8 000 bpi
QIC 120	format d'enregistrement 15 pistes, 10 000 bpi
QIC 150	format d'enregistrement 18 pistes, 8 000 bpi
QIC 525	format d'enregistrement 26 pistes, 16 000 bpi
QIC 1 000	format d'enregistrement 30 pistes, 36 000 bpi

Les principaux formats QIC pour cartouches magnétiques.

Quadruplex n. mq.

Audiovisuel : premiers *magnétoscopes* professionnels. Construits par la société *Ampex*, ils utilisaient des bandes en bobine d'une largeur de 2 pouces.

Qualimat n.m.

Audiovisuel : nom parfois donné au *médiamat* (voir ce terme).

Quantel n.s.

Audiovisuel : constructeur d'appareils de *régie* vidéo et de *truquage*. Quantel a notamment développé les appareils de la gamme Mirage et des gammes *Henry* et *Harry*.

Quantification n.f.
[Anglais : quantification]

Informatique et télécommunications : voir *signal* et *numérisation*.

Quantifier v.
[Anglais : to quantify]

Informatique et télécommunications : effectuer une *quantification*.

Quicktime n. mq.

Informatique : logiciel de développement d'applications multimédias lancé par *Apple* en 1991 pour ses ordinateurs de la gamme *Macintosh*, puis Quadra. Un *portage* a été fait sous Windows pour utilisation dans un *environnement* PC.

Bibliographie : Herellier 93.

R

RACE s.a.

Research and development in Advanced Communication technologies for Europe

Télécommunications : programme européen de recherche et développement sur les technologies de la communication lancé en 1985. Ses objectifs sont la mise en place à l'horizon 1995-2000 d'un réseau de communication à large bande, la production de terminaux associés et la définition de services.

Radio adj.

[Anglais : radio]

Audiovisuel et télécommunications : qui est relatif à la *radioélectricité* ou à la *radiodiffusion.*

Radio n.f.

[Anglais : radio]

Audiovisuel et télécommunications

1. Abréviation de *radioélectricité.*

2.

- **a.** Abréviation de *radiodiffusion* (de programmes sonores ou télévisés).
- **b.** Plus particulièrement abréviation de radiodiffusion de programmes sonores.

3. Appareil récepteur de *radiodiffusion* de programmes sonores.

4. *Chaîne* de *radiodiffusion* de programmes sonores.

5. Abréviation de *radiotéléphonie.*

Étymologie : *français* : XXe siècle. *Latin* : "radius" (rayon). *Indo-européen* : "*ù(é)rad-, *ùred-" (baguette, verge) [Pokorny p. 1167].

Radio- préf.
[Anglais : radio-]

Audiovisuel et télécommunications

1. Indique l'émission et la propagation de radiations.

2. Indique une relation à la *radioélectricité.*

Radiocommunication n.f.
[Anglais : radiocommunications]

Audiovisuel et télécommunications : *télécommunications* utilisant les ondes *radioélectriques* comme *supports.*

Étymologie : voir *radio* (n.) et *communication.*

Radiodiffusion n.f.
[Anglais : radiobroadcasting, radiocasting]

Audiovisuel et télécommunications

1. *Diffusion* de *signaux* à l'aide des ondes *radioélectriques.*

2. Plus particulièrement, *diffusion* de programmes sonores ou de télévision à l'aide des ondes *radioélectriques.*

Étymologie : voir *radio* (n.) et *diffusion.*

Radiodiffusion numérique exp.
[Anglais : digital radiobroadcasting]

Audiovisuel et télécommunications : voir *diffusion audionumérique.*

Radioélectricité n.f.
[Anglais : radio]

Audiovisuel et télécommunications

1. Ensemble des techniques relatives aux ondes électromagnétiques dont la fréquence est comprise entre 10 kHz et 300 GHz (leur longueur d'onde est supérieure au millimètre). Ces ondes sont aussi appelées *ondes hertziennes*. On y inclut les micro-ondes (qui jouxtent les *infra-rouges* dans le *spectre*), les ondes radar, les ondes utilisées par la télévision et celles utilisées par la radio (onde courtes, ondes moyennes et ondes longues). Voir les spectres aux articles *onde électromagnétique* et *onde hertzienne*.

2. En particulier techniques de télétransmission utilisant les *ondes hertziennes* comme supports.

Radioélectrique adj.
[Anglais : radio-electric, radio]

Audiovisuel et télécommunications : qui est relatif à la *radioélectricité* ; synonyme de *hertzien*.

Radiofréquence n.f.
[Anglais : radiofrequency]

Audiovisuel et télécommunications : fréquence d'une onde *radioélectrique*.

Radiotéléphone n.m.
[Anglais : radiotelephone, radiophone]

Télécommunications

1. Appareil récepteur de signaux radioélectriques à usage téléphonique. Synonyme de téléphone mobile.

2. (Rare) Synonyme de *radiotéléphonie*.

Radiotéléphonie n.f.
[Anglais : radiotelephony]

Télécommunications : technique de téléphonie utilisant les ondes *radioélectriques* comme supports de *transmission.* La radiotéléphonie permet notamment d'utiliser des *terminaux* mobiles.

Rafale n.f.
[Anglais : burst]

Audiovisuel et informatique : voir *salve.*

RAID s.a.
Redundant Array of Inexpensive Disks (groupe redondant de disques bon marché)

Informatique : technique de gestion de plusieurs disques de capacité moyenne reliés en grappe, proposée en 1987 par l'université de Berkeley. Cette technique crée, par le regroupement des supports, un disque virtuel de grande capacité avec une grande sécurité et une grande fiabilité d'enregistrement. La technique RAID assure également une grande rapidité de transfert des informations sur les disques.

♦ Un réseau RAID est constitué par une carte d'interface de type *SCSI-2* et une carte de gestion qui répartit l'information entre les différentes unités de disques. Il existe 6 types d'association des disques selon le résultat recherché (accès rapide, haut débit, grande sécurité, etc...). Les principaux modes sont les suivants :
– RAID 0 : les données sont réparties entre les disques sans contrôle de parité, pour obtenir une vitesse maximum d'entrées-sorties.
– RAID 1 : doublement des enregistrements sur un disque *miroir* pour assurer une sécurité maximum de sauvegarde.
– RAID 2 et 3 : les données sont réparties octet par octet entre les disques. Les disques sont synchronisés, les transferts se font en parallèle et avec des débits élevés.
– RAID 4 : identique à RAID 0 mais avec un disque dédié à l'enregistrement des contrôles de parité.
– RAID 5 : les données et les parités sont réparties par secteurs sur les différents disques. L'architecture de la carte de gestion est plus complexe mais la sécurité et la vitesse de transfert sont optimisées.
Il existe aussi des améliorations proposées par les différents constructeurs spécialisés dans les matériels de stockage, par exemple RAID-6 proposé par Storagetek, RAID-S par EMC2, RAID-A par Amdhal, Autoraid par Hewlet-Packard.

Bibliographie : Miquel 92.
Corrélats : disque, sauvegarde.

Ralenti n.m.

[Anglais : slow motion, overcrank]

Audiovisuel : truquage qui porte sur l'impression de déroulement du temps, comme l'*accéléré* et l'inversion. Le ralenti est un des éléments du langage cinématographique. Il permet de montrer des mouvements très rapides imperceptibles à l'œil nu. Il peut aussi donner une certaine emphase à la scène filmée.

Bibliographie : Aumont 88, Martin 94.
Corrélats : accéléré, langage cinématographique, truquage.

RAM s.a.

Random Access Memory (mémoire vive ; traduction littérale : mémoire à accès aléatoire)

Informatique : voir *circuit intégré.*

Rappel automatique exp.

[Anglais : call-back)

Télécommunications : méthode de *routage* tirant profit des différences de tarification des communications entre les pays.

♦ Par exemple, une communication coûte moins cher dans le sens États-Unis vers Europe que dans l'autre sens. Le principe du rappel automatique pour un usager européen appelant les États-Unis est le suivant : après son appel, l'usager se trouve connecté à un commutateur situé aux États-Unis ; il peut alors raccrocher ; quelques secondes plus tard, le commutateur rappelle automatiquement l'abonné ; il a entre-temps établi une liaison de type conférence entre une ligne d'abonné locale et une ligne internationale vers l'Europe, dans le sens États-Unis — Europe ; en décrochant, l'abonné européen paiera la communication transatlantique au coût le plus avantageux (États-Unis vers Europe) et aura accès au réseau américain comme si il était un abonné local américain.

Rapport signal/bruit exp.

Électronique : voir *signal.*

RAVI s.f.

Représentation et protocoles pour l'échange des Applications audioVisuelles Interactives

Audiovisuel et informatique : ensemble de spécifications *modélisant* le cycle de vie d'une application *audiovisuelle interactive.* La définition de ces spécifications a été menée par un groupe de travail de l'AFNOR.

♦ Les spécifications sont conformes à un modèle d'échange défini à partir des trois phases de la vie d'une application :
— l'édition, correspondant à la conception, la médiation et la réalisation de l'application,
— l'administration, correspondant au catalogage, à la mise à disposition des utilisateurs et à la tarification,
— l'exécution, correspondant au déroulement de l'application mise en relation avec un utilisateur.

RCA s.a. et n.s.

Radio Corporation of America

Audiovisuel

1. Fabricant américain d'appareils de radios, de télévision, de composants électroniques et de connecteurs, et éditeur de disques musicaux. RCA est l'inventeur du premier tube de télévision en trichromie appelé “shadow Mask” et a participé à la définition du premier standard de diffusion de télévision en couleur *NTSC.*

2. Type de connecteur également appelé *Cinch.*

Réalisateur n.m.

[Anglais : director]

Audiovisuel : celui qui réalise un film. Le réalisateur participe souvent à la rédaction du *scénario* en période de *préproduction*, à la mise en scène et au *cadrage* lors du tournage et au *montage* lors de la *postproduction.* C'est le principal auteur du film.

Réalisation n.f.

[Anglais : direction]

Audiovisuel : action de *réaliser* un film.

Réaliser v.
[Anglais : to direct]

Audiovisuel : procéder à l'écriture, au tournage et au montage d'un film.

Réalité virtuelle exp.
[Anglais : virtual reality]

Informatique : voir *simulation virtuelle.*

Étymologie : calque de l'*anglais* : "Virtual Reality".

Reconnaissance de caractères exp.
[Anglais : character recognition]

Informatique : application des techniques de *reconnaissance de formes* à des images contenant du texte. La reconnaissance de caractères consiste à transcoder en *mode caractère* une image codée en *mode points* et représentant du texte.

Le texte contenu dans une image numérisée en mode points n'est pas identifié comme tel : les unités élémentaires résultantes de la numérisation sont des *pixels* et non pas des *caractères.* On ne peut donc pas appliquer à ce texte les fonctions habituelles de *traitement de texte* (changement de police de caractères, mise en page, modification d'attributs, vérification orthographique...). Ces fonctions deviennent possibles après transcodage de l'image en mode caractère.

Reconnaissance de formes exp.
[Anglais : pattern recognition]

Informatique : une des applications de *l'intelligence artificielle* qui permet à une machine d'identifier des formes.

Le traitement consiste à comparer, par approximations successives, les différentes parties d'une image numérisée à des formes numérisées préalablement enregistrées. Les applications sont nombreuses : reconnaissance de fonds sous-marins dans la recherche pétrolière, reconnaissance d'obstacles dans le pilotage du déplacement d'un robot, vérification de la qualité de pièces fabriquées à la chaîne, *reconnaissance de caractères* dans l'identification et le traitement des chèques bancaires, reconnaissance de caractères dans la saisie d'imprimés...

♦ La qualité d'un logiciel de reconnaissance de formes dépend de nombreux facteurs : nombre de formes préalablement mémorisées, finesse du seuil de ressemblance, rapidité des comparaisons, capacité à détecter les groupes de pixels contigus les plus susceptibles de représenter des caractères (isolement de caractères), capacité de vérification...

Reconnaissance Optique de Caractères (ROC) exp.

[Anglais : Optical Character Recognition (OCR)]

Informatique : application de *reconnaissance de caractères* utilisant un appareil optique pour lire et numériser les images contenant du texte.

La reconnaissance optique de caractères est particulièrement utilisée dans le traitement des chèques bancaires. Des polices spéciales de caractères ont été définies pour s'adapter aux contraintes de reconnaissance optique de caractères : les polices ROC A, ROC B...

Reconnaissance vocale exp.

[Anglais : voice recognition]

Informatique : type de *reconnaissance de formes*, comparant un signal sonore numérisé à un ensemble de signaux préalablement enregistrés et représentant des messages vocaux. Les programmes les plus élémentaires reconnaissent des chiffres (contrôle d'un code

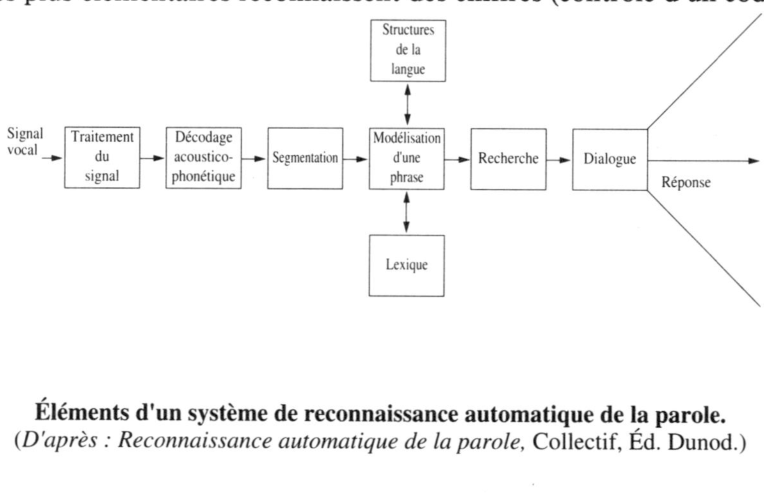

Éléments d'un système de reconnaissance automatique de la parole.
(*D'après : Reconnaissance automatique de la parole,* Collectif, Éd. Dunod.)

d'accès) ou des mots (commande vocale ou traduction). La reconnaissance vocale peut être utilisée dans certaines applications :
— la commande vocale de numérotation téléphonique pour des handicapés physiques,
— saisie de données dans des postes de travail où les mains sont occupées (tri, contrôle de qualité...),
— commande de machines, etc.

Bibliographie : Haton 91.

Regénérateur n.m.

[Anglais : regenerator]

Télécommunications : appareil qui reconstitue un *signal numérique* : il corrige l'*affaiblissement* ou la *distorsion* subis par le signal lors de sa transmission.

♦ La correction de l'affaiblissement est plus facile sur les signaux numériques que sur les signaux analogiques et l'on peut parler de régénération du signal. Un signal numérique comprend deux *éléments de signal* alors qu'un signal analogique en comprend une infinité. Ainsi, dans un domaine à deux valeurs 0 et 1, un signal ayant une valeur mesurée de 0,8 a de fortes probabilités d'avoir une valeur initiale de 1 plutôt que de 0. Dans un domaine infini de valeurs, comme celui du signal analogique, lorsqu'on mesure une valeur de 0,8 on ne peut pas décider s'il s'agit d'une valeur initiale de 0,8 ou d'une valeur initiale de 1 qui aurait subi un affaiblissement.

Bibliographie : du Castel 93.
Corrélat : signal.
Étymologie : *calque* de l'anglais. *Français* : "régénérateur" (adj.) XVIe siècle ; < "régénérer" XIe siècle. *Latin* : "re-, red-" préverbe marquant un retour en arrière, une répétition + "generare" (engendrer). *Indo-européen* : "*g'en-" (naître, engendrer) [Pokorny, p. 373].

Régie n.f.

[Anglais : **1**. control deck ; **2**. control room ; **3**. production management]

Audiovisuel

1. Ensemble d'appareils servant à la prise de vue ou de son, au *montage* et à la *diffusion* ou *distribution* d'émission de télévision. Ce sont en général, les *moniteurs* de contrôle, les *magnétoscopes*, les appareils de commande de *caméra*, les *mélangeurs*, les *truqueurs* et différents pupitres de commutation d'images et de son.

2. Lieu où se trouve l'ensemble de ces appareils. Il existe aussi des régies mobiles installées dans des camions.

3. Ensemble des tâches de gestion et d'administration effectuées lors d'un tournage ou lors de la diffusion ou de la distribution d'émission de télévision.

Bibliographie : Luxereau 92, Rouchouse 87.

Registre n.m.

[Anglais : register]

Informatique : mémoire très rapide et de petite capacité. Les registres comprennent des *circuits intégrés* et on les utilise pour faire des opérations logiques ou arithmétiques sur les informations. Les *micro-processeurs* se distinguent en particulier par le nombre de registres qu'ils comprennent et par les caractéristiques de ces registres (capacité, rapidité, type d'informations qu'ils peuvent contenir...). Les langages exécutables commandent directement les registres de la machine (voir un exemple à l'article *langage de programmation*).

Bibliographie : Meinadier 80, Tanenbaum 91.
Corrélats : circuit intégré, langage de programmation, mémoire, processeur.
Étymologie : *calque* de l'anglais. *Français* : XIIIe siècle ; *Latin* : "regesta" (registre, catalogue) < "regerere" (rapporter, inscrire) < "re-, red-". (en arrière) + "gerere" (porter, apporter) origine obscure.

Rémanence n.f.

Audiovisuel et informatique : qualité de ce qui est *rémanent.*

Rémanent adj.

[Anglais : remanent]

Audiovisuel et informatique : qui a la propriété de rester. L'image rémanente est l'image qui est toujours perçue après la disparition du stimulus qui l'avait provoquée. Une mémoire rémanente est une mémoire dont le contenu n'est pas effacé après une coupure de l'alimentation électrique ; s'oppose à *mémoire volatile.* La rémanence peut être limitée dans le temps (par exemple : la phosphorescence d'un écran disparaît au bout d'un certain temps).

Corrélats : disque, écran, mémoire, persistance rétinienne.
Étymologie : emprunt à la langue commune. *Français* : XVIIe siècle. *Latin* : "remanens" participe passé de "remanere" (demeurer, rester) < "re-, red-" préverbe (retour à un état antérieur, répétition) + "manere" (rester, demeurer, attendre). *Indo-européen* : "*uer-" (fléchir, courber) [Pokorny p. 1152] + "*men-" (rester) [Pokorny, p. 729].

Renater s.f.

REseau NAtional de Télécommunication pour la Technologie, l'Enseignement et la Recherche.

Télécommunications : *réseau* créé en 1992 par le CEA, le CNES, le CNRS, l'EDF, l'INRIA et le ministère de l'Enseignement supérieur pour :
— interconnecter l'ensemble des établissements d'enseignement supérieur et les centres de recherche publics ou privés en France ;
— assurer des connexions avec les réseaux de télécommunications pour la recherche ou l'enseignement des autres pays.

Renater fait partie du réseau *Internet*.

Rendu n.m.

[Anglais : rendition]

Audiovisuel et informatique : capacité d'une image à donner une illusion de réalité. En *image 3D*, le travail de rendu complète la *modélisation*. Il concerne le masquage des parties cachées, les effets d'ombrage, de réflexion et de texture.

Répéteur n.m.

[Anglais : repeater]

Télécommunications

1. Équipement d'extension ou d'*interconnexion de réseaux*. Il comprend un ou plusieurs *amplificateurs* ou *regénérateurs* et des organes associés ; il corrige, en un point intermédiaire d'une *liaison* de *transmission*, l'*affaiblissement* ou la *distorsion* du *signal* ; il peut être mono ou bi-directionnel. Il étend un *réseau local* par adjonction de segments de réseaux qui peuvent utiliser des *câbles* de nature différente (*coaxiaux*, en *fibre optique* ou à *paires torsadées*). Cependant le répéteur ne remplit que les fonctions situées au niveau 1 (physique) des couches du *modèle* OSI

d'*interconnexion de systèmes* ouverts (figure 1). Les réseaux ou segments de réseaux ainsi reliés doivent avoir la même méthode d'accès (Internet, à jeton, FDDI...). Lors de l'interconnexion de réseaux, le nombre de répéteurs et la longueur des câbles sont limités ; pour s'affranchir de ces contraintes, on remplace les répéteurs par des *ponts*, des *routeurs* ou des *passerelles* qui traitent les fonctions des couches plus hautes du modèle OSI.
2. Récepteur-émetteur faisant partie de la charge utile d'un *satellite*, situé entre la liaison montante et la liaison descendante. Il reçoit, par l'intermédiaire d'une *antenne* de réception du satellite, les signaux *radioélectriques* émis depuis la Terre à une certaine fréquence ; il amplifie les signaux et modifie la fréquence pour éviter les interférences entre ondes montantes et ondes descendantes ; il transmet les signaux ainsi modifiés à une antenne d'émission du satellite, qui les émet vers la zone terrestre de réception du satellite. Un répéteur se caractérise par sa puissance d'émission.

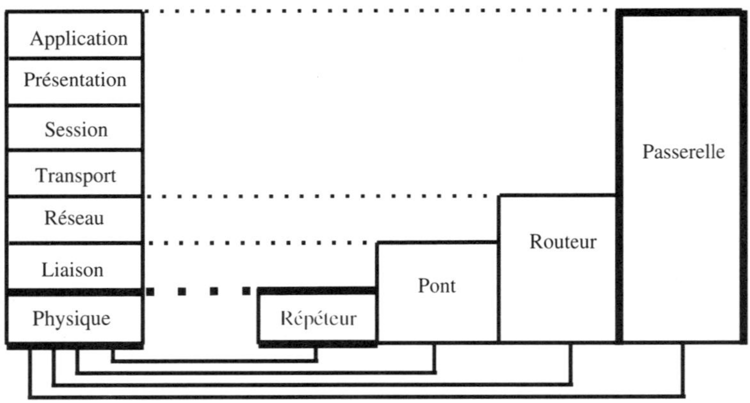

Figure 1 Place du répéteur dans le modèle OSI.
(*D'après : Technologie de l'interconnexion de réseau,*
D. Cali et G. Zany, Éd. Hermès 1995.)

Bibliographie : Cali 95, Du Castel 93, Paul 93, Gomez 93.
Corrélats : affaiblissement, régénérateur, pont, satellite, réseau local.
Étymologie : calque de l'anglais. *Français* : dériver avec le suffixe "-eur" (latin : "-orem") qui, ajouté à un verbe, produit un nom d'agent et le verbe "répéter" (XIIe siècle). *Latin* : "repetere" (attaquer à nouveau, regagner, remonter, se

remémorer, recommencer, redemander). < "re-, red-" (mouvement arrière, répétition) + "petere" (se diriger vers, essayer d'atteindre, se jeter sur, attaquer, rechercher, solliciter). *Indo-européen* : "*pet-, *pete-, *ptè-, *ptô-" (aller vers, tomber sur...) [Pokorny, pp. 825, 826].

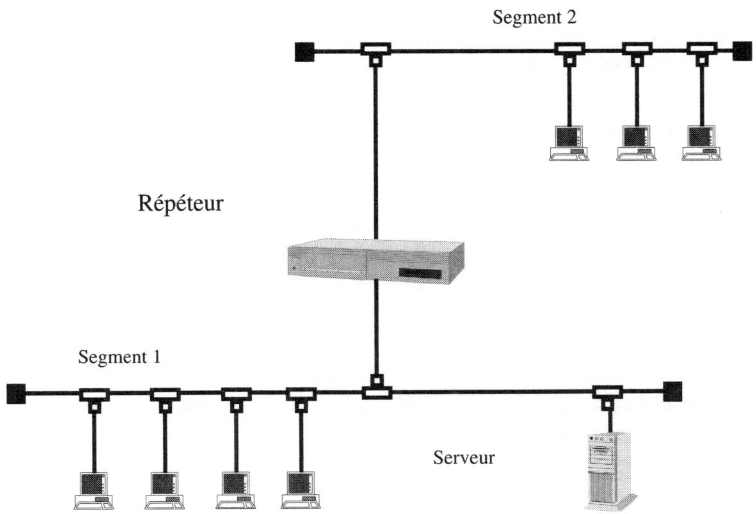

Figure 2 Extension d'un réseau par un répéteur.

Réseau n.m.
[Anglais : network]

1. Général : ensemble des moyens de transport et de *commutation* permettant l'échange, la distribution ou la diffusion d'informations, d'énergie ou de matière entre différents partenaires. Une grande similitude existe entre tous les réseaux, quelle que soit la nature de ce qu'ils véhiculent. Ceci explique que l'on retrouve les grands opérateurs de réseaux dans le domaine du multimédia (EDF, France Télécom, Compagnie Générale des Eaux, Lyonnaise des Eaux...).

Un réseau est constitué de *nœuds*, de *liaisons* et de *terminaux*. Un nœud est un point de convergence de plusieurs liaisons : il aiguille le transport entre ces liaisons. Une liaison relie deux nœuds entre eux ou un nœud et un terminal. Un terminal est un point d'aboutissement d'une liaison : il permet l'accès au réseau.

2. Télécommunications : les réseaux de télécommunication véhiculent de l'information. On peut les distinguer en fonction du type d'informations qu'ils véhiculent (données, images, ou sons) ou par des critères juridiques ou techniques (*architecture*, étendue, permanence de la liaison, mode de fonctionnement, matériel ou codage utilisé...). Le lecteur trouvera les descriptions de ces différents réseaux dans la suite du dictionnaire.

En 1995, les réseaux de communications s'orientent vers le « tout numérique », préparant l'avènement du multimédia et des *autoroutes de l'information.* Des avancées technologiques importantes sont en cours dans le domaine des supports physiques des télécommunications (*fibres optiques*, composants à hyperfréquences, hybrides ou optoélectroniques) et dans le domaine du logiciel (*agents intelligents*, *protocoles*, *ATM*).

La mise en place de réseaux a toujours été source de changements importants dans la société ; il n'est qu'à penser aux réseaux ferroviaires, électriques, d'eau ou de téléphone... Les réseaux multimédias, dont *Internet* nous donne une préfiguration, sont les réseaux du XXIe siècle et leur impact sur les modes de travail et de loisir et sur les mentalités est encore insoupçonnable.

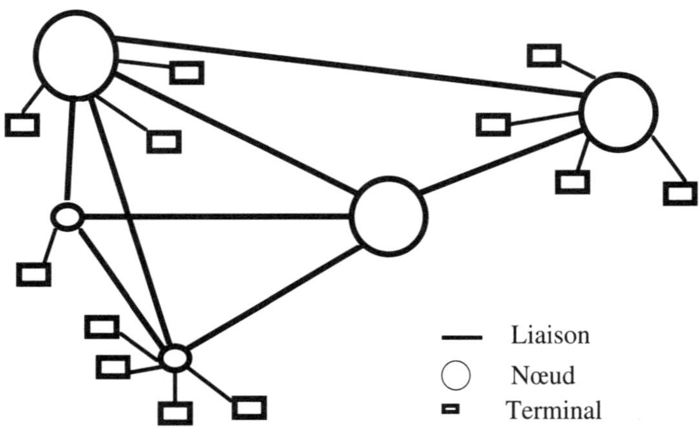

Bibliographie : Boisseau 94, Du Castel 93, Gomez 93, Maiman 94, Pujolle 92.
Corrélats : interconnexion de systèmes ouverts, fibre optique, multimédia.
Étymologie : emprunt à la langue commune. *Français* : XIIe siècle. *Latin* : “rétis” (filet, maille). *Indo-européen* : “*er-” (séparer). [Pokorny p. 332].

Réseau à jeton exp.
[Anglais : token ring]

Télécommunications : *réseau* à architecture en boucle utilisant une gestion “à jeton”. S’oppose à réseau *Ethernet.*

♦ Le principe est une boucle sur laquelle circule sans arrêt une *trame* qui comporte un *champ* de priorité, un bit “jeton” et un champ d’information. La trame n’est transmise à un terminal raccordé à la ligne que si le jeton est libre et le niveau de priorité du terminal supérieur ou égal au niveau de priorité de la trame. Le débit varie de 4 à 16 Mbit/s.

Corrélats : réseau local, TCP/IP.

Réseau à large bande exp.
[Anglais : broad band network]

Télécommunications : type de réseau sur lequel les informations circulent avec un grand *débit* (supérieur au mégabit par seconde) ou occupent une large *bande passante* (supérieure à 100 MHz).

Réseau à longue distance exp.
[Anglais : Wide Area Network, WAN]

Télécommunications : réseau à grand débit, couvrant une large zone géographique et pouvant interconnecter les *réseaux métropolitains* et les *réseaux locaux* entre eux. Il peut utiliser les techniques câblées (*coaxial* et de plus en plus souvent *fibre* optique), *hertzienne* ou par *satellite.*

Corrélats : câble, fibre optique, réseau local, réseau métropolitain.

Réseau câblé exp.
[Anglais : wired network, cable network]

Télécommunications : *réseau* utilisant des *câbles* comme supports de transmission. Il permet d’organiser facilement la *distribution* des informations, ce qui le distingue des *réseaux* sans fil qu’on utilise en général pour la *diffusion.* Un réseau câblé se caractérise par la nature de ses *câbles*, son *architecture*, son *débit*, et le type d’informations qu’il véhicule lié à l’*application* qui l’utilise. Les réseaux câblés peuvent s’interconnecter entre eux ou avec des réseaux hertziens ou satellitaires pour constituer alors des réseaux mixtes.

Le *réseau téléphonique commuté* qui couvre aujourd'hui la planète entière est le réseau câblé le plus connu au monde.

♦ **Domaines d'application**

• En *audiovisuel*, on utilise des réseaux câblés pour distribuer des programmes de radio et de télévision. Ces réseaux sont bidirectionnels mais leur voie de retour (du terminal vers la tête de réseau) est en général de faible capacité. Une véritable *télévision interactive* nécessite des voies de retour à grands débits comme celles dont disposeront les *autoroutes de l'information* équipées de *fibre optique*. Malgré le lancement du *Plan câble* dès 1982, la *télévision par câble* n'a pas rencontré en France le succès attendu. La mise en place des autoroutes de l'information relancera l'équipement de réseaux câblés utilisant les fibres optiques.

La grande majorité des réseaux câblés de télévision dans le monde ont une architecture en arbre (voir figure 1). Quelques réseaux en étoile ont été installés en France dans le cadre du Plan câble. La plupart des réseaux de télévision disposent d'une voie de retour de faible capacité de l'abonné vers la tête de réseau. Elle pourra être utilisée pour de nouveaux services en cours d'étude (consultation de banques d'images, téléachat, téléenseignement...).

• En *informatique* les réseaux câblés sont utilisés pour la transmission de données sur de longues distances, (par exemple le réseau *Transpac*), ou à l'intérieur des entreprises, constituant alors des *réseaux locaux*. Les *codages* et les équipements sont adaptés pour faire circuler les *données* informatiques qui sont plus *sensibles* que les images et les sons. Les réseaux locaux câblés connaissent un développement important et leur *interconnexion* constitue progressivement des réseaux de plus en plus vastes.

• Le *multimédia* en ligne utilisera des réseaux mixtes où les réseaux câblés auront une part importante. L'extension de la fibre optique se fera progressivement. La question est de savoir jusqu'où ira la fibre : jusque chez l'abonné (FTTH, Fiber To The Home), jusqu'à l'immeuble (FTTB, Fiber To The Building), jusqu'àu trottoir (FTTC, Fiber To the Curb) ou jusqu'au quartier (FTTZ, Fiber To The Zone). L'installation de fibre optique de bout en bout (FTTH) offre des services plus complets et une meilleure qualité mais coûte évidemment plus cher.

Architecture

Les figures 1 et 2 montrent deux *architectures de réseaux* câblés de télévision : en arbre et en étoile. Les réseaux informatiques peuvent aussi adopter ces types d'architectures ; les terminaux sont alors des *écrans* ou des *micro-ordinateurs*.

Figure 1 : dans un réseau de télévision en arbre la *tête* de réseau envoie tous les programmes à tous les foyers raccordés. Chacun d'entre eux dispose d'un *boîtier* de raccordement et de sélection. La facturation du service fourni peut se faire par abonnement forfaitaire ou à la consommation si le boîtier a une fonction de mesure de temps d'écoute.

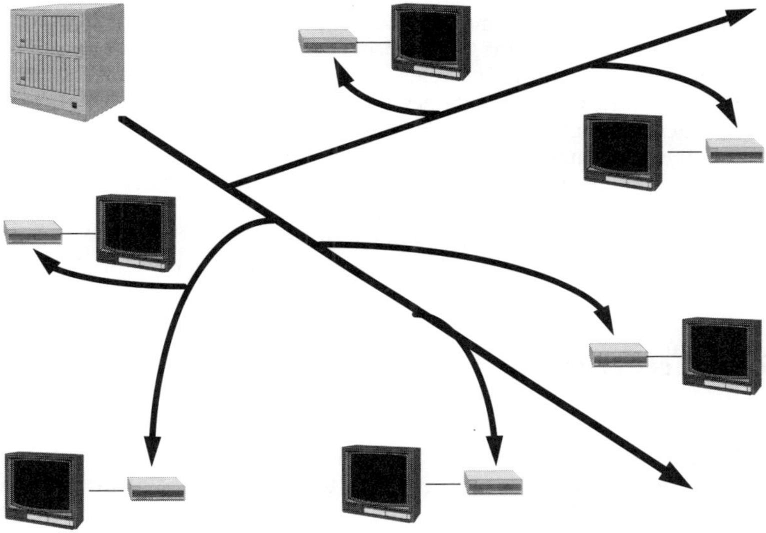

Figure 1 Réseau en arbre unidirectionnel.

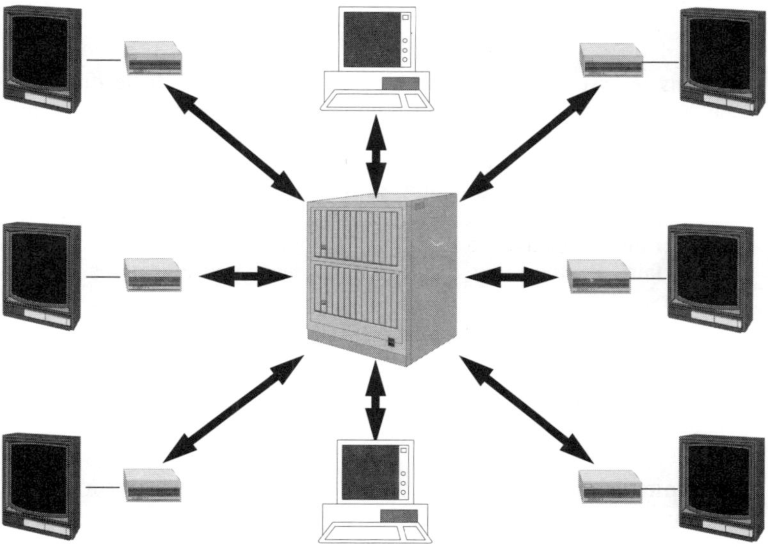

Figure 2 Réseau en étoile bidirectionnel.

Figure 2 : dans un réseau en étoile bidirectionnel le terminal peut demander au serveur les programmes de son choix. Si le réseau est équipé de larges voies de communication, y compris pour le retour, des informations volumineuses, comme des films, peuvent être échangées entre tous les terminaux. On peut enrichir les possibilités d'interactions en utilisant comme terminal un micro-ordinateur pourvu d'une *carte* de télévision.

Il existe d'autres solutions que celles représentées en figures 1 et 2 : réseau en arbre bidirectionnel, réseau mélangeant les deux architectures, etc...

Bibliographie : Du Castel 93, Maiman 94, Théry 95.
Corrélats : architecture de réseau, câble, câblo-opérateur, plan câble, réseau.

Réseau cellulaire exp.
[Anglais : cellular network]

Télécommunications : type de réseau utilisé pour les équipements mobiles de télécommunication (téléphone de voiture, téléphone de poche). La zone géographique couverte par le réseau est découpée en cellules. Sur une cellule, l'ensemble des communications est assuré par une station fixe à laquelle sont attribuées plusieurs fréquences radioélectriques et qui assure le lien avec les autres cellules ou avec le réseau téléphonique commuté. Le dialogue entre le mobile et la station de cellules se fait par le choix d'une onde radioélectrique.

♦ Dans le système Radiocom 2000 de France Télécom, le diamètre d'une cellule est d'une soixantaine de kilomètres en moyenne (elle dépend de la puissance d'émission du relais ainsi que du relief). Les cellules sont regroupées en motifs, comprenant douze cellules. Les mêmes ensembles de fréquences sont utilisés d'un motif à l'autre, sans risque de brouillage. Tout mobile est affecté à un relais situé dans sa zone d'activité principale : c'est le relais nominal qui est chargé de repérer en permanence la situation du mobile, et de lui faire parvenir *via* d'autres relais les communications qui lui sont destinées.

Réseau commuté exp.
[Anglais : switched network]

Télécommunications : type de réseau composé de voies de *transmission* et de *commutateurs*. Le rôle des commutateurs est d'assurer à la demande la connexion des voies entre elles afin d'établir une *liaison* entre des terminaux. Les réseaux commutés sont majoritairement des réseaux câblés, mais la commutation est une technique qui concerne les *nœuds* des réseaux et elle est indépendante des supports utilisés pour la transmission ; le projet *Iridium* par exemple, prévoit une commutation sur *réseau satellitaire.* Le réseau commuté le plus important est le *réseau téléphonique commuté (RTC)*, qui est essentiellement câblé et assure une couverture mondiale du téléphone.

Bibliographie : Du Castel 93, Maiman 95.
Corrélats : commutateur, commutation.

Réseau de diffusion exp.

[Anglais : broadcasting network]

Audiovisuel et télécommunications : type de réseau où une station centrale émet simultanément vers plusieurs stations de réception non identifiées par opposition à un réseau de distribution.

Par exemple : les réseaux de *télévision hertzienne.*

Corrélat : diffusion.

Réseau de distribution exp.

[Anglais : distribution network]

Audiovisuel, informatique et télécommunications :

1. Réseau où une *tête* de réseau émet vers plusieurs terminaux parfaitement identifiables ; s'oppose à *réseau de diffusion.*

2. Ensemble de points de vente desservis par un même *distributeur.*

3. Partie d'un réseau de télévision câblée (voir *télévision par câble).*

Réseau en anneau exp.

Synonyme de réseau en boucle

Informatique et télécommunications : voir *architecture de réseau.*

Réseau en boucle exp.

Informatique et télécommunications : voir *architecture de réseau.*

Réseau en étoile exp.

Audiovisuel, informatique et télécommunications : voir *architecture de réseau.*

Réseau en ligne exp.

Informatique et télécommunications : voir *architecture de réseau.*

Réseau hertzien exp.

[Anglais : Hertzian network]

Audiovisuel et télécommunications : type de *réseau sans fil* utilisant les *ondes* hertziennes comme support de transmission. Il est aussi appelé réseau par faisceau hertzien. S'oppose à *réseau câblé* et *réseau satellitaire.* Un réseau hertzien est constitué de stations relais installées au sol pourvues d'*antennes* et réparties sur l'ensemble d'une zone.

Par exemple, le réseau de diffusion de télévision par faisceaux hertziens aux États-Unis ne compte que 4 000 émetteurs/réémetteurs contre près de 17 000 pour la France, 20 fois moins étendue. Ce fait explique la grande utilisation du câble et du satellite aux Éats-Unis.

♦ Les signaux à transmettre sont *modulés en fréquence*, l'onde porteuse ayant une haute fréquence (entre 2 et 15 GHz). De ce fait, les *faisceaux* émis sont très étroits. L'affaiblissement des faisceaux hertziens est faible comparativement aux câbles coaxiaux. Les ondes porteuses sont divisées en canaux de grande capacité : jusqu'à 2 700 voies de parole en analogique ou un débit de 140 Mbit/s en numérique.

Bibliographie : Du Castel 93.
Corrélats : réseau câblé, réseau satellitaire.

Réseau hiérarchique exp.

Audiovisuel, informatique et télécommunications : voir *architecture de réseau.*

Réseau informatique exp.
[Anglais : data network]

Informatique et télécommunications : *réseau* numérique dans lequel les terminaux sont des ordinateurs ou des stations de travail qui s'échangent des données de type informatique. Ces réseaux se caractérisent par un débit élevé des échanges d'information et par une très grande importance accordée à la sécurité de la transmission.

Corrélats : réseau local, sensible.

Réseau local exp.
[Anglais : Local Area Network, (LAN)]

Informatique, télécommunications : *réseau* informatique regroupant des *ordinateurs* (en général des *micro-ordinateurs*) situés sur un même site ; il se distingue des *réseaux métropolitains* et *réseaux à longue distance* qui sont plus étendus.

♦ Les réseaux locaux marquent une étape de l'*informatique* correspondant à une évolution de l'organisation des entreprises. Jusqu'à la fin des années 60, l'idée vieille d'un demi-siècle d'une organisation « scientifique » du travail, chère à monsieur Frederick Taylor, marquait encore les mentalités ; l'entreprise était strictement structurée, centralisée, hiérarchisée. L'informatique s'était organisée suivant le même modèle : de grands *ordinateurs* pilotaient plusieurs centaines de *terminaux* constitués d'un *écran* et d'un *clavier* et imposaient une vue unique et hiérarchique des *données* et des *applications.* Dans les années 70 les idées de décentralisation, de responsabilisation, d'autonomie, d'environnement à taille humaine, de personnalisation président à l'organisation du travail. L'informatique les adopte : la *mini-informatique* naît dans les années 70 et avec elle les premiers réseaux locaux par lesquels les mini-ordinateurs s'échangent des fichiers ou partagent leurs ressources ; dans les années 80 les *micro-ordinateurs* (IBM les appelle des *ordinateurs personnels* : *PC*, Personal Computer) remplacent progressivement les mini-ordinateurs et les terminaux des grands ordinateurs ; parallèlement se développe le télétraitement qui s'appelle désormais la *télématique.* Les réseaux locaux sont alors une solution d'économie pour partager des ressources matérielles ou logicielles entre micro-ordinateurs situés au même endroit (partage d'une imprimante, d'un disque, d'un fichier, d'une application...) ; ils évoluent ensuite pour s'étendre dans l'espace, assurer la communication entre utilisateurs, améliorer le partage des ressources et faciliter le travail en groupe.

Caractéristiques techniques
— L'*architecture* (en ligne, en boucle, en étoile).
— Les dimensions (de quelques mètres à quelques kilomètres).

— Le nombre de *terminaux* (il peut atteindre plusieurs centaines).
— Le support matériel (c'est en général du *câble* mais il existe aussi des *réseaux sans* fil utilisant les ondes hertziennes, *l'infra-rouge* ou les rayons *laser*),
— Les méthodes d'accès à ce support (*Ethernet, réseau à jeton, FDDI,* ...)
— Les *protocoles* utilisés (majoritairement *TCP/IP*),
— Le *débit* (il varie de 1Mb/s à 10 Mb/s pour Ethernet, de 4 à 16 Mb/s pour les réseaux à jeton et atteint 100 Mb/s pour les réseaux FDDI).
— Le *système d'exploitation* qui détermine la souplesse d'utilisation (facilités de branchement et d'extensions, gestion du partage des ressources, sécurité des échanges d'informations, services offerts aux applications, au gestionnaire du réseau, rapidité, fiabilité...). Les systèmes d'exploitation les plus répandus sont Lanmanager de *Microsoft*, Lanserver d'*IBM* et Netware de *Novell.*

Évolution
Deux tendances peuvent être dégagées.
— L'*interconnexion* des réseaux locaux : elle construit des réseaux de plus en plus vastes couvrant l'ensemble de l'entreprise et se présente comme une alternative aux grands systèmes informatiques en terme de qualité de services et de coûts. Elle permet également de sortir de l'entreprise et de construire de vastes réseaux couvrant la planète entière (voir *Internet*).
— Les réseaux locaux multimédias : le câblage de l'entreprise constitue une infrastructure onéreuse ; on cherche naturellement à l'utiliser pour transporter les autres informations qui circulent dans l'entreprise : téléphonie interne, vidéosurveillance, vidéoconférence... La numérisation de ces informations facilite leur intégration mais pose des problèmes de débits.

Bibliographie : Gomez 94, Maiman 94.
Corrélats : interconnexion de réseaux, réseau câblé.

Réseau maillé exp.

Télécommunications : voir *architecture de réseau.*

Réseau métropolitain exp.

[Anglais : Metropolitan Area Network (MAN)]

Télécommunications : *réseau* connectant des équipements dispersés géographiquement sur des distances de la taille d'une métropole. Les réseaux métropolitains les plus connus sont *FDDI* (anneau à *jeton*) et *DQDB* (double bus).

Corrélats : réseau local, réseau à longue distance, TCP/IP.

Réseau numérique exp.
[Anglais : Digital network]

Télécommunications : *réseau* dans lequel les informations à transmettre sont numérisées. Le *RNIS*, *Transpac*, *Transmic* sont des exemples de réseaux numériques. S'oppose à réseau analogique.

Réseau Numérique à Intégration de Services (RNIS) exp.
[Anglais : Integrated Service Digital Network ISDN]

Télécommunications : *réseau* plus connu sous son sigle RNIS disponible sur l'ensemble du territoire français depuis 1991 et capable de transporter des images, des sons et des données informatiques. Il est principalement utilisé dans le monde professionnel mais a été également conçu pour équiper le grand public. La plupart des pays industrialisés mettent en place de tels réseaux, créant ainsi un réseau à l'échelle mondiale à caractère multimédia. *France Télécom* commercialise le RNIS en France sous le nom de *Numéris* : la connexion à Numéris se fait sous forme "d'accès de base" ou "d'accès primaires" (voir ci-après).

La normalisation du RNIS est parue dans le *livre bleu* de L'*UIT-T* en 1988. On y trouve les trois caractéristiques du RNIS :
— le transport des informations sous forme numérique,
— le transport, en les intégrant sur un même support, des sons, des images ou des données,
— la possibilité, à partir de terminaux spécialisés, d'utiliser simultanément plusieurs services : on peut consulter son minitel tout en recevant une communication sur le même numéro, ou feuilleter un catalogue multimédia tout en passant une commande toujours à partir du même terminal.

• RNIS et multimédia
Des terminaux spécialisés distribuent des services multimédias *via* le RNIS.

Par exemple, un nouveau terminal "*vidéotex* photographique" (également disponible sur le réseau téléphonique) permet d'accéder à des *bases de données* comportant des images et des sons. Plus généralement, en équipant un micro-ordinateur d'une carte de communication RNIS et en y ajoutant une carte son, une carte graphique et les logiciels nécessaires, on peut dès maintenant bénéficier d'un terminal multimédia.

Cependant, les débits offerts par le RNIS sont faibles pour des applications multimédias de qualité. Il est impossible de transmettre du son de type CD ou FM à partir d'un point d'accès standard ; la transmission d'une image fixe de bonne définition demande un délai important (jusqu'à 40 secondes pour les meilleures définitions) et la transmission d'images animées ne donne pas de résultats satisfaisants (voir *débit*).

Toutefois les techniques de *compression* et leur *normalisation* progressent rapidement. Le *RNIS à large bande* (prévu pour l'an 2 000) fournira les débits exigés par le multimédia. D'ores et déjà, on peut considérer le RNIS à bande étroite comme la première étape vers le futur réseau universel "multiservice".

♦ **Caractéristiques techniques**

Les réseaux RNIS n'ont pas été créés *ex nihilo* mais reposent sur une évolution des réseaux téléphoniques. Leur mise en place demande d'importants investissements :

— la numérisation des artères de transmission entre *commutateurs* (déjà largement réalisée en France) ;

— la numérisation des lignes terminales d'abonnés (cependant la paire téléphonique classique permet, en général, le raccordement au RNIS) ;

— l'adjonction aux centraux téléphoniques électroniques de modules logiciels et matériels ;

— l'installation de cartes d'adaptation aux différentes *interfaces* du réseau.

Le RNIS utilise indifféremment la *commutation de circuits* (comme le réseau de téléphonie classique) ou la *commutation de paquets* (comme les réseaux de transmission de données du type *Transpac*).

La *signalisation* est véhiculée sur un canal distinct de celui de l'information utile et transmise sous forme de messages numériques. Cela enrichit considérablement les possibilités d'échange entre le terminal et le réseau. Les services offerts sont en conséquence plus nombreux et plus sophistiqués.

• **Accès au RNIS**

Trois types d'interfaces, R, S et T, ont été normalisés :

— L'interface R assure le raccordement de terminaux non RNIS.

— L'interface S assure le raccordement de terminaux spécialement conçus pour le RNIS. Ils se connectent *via* un accès "de base" également appelé accès "2B+D". Son débit est de 2 × 64 kbit/s d'information (2B) + 16 kbit/s de signalisation (D), soit 144 kbit/s. Un même accès de base peut gérer 5 terminaux.

— L'interface T diffère de l'interface S en offrant des débits plus élevés. Les terminaux se connectent *via* un "accès primaire" également appelé accès "30B+D" : 30 × 64 kbit/s d'information (30B) + 64 kbit/s de signalisation (D), soit 1984 kbit/s. L'accès primaire assure le raccordement des installations importantes comme des *autocommutateurs privés*.

• **Les services**
Le RNIS permet d'accéder à un grand nombre de services. L'UIT-T en distingue deux types :
— Les services "supports". Ils mettent en jeu les ressources du réseau à l'exclusion des terminaux : ils concernent le transport des informations. Par exemple, les services de téléphonie et de transmission de données.
— Les "téléservices". Ils ajoutent à la fonction de transport une fonction de traitement des informations (numérisation, compression, présentation, ...). Ils associent un terminal particulier à un service de type "support". Par exemple, télécopie, télétex, vidéotex, transfert de fichiers (ce dernier n'étant pas encore normalisé par L'UIT-T).

À la classification précédente se rajoutent deux autres types de services normalisés :
— Les "services de base". Ce sont des services offerts tels quels, conformément à leur spécification originelle. Par exemple, le service de téléphonie.
— Les "compléments de service". Ce sont des services complétant ou modifiant un service de base. Par exemple, au service de base de téléphonie peuvent s'associer un grand nombre de compléments de service : présentation d'appel (en cas de nouvel appel sur ligne déjà occupée), sélection du terminal à l'arrivée (dans le cas d'une installation multiterminaux), identification d'appel, transfert d'appel, appel en instance, appel de conférence, information de coûts, minimessage (au moment de l'établissement ou de la libération de la communication ...).

Bibliographie : Dicenet 90, Du Castel 93.
Corrélats : compression, débit, numérisation, Réseau Numérique à Intégration de Services à Large Bande, signalisation.

Réseau Numérique à Intégration de Services à Large Bande (RNIS-LB) exp.

[Anglais : Broadband-Integrated Service Digital Network ; B-ISDN]

Télécommunications : ce réseau est considéré comme le futur réseau universel des années 2 000. Il reprend les caractéristiques de base du réseau numérique à intégration de services, mais en diffère sur deux points : les débits traités et les modes de commutation et de transmission. Il répond aux besoins du multimédia.

Le RNIS large bande sera capable de traiter des signaux numériques avec une très grande diversité de débits (débits variant de quelques bits à plus de 100 Mbit/s pour la télévision haute définition). Ce sera un réseau multidébit, avec de fortes variations de débit au cours du temps et des crêtes très élevées. Par ailleurs, les débits pourront être très fortement asymétriques entre les deux extrémités de la communication. Les fibres optiques qui permettent de très grandes largeurs de bandes seront utilisées de bout en bout.

En ce qui concerne la commutation et la transmission, la technique de communication asynchrone *ATM* (Asynchronous Transfer Mode) a été retenue par l'*UIT-T* (recommandation I.121) pour traiter les signaux du RNIS large bande. Cette technique utilise la *commutation de cellules* qui opère une synthèse entre la *commutation de circuits* et la *commutation de paquets.* Elle raccourcit les temps d'établissement et de rupture de communication et permet des débits variables et très élevés.

Bibliographie : Du Castel 93.
Corrélats : ATM, commutation, débit.

Réseau sans fil exp.

[Anglais : wireless network, cordless network]

Télécommunications : *réseau* de communication utilisant des supports de transmission immatériels, par opposition aux *réseaux câblés.* Il peut être un *réseau local* ou un *réseau à longue distance,* utilisé dans les applications de radiolocalisation, radiotéléphonie, radiomessagerie, radio- et télé-diffusion et, de plus en plus, en transmission de *données.* Les *réseaux hertziens* et les *réseaux satellitaires* sont des réseaux sans fil.

Les réseaux sans fil offrent de nombreux avantages :
— ils permettent aussi bien la *diffusion* que la *distribution* de l'information ;
— leur coût de fonctionnement peut être moins élevé que celui des réseaux câblés ;
— sur de courtes distances, leur coût d'installation est bien moindre que celui des réseaux câblés,
— ils permettent surtout la connexion de terminaux mobiles (téléphones portatifs, micro-ordinateurs portables...).

Trois techniques sont utilisées : les *ondes électromagnétiques,* les ondes lumineuses *infrarouges* et les rayons *laser.* Les ondes électromagnétiques offrent l'avantage de pouvoir traverser la matière.

L'utilisation de ces techniques est soumise à une législation contraignante qui devrait s'assouplir rapidement. On prévoit une croissance importante des réseaux sans fils tant dans le domaine des télécommunications (en particulier dans la radiotéléphonie) que dans celui des transmissions de données où les réseaux sans fil profiteront de leur compatibilité avec les méthodes d'accès des *réseaux locaux.*

Technique utilisée	Liaison		Débit	Distances
	Diffusion	Distribution		
Ondes électromagnétiques	OUI	OUI	> 140 Mb/s	Longues
Infrarouges	OUI*	OUI	120 Kb/s	Courtes
Laser	NON	OUI	> 50 Mb/s	Moyennes

* La diffusion par infrarouge se fait en juxtaposant plusieurs émetteurs.

Bibliographie : du Castel 93, Perrichon 95.
Corrélats : infrarouge, laser, réseau hertzien, réseau local, réseau satellitaire.

Réseau satellitaire exp.

[Anglais : satellite network]

Télécommunications

1. *Réseau sans fil* construit autour d'un ou plusieurs *satellites* ; il se distingue des *réseaux terrestres* (*réseau câblé*, *réseau hertzien*, réseau à *infrarouge*...).

2. La plupart des réseaux satellitaires sont associés à des réseaux terrestres. Par extension, le sur-réseau ainsi constitué est aussi qualifié de satellitaire.

Les réseaux satellitaires sont utilisés pour diffuser des émissions de radio et de télévision, établir des communications en particulier avec des mobiles, ou transmettre des données informatiques.

Le réseau comprend :

— une ou plusieurs *antennes* d'émission au sol,
— une voie montante,

— un satellite muni d'antennes et de *répéteurs*,
— une voie descendante,
— une ou plusieurs antennes de réception au sol.

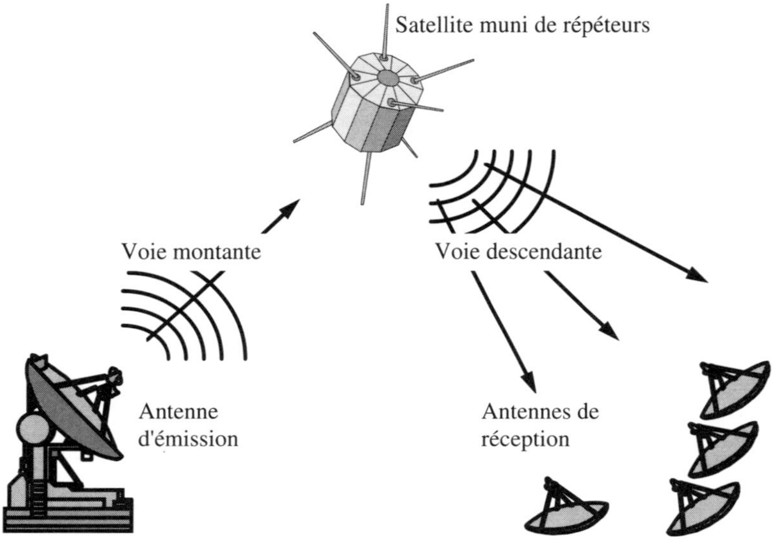

Un réseau satellitaire.

• Les antennes d'émission sont des antennes paraboliques. Elles peuvent viser des satellites *géostationnaires* ou placés sur une *orbite à défilement* ; dans ce dernier cas, un système d'orientation de l'antenne pour poursuivre le satellite est nécessaire.

Lorsqu'il y a une seule antenne d'émission, la liaison peut être point à point ou point-multipoint (*diffusion*). Lorsqu'il y a plusieurs antennes d'émission, le satellite joue le rôle d'un *nœud* d'aiguillage dans un réseau de stations terrestres.

• Les voies montante et descendante sont des ensembles de fréquences attribuées par l'UIT-T en fonction du type de services envisagés (voir ci-aprés) et des fréquences déjà utilisées par des satellites occupant la même position orbitale.

Pour éviter les interférences au niveau du satellite, voie montante et voie descendante utilisent des fréquences porteuses différentes (voir *modulation*).

♦ À titre d'exemple, le bilan des liaisons pour les satellites *Télécom* 2 est le suivant :

– porteuse de voie montante : 6 GHz,
– porteuse de voie descendante : 4 Ghz,
– bande passante occupée par porteuse : 27,5 Mhz,
– débit d'information par porteuse : 34,4 Mb/s,
– nombre de porteuses par répéteur : 3,
– nombre de répéteurs : 26.

• Le satellite a pour fonction de réémettre les signaux qu'il reçoit en direction des antennes terrestres de réception ou éventuellement d'un autre satellite. Voir *satellite.*

• Les antennes de réception peuvent être des antennes paraboliques dont la taille varie de 0,5 m à 1 m en fonction de la puissance du satellite.

Les avantages du réseau satellitaire par rapport aux réseaux terrestres sont :
– l'étendue de sa zone de diffusion,
– sa grande souplesse d'utilisation : établissement de liaisons temporaires sur toute la zone de couverture du satellite, sans infrastructure terrestre, avec un simple matériel portable (pour des reportages vidéo, de la *vidéoconférence,* des liaisons mobiles...),
– ses grands débits (critère important pour le multimédia) ; en 1995, on prévoyait des bandes passantes allant jusqu'à 3,5 Ghz.

Les inconvénients majeurs sont :
– sa fragilité (difficulté, voire impossibilité d'intervenir en cas de panne),
– son coût,
– ses délais de transmission : le temps d'aller-retour entre la Terre et un satellite *géostationnaire* (situé à 36 000 km de la Terre) est de l'ordre de 300 ms ; on utilise des satellites à *orbite* plus basse (orbite à *défilement*) pour diminuer ce temps (voir *Iridium*).

Bibliographie : Baudelot 94, Du Castel 93, Lunven 93, Perrichon 95.
Corrélats : antenne, orbite, réseau, réseau sans fil, satellite.

Réseau Téléphonique Commuté (RTC) exp.

[Anglais : Public Switched Telephone Network (PSTN)]

Télécommunications : réseau de transport de la voix constitué de *terminaux*, de *lignes*, de *circuits* et de *commutateurs.* Ce réseau a été progressivement mis en place depuis un siècle et il couvre aujourd'hui la planète entière. Le réseau téléphonique français comptait 30 millions d'abonnés en 1993 et il y avait 750 millions d'abonnés dans le monde en 1992. Les services assurés par le réseau se sont diversifiés.

Par exemple, le transport de données informatiques ou la communication *via* minitel utilisent le réseau téléphonique commuté.

◆ Le terminal de base ou poste téléphonique est constitué d'un microphone, d'un haut-parleur et d'un clavier de numérotation. À l'émission, il transforme un signal acoustique en signal électrique et à la réception, il effectue la transformation inverse. Il fournit à l'autocommutateur la *signalisation*, c'est-à-dire l'ensemble des informations nécessaires à l'identification de l'émetteur et du récepteur lors d'une communication.

La ligne d'abonné relie un terminal à un *autocommutateur* dit de rattachement. Elle est constituée de câbles à paires torsadées, aériens ou sous-terrains. Avant de parvenir à l'autocommutateur, les lignes d'abonnés se regroupent et constituent successivement des lignes de branchement, des lignes de distribution, et des lignes de transport.

Les circuits relient les autocommutateurs entre eux. Ils utilisent des câbles coaxiaux, des *fibres optiques* ou des faisceaux hertziens.

Les autocommutateurs connectent à la demande les lignes d'abonnés entre elles, les lignes d'abonnés et les circuits, ou les circuits entre eux. Les autocommutateurs modernes sont des ordinateurs spécialisés qui gèrent les aiguillages des communications. Ils sont hiérarchisés (autocommutateur d'abonnés, autocommutateur de transit secondaire, autocommutateur de transit principal, autocommutateur international).

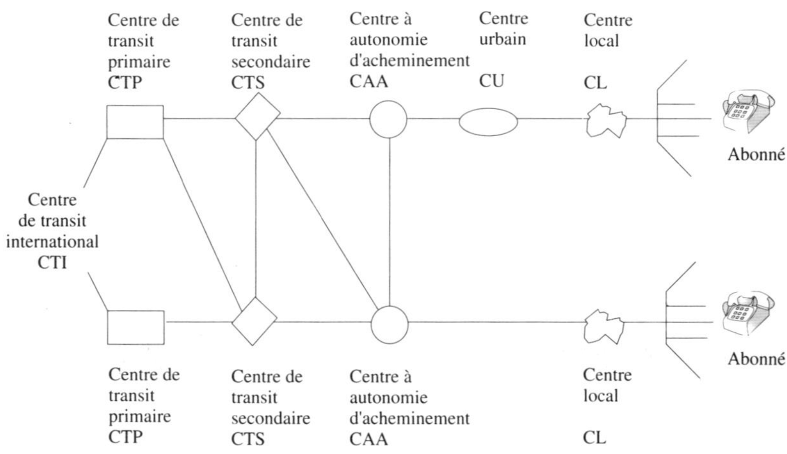

Organisation du réseau téléphonique commuté.
(D'après : Les télécommunications, F. Du Castel, Éd. Berger-Levrault.)

Bibliographie : Du Castel 93.

Réseau terrestre exp.
[Anglais : earth network]

Télécommunications : *réseau* n'utilisant que des équipements situés sur la Terre, par oppostion aux réseaux qui utilisent des *satellites*. Les réseaux terrestres peuvent utiliser le *câble*, les *ondes hertziennes*, les ondes *infrarouges* ou les rayons *laser*.

Corrélats : réseau câblé, réseau hertzien, réseau satellitaire.

Résolution n.f.
[Anglais : resolution]

Audiovisuel, informatique : capacité d'un système à distinguer deux états significatifs d'un signal. En particulier, capacité d'un support à représenter deux éléments distincts d'une information. Également, capacité d'une information à représenter deux éléments distincts d'une autre information.

Dans le cas d'une image, la résolution s'exprime en point par unité de mesure (par millimètre, centimètre : ppmm, ppcm) ; dans les pays anglo-saxons, elle s'exprime en point par pouce : dot per inch, dpi).

Par exemple, une imprimante laser standard a une résolution de 300 à 600 points par pouce.

Le terme est souvent utilisé comme synonyme de définition pour les images et les écrans. La relation en résolution et définition est donnée par la formule :

Définition = Résolution x Dimension

♦ **Résolution/définition** : les techniciens utilisent indifféremment les deux termes pour deux raisons semble-t-il : d'une part définition et résolution recouvrent deux concepts très proches l'un de l'autre et bien souvent donner l'un revient à donner l'autre. D'autre part le terme "définition" est bien moins "libre" que "résolution" : le technicien le rencontre fréquemment dans les brochures techniques avec son sens commun de "spécification". Son emploi dans un sens technique plus étroit est donc ambigu et nécessiterait des périphrases pour préciser le contexte. Par économie, il préférera utiliser "résolution" qui veut dire presque la même chose mais ne porte pas d'ambiguïté.

Corrélats : définition, espacement, pixel.
Étymologie : emprunt à la langue commune. *Français* : XIIIe siècle : action de dénouer. *Latin* : « resolutio » (résolution) $<$ "resolutus" (résolu) $<$ "resolvere" (délier, dissoudre, désagréger, résoudre). *Indo-européen* : "*leu-" (détacher, séparer, diviser) [Pokorny p. 681].

Ressource n.m.
[Anglais : resource]

Général : tout composant d'un système. En informatique et en multimédia, on distingue traditionnellement trois types de ressources : les ressources humaines, matérielles et logicielles. Voir *système.*

Étymologie : *calque* de l'anglo-américain qui l'avait lui-même emprunté au français. *Français* : emprunt à la langue commune, XIIe siècle ; du v. ancien français "resourdre" (rejaillir, se rétablir, rétablir). *Latin* : "resurgere" (se relever, se rétablir, reprendre des forçes) < "re-" (en arrière, à nouveau) + "surgere" (se lever, se dresser < "regere" (diriger en droite ligne, avoir la direction ou le commandement...). *Indo-européen* : "reg-" (mouvement en droite ligne) [Pokorny pp. 854, 855].

Retour d'effort exp.
[Anglais : force feedback]

Informatique : simulation des informations captées par les muscles lors du toucher. Ces informations décrivent la nature des objets : leur résistance, leur élasticité ou leur poids. Les systèmes *virtuels* utilisent des bras de retour d'effort pour augmenter l'*effet de réalité* des applications, mais c'est surtout en robotique et dans les applications industrielles que ce type de périphérique est le plus utilisé.

Retour en arrière exp.
[Anglais : flash-back]

Audiovisuel : procédé d'écriture cinématographique par lequel on insère dans le récit une séquence qui se déroule dans le passé.

Retour tactile exp.
[Anglais : tactile feedback]

Informatique : simulation des informations captées par la surface de la peau lors du toucher. Ces informations peuvent décrire la forme d'un objet, son volume, sa matière, sa température ou son mouvement. Le seuil tactile spatial est d'environ 2 millimètres : le toucher ne distingue plus deux points séparés par une distance située en deçà. Les systèmes *virtuels* utilisent des *gants tactiles* pour envoyer ces informations à l'utilisateur. La technique de retour tactile, qui augmente l'*effet de réalité* est utilisée en robotique et dans les applications de distraction.

Rétro compatible adj.
[Anglais : backward compatible]

Audiovisuel, informatique et télécommunications : qualifie une version d'un appareil ou d'un logiciel qui reste compatible avec les versions antérieures. Par exemple un nouveau lecteur de disques compacts à grande capacité CDHD (voir *CD-multimédia*) qui peut lire des disques compacts de tous les formats précédents (CD-audio, CD-Vidéo, CD-RO-XA etc...) peut être dit rétro-compatible. Le terme est utilisé en particulier pour la normalisation.

Réverbération n.f.
[Anglais : reverberation]

Audiovisuel : voir *écho*.

RGB s.a.
Red, Green, Blue (rouge, vert, bleu)

Audiovisuel : voir *RVB*.

RISC s.a.
Reduced Instruction Set Computer (traduction littérale : ordinateur à jeu d'instructions réduit)

Informatique

1. Processeur dont le langage machine comprend peu d'instructions qui exécutent chacune des opérations simples. L'objectif des concepteurs des processeurs RISC était de produire des machines capables d'exécuter une instruction par cycle mémoire.

2. Ordinateur muni d'un processeur central de type RISC.

Le système R 4400 du constructeur Mips est un processeur RISC à 64 bits cadencé à 150 MHz en interne et 75 MHz en externe avec 32 Ko de mémoire cache qui supporte *Windows NT*. Voir aussi *Power PC* et *alpha*.

Bibliographie : Étiemble 91, Oloumi 94.
Corrélat : CISC.

RLC s.a.
Run Length Coding (traduction littérale : codage des longueurs de séquence)

Informatique : voir *compression.*

RLE s.f.

Télécommunications : Réseau Local d'Entreprise. Voir *réseau local.*

RLE s.a.
Run Length Encoding (traduction littérale : codage des longueurs de séquence)

Informatique : voir *compression.*

RNIS-LB s.f.
Réseau Numérique à Intégration de Services à Large Bande

Télécommunications : voir ce terme.

ROC s.f.
Reconnaissance Optique de Caractères

Informatique : voir ce terme.

ROM s.a.
Read Only Memory (mémoire morte)

Informatique : voir *mémoire morte.*

Routage n.m.
[Anglais : routing]

Télécommunications : choix d'un chemin dans un *réseau* pour établir un lien continu entre deux *terminaux*, un émetteur et un récepteur. On utilise aussi le terme d'acheminement.

♦ La figure 1 représente un *réseau* reliant dix agences d'une entreprise, situées à Rouen, Nantes, Sète, Lyon et Paris. Chaque agence dispose de son propre *réseau local* avec son *serveur* de communications et des micro-ordinateurs en guise de terminaux. Chacune des cinq villes est un *nœud* du réseau pourvu d'un *commutateur* (représenté dans les cercles grisés). Dans chaque commutateur une table de routage indique les liaisons à prendre pour atteindre les différents utilisateurs du réseau. La figure 2 donne la table de routage du commutateur situé à Nantes.

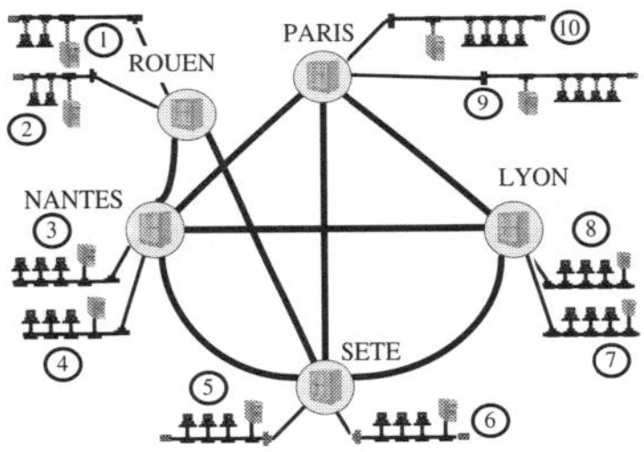

Figure 1 Routage dans un réseau.

Agence destinataire	Liaisons à utiliser en sortie du commutateur			
	Priorité 1	Priorité 2	Priorité 3	Priorité 4
1	Rouen	Sète	Paris	Lyon
2	Rouen	Sète	Paris	Lyon
3	Nantes / 3			
4	Nantes / 4			
5	Sète	Rouen	Paris	Lyon
6	Sète	Rouen	Paris	Lyon
7	Lyon	Sète	Paris	Rouen
8	Lyon	Sète	Paris	Rouen
9	Paris	Sète	Lyon	Rouen
10	Paris	Sète	Lyon	Rouen

Figure 2 Table de routage de Nantes.

• **Principe de fonctionnement**
Le routage d'un message de l'agence n° 3 à Nantes vers l'agence n° 8 sise à Lyon s'effectue de la façon suivante.

Le serveur de l'agence 3 envoie un *paquet* d'informations à son *commutateur*. L'étiquette du paquet, indique qu'il est destiné à l'agence 8. La table de routage du commutateur indique les différentes possibilités d'atteindre cette agence. L'organe de commande du commutateur (voir l'article *commutateur*) choisit par exemple la liaison via Sète ; il peut utiliser pour ce faire des informations de trafic données par le réseau. Il envoie à son réseau de connexion l'ordre d'établir une connexion entre la voie entrante venant de l'agence 3 et une des voies sortantes de la liaison Nantes-Sète et les informations émises par l'agence 3 sont acheminées à Sète.

En recevant le paquet d'informations, le commutateur de Sète effectue les mêmes opérations : il lit l'étiquette du paquet, consulte sa table de routage et choisit une liaison pour atteindre Lyon ; il a le choix entre Lyon, Paris, Nantes et Rouen ; il écarte Nantes qui est son émetteur pour éviter de boucler et si la liaison Sète-Lyon est saturée, il choisit par exemple Paris.

Le processus se répète dans les commutateurs de Paris puis de Lyon. Ce dernier, en lisant l'étiquette du paquet d'informations, reconnait que le destinataire du paquet lui est raccordé et lui transmet le paquet. Le chemin établi dans cet exemple est : agence 3 / Commutateur de Nantes / Commutateur de Sète / Commutateur de Paris / Commutateur de Lyon / Agence 8. Le serveur de l'agence 8 prend alors la responsabilité de livrer le message au bon terminal sur son propre *réseau local*.

• Protocole de routage

Le *protocole* de routage définit la méthode d'établissement des tables de routage et les critères de choix des chemins. Par exemple, deux protocoles de routage normalisés sont associés au *protocole* de communication IP (Internet Protocol, protocole inter-réseau) : RIP (Routing Information Protocol, protocole d'informations de routage) et OSPF (Open Shortest Path First, priorité au chemin ouvert le plus court). Le protocole RIP comptabilise le nombre de passages (appelés sauts) au travers d'un élément de routage (*commutateur, routeur*...) pour atteindre le réseau destinataire et choisit la route la plus courte en nombre de sauts. Le protocole OSPF, plus sophistiqué, optimise la bande passante de la route, son débit potentiel et minimise le coût de transmission.

• Routage adaptatif

Un routage adaptatif modifie le chemin en fonction de l'état du réseau, par exemple suivant le trafic écoulé par les différents éléments (voies de transmission et nœuds de commutation) ou en cas de panne d'un de ces éléments.

• Routage indirect, routage autodirecteur

Dans le cas d'un réseau utilisant les techniques de transmission et de *commutation de circuits*, le routage est appelé « indirect » : la route à suivre par les informations est établie au début de la communication et reste inchangée pendant toute la durée de la communication. Cette route est enregistrée dans les tables de connexion des commutateurs. Le routage indirect est particulièrement performant au niveau de la rapidité de transmission des informations puisque les tables de routage ne sont consultées qu'une seule fois lors d'une communication.

Dans le cas d'un réseau utilisant la technique de *paquets*, le routage est dit autodirecteur : chaque paquet d'information contient dans son en-tête les éléments nécessaires à son propre acheminement. Les commutateurs consultent leur table de routage à chaque envoi d'un paquet d'information par l'émetteur. S'il est donc plus lent, le routage autodirecteur permet, par contre, la *diffusion*, la constitution de groupes d'utilisateurs, l'établissement de *faisceaux* ou de voies *virtuelles*.

• Routage et tarification

Avec la concurrence entre opérateurs, le routage des communications prend une importance économique toute nouvelle, en particulier pour les appels téléphoniques intercontinentaux : une différence de coût de 60% pouvait être enregistrée en 1995 suivant le chemin utilisé, c'est-à-dire suivant les opérateurs choisis pour acheminer la communication. Pour des pays encore soumis au monopole d'un opérateur, le *rappel automatique* permet de contourner ce monopole et de choisir son opérateur.

Bibliographie : Du Castel 93, Gomez 93, Maiman 94.
Corrélats : commutation, commutateur, routeur.
Étymologie : voir *routeur*.

Router v.

[Anglais : to route]

Télécommunications : effectuer un *routage*.

Étymologie : voir *routeur*.

Routeur n.m.

[Anglais : router]

Équipement d'interconnexion de réseaux, en local ou à distance.

Comparé à une *passerelle*, le routeur est plus simple et moins onéreux. Il ne remplit que les fonctions situées au niveau 3 du modèle OSI (couche réseau, voir *Interconnexion de systèmes ouverts*).

Comparé au *répéteur* ou au *pont*, le routeur remplit des fonctions plus élaborées comme le *routage* des informations à travers le réseau par la constitution de tables de routages (voir l'article *routage*), mais il coûte plus cher et il est plus lent.

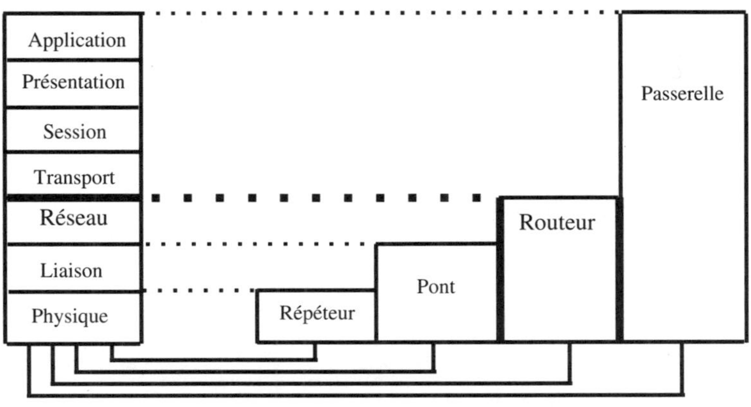

Place d'un routeur dans le modèle OSI.

(*D'après : Technologie de l'interconnexion de réseaux,*
D. Cali et G. Zany, Éd. Hermès 1995.)

Bibliographie : Cali 95, Gomez 93, Maiman 94.
Corrélats : concentrateur, passerelle, pont, répéteur.
Étymologie : calque de l'anglais qui a emprunté le mot au français. *Français* : "router" XXe siècle < "route" XIIe siècle. *Latin* : "[via] rupta" ([voie] frayée [à travers une forêt]) < "rumpere" (rompre, briser, casser, frayer, ouvrir). *Indo-européen* : "*reup-" (arracher) [Pokorny p. 870].

RPIS s.f.
Réseau Privé à Intégration de Services

Télécommunications : voir réseau d'*autocommutateurs privés.*

RPV s.f.
Réseau Privé Virtuel

Télécommunications : voir réseau d'*autocommutateurs privés.*

RS-232C n. mq.

Informatique : type d'interface série, qui a été normalisé par l'*EIA* aux États-Unis. Comme dans la recommandation V.24 de l'*UIT-T*, l'interface RS-232C définit la jonction entre un modem et un terminal ou entre deux terminaux. L'interface est matérialisée par un câble à 25 fils et des connecteurs à 25 broches. Chaque fil

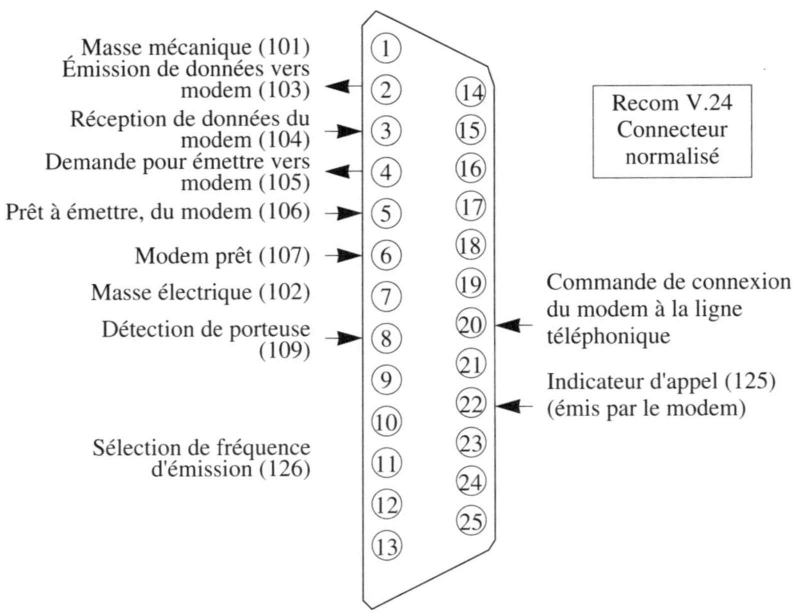

Connecteur normalisé V. 24 compatible avec l'interface RS–232C.
(D'après : Techniques, normes applications des interfaces pour micro-ordinateurs. H. Lilen, Éd. Dunod.)

utilisé transporte un signal dont la signification est définie par le standard : fonctions d'établissement de la connexion, d'initialisation de la transmisssion, de transmission, de supervision...

Bibliographie : Maiman 86, Odier 92.

RTC s.f.

Réseau Téléphonique Commuté

Télécommunications : voir ce terme.

Runtime t.a.

Informatique

Logiciel : dans un outil de développement logiciel, partie nécessaire pour pouvoir exécuter les logiciels développés.

RVB s.f.

Rouge Vert Bleu
[Anglais : RGB (Red, Green, Blue)]

Audiovisuel

1. Système de représentation additive des *couleurs* à partir des trois *couleurs primaires* : rouge, vert et bleu. Ce système a été normalisé par la *Commission Internationale de l'Éclairage* avec, pour chaque couleur, une longueur d'*onde* bien précise. Il a été repris, légèrement modifié, par les différents standards de diffusion de télévision en couleur (*NTSC*, *PAL* et *SECAM*).

	CIE	**AMÉRIQUE**	**EUROPE**
		NTSC et PAL	PAL et SECAM
Rouge λ	= 700 nm	640 nm	600 nm
Vert λ	= 546,1 nm	535 nm	546 nm
Bleu λ	= 435,8 nm	470 nm	446 nm

2. Système de codage d'une image en couleur qui transmet les informations à l'aide de trois signaux sur trois fils : un pour le rouge, un pour le vert et un pour le bleu. La recommandation IUT-R 601 relative au codage des signaux transportant des images en couleur définit la *luminance* et la *chrominance* à partir des amplitudes des signaux RVB (voir l'illustration sous *codage*).

Rythme n.m.

[Anglais : rythm]

Audiovisuel : ensemble des rapports qu'entretiennent les plans ou les séquences dans leur durée.

Le rythme est donné par le *montage*. Il résulte de choix faits par le réalisateur et le monteur et, à ce titre, est un des éléments du *langage cinématographique*.

Bibliographie : Aumont 88, Martin 94, Passek 86.
Corrélats : langage cinématographique, montage, mouvement, plan, séquence.
Étymologie : emprunt à la langue commune. *Français* : XVIe siècle. *Latin* : "rhythmus" (rythme). *Grec* : "rhythmos" (mouvement réglé et mesuré, mesure, cadence, rythme). *Indo-européen* : "*sreu-, *sreùe-" (couler, circuler, passer) [Pokorny p. 1003].

S

SAA s.a.
System Application Architecture

Informatique : voir *Architecture Unifiée d'Application.*

SACD s.f.
Société des Auteurs et Compositeurs Dramatiques

Audiovisuel : société créée en 1977 ; elle rassemble des auteurs de langue française de cinéma, de télévision et de théâtre, dont elle gère le répertoire et défend les intérêts.

SACEM s.f.
Société des Auteurs, Compositeurs et Éditeurs de Musique

Audiovisuel : société créée en 1851 ; elle défend les droits de près de 50 000 auteurs qui en sont membres. Le répertoire français associé est de 5 millions d'œuvres et le répertoire international de plusieurs dizaines de millions d'œuvres musicales.

Saisie n.m.
[Anglais : data capture]

Informatique : entrée d'informations dans l'*ordinateur* en vue de leur traitement.

On peut saisir n'importe quel type d'information mais on utilise le terme surtout pour l'entrée de textes ; pour l'entrée d'*images*, de *sons* ou d'autres valeurs (par exemple des *coordonnées*...), on parle plutôt de *capture* ou parfois de *numérisation.*

• **Matériel de saisie**
La saisie des textes se fait à l'aide de claviers ou de lecteurs de caractères optiques (voir *reconnaissance optique de caractères*). La saisie des images se fait à l'aide de numériseurs, celle des sons à l'aide de microphones et de *convertisseurs analogique/numérique* ou CAN.

• **Logiciels de saisie**
La saisie se fait à l'aide de *programmes* spécialisés ; les informations sont vérifiées, *codées*, organisées (voir *organisation*) et *enregistrées* sur les supports (en général des *disques*) ; ainsi codées, organisées et enregistrées, elles sont devenues des *données.*

Corrélats : données, enregistrement, organisation.
Étymologie : emprunt à la langue commune. *Français* : XIIe siècle < "saisir" : XIe siècle. Mot d'origine germanique incertaine.

Salve n.f.

[Anglais : burst]

1. Audiovisuel : signal sinusoïdal de fréquence déterminée indiquant conventionnellement la présence de signaux de chrominance. La salve est placée dans une zone noire du signal vidéo, en début de ligne.

2. Informatique : rafale d'informations envoyée pour optimiser l'utilisation d'une liaison physique. Par extension, mode de transmission qui envoie des rafales.

Étymologie : emprunt à la langue commune. Le terme vient de la langue de l'artillerie : les salves étaient des rafales tirées en guise de salut. *Français* : XVIe siècle. *Latin* : "salve" (salut) < "salvus" (sauf, sain). *Indo-européen* : "*solo-" (entier, plein) [Pokorny p. 979].

SASI s.a.

Shugart Associates System Interface

Informatique : voir *SCSI.*

Satelliser v.

[Anglais : to put into orbit]

Télécommunications : mettre un appareil en orbite autour de la terre ou d'une autre planète.

Corrélat : satellite.

*Satellitaire adj.

Télécommunications : qui est relatif aux *satellites*, qui utilise un *satellite.*

Satellite n.m.

[Anglais : satellite]

Télécommunications

1. Satellite artificiel : appareil placé en orbite autour de la terre ou éventuellement d'une autre planète..

2. Par métonymie, mode de transmission d'informations utilisant le satellite.

Le premier satellite artificiel de la Terre, Spoutnik 1, a été lancé le 4 octobre 1957 par l'ex-URSS. On distingue depuis les satellites d'astronomie, géodésiques, météorologiques, militaires, de radio-navigation et de télécommunications. Cet article ne traite que ce dernier type de satellites qui ont pris beaucoup d'importance depuis les années 80 : 250 tournaient dans le ciel en 1995 ; ils transmettent la voix, les émissions de radio, de télévision et les données informatiques. Ils s'insèrent dans des *réseaux satellitaires* qui sont un complément ou une alternative aux réseaux terrestres à longues distances (câblés ou hertziens).

♦ **Les équipements du satellite**

La masse totale d'un satellite au lancement était d'environ 1 500 kg en 1985, de 2 500 kg en 1995 et devrait se stabiliser autour de 3 000 kg avant la fin du siècle. Le satellite est composé d'une plate-forme et d'une charge utile.

La plate-forme regroupe les moyens logistiques :

– le système de propulsion est utilisé pour mettre et maintenir le satellite sur son *orbite* circulaire (il est distinct du système de propulsion propre au lanceur),

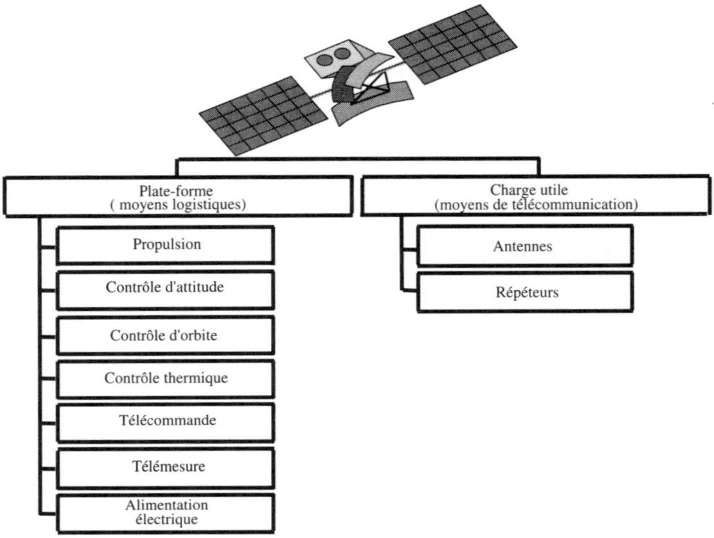

Figure 1 Les composants d'un satellite.

— les systèmes de contrôle d'attitude et d'*orbite* pilotent le pointage des *antennes* avec précision et garantissent la bonne position du satellite sur son orbite (à plus ou moins 100 millidegrés).
— le système de contrôle thermique est indispensable : les équipements de télécommunications fonctionnent dans une plage de 10 à 50° C et les températures à la surface du satellite varient de -150° C à +120° C suivant l'exposition au soleil.
— les panneaux solaires fournissent l'énergie électrique à la charge utile.

La charge utile, constituée des moyens de télécommunication, *antennes* et *répéteurs*, assure les transmissions entre la terre et le satellite.

Les transmissions utilisent des fréquences comprises entre 1 et 15 Giga Hertz. L'*UIT* répartit les fréquences disponibles suivant les types de services (le tableau de répartition des fréquences est à l'article *réseau satellitaire*). En 1995 les transmissions numériques de télévision par satellite commençaient aux États-Unis (voir *télévision numérique*) ; elles devaient apparaître en 1996 en Europe.

L'ouverture du faisceau d'émission délimite la zone de couverture du satellite. On choisit un faisceau étroit pour les *liaisons point à point* qui utilisent des ondes très courtes (de l'ordre du Giga Hertz). On choisit un large faisceau dans le cas de services de *diffusion* ; il peut couvrir jusqu'à 40 % de la surface de la terre.

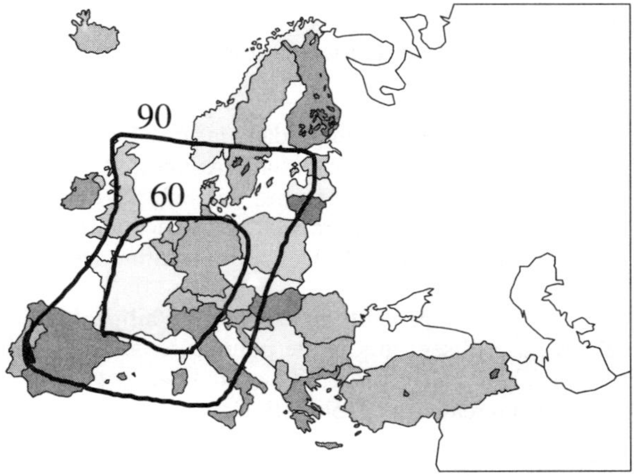

Exemples de zones de couverture d'un satellite Eutelsat.
(Les valeurs indiquent les diamètres en centimètres, des antennes réceptrices.)

La puissance d'émission des *répéteurs* détermine le diamètre des *antennes* de réception à terre. En 1994, cette puissance variait de 20 Watts (satellite de faible puissance de type *INTELSAT* ou *EUTELSAT*) à 230 Watts (satellite de forte puissance de type TDF) en passant par 50 à 100 Watts (satellite de moyenne puissance de type *TELECOM* 2 ou *ASTRA*). Dans les années 90, la technologie des satellites à forte puissance étant peu fiable, on privilégie les satellites à moyenne puissance qui autorisent des antennes au sol d'un diamètre de 0,5 m à 1,5 m.

Les puissances électriques consommées au niveau des charges utiles sont passées de 1 500 W dans les années 80 à 3 000 W en 1995, et devraient encore augmenter en raison de l'accroissement du nombre de répéteurs embarqués, de leur puissance et de la complexité des charges utiles...

• **Les services utilisant le satellite**

— Services fixes de *point à point* :
  - transmissions téléphoniques, télégraphiques ou de données ;
  - *distribution* de programmes de télévision, par exemple vers un centre de radiodiffusion ou une tête de *réseau câblé*.

— Communications d'entreprise (liaison numérique de téléphonie, d'images et de données) : services nationaux tels que SBS (Satellite Business System) aux États-Unis, services assurés par *Telecom* 1 en France ; services internationaux tels que IBS (*Intelsat* Business Service), SMS (Satellite Multiservice System) d'*Eutelsat*.

— Services mobiles pour bateaux, camions ou avions : de mobiles à mobiles ou de mobiles à station, par exemple Inmarsat (INternational MARitime SATellite organization), *Iridium*, Globalstar.

— Services de radiodiffusion directe utilisant des satellites de forte ou moyenne puissance ayant de larges zones de couverture pour *diffuser* des émissions de télévision vers l'ensemble des particuliers disposant d'une antenne parabolique.

• **Les acteurs**
Six catégories d'acteurs interviennent dans la mise en œuvre des satellites :
— les fabricants de lanceurs (Aérospatiale, Arianespace...),
— les constructeurs de satellites (Hughes Aircraft, SS/Loral, Martin Marietta aux États-Unis, Aérospatiale, Matra Marconi Space en Europe),
— les fournisseurs de matériel de communication embarqué (Thomson, Motorola...),
— les producteurs d'équipements au sol (Sony, Philips, Matsushita...),
— les sociétés qui utilisent le satellite pour leurs besoins de communication et de diffusion (*France Télévision*, *CLT*, *Canal* +...),
— les opérateurs qui réalisent l'exploitation technique et financière des projets ; on peut les classer en trois types suivant qu'ils assurent

- des liaisons intercontinentales ;
  opérateurs privés : PANAMSAT...
  opérateurs publics : *INTELSAT*, INMARSAT, INTERSPOUTNIK...
- des liaisons pour un ensemble de pays géographiquement proches ;
  opérateur privé : SES avec ses satellites *ASTRA*...
  opérateurs publics : *EUTELSAT*, ARABSAT...
- des liaisons nationales :
  FRANCE TELECOM en France, DFS COPERNICUS en Allemagne, PALAPA en Indonésie, BRASILSAT au Brésil...

• **L'avenir des satellites**
Des satellites sont en concurrence avec les *câbles* à *fibres* optiques ; ces derniers offrent des *débits* supérieurs, des voies de retour et ont des prix compétitifs. Les satellites restent concurrentiels pour la télévision, les réseaux d'entreprise à infrastructure légère (composés de *microstations*) et les services mobiles.

Quatre évolutions sont prévisibles :
— transformation du satellite en un véritable central de *commutation* doté de *multiplexeurs* et de *commutateurs* de forte puissance,
— augmentation des capacités de transmission,
— reconfigurabilité des zones de couverture terrestre,
— liaisons intersatellitaires.

L'introduction de technologies optiques devrait augmenter les *débits* des transmissions et réduire le poids de la charge utile. Par exemple, en 1995, le projet Silex piloté par le Centre National d'Études Spaciales (CNES) a pour but de transmettre, par liaison optique à un débit de 50 Mbit/s, les images du satellite d'observation de la terre Spot 4 vers le satellite géostationnaire Artemis, qui les retransmettra vers la terre (en bande Ka voir le tableau de répartition des fréquences à l'article *réseau satellitaire*) ; l'objectif est de réduire le temps de transmission et de traitement des images.

• **L'utilisation des communications par satellite par France Télécom** :

En 1995, France Télécom possédait 107 stations terriennes installées dans 16 centres. Il utilisait son réseau de satellites *Télécom* ainsi que les réseaux internationaux d'*Intelsat*, d'*Eutelsat* et d'*Inmarsat*. Ses parts d'utilisation des capacités de ces organismes étaient respectivement de 3,7 %, 14,5 % et 5,3 %. Sur les 31 satellites exploités par ces organisations, France Télécom en utilisait 22.

France Télécom utilisait des satellites pour les services suivants :
— le service téléphonique public (9 800 circuits, 120 directions) à travers 40 stations terriennes et 15 satellites (12 Intelsat, 1 Eutelsat, 2 Télécom 2).
— le service « entreprises » (380 *liaisons* spécialisées, 3 réseaux) à travers 17 stations terriennes et 7 satellites (4 Intelsat, 2 Eutelsat, 1 Telecom1).
— le service audiovisuel (31 liaisons télévision permanentes, 21 500 heures de télévision occasionnelles, 49 missions transportables, 35 radios permanentes) à travers 80 stations terriennes et 20 satellites (12 Intelsat, 3 Eutelsat, 3 Télécom 1 et 2, 1 Astra, 1 Panamsat).
— les mobiles (3,9 millions de minutes et 300 000 appels) à travers 4 stations terriennes et 3 satellites (Inmarsat).

Bibliographie : Baudelot 94, Besson 88, Boisseau 91, Du Castel 93, Friedel 94, Lunven 93.
Corrélats : réseau satellitaire, télévision par satellite.
Étymologie : emprunt à la langue commune. Français : XIIIe siècle. *Latin* : "satelles" (garde du corps, satellite) origine obscure, peut-être un emprunt à l'étrusque "*satnal".

Saturation n.f.
[Anglais : saturation]

Audiovisuel et informatique

1. L'une des deux composantes de la *chrominance* avec la *teinte*, synonyme de pureté. La saturation indique le degré de pureté de la couleur : elle est inversement proportionnelle à la quantité de blanc que contient une couleur. Une couleur pure (saturée à 100 %) ne contient pas de blanc.

2. Phénomène de *distorsion* d'un *signal*. La saturation est due à une incapacité du *canal* à transmettre les valeurs supérieures du signal. Par exemple, elle se traduit par des *bruits* dans la reproduction d'un signal sonore, par des bavures dans la reproduction d'une image couleur ou par la paleur d'une photographie surexposée.

Bibliographie : INA 93, Herellier 93.
Corrélats : chrominance, distorsion, écrêtement.
Étymologie : emprunt à la langue technique de l'optique. *Français* : XVIe siècle. *Latin* : "saturare" (remplir, rassasier, saturer). *Indo-européen* : "*sa-" (satisfaire) [Pokorny p. 876].

Sautillement n.m.

[Anglais : jitter]

Audiovisuel et informatique : effet d'instabilité spatiale de l'image à ne pas confondre avec le *papillotement* qui est un effet d'instabilité temporelle. Le sautillement peut être dû à :
— une mauvaise *synchronisation*,
— un défaut d'alimentation,
— des perturbations électromagnétiques.

Sauvegarde n.m.

[Anglais : back-up]

Informatique : copie de sécurité d'un ensemble d'informations. Les sauvegardes se font périodiquement sur des supports en général amovibles. La fonction de sauvegarde est très importante en période de développement ou d'exploitation d'une application et elle gagne à être automatisée. Les logiciels de gestion de sauvegardes proposent un certain nombre d'options comme la numérotation automatique des versions, la mémorisation de la date de sauvegarde, la mémorisation des modifications d'une version à l'autre...

Étymologie : emprunt à la langue commune. *Français* : XIIIe siècle. *Latin* : "salvus" (sauf, sain) + *Francique* : "*wardon" (veiller, être sur ses gardes). *Indo-européen* : "*solo-" (entier, intact) [Pokorny p. 979] + "*uer-" (observer attentivement) [Pokorny pp. 1164, 1165].

SC29 s.a.

Standard Committee 29 (comité de normalisation 29)

Audiovisuel et informatique : comité de l'ISO et de l'IEC, en charge de la normalisation, du codage et de la compression des images fixes, animées, du multimédia et de l'hypermédia. Il comprend les groupes d'experts internationaux *JPEG* (image fixe), *MPEG* (image animée et son associé) et *MHEG* (multimédia et hypermédia).

♦ On donne souvent aux résultats des travaux du comité le nom du groupe d'experts qui les a élaborés ; on parle ainsi de codage ou de compression JPEG, MPEG, etc... ce qui crée une certaine confusion : en fait les textes normatifs édités par ces groupes peuvent avoir plusieurs versions, comprennent plusieurs parties et couvrent différents matériels ou logiciels.

Corrélats : ISO, JPEG, MHEG, MPEG.

Scanner t.a.

Informatique : voir *numériseur.*

Étymologie : emprunt à la langue commune anglaise, dérivé du verbe "to scan" (examiner précisément, scruter). *Latin* : "scandere" (gravir, scander). *Indo-européen* : "* (skand-)" [Pokorny p. 919].

SCART s.f.

Syndicat des Constructeurs d'Appareils de Radio et de Télévision

Audiovisuel, informatique : groupement professionnel qui est notamment à l'origine des spécifications de la prise *péritel.*

Scénarimage n.m.

[Anglais : story-board]

Audiovisuel : ensemble des dessins et des textes qui décrivent, avant le tournage, le film dans sa totalité.

Scénario n.m.

[Anglais : script]

Audiovisuel : description écrite du contenu d'un film qui peut être divisée en segments appelés *scènes.* Le scénario décrit l'histoire du film et peut définir le matériel technique à employer, les lieux, les décors, la durée des prises de vue, les costumes, les acteurs, leurs paroles, leurs actions et la bande son.

♦ Au début de l'histoire du cinéma, aux États-Unis en particulier, le scénario était un texte de référence dont on s'écartait très peu. Actuellement c'est plus l'esprit que la lettre du scénario qui est retenu lors de la réalisation : le scénario peut être plus ou moins étoffé suivant les auteurs. Il complète ou se complète du *synopsis* qui est en général plus court. Le scénario peut s'illustrer de croquis des différents plans qui seront tournés (*scénarimage*).

Étymologie : *latin* : "scaenarius" (qui appartient à la scène) voir *scène.*

Scénariser v.
[Anglais : to write a script]

Audiovisuel : transformer une idée ou un texte en un *scénario.*

Scénariste n.m.
[Anglais : script writer]

Audiovisuel : auteur d'un *scénario.*

Scène n.f.
[Anglais : scene]

Audiovisuel : ensemble de *plans* ayant en commun une certaine unité de lieu, de temps ou d'action.

Corrélat : scénario.
Étymologie : *latin* : "scaena" (qui appartient à la scène). *Grec* : "skene" (cabane, hutte, tente) origine obscure.

SCOPYR n. mq.
(Saisie numérique et COnsultation d'images PYRamidales)

Informatique : procédé développé par la société Avelem pour faciliter l'accès aux images de très haute définition et à leurs représentations réduites par la construction d'images pyramidales (voir *pyramide*).

♦ Chaque image est représentée par un ensemble de fichiers allant de la vignette (1/16e d'écran) à la plus haute définition ; les images de taille supérieure à l'image plein écran sont coupées en morceaux dont les plus grands ont la taille de l'écran. Ils sont ensuite compressés en autant de fichiers indépendants que l'on ira chercher pour reconstituer un détail de l'image totale. Ce procédé trouve son efficacité maximum par la manipulation d'une partie seulement des images de très haute définition. En associant le tuilage à la compression, on peut accélérer considérablement l'accès aux images et améliorer la protection des fichiers haute définition (par exemple, pour résoudre les problèmes de droits de reproduction).

SCOPYR gère la numérisation, construit et édite la pyramide, puis gère la consultation des images.

SCSI s.a.

Small Computer System Interface (traduction littérale : Interface pour petit ordinateur)

Informatique : ensemble de spécifications matérielles et logicielles pour connecter des *périphériques* à un *bus* d'ordinateur. Cette *interface*, normalisée par l'*ANSI* définit un bus externe et les *protocoles* de gestion de ses *connexions*. Elle est disponible sur tous les types de micro-ordinateurs (*Apple*, *IBM* et compatibles PC). Conçue, à l'origine, pour la connexion de disques, elle est utilisée pour connecter différents types de périphériques (*CD-ROM*, *imprimantes*, *numériseurs*...). Les versions 1 et 2 permettent de connecter 8 unités physiques en paralèlle et la version 3 jusqu'à 32. Chaque unité peut elle-même gérer jusqu'à 8 unités logiques. Outre son caractère de standard largement reconnu, l'interface SCSI offre plusieurs avantages techniques : elle permet de facilement modifier la *configuration* de périphériques connectés au micro-ordinateur et elle assure une grande rapidité des transferts d'informations. On peut connecter un bus externe SCSI à tous les bus internes les plus répandus du monde de la micro et de la mini-informatique (*ISA*, *EISA*, *VME*...), par l'intermédiaire d'un *adaptateur* de bus. L'interface SCSI est concurrencée, pour les gros systèmes, par l'interface *IPI* mais elle reste le standard prédominant dans le monde de la micro-informatique et tous les nouveaux développements de gestion de périphériques (comme la technique *RAID*) reposent sur elle.

◆ Le standard SCSI est issu d'une spécification de bus dénommée SASI (Shugart Associates System Interface) et définie par une équipe de la société Shugart Associates en 1979. La première norme SCSI, éditée par l'ANSI, est parue en 1984. En 1992 paraissent les spécifications SCSI-2 et en 1995 les spécifications SCSI-3. L'ECMA, de son côté, a normalisé le standard SCSI en 1985.

La largeur du bus est de 8 bits pour le SCSI-1 et de 32 bits pour les SCSI-2 et SCSI-3, les vitesses de transfert varient de 4 Mo/s pour le SCSI-1 à 40 Mo/s pour le SCSI-3, en mode synchrone. La gestion logicielle laisse à chaque unité la possibilité de prendre l'initiative du dialogue.

Bibliographie : Miquel 92.

SDH s.a.

Synchronous Digital Hierarchy (traduction littérale : hiérarchie numérique synchrone)

Télécommunications : mode de transmission apparu à la fin des années 80 utilisant des liaisons rapides (de 155 Mbit/s à 2,4 Gbit/s), avec la possibilité d'ajouter ou d'extraire des informations ayant des débits intermédiaires en n'importe quel point du réseau. Le mode SDH permet une gestion et une supervision automatisée des liaisons. Cette technique, particulièrement utilisée dans les *réseaux métropolitains* et le *RNIS à Large Bande*, peut servir de couche physique à la technique de transmission *ATM.*

♦ La structure de la *trame* SDH est constituée à partir d'un "conteneur virtuel" (VC). Les informations à transmettre sont encapsulées dans le conteneur. Les conteneurs virtuels sont gérés dans le réseau de transmission SDH indépendamment de l'information qu'ils transportent.

La trame de base repose sur le multiplex STM1, d'une longueur de 2 430 octets pour une durée de 125 microsecondes et un débit de 155,52 Mbit/s. La trame a une capacité utile de 2 349 octets, pour un débit de 150,336 Mbit/s et une capacité réservée à la gestion de 81 octets, correspondant à un "surdébit" de 5,184 Mbit/s.

Dans les conteneurs virtuels de la trame de base, peuvent être multiplexés des conteneurs virtuels de débits inférieurs (trames à 1,5 Mbit/s, 2 Mbit/s, 6 Mbit/s, et 50 Mbit/s). Les multiplex normalisés de débits supérieurs au multiplex de base sont : le multiplex STM2 à 622,08 Mbit/s et le STM16 à 2,488 Gbit/s.

La normalisation par l'UIT-T concerne les structures de trame, les principaux équipements, la structure et la gestion des réseaux.

Seagate Technology n. mq.

Informatique : constructeur américain de matériel informatique spécialisé dans les unités de disques, et concepteur de l'interface *ST-506.*

Corrélat : ST-506.

SECAM s.f.

SÉquence de Couleurs Avec Mémoire

Audiovisuel : standard français de *codage* pour la diffusion de télévision mis au point en 1953, comportant 625 lignes et diffusant 25 images par seconde. Les informations sont transmises avec un système de codage *composite.*

♦ À l'émission, chaque ligne de l'image ne comprend que deux signaux, alternativement Y et Db puis Y et Dr puis Y et Db et ainsi de suite (voir

YDr Db et *codage*) ... À chaque ligne qu'il reçoit, le récepteur est en manque d'une information : de manière alternative Dr, Db, Dr... Pour reconstituer l'information complète Rouge, Vert et Bleu, il mémorise chaque ligne dans une mémoire de ligne constituée par une ligne à retard. Il réutilise ensuite le contenu de cette ligne mémorisée pour compléter l'information qui lui manque.

Corrélat : codage.

Semi-conducteur n.m.

[Anglais : semiconductor]

Électronique : composant cristallin dont la conductivité croît avec la température (alors que celle d'un métal diminue). Les matériaux les plus utilisés sont le germanium et le silicium (ce dernier résiste mieux à la température). Le dopage des semi-conducteurs par ajout d'impuretés permet de réaliser des *circuits* complexes.

***Semi-duplex** n.m.

[Anglais : half duplex]

Télécommunications : voir *bidirectionnel à l'alternat.*

Sensible adj.

[Anglais : sensitive]

Informatique : qualifie des informations ou des données qui nécessitent une protection contre les erreurs lors de leur enregistrement, transmission ou traitement. Les données de type informatique sont sensibles, les données audiovisuelles le sont moins. Voir *donnée.*

Corrélat : donnée.
Étymologie : emprunt à la langue commune. *Français* : XIIIe siècle. *Latin* "sensibilis" (qui ressent une impression) < "sentire" (sentir). *Indo-européen* : "*sent-" (sentir) [Pokorny p. 908].

Sensorama n.p.

Informatique : machine de visualisation personnelle en relief couplée à un siège vibrant, à des ventilateurs et à des diffuseurs d'odeurs, mise au point au début des années 60 par Morton Heilig aux États-Unis. Cette machine est souvent décrite comme l'ancêtre des systèmes de *simulation virtuelle* dans la littérature américaine.

Bibliographie : Burdea 93, Rheingold 93.

Séquence n.f.

[Anglais : sequence]

1. Informatique : structure élémentaire d'informations, avec l'*itération et l'alternative*. Dans une séquence S composée des éléments S1, S2 et S3, les éléments S1, S2 et S3 apparaissent l'un après l'autre et dans cet ordre.

2. Audiovisuel : ensemble de *plans* formant un tout. La *séquence* peut se confondre avec une *scène* ou peut englober plusieurs scènes. La séquence minimale s'appelle un *plan-séquence*.

Séquentiel adj.

[Anglais : sequential]

Informatique : qui est relatif à une séquence.

Cet adjectif qualifie :

– un mode d'*organisation* des données sur un support (s'oppose à *indexé*),
– un mode d'*accès* à des données (s'oppose à aléatoire),
– une technique d'*accès* à des données (s'oppose à direct),
– une structure élémentaire de données, appelée aussi *séquence* (s'oppose à itératif et à alternatif).

Série n.m.

[Anglais : serial]

1. Télécommunications : transmission qui émet ses informations les unes après les autres. Elle peut s'effectuer sur un seul fil. S'oppose à *parallèle.*

2. Audiovisuel : ensemble de programmes à épisodes. Les séries sont très demandées par les responsables des chaînes de télévision car elles fidélisent le public et elles facilitent la programmation. Les producteurs américains ont inondé le monde entier avec des séries télévisées à bon marché qui ont grandement participé à la diffusion de la culture américaine.

Corrélats : parallèle, transmission, programmation.
Étymologie : emprunt à la langue commune. *Français* : XVIIIe siècle. *Latin* : "series" (file, enfilade, enchaînement, suite ininterrompue) < "serere" (attacher en file, tresser, lier ensemble). *Indo-européen* : "*ser-" (attacher l'un à l'autre, nouer bout à bout, juxtaposer) [Pokorny p. 911].

Serré adj.

[Anglais : tight shot]

Audiovisuel : plan serré : prise de vue en très gros *plan*.

Serveur n.m.

[Anglais : server]

Informatique : dans une *architecture client-serveur*, composant qui reçoit des requêtes, effectue les traitements et fournit un service, par opposition au *client*.

Corrélat : télévision interactive.
Étymologie : emprunt à la langue commune par calque sur le terme technique américain. *Français* : XIXe siècle. Le suffixe "-eur" (du latin "-orem"), ajouté à un verbe, indique un nom d'agent. *Latin* : "servire" (être esclave, être utile à) de "servus" (esclave) origine contestée entre un emprunt à l'étrusque [Benveniste] et une dérivation sur une racine *indo-européenne* : "*suer-" et ses variantes "*uer-" et "*ser-".

SES s.f.

Télécommunications : voir *Société Européenne de Satellites.*

Set top box t.a.

[boîtier]

Audiovisuel : voir boîtier.

Seuillage n.m.

[Anglais : threshold]

Électronique : détermination d'un seuil en deçà ou au-delà duquel tous les signaux sont considérés comme nuls.

Étymologie : mot composé de "seuils" et du suffixe "-age" qui marque une action ou le résultat de cette action. **Seuil** : emprunt à la langue commune. *Français* : XIIe siècle ; *Latin* : "solea" (sandale) < "solum" (fond plat, plante du pied, base, fondement). *Indo-européen* : "*suel-, *suol-" (fondement, base, plante du pied) [Pokorny p. 1046].

SFP s.f.

Audiovisuel : Société Française de Production. Voir ce terme.

SGBD s.f.

Système de Gestion de Base de Données
[Anglais : DBMS (Data Base Management System)]

Informatique : voir *base de données.*

SGBDR s.f.

Informatique : voir *Système de Gestion de Base de Données Relationnelle.*

SGML s.a.

[Standard Generalized Mark-up Language (langage normalisé de balisage généralisé)]

Informatique : norme d'un langage de description de *modèles* de documents publiée par l'*ISO* sous la référence ISO 8879 en 1986. La norme ne définit pas l'aspect physique d'un document (sa présentation, sa typographie...) mais la description de la structure logique d'un document-type représentant une famille de documents. Le balisage du document consiste à ajouter des méta-informations au contenu du document ; leur rôle est de décrire la structure du document.

SGML permet d'échanger sur toutes *plates-formes* des documents de toutes origines.

CALS ou *html* sont des exemples d'applications utilisant cette norme.

Bibliographie : Danish 91, Dupoirier 94, Sandoval 94.
Corrélat : Gestion électronique de documents.

SIG s.f.

Informatique : voir *Système d'Informations Géographiques.*

Signal n.m.

[Anglais : signal]

Électronique

1. Tout objet ou phénomène, d'origine volontaire, susceptible d'en représenter un autre suivant une convention.

2. Plus particulièrement, tout objet ou phénomène dont une ou plusieurs caractéristiques sont capables de changer d'état, les variations pouvant être provoquées volontairement et interprétées conventionnellement comme des *informations.*

Par exemple, le téléphone qui sonne passe d'un état silencieux à un état bruyant et ce passage est interprété, par convention, comme un appel extérieur.

3. Dans l'usage courant, signal est souvent synonyme d'information bien qu'il ne désigne qu'un support (perceptible ou imperceptible) de l'information. Un signal peut être traité, transmis, mémorisé, modulé.

♦ **Signal analogique**
[Anglais : analogue signal]

Dans un signal *analogique,* la grandeur caractéristique qui représente les informations est susceptible de prendre une quelconque des valeurs d'un intervalle *continu.*

Les variations d'état d'un signal analogique peuvent suivre de manière continue les variations d'un autre système physique représentant des informations. C'est, par exemple, le cas dans le fonctionnement d'un *microphone.*

• **Signal numérique**
[Anglais : digital signal]

Dans un signal *numérique,* la grandeur caractéristique qui représente les informations est susceptible de prendre un nombre fini de valeurs *discrètes* bien déterminées.

• **Élément de signal**
[anglais : signal element]

Partie d'un signal se distinguant des autres par une ou plusieurs de ses caractéristiques telles que sa durée, sa position relative, sa forme, sa hauteur.

• **Signal temporel discret**
[Anglais : discretely-timed signal]

Signal composé d'une suite temporelle d'éléments, chacun ayant une ou plusieurs caractéristiques telles que sa durée, sa position dans le temps, sa forme, sa hauteur, qui représentent des informations.

Par exemple, une image photographique sur papier n'est pas un signal temporel discret tandis que son codage pour transmission par câble peut l'être.

• **Valence d'un signal**
[Anglais : valence, number of significant conditions]

L'état d'un signal est dit significatif lorsque, par convention, on lui associe une *information.* Le nombre d'états significatifs que peut prendre un signal s'appelle la valence du signal. Le signal le plus simple a une valence de 2, c'est le signal *binaire.*

Par exemple, une lampe peut être allumée ou éteinte, le courant électrique peut circuler ou pas dans un circuit. Certains signaux prennent bien sûr plus de deux états : l'intensité lumineuse des points constituant une image en noir et blanc peut varier pour fournir toutes les nuances possibles de gris (voir *échelle de gris*). De même, un signal sonore peut varier en *hauteur*, etc. Lorsqu'un signal peut prendre une infinité d'états, il est dit *analogique*, sinon il est dit *discret.*

• **Variations d'état d'un signal, dimensions d'un signal**
Il est commode de décrire les variations de l'état du signal en termes de fonctions mathématiques.

— L'état d'un signal peut être décrit en fonction d'une variable seulement. Ainsi l'état de la lampe varie en fonction de la position de son interrupteur au cours du temps ; on peut décrire l'état de la lampe comme une fonction simple du temps :

$$L = f(t)$$

où L est l'état de la lampe et t est une variable qui parcourt le domaine du temps.

D'une manière plus générale, tout signal décrit avec une variable peut se représenter sous la forme :

$$Y = f(x)$$

On dit qu'un tel signal est de dimension 1.

— Il existe des signaux à plusieurs dimensions : l'*intensité* lumineuse d'une image varie en chacun des points de cette image. Elle peut donc être décrite en fonction des coordonnées des points. Un tel signal se représente par une fonction du type :

$$L = f(x,y)$$

où L est l'état de *luminance*, et x et y sont les coordonnées *des points. Un tel signal est dit de dimension 2.*

— On peut ajouter à l'image une troisième dimension, par exemple, en la faisant s'animer dans le temps. Nous aurons alors l'équation :

$$L = f(x,y,t)$$

où L est l'état de luminance, x et y sont les coordonnées des points, et t est la variable parcourant le temps. Un tel signal est dit de dimension 3.

• Échantillonnage
[Anglais : sampling]

L'*échantillonnage* est la prise d'échantillons d'un signal, en général à intervalles réguliers. Il consiste à remplacer un signal de dimension n par m signaux de dimensions n-1. La définition de la variable m s'appelle la discrétisation. La variable m donne la *résolution* du signal dans la dimension supprimée. On peut, par exemple, dans une image monochromatique de 100 mm de largeur (axe des x) et de 200 mm de hauteur (axe des y), décider de ne sélectionner qu'un point par millimètre dans le sens de la largeur. Nous aurons ainsi 100 points par ligne horizontale sur toute la hauteur de la page ou, autrement dit, 100 lignes verticales continues que nous pouvons numéroter de 1 à 100. Chaque ligne verticale peut être codée par un signal à une dimension du type :

$$V_i = f(y) \qquad (1 \leqslant i \leqslant 100)$$

où V_i est l'ensemble des valeurs de luminance de l'image sur la ligne verticale de rang i.
Les 100 signaux V_i ainsi codés (de dimension 1) sont un échantillonnage du signal $I = f(x,y)$ (de dimension 2) qui représente l'ensemble de l'image. La résolution horizontale est de 1 point par millimètre.

Plus la fréquence d'échantillonnage est élevée, plus fidèle sera la restitution du signal original. On démontre qu'un signal de fréquence maximale f peut être reconstitué par des échantillons pris à une fréquence minimale $2f$ (relation de Nyquist, appelée aussi théorème de Shannon).

• Quantification
[Anglais : quantization]

Après avoir procédé à l'échantillonnage du signal dans toutes ses dimensions, on peut procéder à l'opération de quantification : on découpe alors l'ensemble des valeurs du signal en un certain nombre de plages et on remplace chaque échantillon par l'indication de son appartenance à l'une d'entre elles.

• Codage
[Anglais : coding]

Il consiste à donner une valeur à chaque plage définie lors de la quantification.

• Numérisation
[Anglais : digitizing]

La numérisation d'un signal s'effectue par l'enchaînement des quatre opérations : discrétisation, échantillonnage, quantification et codage, telles que décrites ci-avant, voir les figures sous l'article *numérisation.*

• Signal périodique, fréquence et bande passante
Un signal périodique est un signal qui se reproduit identique à lui-même au bout d'un certain intervalle de temps appelé *période.* La fréquence d'un signal est le nombre de fois que se reproduit le signal, identique à lui-même, par unité de temps. La période, mesurée en seconde, est l'inverse de la fréquence qui se mesure en hertz :

$$p = 1/f$$

La fréquence d'un signal peut varier au cours du temps. On caractérise souvent un signal périodique par l'écart entre sa fréquence minimale et sa fréquence maximale, appelé son excursion de fréquence. L'exclusion de fréquence détermine la *bande passante* des dispositifs qui traitent les signaux.

• Dynamique, canal, rapport signal/bruit et distorsion
La *dynamique* d'un signal est le rapport entre ses valeurs maximale et minimale.

Un *canal* est un moyen de transmettre un signal d'un point à un autre. Une de ses caractéristiques est son *bruit* de fond.

Le rapport signal/bruit exprime la relation entre la plus grande valeur du signal transmis et la valeur du bruit de fond du canal. Dans une transmission, la dynamique doit être inférieure au rapport signal/bruit, sinon il y a perte d'une partie du signal et de l'information qu'il transporte.

La transmission d'un signal par un canal nécessite des opérations d'adaptation du signal au canal. Il faut par exemple, comprimer un signal qui a une bande passante plus large que celle du canal ; il faut le transposer pour que ses fréquences soient compatibles avec celles du canal. L'adaptation se fait généralement par transposition ou *modulation* du signal. Lorsque le rapport entre le signal entrant et le signal transmis cesse d'être linéaire, il y a une déformation du signal que l'on appelle *distorsion.*

• Modulation
En transmission analogique, la modulation d'un signal (appelé onde porteuse) consiste à transformer une de ses caractéristiques (amplitude, fréquence ou phase) par l'effet d'un autre signal contenant l'information

utile pour faciliter le transfert de ce dernier (transmission, enregistrement ou reproduction).

En transmission numérique, la modulation désigne la technique de *modulation par impulsion et codage* et ses dérivées.

Les principaux types de modulation sont décrits sous l'article *modulation.*

Corrélats : affaiblissement, gain, numérisation.
Étymologie : emprunt à la langue commune. *Français* : XIIIe siècle. *Latin* : "signale" (de signe) neutre de "signalis" dérivé de "signum" (signe, marque distinctive, sceau, signe). *Indo-Européen* : "seku-" (suivre) > "seku-no-" (objet que l'on suit)... [Pokorny pp. 896, 897].

Signalisation n.f.
[Anglais : signalling]

Télécommunications : ensemble des informations transmises à travers un réseau en vue de l'établissement d'une communication et de la gestion des ressources du réseau.

Par exemple, en téléphonie : la composition du numéro et le signal reçu en retour (occupé, libre) font partie de la signalisation.

Bibliographie : Du Castel 93.
Étymologie : emprunt à la langue commune. *Français* : XXe siècle. Dérivé de "signaler" emprunt à l'*italien* : "segnalato". *Latin* : voir *signal.*

Silicon Graphics n. mq.

Constructeur d'ordinateurs américain spécialisé dans les *stations graphiques* de haut de gamme. Silicon Graphics a racheté le fabricant de micro-processeur MIPS. Il a lancé en 1993 les premières stations informatiques multimédias avec caméra vidéo couleur intégrée : les modèles Indy qui complètaient la gamme des modèles Indigo.

♦ Doté d'un microprocesseur Mips R4000, Indy disposait, lors de son lancement, d'une mémoire allant jusqu'à 256 Mo et d'une capacité disque de 2 Go.

Silicon graphics fournit les stations de travail graphiques (dont la station de haut gamme Reality Engine) très utilisées pour développer des applications de *simulation virtuelle.*

SIMD s.a.

Single Instruction stream, Multiple Data stream (traduction littérale : flux d'instructions unique, flux de données multiples)

Informatique : type d'*architecture parallèle* ayant plusieurs unités de traitement de données et une seule unité de commande. À un instant donné, tous les processeurs de données exécutent le même flux d'instructions, chacun sur ses données propres. L'architecture SIMD est plus simple que celle dite *MIMD.*

♦ **Exemple d'une application d'image de synthèse**
La réalisation d'une image se fait point par point, la position de chaque point étant identifiée par ses coordonnées en hauteur et en largeur (valeurs x et y). Dans une première phase de préparation, chaque objet représenté sur l'image est d'abord dessiné de manière indépendante, comme s'il était seul dans l'image. Un tableau accroché au mur d'une pièce, par exemple, occupe un espace rectangulaire sur ce mur. La phase de finition de l'image, qui rassemble les objets, doit éliminer leurs parties cachées lorsqu'ils se superposent : un pot de fleur posé devant le tableau en cache une partie ; la finition supprime le dessin du tableau aux endroits concernés. La technique couramment utilisée consiste à attribuer, dès la phase de préparation, à chaque point de chaque objet une valeur donnant sa position en profondeur (valeur z). L'élimination des parties cachées se fait par comparaison, pour chaque point (x,y) de l'image, des valeurs z des objets présents en ce point.

Dans un ordinateur à architecture parallèle de type SIMD, on pourrait confier à chaque processeur de données le calcul d'une partie de l'image. Dans un ordinateur quadriprocesseur, chaque processeur traiterait, par exemple, un quart de l'image. La finition du dessin serait effectuée simultanément par les quatre processeurs, chacun traitant ses données propres, c'est-à-dire son quart d'image, mais tous effectuant exactement le même traitement, c'est-à-dire, dans notre cas, l'effacement des parties cachées.

Bibliographie : Chaillou 92, Germain 91, Tanenbaum 91.
Corrélats : algorithme, architecture parallèle, MIMD.

Simplex adj.

[Anglais : simplex]

Télécommunications : voir *unidirectionnel.*

Simulation virtuelle n.f.

[Anglais : virtual reality]

Informatique : simulation *interactive* et en *temps réel* de la réalité, pouvant mettre en jeu l'ensemble des canaux sensoriels (la vision, l'audition, le toucher, l'odorat et le goût) et donnant l'impression d'une immersion dans les images et les sons. La simulation virtuelle représente la pointe du développement du multimédia. Elle se caractérise par une grande capacité d'illusion. Ses principaux domaines d'application sont l'enseignement, la médecine, le domaine militaire, la robotique, l'art et les distractions.

♦ **Terminologie** : de nombreuses dénominations apparaissent ça et là pour désigner les mondes virtuels :
— Réalité virtuelle, *calque* de l'anglais "Virtual Reality" est l'expression la plus répandue. La réunion de deux termes contradictoires (par définition, ce qui est virtuel n'est pas réel) déroute et mystifie plus qu'elle n'aide à comprendre.
— Cyberspace associe la racine grecque "kubernan" (piloter, diriger), d'origine obscure et le mot *anglais* : "space" (espace) emprunté au *français* : "espace" (XIIe siècle) [du *latin* : "spatium" (espace), d'origine obscure lui aussi]. Le mot est utilisé dans les appellations commerciales de logiciels d'images de synthèse (voir *Autodesk*). Il a été créé en 1984 par le romancier de science-fiction William Gibson dans son livre "Neuromancien" [Rheingold 93]. Laissons-le aux services commerciaux des sociétés américaines et à la science-fiction de langue anglaise.
— Cyberespace sonne mieux que le précédent dans la langue française. Il laisse deviner "un espace que l'on gouverne" ou "un espace où l'on se gouverne". Il désigne bien l'espace, composante importante mais partielle des mondes virtuels ; il manque l'évocation des composantes sonores, tactiles et olfactives. D'autre part sa connotation avec "cybernétique" ne facilite pas sa compréhension.
— "Espace de synthèse" a le mérite de la simplicité et de la clarté mais, comme les deux précédents, est peut-être trop réducteur.
— "Espace virtuel" a les mêmes avantages et inconvénients que "espace de synthèse"...
— "Réalité artificielle" ne veut rien dire.
— "Téléprésence" est une absurdité : la présence se situe, par définition, ici et maintenant.

En attendant que le vocabulaire se fixe, nous avons choisi de suivre la proposition de [Quéau 93]. L'expression "simulation virtuelle", simple et facilement mémorisable, est suffisamment large pour inclure toutes les composantes passées et à venir des mondes virtuels.

• Histoire

Les auteurs américains font volontiers remonter les premiers essais de simulation virtuelle aux années 50 et 60 aux États-Unis avec la mise au point du *sensorama* par Morton Heilig et du "casque incroyable" par Ivan Sutherland qui utilisait deux tubes à rayons cathodiques pour fournir une vision stéréoscopique. En fait, comme toujours dans les réalisations techniques, il est difficile de tracer des frontières bien précises et d'établir une généalogie exacte. La simulation virtuelle est née de la rencontre de plusieurs domaines de recherche : les systèmes de vision stéréoscopique, les *capteurs tactiles*, les *interfaces d'utilisation graphiques*. Dans les années 70, les premiers simulateurs de vols utilisant des techniques logicielles étaient développés pour des applications militaires aux États-Unis. En 1981, la Nasa mettait au point un casque de visualisation à cristaux liquides nommé VIVED (VIrtual Visual Environment Display : écran pour environnement visuel virtuel). On peut convenir de dater vers la fin des années 80 les premières véritables applications de simulation virtuelle, lorsque le laboratoire Ames de la NASA a utilisé conjointement les *visiocasques* et les *gants sensitifs*.

• Composants des systèmes de simulation virtuelle

La simulation virtuelle utilise un *ordinateur* disposant de puissantes capacités de calcul, de mémorisation et d'affichage graphique, et une périphérie spécialisée capable de capter et de délivrer des informations multisensorielles :

— en entrée :
  - *capteurs de position* ou *boule*,
  - *gants sensitifs*,
  - *costume* sensitif, etc.

— en sortie :
  - *casque* ou lunette de vision stéréoscopique,
  - *gant tactile*,
  - *bras de retour d'effort ou manche à balai*,
  - *diffusion sonore en trois dimensions*,
  - diffuseur d'odeurs,
  - ventilateur,
  - diffuseur de chaleur, etc.

Les ordinateurs peuvent être de simples ordinateurs personnels pourvus des meilleurs processeurs (*Pentium*, *Power PC*, *alpha*...). On utilise également les systèmes d'exploitation courants (du type *Unix* ou *Windows*). Le *développement* des applications se fait avec des outils spécialisés utilisant le plus souvent les techniques de *programmation orientée objet*.

• Caractéristiques de la simulation virtuelle

Les applications de simulation virtuelle se caractérisent avant tout par leur très grand pouvoir d'illusion obtenu par la sollicitation conjointe de plusieurs sens. L'illusion de réalité est amplifiée par la vision en trois dimensions et par l'impression d'immersion que procure l'*interactivité*: l'espace perçu et les sons entendus se modifient en *temps réel* en fonction des mouvements de la tête, de la main, du bras, voire du corps tout entier. Les objets perçus peuvent être touchés et le déplacement de la main permet de mesurer leur consistance, leur surface, leur dureté...

La seconde caractéristique tient à la nature des mondes de synthèse : chaque objet représenté est susceptible d'avoir son propre comportement et sa propre mémoire. L'illusion se complète d'un potentiel de création libéré, en théorie, de toute contrainte. Les systèmes virtuels rendent possibles la simulation de nouveaux espaces, de nouvelles associations, de nouveaux points de vue, de chimères qui seront toutes perçues avec le même degré d'illusion.

• Un nouveau langage ?

Les *images de synthèse* ne représentent pas une réalité mais des modèles abstraits, programmables à volonté. Le rôle actif du corps dans un système de simulation virtuelle, en modifiant les conditions de perception, accroît l'illusion de la réalité de ces modèles abstraits. Le langage de programmation se transforme en images, en sons, en sensations tactiles... La soudaine simultanéité d'émission de signes multisensoriels, rendue possible par le passage au "tout numérique", ouvre un nouvel espace dans la communication. L'image, le son, le toucher, l'odeur, sont désormais autant de signes disponibles dans un nouveau lexique dont les règles d'agencement restent à découvrir.

• Les acteurs de la simulation virtuelle

La simulation virtuelle étant encore naissante, les principaux acteurs sont des centres de recherche et des universités, majoritairement situés aux États-Unis et au Japon. Parmi les sociétés privées, on trouve les industriels de l'informatique et des télécommunications (AT&T, Apple, Autodesk, Canon, IBM, Matsushita, NTT, Thomson, Silicon Graphics, Siemens), les deux grands spécialistes des jeux vidéo (Nintendo et Sega) et quelques petites sociétés comme VPL ou Polhemus qui jouent souvent un rôle de pionnier.

Bibliographie: Burdea 93, Kalawsky 93, Quéau 93, Rheingold 93.
Corrélats : effet de réalité, image, multimédia.

SMPTE s.a.

Society of Motion Picture and Television Engineers

Audiovisuel

1. Organisation américaine des ingénieurs de télévision et de cinéma, qui a notamment défini, en 1970, une norme de *code temporel.* La SMPTE est l'équivalent aux États-unis de l'Union Européenne de Radiodiffusion (*UER*) en Europe.

2. Norme définie par la SMPTE (voir code temporel).

Société Européenne de Satellites (SES) n.s.

Télécommunications : société luxembourgeoise gérant des satellites (en particulier la série *Astra*).

Corrélat : satellite.

Société Française de Production n.s.

Audiovisuel : société française créée en 1975 après la partition de l'ORTF. Elle comprend aujourd'hui trois filiales : SFP-Productions, SFP-Studios et SFP-Vidéo. Son rôle est de produire ou co-produire des programmes audiovisuels et de les commercialiser.

Bibliographie : INA 95
Corrélat : paysage audiovisuel français.

Software t.a.

Informatique : voir *logiciel.*

Solaris n. mq.

Informatique : nom du système d'exploitation *Unix* du constructeur *Sun* pour ses machines dotées de processeurs de type *Sparc.*

♦ Ce système d'exploitation permet de gérer des machines multiprocesseurs. Il intègre en standard une bibliothèque XGL qui gère les images 2D et 3D, une configuration automatique de réseau et le niveau C2 de sécurité défini par le Département de la défense des États-unis. Solaris est destiné, à terme, à être porté sur les *plates-formes* de type *Intel* et à y remplacer Interactive Unix, l'autre système d'exploitation Unix de *Sun.*

Son n.m.
[Anglais : sound]

Audiovisuel

1. Sensation auditive engendrée par une vibration acoustique.

2. Vibration acoustique qui éveille une sensation auditive.

3. Par extension, *signal* transportant un son (au sens **2**) codé.

Les sons correspondent aux *fréquences* des vibrations sonores et se caractérisent par leur *hauteur*, leur *intensité* et leur *timbre* (voir ces termes). Les sons perçus ont une fréquence comprise entre 20 et 20 000 hertz. Le téléphone se contente cependant des fréquences situées entre 300 et 3 400 hertz pour assurer la compréhension de la parole.

Un son pur correspond à une onde sinusoïdale ayant une fréquence bien définie. La *capture* des sons se fait à l'aide de *microphones* et la reproduction à l'aide de *haut-parleurs*. Les techniques modernes d'enregistrement et de transmission utilisent la *numérisation* et la *compression*.

- **Sons virtuels**

La reproduction de sons en deux dimensions (stéréophonie) a marqué un grand progrès par rapport à la monophonie : elle renforce l'impression de réalité en donnant une illusion de volume dans l'espace d'audition. Les systèmes de *simulation virtuelle* ont développé l'utilisation de sons virtuels qui renforcent l'effet de réalité par rapport à la stéréophonie. Pour en comprendre le fonctionnement, il suffit de comparer l'écoute dans un casque stéréophonique à une écoute dans un environnement réel. Lorsque l'on tourne la tête, l'écoute dans un casque nous donne l'impression que la source sonore se déplace. Un système de production de sons virtuels, en adaptant les signaux sonores au mouvement de notre tête, nous laisse l'impression que la source sonore reste à la même place et renforce par là l'illusion de réalité.

- **Ultrasons**

Les ultrasons correspondent à des ondes acoustiques ayant des fréquences supérieures à 20 000 hertz et donc inaudibles. Des capteurs d'ultrasons sont utilisés dans les techniques de simulation virtuelle pour identifier les coordonnées absolues définissant la position d'un *visiocasque*, d'un *gant sensitif* ou d'un *costume sensitif* dans une pièce et, à partir de là, interpréter les mouvements du navigateur.

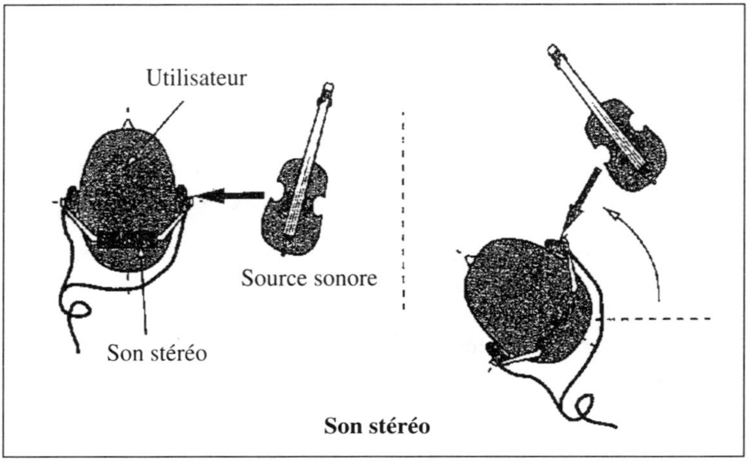

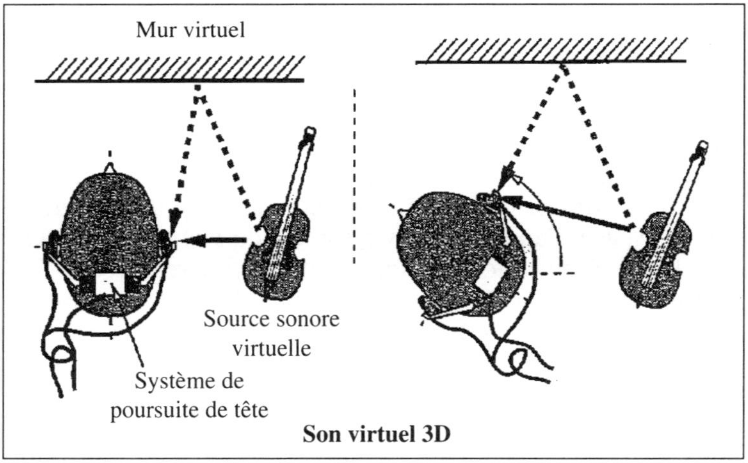

Son stéréo et son virtuel réverbéré et direct.
(*D'après : La réalité virtuelle,* G. Burdea, Éd. Hermès.)

- **Son et image**

La sonorisation au cinéma date des années 1930 et ne s'est vraiment généralisée que dans les années 40. Le son accroît l'*effet de réalité*. Cependant son rôle ne se limite pas à reproduire encore mieux le réel en étant synchrone avec les images ; ainsi la partition musicale qui accompagne les images est artificielle, sauf lorsque la caméra filme des musiciens.

Le son est un élément du *langage cinématographique* indépendant de l'image. Il peut l'accompagner ou jouer en contrepoint ; l'école soviétique du cinéma privilégiait la non-coïncidence du son et de l'image et procédait à de savants assemblages lors du *montage*. Le son peut avoir un rôle de *transition* en produisant par exemple un effet de continuité dans un enchaînement d'images, il peut aussi élargir inconsciemment le *champ* de la caméra en donnant des informations sur le *hors-champ*.

Bibliographie : Leipp 80, Maillot 94, Martin 94, Mercier 90, Schaeffer 77.
Corrélat : langage cinématographique.
Étymologie : emprunt à la langue commune. *Français* : XIIe siècle. *Latin* : "sonus" (son, bruit, accent). *Indo-européen* : "*suen-" (faire du bruit) [Pokorny p. 1046].

SONET s.a.

Synchronous Optical Network

Télécommunications : technique de transmission utilisée en Amérique du Nord et équivalente au *SDH* européen (voir SDH).

Sonie n.f.

Audiovisuel : sensation de niveau d'*intensité sonore*. La sonie est une caractéristique subjective des sons (tandis que l'intensité est une caractéristique physique). Elle se mesure en *phone* (l'intensité se mesure en *décibel*). Des sons de fréquences différentes procurant la même sensation d'intensité sont dits *isosoniques*.

Sony n.s.

Audiovisuel : fabricant japonais de matériel audiovisuel destiné au grand public et au monde professionnel. Sony a racheté les studios de cinéma américains Hollywood Columbia.

Souris n.f.

[Anglais : mouse]

Informatique : *unité périphérique* de communication. La souris a été une des particularités des Macintosh lors de leur lancement. Une souris est constituée d'une boîte contenant une boule et un ou plusieurs boutons. On déplace la boule pour positionner un curseur sur l'écran et on clique sur les boutons pour sélectionner la zone de l'écran où le curseur est positionné.

♦ La boule est reliée à deux capteurs transmettant à l'unité centrale les variations en *X* et *Y* de position de la souris sur le plan de travail. Le *pilote* de la souris définit la précision et la sensibilité des mouvements. La liaison à l'unité centrale est assurée par un port série, quelquefois spécialisé (port souris).

Corrélat : clic.
Étymologie : emprunt à la langue commune par calque de l'anglais "mouse". *Français* : XXe siècle dans le sens technique et XIIe siècle dans la langue commune. *Latin* : "sorex" (souris). *Indo-européen* : "*suer-" (bourdonner, ronronner) [Pokorny p. 1049].

Soustractif adj.

[Anglais : subtractive]

Audiovisuel : qualifie un système de *synthèse des couleurs* dans lequel les trois *couleurs primaires* sont le turquoise (Cyan), le pourpre (Magenta) et le jaune. Toutes les couleurs du *spectre* peuvent être obtenues à l'aide de filtres ayant ces trois couleurs.

SPARC n. mq.

Scalable Processor ARChitecture (traduction littérale : architecture évolutive de processeur)

Informatique : nom d'une architecture de processeur central développée par *Sun* et équipant la plupart des stations de ce constructeur qui sont appelées du terme générique de "sparcstation". C'est un processeur de type *RISC*.

SPEC s.a. et n.s.
System Performance Evaluation Cooperative

Informatique : regroupement de constructeurs informatiques (littéralement : coopérative pour l'évaluation des performances des systèmes) qui a défini en 1988, un ensemble de 10 programmes d'évaluation de performances des ordinateurs, concernant en particulier le processeur central, la mémoire et le compilateur. Les résultats des mesures s'expriment en SPECratio (pour chaque programme-test, rapport des performances de la machine testée à celles d'un VAX 11/780 servant de référence) ou en SPECmark (moyenne des différents SPECratios).

On trouvait, parmi les premiers adhérents au groupe, tous les principaux constructeurs nord-américains : IBM, AT&T, Digital, SUN, Intel, Motorola, Hewlett-Packard...

Corrélat : banc de mesure.

Spectre n.m.
[Anglais : spectrum]

Général

1. Répartition des caractéristiques d'un système physique.

2. Ensemble de valeurs représentant cette répartition.

Par exemple : le spectre des *ondes hertziennes* définit un intervalle comprenant l'ensemble des ondes hertziennes (de 10 kHz à 300 GHz). Voir les figures aux articles *onde électromagnétique* et *onde hertzienne.*

Bibliographie : Bensoussan 80.
Corrélats : couleur, ondes électromagnétiques, onde hertzienne.
Étymologie : emprunt à la langue de la physique. *Français* : XVIe siècle. *Latin* : "spectrum" (image, apparence) de "spectare" (regarder). *Indo-européen* : "*spek-" (observer, voir, regarder) [Pokorny p. 984].

SPIFF s.a.
Still Picture Interchange File Format (format de fichier pour échange d'images fixes)

Audiovisuel et informatique : format de *fichier d'images* fixe, plus connu sous le nom du groupe d'experts qui l'a élaboré, *JPEG* (ISO/IEC/SC29/WG1) ; il encapsule des données propres à une image fixe, des données relatives à l'image (par exemple le nombre de bits de codage par pixel, le type d'image, en couleur ou monochrome...) et des données annexes (par exemple le nom du créateur de l'image, les droits de copie, le numéro de dépôt...). Il reprend les principes mis en œuvre dans le format *TIFF*.

♦ Le format est ouvert à toutes sortes d'extensions pour être compatible avec les standards de fait et les besoins des applications. Il comporte quatre parties principales : l'en-tête, le répertoire d'étiquettes, les données de l'image, les données indirectes.

a. L'en-tête comporte les champs suivants :
le type d'image,
le nombre de *composants*,
la hauteur d'image,
la largeur d'image,
l'espace de couleurs,
le nombre de bits par composante,
le type de *compression*,
l'unité de *résolution*,
la résolution verticale,
la résolution horizontale.

b. Le répertoire contient un nombre variable d'étiquettes ; la longueur d'une étiquette est limitée à 65 000 octets ; en cas de dépassement de cette longueur, on *indexe* l'étiquette et on place son contenu dans la partie indirecte située à la fin du fichier. Les étiquettes de base du répertoire sont les suivantes :
caractéristiques de transfert,
position relative des composantes,
orientation de l'image,
réduction de l'image incluse dans le fichier (image-onglet),
titre de l'image,
description du contenu de l'image,
version de l'image,
identité du créateur de l'image,
niveau d'authenticité,
mention explicite des droits de copie,
numéro et type d'*enregistrement*,
pointeurs et balayage multiple,
pointeurs de début de *tuiles*,
numéro de référence de l'image.

Les réalisateurs d'applications peuvent demander l'affectation de numéros d'étiquettes particulières ; l'AFNOR a été désignée par l'ISO pour assurer la phase expérimentale de l'enregistrement de nouvelles étiquettes.

c. Les données de l'image peuvent être organisées, suivant le mode de *compression*, en un seul morceau ou en *tuiles*, avec toutes les informations nécessaires pour que le décodeur qui dispose des données de l'en-tête puisse les transformer en image en *mode points* pour l'affichage ou l'impression.

d. Les données indirectes contiennent des tables, des textes de longueur variable (commentaires sur les étiquettes), l'image-onglet selon la décision de renvoyer des données à la fin du fichier, comme cela se fait dans le format TIFF.

Soulignons une disposition importante du format SPIFF : il mentionne l'*alphabet* utilisé, ce qui permet d'enregistrer des zones textuelles dans toutes les langues répertoriées par l'ISO, y compris celles utilisant des codages à plusieurs octets par caractère comme le chinois. Les commentaires saisis par un opérateur chinois sont donc transportés tels quels.

Corrélats : JPEG, TIFF.

SQL s.a.

System Query Language (traduction littérale : Langage de requête de système)

Informatique : langage d'interrogation de *base de données* développé par *IBM* et devenu un standard de fait.

SQL Access Group t.a.

Informatique : groupe d'étude travaillant sur la normalisation de l'accès aux bases de données, en particulier *via* le langage *SQL.*

SRAM s.a.

Static Random Access Memory (traduction littérale : mémoire vive statique)

Informatique : voir *circuit intégré.*

SSI t.a.

Small Scale Integration (traduction littérale : intégration à petite échelle)

Informatique : voir *circuit intégré.*

ST-506 s.a.
Seagate Technology 5"1/4, 6 Mo

Informatique : nom d'une *interface* pour *disques magnétiques* développée en 1980 par la société Seagate Technology et devenue un standard de fait dans les années 80. Elle est de plus en plus remplacée par l'interface *SCSI.*

♦ L'interface ST-506 utilisait des câbles d'une longueur maximale de 3 mètres et des *connecteurs* à 20 ou 34 broches. La vitesse de transfert était inférieure à 1 Mo/s.

Standard adj.
[Anglais : standard]

Général : qui est conforme à un *standard.*

Standard n.m.
[Anglais : standard]

Général : matériel , logiciel, technique ou méthode qui sert d'étalon, de valeur de référence.

On distingue les standards de fait (de facto) et les standards de droit (de jure). Les premiers sont imposés par le marché tandis que les seconds sont édictés par un organisme officiel, en France l'*AFNOR*. Pour lever toute ambiguïté, il est souhaitable d'appeler *normes* les standards de droit et de réserver le mot standard aux seuls standards de fait. Il arrive qu'une norme ne soit jamais respectée, ce qui, par définition ne peut être le cas du standard de fait.

Corrélats : normalisation, norme.
Étymologie : emprunt à la langue commune. *Français* : XIXe siècle emprunt à l'anglais qui l'a emprunté à l'*ancien français* : "estandard". Issu d'un adjectif francique non attesté "*standhard" (inébranlable) composé d'un nom "stand" (action de se tenir debout) et d'un adjectif "hard" (ferme, dur). *Indo-européen* : "*sta-" (se tenir debout) [Pokorny p. 1004] + "*kar-" (dur) [Pokorny p. 531].

Station de travail exp.
[Anglais : workstation]

Informatique : ordinateur muni d'une forte puissance de calcul. Une station de travail est un ordinateur dédié à un travail bien précis comme le dessin industriel ou la conception assistée par ordinateur. La majorité des stations de travail utilisent le système d'exploitation *Unix*. Les principaux constructeurs sur ce marché sont *Sun*, *IBM*, *Digital*, *HP*, ...

Station graphique exp.
[Anglais : graphic workstation]

Informatique : ordinateur dédié au travail *graphique*. Le matériel comprend au moins un écran à haute résolution et suffisamment de mémoire et de puissance pour exécuter des logiciels de *PAO*, *CAO*, *DAO* ou *image 3D*. Le système d'exploitation le plus utilisé est le système *Unix*. Les principaux constructeurs sur ce marché sont *Silicon Graphics*, *Sun*, *Hewlett-Packard* et *Digital*.

Station maîtresse exp.
[Anglais : hub]

Informatique et télécommunications : ordinateur qui commande la communication dans un réseau. Il distribue le temps d'occupation des lignes, gère le *routage*, les *commutations* et les éventuels conflits. Tout message passe par lui. Les autres stations dites esclaves ou *microstations* ne font qu'exécuter les ordres de la station maîtresse. Dans les liaisons satellitaires, la station maîtresse ou concentrateur est reliée aux microstations *via* le *satellite* en *point à point*, avec une liaison qui peut être *unidirectionnelle* ou *bidirectionnelle*. Dans ce dernier cas, la microstation peut envoyer des informations, éventuellement de type vidéo, vers la station maîtresse.

Story-board t.a.

Audiovisuel : voir *scénarimage*.

Sub-D n. mq.

Électronique : type de *connecteur* mâle ou femelle de 9 à 50 broches, utilisé principalement pour :
— les *liaisons* en *série*,
— les liaisons *parallèles*,

— les liaisons *SCSI*,
— les *bus* vidéo.

Sun n. mq. et n.s.

Informatique : constructeur américain en informatique. Spécialisé dans les stations de travail tournant sous *Unix* et le multimédia. Sa gamme de machines “SparcStation” est particulièrement destinée aux applications graphiques, de *CAO* et d’images 2D et 3D. Dans le cadre de sa stratégie “Open Graphic Initiative” (projet pour graphisme ouvert), Sun se positionne sur l’imagerie vidéo et les nouvelles techniques multimédias.

Support n.m.

[Anglais : support, media]

1. Informatique : par *calque* sur l’anglais, activité de maintenance ou aide fournie par un constructeur ou un éditeur à ses clients dans l’utilisation de ses produits.

2. Informatique, audiovisuel et télécommunications : ce qui supporte l’information ; synonyme de médium.

Corrélats : 1. Maintenance 2. enregistrement, média.
Étymologie : emprunt à la langue commune. *Français* : XVe siècle < “supporter” XIVe siècle < “sorporter” XIIe siècle. *Latin* : “supportare” (apporter de bas en haut, transporter en remontant, soutenir) < “sub-” (sous, de bas en haut) + “portare” (faire passer, transporter, mener au port, porter). *Indo-européen* : “*per-, *peré-” (transporter, traverser, faire passer sur une autre rive, conduire) [Pokorny p. 816].

Surexposition n.f.

[Anglais : overexposure]

Audiovisuel : défaut dans la reproduction d’une image photographique dû à une exposition trop longue ou une intensité lumineuse trop forte lors de la prise de vue qui se traduit par un positif trop clair ou un négatif trop sombre et pas assez contrasté.

Surface n.f.
[Anglais : surface]

Audiovisuel et informatique : dans la fabrication des *images 3D*, la *modélisation* par surfaces est un des types de modélisation le plus répandu. Elle représente l'objet par l'association d'éléments de surface à des équations de courbes qui en délimitent les contours (par exemple, les courbes de *Bézier*). Ce type de modélisation est particulièrement utilisé en *CAO*.

Corrélat : image 3D.

Surimpression n.f.
[Anglais : overlay]

Audiovisuel : *truquage* consistant à afficher simultanément deux images sur la même partie de l'écran. On peut rendre, à volonté, une image plus visible que l'autre en jouant sur les *contrastes* des deux images. Une utilisation particulière de la surimpression est le *fondu*. La surimpression se fait à l'aide d'un *mélangeur*.

Surtramage n.m.
[Anglais : overscreening]

Audiovisuel et informatique : défaut apparaissant lors de l'analyse d'une image en vue de sa transmission ; il est dû à l'interférence de la trame d'analyse et de la trame de composition de l'image ; il produit en général un effet de *moiré* ou des hachures.

SVGA s.a.
Super VGA

Informatique : voir VGA.

Symétrie n.f.
[Anglais : symmetry]

1. Électronique : caractéristique d'une liaison physique dans laquelle les différents conducteurs ont des caractéristiques comparables ; par exemple une liaison par câble en paires torsadées peut être symétrique. S'oppose à l'*asymétrie*.

2. Télécommunications : caractéristique d'une communication *bidirectionnelle* où la transmission se fait de la même façon dans un sens et dans l'autre (cheminement, débit...). En *transmission de données*, on utilise des *modems* différents suivant que la transmission est symétrique ou *asymétrique* (voir modem).

3. Audiovisuel : l'asymétrie et la symétrie sont deux caractéristiques de la composition interne d'une *image*. Elles peuvent jouer un rôle expressif et symboliser des idées ou des sentiments différant en fonction du contexte de l'image ; elles sont alors des éléments du *langage cinématographique*.

Bibliographie : **2.** Macchi 83, Maiman 86, Du Castel 93. **3.** Luxereau 92.
Corrélats : **1** : câble, paire **2** : liaison, modem **3** : langage cinématographique.
Étymologie : emprunt à la langue technique des mathématiques. *Français* : XVIIe siècle. *Latin* "symmetria" (symétrie). *Grec* : "summetria" (asymétrie) < "sun" (avec, semblable) + "metros" (mesure). *Indo-européen* : "*me-" (mesurer) [Pokorny p. 703].

Symétrique adj.

[Anglais : symmetric]

Audiovisuel, électronique et télécommunications : qualifie un élément ou un ensemble d'éléments pourvus de *symétrie* (voir ce terme).

Synchrone adj.

[Anglais : synchronous]

Général : qualifie des événements simultanés ou dont le déroulement se fait en parallèle, leurs étapes s'enchaînant dans le même ordre ou ayant la même durée. Ainsi en audiovisuel, lorsque le son correspond parfaitement aux mouvements des lèvres des acteurs, on dit qu'il est synchrone. Le son synchrone renforce l'*effet de réalité*.

Audiovisuel, informatique et télécommunications

1. Le terme sous-entend « avec le rythme d'une horloge » ; il qualifie un phénomène dont le déroulement suit une *base de temps*. S'oppose à *asynchrone*.

2. Par extension, qualifie un système matériel ou logiciel dont les composants fonctionnent de manière synchrone : un terminal synchrone, un protocole synchrone.

Les techniques synchrones et asynchrones sont utilisées dans tous les domaines du multimédia : en audiovisuel (où l'on synchronise par exemple les appareils d'une *régie* avec un *verrouilleur*), en informatique (transfert d'informations entre l'*unité* centrale et les *périphériques*) et en télécommunications (*transmission, commutation, multiplexage*...).

• Synchrone et asynchrone

L'avantage de la gestion synchrone est la simplicité de gestion : à chaque intervalle délimité par la base de temps, un système qui pilote des processus synchrones sait quel est le processus en cours ; il peut commander en se calant lui-même sur la base de temps. Les différentes étapes des processus synchrones n'ont pas nécessairement besoin de s'identifier pour être reconnues. En contrepartie les processus synchrones sont obligés de se caler sur une base de temps pour pouvoir être pris en compte par le système de pilotage. Il en résulte une possibilité de perte de temps. Ainsi au moment T1 de la figure ci-dessous, le processus B a terminé son déroulement ; le processus A pourrait immédiatement commencer, mais il est obligé d'attendre le début du cycle de temps suivant.

Les processus asynchrones au contraire sont susceptibles de commencer à n'importe quel moment. Ainsi au moment T2, le processus B a terminé et le processus A enchaîne immédiatement. Il n'y a pas perte de temps et les processus ne sont pas soumis à un rythme extérieur. Par contre la gestion est plus lourde : chaque étape de processus, lorsqu'elle commence, doit être identifiée par une information supplémentaire (bit de début, étiquette, en-tête de trame, niveau de signal...) qui alourdit l'information utile et que le système de pilotage doit interpréter.

La gestion synchrone est bien adaptée aux processus qui émettent leurs informations rapidement et par intervalles ou qui peuvent attendre leur tour pour émettre. Elle est par exemple utilisée dans l'envoi des fichiers depuis un ordinateur vers une imprimante (transmission par *rafales*). En audiovisuel, dans les *bancs de montage*, les *magnétoscopes* sont lancés manuellement et leurs signaux sont, au départ, asynchrones ; on les synchronise à l'aide d'un *verrouilleur* ou de *codes temporels* . De même la reproduction télévisée nécessite une parfaite simultanéité des signaux de *chrominance* et de *luminance* : des *salves* sont envoyées en début de *ligne* pour assurer la synchronisation des deux signaux.

La gestion asynchrone sera préférée lorsqu'on donne la priorité aux processus et qu'on ne veut pas les faire attendre. Ainsi en télécommunications la gestion TTA (Technique Temporelle Asynchrone), en cours de normalisation, permet à différents terminaux d'émettre à leur rythme propre (voir *ATM*).

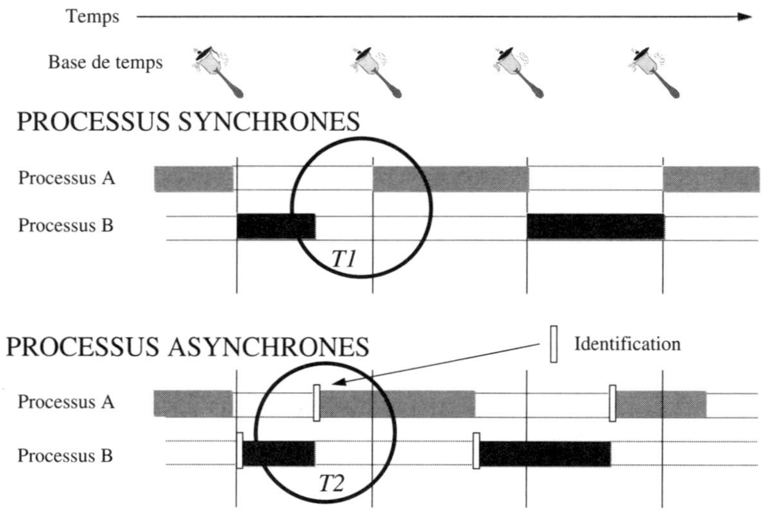

Bibliographie : Macchi 83.
Corrélats : ATM, banc de montage, code temporel, multiplexage, horloge, base de temps, verrouilleur.
Étymologie : terme savant emprunté à la langue technique de la physique. *Français* : XVIIIe siècle. *Latin* : "synchronus" (synchrone). *Grec* : "sun" + "chronos" : "**sun**" (ensemble, en même temps, avec) *Indo-européen* : "*sem-" (uni, homogène, uniforme, semblable, tous ensemble) [Pokorny 2, p. 902]. *Grec* : "**khronos**" (le temps), origine obscure.

Synchronie n.f.
[Anglais : synchrony]

Général : simultanéité de deux événements ou parallélisme de leur déroulement.

Synchronisation n.f.
[Anglais : synchronization]

Général

1. Action de *synchroniser.*

2. Résultat de cette action.

Synchroniser v.
[Anglais : to synchronize]

Général : rendre un événement *synchrone* par rapport à un autre.

Synchronisme n.m.
[Anglais : synchronism]

Général : caractère de ce qui est synchrone.

Synopsis n.m.
[Anglais : synopsis]

Audiovisuel : bref exposé du sujet d'un film qui peut aussi constituer l'ébauche d'un *scénario*. Synonyme de résumé.

Corrélat : scénario.
Étymologie : emprunt à la langue du cinéma qui l'a emprunté à l'anglais du cinéma. Terme savant emprunté au grec. *Français* : XIXe siècle (coup d'œil sur l'ensemble d'une science) et XXe au sens cinématographique *grec* : "sunopsis" (vue d'ensemble) < "sun" (ensemble, en même temps, avec) + "opsis" (la vue). *Indo-européen* : "*sem-" (uni, homogène, uniforme, semblable, tous ensemble) [Pokorny, p. 902] + "*okü-" (voir) [Pokorny p. 775]

Synthèse n.f.
[Anglais : synthesis]

Audiovisuel et informatique : constitution ou reconstitution artificielle d'une information à partir de composants élémentaires.

Par exemple : *synthèse de la parole, synthèse d'images, synthèse des couleurs.*

Synthèse de la parole exp.

Audiovisuel et informatique : la fabrication de machines parlantes remonte au siècle dernier, mais aucune réalisation n'a vraiment donné entière satisfaction à ce jour. Les applications en seraient pourtant fort utiles : lecture automatique (par exemple, pour les aveugles), dialogue avec l'homme permettant de libérer la vue (par exemple, dans le pilotage d'engins ou la commande de tout processus nécessitant une attention visuelle)...

Les difficultés résident dans le choix des unités à assembler pour synthétiser la parole. Certaines recherches tentent de reproduire de manière analogique les modulations du signal vocal; d'autres, plus avancées, assemblent des unités sonores préenregistrées (par exemple, l'horloge parlante) ou préalablement codées. Dans tous les cas on obtient en général une "voix" monotone et facilement identifiable.

Bibliographie: Liénard 77.
Corrélat: reconnaissance vocale.

Synthèse de sons exp.

Audiovisuel et informatique : la synthèse de sons produit la musique électronique. Elle peut également produire le bruitage dans des films ou des systèmes de *simulation virtuelle.* Les premiers instruments de musique électronique, les orgues de salon, sont apparus dès les années 60. Depuis, d'importants progrès ont été réalisés grâce à la numérisation. En 1981 apparaissait la première version de la norme *MIDI* qui allait permettre de connecter des instruments musicaux d'origines diverses sur un même réseau, multipliant ainsi les possibilités de création musicale.

♦ Les composants d'un système de synthèse de sons
Un système de synthèse de sons comprend :
— un ou plusieurs générateurs de sons : ce sont des oscillateurs qui fournissent des signaux périodiques modifiables;
— un ou plusieurs générateurs d'enveloppe: ils décomposent traditionnellement la dynamique des sons en quatre phases : l'attaque, la chute, le maintien et l'extinction;
— une électronique de traitement des sons : filtres, modulateurs... ;
— un ou plusieurs échantillonneurs couplés à des convertisseurs analogiques-numériques et à une mémoire numérique. L'échantillonneur permet de mémoriser des sons puis de les lire pour les traiter;
— on trouve enfin, dans la plupart des cas, un clavier musical pour piloter la génération des sons. Les claviers commandent la hauteur, l'enveloppe, et disposent de boutons pour commander les différents paramètres de synthèse.

• Les différents types de synthèse de sons
Il en existe trois principaux :
— La synthèse additive mélange des signaux issus de plusieurs oscillateurs. Elle est utilisée par les synthétiseurs dits analogiques. Chaque oscillateur est modulé pour fournir le signal correspondant à une harmonique du son. On crée les sons par addition de leurs harmoniques en jouant sur l'amplitude, la fréquence ou, parfois, la phase des signaux et sur la définition de leurs

enveloppes. Comme la synthèse additive travaille harmonique par harmonique, la programmation est lourde.
— La synthèse soustractive filtre un signal unique riche en harmonique. Cette technique, plus simple à utiliser que la précédente, ne permet pas une grande précision dans la modification du spectre initial du son.
— La synthèse par modulation de fréquences utilise plusieurs oscillateurs produisant des signaux modulés entre eux suivant des algorithmes plus ou moins complexes. Sa maîtrise est très longue à acquérir.

• **Le traitement des sons synthétiques**
Le traitement de sons peut porter sur le spectre, l'enveloppe, la modulation, la fréquence et l'amplitude des signaux. Les *synthétiseurs* peuvent ainsi, selon leur complexité, recréer la *hauteur* des sons (correspondant aux notes), leur *timbre* (correspondant aux instruments), leur attaque (correspondant au jeu du musicien)... Certains synthétiseurs sont capables de reproduire en partie les différences de timbres existant entre deux instruments de même type (et d'évoquer par exemple, les différences entre un piano Steinway et un piano Pleyel).

Synthèse des couleurs exp.

Audiovisuel et informatique : reconstitution de l'ensemble des couleurs du *spectre* lumineux à partir d'un nombre limité de couleurs appelées *couleurs primaires.* Il existe deux grandes méthodes de synthèse des couleurs qui diffèrent par la nature et le nombre des sources utilisées.

— **La synthèse additive** : on utilise plusieurs sources lumineuses monochromatiques (au moins trois) appelées primaires. La méthode consiste par exemple, à éclairer la même surface avec trois sources de couleurs correctement choisies et en réglant leur *luminance.* L'énergie lumineuse des sources s'additionne et permet de reconstituer, suivant le mélange opéré, l'intégralité du spectre. Un mélange à intensité égale des trois primaires donne du blanc. Toutes les couleurs du spectre peuvent être prises comme couleurs primaires, mais la *Commission Internationale de l'Éclairage* a normalisé, en 1936, un système de référence à partir des trois couleurs fondamentales : rouge, vert et bleu, appelé *RVB.*
— **La synthèse soustractive** : on utilise une source lumineuse blanche dont on filtre successivement les composantes monochromatiques. Deux filtrages par des couleurs correctement choisies et réglés en puissance permettent de retrouver l'ensemble des couleurs du spectre. Chaque passage dans un filtre soustrait des couleurs de l'onde lumineuse et on peut filtrer avec toutes les

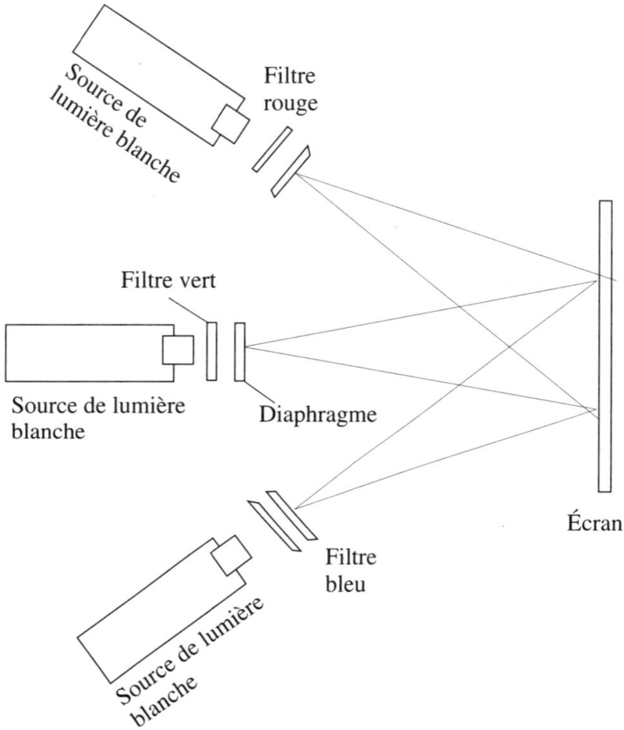

Figure 1 La synthèse additive.

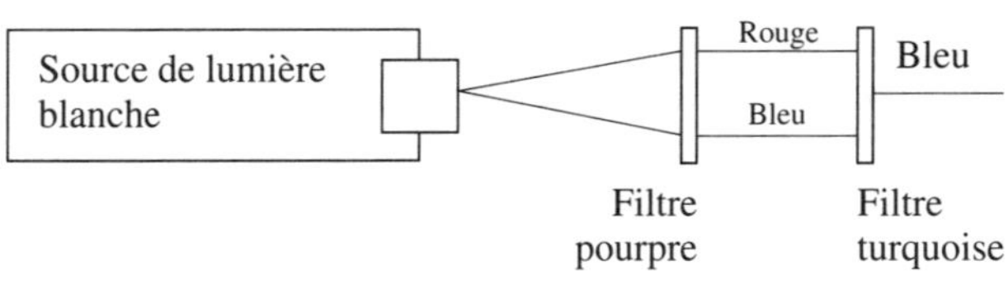

Figure 2 La synthèse soustractive.

couleurs du spectre. On utilise le plus souvent les *couleurs complémentaires* du système RVB (le turquoise, le pourpre et le jaune, respectivement complémentaires du rouge, du vert et du bleu) dans un système appelé CMY qui s'enrichit d'une quatrième couleur, le noir pour constituer le système en quadrichromie *CMYK* (Cyan, Magenta, Yellow, blacK) particulièrement utilisé en impression.

Synthèse d'images exp.

Audiovisuel et informatique : voir *image de synthèse.*

Système n.m.
[Anglais : system]

Général : un système peut être défini comme "un ensemble d'éléments en interaction et formant un tout".

La théorie des systèmes est née à la fin de la seconde guerre mondiale et a notamment été développée par Ludwig von Bertalanffy et W.R. Ashby. Elle a, depuis, connu un succès grandissant et trouvé des applications dans pratiquement tous les domaines de la connaissance et de ses applications : on parle du système de la circulation dans une ville, du système nerveux central, de système informatique, des systèmes vidéo, du système monétaire international, des systèmes de navigation, du système solaire, des systèmes multimédias... La définition d'un système est suffisamment large pour pouvoir s'appliquer à tous ces domaines.

Suivant les cas, on appelle les éléments d'un système, des composants ou des ressources du système. On dit qu'il y a interaction entre les éléments d'un système si un élément change son comportement quand il entre en relation avec différents autres éléments. Un système forme un tout, c'est-à-dire qu'il a des caractéristiques qui lui sont propres et qui ne peuvent se réduire à la somme de celles de ses éléments. On distingue les systèmes fermés et les systèmes ouverts. Ces derniers sont en relation avec leur environnement. Ils disposent au moins d'une entrée ou d'une sortie.

On peut décrire les systèmes par leur comportement dans leur environnement, dans l'espace et dans le temps et par le nombre, la nature et les relations de leurs éléments. Les systèmes techniques se qualifient souvent par leur fonction : système d'application, d'exploitation, de sauvegarde, etc.

Bibliographie : Ashby 58, Bertalanffy 73, Walliser 77.
Étymologie : emprunt à la langue commune. *Français* : XVIe siècle. *Latin* : "systema". *Grec* : "sustema" (ensemble, total, masse, foule, système) < "sun" (ensemble, en même temps, avec) + "histemi" (placer debout, lever, dresser). *Indo-européen* : "*sem-" (uni, homogène, uniforme, semblable, tous ensemble) [Pokorny p. 902] + "*sta-", "*ste-na-" (se tenir debout, se dresser) [Pokorny pp. 1004, 1005].

Système d'application exp.

[Anglais : application system]

Informatique

1. Ensemble des *programmes* et des *données* servant à appliquer la puissance de traitement de l'ordinateur à la résolution d'un problème donné. S'oppose au *système d'exploitation.*

2. (plus rarement) Tout ou partie de l'ensemble des ressources mises à contribution pour résoudre un problème donné (y compris les ressources humaines, matérielles et le système d'exploitation).

Système d'archivage exp.

[Anglais : archiving system]

Informatique : ensemble des outils matériels et logiciels, des méthodes et des procédures destiné à automatiser un *archivage.* Dans un tel système, ce qui est archivé peut être indifféremment des données, des images ou des sons.

Un système d'archivage gère tous les documents présents dans une entreprise, à toutes les étapes de leur *cycle de vie.* Il ne se limite pas à stocker des informations inutilisées que l'on appelle les archives mortes, mais traite tous les documents utiles, de leur conception à leur destruction.

• Fonctions d'un système d'archivage

Le Club informatique des grandes entreprises françaises a défini, dans une étude déjà ancienne mais toujours pertinente [Cigref 89], les trois grandes fonctions que doit remplir un système d'archivage.

Stockage et conservation
Prise en compte des :
— unités d'archivage (logiques et physiques),
— lieux et outils de conservation,
— durées de conservation,
— formats d'archivage et modes de classement et de tri, en fonction de l'utilisation des documents,
— contraintes juridiques (nécessité ou non de conserver les documents papiers).

Exploitation et communication
Le Cigref regroupe dans cette fonction les actions suivantes :
— aide à la conception des documents,
— création et saisie de documents,
— réception de documents venant de l'extérieur,
— définition des lieux de consultation (locale, à distance), des circuits et des outils utilisés,
— gestion des droits d'accès,
— gestion de la sécurité,
— interface d'utilisation.

Inventaire
Un système d'archivage crée des informations supplémentaires (méta-informations) destinées à organiser le stockage en vue d'une exploitation efficace. Les méta-informations décrivent les informations stockées, leur forme et leur lieu de stockage, leur niveau de confidentialité... Elles constituent l'inventaire et peuvent être elles-mêmes centralisées ou décentralisées.

• Supports de l'archivage
Les systèmes d'archivage utilisent en général les disques optiques numériques qui offrent une grande capacité et une grande longévité. L'utilisation de ces supports passe par une phase de *numérisation* des informations qui représente un poste important des coûts de l'archivage.

Bibliographie : Cigref 89, Cinnamon 89, Dupoirier 94, Sandoval 94, Wetzler 91.
Corrélats : banque de données, base de données.
Étymologie : emprunt à la langue française. *Français* : XVe siècle. *Latin* : "archivus". *Grec* "arkheion" (résidence des principaux magistrats, office public) de "arkhein" (commencer, commander) origine obscure.

Système de gestion de base de données exp.

[Anglais : database management system]

Informatique : voir *base de données.*

Système de numération exp.

[Anglais : numeration system]

Général : système de signes (appelés chiffres) permettant d'énumérer les nombres. Le nombre de signes est appelé la base du système. Le système de numération usuel utilise dix chiffres (système *décimal*) ; en informatique on en utilise deux (système *binaire*).

Corrélats : binaire, décimal, information.

Système de sauvegarde exp.

[Anglais : back-up system]

Informatique : ensemble des procédures, des matériels et des logiciels mis en œuvre pour la sauvegarde des informations. Les systèmes de sauvegarde utilisent le plus souvent des *cartouches* ou des *disques amovibles.* Les logiciels de sauvegarde peuvent fonctionner, soit automatiquement, soit à la demande.

Système d'exploitation (SE) exp.

[Anglais : Operating System (OS)]

Informatique : ensemble des programmes et des données gérant l'exploitation de tout ou partie du *système informatique.* Le SE est, avec le *système d'application*, un des deux grands sous-ensembles des ressources logicielles dans un *système informatique.*

Gestion des ressources matérielles
- Gestion de l'unité centrale :
  - Gestion du *processeur central.*
  - Gestion de la *mémoire centrale.*
- Gestion des unités périphériques de communication :
  - Communication avec les ressources humaines :
    * En entrée :
      gestion du *clavier,*
      gestion de la *souris,*
      gestion d'autres périphériques d'entrée (*boule, écran tactile*...).
    * En sortie :
      gestion des *écrans,*
      gestion des *imprimantes,*
      gestion des *haut-parleurs.*
  - Communication avec d'autres ordinateurs :
    * Gestion des *liaisons.*
    * Gestion des *transmissions.*
- Gestion des unités périphériques d'extension de mémoire :
  - Gestion des *disques.*
  - Gestion des *bandes magnétiques.*

Gestion des ressources humaines
- Gestion de l'administrateur du système.
- Gestion des groupes d'utilisateurs.
- Gestion des utilisateurs.

Gestion des ressources logicielles
- Gestion des *fichiers.*
- Gestion des *programmes* :
  - Gestion des *bibliothèques.*
  - Traductions (*interprétation, compilation*).
  - Aide au développement (*débogage*).

Fonctions d'un système d'exploitation.

• Composants d'un SE

Les composants d'un SE sont des programmes et des fichiers. Chaque fonction du tableau précédent peut être réalisée par un ou plusieurs composants et un même composant peut réaliser plusieurs des fonctions, en tout ou en partie. L'évolution des SE leur fait prendre en charge de plus en plus de fonctions et de manière de plus en plus sophistiquée.

• Classification des SE

Plusieurs critères peuvent servir à classer les SE :

— Le caractère *standard* ou non standard du SE.

— Le type de *plate-forme* matérielle (micro, mini, moyen ou grand système).

Type de plate-forme	Gestion des ressources logicielles	Gestion des ressources humaines	Nom
Micro			
	monotâche	mono-utilisateur	MS-DOS Windows Mac OS
	multitâche	mono-utilisateur	OS/2 Mac OS Windows 95
		multi-utilisateur	Unix
Mini	multitâche	multi-utilisateur	Unix ...
Grands systèmes	multitâche	multi-utilisateur	Unix VMS...

Les principaux systèmes d'exploitation.

— Le mode de gestion des ressources humaines : mono- ou multi-utilisateurs.
— Le mode de gestion des programmes, de la mémoire et du processeur : mono- ou multitâche.

- **Standards**

Le SE est l'une des caractéristiques principales de l'ordinateur. Les constructeurs veillent jalousement à capter durablement leurs clients en proposant des SE avec compatibilité ascendante : lorsque le client change de matériel et de système d'exploitation, il n'est pas obligé de réécrire son application s'il reste client du même constructeur. En revanche, il devra à nouveau investir dans l'application s'il change de fournisseur parce que le SE n'est pas compatible. Le principal avantage des SE non standards réside dans leur bonne adaptation à la plate-forme matérielle qu'ils exploitent. Il n'existe pas de *norme* de SE. En revanche, le système d'exploitation *MS-DOS* développé par Microsoft pour *IBM* est devenu un véritable standard de fait. Il est relativement dépassé (son interface d'utilisation n'est pas graphique, contrairement à celle du Macintosh) mais l'arrivée de l'interface d'utilisation *Windows* lui a donné une seconde jeunesse. Cependant, conçu à l'origine pour des machines de faible puissance, il est pénalisé par des restrictions importantes, notamment en ce qui concerne la gestion de la *mémoire*. Un autre système d'exploitation prétend à devenir un standard : *Unix*.

Bibliographie : Microsoft 90, Tanenbaum 91.

Système d'informations géographiques (SIG) exp.

[Anglais : geographical information system (GIS)]

Informatique : logiciel qui associe aux représentations graphiques d'un espace les fonctions d'une base de données. Pour un lieu donné, le système permet de visualiser plusieurs cartes. Par exemple, la carte en surface d'un quartier, la carte de son réseau électrique souterrain et la carte de ce même réseau tel qu'on le prévoit dans 5 ans... Il permet également de consulter une base d'informations relative à l'espace décrit : il peut donner la date d'installation et les caractéristiques techniques d'un câble, le nombre d'habitants de la commune, les coordonnées d'un service d'urgence... Les systèmes d'informations géographiques sont des applications de *gestion électronique de documents*.

Système informatique exp.

[Anglais : electronic data processing system]

Informatique

1. *Système* destiné au traitement automatique des *informations*. Un système informatique est composé de trois types de ressources : les ressources humaines, les *ressources logicielles* et les ressources *matérielles*.

2. Par restriction du sens précédent, ensemble du matériel et des logiciels composant un ordinateur et sa périphérie. (Voir schéma page suivante).

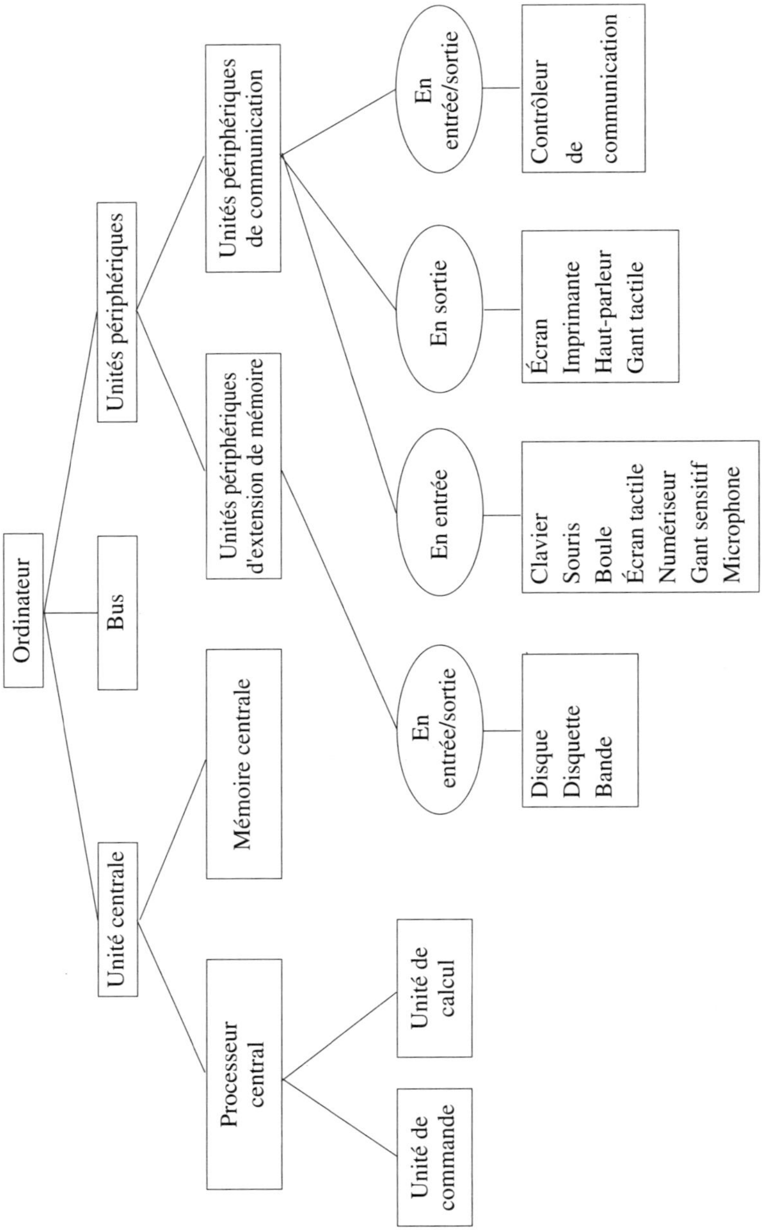

Système informatique : les ressources matérielles.

Système interactif exp.
[Anglais : interactive system]

Informatique

1. Système qui entre en *interactivité* avec son environnement.

2. En particulier, ensemble de matériels et de logiciels qui interagissent avec l'utilisateur du système.

Corrélat : interactivité.

Système multimédia exp.
[Anglais : multimedia system]

Multimédia : ensemble des ressources humaines, matérielles et logicielles capable de traiter, de manière interactive, des images, des textes et du son. Un système multimédia est un système informatique ayant les caractéristiques suivantes :

— **Ressources humaines** :
- Développement :
  - * programmeurs spécialisés, vidéastes, ingénieurs du son, graphistes, réalisateurs...
- Utilisation :
  - * tout public.

— **Ressources matérielles** :
- Unité centrale :
  - * *processeur* puissant, par exemple, en 1995, *Intel* pentium ou *Motorola* Power PC,
  - * *mémoire centrale* importante (de 8 à 20 *Mo* au moins).
  - * *cartes* spécialisées pour la gestion des périphériques de *capture* ou de restitution des images et des sons (*carte de numérisation, carte graphique, carte son...*).
- Unités périphériques :
  - * périphériques d'extension de mémoire : unité de disques fixes de grande capacité (au moins 600 Mo), unité de disques optiques (de type *CD-ROM*),
  - * périphériques de communication :
    en entrée : *numériseur, microphone, souris, boule, écran tactile,*
    en sortie : écran graphique de bonne définition, haut-parleurs.

— **Ressources logicielles** :
- système d'exploitation :
  * tous les systèmes d'exploitation permettent, à priori, de constituer un système multimédia, à condition qu'ils disposent des *pilotes* nécessaires à la gestion des périphériques spécialisés.
- système d'application, pour le développement :
  * logiciel d'enchaînement interactif de séquences d'images et de sons (*langage auteur*),
  * logiciel de création et retouche d'images,
  * logiciel de création d'hypertextes,
  * logiciel de gestion de *base de données*,
  * logiciel d'émulation d'application interactive,
  * *compilateur*, *émulateur*, *débogueur*...

Syster n. mq.

Audiovisuel et télécommunications : système d'embrouillage de signal utilisé notamment par *Canal* +.

Corrélat : cryptage.

T

T u.i.

Général : voir *téra.*

Taligent n.s.

Informatique : société américaine créée en mars 1992 et filiale commune de *Apple* et *IBM*, comme Kaleida. *Hewlett-Packard* a rejoint IBM et Apple en entrant dans le capital de la société. Taligent développait un *système d'exploitation* orienté *objet* qu'elle comptait soumettre à la validation du groupe X/Open et rendre conforme aux spécifications *CORBA* de l'*OMG*. En 1995 la société était dissoute et intégrée à IBM.

Tampon n.m.
[Anglais : buffer]

Informatique

1. Mémoire destinée à absorber l'asynchronisme (voir synchrone) entre un flot de données entrant et un flot sortant.

2. Mémoire de rangement temporaire de données à traiter ou de résultats intermédiaires.

Corrélats : antémémoire, file d'attente.
Étymologie : emprunt à la langue commune. *Français* : XVe siècle du *vieux français :* "tapon" (=tampon). D'un mot *francique* : "*tappo" (bouchon).

Tampon de trame exp.
[Anglais : frame buffer]

Audiovisuel et informatique : tampon dédoublé qui reçoit les pixels des images à afficher d'un côté, et qui envoie les pixels à l'affichage de l'autre, *trame* par trame.

Corrélat : trame.

Tampon Z exp.
[Anglais : Z buffer]

Audiovisuel et informatique : en *image 3D*, tampon qui reçoit les pixels qui sont sur l'axe Z (de profondeur) des objets représentés. Après calcul et comparaison avec les pixels adjacents, ces pixels seront ou non affichés en fonction de leur position sur la face cachée des objets (voir *SIMD* et *algorithme*).

Tandy n. mq. et n.s.

Informatique : constructeur américain de matériel informatique, de micro-ordinateurs (notamment ceux commercialisés sous la marque Victor). Il a participé à la définition du standard *MPC* avec *Microsoft* et propose le système *VIS*.

Targa n. mq.

Informatique

1. Carte graphique développée par la société Truevision.

2. Format de fichiers graphiques développé par la société Truevision. Les fichiers Targa sont surtout utilisés par les systèmes de montage vidéo et sont identifiés par leur extension *TGA*.

Taurus n.mq.

Informatique : système de *gestion électronique de documents.*
Développé par la société française DCI, Taurus est un bon exemple de système complet de gestion électronique de documents. Il gère des documents multimédias (comportant textes, sons et images) et remplit les fonctions suivantes :

— *saisie* des données (*numérisation* des images, *reconnaissance de caractères*, définition des *liens, organisation* et enregistrement dans une *base de données* documentaire),
— *indexation* multicritères (sur texte intégral, par mots-clés, phonétique...),
— optimisation des espaces de mémoire (*compression*, gestion sur plusieurs *volumes*...),
— recherche (par mots-clés, sur plusieurs bases, recherche guidée, recherche phonétique...),
— *affichage* des documents (en plein écran ou en *mosaïque*, avec outils de rotation, de zoom...),
— *impression,*
— *transmission* des documents à distance...

Le logiciel comprend plusieurs modules spécialisés (Taurus Link, Taurus Tel, Taurus Cad...). Son évolution en direction des traitements multimédias, des fonctions de communication et de la gestion des flux d'informations accompagne l'évolution générale de la gestion électronique de documents.

Corrélat : *gestion électronique de documents.*

Taux d'erreur (TE) exp.

[Anglais : error rate]

Télécommunications et informatique : mesure de la qualité d'une transmission numérique ou d'un transfert d'informations pendant un intervalle de temps. Cette mesure porte sur des éléments binaires (on parle alors de taux d'erreur binaire), mais aussi sur des caractères ou sur des blocs d'information. C'est le rapport entre le nombre d'éléments erronés, reçus pendant un intervalle de temps déterminé, et le nombre total d'éléments transmis pendant cet intervalle de temps. Pour être significative, la mesure doit être effectuée pendant un intervalle de temps assez long (plusieurs minutes au moins). Par exemple, en télécommunications, le taux d'erreur binaire (TEB) visé était en 1995 inférieur à 10^{-10} pendant 99,96 % du mois le plus défavorable. Pour obtenir de tels résultats, on utilise des codages correcteurs d'erreurs (voir *code autocorrecteur*) : un codage en bloc de type Reed Solomon permet de passer d'une transmission très erronée (TEB de 10^{-3} à 10^{-4}) à une transmission quasiment sans erreurs et proche en terme de qualité d'une transmission sur fibre optique.

Bibliographie : Macchi 83.
Corrélats : code autocorrecteur, transmission.

Taux de transfert exp.
[Anglais : transfert rate]

Informatique et télécommunications : voir *débit.*

TBC s.a.
Time Base Corrector (traduction littérale : correcteur de *base de temps*)

Audiovisuel : voir *base de temps.*

TCD s.f.
Transformée Cosinus Discrète
[Anglais : Discrete cosine transform (DCT)]

Informatique : algorithme utilisé pour réduire le nombre de paramètres significatifs d'une image avant de la compresser. Cet algorithme repris dans les normes élaborées par les groupes *JPEG* et *MPEG* permet de supprimer des détails inutiles dans la perception visuelle d'ensemble (éléments trop petits ou pas assez contrastés...).

Bibliographie : Terasson 92.

TCI n. mq.

Télécommunications : premier *câblo-opérateur* américain, TCI s'est impliqué dans de nombreux projets multimédias depuis les années 90, voir par exemple télévision interactive.

Corrélats : multimédia, câblo-opérateur.

TCP/IP s.a.
Transmission Control Protocol/Internet Protocol (traduction littérale : protocole de pilotage de transmission/ protocole inter-réseau)

Informatique et télécommunications : protocole de communication pour connexion de machines hétérogènes sur un réseau. Particulièrement implanté sur les systèmes *Unix*, TCP-IP est devenu un standard de fait que les normes *OSI* n'ont pu détrôner. Il est utilisé sur les réseaux *Ethernet*, à *jeton* ou *FDDI*.

♦ TCP/IP traite les couches 2 à 4 du modèle *OSI*. La partie "Internet Protocol" du produit traite du routage sur le réseau des informations transmises sous forme de paquets tandis que la partie "Transmission Control Protocol" assure la connexion et l'ouverture d'une session de communication entre deux points terminaux.

Corrélats : Ethernet, interconnexion de réseaux, réseau à jeton, réseau local.

TDF s.f.

Audiovisuel et télécommunications : voir *Télédiffusion de France.*

TDF1, TDF2 n. mq.

Audiovisuel et télécommunications : TDF1 et TDF2 sont les deux satellites de forte puissance lancés et gérés par *TDF*. Le lancement de TDF1 date de 1988, celui de TDF2 de 1990. Les satellites TDF couvrent la France et l'Allemagne. La diffusion des programmes de télévision a lieu dans le standard *D2-Mac* avec un son numérique.

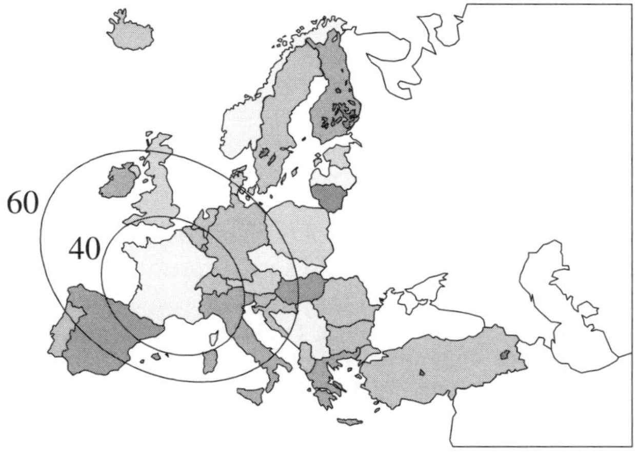

Couverture des satellites TDF.

(*Les valeurs indiquent les diamètres, en centimètres, des antennes réceptrices.*)

Bibliographie : INA 95.
Corrélats : satellite, Télédiffusion de France.

TEAC n.s.

Informatique : constructeur américain de matériel informatique spécialisé dans la fabrication d'unités de sauvegarde (cassettes et disques).

Teinte n.f.
[Anglais : hue]

Audiovisuel : une des deux composantes de la *chrominance* avec la *saturation*, synonyme de nuance. La teinte est la caractéristique principale de la couleur, celle qui lui donne son nom : rouge, jaune, vert, bleu, violet, ... On qualifie d'achromatique une couleur qui ne possède pas de teinte. La teinte dépend de la sensibilité de l'œil et de la longueur d'onde dominante du rayon lumineux.

Bibliographie : INA 93.

Tel écran - tel écrit exp.
[Anglais : Wysiwyg]

Informatique : qualifie un mode d'*affichage* où l'utilisateur voit exactement sur son écran ce qui sera imprimé par son imprimante.

♦ Il arrivait souvent, au début de l'utilisation des écrans en informatique, que le même code d'information soit interprété différemment par différents matériels ou logiciels ; par exemple le *pilote* d'une imprimante et celui d'un écran reproduisaient le même texte avec des polices différentes, interprétaient différemment certains caractères spéciaux dans un même *alphabet* ou modifiaient la mise en page du texte ; l'affichage tel écran — tel écrit est particulièrement important dans les applications de traitement de texte et de *PAO*.

Télé- préf.
[Anglais : tele-]

Général : préfixe savant entrant dans la composition de nombreux termes scientifiques et techniques, signifie “au loin de”.

Étymologie : *grec* : “tele-” (au loin). *Indo-européen* : “*kuel-” (loin) [Pokorny p. 640].

Télécinéma n.m.
[Anglais : film scanner, motion picture pick-up]

Audiovisuel : opération de transformation d’un film cinématographique (16, Super 16 ou 35 mm) en film vidéo. L’opération inverse s’appelle le *kinéscopage* mais donne encore aujourd’hui une qualité médiocre.

Télécom n. mq.

Télécommunications : ensemble de *satellites* de communication *géostationnaires* lancés et gérés par *France Télécom.* Ils sont regroupés en deux familles : Télécom 1 et Télécom 2 qui présentent des caractéristiques très proches :
— mêmes services (téléphonie, transport et distribution de programmes de radio et de télévision, *services numériques d’entreprises, vidéotransmissions* occasionnelles),
— même couverture géographique (du milieu de l’Espagne à tous les pays de l’Est, plus les départements et territoires d’outre-mer).

Les deux familles de satellites diffèrent par :
— la puissance de leurs *répéteurs* (de 8,5 à 55 W),
— le nombre de répéteurs (12 ou 26).

En 1996, France Télécom devait disposer de 4 satellites ; la position 8° Ouest devait offrir une capacité de 22 répéteurs pour des services de *transport* et de *diffusion* de programmes radiophoniques et télévisés, 11 répéteurs de Télécom 2D permettant une diffusion de *télévision numérique.*

♦ Caractéristiques techniques

Date de lancement	Nom	Date de fin d'utilisation	Nombre de répéteurs	Puissance des répéteurs	Diamètre de l'antenne de réception	Position orbitale
1984	Télécom 1A Télécom 1B* Télécom 1C	1992 1995	12 12	8,5-20 W 8,5-20 W 8,5-20 W	0,75-1,35 m 0,75-1,35 m 0,75-1,35 m	8° Ouest
1991	Télécom 2A		26	10-55 W	0,55-0,95 m	8° Ouest
1992	Télécom 2B		26	10-55 W	0,55-0,95 m	5° Ouest
1995	Télécom 2C**		26	10-55 W	0,55-0,95 W	
1996	Télécom 2D		26	10-55 W	0,55-0,95 W	8° Ouest

* Télécom 1B est tombé en panne et a été remplacé par Télécom 1C.
** Télécom 2C devait prendre la relève de Télécom 1C à la fin de 1995.

Figure 1 La série de satellites Télécom.

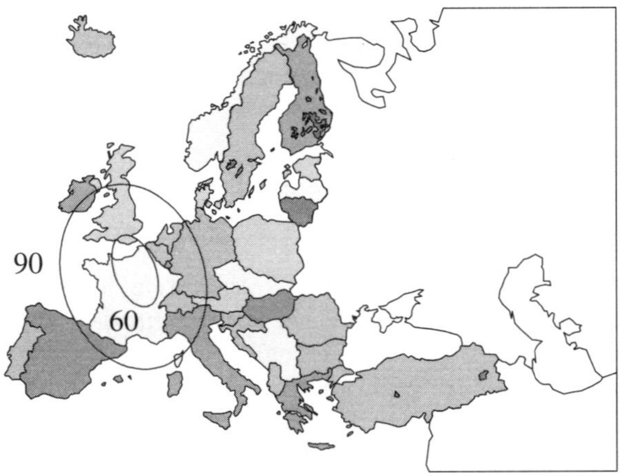

Figure 2 Couverture du satellite Télécom 2A.
(*Les nombres indiquent les diamètres, en centimètres, de paraboles de réception.*)

Bibliographie : Ramat 94, Du Castel 93.
Corrélat : satellite.

Télécommunications n.f. pl.
[Anglais : telecommunications]

Télécommunications

1. Communications à distance.

2. Ensemble des métiers, des techniques et des procédures relatives aux communications à distance.

Les télécommunications sont un des trois grands domaines du multimédia. Nées au XVIIIe siècle, elles se sont alliées à l'audiovisuel au début du XXe siècle pour donner les techniques de *radiodiffusion* puis à l'informatique dans les années 70 et 80 pour donner naissance à la *télématique.*

• Des équipements...
Lorsque l'on communique au loin, le *signal* transmis s'affaiblit avec la distance et subit des interférences et des *bruits* produits par son environnement. Différentes techniques pallient ces inconvénients. On remplace par exemple le *câble* métallique par la *fibre optique* : elle a une plus longue portée et donne une meilleure qualité de transmission ; on utilise des supports immatériels (*ondes hertziennes,* ondes *infrarouges,* rayons *laser,* micro-ondes) qui laissent leur mobilité aux terminaux mais se heurtent à des problèmes de franchissement d'obstacles (un obstacle étant un simple meuble pour les ondes infrarouges ou une montagne pour les ondes hertziennes) ; on utilise des techniques de *codage,* d'*amplification,* de *multiplexage...* mettant en œuvre des équipements spécialisés ; on constitue des *réseaux* et on optimise leur utilisation par des techniques de *commutation* et de *routage* de plus en plus sophistiquées et proches de l'informatique.

L'*UIT* (par l'intermédiaire de ses deux organismes consultatifs : l'UIT-T et l'UIT-R) est chargée de la normalisation dans le domaine du transport d'informations à distance. L'UIT-T est chargée d'élaborer les normes de télécommunications et l'UIT-R les normes de *radiocommunications.*

• ... et des services
Les télécommunications se sont progressivement mises au service de toutes les activités qui produisent ou traitent de l'information. Le service le plus connu, qui couvre aujourd'hui la planète entière (mais avec des écarts considérables suivant le degré de développement) est la téléphonie. Le *réseau téléphonique* touchait dès la fin des années 80 la presque totalité des foyers français (voir la

figure 13 de l'article *multimédia*). Très tôt (les premiers essais datent des années 1920), les télécommunications ont mis les techniques de *radiocommunication* et *radiodiffusion* au service de l'audiovisuel, pour *diffuser* d'abord des émissions sonores et des textes (Télégraphie et Téléphonie sans fil, T.S.F.) puis des émissions imagées (la *télévision*). Depuis les années 80, de nouveaux services, de *distribution* cette fois, utilisent des techniques par câble ou satellite (réseaux *point à point*). La transmission de l'écrit a donné les services de télégraphie et télex remplacés par la *télécopie* dans les années 80. À cette même date le rapprochement de l'informatique donne naissance à la *télématique* et offre de nouveaux services qui feront le succès du *minitel* en France. Les années 90 seront marquées par l'apparition des services *multimédias* en ligne qui sont destinés à relier la terre entière à travers des *autoroutes de l'information*. Les services offerts sur *Internet* en sont une préfiguration.

• Le marché

Il se caractérise par plusieurs mouvements de fond : la mondialisation des services, une mutation technique (la numérisation) et un éclatement des frontières avec l'informatique et l'audiovisuel (apparition du multimédia).

Le marché des télécommunications 1990 : > 2400 milliards de francs 1993 : > 3000 milliards de francs Environ 2% du P.I.B. mondial	
Les services : 80% du total	Les équipements : 20% du total
Téléphonie	Émission
Télex et télégraphie	Transmission
Radiocommunications	Commutation
Radiodiffusion	Réception
Distribution de programmes sonores et télévisés	
Transmission de données	

Figure 1 Les deux segments du marché des télécommunications.

Contrairement à ce qui se passe en audiovisuel et en informatique, le marché des télécommunications montre un équilibre mondial relatif : on trouve des sociétés européennes dans les pelotons de tête, aussi bien des exploitants de réseaux que des constructeurs de matériels.

Les acteurs des télécommunications					
Exploitants			Constructeurs		
Société	Pays	CA 1990 (milliards de FF)	Société	Pays	CA 1990 (milliards de FF)
NTT	Japon	264,8	AT&T	États-Unis	73,2
AT&T	États-Unis	150,6	Alcatel	France	71,4
Deutsche Telekom	Allemagne	150,6	Siemens	Allemagne	51,6
British Telecom	Grande-Bretagne	145,8	Ericson	Suède	46,2
France Télécom	France	126,6	NEC	Japon	44,4

Figure 2 Un équilibre mondial relatif.
(*Source : Du Castel 1993.*)

♦ Ce marché, particulièrement mouvant et dynamique, a créé depuis quelques années une course aux alliances internationales ; à titre d'exemple, citons l'alliance conclue entre France Télécom et la Deutsche Bundespost Telekom : deux sociétés ont été créées : Eunetcom qui opère dans le marché des réseaux internationaux et Eucom, spécialiste des services à valeur ajoutée dans le monde professionnel. 2 500 accords avaient été recensés entre 1990 et 1993.

• **La fin des monopoles**

Les télécommunications faisaient, jusque dans les années 1980, l'objet d'un monopole d'État dès que l'on traversait un domaine public.

En 1984, la suppression du monopole d'American Telephone and Telegraph (*AT&T*) donnait naissance, aux États-Unis, à sept sociétés régionales appelées les *Baby Bells.* AT&T conservait son activité sur les liaisons à longues distances, mais en concurrence avec d'autres sociétés (par exemple MCI). Cet événement marquait le début du mouvement de suppression des monopoles des télécommunications, mouvement appelé dérégulation qui s'est étendu à l'Europe.

Depuis le 1er janvier 1993, la transmission des données et le marché des liaisons louées sont ouverts au secteur privé. De plus, la directive européenne ONP (Open Network Provision) a ouvert la concurrence sur les services. La communauté européenne a fixé à 1998 la date limite à laquelle la concurrence sur l'ensemble des réseaux (y compris téléphoniques) doit se généraliser en Europe.

• **La chaîne des télécommunications**
La figure 3 montre la place des télécommunications dans la chaîne multimédia (voir l'article *multimédia*). Les cercles représentent un ensemble de fonctions et les flèches des flux d'information. L'ensemble de la chaîne se caractérise par la qualité de la transmission, mesurée par son *taux d'erreur*, et par son *débit*.

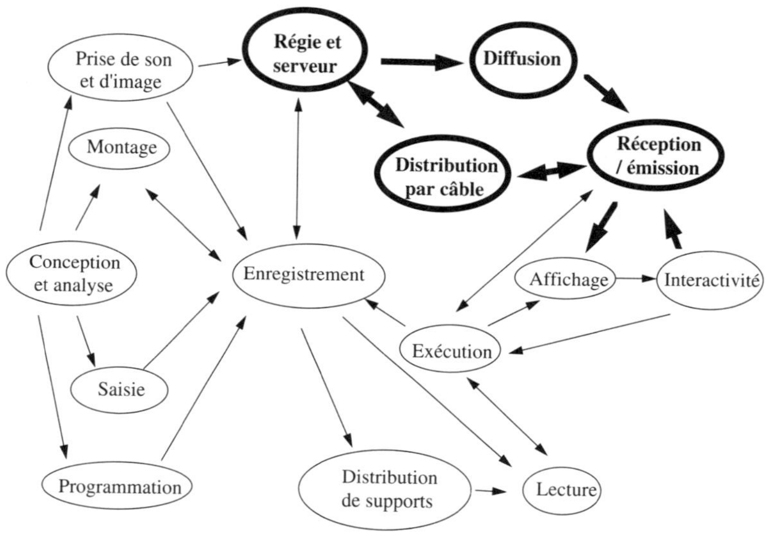

Figure 3 La chaîne des télécommunications.
(*D'après Anacor.*)

On peut découper cette chaîne en trois groupes de fonctions :

• **L'émission et la réception** sont deux fonctions symétriques qui sont remplies par les *régies*, les *serveurs*, les *terminaux* et par les *nœuds* des réseaux. Un émetteur procède au *codage* des informations et les découpe éventuellement en unités de transmission (*messages*, *paquets*, *cellules*...) ; le récepteur réassemble les unités transmises, acquitte la réception et traduit l'information de son code de transmission vers un code d'utilisation. Les régies, les serveurs et les *terminaux* utilisent des *antennes*, des *modems*, des *cartes de communication* ; les nœuds des réseaux servent principalement à la commutation (voir ci-après). La *régie* en *audiovisuel*, le *serveur* en *informatique*, la *tête* de réseau en télécommunications remplissent à peu près les mêmes fonctions : sélection des informations à transmettre, *codage*, *adressage*, émission et supervision du réseau. Dans le cas des *réseaux informatiques* et des réseaux de *télévision interactive*, ils gèrent l'*interactivité* avec le *terminal*.

• **La transmission** s'opère dans les *liaisons* des *réseaux* ; elle met en œuvre :
– des *supports* appelés aussi *médias* (*câble* en *fibre optique*, *coaxial* ou à *paires torsadées*) *ondes hertziennes*, ondes *infrarouges*, rayons *laser*...),

— des *signaux analogiques* ou *numériques.*

La *distribution* peut se faire par *réseau câblé*, par *réseau sans fil* ou en mélangeant les deux techniques.

La *diffusion* utilise les *réseaux hertziens* terrestres ou *satellitaires.*

• **La commutation** s'opère dans les *nœuds* des *réseaux* ; elle utilise différents matériels de *routage* qui choisissent les *liaisons* du *réseau* pour construire le *circuit* optimum à un moment donné (*commutateurs, multiplexeurs, répéteurs, ponts, passerelles, concentrateurs*...).

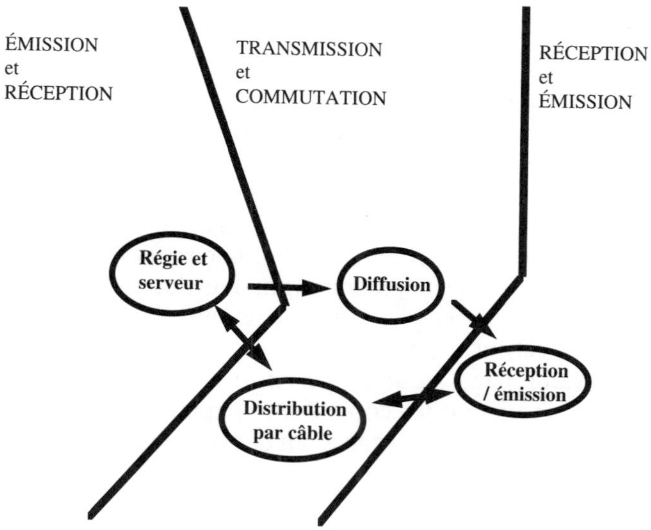

Figure 4 Les trois groupes de fonctions.

Bibliographie : du Castel 93, Macchi 83, Maiman 94.
Corrélats : réseau, télématique.
Étymologie : voir "*Télé-*" et "*Communication*".

Télécommunications mobiles exp.

[Anglais : mobile telecommunications]

Télécommunications : communications à distance avec un terminal mobile.

♦ Les premières applications étaient de type radiophonique : elles sont toujours utilisées sur les navires, les avions ou certains véhicules terrestres *via* les *ondes hertziennes*; les *terminaux* embarqués se réglent sur des *fréquences* radios spécialisées ; ils sont à la fois émetteurs et récepteurs.

Un second type d'application est apparu avec la miniaturisation des matériels électroniques : la téléphonie utilisant des téléphones portatifs *via* des *réseaux cellulaires* interconnectés au *réseau téléphonique commuté.* La radiotéléphonie numérique européenne GSM en est un exemple.

Un troisième type d'application concerne la radiomessagerie : des terminaux de poche permettent de recevoir des signaux écrits ou sonores.

Corrélats : onde hertzienne, réseau cellulaire.

Télécopie n.f.

[Anglais : fax (fac-simile)]

Service de transmission de documents écrits ou imagés sur un réseau de communication entre terminaux appelés télécopieurs. Dans les années 80, la télécopie a connu un immense succès et a remplacé le télex dans les entreprises : entre 1987 et 1989, 700 millions de télécopies avaient été échangées en France ; ce nombre atteignait 2 milliards pour la seule année 1993. Dans les années 90, les coûts des télécopieurs ayant considérablement baissé, le grand public commençait à s'en équiper. Toutefois l'avenir des télécopieurs est incertain : un micrordinateur peut être transformé en télécopieur par l'ajout d'une *carte* et d'un *logiciel* approprié. On obtient ainsi une télécopie "sans papier" en transmettant des documents stockés sur disque et en consultant les télécopies reçues sur l'écran.

♦ Le document est transmis comme une image en *mode points*, même s'il ne comprend que du texte.

L'UIT-T distingue 4 groupes de télécopieurs :

— groupe 1 : transmission analogique (modulation de fréquence) ; durée de transmission d'une page A4 : 6 minutes environ sur réseau téléphonique.
— groupe 2 : transmission analogique (modulation d'amplitude) ; durée de transmission d'une page A4 : de 2 à 3 minutes sur réseau téléphonique.
— groupe 3 : transmission numérique, sur voies téléphoniques ; durée de transmission d'une page A4 : 1 à 2 minutes.
— groupe 4 : transmission numérique sur réseau numérique à 64 kbits/s ; durée de transmission d'une page A4 : 5 à 20 secondes.

Seules les télécopies numériques des groupes 3 et 4 sont encore utilisées. La télécopie numérique se décompose en plusieurs phases :

— analyse du document à transmettre par un faisceau lumineux réfléchi sur une cellule sensible (balayage ligne par ligne),
— numérisation de l'image obtenue,
— codage et compression (code de type Huffman) pour accélérer la transmission,
— transmission,

— réception et décodage,
— reconstitution de l'image,
— impression du résultat.

Corrélat : télématique.
Étymologie : voir *Télé-* et *Copie.*

Télédiffusion de France n. mq.

Audiovisuel et télécommunications : société créée en 1974 aprés la partition de l'ORTF devenue en 1988 une filiale de *France Télécom.* Elle gère en France les réseaux de radiodiffusion, des réseaux câblés, les *satellites TDF1* et *TDF2*, des systèmes de radiomessagerie, de radiotéléphone. Elle mène des études sur la *télévision à haute définition* et sur la *radio numérique.*

Bibliographie : INA 95, FT 94.
Corrélats : câblo-opérateur, diffuseur, distributeur, paysage audiovisuel français.

Téléenseignement n.m.
[Anglais : remote learning, tele-education]

Télécommunications : enseignement à distance, voir *enseignement.*

Télématique n.f.
[Anglais : telematics]

Informatique et télécommunications : traitement informatique à distance ; synonyme de télétraitement.

Issue du rapprochement des télécommunications et de l'informatique, la télématique a marqué une étape importante dans l'émergence du multimédia. Elle transmet des informations *numériques* qui se caractérisent par leur grande *sensibilité.* Comparée aux techniques de transmission habituelles qui transportaient images et sons sous des *codages* analogiques, la télématique assure une grande sécurité des transmissions.

La télématique est surtout connue en France à travers les applications *télétel* et *audiotel*. Le chiffre d'affaires de la télématique en France était de 9,2 milliards de francs en 1994. Ce chiffre était l'équivalent de celui de la presse nationale d'information générale, soit près de deux fois le chiffre d'affaires de la radio et le tiers de celui de la télévision.

• **La chaîne télématique**

La figure 1 montre la place de la télématique dans la chaîne multimédia (voir l'article *multimédia*).

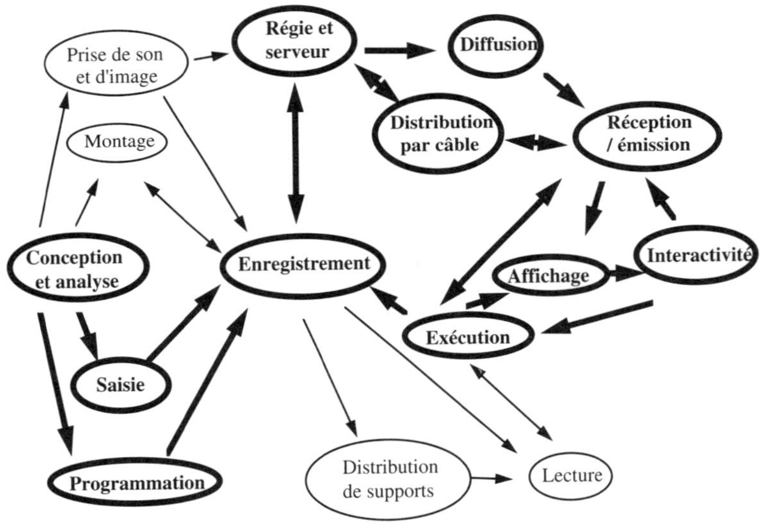

Figure 1 La chaîne télématique.
(*Source : Anacor.*)

Bibliographie : Du Castel 93, Macchi 83, Maiman 94, Nora 78.
Corrélats : informatique, réseau, télécommunications.
Étymologie : néologisme introduit dans le rapport Nora-Minc sur "L'informatisation de la société" paru en 1978. Mot-valise constitué de **TÉLÉ**communication et infor**MATIQUE**.

Téléservice n.f.

[Anglais : teleservice]

Télécommunications : activité à distance réalisée grâce à des réseaux de télécommunications. On peut citer comme exemple de téléservices :

— les téléservices fonctionnels (télésecrétariat, téléimpression, télétraduction, télégestion...) ;
— la téléinformatique (concernant l'ingéniérie logicielle, l'archivage, la maintenance, la gestion de réseaux...) ;
— le téléenseignement (voir *enseignement*) ;
— la télémédecine ;
— les activités d'information et de médiation (services en ligne comme sur *minitel*, catalogues électroniques, bases de données, téléachat, vidéo à la demande...).
Grâce à l'apparition de réseaux multimédias, le marché des téléservices devrait quadrupler entre 1995 et 2000.

Corrélat : télématique.

Télétel n. mq.

Télécommunications : appellation commerciale du système *vidéotex* français.

Les services télétel sont accessibles à partir d'un *minitel* ou d'un micro-ordinateur équipé d'un *modem* et d'une *carte* d'*émulation* minitel. En 1994, le parc de minitels s'est stabilisé à 6,5 millions d'unités ; par contre, on comptait 600 000 *cartes* d'émulation minitel, le parc ayant augmenté de 54 %.

Depuis 1995, le kiosque micro offre une nouvelle possibilité d'accès à télétel. À partir d'une ligne téléphonique et d'un micro-ordinateur équipé d'un *modem* (V32bis à 14,4 kbits/s), on peut accéder aux services minitels classiques et à de nouveaux services dédiés au monde micro-informatique. Ces derniers offrent l'*ergonomie* des *interfaces graphiques* (*menus* déroulants, *icônes*, boîtes de dialogues) des applications utilisant *Windows* ou MacOs. La vitesse d'accès permet de transporter des images et du son. À la fin de 1995, le kiosque micro devait offrir l'accès à *Internet*.

Les banques d'informations offertes par Télétel sont installées sur des *serveurs* accessibles par le *réseau téléphonique* et le réseau *Transpac*. L'interactivité est plus limitée que celle offerte sur Internet. Par exemple, les liens *hypermédia* entre serveurs n'existent pas : on ne peut donc pas cliquer sur une partie de l'écran pour chercher des renseignements complémentaires sur un autre serveur ; la seule possibilité qui est offerte est le re-routage, qui permet, à partir de pages bien précises d'un serveur, d'avoir accès à un autre serveur.

♦ 24 600 services étaient disponibles à la fin de 1994 sur télétel ; la facturation de ces services était de type *kiosque* et non pas par forfait comme sur Internet ;

le chiffre d'affaires global sur télétel était de 6,7 milliards de francs en 1993 (dont 3 milliards reversés aux fournisseurs de services) et 9,2 milliards de francs en 1994 (dont 4,4 milliards reversés aux fournisseurs de services).

Les 24 600 services étaient hébergés par 4 193 serveurs et commercialisés par 10 241 fournisseurs de services. Plus de 100 services étaient consultables sur Télétel Vitesse Rapide, le service télétel associé au nouveau *minitel* vitesse rapide et photo (VRP).

Enfin, Télétel offrait en 1995 le premier service de télépaiement sécurisé par carte bancaire : les utilisateurs équipés d'un minitel couplé à un *lecteur* de *cartes* pouvaient télépayer avec une garantie de confidentialité du code, comme chez un commerçant.

Le tableau suivant donne la répartition de consommation télétel par type de services en 1993.

Type de service	Appels (en millions)	Heures (en millions)	Thèmes
Information	760,0	22,7	Annuaire électronique
	40,0	2,0	Bourse, finances
	22,0	1,2	Emploi
	13,0	1,1	Presse, radio, TV
	10,0	0,9	Spectacle, loisirs
	17,0	1,5	Consommation, achat
	15,0	1,6	Transport, météo
	14,0	1,3	Juridique, fiscal
	14,0	1,2	Santé, social
	12,0	0,9	Sports
	1,0	0,1	Bases de données
	968 (63 %)	39 (42 %)	Total
Communication	54,0	3,0	Messageries
	156,0	24,0	Messageries conviviales
	210 (14 %)	27 (29 %)	Total
Formation	22,0	1,6	Formation
	8,0	1,4	Sciences, techniques
	30 (2 %)	3 (3 %)	Total
Transactions	160,0	8,1	Banque
	17,0	1,5	Consommation, achats
	43,0	4,4	Transports
	231 (15 %)	15 (16 %)	Total
Jeux	38,0	3,2	Presse, radio, TV
	57,0	5,3	Jeux, test, astrologie
	95 (6 %)	8 (9 %)	Total
Total	1534 (100 %)	92 (100 %)	

Figure 1 Répartition du trafic télétel par type de service (*Source: France Télécom.*)

Bibliographie : Du Castel 93.
Corrélats : internet, minitel, télématique, vidéotex.

Télétex n. mq.

Télécommunications : service de courrier électronique offert par France Télécom.

Télétexte n.m.
[Anglais : teletext]

Télécommunications : voir *vidéographie.*

Téléviseur n.m.
[Anglais : television set]

Audiovisuel et télécommunications : appareil destiné à la réception de la *télévision.* Un téléviseur se compose d'un récepteur-décodeur chargé de démoduler le signal vidéo et d'un *écran* d'affichage avec une électronique de *balayage.* Un téléviseur se distingue d'un *moniteur.*

Bibliographie : Achard 91, Besson 88, INA 93, Luxereau 92.
Corrélat : tube à rayons cathodiques.
Étymologie : *français* : XXe siècle :"télé-" préfixe savant (loin) + "viseur" <"viser" XIIe siècle. *Grec* "tele-" (au loin) + *Latin* : "visere", fréquentatif de "videre" (voir). *Indo-européen* : "*kuel-" (loin) [Pokorny p. 640] + "*v(e)di-" (voir) [Pokorny p. 1125].

Télévision n.f.
[Anglais : television]

Audiovisuel et télécommunications : littéralement "vision à distance", la télévision recouvre l'ensemble des actions et des techniques mises en œuvre pour produire, transmettre et reproduire des images animées sonorisées.

• **Les différents types de télévision**
Plusieurs critères permettent de classer les différents types de télévision :
— Critères techniques :
  • type de *réseau* utilisé :
    * *télévision par satellite,*
    * *télévision par câble,*

  * *télévision hertzienne,*
- type de *codage* des informations :
  * télévision analogique (*NTSC, SECAM, PAL, D2-Mac),*
  * *télévision numérique,*
- qualité des images reçues :
  * *télévision à haute définition,*
- possibilité d'interactivité :
  * *télévision interactive,*
- mode de transmission :
  * télévision par *diffusion,*
  * télévision par *distribution,*
  * *vidéocommunication.*

— Critères économiques :
- *télévision à péage.*

• **Principes de transmission télévisée**

Émission

Le rayonnement lumineux de l'image est converti en un signal électrique (voir *capture*) à l'aide d'une *caméra* vidéo. L'image est ainsi décomposée en points ou *pixels* qui sont transmis les uns après les autres, de gauche à droite et du haut vers le bas. L'ensemble des points situés à la même hauteur constituent une *ligne.* Les lignes impaires sont transmises en premier, constituant une *trame* (ou demi-image), puis viennent les lignes paires qui constituent la seconde trame de l'image. Pour une image, il existe aussi des lignes de service qui contiennent des informations propres à la transmission elle-même (par exemple, le *synchronisme*) ou à d'autres services (voir, par exemple, *ANTIOPE*). Les points ainsi transmis sont codés sous forme d'un *signal* dont une des principales caractéristiques est la *bande passante.* Les premiers systèmes de télévision transmettaient des images en noir et blanc et utilisaient une bande passante relativement réduite (6 MHz). La transmission d'images en *couleur* a dû utiliser, pour rester compatible avec le parc de récepteurs existants, la même bande passante mais en rajoutant à l'information de *luminance* des informations de *chrominance.* On a donc mis au point des systèmes de transcodage des *composantes* de l'image en couleur vers un signal *composite* capable d'utiliser la bande passante du signal noir et blanc. Le premier système de télévision en couleur fut le NTSC, mis au point aux États-Unis en 1953. En Europe, ce sont les systèmes *PAL* et *SECAM* qui sont utilisés (voir l'illustration sous *codage*).

Réception

La réception consiste à retraduire le signal reçu en informations élémentaires et à les projeter de manière *synchrone* sur un *écran* à l'endroit exact pour reconstituer l'image. L'appareil de télévision comprend donc un décodeur qui traduit le signal composite en signal à composantes et un transducteur qui traduit le signal couleur en lumière. La transduction est faite à l'aide de *tubes cathodiques* qui bombardent d'électrons des *luminophores* situés sur la surface d'un écran de verre. Dans le cas de la projection d'images en couleur, chaque pixel transmis donne lieu au bombardement de trois luminophores, un pour chaque couleur composante : rouge, vert et bleu.

Moyens de transmission
On peut transmettre les images par câble ou par ondes hertziennes. La télévision par ondes utilise une *antenne* pour traduire le signal en émission et une autre pour le retraduire à la réception. Le *réseau* entre les deux antennes peut être terrestre ou *satellitaire*. La télévision par ondes est concurrencée — et parfois complétée — par la télévision câblée.

• Le marché de la télévision et le paysage audiovisuel français
Depuis les premières émissions publiques qui datent de 1937 en France, la télévision est devenue une véritable industrie. Les principales chaînes nationales et les organismes de l'audiovisuel public (*TDF*, SFP et *INA*) employaient en 1993 plus de 16 000 personnes (dont 10 % de journalistes) auxquelles il convient d'ajouter les personnels des sociétés industrielles qui fabriquent le matériel de production, de diffusion et de réception. Ces chiffres ne mesurent pourtant pas l'influence réelle de l'industrie dans la vie nationale : malgré une augmentation de près de 75 % de la redevance de 1980 à 1992, plus de 95 % des foyers français étaient équipés de téléviseurs en 1992.

Un média bénéficiant d'un tel succès ne pouvait avoir qu'une image mythique et il ne pouvait laisser indifférents les pouvoirs politiques ou économiques. Jusqu'en 1981, la télévision était directement sous la coupe des gouvernements. En 1983 apparaissaient les premières publicités sur les chaînes publiques ; en 1986 la principale chaîne, *TF1*, était privatisée et les premières chaînes thématiques sur câble (Paris Première et Canal J) étaient mises en service ; l'année suivante étaient créées deux chaînes privées : la Cinq et M6 ; en 1990 était créée la SEPT qui devenait en 1992 fournisseur de programmes pour la chaîne culturelle Arte qui reprenait le canal de la Cinq en cessation d'activité. En 1994 était lancée la Cinquième, la chaîne du savoir, qui partage son canal avec Arte. Les différentes chaînes, publiques ou privées, se livrent une féroce concurrence pour capter la plus grande *audience*. Cette course incessante à l'*audimat* donne lieu à un débat permanent sur la qualité des programmes.

Les statistiques diffusées par l'*INA*, le *CNC* et le *CSA* [INA 95] permettent de se faire une idée des spécificités de la télévision : elle se caractérise par sa production, sa diffusion et son taux d'écoute. Les programmes les plus diffusés par les quatre principales chaînes françaises (France 2, France 3 national, TF1 et M6) étaient, en 1993, respectivement : des "fictions" (11 000 heures), des programmes de "musique et divertissement" (6 500 heures), des "informations" (4 000 heures) et des "magazines et documentaires" (5 500 heures). La course à l'*audience* est aussi une course aux revenus que procure la publicité. Quatre sources principales de revenus assurent en effet la vie des chaînes de télévision françaises : la redevance (pour les chaînes publiques), la publicité (sauf pour *Arte*), les subventions publiques et les abonnements (pour la chaîne cryptée *Canal* + et pour les chaînes *câblées*).

La redevance télévisuelle en France permettait en 1992 de drainer près de 9 milliards de francs et restait cependant une des moins élevée de toutes celles des pays européens. Il est interressant de noter qu'en 1993 les dépenses consenties par les ménages français pour s'abonner à des chaînes privées représentaient sensiblement la même somme. La publicité a fait l'objet de nombreux règlements restrictifs qui ont été rarement appliqués : les montants des recettes publicitaires et la durée des temps d'antenne consacrés à la publicité ne cessent d'augmenter d'année en année. En 1990, pour une diffusion de près de 1 500 heures, les recettes publicitaires étaient de 12,6 milliards de francs (toutes chaînes confondues), soit un peu moins de la moitié des recettes publicitaires de la presse ; cependant la tendance dans la presse, à l'inverse de celle à la télévision, est à la baisse. On peut supposer que les recettes par abonnement ou par paiement "à la consommation" ne cesseront d'augmenter avec la généralisation du multimédia. À moins que ce dernier ne fasse baisser l'audience, mais tout laisse supposer le contraire... Le temps moyen d'écoute par foyer était, en 1993, de cinq heures par jour...

Bibliographie : Albert 91, Bensoussan 80, Besson 88, Besson 90, Gouyou 93, Grivet 82, INA 93, INA 95, Lunven 93, Miquel 90, Toussaint 87, Vasseur 92.
Corrélats : Codage, paysage audiovisuel français, audiovisuel.
Étymologie : *français* : XXe siècle :"télé-" préfixe savant (loin) + "vision" <"voir" Xe siècle. *Grec* : "tele-" (au loin) + *Latin* : "videre" (voir). *Indo-européen* : "*kuel-" (loin) [Pokorny p. 640] + "*v(e)di-" (voir) [Pokorny p. 1125].

Télévision à haute définition exp.

[Anglais : high definition television]

Audiovisuel et télécommunications : nouvelles caractéristiques de diffusion de télévision, permettant d'améliorer la qualité de l'image (en se rapprochant de la qualité du cinéma), et de profiter d'un son stéréophonique. Dès la fin des années 80, l'établissement d'une norme pour la télévision à haute définition a donné lieu à un vaste combat politico-industriel entre les États-Unis, l'Europe et le Japon : toute la chaîne de l'industrie audiovisuelle était impliquée (fabrication du matériel, production de programmes, diffusion). Il a été décidé en 1993 que cette norme serait numérique (voir ci-après).

♦ Le Japon a développé un standard appelé MUSE (1 125 lignes, 60 Hz), qui a été repoussé comme norme universelle pour des raisons de stratégie industrielle (éviter un impérialisme japonais) lors des réunions de l'UIT-R (à l'époque CCIR) à Dubrovnik (1986) et d'Atlanta (1990). Les Japonais devaient abandonner ce standard au début de l'année 1994. Les États-Unis (la FCC, Federal Communication Commission) ont lancé en 1991 un appel à candidature pour des solutions de télévision numérique. Cinq consortiums ont répondu. Les groupes européens Philips et Thomson font chacun partie d'un de ces consortiums.

Les Européens dans le cadre du programme Eurêka ont commencé par développer le codage HD-Mac, prolongement du codage D2-Mac. Les caractéristiques de cette solution européenne étaient : définition de l'image

1 250 lignes et 1 440 points par ligne, 50 images par seconde, format de l'image 16/9. L'idée était d'éviter le remplacement brutal du parc de téléviseurs et de permettre la réception sur des postes classiques (en basse qualité) des émissions de télévision émises en haute définition. Depuis septembre 1993, la décision a été prise d'abandonner ce codage et de promouvoir la télévision numérique (voir ce terme). La haute définition numérique n'apparaîtrait qu'en l'an 2000. En attendant, l'Union européenne a décidé de débloquer à partir de 1994 1,5 milliard de francs sur 4 ans pour financer des programmes en 16/9 (format prévu de la TV-HD).

Bibliographie : Gouyou 93, INA 93, Lunven 93, Vasseur 92.
Corrélat : télévision numérique.

Télévision à la demande exp.
[Anglais : video on demand, VOD]

Audiovisuel et télécommunications : télévision où chaque abonné peut sélectionner sur catalogue une émission et choisir l'heure de sa programmation. Ce système implique l'utilisation d'un réseau à large bande (type *autoroute de l'information*) et de *serveurs* vidéo de grandes capacités. Il ne pourra voir le jour pour une large audience qu'après l'an 2 000.

Corrélats : télévision interactive, télévision presque à la demande.

Télévision à péage exp.
[Anglais : Pay per view]

Audiovisuel et télécommunications

1. Mode de commercialisation de la télévision où le téléspectateur paie soit proportionnellement à ce qu'il consomme (*paiement à la consommation*), soit unitairement pour chaque programme qu'il choisit (*paiement à la séance*). Synonymes : télévision à droit d'accès, télévision à accès conditionnel.

2. Par extension, on parle de télévision à péage pour les télévisions par abonnement, où le spectateur paie un droit forfaitaire lui donnant accès à l'ensemble des programmes d'une chaîne (certaines chaînes de réseaux cablés, Canal + en France) ou à l'ensemble des chaînes offertes sur un réseau câblé.

♦ La télévision à péage permet une importante remontée de recettes vers les *producteurs* et les détenteurs de droits. Elle est peu développée en Europe et est minoritaire aux États-Unis. France Télécom a lancé en 1992 et 1993 plusieurs expérimentations de télévision à péage (à Berlin, à Saint-Germain en Laye) basées sur l'utilisation de la carte visiopass. Les trois premiers opérateurs de chaîne à péage en Europe étaient en 1994, Canal Plus, B Sky B et Filmnet.

Corrélats : paiement à la consommation, paiement à la séance, télévision par câble.

Télévision hertzienne exp.

[Anglais : hertzian television]

Audiovisuel et télécommunications : *télévision* utilisant les *ondes hertziennes* comme *support* de *diffusion.* On peut en distinguer deux types : celle qui utilise des *réseaux terrestres,* apparue la première, et celle utilisant les *réseaux satellitaires* ; dans la pratique, on réserve le terme de télévision hertzienne à la première et on appelle *télévision par satellite* la seconde ; l'expression s'oppose donc à la fois à *télévision par câble* et à *télévision par satellite.*

♦ **Émission :** la télévision hertzienne est diffusée à partir de stations émettrices ou réémettrices qui ont une portée d'une vingtaine de kilomètres ; on en comptait plus de dix mille en France au début des années 90.

Codage : les émissions sont, depuis l'origine, codées en *analogique* et en *composite* ; la télévision hertzienne sera la dernière à être numérisée (voir *télévision numérique*).

Nombre de chaînes : la télévision hertzienne utilise des fréquences réparties dans les bandes VHF et UHF (voir *onde hertzienne*), alors que la télévision par satellite utilise des fréquences plus élevées ; les canaux de transmission des chaînes, dans une bande de fréquence, doivent être suffisamment espacés pour éviter des perturbations mutuelles ; une chaîne utilisant un canal perturbe six autres canaux qui lui sont proches et occupe en fait sept canaux ; le nombre de chaînes s'en trouve d'autant restreint ; la répartition des plages de fréquences faite par l'UIT-R accorde par exemple 58 canaux à la France et 8 chaînes suffisent à les mobiliser.

Bibliographie : Besson 88, Grivet 82, Wallstein 89.
Corrélats : onde hertzienne, réseau hertzien, télévision par câble, télévision par satellite.

Télévision interactive exp.

[Anglais : interactive television]

Audiovisuel et télécommunications : type de télévision où le téléspectateur a une possibilité d'action sur le programme qu'il regarde : par exemple, possibilité de choisir parmi plusieurs *angles de prise de vue* lors d'une retransmission sportive, de demander des détails sur telle ou telle information après le journal télévisé, de choisir sur catalogue un film ou une émission (voir *télévision à la demande*), ou de voter pour déterminer la fin du scénario du film en cours...

Les principaux champs d'application de la télévision interactive sont :
— les jeux : par exemple, le téléspectateur peut répondre en même temps que les candidats aux questions de l'animateur d'une émission de *plateau* ;
— le téléachat : par exemple, le téléspectateur peut envoyer un ordre d'achat en direct en *cliquant* sur une partie de son écran.
— l'enseignement : par exemple, le téléspectateur peut consulter des bases de données, répondre à des questions, des exercices...
— la *télévision à la demande...*

Un réseau de télévision interactive est composé des éléments suivants :
— un terminal décodeur désembrouilleur, pourvu d'un système de commande (du type *carte Multipoint* ou *boîtier*),
— des serveurs multimédias de forte puissance : ces serveurs peuvent être installés en tête du réseau ou répartis dans le réseau ; une bibliothèque de 1 000 films nécessite par exemple une mémoire de plusieurs *téraoctets*,
— un système de *navigation* gérant l'accès aux chaînes,
— un réseau de transport reliant les serveurs aux terminaux (câble à fibre optique),
— une voie de retour permettant d'acheminer les commandes des téléspectateurs vers les serveurs d'images.

En 1996, la télévision interactive n'existe encore qu'à l'état expérimental. Les premiers systèmes interactifs s'adressant à une large audience ne devraient être mis en service qu'à partir de 2005 ou 2010.

♦ Les premières expérimentations significatives ont commencé au Canada, avec Videoway en 1990. La chaîne Discovery Channel, en Californie, s'est associée, en 1993, à Philips pour créer un jeu de découverte utilisant le *CD-I.* Aux Pays-Bas l'utilisateur peut lire des informations par *télétexte* et communiquer avec le serveur par téléphonie (expérience de la chaîne RTL 4 et de Videotext Nederland). La même expérience a lieu en Allemagne (RTL et Bildschirmtext). En France, l'émission Hugo Délires était, en 1993, une amorce de télévision interactive et remportait un grand succès (10 000 appels par jour de candidats au jeu) : le téléspectateur sélectionné agissait sur les déplacements d'un personnage dans un parcours semé d'embuches en appuyant sur les touches du téléphone. Un autre exemple de télévision interactive est l'utilisation du système de *cartes multipoints* dans des émissions de téléachat et de jeu.

En 1996, la Lyonnaise de Communication proposait, sur une partie de son réseau câblé à Paris, un accès à *Internet*,

Bibliographie : Gouyou 93, INA 93, Lunven 93, Vasseur 92.

Télévision numérique exp.

[Anglais : digital television]

Audiovisuel et télécommunications : type de télévision où les signaux sont traités sous forme numérique d'un bout à l'autre de la chaîne de l'image, du capteur de la caméra jusqu'au récepteur du téléspectateur : la production, la transmission, la diffusion et le stockage sont numériques.

La qualité d'image de la télévision numérique est meilleure que celle de la télévision analogique. La qualité du son est celle d'un disque compact laser. La télévision à haute définition sera numérique.

La première réalisation au monde de télévision (publique) numérique a été le système de diffusion par satellite Direc TV. Il a été mis en service par Hughes aux États-Unis en 1994. Il offre 150 programmes, dont une bonne partie en *paiement à la séance.* Il rencontre un bon succès puisque un million de récepteurs-décodeurs numériques avaient été vendus à la fin de 1995. En France, la télévision numérique est apparue sur le câble et le satellite en 1996.

♦ Un accord de coopération européenne (Memorandum of Understanding : déclaration d'intention) a été signé le 10 septembre 1993 à Bonn sur le développement de la télévision numérique. Cet accord, portant le nom de projet DVB (Digital Video Broadcasting : diffusion vidéo numérique), a été signé par 84 organisations européennes (administrations, industriels, radiodiffuseurs et fournisseurs d'infrastructures). Les objectifs de l'accord étaient doubles :

— obtenir les spécifications d'une télévision numérique (spécifications devant être validées par l'*ETSI* et le *CENELEC*, obtenant ainsi le statut de normes européennes),

— favoriser des services commerciaux de télévision numérique à partir de 1995 sur *câble* et *satellite* et à partir de 1997 en réseau hertzien.

Les groupes de travail DVB ont déjà soumis aux instances de réglementation européennes des propositions de normes concernant :

— la modulation et le *codage* de canal pour la *diffusion* de télévision numérique par *satellite* et par *câble* ;
— la structuration des informations de service permettant l'autoconfiguration des récepteurs ;
— l'insertion du *télétexte* ;
— la mise en œuvre des normes *MPEG2* ;
— l'*accès conditionnel*.

Les avantages de la télévision numérique sont nombreux :
— en *production*, la numérisation facilite les traitements d'images : *synthèses* d'images, traitements de *post-production, truquages, effets spéciaux*. Elle permet aussi de multiples *copies* de l'image sans perte de qualité (la 50e génération d'une image numérique est moins dégradée que la 5e génération d'une image analogique) ;
— *en transmission*, les techniques de *compression* permettent de multiplier par 4 à 10 le nombre de programmes transmissibles sur un même canal et exige moins de puissance d'émission.

Bibliographie : Gouyou 93, INA 93, Lunven 93, Poncin 95.

Télévision par câble exp.

[Anglais : cable television]

Audiovisuel : télévision utilisant des *réseaux câblés* pour la *diffusion* ou la *distribution* de ses programmes, par opposition à la télévision utilisant les *réseaux hertziens* terrestres ou par *satellite*. La télévision par câble permet à l'utilisateur de recevoir un grand nombre de chaînes avec une bonne qualité d'image. C'est elle qui permettra la *télévision interactive*.

♦ La télévision par câble est utilisée dans des *réseaux locaux* privés de vidéosurveillance, et dans des réseaux publics ou privés pour distribuer des programmes de télévision. La *distribution* de télévision par câble a commencé dans les années 50 aux États-Unis pour parer aux carences de la *diffusion* hertzienne dans les zones rurales (les satellites n'existaient pas encore). Elle s'est depuis développée même aux endroits où existait une diffusion hertzienne ou par satellite. Elle offre en effet un certain nombre d'avantages par rapport à ces dernières :
— Elle permet de distribuer un grand nombre de chaînes : 30 à 50 en service de base, ce qui est à peu près équivalent aux possibilités de l'essaim de satellites *Astra*, et on prévoit une augmentation de ce nombre jusqu'à plus de 200.
— La transmission et la réception du signal sont de meilleure qualité.
— Suivant le type de cablâge, elle permet l'interactivité avec les sites terminaux s'ils sont pourvus d'un *boîtier*. Cet avantage, décisif pour le *multimédia*, devrait promouvoir l'installation du câble d'ici l'an 2000 (voir *télévision interactive*).

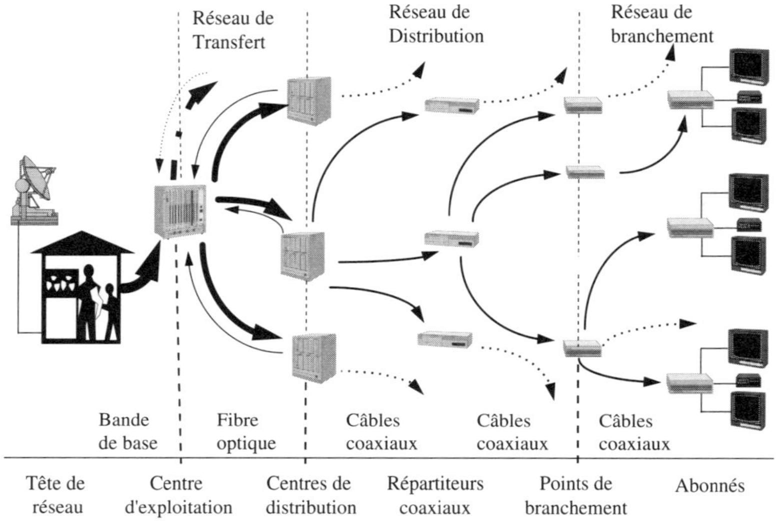

Tête de réseau : sélectionne et rassemble les programmes à distribuer ; elle produit ou capte des émissions par voie hertzienne ou par satellite.

Liaison en *bande de base.*

Centre d'exploitation : distribue l'ensemble des programmes à l'ensemble du réseau ; module les signaux reçus en bande de base ; supervise le réseau.

Liaison en *fibre optique* avec voie de retour.

Centre de distribution : convertit les signaux optiques en signaux électriques ; dessert 5000 abonnés.

Liaison en *câble coaxial.*

Point de branchement : connecte jusqu'à 16 abonnés.

Abonné : dispose d'un *boîtier* de raccordement sur lequel il peut connecter 2 téléviseurs et une radio ; le boîtier peut aussi être un *décrypteur* ou un *audimètre.*

Exemple d'architecture de réseau câblé de télévision en arbre.

— Elle permet des modes de *paiement à la séance* ou *à la consommation* (voir *télévision à péage*).
— Le câble est un support de distribution et pas de seulement de diffusion. Le public est mieux connu et la publicité, qui assure l'essentiel du financement des chaînes privées, peut être mieux ciblée.

La figure ci-contre donne un exemple simplifié de réseau câblé de télévision installé dans la plupart des grandes villes françaises. Le réseau est divisé en trois sous-réseaux dits de transfert, de distribution et de branchement.
La plupart des réseaux de télévision disposent d'une voie de retour de faible capacité de l'abonné vers la tête de réseau. Elle pourra être utilisée pour de nouveaux services en cours d'étude (consultation de banques d'images, télé-achat, télé-enseignement...). Depuis les années 90, les réseaux de transfert sont équipés en fibre optique. L'extension de la fibre optique aux réseaux de distribution puis de branchement se fera progressivement. La question est de savoir jusqu'où ira la fibre : jusque chez l'abonné (FTTH, Fiber To The Home), jusqu'à l'immeuble (FTTB, Fiber To The Building), jusqu'àu trottoir (FTTC, Fiber To the Curb) ou jusqu'au quartier (FTTZ, Fiber To The Zone). L'installation de fibre optique de bout en bout (FTTH) permettrait des services plus complets avec une qualité meilleure mais coûte évidemment plus cher.

Corrélats : câblo-opérateur, plan câble.

Télévision par satellite exp.

[Anglais : satellite television]

Audiovisuel et télécommunications : système de télévision où la diffusion des programmes est assurée à partir d'un *satellite géostationnaire.* Le signal de télévision, transmis sous forme d'onde hertzienne, est reçu sur terre par des antennes paraboliques individuelles de 0,50 m à 1,50 m de diamètre pointées vers le satellite. À partir d'une parabole, on ne peut recevoir les programmes que d'un seul satellite à la fois ou d'un "essaim" de satellites séparés de quelques kilomètres (même position orbitale). Voir la figure à l'article *réseau satellitaire.* La télévision par satellite est souvent reprise par la *tête* d'un réseau de *télévision par câble* (voir ce terme) pour être distribuée vers un ensemble d'abonnés.

♦ Le coût de construction et de lancement d'un satellite de télédiffusion était d'environ 2 milliards de francs en 1992 et la location annuelle d'un canal variait entre 30 et 100 millions de francs. En comparaison, le coût d'investissement pour la diffusion par voie hertzienne était d'environ 1 million de francs pour un émetteur local (Il y avait 10 800 émetteurs principaux et réemetteurs en France en 1993). Pour la zone couverte par un émetteur, un système cablé demandait un investissement de 200 millions de francs. Le satellite est donc un moyen de diffusion dédié à de grandes zones de réception.

En 1996, plus de 150 chaînes différentes étaient montées sur la vingtaine de satellites qui arrosaient l'Europe mais quelques-unes seulement, diffusées par les satellites *Astra* et d'origine souvent américaine, avaient une vocation pan-européenne (par exemple "Eurosport", "MTV", "Cartoon Network & TNT"). Plusieurs bouquets de programmes, diffusés par un même satellite ou un essaim de satellites, sont offerts en Europe : on peut citer "Canal Satellite" en France, "SkyMultichannel" en Grande Bretagne... Les chaînes en langue française sont réparties sur trois satellites (Telecom 2, Astra et Eutelsat) et ne peuvent donc être regroupées en un seul bouquet.

L'ensemble des cinq satellites Astra, co-positionnés à 19°2 Est offraient, à la fin de 1995, 80 canaux TV : la SES dominait ainsi la diffusion de télévision par satellite en Europe.

Bibliographie : Baudelot 94, Besson 90, Boisseau 91, Gouyou 93, Lunven 93, Vasseur 92.
Corrélat : télévision numérique.

Télévision presque à la demande exp.

[Anglais : near video on demand, NVOD]

Audiovisuel et télécommunications : télévision où une même émission (un film par exemple) est programmée sur plusieurs canaux en parallèle avec un décalage dans le temps (démarrage toutes les 15 minutes par exemple). Ainsi un téléspectateur qui allume son poste peut trouver, quelle que soit l'heure, les programmes de son choix avec un temps d'attente raisonnable (moins de 15 minutes).

La *télévision numérique*, en mettant à disposition des diffuseurs ou des distributeurs en nombre beaucoup plus important de canaux que la télévision analogique, permettra le développement de télévisions presque à la demande.

Temps d'accès exp.

[Anglais : seek time]

Informatique : durée qui s'écoule entre le moment où une information est demandée et le moment où elle est disponible. Cette durée caractérise principalement les *mémoires auxiliaires* et en particulier les disques.

♦ **Temps d'accès sur disque**
Temps écoulé entre le moment où l'information est demandée au *lecteur* et le moment où elle est disponible pour le *décodeur*. Le temps d'accès sur disque se mesure en milliseconde (ms) et dépend de nombreux facteurs parmi lesquels :
— Le temps de positionnement de la *tête de lecture* au-dessus de l'information recherchée sur la surface du disque. Ce temps de positionnement dépend lui-même :
- de la vitesse de déplacement de la tête de lecture jusqu'à la piste ou la spire contenant l'information recherchée,
- de la vitesse de rotation du disque. Cette vitesse détermine le délai nécessaire pour présenter sous la tête de lecture la partie de la piste contenant l'information recherchée. La vitesse de rotation s'exprime en tour par minute (tpm), et varie de 33 tpm pour les disques vinyles à plus de 5 000 tpm pour les disques magnétiques,
- de la densité linéaire d'enregistrement exprimée en piste par pouce (tpi) sur les disques à piste concentrique (disque magnétique) et en largeur de spire (mesurée en micron) sur les disques à piste hélicoïdale (disque optique ou vinyle),
- du diamètre du disque.

— Le temps de la lecture proprement dite. Ce temps dépend :
- du mode d'*enregistrement*,
- de la *densité* radiale d'enregistrement exprimée en bit par pouce (bpi),
- du type de *codage*,
- du taux de *compression*.

— Le type d'*interface* entre le lecteur et le décodeur (*ESDI*, *IDE*, *SCSI*, ...).
— L'utilisation de techniques logicielles d'optimisation comme, les antémémoires.

Temps différé exp.
[Anglais : batch processing]

Informatique : technique qui fournit des résultats dans un délai plus ou moins long et éventuellement en *asynchronisme* avec l'arrivée des données. Le traitement en temps différé est en particulier utilisé dans les *applications de gestion*. L'exemple type est donné par la mise à jour d'un état de stock qui peut se faire en fin de journée, à partir des mouvements d'entrée et de sortie qui ont eu lieu tout au long de la journée. S'oppose à traitement en *temps réel*.

Temps réel exp.
[Anglais : real time]

Informatique : technique qui traite les événements au fur et à mesure qu'ils se présentent et fournit des résultats dans un délai très court. Le traitement en temps réel est en particulier utilisé dans les *applications industrielles.* L'exemple type est le pilotage d'un laminoir où des palpeurs fournissent en permanence des informations sur l'épaisseur de la lame de métal en sortie. L'ordinateur traite ces mesures en temps réel pour ajuster la fabrication. Le traitement multimédia en temps réel renforce grandement l'illusion de réalité ; il est une des principales caractéristiques des systèmes de *simulation virtuelle.* S'oppose à traitement en *temps différé.*

Téra- préf.

(abréviation : T)

Général : préfixe entrant dans la composition des noms de mesure pour indiquer une multiplication par mille milliards. Un téra-octet (noté To) équivaut à mille milliards d'octets, soit 10^{12} octets.

Étymologie : *grec* : "teras" (monstre). *Indo-européen* : "*kuer-" (faire) [Pokorny p. 641].

Terminal n.m.

[Anglais : terminal]

Informatique : appareil qui termine une ligne, un circuit ou un réseau. Désigne en général des écrans couplés à des claviers qui peuvent être munis ou non d'une intelligence locale (mémoire et processeur).

♦ **Terminal X**

Type de terminal utilisé dans certains systèmes *Unix.* Un terminal X est constitué d'un écran, d'un clavier et d'une *intelligence* locale dédiée qui assure la gestion de l'écran, du clavier et l'interface d'utilisation du programme (présentation des programmes à l'écran). Ce type de terminal soulage le processeur central de l'ordinateur des traitements propres aux terminaux.

Étymologie : emprunt à la langue commune. *Français* : terminer XIIe siècle > terminal XVIIIe siècle. *Latin* : "terminalis" (relatif aux frontières, terminal, final). *Indo-européen* : "*ter-" (franchir, escalader, surmonter, venir à bout de) [Pokorny p. 1074].

Tessiture n.f.
[Anglais : tessitura]

Audiovisuel : ensemble des fréquences de toutes les notes que peut produire une voix ou un instrument de musique. Le terme désigne aussi l'ensemble des notes d'un morceau de musique qui reviennent de manière fréquente.

Étymologie : terme technique musical. *Français* : XIXe siècle. *Italien* : "tessitura" (tissage, tessiture) < "tessere" (tisser). *Latin* : "texere" (tisser, tresser). *Indo-européen* : "*tekf-" (tresser) [Pokorny p. 1058].

Tête n.f.
[Anglais : head]

1. Audiovisuel
Partie supérieure du pied d'une *caméra* sur laquelle se fixe la caméra et qui peut pivoter en douceur dans différentes directions.

2. Informatique : tête de lecture ou d'écriture
a. Disque : élément matériel qui termine un bras amovible au-dessus de la surface d'un *disque*. Sa fonction est de lire les informations enregistrées sur la surface du disque (tête de lecture) ou de les enregistrer (tête d'écriture). En fonction des techniques d'enregistrement, on distingue les têtes magnétiques et optiques.
b. Bande magnétique : élément matériel placé sur un tambour tournant devant la bande magnétique qui a pour fonction de lire ou d'enregistrer les informations sur la surface de la bande.

3. Télécommunications : tête de réseau
Partie initiale d'un réseau. Ce terme est en particulier utilisé dans le cas de *réseaux câblés*. La tête d'un réseau câblé comprend :
— les antennes de réception :
  • de satellites,
  • de faisceaux hertziens,
— une régie vidéo avec :
  • des moniteurs de surveillance,
  • des automates de diffusion de cassettes,
  • des générateurs de mosaïque d'images,
  • des générateurs de textes,
  • des sources vidéographiques...,

– un ensemble d'interfaces avec les câbles de transport du réseau :
  - pour la constitution du multiplex de canaux de télévision dans la bande de *fréquence* des *ondes électromagnétiques* VHF,
  - pour le transport des programmes sur le réseau,
  - pour le contrôle de qualité du réseau.

Corrélats : 2. Lecteurs ; 3. Réseau.
Étymologie : emprunt à la langue commune. *Français* : XIe siècle. *Latin* : "testa" (carapace de tortue, coquille, vase de terre cuite, crâne, tête). *Indo-européen* : "*tekf-to-" (charpenter) [Pokorny p. 1058].

Texas Instruments n.s.

Constructeur américain qui a développé de nombreux microprocesseurs, auteur notamment de l'interface *TIGA*.

Texture n.f.
[Anglais : texture]

Audiovisuel et informatique : répartition des pixels sur une surface donnant un aspect coloré ou un aspect de matière.

Étymologie : *français* : XIIe siècle. *Latin* : "textus" (enlacement, tissu) < "texere" (tisser, tresser). *Indo-européen* : "*tekf-" (tresser) [Pokorny p. 1058].

TF1 s.f. et n.s.
Télévision Française 1

Audiovisuel : première chaîne de télévision française privatisée en 1987. TF1 a été la première chaîne française à émettre en couleur, en 1975. En 1994, TF1 détenait la première place en termes de parts d'*audience* en France, avec 39 % de taux d'écoute, devant France 2 et France 3.

Corrélat : Paysage audiovisuel français.

TGA s.a.
Targa Graphic Adaptator

Informatique : extension utilisée sous *MS-DOS* pour désigner un fichier image en *mode points*. Développée, à l'origine, pour les plates-formes utilisant des cartes graphiques de type Vista ou *Targa.*

TIFF s.a.

Tagged Image File Format (traduction littérale : format pour fichier d'images étiqueté)

Informatique : format de fichiers graphiques en *mode points* développé en 1986 par plusieurs éditeurs de logiciels dont *Aldus* et *Microsoft.* Ce format est devenu un des standards de fait pour l'échange de fichiers d'images entre différentes plates-formes en mode points. Il est disponible sur les plates-formes *PC, Mac* et *Unix.* Il est particulièrement utilisé dans les applications de *publication* et de *présentation assistée par ordinateur.* Il permet l'échange d'images noir et blanc et d'images en couleur, compressées ou non, sur supports de type disques ou bandes magnétiques.

♦ Quatre modes de *compression* sont possibles pour une image codée dans le format TIFF :
— une compression de type codage des longueurs de séquence, reprenant un algorithme défini par *Apple* et qui permet la compression d'images monochromes seulement,
— une compression du type du codage de *Huffman* reprise aux normes des groupes 3 et 4 de l'UIT-T (format défini pour les *télécopieurs*) également définie pour les images monochromes,
— une compression de type *LZ,*
— une compression JPEG.

Bibliographie : Lepecq 91, Microsoft 88, Monteix 93, Rimmer 93.
Corrélats : EXIF, SPIFF.

TIGA s.a.

Texas Instruments Graphic Adaptator (adaptateur graphique de Texas Instruments)

Informatique : interface de programmation définie par *Texas Instruments* pour les cartes graphiques équipées des *processeurs graphiques* de la famille 34 000.

Bibliographie : Oloumi 94.
Corrélat : interface.

Timbre n.m.

[Anglais : timbre, tune]

Audiovisuel : ensemble des caractéristiques sonores d'une voix, d'un instrument de musique ou d'un son qui permettent de les distinguer d'autres voix, instruments ou sons. Le timbre est difficile à caractériser avec précision : d'une part, des critères subjectifs entrent en ligne de compte, d'autre part, sa caractéristique dépendra des références de comparaison (on peut caractériser le timbre d'un instrument par rapport à d'autres instruments du même type ou de types différents ou même par rapport à lui-même selon qu'il joue dans les basses ou les aiguës).

Bibliographie : Mercier 90.
Corrélat : harmonique.
Étymologie : *français* : XIIe siècle. *Grec* : "tumpanon" (tambour). *Indo-européen* : "*(s)teu-" (frapper, pousser) [Pokorny p. 1032].

Time code t.a.

Audiovisuel : voir *code temporel.*

Time Warner n.s.

Audiovisuel et télécommunications : premier groupe multimédia au monde et numéro 2 des *câblo-opérateurs* aux États-Unis, Time Warner réalisait, en 1992, un chiffre d'affaires de près de 80 milliards de francs dont un peu plus de la moitié dans les activités de communication.

Corrélat : multimédia.

Token ring n. mq.

Informatique et télécommunications : *réseau à jeton* particulièrement promu par *IBM* (voir aussi *réseau local*).

Tolérance de panne exp.

[Anglais : fault tolerance]

Informatique : qualifie un système informatique où les composants matériels sont systématiquement dédoublés. Lorsqu'un composant tombe en panne, le système bascule automatiquement sur son double et peut ainsi continuer à fonctionner. Il prévient l'opérateur de la panne et lui en fournit un diagnostic. Dans les sytèmes à tolérance de panne, les informations sont systématiquement écrites en double sur un disque en *miroir* (voir RAID).

Tonie n.f.

Audiovisuel : voir *hauteur.*

Tournage n.m.

[Anglais : shooting]

Audiovisuel : ensemble des opérations de prise de vue et de prise de son.

Dans la chaîne audiovisuelle (voir *audiovisuel*), le tournage suit la phase de conception (écriture du *scénario* et *découpage*) et précède la *post-production* à qui il fournit les plans et séquences qui feront l'objet du *montage* et du *mixage.*

On distingue le tournage en extérieur ou en intérieur, en décor réel ou sur plateau, en direct ou en différé, de fiction ou de documentaire...

Au cours du tournage sont utilisés les éléments du *langage cinématographique* suivants :

— la direction du jeu des *acteurs*, les *décors*, l'*éclairage*, les *costumes*, les maquillages...

— le *cadrage*, les *angles de prise de vue*, la *profondeur de champ*, les *mouvements de caméra.*

Le tournage est, avec le *montage*, un des deux grands moments de création d'une œuvre audiovisuelle.

Bibliographie : Aumont 88, Maillot 94, Martin 94.
Corrélats : audiovisuel, cadrage, langage audiovisuel, post-production.
Étymologie : emprunt à la langue technique du cinéma. *Français* : XVIe siècle < "tourner", Xe siècle. *Latin* : "tornare" (tourner sur un tour). *Grec* : "tornos" (compas, pivot, tour). *Indo-européen* : "*ter-" (frotter, tourner) [Pokorny p. 1071]

Tourner v.

[Anglais : to shoot]

Audiovisuel : effectuer un *tournage.*

tpi u.a.
track per inch (piste par pouce)

Informatique : unité de densité d'*enregistrement* des informations sur disque. Le nombre de pistes par pouce varie de quelques centaines (pour les disquettes magnétiques) à plusieurs milliers.

tpm u.i.
tour par minute
[Anglais : rpm (round per minute)]

Audiovisuel, informatique : unité de vitesse de rotation. Utilisée en particulier pour des *disques.*

Track Ball t.a.

Informatique : voir *boule.*

Traduction n.f.
[Anglais : translation]

Informatique : les programmes sont écrits par les programmeurs dans des *langages* dits évolués (de type Cobol, Fortran, C). Ces langages ne sont pas exploitables par une machine qui ne peut exécuter qu'un langage de forme binaire appelé langage machine. La traduction est l'activité qui fait passer la forme du programme depuis le langage du programmeur vers le langage machine. Elle peut se faire selon deux techniques : la *compilation* ou l'*interprétation.* La traduction est assurée par un programme traducteur qui fait partie du *système d'exploitation* de la machine. Ce programme est, soit un *compilateur*, soit un *interpréteur* (il existe aussi des compilateurs-interpréteurs qui mixent les deux techniques de traduction).

Audiovisuel : activité qui consiste à traduire les textes et/ou les paroles d'un programme audiovisuel d'une langue dans une autre.

La traduction des textes est impossible au cinéma et à la télévision. Il faut tourner une seconde version des images. Elle est possible pour les images de synthèse, à condition de la prévoir dès le début de la conception.

La traduction sonore pose un problème délicat. D'une part, la voix de l'acteur fait partie de sa personnalité et son doublage par un autre acteur la déforme inévitablement. D'autre part, le mouvement des lèvres percu par le spectateur ne coïncide plus avec les sons qu'il entend. Ceci est particulièrement sensible dans les gros *plans* sur les visages. Une traduction de qualité nécessite une sélection rigoureuse des voix de doublage, une écriture intelligente du texte traduit et de nombreuses prises de sons. La solution souvent proposée est le sous-titrage qui présente aussi certains inconvénients : l'attention visuelle du spectateur est en partie détournée par la lecture, les textes risquent de masquer certaines parties de l'image, ils sont parfois difficiles à lire, ils peuvent trahir le sens du texte... Le sous-titrage opère une sélection dans le public : le public populaire préfère en général les films traduits tandis que le cinéphile préfère les films sous-titrés.

Corrélats : *informatique* : compilation, interprétation. *Audiovisuel* : post-synchronisation, sous-titrage.
Étymologie : emprunt à la langue commune. *Français* : XVIe siècle. *Latin* : “traductio” (traversée, action de faire passer d'un endroit à un autre, exhibition publique, répétition d'un mot) < “traducere” (faire passer, traverser) < “trans-” (par delà, au-delà) + “duco” (conduire) *Indo-européen* : “*tere-” (traverser) [Pokorny p. 1075] + “*deuk-” (conduire) [Pokorny p. 220].

Traitement de la parole exp.

[Anglais : speechprocessing]

Informatique

1. Ensemble des fonctions relatives aux *signaux* vocaux incluant :
— la capture, le codage, la numérisation, la compression et l'enregistrement,
— la *synthèse vocale*,
— la *transmission*,
— la *reconnaissance vocale*,
— l'identification de locuteurs...

2. *Application* informatique remplissant ces fonctions.

Bibliographie : Haton 91, Liénard 77.

Traitement de texte exp.

[Anglais : wordprocessing]

Informatique

1. Ensemble des fonctions de création et modification de textes. Le traitement de texte comprend notamment :

— la saisie de *données*, avec d'éventuelles aides à la saisie (vérification orthographique à l'aide de : dictionnaire, duplication, création automatique de notes, de renvois, d'index...),

— la structuration de ces données :

- en unités logiques : *caractères*, mots, phrases, paragraphes, sections, colonnes, chapitres, hauts de pages et bas de pages, ...,
- en unités physiques : pages (avec numérotation automatique des pages, insertion de hauts et de bas de pages...), documents...,

— la mise en forme des données (police de caractères, gestion des *attributs*...,

— des fonctions d'illustration (insertion de schémas, de dessins, de tableaux...),

— des fonctions de mémorisation (*enregistrement*, *sauvegarde*, protection de l'*accès*...),

— des fonctions d'impression (gestion de l'*imprimante*, nombre d'exemplaires, ordre d'édition...),

— des fonctions diverses (statistiques, base de données...).

2. *Application logicielle* qui remplit les fonctions de traitement de texte. Les logiciels de traitement de texte sont parmi les applications les plus utilisées. Ils s'enrichissent peu à peu de fonctions *multimédias* (insertions de dessins, de sons...) et deviennent de véritables outils de *publication assistée par ordinateur*. Parmi les produits les plus utilisés, citons Word de *Microsoft*.

Traitement d'images exp.

[Anglais : image processing]

Informatique : ensemble des fonctions de calcul et manipulation d'images.

- **Les différentes fonctions des logiciels de traitement d'images** :

elles visent à rendre :

— la visualisation facile et de qualité (*codage*, *lissage*, renforcement de *contour* et de *contraste*, correction photométrique, redressement de perspective...),

— la *transmission* et le *stockage* économiques (compression),

— l'*accès* rapide (indexation, réduction...).

• **Fonctions d'un traitement d'images** :
Ce sont :
— l'échantillonnage, *numérisation*, addition, soustraction, moyenne d'images,
— le *lissage*, filtrage, passe-bande,
— la *convolution*, rotation, transformation, translation, inversion, gradient,
— la *reconnaissance de formes* et de *caractères*,
— la détection de mouvement,
— la découpe et compression des grandes images, réduction et *zoom*,
— la correction photométrique,
— la reconstruction *3D*, redressement de perspective,
— l'incrustation, marquage,
— la synthèse d'images.

Bibliographie : Louguet 92, Rimmer 93.
Corrélats : signal, image, mode points, mode vectoriel.

Trame n.f.

Audiovisuel : ensemble des lignes qui sont affichées lors d'un balayage de l'écran. En télévision, une image est constituée de deux trames : un premier balayage affiche les lignes impaires et un second les lignes paires.

Télécommunications : en transmission numérique, ensemble d'informations élémentaires logiquement regroupées et transmises les unes à la suite des autres. Une trame est traitée par un *protocole* de communication.

Corrélats : télévision, transmission.
Étymologie : emprunt à la langue commune. *Français* : XIIIe siècle. *Latin* : "trama" (chaîne d'un tissu). *Indo-européen* : "*tragh-" (tirer) [Pokorny p. 1089].

Transdyn n. mq.

Télécommunications : service de transmission de données numériques par satellite (*Télécom 1* ou *2*), fourni par *France Télécom* et offrant des débits compris entre 64 kbit/s et 2 Mbit/s. Deux applications particulièrement importantes sont : la transmission d'images fixes ou animées et les liaisons de secours pour les communications entre gros ordinateurs.

Transfert n.m.

[Anglais : transfert]

1. **Télécommunications** : synonyme de *transmission.*

2. **Informatique** : *transmission* d'informations à l'intérieur des *processeurs,* par l'intermédiaire de leurs bus internes, ou entre *processeurs* et *mémoire centrale* par l'intermédiaire du *bus interne* de la machine ou entre *unité centrale* et unités *périphériques* via le *bus externe.* L'ordre de grandeur des temps de transfert est la nanoseconde. Le terme *taux de transfert* est souvent utilisé, par calque, comme synonyme de *débit.*

Bibliographie : Meinadier 80, Oloumi 94, Tanenbaum 91.
Corrélats : **1.** transmission, **2.** processeur.
Étymologie : emprunt à la langue commune. *Français* : XVIIIe siècle. *Latin* : "transferre" (porter à travers, transporter, transcrire, traduire,) ; "trans-" (à travers) + "ferre" (porter). *Indo-européen* : "*bher-" (porter, apporter) ; [Pokorny pp. 128, 130].

Transfix n. mq.

Télécommunications : ensemble de services de liaisons numériques spécialisées offerts par *France Télécom* sur le réseau *Transmic.*

♦ Les services offerts sont très variés :
— transmission de données (transactionnel ou transfert de fichiers),
— transmission de la voix (service radio ou téléphonie),
— transmission de l'image (visioconférence),
— support pour le transport d'autres réseaux (réseaux locaux, Transpac...),
— service d'administration de réseaux clients (ARC) permettant de disposer en temps réel d'informations concernant les liaisons (alarmes, disponibilités, topologie).

Les débits proposés sont de trois types :
— bas débits : 2 400 bit/s, 4 800 bit/s, 9 600 bit/s, et 19 200 bit/s,
— moyens débits : 48 bit/s, 56 bit/s, 64 bit/s,
— hauts débits : 128 bit/s, 256 bit/s, 512 bit/s, 1 024 bit/s, 1 920 bit/s.

Les interfaces de raccordement sont :
— V.24/V.28 pour les bas débits,
— V.35, V.36, X.24/V.11 pour les hauts débits.

Transformation n.f.
[Anglais : transformation]

Audiovisuel : opération de rotation, de translation ou de zoom effectuée sur une image par les processeurs géométriques.

Étymologie : emprunt à la langue commune. *Français* : XIVe siècle. *Latin* : "transformatio" (transformation, métamorphose) < "trans-" (par delà, au-delà) + "formatio" (formation, configuration, forme, confection) < "formare" (former) < "forma" (forme, moule, belle forme, beauté). *Indo-européen* : "*tere-" (traverser) [Pokorny p. 1075] + "*mer-" (briller, luire) [Pokorny p. 733].

Transition n.f.
[Anglais : transition]

Audiovisuel : dans un film, mode de passage d'un *plan* à un autre. Les transitions donnent son *rythme* au film ; leur choix se fait au moment du *découpage* et surtout du *montage*, il participe au *langage cinématographique*. Synonyme parfois de liaison.

Les principaux procédés de transition sont les suivants :
— la *coupe* franche qui juxtapose deux images et correspond souvent à un changement de point de vue de l'un des acteurs ou de la caméra ; ce procédé est utilisé par les *régies* de télévision disposant de plusieurs *caméras* pour maintenir l'attention du spectateur en changeant de point vue.
— les *fondus* (à l'ouverture, à la fermeture, au noir, au blanc, enchaîné...),
— les différents *volets*,
— les *métamorphoses*,
— le plan de *coupe*.

Outre les procédés techniques ci-dessus mentionnés, les transitions se font également par le contenu du film : on utilise alors l'*analogie* dans la composition de l'image, dans le symbolisme ou dans le déroulement du récit (situations des personnages, relations, sentiments...) ou la continuité du son (son *hors-champ*...).

Bibliographie : Maillot 94, Martin 94, Passek 86.
Corrélats : coupe, fondu, hors-champ, langage cinématographique, métamorphose, montage, plan, rythme, séquence, volet.
Étymologie : emprunt à la langue commune. *Français* : XIIIe siècle. *Latin* : "transitio" (passage) < "transire" (aller au-delà, passer à travers) < "trans-" (à travers, au-delà) + "ire" (aller). *Indo-européen* : "*ter-" (traverser, dépasser) [Pokorny p. 1075] + "*ei-" (aller) [Pokorny p. 293].

Transmic n. mq.

Télécommunications : *réseau* numérique spécialisé pour la transmission de données *synchrones*. Ce réseau sert de support au service *Transfix*, mais il peut être utilisé aussi pour l'*interconnexion* de réseaux locaux, d'*autocommutateurs* privés, de liaisons radioélectriques.

♦ Ce réseau est organisé en deux étages de multiplexage temporel :
— le premier niveau (1er ordre) correspond à un multiplexage bas *débit* (2 400 à 19 200 bit/s) et suit pour la trame numérique la recommandation X.50 de l'UIT-T.
— le deuxième niveau (2e ordre) constitue le réseau des moyens et hauts débits de 48 à 1 920 kbit/s et suit pour la trame la recommandation G.704 de l'UIT-T.

Les équipements de base de Transmic ont pour rôle l'optimisation de l'utilisation du *MIC* 2 Mbit/s par les différents signaux se présentant, qu'ils soient de bas, moyens ou hauts débits.

Transmission n.f.
[Anglais : transmission]

Télécommunications : une des trois grandes fonctions des *télécommunications*, avec la *commutation* et l'émission-réception. La transmission concerne l'ensemble des moyens mis en œuvre pour l'acheminement de l'information entre points contigus d'un réseau. Suivant le type de signal transporté, on parle de transmission *analogique* ou *numérique*. Suivant le type de matériel utilisé, on parle de transmission par *câbles*, sans fil, par *faisceaux hertziens* ou par *satellite*. Suivant le type d'informations transportées, on parle de transmission de données, de voix, d'images...

Le multimédia est né avec la généralisation de la transmission numérique, permettant de transporter de façon identique tous les types d'informations.

Avec la *fibre optique*, les réseaux de télécommunications offrent des débits de l'ordre du gigabit, donc des vitesses de transmission comparables à celles des *bus internes* des *processeurs* ou des canaux d'entrée-sortie en informatique (vitesse de *transfert* de l'ordre de la *nanoseconde*).

Les caractéristiques d'une transmission sont le *canal* qu'elle utilise, son *débit*, sa qualité (*taux d'erreur*), ses *modes* (*synchrone*, *asynchrone*).

Bibliographie : Maiman 94.
Corrélat : transfert.
Étymologie : emprunt à la langue commune. *Français* : XIVe siècle < "transmettre" XIIe siècle. *Latin* : "transmittere" (envoyer de l'autre côté, transmettre, traverser) < "trans-" (à travers) + "envoyer, émettre, jeter, lancer". *Indo-européen* : "*smeit-, *smit-" (lancer) [Pokorny p. 968].

Transpac n. mq. et n.s.

Télécommunications

1. Société, créée en 1978, filiale de France Télécom et gérant le réseau Transpac. Avec un chiffre d'affaires de 4,2 milliards de francs en 1992, plus de 100 000 abonnés, Transpac est la plus grande entreprise de ce type dans le monde. Elle écoule le trafic téléinformatique de plus de 18 000 entreprises de toutes tailles. Le volume de données transportées mensuellement est de 3 200 milliards de caractères.

2. *Réseau* public de transmission de données à *commutation de paquets*. Les tarifs sont fonctions du volume des données transmises et de la durée de la connexion et sont indépendants de la distance. Le service offert est ainsi bien adapté aux applications de type transactionnel (consultation de bases de données).

♦ Le fonctionnement du réseau suit les normes X.25 de l'UIT-T. Les utilisateurs ont la possibilité de se raccorder à des *débits* de 50 bit/s à 256 kbit/s. Le réseau est organisé autour de commutateurs de paquets qui sont des ordinateurs spécialisés, communiquant entre eux par des liaisons à haut débit (2 Mbit/s) et jouant le rôle d'aiguilleurs de paquets. La technique employée par Transpac est le transfert de données par circuit virtuel (voir *commutation de paquets*). Une possibilité intéressante offerte par cette technique est le raccordement multivoie : un *ETTD* peut communiquer simultanément avec plusieurs correspondants sur plusieurs circuits virtuels indépendants, alors qu'il est raccordé au réseau par une seule liaison d'accès. Les paquets correspondants à chaque voie se partagent les temps disponibles sur la liaison.

Deux solutions sont offertes pour le raccordement d'un site informatique au réseau Transpac :
— les accès directs, par liaisons spécialisées ou par Numéris canal D, qui permettent d'avoir un lien permanent ;
— les accès indirects *via* les réseaux publics commutés, ou par Numéris canal B, où les communications sont établies et rompues à la demande.

Transpac est raccordé aux réseaux X.25 étrangers par le NTI (Nœud de Transit International) géré par France Télécom. Interpac, filiale de Transpac, fournit sur le réseau international Infonet, un service de transport de données à l'échelle mondiale.

Les services offerts par Transpac sont entre autres :
— l'interconnexion de sites informatiques importants ou de micro-ordinateurs *via* des liaisons X.25,
— une offre EDI pour permettre l'échange de fichiers à la norme X.400 (offre Atlas 400),
— un service de messagerie, permettant de transmettre en différé un message destiné à plusieurs correspondants équipés de terminaux différents (télex, télécopieur, PC communiquant) (offre Atlas 400).
— l'accès aux serveurs du service vidéotex à partir de terminaux minitels (*via* des PAVI, Point d'Accès VIdéotex).

Avec les accès Numéris et la combinaison pour les transferts de données des canaux B à moyen débit et du canal D à bas débit, de nouvelles applications peuvent être envisagées : échanges multimédias, transport d'informations entre réseaux locaux d'entreprises, consultation de banques de données images, applications transactionnelles enrichies par l'image.

Transport n.m.

[Anglais : transfer, transport]

1. Une des trois grandes fonctions de la chaîne multimédia. Voir l'article *Multimédia.*

2. Domaine d'*application* du multimédia.

L'application du multimédia aux différents domaines des transports (aérien, maritime ou terrestre) est prometteuse. En effet, dans le pilotage d'un véhicule de transport, le traitement des *informations* occupe une place importante :
— optimisation du trajet en fonction des points de départ et d'arrivée, des étapes souhaitées, du type de véhicule utilisé, de l'état du réseau...,
— contrôle et commande des différents organes du véhicule,
— ajustement permanent de la marche du véhicule à son environnement,
— liaison avec des centres de pilotage.

À titre d'exemple, les principaux acteurs du marché automobile européen, regroupés dans le programme Prométhée, ont défini plusieurs axes de recherche mettant en œuvre des techniques multimédias :

— l'aide à la gestion du trafic : gestion et guidage par *satellites* de flottes de véhicules, informations routières par systèmes embarqués,
— la sécurité routière : aide à la visibilité, pilotage automatique, détection automatique de la fatigue du conducteur...

Ainsi la visibilité de nuit ou lors d'intempéries peut être grandement améliorée par l'utilisation de *caméras* spéciales, de lampes à ultraviolets, de systèmes à *infra-rouges*, d'*écrans* anti-éblouissants...

Corrélat : multimédia.
Étymologie : emprunt à la langue commune. *Français* : XVIe siècle ; dérivé de "transporter" (XIIe siècle) ; composé de "trans-" préfixe + "porter" Xe siècle. Trans- : *latin* : "trans" (au-delà). *Indo-européen* : "*ter-" (au-delà, à travers, au loin) [Pokorny p. 1075]. Porter : *latin* : "portare" (faire passer, transporter, amener au port). *Indo-européen* : "*per-" (faire traverser, passer ou porter de l'autre côté...) [Pokorny p. 816].

Transputer n. mq.

Informatique : nom d'un processeur central *Risc* à 32 bits développé par la société anglaise Inmos.

*Traqueur n.m.

Informatique : dans un système de *simulation virtuelle*, ensemble constitué par le récepteur et l'émetteur d'un *capteur de position*.

Étymologie : emprunt à la langue commune. *Français* : XVIIIe siècle < "traquer" XVe siècle. < "trac" (piste de chasse) XIVe siècle, origine obscure.

Traveling ou Travelling n.m.

[Anglais : travelling shot, Dolly shot, follow shot, tracking shot]

Audiovisuel : *mouvement de caméra* où l'angle entre l'axe optique et l'axe de déplacement reste constant. On distingue, suivant la direction de déplacement, le travelling horizontal, vertical et les travellings en plusieurs dimensions qui combinent les deux précédents, réalisés à l'aide de *grues* ou de *Loumas*. Suivant le sens de déplacement, on distingue le travelling avant et le travelling arrière (voir la figure de l'article *angle de prise de vue*). On appelle travelling optique l'effet obtenu par un *zoom*.

Le travelling est un des éléments du *langage cinématographique.* Il peut donner un point de vue réaliste de la vision d'un personnage (identification secondaire, voir *effet de réalité*) ou accompagner un personnage ou un objet qui se déplace (identification primaire). Il permet également de changer un *cadrage* en évitant une *transition.*

Bibliographie : Aumont 88, Maillot 94, Martin 94.
Corrélats : angle de prise de vue, langage cinématographique, mouvement de caméra.
Étymologie : emprunt tronqué à l'américian. *Anglais* : "travel" (déplacement, voyage) < *vieil anglais* : "travailen" (peiner, s'acharner, trimer, faire un voyage pénible) < *Français* : "travailler" < *Latin* : "tripalis" (littéralement : qui a trois pieux, instrument de torture) < "tri-" (trois) + "palus" (pieu). *Indo-européen* : "*pak-" (fixer, attacher, serrer) [Pokorny pp. 787,788].

Trucage n.m.
[Anglais : special effects]

Audiovisuel : ensemble de trucs.

Corrélat : truquage.
Étymologie : le suffixe -age accolé à un nom permet de désigner une collection d'objets (par exemple un feuillage est un ensemble de feuilles) ; accolé à un verbe, il sert à désigner une action ou le résultat de cette action (par exemple un truquage désigne l'action ou le résultat de l'action de truquer).

Truquage n.m.
[Anglais : special effect]

Audiovisuel : opération qui aboutit à la représentation d'une réalité qui n'existait pas lors de la *capture* de l'image. Le truquage peut se faire au moment du *tournage* ou lors de la *postproduction* et il peut être délibérément visible — pour donner un effet de style — ou invisible. Les moyens mis en œuvre vont du simple décor ou costume jusqu'à des machines électroniques extrêmement sophistiquées. Les américains se sont fait les spécialistes du truquage et les effets qu'ils obtiennent participent aux succès de leurs films auprès du grand public. La vidéo et le multimédia facilitent le truquage mais les effets les plus spectaculaires sont obtenus avec les systèmes de *simulation virtuelle.* Les effets les plus connus sont, en vidéo, les effets de transition (*fondus*, *volets*, *surimpression*), le découpage, l'*incrustation*, l'*arrêt sur image*, l'*accéléré*, les fausses couleurs, la *mosaïque*, les déformations d'image (compression, extension, zoom, rotation, mise en perspective, collage sur une forme, images en trois dimensions...). Les appareils les plus courants, en matériel professionnel, sont : le Kaléidoscope du constructeur *Grass Valley*, l'*ADO* de la société *Ampex*, les appareils Encore et les gammes Henry et *Harry* de *Quantel*.

Corrélat : postproduction, habillage.
Étymologie : emprunt à la langue commune. *Français* : XIXe siècle. *Provençal* : truc (coup). *Latin* : "trudere" (pousser). *Indo-européen* : "*tr-eu-d-" (presser, pousser, heurter) [Pokorny : 1097].

Tube à rayons cathodiques exp.

[Anglais : cathodic ray tube]

Audiovisuel et informatique : appareil qui transforme un signal électrique en signal lumineux pour reproduire des images. En télévision, le tube à rayons cathodiques termine la chaîne de la transmission de l'image à distance.

Un tube à rayons cathodiques est constitué d'une ampoule de verre de forme conique terminée à une extrémité par un ensemble d'électrodes appelé canon (trois cathodes pour les écrans en couleur : une pour chaque *composante* rouge, vert et bleu) et à l'autre extrémité par un écran. L'écran, d'une épaisseur d'environ 12 millimètres, est recouvert à l'intérieur d'une couche phosphorescente et d'une fine pellicule d'aluminium. La couche phosphorescente est constituée d'une substance photo-émissive continue (tube monochrome) ou discontinue (tube en couleur). La modulation du courant partant de la cathode permet de restituer la luminosité variable des points de l'image.

♦ Les tubes monochromes sont, selon le phosphore utilisé pour la couche photo-émissive, de couleur blanche, verte ou ambre. La couche peut être *rémanente* : dans ce cas, elle assure la continuité de la brillance et elle est appréciée pour l'affichage d'images fixes. Une couche peu rémanente sera préférée pour la reproduction des *images animées*.

Les tubes couleur utilisent différentes techniques :
— à pénétration : la vitesse des électrons modifie l'impact sur la couche photo-émissive et produit des couleurs différentes,
— à grille : les électrons issus de la cathode rencontrent les *luminophores* en fonction de la tension appliquée sur la grille,
— à masque : les électrons issus de la cathode touchent une seule catégorie de luminophores. Deux techniques sont alors possibles : la première utilise trois cathodes placées en triangle et les électrons percutent les luminophores

eux aussi disposés en triangle sur l'écran (par exemple : les tubes trinitron) ; dans la seconde, les lignes de luminophores sont verticales et les cathodes placées en ligne, côte à côte.

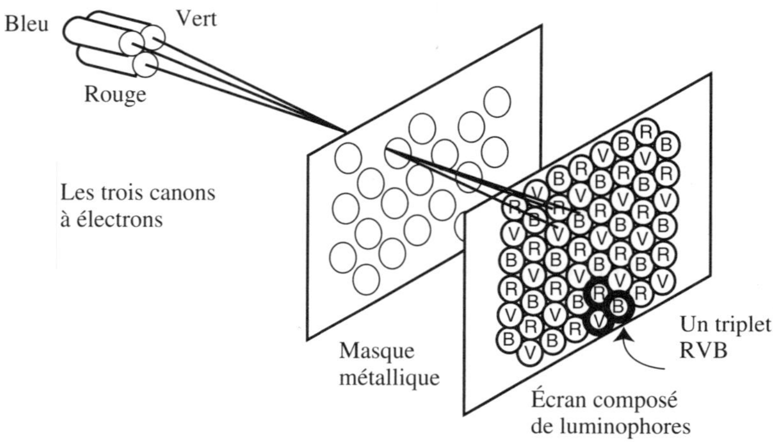

Tube couleur à rayons cathodiques ou à canons triangulaires.
(*D'après : Architecture des systèmes pour la synthèse d'images,* C. Chaillou, Éd. Dunod.)

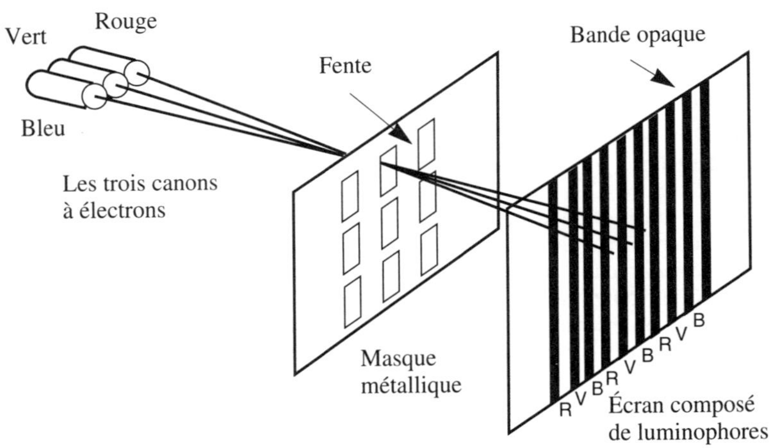

Tube couleur à bandes verticales ou à canons en ligne.
(*D'après : Architecture des systèmes pour la synthèse d'images,* C. Chaillou, Éd. Dunod.)

Tuile n.f.
[Anglais : Tile]

Informatique : élément de découpe d'une image. Dans une image découpée en tuiles, toutes les tuiles ont la même taille sauf, éventuellement celles qui sont situées en bordure à droite et en bas.

Corrélats : SPIFF, SCOPYR.

TVHD s.f.
[Anglais : HDTV]

Audiovisuel et télécommunications : voir *Télévision à Haute Définition.*

U

UER s.f.
Union Européenne de Radiodiffusion

Audiovisuel : voir ce terme.

UIT s.f.
Union Internationale des Télécommunications

Audiovisuel et télécommunications : voir ce terme.

UIT-R s.f.

Audiovisuel : voir *CCIR.*

UIT-T s.f.

Télécommunications : nouveau sigle désignant le *Comité Consultatif International Télégraphique et Téléphonique.*
Voir *CCITT.*

U-matic n. mq.

Audiovisuel : *format* d'enregistrement vidéo sur des bandes magnétiques d'une largeur de 3/4 de pouce présentées en cassette et surtout utilisé dans le domaine institutionnel. Le standard

U-matic, lancé par *Sony*, fut le premier à utiliser, en 1969, les cassettes vidéo. Depuis cette date, deux améliorations importantes ont été apportées qui ont donné naissance aux formats U-matic H (appelé aussi BVU) et U-matic SP.

♦ L'enregistrement est de type hélicoïdal oméga ouvert. Le son est enregistré sur deux pistes longitudinales. Une piste longitudinale enregistre un signal de synchronisation des images. Dans le format U-matic H, une piste longitudinale sert à enregistrer un code temporel. La vitesse relative têtes-bande et d'environ 30 km/h et le système de codage est à chrominance transposée. Le codage donne une définition de 320 points par ligne. Le nombre maximum de générations possible est faible (environ 4).

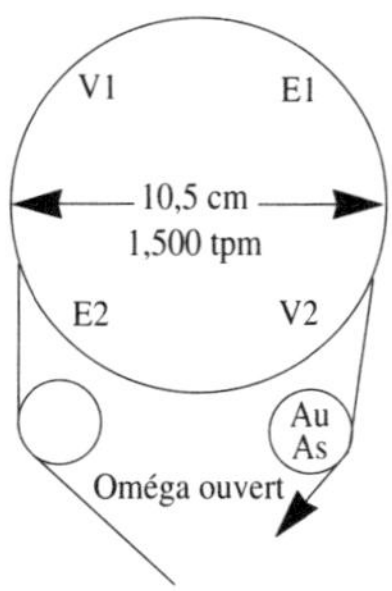

V1 : tête vidéo 1
V2 : tête vidéo 2
E1 : tête d'effacement 1
E2 : tête d'effacement 2
As : tête d'asservissement
Au : tête audio

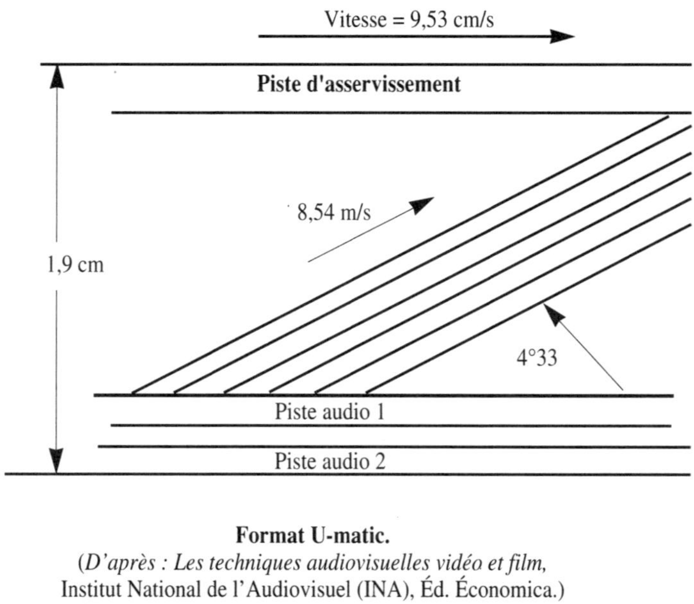

Format U-matic.
(*D'après : Les techniques audiovisuelles vidéo et film,*
Institut National de l'Audiovisuel (INA), Éd. Économica.)

Unidirectionnel adj.
[Anglais : simplex]

Télécommunications : qui n'est transmis que dans une seule direction. Qualifie des transmissions où les messages ne circulent que dans un sens et où les terminaux sont spécialisés : un émetteur et un ou plusieurs récepteurs. S'oppose à *bidirectionnel.*

Union Européenne de Radiodiffusion (UER) s.f.
[Anglais : European Broadcasting Union (EBU)]

Télécommunications : organisme de normalisation européen regroupant les diffuseurs de radio et de télévision. Cet organisme joue en Europe le même rôle que celui du *SMPTE* aux États-Unis. Il a notamment adopté en 1972, pour l'Europe, le *code temporel* défini par le SMPTE qui caractérise chaque image vidéo en indiquant l'heure, la minute, la seconde et le numéro d'ordre de l'image.

Union Internationale des Télécommunications (UIT) n.f.
[Anglais : International Telecommunication Union (ITU)]

Télécommunications : de l'UIT dépendent deux organismes chargés de la normalisation dans le domaine technique : l'*UIT-R* (anciennement CCIR) pour les radiocommunications et l'UIT-T (anciennement CCITT) pour les télécommunications.

Voir *Comité Consultatif International des Radiocommunications* et *Comité Consultatif International Télégraphique et Téléphonique.*

♦ Le but de l'UIT est de développer la coopération internationale dans le domaine des télécommunications, d'encourager l'utilisation des moyens de télécommunication, de coordonner des études techniques aboutissant à des recommandations, de gérer le règlement des télécommunications internationales et le règlement des radiocommunications, les dispositions adoptées faisant office de loi en la matière.

Unité de disques magnétiques exp.
[Anglais : magnetic disk unit]

Informatique : appareil lecteur-enregistreur d'informations sur disques magnétiques.

♦ Le disque tourne devant une tête de lecture dont on peut piloter le positionnement pour *accéder directement* aux informations. La vitesse de rotation du disque varie en fonction des modèles et les constructeurs ne cessent de l'augmenter pour diminuer les *temps d'accès* qui sont une des principales caractéristiques des unités de disques. La vitesse de rotation se mesure en tour par minute (tpm) et elle va de 33 tpm pour les anciens disques vinyles à plusieurs milliers de tpm pour les disques magnétiques. On peut aussi classer les unités de disques par leur format exprimé par le diamètre du disque.

Unités de mesures exp.

Principaux préfixes utilisés

centi-	10^{-2} (c)
milli-	10^{-3} (m)
micro-	10^{-6} (μ)
nano-	10^{-9} (n)
pico-	10^{-12} (p)
kilo-	10^{3} (k= 1 000)
Kilo-	en informatique : 2^{10} (K= 1 024)
méga-	10^{6} (M)
giga-	10^{9} (G)
téra-	10^{12} (T)

Unités

Temps :	seconde (s)	
Distance :	mètre (m)	
	pouce (2,5 cm)	
Quantité d'information :	*bit* (bit)	
	octet (o)	
Densité d'enregistrement :	bit par pouce (*bpi*)	
	octet par pouce (*Bpi*)	
	piste par pouce (*tpi*)	
Vitesse :	rotation	tour par minute (*tpm*)
	débit d'information	bit par seconde (bit/s)
		octet par seconde (Bps)
	modulation	baud (Bd)
Onde :	fréquence	hertz (Hz)

Définition d'image :		nombre de pixels
Résolution :		pixels par unité de longueur
Lumière :	flux lumineux	lumen (lm)
	intensité lumineuse	candela (cd)
	luminance	(cd/m^2)
	éclairement	lux (lx)
Son :	*gain*	*décibel* (dB)
	sonie	*phone*
Rapidité d'exécution :	voir *banc de mesure*	
	million d'instructions par seconde (*Mips*)	
	million d'*instructions à virgule flottante* par seconde (Mflops)	
	Dhrystone	
	SPEC	
	Whetstone	
	STAN INT	
	Linpack	

(Les mots en italique renvoient à des entrées du dictionnaire.)

Tableau des principales unités de mesures.

Unix n. mq.

Informatique : *système d'exploitation* développé en langage C par les laboratoires *Bell* dans les années 1970. Unix est un système multitâche et multi-utilisateur que l'on trouve sur l'ensemble des gammes d'ordinateurs, du micro au grand système. Sa grande qualité est sa *portabilité* et il a fait l'objet d'une intense bataille entre les géants de l'informatique, donnant lieu à de multiples versions (Unix SCO, Unix BSD, ...).

Le groupe X/Open, qui s'est donné pour tâche de normaliser un environnement de systèmes ouverts, l'a pris comme *standard.* Même *IBM* a été contraint de proposer, avec sa gamme RS 6000, sa propre version d'Unix appelée *AIX.*

Bibliographie : AFUU 91, Pelissier 95.

UNIX-like t.a.

Informatique : se dit de tout système d'exploitation proche d'Unix, mais pas totalement identique à Unix.

URL s.a.

[Uniform Resource Locator : adresse universelle de ressource]

Informatique et télécommunications : *adresse* d'un *document* sur le réseau *Internet*. Elle comprend un ensemble d'informations qui précisent, entre autres, le *protocole* à utiliser pour parvenir au *serveur* où se trouve le document, le chemin d'accès au répertoire où il est enregistré sur ce serveur et son nom. Les URL permettent en particulier de programmer, en langage *HTML*, les fonctions d'*hypertexte* qui caractérisent la *navigation* sur le sous-réseau *WEB*.

Bibliographie : Peliks 95.
Corrélats : HTML, Internet.

USB s.a.

Universal Serial Bus (bus standard en série)

Informatique : standard de *bus externe* promu par *Intel*, *Microsoft*, *Compaq*, National semi-conductors... destiné à simplifier les connexions de *périphériques* sur les *micro-ordinateurs* de type *PC* en utilisant un seul *câble* en *guirlande*, un peu comme le fait le standard *SCSI*.

Corrélats : bus, SCSI.

USI s.a.

Universal Synthetizer Interface (traduction littérale : interface universelle pour synthétiseur)

Audiovisuel, informatique : *interface* proposée par la société Sequential Circuit en 1980 et qui est à l'origine de l'interface *MIDI*.

Bibliographie : Mercier 92, Tholomé 90.
Corrélats : interface, MIDI.

USL n. mq.

Unix Systems Laboratories (traduction littérale : laboratoires des systèmes Unix)

Informatique : éditeur logiciel propriétaire de la version SVR 4.2 (System V Release 4.2) d'Unix et d'un *moniteur* transactionnel distribué : Tuxedo. Autrefois affilié à *AT&T*, USL a été racheté en 1993 par le constructeur de réseaux *Novell.*

V-W-X-Y-Z

V. 24 abr. a.

Télécommunications : recommandation de l'*UIT-T* qui définit la jonction entre un modem et un terminal par une interface de type série. L'interface est matérialisée par un câble à 25 fils et des connecteurs à 25 broches. Chaque fil transporte un signal dont la signification est définie par le standard : fonctions d'établissement de la connexion, d'initialisation de la transmission, de transmission, de supervision... La recommandation V. 24 correspond à l'interface *RS-232C* définie par l'IEA.

Bibliographie : Maiman 86, Odier 92.
Corrélat : RS-232 C.

Valence n.f.
[Anglais : valence]

Électronique : la valence d'un *signal* est le nombre d'états significatifs qu'il peut prendre. Un signal binaire est un signal pouvant prendre deux états, sa valence est égale à 2. Un signal ternaire a une valence de 3, etc. En transmission, plus la valence d'un signal est élevée, plus le *débit* binaire est élevé :

Débit binaire = Rapidité de modulation × Valence/2

Corrélats : baud, débit, signal.

Vectoriel adj.
[Anglais : vectorial]

Informatique : voir *mode vectoriel.*

Vectorisation n.f.
[Anglais : vectorization]

Informatique : transformation d'une image en *mode points* en une image en *mode vectoriel.* Ce procédé est utilisé pour réduire la taille du fichier d'image.

Corrélat : compression.

Verrouilleur n.m.
[Anglais : genlock]

Audiovisuel : dispositif permettant de "caler" deux *signaux, asynchrones* mais de *fréquences* proches, l'un par rapport à l'autre. Ces signaux sont souvent des signaux de *synchronisation.*

♦ Le dispositif le plus employé est un correcteur de phase : un signal de fréquence très proche du signal maître est créé puis calé par modifications successives de la fréquence jusqu'à être en phase avec le maître, les amplitudes de modification étant de plus en plus faibles.

Ce dispositif permet de raccrocher un générateur de signal à un autre et de garantir que les signaux sont en phase. On utilise aussi une circuiterie appelée PLL (Phase Lock Loop : boucle de calage de phase).

Corrélat : synchrone.
Étymologie : emprunt à la langue commune. *Français* : XXe siècle, < "verrou" XIIe siècle. *Latin* : "verruculum" (petite broche) < "veru" (broche, dard, pique). *Indo-européen* : "*gueru-" (pique, perche) [Pokorny p. 479].

VESA n.p. et s.a.
Video Electronics Standards Association

Informatique

1. Consortium de constructeurs informatiques créé pour élaborer des standards d'électronique vidéo. Il a notamment mis au point les spécifications d'un nouveau *bus* pour micro-ordinateur, destiné à remplacer les bus ISA, MCA et EISA vieillissants. VESA est un concurrent du consortium *PCI.*

2. Ensemble des spécifications émises par le consortium VESA. Ces spécifications reposent sur la technologie du *bus local.* La vitesse d'horloge est celle du microprocesseur central, ce qui permet de faire évoluer la machine sans changer le bus. La bande passante est de 32 bits, extensible à 64 bits et le taux de transfert pour une cadence de 33 MHz est de 130 Mo.

3. Qualification des produits conformes aux spécifications du consortium VESA.

Corrélat : bus.

VGA s.a.

Video Graphic Adapter (traduction littérale : adaptateur graphique vidéo)

Informatique : format *d'affichage* sur écran d'ordinateur personnel mis au point pour la gamme PS/2 d'*IBM.* Il est proche du format de télévision mais utilise des pixels carrés : 640 points par ligne et 480 lignes par écran, donnant un aspect de format 4/3. Sa définition a été améliorée par les formats SVGA (800 × 600 ou 1 024 × 768).

Corrélat : carte de visualisation.

VHS s.a.

Video Home System (traduction littérale : système vidéo domestique)

Audiovisuel : format d'enregistrement vidéo (image et son) sur des bandes magnétiques d'une largeur de 1/2 pouce présentées en cassette et devenu le standard de fait aux yeux du grand public, face à ses deux grands concurrents, le Betamax de Sony et le V 2000 de Philips. Le standard VHS fut lancé par JVC en 1976. Depuis cette date, plusieurs améliorations lui ont été apportées qui ont donné naissance aux formats VHS-HQ, VHS-Hifi et S-VHS. Le succès du VHS n'est pas dû à une supériorité technique du format sur ses concurrents qui fournissaient plutôt des enregistrements de meilleure qualité. Il tient à la politique commerciale de JVC allié à *Matsushita* qui a su, plus tôt que ses deux concurrents, proposer au grand public une collection impressionnante de cassettes préenregistrées.

♦ L'enregistrement est de type hélicoïdal oméga ouvert. Pour l'enregistrement vidéo, il faut une trame par piste. Le son est enregistré sur une ou deux pistes longitudinales. Pour une piste longitudinale, la vitesse relative têtes-bande est d'environ 17 km/h et le système de codage est à chrominance transposée. La définition est de 240 points par ligne pour le VHS et de 400 points par ligne pour le S-VHS. Le nombre maximal de générations est faible (environ 2).

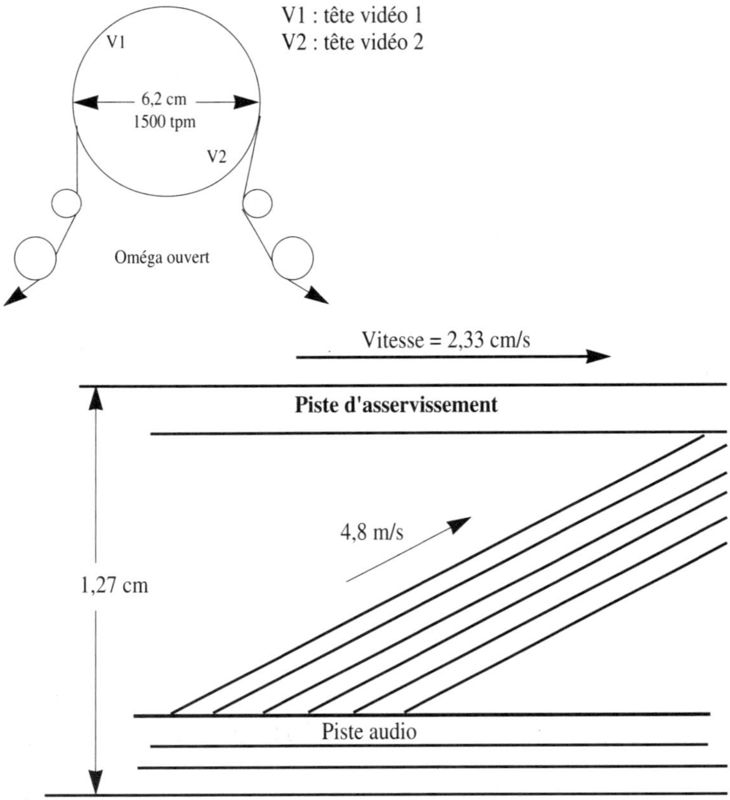

Format VHS.
(*D'après : Les techniques audiovisuelles et film*, Institut National de l'audiovisuel, Éd. Économica.)

Corrélats : enregistrement, format.

Vidéo adj. inv. et n.f.
[Anglais : video]

Audiovisuel

1. Ensemble des techniques électroniques de reproduction des images.

2. Par extension, inclut aussi les techniques de reproduction du son associé à ces images.

Corrélat : audiovisuel.
Étymologie : néologisme. Emprunt au latin “videre” (voir). *Indo-européen* : “*u(e)di-” (voir) [Pokorny p. 1125].

Vidéo 8 n. mq.

Audiovisuel : voir *HI 8*.

Vidéo 2000 n. mq.

Audiovisuel : format d'enregistrement vidéo lancé par *Philips* en 1982 et abandonné aujourd'hui. L'échec de ce format n'est pas dû à des problèmes techniques mais à des problèmes de marketing. Bien que disposant, avec le V 2000, d'une technique nettement supérieure à celles de ses concurrents, Philips n'a pas su compléter son offre de matériel par une politique éditoriale de cassettes préenregistrées suffisamment complète.

Vidéocommunication n.f.
[Anglais : videocommunication]

Audiovisuel et télécommunications : émission, transmission et réception, en direct et de façon bidirectionnelle, d'images animées et de sons.

♦ **Vidéocommunication et télévision**
La télévision est *unidirectionnelle* (elle est *diffusée* ou *distribuée*) tandis que la vidéocommunication est *bidirectionnelle* ; on ne parle de vidéocommunication que lorsque l'émission est en direct alors que la télévision peut être en différé. La télévision est un *médium* de masse ; la vidéocommunication, qui nécessite des réseaux bidirectionnels à grands *débits*, reste limitée, au milieu des années 90, au monde professionnel. La télévision interactive se rapproche de la vidéocommunication : elle utilise aussi des réseaux bidirectionnels mais

leur voie de retour ne transporte pas nécessairement des images : elles peuvent ne véhiculer que des *données* (par exemple des commandes envoyées par les utilisateurs au *serveur*).

Vidéocommunication et vidéoconférence
La vidéoconférence est une application de la vidéocommunication ; elle regroupe, à un bout au moins de la communication, plusieurs participants et elle peut relier plusieurs sites simultanément. Elle est utilisée dans les grandes entreprises pour économiser les coûts de déplacement ou pour faciliter les communications sur un même site, via un *réseau local* multimédia ; dans l'*enseignement*, elle permet à un professeur de dispenser un cours à distance en présentant des documents, des schémas, des graphiques ou des manipulations à des étudiants répartis sur plusieurs sites et qui peuvent éventuellement dialoguer avec lui. Dans une vidéoconférence, on peut disposer de plusieurs sources d'images sur chacun des sites, reliées à une *régie*, comme sur un *plateau* de télévision.

Vidéocommunication et visiophonie
La visiophonie est une autre application de la vidéocommunication, destinée au grand public ; c'est le *Télétel* de demain. Elle met en relation des individus en leur permettant de s'échanger des images et des sons pris en direct. Les premières expériences ont eu lieu dans les années 70 aux États-Unis, menées par *AT&T* ; à cette occasion ont été initialisées les premières recherches sur la *numérisation* des images : l'objectif était alors de faciliter la *transmission*. En 1984, une expérience destinée au grand public a été menée à Biarritz ; les terminaux étaient de simples appareils intégrant une *caméra*, un *écran*, un *microphone* et un *haut-parleur*. Le coût important des infrastructures à mettre en place, les difficultés techniques et surtout le manque d'intérêt manifesté par les utilisateurs ont fait abandonner les expériences de visiophonie.

Évolution de la vidéocommunication
L'utilisation, à terme, de la vidéocommunication par le grand public dépend de quatre facteurs :
— la disponibilité de *réseaux bidirectionnels* à grands débits (les *autoroutes de l'information*) et à bon marché,
— la disponibilité à bas prix de *terminaux* multifonctionnels : des *micro-ordinateurs* multimédias pourvus d'une caméra miniaturisée, d'un microphone et de hauts parleurs,
— l'édition de *normes* de *transmission*, de *codage* et de *compression*,
— le changement des mentalités dans le grand public : la visiophonie reste encore perçue comme un gadget voire comme un viol de l'intimité familiale. Ce facteur sera peut-être le frein le plus difficile à supprimer ; rappelons cependant que le téléphone, à son origine, n'avait pas du tout été conçu comme un outil de communication ; il était destiné à être un moyen de distraction et de diffusion musicale...

À terme, la frontière floue qui sépare vidéoconférence et visiophonie à l'intérieur des vidéocommunications est destinée à disparaître ; de même, celle qui sépare, à l'extérieur, vidéocommunication et télévision ne résistera pas à l'arrivée des *autoroutes de l'information* et des applications de *télévision interactive*.

Vidéocommunication et numérisation
Les recherches sur la numérisation du signal vidéo ont débuté dans les applications de visiophonie, pour optimiser la *transmission* des images et des sons. Elles se sont arrêtées à la fin des années 70 et n'ont repris qu'à la fin des années 80, pour répondre aux besoins non pas de la *transmission* mais de la *production* des images (*montage* virtuel, réalisation d'*effets spéciaux*...). Les recherches de numérisation portant sur la transmission ont repris dans les années 90, impulsées par les besoins de la *télévision à haute définition* (voir le projet DVB à l'article *télévision numérique*) et les projets d'*autoroutes de l'information.*

Vidéocommunication, image et multimédia
La vidéocommunication est beaucoup plus qu'un simple progrès technique : avec elle naît un nouveau rapport à l'image fugitive, celle qui ne passe pas nécessairement par une fixation sur un support : chacun peut en devenir tout à coup producteur, tout comme il est producteur de sons lorsqu'il téléphone. Cette technique est comme un miroir qui s'en va, dont le reflet nous échappe ; la relative résistance à l'utiliser est à comparer à la gêne, à la frayeur parfois, qu'éprouvent certains peuples dits primitifs lorsqu'ils sont photographiés : la photographie leur vole leur âme. Pourtant, nous produisons bien de l'image en permanence, que ce soit notre propre image ou celle des objets que nous manipulons, et la maîtrise de cette production, son utilisation à des fins de communication est une des prochaines conquêtes du langage humain : elle est l'enjeu du multimédia *en ligne.*

Bibliographie : Leroi-Gourhan 64 et 65, Wallstein 89.
Corrélats : télévision interactive, télévision numérique, langage multimédia.

Vidéoconférence n.f.

[Anglais : videoconference]

Audiovisuel et télécommunications : voir *vidéocommunication.*

Vidéodisque n.m.

[Anglais : videodisc, laserdisc]

Audiovisuel : disque de stockage d'images fixes ou animées et de sons. Les images sont sous forme analogique, le son est, soit numérique, soit analogique. Le disque a remporté un certain succès au Japon mais pas en Europe.

♦ D'apparence métallisée, il a un diamètre de 30 cm. Le signal est sur les spires du disque grâce à une succession de microcuvettes de longueur et d'espacement variable. Il s'agit d'un codage analogique, la longueur des microcuvettes variant de façon continue. Le vidéodisque est lu par un rayon laser sans aucun contact physique avec le disque.

L'interactivité du système est très limitée mais peut être améliorée par l'utilisation d'un ordinateur.

Le procédé Laservision, développé par Philips en 1984 s'est imposé comme standard international de fait.

Corrélats : disque, disque optique.

Vidéographie n.f.

[Anglais : videography]

Télécommunications : système de télécommunication affichant sur un écran des informations *alphanumériques* ou *graphiques*. Ce système peut être :

— un système de *diffusion* appelé aussi *télétexte* (exemple : le service français *Antiope* et le service britanique *CEEFAX*),

— un système *interactif* appelé aussi *vidéotex* (exemple : le service français *Télétel* sur *minitel*).

Corrélats : Antiope, CEEFAX, Télétel.

Vidéo numérique exp.

[Anglais : digital video]

Audiovisuel : ensemble des formats d'*enregistrement numérique* d'images et de sons.

Le principal avantage des formats numériques sur les formats *analogiques* réside dans la possibilité de produire jusqu'à vingt générations de copies sans perte de qualité.

Le premier format numérique sur bandes magnétiques fut le *D1* annoncé par Sony dès 1987 sur bande en 3/4 de pouce. En 1988, Ampex et Sony annonçaient le format *D2* toujours en 3/4 de pouce puis en 1990 Panasonic annonçait le *D3* en format 1/2 pouce. Ampex propose de son côté le format *DCT*. Le format *D5* fut présenté en 1994. Sony propose un format *Betacam* numérique qui permet une compatibilité ascendante avec les anciens formats Betacam analogiques.

Video on demand t.a.

(télévision à la demande)

Audiovisuel et télécommunications : voir *télévision à péage*, *télévision interactive*, *vidéocommunication*.

Vidéotex n.m.
[Anglais : videotex]

Télécommunications : système de *vidéographie* interactive développé dans la plupart des pays industrialisés, et en particulier en Europe. *Télétel* est le nom commercial de ce système en France (voir ce terme).

Bibliographie : Du Castel 93.
Corrélats : Antiope, kiosque, minitel, télétel.

Vidéotransmission n.f.
[Anglais : videotransmission]

Télécommunications : transmission unidirectionnelle de sons et d'images.

Corrélat : vidéocommunication.

Vignette n.f.

Informatique : petite image. En technique numérique, la vignette se compare à l'*imagette* dont elle est souvent la réduction dans un rapport de 2 (quart de surface). Dans une image pyramidale, elle occupe le sommet de la pyramide. Elle est utilisée pour afficher plusieurs images simultanément sur le même écran avant d'en sélectionner une (voir *feuilletage*). Sa petite taille permet de diminuer l'espace de mémoire occupé en archivage.

VIM s.a.
Vendor Independant Messaging (traduction littérale : messagerie indépendante des constructeurs)

Informatique : standard d'interface de programmation pour connecter une application à une *messagerie électronique.*

Virgule flottante n.f.

Informatique : voir *instruction à virgule flottante.*

Virtuel adj.
[Anglais : virtual]

1. Télécommunications : est utilisé dans les expressions circuit virtuel, faisceau virtuel...et plus généralement liaison virtuelle. Qualifie une *liaison* qui ne mobilise les moyens de commutation et de transmission qu'au moment du passage des unités d'informations ; le reste du temps, le support physique ou logique (zones mémoires informatiques) de la liaison sont disponibles pour d'autres communications.

2. Multimédia : voir *simulation virtuelle.*

Corrélat : **1.** Commutation de circuits.
Étymologie : emprunt à la langue commune. *Français* : XVIe siècle. *Latin* : "virtus" (force, courage, vertu) < "vir" (homme, virilité, mâle). *Indo-européen* : "*uiro-s-" (homme, véritable, courage) [Pokorny p. 1177].

VIS n. mq.
Video Information System (système d'information vidéo)

Audiovisuel et informatique

1. Lecteur de disques compacts multimédias destiné au grand public.

2. Disques enregistrés pour ce système.

Annoncé par Tandy aux États-Unis en août 1992, le système VIS devait être proposé au grand public européen en 1993. Il se positionne comme un concurrent direct du CD-I.

Comme le CD-I, le VIS est un système fermé. Il utilise des disques compacts de type CD-ROM avec un format d'enregistrement particulier. Il se connecte sur un écran de télévision standard et permet d'incruster des graphiques de type VGA dans des images fixes au standard RVB. Il possède trois qualités de son, la qualité supérieure étant celle du CD audio. L'image animée est prévue comme une extension future qui sera vraisemblablement conçue en fonction de la norme *MPEG.*

Le système VIS se distingue par la présence d'une cartouche magnétique permettant à l'utilisateur de sauvegarder des informations en cours de programme. Il était construit, à l'origine, sur un PC 386SX à 25 MHz commercialisé par Zenith et Memorex.

Il fonctionne sous le système d'exploitation MS-DOS complété d'une version de *Windows* spécialement développée par *Microsoft.*

L'approche marketing est originale : tandis que le CD-I se positionne comme un produit grand public multimédia mais orienté vidéo (le spectateur ignore la présence d'un ordinateur dans le lecteur CD-I), le VIS se positionne comme un ordinateur familial compatible MS-DOS et complémentaire de la solution MPC prônée par Microsoft. Le système de développement est relativement simple et *Tandy* insiste sur la possibilité de convertir facilement les CD-ROM réalisés avec des produits *MPC.* Cette possibilité lui ouvre le catalogue de titres existant sur CD-ROM MPC. Cependant le contenu et la qualité de ces titres risquent de positionner le produit plus comme un outil informatique que multimédia.

Tandy dispose aux États-Unis d'un réseau important de vente de matériel électronique. Cet atout, décisif pour le succès du produit, lui fait défaut en Europe.

Visiocasque n.m.
[Anglais : video helmet]

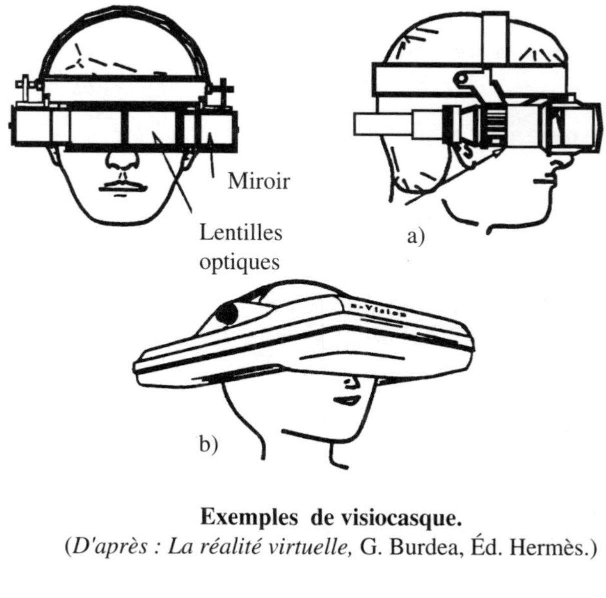

Exemples de visiocasque.
(*D'après : La réalité virtuelle,* G. Burdea, Éd. Hermès.)

Multimédia : *périphérique d'affichage* d'un système de *simulation virtuelle.* Les visiocasques affichent des images très près des yeux en vision stéréoscopique. Ils peuvent utiliser des techniques d'affichage à cristaux liquides (voir *écran plat*) ou à *tube à rayons cathodiques.* Il existe également des lunettes stéréoscopiques de moindre coût utilisées en particulier dans les applications médicales. Les visiocasques portent souvent les *capteurs de position.*

Visiopass n. mq.

Télécommunications : terminal décodeur-désembrouilleur mis au point par *France Télécom* pour les images de *télévision.*

Le désembrouilleur restitue en clair les images, les sons et les données, embrouillés suivant la norme *Eurocrypt.* Le décodeur convertit les signaux *D2-Mac* pour les rendre lisibles par les téléviseurs classiques (standard *SECAM*).

Visiophonie n.f.

[Anglais : videophony]

Audiovisuel et télécommunications : voir vidéocommunication.

VITC s.a.

Vertical Interval Time Code (traduction littérale : code temporel à intervalle vertical)

Audiovisuel : voir *code temporel.*

Vitesse angulaire constante (VAC) n.f.

[Anglais : Constant angular velocity, CAV]

Audiovisuel : type de lecture des disques laser. S'oppose à *VLC* (*Vitesse Linéaire Constante*), voir ce terme.

Vitesse linéaire constante (VLC) n.f.

[Anglais : Constant Linear Velocity (CLV)]

Audiovisuel : type de lecture des disques laser. S'oppose à *VAC* (*Vitesse Angulaire Constante*).

La longueur des pistes d'un disque croît avec l'éloignement du centre du disque. En conséquence, à vitesse angulaire constante, la tête de lecture balaye une plus grande surface, dans un temps donné, lorsqu'elle est positionnée au-dessus des pistes extérieures plutôt que lorsqu'elle lit les pistes centrales.

Pour que la quantité d'informations lues dans un intervalle de temps soit constante quelle que soit la position de la piste, le mode *VAC* diminue la densité d'informations enregistrées sur les pistes extérieures. Le mode VLC au contraire conserve la même densité d'informations sur toute la surface du disque et accélère la vitesse de rotation lorsque la tête de lecture s'éloigne du centre du disque.

Le mode VLC, par opposition au mode VAC, offre l'avantage de maximiser la capacité de stockage mais augmente le temps d'accès lors des accès directs. Lors d'un déplacement d'une piste à une autre, il faut laisser le temps à la rotation du disque de se stabiliser à la bonne vitesse.

Le mode VLC tend à remplacer le mode VAC : il a été choisi pour les disques compacts audio pour lesquels la capacité est plus importante que la rapidité d'accès direct puisque la lecture d'un enregistrement sonore est grandement séquentielle. Le standard des disques compacts audio a été repris pour tous les autres disques compacts. Y compris pour les disques *CD-ROM* et *CD-I* bien que pour ces derniers la priorité à la rapidité d'accès eût été souhaitable. Mais les impératifs de compatibilité industriels étaient plus forts...

VLP s.a.
Video Laser Play (disque laser vidéo)

Audiovisuel : prédécesseur du *laservision.*

VLSI t.a.
Very Large Scale Integration (intégration à très grande échelle)

Électronique : voir *circuit, circuit intégré.*

VME n. mq.

Informatique : type de *bus* développé par *Motorola.* C'est un bus industriel avec adressage à 32 bits, sur lequel se connectent les processeurs Motorola de la série 68000 ou des processeurs 8, 16 ou 32 bits. C'est le bus le plus répandu en mini-informatique et en particulier dans le monde de l'industrie. Une extension porte les bus d'adresses et de données à 64 bits (extension baptisée D 64).

VOD s.a.
Video On Demand (traduction littérale : vidéo à la demande)

Audiovisuel : voir *vidéocommunication*, *télévision à péage*, *télévision interactive.*

Voix hors-champ exp.
[Anglais : voice-off]

Audiovisuel : voix qui est entendue sans que celui qui parle n'apparaisse dans le champ de la caméra. L'utilisation de la technique de voix hors-champ est utilisée pour placer des commentaires sur l'image ou, de manière plus subtile, pour élargir le *cadre* de l'image dans l'imaginaire du spectateur. Cet effet a lieu en particulier lorsque le spectateur identifie celui qui parle hors-champ et le lieu d'où il parle.

Corrélats : commentaire, langage cinématographique.

Voix off exp.

Voir *voix hors-champ.*

Voix synchrone exp.

Audiovisuel : voix qui est synchrone avec le mouvement des lèvres des acteurs qui apparaissent à l'écran.

Volet n.m.
[Anglais : pane]

1. Informatique : lorsque l'*application* le permet, l'utilisateur peut diviser sa *fenêtre* en deux morceaux appelés volets. Les volets sont séparés par une *barre* de fractionnement. Normalement chaque volet contient ses propres *barres* de défilement.

2. Audiovisuel :

a. Procédé de *transition* d'un plan à un autre utilisé dans le *montage.* L'image est progresssivement masquée comme si l'on fermait les volets d'une fenêtre.

b. Zone de la surface de l'écran dans laquelle on affiche une image (synonyme de *fenêtre*).

Il existe différents types de volets qui se distinguent en fonction de la forme qui vient recouvrir l'image, de sa trajectoire, de sa vitesse...

Bibliographie : **1.** Microsoft 90. **2.** Maillot 94, Martin 94, Passek 86.
Corrélats : **1.** barre, fenêtre. **2.** transition, langage cinématographique.
Étymologie : emprunt à la langue commune. *Français* : XIIIe siècle < "voler" Xe siècle. *Latin* : "volare" (voler, courir aussi vite que l'oiseau) origine obscure.

Volume n.m.
[Anglais : **1.** volume. **2.** Solid modelling]

Informatique

1. Dans certains *systèmes d'exploitation*, unité d'enregistrement physique pouvant contenir plusieurs *fichiers* et correspondant en général à un disque, à une cassette ou à une cartouche magnétique.

2. Modèle de représentation graphique en trois dimensions dans lequel les objets ne sont pas décomposés mais traités comme des volumes à l'aide de formules mathématiques *primitives.* Une sphère sera, par exemple, décrite par la donnée de son centre et de son rayon, un cylindre par son rayon et sa longueur, etc.

Tout comme en 2D lorsque l'on compare les images en mode *vectoriel* et en *mode points*, les représentations 3D en volume occupent moins de place que les représentations polygonales. Elles offrent aussi l'avantage de pouvoir combiner des formes géométriques simples à l'aide d'opérateurs logiques classiques (intersection, union, exclusion...).

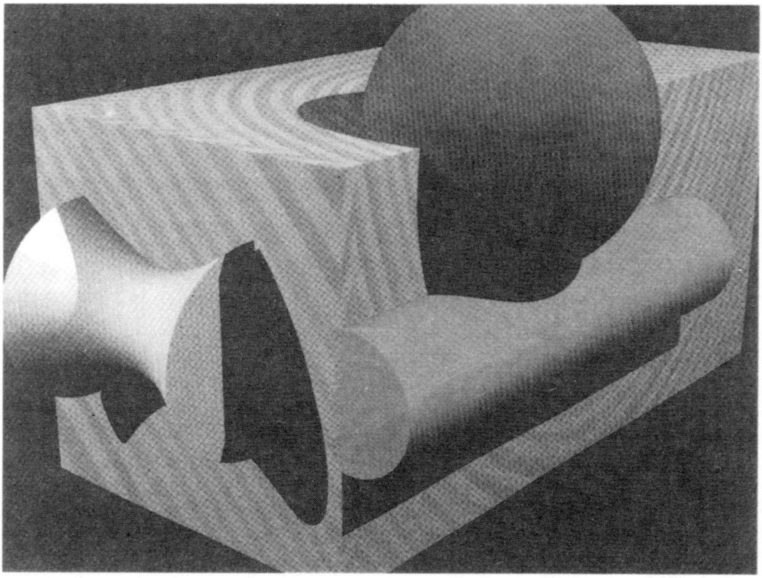

Représentation en volume.
(*D'après : Synthèse d'image sur micro-ordinateur. Techniques, matériels, logiciels,* F. Louguet, Éd. Dunod.)

Bibliographie : Louguet 92, Péroche 91.
Corrélat : image 3D.
Étymologie : emprunt à la langue commune. *Français* : XIIIe siècle. *Latin* : “volumen” (rouleau de feuilles écrites, livre) “volvere” (tourner, rouler). *Indo-européen* : “*uel” (tourner) [Pokorny pp. 1140, 1142].

Voxel s.a.
VOlume ELement

Informatique : élément d'une image en trois dimensions.

Étymologie : construit par analogie avec le terme *pixel* qui désigne l'élément d'une image en deux dimensions.

VPL Research s.a. et n.s.
Visual Programming Language Research Incorporated

Informatique : société fondée en 1985 en Californie, spécialisée dans les applications de *simulation virtuelle* plus fréquemment appelée VPL. Son fondateur, Jaron Lanier travaillait sur le développement de "Mandala", un langage de programmation avec *interface visuelle.*

Bibliographie : Rheingold 93.

VRAM s.a.
(Video Random Access Memory : traduction littérale : mémoire vive vidéo)

Électronique : voir *circuit intégré.*

VSAT s.a.
Very Small Aperture Terminal (traduction littérale : terminal à ouverture très étroite)

Télécommunications : voir *microstation.*

WAN s.a.
Wide Area Network

Télécommunications : réseau à longue distance (voir ce terme).

W3C s.a.

voir *WEB.*

WARC s.a.
(World Administration Radio Conference)

Télécommunications : voir *Conférence Administrative Mondiale des Radiocommunications.*

WEB t.a.
(toile d'araignée, abréviation de World Wide Web, toile d'araignée mondiale)

Télécommunications
1. Système logiciel de gestion d'informations installé sur certains *serveurs* d'*internet* ; il gère un *affichage graphique* des informations et une *navigation* de type *hypermédia* entre des documents situés sur les serveurs qui en sont équipés.

2. Par extension, sous-ensemble d'Internet composé de serveurs équipés de systèmes Web.

♦ Développé par le Centre Européen de Recherche Nucléaire (CERN) de 1989 à 1992, le système a connu un vif succès dans le monde de la recherche, de l'enseignement puis sur tout le réseau Internet où il est devenu prédominant. Son évolution est désormais pilotée par un *consortium* appelé W3C (pour World Wide Web Consortium : consortium de la toile d'araignée mondiale) composé de constructeurs de l'informatique et des télécommunications et de grands utilisateurs du réseau ; le correspondant de ce consortium en France est l'INRIA. Les premiers travaux du consortium portent sur l'amélioration de la sécurité des échanges de documents sur le réseau (confidentialité des documents et protection des sites serveurs). Elle doit permettre une ouverture du réseau Internet aux applications commerciales. Une autre priorité concerne l'internationalisation du système qui est encore trop fortement anglophone. La francisation, encouragée par le gouvernement français, facilitera l'utilisation du réseau par le grand public francophone.

Les *documents* gérés par le système Web peuvent être répartis sur des serveurs différents installés à travers le monde. Ils sont identifiés par leur *adresse* sur le réseau Internet (dénommée *URL*, voir ce terme). Ces adresses permettent de tisser des liens entres les documents ; l'utilisateur peut ainsi passer d'un document à l'autre à travers tout le réseau en cliquant sur les *points sensibles* lors de l'*affichage* des documents. Les documents sont décrits dans le langage *HTML*. Les échanges d'informations entre les serveurs et leurs *clients* suivent le protocole *HTTP*. Les logiciels d'*interface* les plus connus pour *naviguer* sur le Web sont Netscape et Moasaïc.

Bibliographie : Peliks 95.
Corrélats : HTML, HTTP, Internet, URL.

Whetstone n. mq.

Informatique : programme d'évaluation de performances des ordinateurs, et en particulier, du processeur central. Le programme teste un ensemble d'instructions dûment sélectionnées appelées instructions Whetstone. Les résultats des mesures s'expriment en KWips (Kilo-instructions Whetstone par seconde), en MWips (Méga-instructions Whetstone par seconde appelées aussi Whetstone Mips).

Bibliographie : Weyand 91.

Corrélat : banc de mesure.

Widget t.a.
Windows gadget (traduction littérale : gadget pour fenêtre)

Informatique : objets de base des interfaces d'utilisation générées dans le logiciel *X Window* : boutons radio, menus déroulants, ...

Windows n. mq.
(fenêtres)

Informatique : logiciel d'interface graphique développé par Microsoft pour compléter le système d'exploitation MS-DOS.

♦ Annoncée dès 1983, la version 1 de Windows est sortie en 1985. Elle était très en retard sur son principal concurrent, l'interface du Macintosh, pour deux raisons principales : elle devait travailler avec le système d'exploitation MS-DOS qui n'avait pas été conçu pour gérer une interface conviviale, et devait rester compatible avec les différents micro-ordinateurs tournant sous ce même système d'exploitation, qui avaient une puissance relativement faible et qui n'étaient pas conçus pour gérer une interface conviviale (absence de souris, qualité médiocre d'affichage, mémoire limitée...).

Malgré l'échec commercial de la version 1, Microsoft publie, deux ans plus tard, la version 2 puis les versions Windows/286 et Windows/386 qui tirent le meilleur parti des nouveaux processeurs I80286 et I80386 d'*Intel*. En 1990 Windows 3.0 se pose en concurrent de Presentation Manager, interface graphique du système d'exploitation OS/2 d'*IBM*. Ce n'est qu'avec sa version 3.1 que Windows gère véritablement des fonctions multimédias et se hisse au niveau du système 7 du Macintosh. La version 3.1 propose en standard un enregistreur de sons et un “diffuseur de médias”. Son système de liaison d'objets (OLE) permet de mixer dans un même document des objets sonores, textuels et graphiques. En option, Microsoft propose une extension multimédia : Video pour Windows. La version 3.11 de Windows gère en plus le travail en groupe (échange de données, gestion des conflits et des droits d'accès...).

Avec la sortie de Windows 95 en 1995, Windows devient un *système d'exploitation* qui s'affranchit des limites de MS-DOS. En 10 ans, Microsoft a fait passer le parc imposant de micro-ordinateurs compatibles avec les PC d'IBM au niveau de convivialité des Macintosh d'Apple ; l'exercice était difficile mais lui a donné une position dominante dans le monde de la micro-informatique.

L'importance de Windows se mesure au nombre de micro-ordinateurs susceptibles d'en être équipés dans les années à venir : près de 80 millions, chaque machine étant en moyenne utilisée par au moins deux personnes.

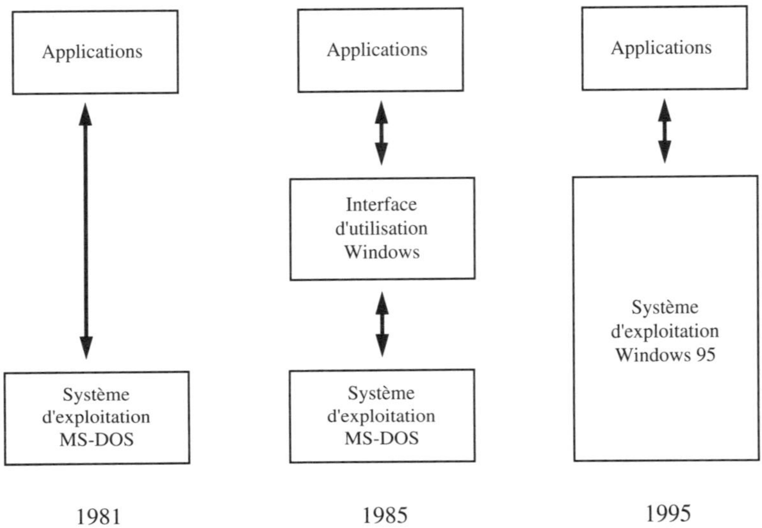

L'évolution de MS-DOS et Windows.

Bibliographie : Frater 93, Herellier 93, Microsoft 90, Microsoft 93, Robbins 92.

Windows NT s.a. et n. mq.

Windows New Technology (traduction littérale : nouvelle technologie de fenêtres)

Informatique : nouveau système d'exploitation mis au point par la société Microsoft comme successeur du couple *MS-DOS* + *Windows*. Windows NT vise le haut du marché des ordinateurs personnels et celui des *stations de travail* et des serveurs. Il tourne sur des machines pouvant être équipées de différents *processeurs*, qu'ils soient d'architecture RISC ou CISC : *Intel* 486, Pentium, *alpha* de DEC, *Mips* R 4000 et *Power PC*. Le nom de code du successeur de Windows NT est Cairo.

WWW s.a.

World Wide Web (toile d'araignée mondiale)

Informatique et télécommunications : voir *WEB*.

Wysiwyg s.a.

What you see is what you get (ce que vous voyez à l'écran est ce que vous obtiendrez à l'impression)

Informatique : voir *tel écran-tél écrit.*

X.25 abr. a.

Télécommunications : recommandation de l'*UIT-T* portant sur un *protocole* de *commutation* de *paquets.* Ce protocole est en particulier utilisé dans le réseau *Transpac.*

Corrélat : Transpac.

X-terminal t.a.

Informatique : voir *terminal X.*

X Window n. mq.

Informatique : standard de gestion de fenêtrage sur des ordinateurs ou des stations connectés en réseau, défini par le *MIT.* X Window est surtout utilisé dans l'environnement *Unix.*

Y/C s.f.

Audiovisuel : système de *codage* du *signal* vidéo à deux *composantes.* Dans ce système, Y représente la *luminance* et C la *chrominance.* Y est obtenu à partir des trois composantes Rouge, Vert et Bleu par l'équation suivante :

$$Y = 0{,}30R + 0{,}59V + 0{,}11B$$

C représente un signal *composite* qui transpose les deux composantes *Dr* et *Db.* Le lecteur trouvera une illustration explicative sous l'entrée *codage.* Ce type de codage est utilisé en particulier pour l'enregistrement sur magnétoscope au format *BVU.*

Y, Dr, Db s.f.

Audiovisuel : ensemble de trois *composantes* qui constituent un des modes de codage des images en couleur pour leur transmission. Le lecteur trouvera une illustration explicative sous l'entrée *codage.*

♦ La *capture* d'une image en couleur fournit trois informations : le Rouge, le Vert et le Bleu, appelées *composantes* (*RVB*) de l'image. Lors de la diffusion des images en couleur, il est nécessaire de conserver une double compatibilité :
– d'une part entre le signal émis par un programme en couleur et les récepteurs en noir et blanc qui existent encore et qui ne peuvent décoder que l'information de *luminance* ;
– d'autre part entre le signal émis par un programme en noir et blanc et les récepteurs en couleur qui doivent alors annuler les informations de *chrominance.*

Cette double compatibilité est obtenue en transcodant, avant d'émettre, les signaux RVB en trois autres signaux dont un donne la luminance (lui seul sera interprété par les téléviseurs noir et blanc), les deux autres fournissant la chrominance.

La grandeur électrique du signal de luminance (symbolisé par Y) est obtenue à partir des trois signaux RVB par l'équation suivante élaborée par la commission fédérale américaine chargée de la communication (FCC : Federal Communication Commission) en tenant compte de la courbe de sensibilité de l'œil :

$$Y = 0{,}30R + 0{,}59V + 0{,}11B$$

Ainsi un signal saturé dans les trois couleurs (Rouge = Vert = Bleu = 1), donne une valeur de Y = 1, c'est-à-dire une luminance maximum correspondant à une lumière blanche.

Les signaux électriques de chrominance sont obtenus en calculant d'une part la différence entre le rouge et la luminance (symbolisée par Dr) et d'autre part la différence entre le bleu et la luminance (symbolisé par Db).

$$Dr = R - Y$$
$$Db = B - Y$$

Zoom n.m.

[Anglais : zoom]

Audiovisuel

1. Objectif à focale variable souvent actionné par un moteur électrique.

2. Simulation d'un *mouvement de caméra* effectuée par l'utilisation d'un objectif à focale variable. On distingue le zoom avant (en anglais : zoom in) qui dirige la caméra vers le sujet photographique en serrant le cadre et le zoom arrière (en anglais zoom out) qui l'en éloigne en élargissant le cadre.

Corrélats : travelling, langage cinématographique.
Étymologie : emprunt à l'anglais. *Anglais* : "zoom" (faire un sifflement doux) onomatopée.

Bibliographie

[Achard 91] Jean-Paul Achard, *Des images et des sons, théorie et technique*, Éd. Eyrolles, 1991.

[AFNOR 89] AFNOR, *Génie logiciel* (*recueil de normes françaises*), Éd. Afnor, 1989.

[AFUU 91] AFUU (Association Française des Utilisateurs d'Unix et des Systèmes Ouverts), *Unix et systèmes ouverts. De la portabilité au portage*, Éd. Afnor, 1991.

[Agence 92] Agence câble, *Architectures et technologies des réseaux câblés*, Agence câble (service juridique et technique de l'information), 1992.

[Albert 91] Pierre Albert et André-Jean Tudesq, *Histoire de la télévision*, Éd. Presses Universitaires de France, 1991.

[Andrieu 95] Olivier Andrieu 95, *Internet, guide de connexion*, Éd. Eyrolles, Paris 1995.

[Andrieux 86] Jean-Yves Andrieux, Gilbert Dutertre, Claude Fassi, Francis Mahieu, Arnauld Verdier, *Le système D2-Mac Paquet*, Collection techniques et productions audiovisuelles de l'INA, 1986.

[Angosto 93] Paul Angosto et coll., *L'ingénierie des protocoles*, InterÉditions, 1993.

[Ashby 58a] W.R. Ashby, "General Systems Theory as a new discipline", *in General Systems 3*, 1958.

[Ashby 58b] W.R. Ashby, *Introduction à la cybernétique*, Éd. Dunod, 1958.

[Aumont 88] Jacques Aumont, Alain Bergala, Michel Marie, Marc Vernet, *Esthéthique du film*, Éd. Nathan, 1988.

[Aumont 90] Jacques Aumont, *L'image*, Éd. Nathan, 1990.

[Authier 92] Michel Authier, Pierre Lévy, *Les arbres de connaissances*, Éd. La Découverte, 1992.

[Bahut 90] Bahut Danielle, Hugues Chavenon, Jacques Durand, *Audience des médias*, Éd. Eyrolles, Paris 1990.

[Bailly 85] A. Bailly, *Abrégé du dictionnaire Grec Français*, Éd. Hachette, 1985.

[Balpe 90] Jean-Pierre Balpe, *Hyperdocuments, hypertextes, hypermédias,* Éd. Eyrolles, 1990.

[Baltrusaïtis 84] Jurgis Baltrusaïtis, *Anamorphoses. Les perspectives dépravées*, Éd. Flammarion, 1984.

[Barthes 64a] Roland Barthes, *Rhétorique de l'image*, in Communications n° 4, Éd. du Seuil 1964.

[Barthes 64b] Roland Barthes, *Eléments de sémiologie*, in Communications n° 4, Éd. du Seuil 1964.

[Battu 91] Daniel Battu, *Réseaux de télécommunications et transmission de données*, Éd. Eyrolles 1991.

[Battu 94] Daniel Battu, *Guide des modems*, Éd. Eyrolles 1994.

[Baudelot 94] Philippe Baudelot, Gérard Eymery, *Les satellites et l'audiovisuel*, Éd. Dixit, Paris 1994.

[Baudry 78] Jean-Louis Baudry, *L'effet cinéma*, Éd. Albatros, 1978.

[Bazin 75] André Bazin, *Qu'est-ce que le cinéma ?*, Éd. du Cerf, Paris 1975.

[Bélanger 92] Francine Bélanger, Jacques Duplain, *Vocabulaire de la bureautique*, Éd. Eyrolles, 1992.

[Bensoussan 80] D. Bensoussan, *Les antennes*, Éd. Dunod, 1980.

[Benzaken 93] Véronique Benzaken, Anne Doucet, *Les bases de données orientées objet, Origines et principes*, Éd. Armand Colin, 1993.

[Bernstein 75] Basil Bernstein, *Langage et classes sociales, codes socio-lingusitiques et contrôle social*, Éd. de Minuit, 1975.

[Bertalanffy 73] Ludwig von Bertalanffy, *Théorie générale des systèmes*, Éd. Dunod, 1973.

[Besson 85] R. Besson, *Aide-mémoire électronique*, Éd. Dunod, 1985.

[Besson 88] R. Besson, *Cours fondamental de télévision*, Éd. Radio, 1988.

[Besson 90] R. Besson, *La télévision haute définition*, Éd. Radio, 1990.

[Betton 94] Gérard Betton, *Histoire du cinéma*, Que Sais-je ? P.U.F. Paris, 1994.

[Bloch 75] Oscar Bloch, Walther Von Wartburg, *Dictionnaire étymologique de la langue française*, Éd. Presses Universitaires de France, 1975.

[Bloch 91] Simon Bloch, *EDI : Échange de Données Informatisé. Introduction à l'échange des données structurées en syntaxe EDIFACT*, Éd. Eyrolles, 1991.

[Bodin 92] Bruno Bodin, Jean-Paul Roux-Fouillet, *La gestion électronique de documents*, Éd. Dunod, 1992.

[Boisseau 91] Marc Boisseau, *Les communications par satellite*, Éd. Hermès, 1991.

[Boisseau 92] Marc Boisseau, Michel Demange, Jean-Marc Munier, *Réseaux haut débit*, Éd. Eyrolles, 1992.

[Boisseau 94] Marc Boisseau, Michel Demange, Jean-Marc Munier, *Réseaux ATM*, Éd. Eyrolles, 1994.

[Bondeville 95] Denys Bondeville, *World Wide Web, Guide pratique de Netscape et Mosaic*, Éd. Eyrolles, Paris 1995.

[Bonitzer 76] Pascal Bonitzer, *Le regard et la voix*, UGE Poche 10/18, 1976.

[Bonomo 91] Denis Bonomo, *Initiation à la propagation des ondes*, SORA-COM, 1991.

[Bouffartigue 81] Jean Bouffartigue, Anne-Marie Delrieu, *Trésors des racines grecques*, Éd. Belin, 1981.

[Boullot 91] René Boullot, *La pratique de l'éclairage, cinéma, télévision*, Éd. Dujarric, Paris 1991.

[Boursier 93] Patrice Boursier, Pierre-Antoine Taufour, *La technologie multimédia*, Éd. Hermès, 1993.

[Bresson 95] Robert Bresson, *Notes sur le cinématographe*, Éd. Gallimard, 1995.

[Breton 87] Philippe Breton, *Histoire de l'informatique*, Éd. La Découverte, 1987.

[Brouste 93] Pierre Brouste, Dominique Cotte, *Le multimédia : promesses et limites*, ESF Éditeur, 1993.

[Brugière 88] Régis Brugière, *Les caméras CCD*, Collection techniques et production audiovisuelles de l'INA, 1988.

[Brugière 91] Régis Brugière, *Glossaire des termes spécifiques à la diffusion*, Collection techniques et production audiovisuelles de l'INA, 1991.

[Budd 92] Timothy Budd, *Introduction à la programmation par objet*, Addison-Wesley, 1992.

[Bunzel 92] Mark J. Bunzel, Sandra K. orris, *Multimedia Applications Development*, Intel/Mac Graw-Hill, 1992.

[Burch 69] Noël Burch, *Praxis du cinéma*, Éd. Gallimard, 1969.

[Burdea 93] Grigore Burdea et Philippe Coiffet, *La réalité virtuelle*, Éd. Hermès, 1993.

[Cali] Daniel Cali, Gabriel Zany, *Technologie de l'interconnexion de réseaux*, Éd. Hermès, Paris.

Cahiers du CCI. "Les Chemins du Virtuel. Simulation informatique et création industrielle", numéro spécial, 1989.

[Carré 91] René Carré, J.-F. Dégremont, Maurice Gross, J.-M. Pierrel, Gérard Sabah, *Langage humain et machine*, Presses du CNRS, 1991.

[CCM 91] GPEM-IC/CIIBA/CCM/Ministère de l'industrie, *Les ateliers de génie logiciel*, Éd. Afnor, 1991.

[Chaillou 92] Christophe Chaillou, *Architectures des systèmes pour la synthèse d'images*, Éd. Dunod, 1992.

[Chaniat 88] Dominique Chaniat, *Menus et interfaces. Techniques de programmation*, Éd. PSI, 1988.

[Cigref 89] Cigref, *Conception des systèmes d'archivage dans les grandes entreprises. Utilisation pertinente du disque optique numérique et du vidéodisque*, Éd. Afnor, 1989.

[Cinnamon 89] Barry Cinnamon, *Gestion électronique de documents sur disques optiques*, Éd. Afnor, 1989.

[CNRS 95] Collectif, *L'Internet professionnel, témoignanges expériences, conseils pratiques de la communauté enseignement et recherche*, Éd. CNRS, Paris 1995.

[Cocula 86] Bernard Cocula, Claude Peyroutet, *Sémantique de l'image. Pour une approche méthodique des messages visuels*, Librairie Delagrave, 1986.

[Colleyn 93] Jean-Paul Colleyn, *Le regard documentaire*, Collection Supplémentaires, Centre Georges Pompidou, Paris 1993.

[Coutaz 90] Joëlle Coutaz, *Interfaces homme-ordinateur*, Éd. Dunod, 1990.

[Cucca 86] Antoine Cucca, *L'écriture du scénario*, Éd. Dujarric, 1986.

[Dandelot 93] Marc Dandelot, *Le secteur des télécommunications en France*, rapport présenté par Marc Dandelot au ministre des Télécommunications et du Commerce Extérieur, 1993.

[Danish 91] Danish Standards Association, *SGML-ODA. Présentation des concepts et comparaison fonctionnelle*, Éd. Afnor, 1991.

[Dauzat 71] Albert Dauzat, Jean Dubois, Henri Mitterand, *Nouveau dictionnaire étymologique et historique*, Éd. Larousse, 1971.

[Deghilage 92] Gilles Deghilage, *Architectures et programmation parallèles*, Addison-Wesley, 1992.

[Délégation 91] DGLF (Délégation Générale à la Langue Française), *Glossaire des termes officiels de l'informatique*, Journal Officiel, 1991.

[Délégation 94] DGLF (Délégation Générale à la Langue Française), *Dictionnaire des termes officiels de la langue française*, Journal Officiel, 1994.

[Delobel 91] Claude Delobel, Christophe Lécluse et Philippe Richard, *Bases de données : des systèmes relationnels aux systèmes à objets*, InterÉditions, 1991.

[Dicenet 90] G. Dicenet, *Le RNIS, Techniques et atouts*, Éd. Masson, 1990.

Dictionnaire anglais-français : J.E. Mansion, *Harrap's New Standard French and English dictionary*, Harrap's Publishing house, 1981.

Dictionnaire de la langue américaine : « Collectif » (*The illustrated heritage dictionary and information book*, Houghton Mifflin Company), 1977.

[Didier 64] A. Didier, *Physique appliquée à la reproduction des sons et des images*, Éd. Masson, 1964.

[DMF 92] Direction des musées de France, *Interactifs, une technique de l'intention*, Guide pratique à l'usage des professionnels des musées, 1992.

[Du Castel 93] François du Castel, *Les télécommunications*, Éd. Berger-Levraut International, 1993.

[Ducrot 72] Oswald Ducrot, Tzvetan Todorov, *Dictionnaire encyclopédique des sciences du langage*, Éd. du Seuil, 1972.

[Dupoirier 94] Gérard Dupoirier, *Technologie de la GED*, Éd. Hermès Paris, 1994.

[Dupuy 94] Jean-Pierre Dupuy, *Aux origines des sciences cognitives.* Éd. La Découverte Paris, 1994.

[Ernout 85] A. Ernout, A. Meillet, *Dictionnaire étymologique de la langue latine*, Éd. Klincksieck, 1985.

[Etiemble 66] Etiemble, *Le jargon des sciences*, Éd. Hermann, 1966.

[Etiemble 91] Daniel Etiemble, *Architecture des processeurs RISC*, Éd. Armand Colin, 1991.

[Frater 92] Harald Frater, Markus Schüller, *Multimédia PC*, Éd. Micro application, 1992.

[Frater 93] Harald Frater, Dirk Pulissen, *Le Grand Livre du Multimédia PC*, Éd. Micro application, 1993.

[Freidman 91] Didier Freidman, Gilles Secaz, Thierry Teisseire, *Vidéo et micro-informatique*, Éd. Dunod, 1991.

[Friedel 94] Friedel, *Mémentos techniques des conseils scientifiques de France Télécom (1992-1994)*, Éd. France Télécom-CNET, 1994.

[FT 94] France Télécom, *Rapport d'activité de France Télécom 1994*, Paris, 1994.

[Gaffiot 34] Félix Gaffiot, **Dictionnaire illustré latin-français**, Éd. Hachette, 1934.

[Ganne 90] Roger Ganne, Brigitte Salomoni, *La carte à mémoire*, Éd. Eyrolles, 1990.

[Genthon 89] Philippe Genthon, *Dictionnaire de l'intelligence artificielle*, Éd. Hermès, 1989.

[Germain 91] Cécile Germain-Renaud, Jean-Paul Sansonnet, *Les ordinateurs massivement parallèles*, Éd. Armand Colin, 1991.

[Ginguay 90] Michel Gingay, Annette Lauret, *Dictionnaire d'informatique*, Éd. Masson, 1990.

[Gobard 76] Henri Gobard, *L'aliénation linguistique* (analyse tétraglossique), Éd. Flammarion, 1976.

[Goethe 73] Johann Wolfgang von Goethe ; traduction française par Henriette Bideau, *Le traité des couleurs*, Éd. Triades, Paris 1973.

[Gombrich 81] Ernst H. Gombrich, “La carte et le miroir” in *l'écologie de l'images*, Éd. Flammarion, 1981.

[Gombrich 87] Ernst H. Gombrich, *L'art et l'illusion. Psychologie de la représentation picturale*, Éd. Gallimard. Paris 1987.

[Gomez 93] Philippe Gomez, Pierre Bichon, *Comprendre les réseaux d'entreprise*, Éd. Eyrolles. Paris 1993.

[Gouyet 93] Jean-Noël Gouyet, *Systèmes audio et vidéo numériques*, Collection techniques et production audiovisuelles de l'INA, 1993.

[Gouyou 93] Xavier Gouyou Beauchamps, *Les nouvelles techniques de télévision, rapport à Monsieur Gérard Longuet, ministre de l'Industrie, des Postes et Télécommunications et du Commerce Extérieur, et à Monsieur Alain Carignon, ministre de la Communication*, 1993.

Grand dictionnaire Langenscheidt , *français-allemand, allemand-français*, Collectif, Éd. Larousse, 1979.

[Gribenski 82] André Gribenski, *L'audition*, Que sais-je ? Éd. Presses Universitaires de France, 1982.

[Grivet 82] Pierre Grivet et Pierre Herreng, *La télévision*, Que sais-je ? Éd. Presses Universitaires de France, 1982.

[Groupe μ 92] Groupe μ : Francis Edeline, Jean-Marie Klinkenberg, Philippe Minguet, *Traité du signe visuel. Pour une rhétorique de l'image*, Éd. du Seuil, 1992.

[Guattari 75] Félix Guattari, *Psychanalyse et cinéma*, Communication n° 23 Éd. du Seuil 1975.

[Guitel 75] Geneviève Guitel, *Histoire comparée des numérations écrites*, Éd. Flammarion, 1975.

[Halley 85] P. Halley, *Les systèmes à fibres optiques*, Éd. Eyrolles, Paris 1985.

[Haton 91] Jean-Paul Haton, Jean-Marie Pierrel, Guy Perennou, Jean Caelen, Jean-Luc Gauvain, *Reconnaissance automatique de la parole*, Éd. Dunod, 1991.

[Held 91] Gilbert Held, Thomas Marshall, *Data compression*, John Wiley & Sons Ltd., 1991.

[Herellier 93a] Jean-Marc Herellier, *Le Multimédia*, Éd. Sybex, 1993.

[Herellier 93b] Jean-Marc Herellier, *Vidéo et micro*, Éd. Sybex, 1993.

[Hopgood 86] F.R.A. Hopgood, D.A. Duce, J.R. Gallop, D.C. Sutcliffe, *Le système graphique GKS*, Éd. Masson, 1986.

[Huitema 95] Christian Huitema, *Le routage dans l'Internet*, Éd. Eyrolles, Paris 1995.

[Huitema 95a] Christian Huitema, *Et Dieu créa l'Internet*, Éd. Eyrolles, Paris 1995.

[Humbert 91] Marc Humbert, *Les bases de données*, Éd. Hermès, 1991.

[Ifrah 94] Georges Ifrah, *Histoire universelle des chiffres*, Éd. Laffont, coll. « Bouquins », 2 vol., 1994.

[INA 92] INA, CNC, CSA, *Les chiffres-clés de la télévision et du cinéma, France 1991*, Diffusion la Documentation Française, 1992.

[INA 93] Institut National de l'Audiovisuel, *Les techniques audiovisuelles vidéo et film*, Éd. Économica, 1993.

[INA 95] INA, CNC, CSA, *Les chiffres-clés de la télévision et du cinéma, France 1994*, Diffusion La Documentation Française, 1995.

[Jackson 76] Michael A. Jackson, *Constructive Methods of Programm Design*, Proceedings of the first Conference of the European Cooperation in Informatics, 1976.

[Jaulent 89] P. Jaulent, IGL Technology, *SADT, un langage pour communiquer*, Éd. Eyrolles 1989.

[Jemaa 95] Férid Jemaa, *Multimédia 2500 mots pour comprendre*, Éd. Eyrolles 1995.

[Jolivat 92] B. Jolivat et E. Viau, *Multimédia et CD-ROM, mode d'emploi*, Éd. Sybex, 1992.

[Joly 94] Martine Joly, *L'image et le signe. Approche sémiologique de l'image fixe*, Éd. Nathan Université, Paris, 1994.

[Kalawsky 93] Roy S. Kalawsky, *The science of virtual reality and virtual environments. A Technical, Scientific and Engineering Reference on Virtual Environments*, Addison-Wesley, 1993.

[Kocourek 82] Rostislav Kocourek, *La langue française de la technique et de la science*, Brandstetter Verlag, 1982.

[Lebel 71] Jean-Patrick Lebel, *Cinéma et idéologie*, Éd. sociales, 1971.

[Lefebvre 93] Alain Lefebvre, *L'architecture client-serveur*, Éd. Armand Colin, 1993.

[Le Garff 75] Le Garff, *Dictionnaire de l'informatique*, Éd. Presses Universitaires de France, 1975.

[Leipp 80] E. Leipp, *Acoustique et musique*, Éd. Masson, Paris, 1980.

[Lepecq 91] Christophe Lepecq, Norbert Rimoux, *Les fichiers graphiques sur ordinateurs 1/ Fichiers Bit-Map*, Éd. Armand Colin, 1991.

[Leroi-Gourhan 64] André Leroi-Gourhan, *Le geste et la parole. Tome I : Technique et langage*, Éd. Albin Michel, Paris 1964.

[Leroi-Gourhan 65] André Leroi-Gourhan, *Le geste et la parole. Tome II : La mémoire et les rythmes*, Éd. Albin Michel, Paris 1965.

[Leteinturier 90] Christine Leteinturier en collaboration avec Françoise Laugée, *Dictionnaire Multimédia*, Éd. Eyrolles, 1990.

[Levé 87] Frédéric Levé, *La création musicale par ordinateur*, Éd. Fréquences, 1987.

[Lévy 87] Pierre Lévy, *La machine univers. Création, cognition et culture informatique*, Éd. La Découverte, 1987.

[Lévy 90] Pierre Lévy, *Les technologies de l'intelligence*, Éd. La Découverte, 1990.

[Lévy 91] Pierre Lévy, *L'idéographie dynamique*, Éd. La Découverte, 1991.

[Lévy 92] Pierre Lévy, *De la programmation considérée comme un des beaux-arts*, Éd. La Découverte, 1992.

[Liénard 77] Jean-Sylvain Liénard, *Les processus de la communication parlée. Introduction à l'analyse et la synthèse de la parole*, Éd. Masson, 1977.

[Lilen 86] H. Lilen, *Technique - Normes - Applications des interfaces pour micro-ordinateurs*, Éd. Radio, 1986.

[Louguet 92] Frédéric Louguet, *Synthèse d'image sur micro-ordinateur. Techniques, matériels, logiciels*, Éd. Radio, 1992.

[Lunven 93] Roland Lunven, Thiérry Vedel, *La télévision de demain*, Éd. Armand Colin, 1993.

[Luther 91] Arch C. Luther, *Digital Video in the PC environment*, Intel/Mac Graw-Hill, 1991.

[Luxereau 91] François Luxereau, *Vidéo, Physique de base*, Éd. Dujarric, 1991.

[Luxereau 92] François Luxereau, *Vidéo, principes et techniques*, Éd. Dujarric, 1992.

[Lyotard 79] Jean-François Lyotard, *La condition post-moderne*, Éd. de Minuit 1979.

[Macchi 83] César Macchi, Jean-François Guilbert et 17 coll., *Téléinformatique. Transport et traitement de l'information dans les réseaux et systèmes téléinformatiques*, Éd. Dunod, 1983.

[MacKinnon 91] Dennis MacKinnon, William McCrum, Donald Sheppar, *Introduction à l'OSI. Concepts, normes et applications*, Éd. Afnor, 1991.

[Mac Luhan 67] Marshall Mc Luhan, *La Galaxie Gutenberg*, Éd. Mame, 1968.

[Mac Luhan 68] Marshall Mc Luhan, *Pour comprendre les média*, Éd. du Seuil, Coll. « Points », Paris 1968.

[Mahieu 89] Francis Mahieu, Jean Varra, *Les techniques d'enregistrement magnétique des images (Formats)*, Collection techniques et production audiovisuelles de l'INA, 1989.

[Maillot 94] Pierre Maillot, *L'écriture cinématographique*, Éd. Méridiens Klincksieck 1994.

[Maiman 86] Maxime Maiman, *Télématique téléinformatique et réseaux*, Éd. Masson, 1986.

[Maiman 94] Maxime Maiman, *Télécoms et réseaux*, Éd. Masson. Paris 1994.

[Malherbe 83] Michel Malherbe, *Les langages de l'humanité*, Éd. Seghers, 1983.

[Mandelbrot 89] Benoît Mandelbrot, *Les objets fractals. Forme, hasard et dimension*, Éd. Flammarion, 1989.

[Marin 94] Louis Marin, *De la représentation*, Éd. Gallimard, 1994.

[Marsault 92] Xavier Marsault, *Conception et cryptage en informatique. Traité des nouvelles technologies*, Éd. Hermès, 1992.

[Martin 94] Marcel Martin, *Le langage cinématographique*, Éd. du Cerf, Paris 1994.

[Martinet 68] André Martinet (sous la direction de), *Le Langage*, Éd. Gallimard, 1968.

[Matras 82] Jean-Jacques Matras, *Le son*, Que sais-je ? Éd. Presses Universitaires de France, 1982.

[Médiamétrie 91] Médiamétrie, *Le livre de l'audience,* Éd. Economica, Paris 1991.

[Meinadier 80] J.P. Meinadier, *Structure et fonctionnement des ordinateurs*, Éd. Dunod, 1980.

[Meinadier 91] J.P. Meinadier, *L'interface utilisateur*, Éd. Dunod, 1991.

[Mercier 90] Denis Mercier et coll., *Le livre des techniques du son.* Notions fondamentales, Éd. Fréquences, 1990.

[Mercier 92] Denis Mercier et coll., *Le livre des techniques du son. La technologie*, Éd. Fréquences, 1992.

[Mercier 93] Denis Mercier et coll., *Le livre des techniques du son. L'exploitation de la prise de son professionnelle*, Éd. Fréquences, 1993.

[Mesguich 84] A. Mesguich, B. Normier, *Comprendre les bases de données, théorie et pratique*, Éd. Masson, 1984.

[Metz 64] Christian Metz, *Le cinéma : langue ou langage ?* in Communications n° 4, Éd. du Seuil, Paris, 1964.

[Metz 71] Christian Metz, *Langage et cinéma*, Éd. Larousse, Paris, 1971.

[Metz 72] Christian Metz, "Au-delà de l'analogie, l'image", in *Essais sur la signification au cinéma*, 1972.

[Microsoft 88] Microsoft et Aldus, *Tagged Image File Format*, Microsoft Corporation, Aldus Corporation, 1988.

[Microsoft 90] Microsoft, *Microsoft Windows. Environnement graphique d'exploitation pour le système d'exploitation MS-DOS ou PC-DOS, Version 3*, Microsoft Corporation, 1990.

[Microsoft 93] Microsoft Press, *The GUI Guide*, Microsoft Corporation, 1993.

[Millerson 89] Gérard Millerson, *Méthode d'éclairage pour le film et la TV*, Éd. Dujarric, Paris, 1989.

[Ministère 92] Ministère de la Culture et de la Communication, *Les métaphores du virtuel*, Ministère de la culture et de la communication, 1992.

[Miquel 90] Pierre Miquel et coll., *Lexique de l'audiovisuel*, Éd. Dalloz, 1990.

[Miquel 92] Robert Miquel, *L'environnement SCSI*, Éd. Dunod, 1992.

[Moitessier 89] Fabrice Moitessier, Jean-Claude Derniame, Fabrice Garnier de Labareyre, *Les structures d'accueil d'ateliers de génie logiciel*, Éd. Afnor, 1989.

[Montandon 90] Alain Montandon (sous la direction de), *Signe/Texte/Image*, Éd. Césura Lyon, 1990.

[Monteix 93] Christian Monteix, *Le Format TIFF et ses modes de compression*, Éd. Eyrolles, 1993.

[Montigon 88] P. Montigon, *La télévision numérique*, Collection techniques et production audiovisuelles de l'INA, 1988.

[Montigon 89] P. Montigon, *Mémoires d'images numériques*, Collection techniques et production audiovisuelles de l'INA, 1989.

[Moussinac 67] Léon Moussinac, *L'âge ingrat du cinéma*, Éditeurs Français Réunis, Paris, 1967.

[Nelson 93] Mark Nelson, *La compression de données. Texte, images, sons*, Éd. Dunod, 1993.

[Neuville 85] Yves Neuville, *Le clavier bureautique et informatique*, rapport remis au Ministère du Redéploiement Industriel et du Commerce Extérieur et à l'Agence Nationale pour l'Amélioration des conditions de travail, Éd. Cedic/Nathan, 1985.

[Nora 78] Simon Nora, Alain Minc, *L'informatisation de la société*, Éd. La Documentation française 1978.

[Odier 92] Antoine Odier, Mohamed Zennaki, *Dictionnaire des télécommunications*, Éd. Marabout, 1992.

[Oloumi 94] Atta Oloumi, *Le petit guide des processeurs*, Éd. Marketing, collection Ellipses, Paris 1994.

[Passek 86] Jean Loup Passek (sous la direction de...), *Dictionnaire du cinéma*, Éd. Larousse, Paris 1986.

[Paul 93] Serge Paul et coll., *Dictionnaire de termes normalisés des sciences et techniques*, Journal Officiel, 1993.

[Péliks 95] Gérard Péliks, *Le World Wide Web. Création de serveurs sur Internet*, Éd. Addison-Wesley, 1995.

[Pélissier 95] Christian Pélissier, *Unix, utilisation, administration, système et réseau*, Éd. Hermès, Paris 1995.

[Peretz 90] Louis Peretz, *L'image en trois dimensions*, Presses du CNRS, 1990.

[Péroche 91] Bernard Péroche, *Les images de synthèse*, Éd. Hermès, 1991.

[Perrichon 95] Jean-Marc Perrichon, *Les réseaux sans fil*, Éd. Masson, Paris 1995.

[Pessis-Pasternak 76] Guitta Pessis-Pasternak, *Dictionnaire de l'audio-visuel*, Éd. Flammarion, 1976.

[Philips 88] Philips International Corporation, *Compact Disck Interactive ; a Designer's Overview*, Kluwer, 1988.

[Pokorny 59] Julius Pokorny, *Indogermanisches etymologisches Wörterbuch*, Éd. Francke, 1959.

[Poncin 95] Jacques Poncin, *Multimédia et télévision numérique*, in « Cinquantenaire du CNET, Forum n° 3 : multimédia », France Télécom, CNET, 1995.

[Pujolle 92] Guy Pujolle, *Télécommunications et réseaux*, Éd. Eyrolles, 1992.

[Pujolle 95] Guy Pujolle, *Les réseaux*, Éd. Eyrolles, Paris 1995.

[Quéau 86] Philippe Quéau, *Éloge de la simulation. De la vie des langages à la synthèse des images*, Éd. Champ Vallon, 1986.

[Quéau 93] Philippe Quéau, *Le Virtuel. Vertus et vertiges*, Éd. Champ Vallon, 1993.

[Queneau 61] Raymond Queneau, *Cent mille milliards de poèmes*, Éd. Gallimard, Paris 1961.

[Ramat 94] Ramat, *Les télécommunications spatiales*, in Memento technique n° 4 du Conseil scientifique de France Telecom, Paris 1994.

[Reinaud 90] Philippe Reinaud, Bernard Ragot, *Micro-informatique et minitel - Connexion et applications*, Éd. Sybex, 1990.

[Rheingold 93] Howard Rheingold, *La réalité virtuelle*, Éd. Dunod, 1993.

[Rimmer 93] Steve Rimmer, *Les images Bit-map*, Éd. Dunod, 1993.

[Robbins 93] Judd Robbins, *Windows 3.1. Le livre d'or*, Éd. Sybex, 1993.

[Rochfeld 89] Arnold Rochfeld, José Moréjon, *La méthode Merise, Gamme opératoire*, Éd. d'organisation, 1989.

[Rolin 93] Pierre Rolin, *Réseaux locaux, normes et protocoles*, Éd. Hermès, 5e édition, 1993.

[Rouchouse 87] Jean Rouchouse, *Techniques sonores en vidéo, production et post-production*, Éd. Dujarric, 1987.

[Rousseau 77] Pierre Rousseau, *La vision*, Que sais-je ? Éd. Presses Universitaires de France, 1977.

[Rumsey 94] Francis Rumsey, Tim McCormick, *Son et enregistrement. Théorie et Pratique*, Éd. Eyrolles, 1994.

[Sadoul 72] Georges Sadoul, *Histoire du cinéma mondial*, Éd. Flammarion, Paris 1972.

[Sandoval 90] Victor Sandoval, *L'échange de données informatisé pour l'entreprise*, Éd. Hermès, 1990.

[Sandoval 94] Victor Sandoval, *SGML, un outil pour la gestion électronique de documents*, Éd. Hermès, Paris 1994.

[Schaeffer 77] Pierre Schaeffer, *Traité des objets musicaux*, Éd. du Seuil, Paris 1977.

[Schwebig 88] Philippe Schwebig, *Les communications de l'entreprise. Au-delà de l'image*, InterÉditions, 1988.

[Semeteys 92] Alain Semeteys, *Le multimédia, mais c'est très simple !*, Éd. Dunod, 1992.

[Shah 94] A. Shah, G. Ramakrishnan, *FDDI, réseau haut débit*, Éd. Masson, Paris 1994.

[Sheff 93] David Sheff, *Génération Nintendo*, Éd. Addison-Wesley, Paris 1993.

[Sherman 92] Chris Sherman, *CD-ROM Handbook*, Mac Graw-Hill Publishing house, 1992.

[Simondon 89] Gilbert Simondon, *Du mode d'existence des objets techniques*, Éd. Aubier, 1989.

[Sorlin 92] Pierre Sorlin, *Esthétiques de l'audiovisuel*, Éd. Nathan, 1992.

[Tabourier 86] Yves Tabourier, *De l'autre côté de Merise. Systèmes d'information et modèles d'entreprise*, Éd. d'organisation, 1986.

[Tanenbaum 91] Andrew Tanenbaum, *Architecture de l'ordinateur*, InterÉditions, 1991.

[Tardieu 83] Hubert Tardieu, Arnold Rochfeld, René Coletti, *La méthode Merise, Principes et outils*, Éd. d'organisation, 1983.

[Tardieu 85] Hubert Tardieu, Arnold Rochfeld, René Coletti, *La méthode Merise, Démarche et pratiques*, Éd. d'organisation, 1985.

[Terasson 92] Jacques Terasson, *Les outils du multimédia*, Éd. Armand Colin, 1992.

[Théry 94] Gérard Théry, *Les autoroutes de l'information, Rapport au Premier Ministre*, La Documentation Française, Paris 1994.

[Tholomé 90] Eric Tholomé, *MIDI à votre portée. Guide pratique de la musique électronique et de l'informatique musicale*, Éd. Radio, 1990.

[Touchard 93] Jean-Baptiste Touchard, avec la collaboration de Marc Menahem, *Multimédia Interactif, Édition et Production*, Éd. Microsoft Press, 1993.

[Toussaint 87] Nadine Toussaint Desmoulins, *L'économie des médias*, Que sais-je ? Éd. Presses Universitaires de France, 1987.

[Trouvé 91] Alain Trouvé, *La mesure de la couleur*, Éd. Afnor, 1991.

[Vasseur 92] Frédéric Vasseur, *Les médias du futur*, Que sais-je ? Éd. Presses Universitaires de France, 1992.

[Vinay 77] J.P. Vinay, J. Darbelnet, *Stylistique comparée du français et de l'anglais, méthode de traduction*, Éd. Didier, 1977.

[Virilio 93] Paul Virilio, *L'art du moteur*, Éd. Galilée, 1993.

[Walliser 77] Bernard Walliser, *Systèmes et modèles, introduction critique à l'analyse de systèmes*, Éd. du Seuil, 1977.

[Wallstein 89] René Wallstein, *Les vidéocommunications*, Que sais-je ? Éd. Presses Universitaires de France, 1989.

[Weissberg 89] C. Jean-Louis Weissberg et coll., *Les chemins du virtuel. Simulation, informatique et création industrielle*, Les cahiers du CCI, numéro spécial. Éd. du Centre Georges Pompidou, 1989.

[Wetzler 91] Fred U. Wetzler, *Numérisation et numériseurs de bureau*, Éd. Afnor, 1991.

[Weyand 91] Dominique Weyand, *Les processeurs RISC*, Éd. Eyrolles, 1991.

[Wooley 93] Benjamin Wooley, *Virtual worlds*, Penguin Books Publishing house, 1993.

[Zénatti 95] Georges Zénatti, *CD-Rom et Vidéo-CD*, Éd. Hermès 1995.

Imprimé en France. - JOUVE, 18, rue Saint-Denis, 75001 PARIS
N° 233779K. - Dépôt légal : Février 1996